ŒUVRES COMPLÈTES

DE VOLTAIRE

TOME VINGT-SIXIÈME

PARIS

LIBRAIRIE HACHETTE ET Cie

79, BOULEVARD SAINT-GERMAIN, 79

A LA MÊME LIBRAIRIE

ŒUVRES
DES PRINCIPAUX ÉCRIVAINS FRANÇAIS

VOLUMES IN-18 JÉSUS

On peut se procurer chaque volume de cette série relié en percaline gaufrée, sans être rogné, moyennant 50 cent.; en demi-reliure, dos en chagrin, tranches jaspées, moyennant 1 fr. 50 cent.; et avec tranches dorées, moyennant 2 fr. en sus du prix marqué.

1re Série à 1 franc 25 c. le volume.

Barthélemy : *Voyage du jeune Anacharsis en Grèce dans le milieu du* IVe *siècle avant l'ère chrétienne.* 3 volumes.

Atlas pour le Voyage du jeune Anacharsis, dressé par J.-D. Barbié du Bocage, revu par A.-D. Barbié du Bocage. In-8, 1 fr. 50 c.

Boileau : *Œuvres complètes.* 2 vol.

Bossuet : *Œuvres choisies.* 5 vol.

Corneille : *Œuvres complètes.* 7 vol.

Fénelon : *Œuvres choisies.* 4 vol.

La Fontaine : *Œuvres complètes.* 3 volumes.

Marivaux : *Œuvres choisies.* 2 vol.

Molière : *Œuvres complètes.* 3 vol.

Montaigne : *Essais*, précédés d'une lettre à M. Villemain sur l'éloge de Montaigne, par P. Christian. 2 vol.

Montesquieu : *Œuvres complètes.* 3 volumes.

Pascal : *Œuvres complètes.* 3 vol.

Racine : *Œuvres complètes.* 3 vol.

Rousseau (J.-J.) : *Œuvres complètes.* 13 volumes.

Saint-Simon (le duc de) : *Mémoires complets et authentiques* sur le siècle de Louis XIV et la Régence, collationnés sur le manuscrit original par M. Chéruel, et précédés d'une notice de M. Sainte-Beuve, de l'Académie française. 13 vol.

Sedaine : *Œuvres choisies.* 1 vol.

Voltaire : *Œuvres complètes.* 46 vol.

2e Série à 3 francs 50 cent. le volume.

Chateaubriand : *Le Génie du Christianisme.* 1 vol.

— *Les Martyrs*; — *le Dernier des Abencerrages.* 1 vol.

— *Atala*; — *René*; — *les Natchez.* 1 vol.

Fléchier : *Mémoires sur les Grands-Jours d'Auvergne en 1665*, annotés par M. Chéruel et précédés d'une notice par M. Sainte-Beuve. 1 vol.

Malherbe : *Œuvres poétiques*, réimprimées pour le texte sur la nouvelle édition des *Œuvres complètes de Malherbe*, publiées par M. Lud. Lalanne dans la Collection des Grands Écrivains de la France. 1 vol.

Sévigné (Mme de) : *Lettres de Mme de Sévigné, de sa famille et de ses amis*, réimprimées pour le texte sur la nouvelle édition publiée par M. Monmerqué dans la Collection des Grands Écrivains de la France. 8 vol.

COULOMMIERS. — TYPOGRAPHIE PAUL BRODARD.

ŒUVRES COMPLÈTES

DE VOLTAIRE

COULOMMIERS
Imprimerie Paul Brodard.

ŒUVRES COMPLÈTES

DE VOLTAIRE

TOME VINGT-SIXIÈME

PARIS
LIBRAIRIE HACHETTE ET Cie
79, BOULEVARD SAINT-GERMAIN, 79

1893

MÉLANGES.

(SUITE.)

DIALOGUE

DU CHAPON ET DE LA POULARDE.

(1763.)

LE CHAPON. — Eh, mon Dieu! ma poule, te voilà bien triste, qu'as-tu?

LA POULARDE. — Mon cher ami, demande-moi plutôt ce que je n'ai plus. Une maudite servante m'a prise sur ses genoux, m'a plongé une longue aiguille dans le cul, a saisi ma matrice, l'a roulée autour de l'aiguille, l'a arrachée et l'a donnée à manger à son chat. Me voilà incapable de recevoir les faveurs du chantre du jour, et de pondre.

LE CHAPON. — Hélas! ma bonne, j'ai perdu plus que vous; ils m'ont fait une opération doublement cruelle : ni vous ni moi n'aurons plus de consolation dans ce monde; ils vous ont faite poularde, et moi chapon. La seule idée qui adoucit mon état déplorable, c'est que j'entendis ces jours passés, près de mon poulailler, raisonner deux abbés italiens à qui on avait fait le même outrage, afin qu'ils pussent chanter devant le pape avec une voix plus claire. Ils disaient que les hommes avaient commencé à circoncire leurs semblables, et qu'ils finissaient par les châtrer: ils maudissaient la destinée et le genre humain.

LA POULARDE. — Quoi! c'est donc pour que nous ayons une voix plus claire qu'on nous a privés de la plus belle partie de nous-mêmes?

LE CHAPON. — Hélas! ma pauvre poularde, c'est pour nous engraisser, et pour nous rendre la chair plus délicate.

LA POULARDE. — Eh bien! quand nous serons plus gras, le seront-ils davantage?

LE CHAPON. — Oui, car ils prétendent nous manger.

LA POULARDE. — Nous manger! ah, les monstres!

LE CHAPON. — C'est leur coutume; ils nous mettent en prison pendant quelques jours, nous font avaler une pâtée dont ils ont le secret, nous crèvent les yeux pour que nous n'ayons point de distraction; enfin, le jour de la fête étant venu, ils nous arrachent les plumes, nous coupent la gorge, et nous font rôtir. On nous apporte devant eux dans une large pièce d'argent; chacun dit de nous ce qu'il pense; on fait notre oraison funèbre : l'un dit que nous sentons la noisette; l'autre vante notre chair succulente; on loue nos cuisses, nos bras, notre croupion, et voilà notre histoire dans ce bas monde finie pour jamais.

LA POULARDE. — Quels abominables coquins! je suis prête à m'évanouir. Quoi! on m'arrachera les yeux! on me coupera le cou! je serai rôtie et mangée! ces scélérats n'ont donc point de remords?

LE CHAPON. — Non, m'amie; les deux abbés dont je vous ai parlé disaient que les hommes n'ont jamais de remords des choses qu'ils sont dans l'usage de faire.

LA POULARDE. — La détestable engeance! Je parie qu'en nous dévorant ils se mettent encore à rire et à faire des contes plaisants, comme si de rien n'était.

LE CHAPON. — Vous l'avez deviné; mais sachez pour votre consolation (si c'en est une) que ces animaux, qui sont bipèdes comme nous, et qui sont fort au-dessous de nous, puisqu'ils n'ont point de plumes, en ont usé ainsi fort souvent avec leurs semblables. J'ai entendu dire à mes deux abbés que tous les empereurs chrétiens et grecs ne manquaient jamais de crever les deux yeux à leurs cousins et à leurs frères; que même, dans le pays où nous sommes, il y avait eu un nommé Débonnaire[1] qui fit arracher les yeux à son neveu Bernard. Mais pour ce qui est de rôtir des hommes, rien n'a été plus commun parmi cette espèce. Mes deux abbés disaient qu'on en avait rôti plus de vingt mille pour de certaines opinions qu'il serait difficile à un chapon d'expliquer, et qui ne m'importent guère.

LA POULARDE. — C'était apparemment pour les manger qu'on les rôtissait.

LE CHAPON. — Je n'oserais pas l'assurer; mais je me souviens bien d'avoir entendu clairement qu'il y a bien des pays, et entre autres celui des Juifs, où les hommes se sont quelquefois mangés les uns les autres.

LA POULARDE. — Passe pour cela. Il est juste qu'une espèce si perverse se dévore elle-même, et que la terre soit purgée de cette race. Mais moi qui suis paisible, moi qui n'ai jamais fait de mal, moi qui ai même nourri ces monstres en leur donnant mes œufs, être châtrée, aveuglée, décollée et rôtie! Nous traite-t-on ainsi dans le reste du monde?

LE CHAPON. — Les deux abbés disent que non. Ils assurent que dans un pays nommé l'Inde, beaucoup plus grand, plus beau, plus fertile que le nôtre, les hommes ont une loi sainte qui, depuis des milliers de siècles, leur défend de nous manger; que même un nommé Pythagore, ayant voyagé chez ces peuples justes, avait rapporté en Europe cette loi humaine, qui fut suivie par tous ses disciples. Ces bons abbés lisaient Porphyre le Pythagoricien, qui a écrit un beau livre contre les broches. O le grand homme! le divin homme que ce Porphyre! avec quelle sagesse, quelle force, quel respect tendre pour la Divinité il prouve que nous sommes les alliés et les parents des hommes; que Dieu nous donna les mêmes organes, les mêmes sentiments, la même mémoire, le même germe inconnu d'entendement qui se développe dans nous jusqu'au point déterminé par les lois éternelles, et que ni les hommes ni nous ne passons jamais! En effet, ma chère poularde, ne serait-ce pas un outrage à la Divinité de dire que nous avons des sens pour ne point sentir, une cervelle pour ne point penser? Cette imagination digne, à ce qu'ils disaient, d'un fou nommé Descartes, ne serait-elle pas le comble du ridicule et la vaine excuse de la barbarie?

1. Louis le Débonnaire, roi de France, de 814 à 840. (Éd.)

Aussi les plus grands philosophes de l'antiquité ne nous mettaient jamais à la broche. Ils s'occupaient à tâcher d'apprendre notre langage et de découvrir nos propriétés si supérieures à celles de l'espèce humaine. Nous étions en sûreté avec eux comme dans l'âge d'or. Les sages ne tuent point les animaux, dit Porphyre; il n'y a que les barbares et les prêtres qui les tuent et qui les mangent. Il fit cet admirable livre pour convertir un de ses disciples qui s'était fait chrétien par gourmandise.

LA POULARDE. — Eh bien! dressa-t-on des autels à ce grand homme qui enseignait la vertu au genre humain, et qui sauvait la vie au genre animal?

LE CHAPON. — Non, il fut en horreur aux chrétiens qui nous mangent, et qui détestent encore aujourd'hui sa mémoire; ils disent qu'il était impie, et que ses vertus étaient fausses, attendu qu'il était païen.

LA POULARDE. — Que la gourmandise a d'affreux préjugés! J'entendais l'autre jour, dans cette espèce de grange qui est près de notre poulailler, un homme qui parlait seul devant d'autres hommes qui ne parlaient point; il s'écriait « que Dieu avait fait un pacte avec nous et avec ces autres animaux appelés *hommes;* que Dieu leur avait défendu de se nourrir de notre sang et de notre chair[1]. » Comment peuvent-ils ajouter à cette défense positive la permission de dévorer nos membres bouillis ou rôtis? Il est impossible, quand ils nous ont coupé le cou, qu'il ne reste beaucoup de sang dans nos veines; ce sang se mêle nécessairement à notre chair; ils désobéissent donc visiblement à Dieu en nous mangeant. De plus, n'est-ce pas un sacrilége de tuer et de dévorer des gens avec qui Dieu a fait un pacte? Ce serait un étrange traité que celui dont la seule clause serait de nous livrer à la mort. Ou notre créateur n'a point fait de pacte avec nous, ou c'est un crime de nous tuer et de nous faire cuire: il n'y a pas de milieu.

LE CHAPON. — Ce n'est pas la seule contradiction qui règne chez ces monstres, nos éternels ennemis. Il y a longtemps qu'on leur reproche qu'ils ne sont d'accord en rien. Ils ne font des lois que pour les violer; et ce qu'il y a de pis, c'est qu'ils les violent en conscience. Ils ont inventé cent subterfuges, cent sophismes, pour justifier leurs transgressions. Ils ne se servent de la pensée que pour autoriser leurs injustices, et n'emploient les paroles que pour déguiser leurs pensées. Figure-toi que, dans le petit pays où nous vivons, il est défendu de nous manger deux jours de la semaine; ils trouvent bien moyen d'éluder la loi; d'ailleurs cette loi, qui te paraît favorable, est très-barbare; elle ordonne que ces jours-là on mangera les habitants des eaux: ils vont chercher des victimes au fond des mers et des rivières. Ils dévorent des créatures dont une seule coûte souvent plus de la valeur de cent chapons: ils appellent cela *jeûner, se mortifier.* Enfin, je ne crois pas qu'il soit possible d'imaginer une espèce plus ridicule à la fois et plus abominable, plus extravagante et plus sanguinaire.

1. *Genèse*, chap. IX, v. 4. (ÉD.)

LA POULARDE. — Eh, mon Dieu ! ne vois-je pas venir ce vilain marmiton de cuisine avec son grand couteau ?

LE CHAPON. — C'en est fait, m'amie, notre dernière heure est venue; recommandons notre âme à Dieu.

LA POULARDE. — Que ne puis-je donner au scélérat qui me mangera, une indigestion qui le fasse crever ! Mais les petits se vengent des puissants par de vains souhaits, et les puissants s'en moquent.

LE CHAPON. — Aïe ! on me prend par le cou. Pardonnons à nos ennemis.

LA POULARDE. — Je ne puis; on me serre, on m'emporte. Adieu, mon cher chapon.

LE CHAPON. — Adieu, pour toute l'éternité, ma chère poularde.

LES DERNIÈRES PAROLES D'ÉPICTÈTE A SON FILS.

(1763.)

ÉPICTÈTE. — Je vais mourir; j'attends de vous un souvenir tendre, et non des larmes inutiles; je meurs content, puisque je vous laisse vertueux.

LE FILS. — Vous m'avez enseigné à l'être, mais vous savez quel trouble m'agite. Une nouvelle secte de la Palestine cherche à me donner des remords.

ÉPICTÈTE. — Des remords ! il n'appartient qu'aux scélérats d'en éprouver. Vos mains et votre âme sont pures. Je vous ai enseigné la vertu, et vous l'avez pratiquée.

LE FILS. — Oui; mais cette nouvelle secte annonce une nouvelle vertu que je ne connais pas.

ÉPICTÈTE. — Quelle est donc cette secte ?

LE FILS. — Elle est composée de ces Juifs qui vendent des haillons et des philtres, et qui rognent les espèces à Rome.

ÉPICTÈTE. — La vertu qu'ils enseignent est apparemment de la fausse monnaie.

LE FILS. — Ils disent qu'il est impossible d'être vertueux sans s'être fait couper un peu de prépuce, ou sans s'être plongé dans l'eau au nom du père par le fils. Il est vrai qu'ils ne sont pas d'accord en cela : les uns veulent du prépuce, les autres n'en veulent point : ceux-ci croient l'eau nécessaire, comme Pindare qui la dit merveilleuse; ceux-là s'en passent : mais tous disent qu'il leur faut donner de l'argent.

ÉPICTÈTE. — Comment, de l'argent ! Sans doute on doit secourir de son superflu les pauvres qui ne peuvent travailler, payer ceux qui peuvent gagner leur vie, et partager son nécessaire avec ses amis. C'est notre loi, c'est notre morale : c'est ce que j'ai fait depuis qu'Epaphrodite m'affranchit, et c'est ce que je vous ai vu faire avec une satisfaction qui rend mes derniers moments heureux.

LE FILS. — Les philosophes dont je vous parle exigent bien autre chose : ils veulent qu'on apporte à leurs pieds tout ce qu'on a, jusqu'à la dernière obole.

ÉPICTÈTE. — S'il est ainsi, ce sont des voleurs, et vous êtes obligé de les déférer au préteur ou aux centumvirs.

LE FILS. — Oh non, ce ne sont point des voleurs, ce sont des marchands qui vous donnent la meilleure denrée du monde pour votre argent, car ils vous promettent la vie éternelle; et si, en mettant votre argent à leurs pieds, comme ils l'ordonnent, vous gardez seulement de quoi manger, ils ont le pouvoir de vous faire mourir subitement.

ÉPICTÈTE. — Ce sont donc des assassins dont il faut au plus tôt purger la société.

LE FILS. — Non, vous dis-je, ce sont des mages qui ont des secrets admirables, et qui tuent avec des paroles. Le père, disent-ils, leur a fait cette grâce par le fils. Un de leurs prosélytes, qui pue horriblement, mais qui prêche dans les greniers avec beaucoup de succès, me disait hier qu'un de leurs parents, nommé Ananiah, ayant vendu sa métairie pour plaire au fils au nom du père, porta tout l'argent aux pieds d'un mage nommé Barjone, mais qu'ayant gardé en secret de quoi acheter le nécessaire pour son petit enfant, il fut puni de mort sur-le-champ. Sa femme vint ensuite; Barjone la fit mourir de même en prononçant une seule parole.

ÉPICTÈTE. — Mon fils, voilà d'abominables gens. Si la chose était vraie, ils seraient les plus infâmes criminels de la terre. On vous a conté des histoires ridicules; vous êtes un bon enfant, mais j'ai peur que vous ne soyez un imbécile, et cela me fâche.

LE FILS. — Mais, mon père, si on gagne la vie éternelle en donnant tout son bien à Simon Barjone, il est clair qu'on fait un bon marché.

ÉPICTÈTE. — Mon fils, la vie éternelle, la communication avec l'Être suprême n'a rien de commun, croyez-moi, avec votre Simon Barjone. Le Dieu très-bon et très-grand, *Deus optimus maximus*, qui anima les Caton, les Scipion, les Cicéron, les Paul-Émille, les Camille, le père des dieux et des hommes, n'a pas, sans doute, remis son pouvoir entre les mains d'un Juif. Je savais que ces misérables étaient au rang des plus superstitieux peuples de la Syrie, mais je ne savais pas qu'ils osassent porter leur démence jusqu'à se dire les premiers ministres de Dieu.

LE FILS. — Mais, mon père, ils font continuellement des miracles. (*Ici le bonhomme Épictète ricane.*) Vous ricanez, mon père, vous levez les épaules.

ÉPICTÈTE. — Hélas! un mourant n'a guère envie de rire, mais tu m'y forces, mon pauvre enfant. As-tu vu des miracles?

LE FILS. — Non, mais j'ai parlé à des hommes qui avaient parlé à des femmes qui disaient que leurs commères en avaient vu. Et puis la belle morale que la morale des Juifs, qui sont sans prépuce, et qu'on lave depuis les pieds jusqu'à la tête!

ÉPICTÈTE. — Et quels sont donc les préceptes moraux de ces gens-là?

LE FILS. — C'est premièrement qu'un homme riche ne peut être un homme de bien, et qu'il lui est plus difficile de gagner le royaume des cieux ou le jardin, qu'à un chameau de passer par le trou d'une aiguille [1], moyennant quoi tous les riches doivent donner leurs biens aux gueux qui prêchent ce royaume ou ce jardin;

2° Qu'il n'y a d'heureux que les sots, les pauvres d'esprit [2];

3° Que quiconque n'écoute pas l'assemblée des gueux doit être détesté comme un receveur des impôts [3];

4° Que si l'on ne hait pas son père, sa mère et ses frères, on n'a point de part au royaume ou au jardin [4];

5° Qu'il faut apporter le glaive et non la paix [5];

6° Que quand on fait un festin de noces, il faut forcer tous les passants à venir aux noces, et jeter dans un cul de basse-fosse extérieure ceux qui n'auront pas la robe nuptiale [6].

ÉPICTÈTE. — Hélas! mon sot enfant, j'étais tout à l'heure sur le point de mourir de rire, et je sens à présent que tu me feras mourir d'indignation et de douleur. Si les malheureux dont tu me parles séduisent le fils d'Épictète, ils en séduiront bien d'autres. Je prévois des malheurs épouvantables sur la terre. Ces énergumènes sont-ils nombreux?

LE FILS. — Leur nombre augmente de jour en jour; ils ont une caisse commune dont ils payent quelques Grecs qui écrivent pour eux. Ils ont inventé des mystères; ils exigent un secret inviolable; ils ont institué des inspirés qui décident de tous leurs intérêts, et qui ne souffrent pas que les gens de la secte plaident jamais devant les magistrats.

ÉPICTÈTE. — *Imperium in imperio.* Mon fils, tout est perdu.

DIALOGUE

DU DOUTEUR ET DE L'ADORATEUR,

PAR M. L'ABBÉ DE TILLADET [7].

(1763.)

LE DOUTEUR. — Comment me prouverez-vous l'existence de Dieu?

L'ADORATEUR. — Comme on prouve l'existence du soleil, en ouvrant les yeux.

LE DOUTEUR. — Vous croyez donc aux causes finales?

L'ADORATEUR. — Je crois une cause admirable quand je vois des

1. Matthieu, chap. XIX, v. 24. (Éd.) — 2. *Id.*, chap. V, v. 3. (Éd.)
3. *Id.*, chap. XVIII, v. 17. (Éd.)
4. Luc, chap. XIV, v. 26; et Matthieu, chap. X, v. 36, 37 et 38. (Éd.)
5. Matthieu, chap. X, v. 34. (Éd.) — 6. *Id.*, chap. XXII, v. 13. (Éd.)
7. Publiant ce dialogue en 1763, et le commentaire sur Malebranche en 1772, sous le nom de l'abbé de Tilladet, Voltaire n'avait pas à craindre de lui attirer des persécutions; car Jean-Marie de La Marque, abbé de Tilladet, était mort dès 1715. (*Note de M. Beuchot.*)

effets admirables. Dieu me garde de ressembler à ce fou[1] qui disait qu'une horloge ne prouve point un horloger, qu'une maison ne prouve point un architecte, et qu'on ne pouvait démontrer l'existence de Dieu que par une formule d'algèbre ! encore était-elle erronée.

LE DOUTEUR. — Quelle est votre religion ?

L'ADORATEUR. — C'est non-seulement celle de Socrate, qui se moquait des fables des Grecs, mais celle de Jésus, qui confondait les pharisiens.

LE DOUTEUR. — Si vous êtes de la religion de Jésus, pourquoi n'êtes-vous pas de celle des jésuites, qui possèdent trois cents lieues de pays en long et en large au Paraguai ? pourquoi ne croyez-vous pas aux prémontrés, aux bénédictins, à qui Jésus a donné tant de riches abbayes ?

L'ADORATEUR. — Jésus n'a institué ni les bénédictins, ni les prémontrés, ni les jésuites.

LE DOUTEUR. — Pensez-vous qu'on puisse servir Dieu en mangeant du mouton le vendredi et n'allant point à la messe ?

L'ADORATEUR. — Je le crois fermement, attendu que Jésus n'a jamais dit la messe, et qu'il mangeait gras le vendredi et même le samedi.

LE DOUTEUR. — Vous pensez donc qu'on a corrompu la religion simple et naturelle de Jésus, qui était apparemment celle de tous les sages de l'antiquité ?

L'ADORATEUR.— Rien ne paraît plus évident. Il fallait bien qu'au fond il fût un sage, puisqu'il déclamait contre les prêtres imposteurs, et contre les superstitions ; mais on lui impute des choses qu'un sage n'a pu ni faire ni dire. Un sage ne peut chercher des figues au commencement de mars sur un figuier[2], et le maudire parce qu'il n'a point de figues. Un sage ne peut changer l'eau en vin[3] en faveur de gens déjà ivres. Un sage ne peut envoyer des diables dans le corps de deux mille cochons[4], dans un pays où il n'y a point de cochons. Un sage ne se transfigure point pendant la nuit[5] pour avoir un habit blanc. Un sage n'est pas transporté par le diable[6]. Un sage, quand il dit que Dieu est son père, entend sans doute que Dieu est le père de tous les hommes : le sens dans lequel on a voulu l'entendre est impie et blasphématoire.

Il paraît que les paroles et les actions de ce sage ont été très-mal recueillies ; que parmi plusieurs histoires de sa vie, écrites quatre-vingt-dix ans après lui, on a choisi les plus improbables, parce qu'on les crut les plus importantes pour des sots. Chaque écrivain se piquait de rendre cette histoire merveilleuse. Chaque petite société chrétienne avait son *Évangile* particulier. C'est la raison démonstrative pour laquelle ces *Évangiles* ne s'accordent presque en rien. Si vous croyez à un *Évangile*, vous êtes obligé de renoncer à tous les autres. Voilà une plaisante

1. Maupertuis. (Éd.)
2. Matthieu, XI, 19 ; Marc, XI, 13. (Éd.) — 3. Jean, II, 9. (Éd.)
4. Matthieu, VIII, 32 ; Marc, V, 13. (Éd.)
5. Matthieu, XVII, 2 ; Marc, IX, 2 ; Luc, IX, 29. (Éd.)
6. Matthieu, IV, 8 ; Luc, IV, 5. (Éd.)

marque de vérité qu'une contradiction perpétuelle; voilà une plaisante sagesse que des folies qui se combattent.

Il est donc démontré que des fanatiques ont séduit d'abord des hommes simples qui en ont ensuite séduit d'autres. Les derniers ont encore enchéri sur les premiers. L'histoire véritable de Jésus n'était probablement que celle d'un homme juste qui avait repris les vices des pharisiens, et que les pharisiens firent mourir. On en fit ensuite un prophète, et, au bout de trois cents ans, on en fit un Dieu; voilà la marche de l'esprit humain.

Il est reconnu par les fanatiques, même les plus entêtés, que les premiers chrétiens employèrent les fraudes les plus honteuses pour soutenir leur secte naissante. Tout le monde avoue qu'ils forgèrent de fausses prédictions, de fausses histoires, de faux miracles. Le fanatisme s'étendit de tous côtés; et enfin, dès qu'il a été dominant, il n'a soutenu que par des bourreaux ce qu'il avait établi par l'imposture et par la démence. Chaque siècle a tellement corrompu la religion de Jésus, que celle des chrétiens lui est toute contraire.

Si on a fait dire à Jésus [1] que son royaume n'est pas de ce monde, ceux qui prétendent être les successeurs de ses premiers disciples ont été, autant qu'ils l'ont pu, les tyrans du monde, et ont marché sur la tête des rois. Si Jésus a vécu pauvre, ses étranges successeurs ont ravi nos biens et le prix de nos sueurs.

Considérez les fêtes que Jésus observa; elles étaient toutes juives; et nous faisons brûler ceux qui célèbrent des fêtes juives. Jésus a-t-il dit qu'il y avait en lui deux natures? non; et nous lui donnons deux natures. Jésus a-t-il dit que Marie était mère de Dieu? non; et nous la faisons mère de Dieu. Jésus a-t-il dit qu'il était trin [2] et consubstantiel? non; et nous l'avons fait consubstantiel et trin. Montrez-moi un seul rite que vous ayez observé précisément comme lui; dites-moi un seul de vos dogmes qui soit précisément le sien; je vous en défie.

LE DOUTEUR. — Mais, monsieur, en parlant ainsi, vous n'êtes pas chrétien.

L'ADORATEUR. — Je suis chrétien comme l'était Jésus, dont on a changé la doctrine céleste en doctrine infernale. S'il s'est contenté d'être juste, on en a fait un insensé qui courait les champs dans une petite province juive, en comparant les cieux à un grain de moutarde [3].

LE DOUTEUR. — Que pensez-vous de Paul, meurtrier d'Étienne, persécuteur des premiers Galiléens, depuis Galiléen lui-même et persécuté? Pourquoi rompit-il avec Gamaliel, son maître? est-ce, comme le disent quelques Juifs, parce que Gamaliel lui refusa sa fille en mariage, parce qu'il avait les jambes torses, la tête chauve, et les sourcils joints, ainsi qu'il est rapporté dans les *Actes de Thècle*, sa favorite? a-t-il écrit enfin les épîtres qu'on a mises sous son nom?

1. Jean, XVIII, 36. (ÉD.)
2. C'est la traduction du mot latin *trinus*, triple. (ÉD.)
3. Matthieu, XIII, 31. (ÉD.)

L'ADORATEUR. — Il est assez reconnu que Paul n'est point l'auteur de l'Épître aux Hébreux dans laquelle il est dit : « Jésus est autant élevé au-dessus des anges que le nom qu'il a reçu est plus excellent que le leur. » (Chap. I, v. 4.)

Et dans un autre endroit il est dit que « Dieu l'a rendu pour quelque temps inférieur aux anges. » (Chap. II, v. 7.)

Et dans ses autres épîtres il parle presque toujours de Jésus comme d'un simple homme chéri de Dieu, élevé en gloire.

Tantôt il dit que « les femmes peuvent prier, parler, prêcher, prophétiser, pourvu qu'elles aient la tête couverte, car une femme sans voile déshonore sa tête. « (*I aux Cor.*, chap. XI, v. 5.)

Tantôt il dit que « les femmes ne doivent point parler dans l'église. » (*Ibid.*, chap. XIV, v. 34.)

Il se brouille avec Pierre, parce que Pierre « ne judaïse pas avec les étrangers [1], et qu'ensuite Pierre judaïse avec les Juifs. » Mais ce même Paul va judaïser lui-même pendant huit jours dans le temple de Jérusalem, et y amène des étrangers pour faire croire aux Juifs qu'il n'est pas chrétien. Il est accusé d'avoir souillé le temple; le grand prêtre lui donne un soufflet; il est traduit devant le tribun romain. Que fait-il pour se tirer d'affaire? il fait deux mensonges impudents au tribun et au sanhédrin; il leur dit [2] : Je suis pharisien et fils de pharisien, » quand il était chrétien; il leur dit : « On me persécute parce que je crois à la résurrection des morts. » Il n'en avait point été question; et par ce mensonge, trop aisé pourtant à reconnaître, il prétendait commettre ensemble et diviser les juges du sanhédrin, dont la moitié croyait la résurrection, et l'autre ne la croyait pas.

Voilà, je vous l'avoue un singulier apôtre; c'est pourtant le même homme qui ose dire « qu'il a été ravi au troisième ciel, et qu'il y a entendu des paroles qu'il n'est pas permis de rapporter. » (*II Cor.*, chap. XII, v. 2, 4.)

Le voyage d'Astolphe dans la lune est plus vraisemblable, puisque le chemin est plus court. Mais pourquoi veut-il faire accroire aux imbéciles auxquels il écrit qu'il a été ravi au troisième ciel [3]? C'est pour établir son autorité parmi eux; c'est pour satisfaire son ambition d'être chef de parti; c'est pour donner du poids à ces paroles insolentes et tyranniques : « Si je viens encore une fois vers vous, je ne pardonnerai ni à ceux qui auront péché ni à tous les autres. » (*II Cor.*, chap. XIII, v. 2.)

Il est aisé de voir dans le galimatias de Paul qu'il conserve toujours son premier esprit persécuteur, esprit affreux qui n'a fait que trop de prosélytes. Je sais qu'il ne commandait qu'à des gueux; mais c'est la passion des hommes de vouloir s'élever au-dessus de leurs semblables, et de vouloir les opprimer : c'est la passion des tyrans. Quoi! Paul, Juif, faiseur de tentes, tu oses écrire à des Corinthiens que tu puniras ceux même qui n'auront pas péché! Néron, Attila, le pape Alexandre VI,

1. *Épître aux Galates*, II, 14. (ÉD.) — 2. *Actes*, XXIII, 6. (ÉD.)
3. *II Corinth.*, XII, 2, 4. (ÉD.)

ont-ils jamais proféré de si abominables paroles? Si Paul écrivit ainsi, il méritait un châtiment exemplaire. Si des faussaires ont forgé ces épîtres, ils en méritaient un plus grand.

Hélas! c'est ainsi que la plupart des sectes populaires commencent. Un imposteur harangue la lie du peuple dans un grenier, et les imposteurs qui lui succèdent habitent bientôt des palais.

LE DOUTEUR. — Vous n'avez que trop raison; mais après m'avoir dit ce que vous pensez de ce fanatique, moitié juif, moitié chrétien, nommé Paul, que pensez-vous des anciens Juifs?

L'ADORATEUR. — Ce que les gens sensés de toutes les nations en pensent, et ce que les Juifs raisonnables en pensent eux-mêmes.

LE DOUTEUR. — Vous ne croyez donc pas que le Dieu de toute la nature ait abandonné et proscrit le reste des hommes pour se faire roi d'une misérable petite nation? Vous ne croyez pas qu'un serpent ait parlé à une femme? que Dieu ait planté un arbre dont les fruits donnaient la connaissance du bien et du mal? que Dieu ait défendu à l'homme et à la femme de manger de ce fruit, lui qui devait plutôt leur en présenter, pour leur faire connaître ce bien et ce mal, connaissance absolument nécessaire à l'espèce humaine? Vous ne croyez pas qu'il ait conduit son peuple chéri dans des déserts, et qu'il ait été obligé de leur conserver pendant quarante ans leurs vieilles sandales et leurs vieilles robes? Vous ne croyez pas qu'il ait fait des miracles égalés par les miracles des mages de Pharaon, pour faire passer la mer à pied sec à ses enfants chéris, en larrons et en lâches, et pour les tirer misérablement de l'Égypte, au lieu de leur donner cette fertile Égypte?

Vous ne croyez pas qu'il ait ordonné à son peuple de massacrer tout ce qu'il rencontrerait, afin de rendre ce peuple presque toujours esclave des nations? Vous ne croyez pas que l'ânesse de Balaam ait parlé? Vous ne croyez pas que Samson ait attaché ensemble trois cents renards par la queue? Vous ne croyez pas que les habitants de Sodome aient voulu violer deux anges? Vous ne croyez pas...?

L'ADORATEUR. — Non, sans doute, je ne crois pas ces horreurs impertinentes, l'opprobre de l'esprit humain. Je crois que les Juifs avaient des fables, ainsi que toutes les autres nations; mais des fables beaucoup plus sottes, plus absurdes, parce qu'ils étaient les plus grossiers des Asiatiques, comme les Thébains étaient les plus grossiers des Grecs.

LE DOUTEUR. — J'avoue que la religion juive était absurde et abominable; mais enfin Jésus, que vous aimez, était Juif : il accomplit toujours la loi juive; il en observa toutes les cérémonies.

L'ADORATEUR. — C'est, encore une fois, une grande contradiction qu'il ait été Juif, et que ses disciples ne le soient pas. Je n'adopte de lui que sa morale quand elle ne se contredit point. Je ne peux souffrir qu'on lui fasse dire : « Je ne suis pas venu apporter la paix, mais le glaive[1]; » ces paroles sont affreuses. Un homme sage, encore un coup,

1. Saint Matthieu, chap. X, v. 34. (Éd.)

n'a pu dire que le royaume des cieux est semblable à un grain de moutarde[1], à des noces[2], à de l'argent qu'on fait valoir par usure[3]; ces paroles sont ridicules. J'adopte cette sentence : « Aimez Dieu et votre prochain[4]. » C'est la loi éternelle de tous les hommes, c'est la mienne; c'est ainsi que je suis ami de Jésus; c'est ainsi que je suis chrétien. S'il a été un adorateur de Dieu, ennemi des mauvais prêtres, persécuté par des fripons, je m'unis à lui, je suis son frère.

LE DOUTEUR. — Il n'y a jamais eu de religion qui n'en ait dit autant que Jésus, qui n'ait recommandé la vertu comme Jésus.

L'ADORATEUR. — Eh bien donc! je suis de la religion de tous les hommes, de celle de Socrate, de Platon, d'Aristide, de Cicéron, de Caton, de Titus, de Trajan, d'Antonin, de Marc-Aurèle, d'Épictète, de Jésus.

Je dirai avec Épictète[5] : « C'est Dieu qui m'a créé. Dieu est au dedans de moi, je le porte partout; pourquoi le souillerais-je par des pensées obscènes, par des actions basses, par d'infâmes désirs[6]? Je réunis en moi des qualités dont chacune m'impose un devoir; homme, citoyen du monde, enfant de Dieu, frère de tous les hommes, fils, mari, père; tous ces noms me disent : « N'en déshonore aucun. »

[7]« Mon devoir est de louer Dieu de tout, de le remercier de tout, de ne cesser de le bénir qu'en cessant de vivre. »

Cent maximes de cette espèce valent bien le sermon de la montagne[8], et cette belle maxime : « Bienheureux les pauvres d'esprit[9]. » Enfin j'adorerai Dieu, et non les fourberies des hommes; je servirai Dieu, et non un concile de Chalcédoine, ou un concile *in trullo;* je détesterai l'infâme superstition, et je serai sincèrement attaché à la vraie religion jusqu'au dernier soupir de ma vie.

LETTRE

DU SECRÉTAIRE DE M. DE VOLTAIRE

AU SECRÉTAIRE DE M. LE FRANC DE POMPIGNAN.

(1763.)

MONSIEUR,

Vous avez écrit trois lettres à M. de Voltaire, signées Ladouz, à l'hôtel des Asturies, rue du Sépulcre. Vous lui dites dans ces trois lettres que vous avez été le secrétaire du célèbre M. Le Franc de Pompignan; que vous n'avez plus le bonheur d'être chez lui, et qu'il vous a renvoyé, parce qu'il vous soupçonnait d'avoir fourni à M. de Voltaire des mémoires contre lui.

Vous demandiez à M. de Voltaire une attestation qui détruisît cette

1. Matth., XIII, 31. (ÉD.) — 2. Matth., XXII, 2. (ÉD.)
3. Matth., XXV, 27; Luc, XIX, 23. (ÉD.) — 4. Luc, X, 27. (ÉD.)
5. *Nombres*, XVIII. — 6. *Id.*, XXV. — 7. *Id.*, LXIV.
8. Saint Matthieu, chap. V. — 9. *Id.*, chap. V, v. 3. (ÉD.)

calomnie. Il vous répondit qu'il ne vous connaissait pas, que vous ne le connaissiez pas, et qu'on ne lui avait jamais envoyé d'autres mémoires contre M. Le Franc de Pompignan que ses propres ouvrages. Il me charge, étant vieux, malade, et presque aveugle, de vous répéter la même chose de sa part.

Voici tout ce qu'il connaît de M. Le Franc de Pompignan :

1° D'assez mauvais vers.

2° Son Discours à l'Académie, dans lequel il insulte tous les gens de lettres.

3° Un *mémoire au roi*, dans lequel il dit à Sa Majesté qu'il a une belle bibliothèque à Pompignan-lez-Montauban.

4° La description d'une belle fête qu'il donna dans Pompignan, de la procession dans laquelle il marchait derrière un jeune jésuite, accompagné des bourdons du pays, et d'un grand repas de vingt-six couverts, dont il a été parlé dans toute la province.

5° Un beau sermon de sa composition, dans lequel il dit qu'il est avec les étoiles dans le firmament, tandis que les prédicateurs de Paris et tous les gens de lettres sont à ses pieds dans la fange.

Mon maître a appris aussi que M. Le Franc de Pompignan (quoiqu'il soit noyé) se comparait à Moïse, et que monsieur son frère l'évêque était Aaron; il leur en fait ses compliments.

Il a entendu parler aussi d'une pastorale de monsieur l'évêque, adressée aux habitants du Puy en Velay, *par Monseigneur : Cortiat, secrétaire.* On lui a mandé que dans cette pastorale il est question d'Aristophane, de Diagoras, du Dictionnaire encyclopédique, de Fontenelle, de La Motte, de Perrault, de Terrasson, de Boindin, du chancelier Bacon, de Descartes, de Malebranche, de Locke, de Newton, de Leibnitz, de Montesquieu, etc.

Nous félicitons messieurs du Puy en Velay d'avoir lu les ouvrages de tous ces messieurs : tel pasteur, telles brebis. Mais mon maître n'entre dans aucune de ces querelles scientifiques; il cultive la terre avec bien de la peine, et laisse les grands hommes éclairer leur siècle.

Vous lui mandez que monsieur l'évêque d'Alais veut vous prendre pour secrétaire, en cas que vous ayez une attestation en bonne forme, que vous n'avez point trahi les secrets de M. Le Franc de Pompignan : il vous envoie cette attestation, et il se flatte que, quand vous serez à M. d'Alais, vous ne ressemblerez pas à M. Cortiat secrétaire.

P. S. Je vous demande pardon, monsieur; j'oubliais, dans les ouvrages de M. Le Franc de Pompignan, la *Prière du déiste*, qu'il a traduite de l'anglais.

SECONDE LETTRE DU QUAKER.

(1763.)

Ami Jean Georges, je t'avais fait une petite correction fraternelle pour t'engager à réparer tes fautes; mais tu ne veux que les pallier, et tu les aggraves.

Je t'avais représenté quel excès d'injustice et d'ignorance il y avait à dire que le grand philosophe Locke *n'admettait nulle part l'idée positive d'un Dieu;* je t'exhortais à lire les chapitres où il traite de Dieu positivement, dans son admirable ouvrage de l'*Entendement humain*, et dans son *Christianisme raisonnable*.

Tu avais calomnié milord Shaftesbury, petit-fils du chancelier de ce nom; tu avais pris le petit-fils pour le grand-père, et cette bévue était le fruit de ta singulière opinion que les philosophes étaient aussi des séditieux. Tu devais une réparation authentique à sa famille, à la raison, et à l'histoire.

Tes compatriotes m'avaient averti que tu faisais de scandaleux outrages à la mémoire des Montesquieu, des Fontenelle, et d'autres grands hommes.

Chacun riait de te voir citer des mathématiciens et parler de vers dans ta Pastorale aux gens du Puy en Velay. Je t'avertis charitablement, et pour réponse tu cries à l'impiété: ne valait-il pas mieux te corriger que de répondre à ton ami par des injures?

Ami Jean-Georges, je t'ai charitablement indiqué ton devoir: puisque tu avais la passion de te faire imprimer au Puy en Velay, il fallait enseigner les saintes Écritures à tes ouailles. Je t'apprenais quels sont les meilleurs commentateurs. Je te disais que, si tu voulais entrer dans les détails, tu trouverais chez notre savant évêque de Worcester[1] la réfutation de quelques théologiens qui ont prétendu que le secrétaire Saphan rédigea le *Pentateuque* sous le roi Osias; et tu me réponds comme si je t'avais dit que le secrétaire Saphan composa le livre: de bonne foi, cela est-il juste?

Que n'as-tu lu la savante dissertation du docteur Sancroft contre Newton et contre Leclerc! Le premier était un grand homme, le second était un vrai savant; cependant ils ont pu se tromper. Newton, qui daigna s'amuser quelquefois à marcher dans ces ténèbres de l'antiquité, a voulu prouver que Samuel était le véritable auteur du *Pentateuque*. Leclerc le dit aussi; d'autres l'ont attribué à Esdras. Tu aurais rendu service à la religion et aux lettres en approfondissant cette matière. Cela était plus convenable que de parler de Terrasson et de La Motte à messieurs du Puy en Velay, dans ta Pastorale.

Que n'as-tu lu le profond ouvrage de l'évêque Warburton! Il t'au-

1. Glocester. (Éd.)

rait montré pourquoi Dieu cacha aux anciens Juifs le dogme de l'immortalité de l'âme, et tu ne serais pas réduit à citer saint Paul mal à propos; il t'aurait appris que saint Paul, à l'exemple de son maître, annonçait et constatait une vérité que les premiers Juifs n'avaient pas connue. L'Evangile prouve l'immortalité de l'âme, il prouve que le Dieu de Jacob est le Dieu des vivants; mais il ne dit point que Moïse ait annoncé publiquement une vérité réservée à des temps plus sacrés et plus heureux. Ah! mon frère, tu devais mieux t'instruire, et ne pas priver notre sainte loi du plus grand avantage qu'elle ait sur l'ancienne.

AMI JEAN-GEORGES, je t'avais appris qu'aucun usage, aucune cérémonie annoncée dans le *Pentateuque* n'est expressément citée dans aucun livre hébreu postérieur; qu'on ne trouve aucun verset des cinq livres de Moïse répété dans les autres livres; et là-dessus tu me dis qu'il y a dans le livre des Rois[1] : « Gardez les cérémonies, les préceptes, les ordonnances, selon qu'il est dit dans la loi de Moïse. » Mais ne vois-tu pas que ce n'est pas là une citation? Autre chose est d'exhorter en général à suivre la loi; autre chose est de citer précisément les passages de la loi. Tu vois bien que tu n'entends pas l'état de la question.

Qu'on nous dise chez nous : « Soyez fidèles à la loi de la grande charte[2] qui établit vos libertés; » cela ne s'appelle pas citer un article particulier de la grande charte. Encore une fois, Moïse a écrit ses lois, personne n'en doute; mais puisque tu voulais prouver ce que nous connaissons tous, il fallait le prouver mieux.

AMI JEAN-GEORGES, que tu avais un beau champ pour manifester la puissance du Seigneur dans les plaies d'Égypte et dans le miraculeux passage de la mer Rouge! Notre évêque Stillingfleet entend mieux que toi le texte sacré. Tu viens nous dire que le *seul bétail* des Égyptiens mourut de la peste dans la cinquième plaie. Les mots hébreux et chaldaïques répondent précisément à ceux-ci, *tous les animaux* des Égyptiens moururent; et la Vulgate, que tu pouvais suivre, dit expressément, *omnia animantia*. Tous les chevaux périrent donc : tu as donc tort de dire qu'ils ne furent pas compris dans la mortalité. Mais, pour te tirer d'affaire, tu devais lire le chevalier Marsham : il t'aurait appris que les rois d'Égypte étaient alliés du roi de Nubie; et même on prétend que les Nubiens étaient tributaires, et que Pharaon put faire venir en diligence de la cavalerie nubienne pour réparer la perte de la sienne.

Voilà comme un commentateur habile résout les difficultés. Je sais qu'on veut éluder cette solution, et que jamais la cavalerie nubienne n'aurait pu arriver à temps; que du fond de la presqu'île Moroé, frontière de la Nubie, il y a environ onze cent mille pas jusqu'à Memphis, et qu'avant qu'on eût pu rassembler les chevaux en Nubie et les conduire si loin, on aurait perdu un temps trop considérable : mais il faut

1. III, chap. II, v. 3. (ÉD.)
2. Octroyée aux Anglais, en 1215, par Jean Ier, prince esclave de Rome, et qui eût été le tyran de ses sujets si l'aristocratie de ses barons le lui eût permis. (ÉD.)

observer aussi que la cavalerie marche plus vite qu'un peuple entier, composé de vieillards, de femmes et d'enfants; que la multitude des Juifs, qui allait à plus de deux millions de personnes, ne pouvait faire de longues traites; que probablement elle prit un long détour en allant de la terre de Gessen vis-à-vis du lac Sirbon, et en retournant du lac Sirbon au désert d'Éthan. Quand ils furent dans ce désert, qui est précisément à la pointe de la mer Rouge, ils retournèrent par l'Égypte, dont ils sortaient; et il est dit expressément qu'ils firent un long circuit : *Circumduxit per viam deserti*[1]. Ils passèrent donc à la hauteur du Grand-Caire, d'Héliopolis et de Memphis. Or, de Memphis à Baal-Sephon ou Clisma, qui est précisément l'endroit où la mer s'ouvrit pour eux, il y a soixante mille pas. La sainte Écriture ne nous dit point combien de temps les Juifs employèrent dans toute cette marche; ainsi l'on est bien reçu à supposer que le pharaon d'Égypte eut le temps de faire venir de la cavalerie étrangère.

Je t'ai donné tous les moyens d'acquérir quelque intelligence; tu n'en as suivi aucun, et tu ne m'as pas seulement remercié.

Ami Jean-Georges, je réfléchis avec douleur sur la superbe de certaines gens : voilà l'origine des fausses démarches, des mauvais vers, de la prose ampoulée qu'on donne hardiment au public. On veut passer pour bel esprit dans son village et à Paris; et, pour y parvenir, il n'y a point de sottise qu'on ne fasse. Quand les sottises sont faites, on veut les soutenir par les calomnies; on perd la charité comme la raison; on tombe d'abîme en abîme, ainsi que de ridicule en ridicule; on perd son âme en se faisant moquer de soi. Ah! mon frère, que ne puis-je aider à te convertir, à te rendre modéré et modeste comme tu dois l'être, et à te sauver des sifflets dans ce monde et de la damnation dans l'autre!

Adieu, Jean-Georges.

ARTICLES EXTRAITS
DE LA GAZETTE LITTÉRAIRE
DE L'EUROPE.

1. *Discourses concerning government*, by Algernon Sidney, etc. (Discours sur le gouvernement, par Algernon Sidney.) A Londres, chez Millar, 1763, in-4°

(14 mars 1764.)

Nous ne ferons qu'annoncer ces *discours;* ils sont connus et traduits depuis longtemps en français; c'est de tous les ouvrages politiques celui où les principes des gouvernements libres sont développés et

1. *Exode*, XIII, 18. (Éd.)

soutenus avec le plus de chaleur et de force. Sidney écrivait d'après son cœur, et il scella ses sentiments de son sang. Ces mêmes *Discours sur le gouvernement* lui coûtèrent la vie; mais ils rendront sa mémoire immortelle. Ni Athènes, ni Rome, n'ont eu de républicain plus ardent et plus fier qu'Algernon Sidney: il fit la guerre à Charles Ier; il se ligua, sans être d'aucune secte ni même d'aucune religion, avec les enthousiastes féroces qui détrônèrent et égorgèrent juridiquement ce prince infortuné; mais dès que Cromwell se fut emparé du gouvernement, Sidney se retira, et ne voulut point servir sous cet usurpateur. La haine ardente et inflexible qu'il avait vouée à la monarchie le rendit suspect et redoutable à Charles II. On voulut le perdre, et on l'accusa d'avoir trempé dans une conspiration tramée contre la personne du roi. Mais comme on manquait de preuves contre lui, on se saisit de ses *discours* qui n'avaient jamais été publiés, et on les dénonça comme séditieux. Des jurés corrompus le déclarèrent coupable de haute trahison, et il fut condamné à être pendu et écartelé. Jeffreys, son juge et son ennemi personnel, en lui annonçant cette horrible sentence, l'exhortait d'un ton de mépris à subir son sort avec résignation; Sidney lui dit: « Tâte mon pouls, et vois si mon sang est agité. » Le supplice fut cependant adouci, et l'on se contenta de trancher la tête à Sidney: il avait défendu sa cause avec noblesse, et vit la mort avec la tranquillité de Brutus, qu'il avait choisi pour modèle.

On a joint à la nouvelle édition que nous annonçons une Vie de Sidney, dans laquelle on trouve des particularités curieuses, et quelques-unes très-absurdes. On prétend que cet homme célèbre étant en France, et suivant un jour Louis XIV à la chasse, le roi, qui le vit monté sur un très-beau cheval, lui fit proposer de le lui vendre, et d'y mettre le prix; on ajoute que Sidney ne voulant point vendre son cheval, Louis XIV donna ordre qu'on s'en emparât, et qu'on remît au maître l'argent qu'il demanderait; mais que Sidney, indigné de cette violence, tua son cheval d'un coup de pistolet, en disant: « Mon cheval est né libre; il a été monté par un homme libre, et ne portera jamais un roi d'esclaves. » Comment peut-on adopter un conte si extravagant? C'est là bien mal connaître les mœurs de la France, celles de la cour, et l'extrême politesse de Louis XIV; il n'en aurait pas usé ainsi avec le dernier de ses sujets: peut-on lui supposer une grossièreté si tyrannique envers un étranger de distinction, dont le père avait été ambassadeur à sa cour? Il n'y a que trop de mémoires remplis d'anecdotes aussi ridicules.

II. (4 avril 1764.)

On mande de Leipsick qu'on se prépare à donner bientôt une traduction allemande des *Considérations sur les Corps organisés*, par M. Bonnet, citoyen de Genève.

Cet auteur s'est proposé d'examiner dans son ouvrage comment se fait la reproduction des êtres végétants et animés; nous ne croyons pas que ses *Considérations* puissent répandre beaucoup de jour sur cette grande et ténébreuse question, le désespoir des philosophes anciens et modernes; mais elles décèlent du moins un esprit très-sage et très-éclairé.

Les anciens avaient voulu deviner comme nous les secrets de la nature, mais ils n'avaient point de fil pour se guider dans les détours de ce labyrinthe immense. Le secours des microscopes, l'anatomie comparée, deux siècles d'observations continuelles, ont été nos moyens; nous avons ouvert quelques portes de l'édifice, mais il nous est toujours arrivé la même chose qu'à ce curieux qui, dit-on, entra dans un tombeau où brûlait une lampe sépulcrale depuis deux mille ans; il marcha sur des ressorts qui renversèrent la lampe et l'éteignirent.

La nature s'y prend de plus d'une manière pour la génération des êtres qui végètent ou qui ont la vie; elle produit sans racines presque tous les arbres aquatiques; elle se sert de l'union des deux sexes dans tous les quadrupèdes et les bipèdes.

Il en est d'autres qui perpétuent leur race sans aucun accouplement. C'est assez, parmi plusieurs espèces de poissons, qu'un mâle passe par-dessus les œufs d'une femelle, jetés au hasard sur le rivage, pour que ces œufs soient fécondés. On voit des reptiles vivipares, d'autres ovipares.

Il y a des vermisseaux qui se multiplient par bouture; il y en a, comme plusieurs plantes, qu'on peut couper en plusieurs parties, et chaque partie reproduit une tête, et quelquefois une queue.

Ce que nous appelons des singularités est innombrable; tout doit paraître prodige, parce que tout est inexplicable.

M'apprendrez-vous jamais par quels subtils ressorts[1]
L'éternel artisan fait végéter les corps?
Pourquoi l'aspic affreux, le tigre, la panthère,
N'ont jamais adouci leur cruel caractère;
Et que, reconnaissant la main qui le nourrit,
Le chien meurt en léchant le maître qu'il chérit?
D'où vient qu'avec cent pieds, qui semblent inutiles,
Cet insecte tremblant traîne ses pas débiles?
Pourquoi ce vers changeant se bâtit un tombeau,
S'enterre, et ressuscite avec un corps nouveau,
Et, le front couronné, tout brillant d'étincelles,
S'élance dans les airs en déployant ses ailes?

Platon tâcha d'expliquer le mystère de la génération par des simulacres réfléchis de la Divinité, par le nombre de trois et par le triangle. La saine physique ne s'accommode guère de ces triangles ni de ces simulacres. Hippocrate, abandonnant cette vaine métaphysique, regarda l'union des deux sexes et le mélange des principes de la vie de ces deux sexes comme la seule cause de la génération. Mais souvent

1. Vers de Voltaire, *Quatrième Discours sur l'homme*. (Éd.)

un de ces deux sexes ne fournit point de ses principes; et combien d'animaux naissent sans cette union !

Descartes, dans son *Traité de la Formation du fœtus*, n'examine pas seulement la question de la génération.

Harvey, le plus grand anatomiste de son temps, n'admit que le système des œufs, et prit pour devise: *Omnia ex ovo*. Il dépeupla de biches les parcs du roi d'Angleterre, disséqua les unes immédiatement après leur copulation, les autres après quelques heures, les autres après quelques jours; il crut voir l'origine de la formation, mais il ne la vit pas. Il prétendit de plus que le principe émané du mâle ne produisait aucune altération dans les œufs des oiseaux, et Malpighi s'assura du contraire par l'expérience; mais Malpighi fut d'accord avec Harvey sur le système des ovaires: c'est-à-dire que toutes les femelles ont des œufs plus ou moins visibles, dans lesquels le fœtus est contenu. Cette opinion si vraisemblable de Harvey et de Malpighi fut universelle, jusqu'au temps ou Leuwenhoeck, Valisnieri, et plusieurs autres observateurs, crurent trouver, à l'aide du microscope, dans les principes émanés du mâle, de petits animaux innombrables, s'agitant dans la liqueur avec une extrême vitesse.

On crut alors que ces petits animaux, entrant dans le sein de la femelle, y trouvaient des œufs disposés à les recevoir, et que la femelle, en ce cas, n'était que la nourrice. Mais comment de tant d'animaux fournis par le mâle un seul se logeait-il dans un œuf? Comment le coq, animal si multipliant, ne fournissait-il pas ces animalcules qu'on croyait avoir découverts dans d'autres espèces?

On a fini par rester dans le doute; ce qui arrive toujours quand on veut remonter aux premières causes.

L'auteur de la *Vénus physique* a eu recours à l'attraction; il a prétendu que, dans les principes féconds de l'homme et de la femme mêlés ensemble, la jambe gauche du fœtus attire la jambe droite sans se méprendre; qu'un œil attire un œil en laissant le nez entre deux, qu'un lobe du poumon est attiré par un autre lobe, etc.

Si on avait dit au grand Newton qu'un jour on ferait un tel usage de son *Principe mathématique de la gravitation*, il aurait été bien étonné.

Un philosophe éloquent et très-éclairé [1] a prétendu voir l'origine de tous les corps végétants et animés dans des particules qu'il appelle organiques, et qui prennent la forme de chaque partie du corps organisé par le moyen de certains moules intérieurs, et se réunissent ensuite dans un réservoir commun pour former l'animal ou la plante. Mais qu'est-ce que c'est que des moules intérieurs? Comment modifient-ils la forme intérieure d'une molécule? comment une molécule modifiée dans un moule intérieur du cerveau, par exemple, ne perd-elle pas sa première forme en passant dans une foule d'autres moules intérieurs qui se trouvent dans sa route depuis la tête jusqu'au réservoir de la semence? L'auteur a bien senti que tout cela ne pouvait s'expliquer

1. Charles Bonnet. (Éd.)

par les principes mécaniques connus; il a eu recours à certaines forces inconnues, dont on ne peut, dit-il, se former une idée : n'est-ce pas là multiplier les obscurités ?

Il semble qu'il en faille revenir à l'ancienne opinion que tous les germes furent formés à la fois par la main qui arrangea l'univers; que chaque germe contient en lui tous ceux qui doivent naître de lui; que toute génération n'est qu'un développement; et, soit que les germes des animaux soient contenus dans les mâles ou dans les femelles, il est vraisemblable qu'ils existent dès le commencement des choses, ainsi que la terre, les mers, les éléments, les astres.

Cette idée est peut-être digne de l'éternel Artisan du monde, si quelqu'une de nos conceptions peut en être digne.

L'extrême et inconcevable petitesse des derniers germes, contenus dans celui qui leur sert comme de père, ne doit point effrayer la raison. La divisibilité de la matière à l'infini n'est pas une vérité physique, ce n'est qu'une subtilité métaphysique portée dans la géométrie; mais il est vrai qu'un monde entier peut être contenu dans un grain de sable, dans la même proportion qu'existe l'univers que nous voyons. Il faudra probablement bien des siècles pour épuiser les semences enfermées les unes dans les autres, et c'est peut-être alors que la nature étant parvenue à son dernier période, le monde où nous sommes aura une fin comme il a eu un commencement.

L'auteur des *Considérations sur les corps organisés* embrasse cette belle hypothèse, que tout se fait par développement, et que chaque germe contient tous ceux qui naîtront un jour. Il admet les œufs dans les femelles vivipares, et il reconnaît les œufs pour le séjour des germes, ce qui est pourtant encore douteux.

Peut-être cet auteur ingénieux et profond ne donne-t-il pas dans ce système des raisons assez convaincantes de la formation des monstres, de la ressemblance des enfants, tantôt au père, tantôt à la mère : mais dans quel système a-t-on jamais bien expliqué ces secrets de la nature ?

Son livre d'ailleurs est un recueil d'expériences curieuses, de bonnes raisons, et de doutes aussi estimables que des raisons.

Remarquons que non-seulement les germes des corps animés et des végétaux sont préexistants, mais qu'il faut encore que dans chacun d'eux il y ait d'autres germes organisés de leurs membres qui doivent se reproduire quand l'animal les a perdus. Ainsi, une écrevisse doit avoir dans ses pattes des germes de nouvelles pattes qui éclosent dans le besoin. Ainsi un ver qui a perdu sa tête a le germe d'une autre tête qui vient se mettre à la place de celle qu'on a coupée.

C'est encore une question très-curieuse que la formation d'un nombre prodigieux d'animaux nés dans d'autres animaux. Le repli de l'anus d'un cheval ou d'un bœuf, le nez d'un mouton, le gosier d'un cerf, les entrailles de l'homme, la peau de presque tout ce qui respire, devient le nid d'une infinité d'insectes. Ainsi tous les animaux se nourrissent les uns les autres, comme ils se détruisent.

Le ténia, ce reptile si extraordinaire, mince et large comme un ruban, qui s'empare des intestins de l'homme et de quelques bêtes, qui s'y accroît jusqu'à la longueur de neuf ou dix aunes, a son germe imperceptible dans un petit insecte imperceptible qui croît, dit-on, sur la surface de l'eau; sa naissance et sa croissance sont également extraordinaires; mais il faut que son individu ait préexisté comme tous les autres.

Il n'y a point de génération proprement dite; tout n'est que développement, et les bras de l'homme sont déjà dans le fœtus, comme on voit à l'œil les ailes du papillon dans la chenille.

Ces germes de toutes choses sont-ils renfermés dans leurs espèces particulières, ou sont-ils répandus dans tout l'espace? L'auteur paraît croire à la dissémination des germes; cependant n'est-il pas beaucoup plus naturel que chaque espèce animée soit renfermée dans le lieu qui lui convient? Il n'en est pas, ce semble, du germe d'un éléphant et d'un chameau comme des poussières des fleurs et des herbes que les vents poussent hors du lieu de leur naissance.

Presque tout ce qui regarde les premiers ressorts de la vie et de la végétation est traité ou indiqué dans ce livre. On connaît les polypes, ces zoophytes ou animaux-plantes. Si quelque chose paraît confirmer le système de la continuité de la chaîne des êtres, ce sont ces formes intermédiaires qui paraissent remplir l'intervalle des végétaux et des animaux, et qui semblent être des animaux mi-partis de la chaîne immense de la nature. Cette idée, renouvelée des Grecs, est-elle aussi vraie qu'imposante? De la végétation au simple sable, à l'argile, n'y a-t-il pas une distance infinie? Les polypes, les orties de mer, sont-ils bien réellement des animaux? ont-ils du sentiment, et n'est-ce pas le don inexplicable du sentiment qui constitue l'animal? Aperçoit-on réellement une gradation continue et sans interruption entre les êtres? Nous voyons des animaux à quatre pieds et à deux, mais il n'y en a point à trois, malgré les admirables propriétés attribuées au nombre de trois par toute l'antiquité. On trouve des reptiles qui ont un nombre de pieds indéterminé. Combien d'espèces ne peut-on pas imaginer entre l'homme et le singe, entre le singe et d'autres genres!

Et si nous levions les yeux vers l'espace, quelle gradation proportionnelle y a-t-il entre les distances, les grosseurs, et les révolutions des planètes? Cette chaîne prétendue se trouve rompue de Saturne jusqu'aux entrailles de notre petit globe.

Les bornes d'un extrait ne nous permettent pas un plus long examen. Nous finissons par remarquer que, dans quelque système qu'on embrasse, il faut admettre une force motrice qui, d'un embryon plus petit que la cent millième partie d'un ciron, forme un éléphant, un chêne. C'est cette force motrice, le principe de tout, dont nous demandons raison. Elle agit d'un bout de l'univers à l'autre. Mais quelle est-elle? L'éternel Géomètre nous a permis de calculer, de mesurer, de diviser, de composer; mais, pour les premiers principes des choses, il est à croire qu'il se les est réservés.

III. (4 avril 1764.)

Je ne sais pas, messieurs, s'il vous est tombé entre les mains un ouvrage anglais, intitulé : *Éléments de Critique*, publié l'année dernière en Angleterre par M. Henri Home, lord Kaims. Permettez-moi de vous soumettre quelques singularités curieuses sur cet ouvrage.

On ne peut avoir une plus profonde connaissance de la nature et des arts que ce philosophe, et il fait tous ses efforts pour que le monde soit aussi savant que lui. Il nous prouve d'abord que nous avons cinq sens, et que nous sentons moins l'impression douce faite sur nos yeux et sur nos oreilles par les couleurs et par les sons, que nous ne sentons un grand coup sur la jambe ou sur la tête.

Il nous instruit de la différence que tout homme éprouve entre une simple émotion et une passion de l'âme; il nous apprend que les femmes passent quelquefois de la pitié à l'amour. Il pouvait citer l'exemple d'Angélique dans l'Arioste, si bien imité par Quinault[1]

La pitié pour Médor a trop su m'attendrir;
Ma funeste langueur s'augmentait à mesure
Qu'il guérissait de sa blessure :
Et je suis en danger de n'en jamais guérir.

Mais tout Écossais qu'est M. Home, il aime mieux citer une tragédie anglaise : c'est Othello, ce Maure de Venise si fameux à Londres. Il fallait que la maîtresse d'Othello fût bien pitoyable pour devenir amoureuse d'un nègre qui parlait de *cavernes*, de *déserts*, de *cannibales*, d'*anthropophages*, et qui lui disait *qu'il avait été sur le point de la noyer*.

De là, passant à la mesure du temps et de l'espace, M. Home conclut mathématiquement que le temps est long pour une fille qu'on va marier, et court pour un homme qu'on va pendre; puis il donne des définitions de la beauté et du sublime. Il connaît si bien la nature de l'un et de l'autre, qu'il réprouve totalement ces beaux vers d'*Athalie* (acte II, scène VII) :

La douceur de sa voix, son enfance, sa grâce,
Font insensiblement à mon inimitié
Succéder.... Je serais sensible à la pitié!

Il condamne ce monologue de *Mithridate* (acte IV, scène V) :

Quoi! des plus chères mains craignant les trahisons,
J'ai pris soin de m'armer contre tous les poisons;
J'ai su, par une longue et pénible industrie,
Des plus mortels venins prévenir la furie :
Ah! qu'il eût mieux valu, plus sage et plus heureux,
Et repoussant les traits d'un amour dangereux,
Ne pas laisser remplir d'ardeurs empoisonnées
Un cœur déjà glacé par le froid des années!

1. *Roland*, acte I, scène II. (Éd.)

Il trouve que le monologue de don Diègue, dans *le Cid* (acte I) :

O rage! ô désespoir! ô vieillesse ennemie! etc.

est un morceau déplacé et hors d'œuvre, dans lequel don Diègue ne dit rien de ce qu'il doit dire.

Mais, en récompense, le critique nous avertit que les monologues de Shakspeare « sont les seuls modèles à suivre, et qu'il ne connaît rien de si parfait. » Il en donne un bel exemple, tiré de la tragédie d'*Hamlet :* en voici quelques traits, traduits à peu près vers pour vers, et très-exactement (acte I, scène II) :

HAMLET.

Oh! si ma chair trop ferme ici pouvait se fondre,
Se dégeler, couler, se résoudre en rosée!
Oh! si l'Être éternel n'avait pas du canon
Contre le suicide!... ô ciel! ô ciel! ô ciel!
Que tout ce que je vois aujourd'hui dans le monde
Est triste, plat, pourri, sans nulle utilité!
Fi! fi! c'est un jardin plein de plantes sauvages!
Après un mois ma mère épouser mon propre oncle!
Mon père, un si bon roi!... L'autre, en comparaison,
N'était rien qu'un satyre, et mon père un soleil.
Mon père, il m'en souvient, aimait si fort ma mère,
Qu'il ne souffrait jamais qu'un vent sur son visage
Soufflât trop rudement. O terre! ô juste ciel!
Faut-il me souvenir qu'elle le caressait
Comme si l'appétit s'augmentait en mangeant!
Un mois! *fragilité!* ton nom propre est *la femme;*
Un mois, un petit mois! avant d'avoir usé
Les souliers qu'elle avait à son enterrement!

Quelques lecteurs seront surpris peut-être des jugements de M. Home, lord Kaims; et quelques Français pourront dire que Gilles, dans une foire de province, s'exprimerait avec plus de décence et de noblesse que le prince Hamlet; mais il faut considérer que cette pièce est écrite il y a deux cents ans; que les Anglais n'ont rien de mieux; que le temps a consacré cet ouvrage; et qu'enfin il est bon d'avoir une preuve aussi publique du pouvoir de l'habitude et du respect pour l'antiquité.

Le fond du discours d'Hamlet est dans la nature; cela suffit aux Anglais. Le style n'est pas celui de Sophocle et d'Euripide; mais la décence, la noblesse, la justesse des idées, la beauté des vers, l'harmonie, sont peu de chose, et M. Home, qui est juge en Écosse, peut dire que le fond l'emporte ici sur la forme.

C'est avec le même goût et la même justesse qu'il trouve ce vers de Racine ridiculement ampoulé :

Mais tout dort, et l'armée, et les vents, et Neptune[1].

1. *Iphigénie*, acte I, scène I. (ÉD.)

Ce sublime simple, qui exprime si bien le calme funeste par lequel la flotte des Grecs est arrêtée, ne plaît pas au critique; *un officier*, dit-il, *ne doit pas s'exprimer ainsi*.

Il faut s'en tenir au beau naturel de Shakspeare.

On commence dans *Hamlet* par relever une sentinelle : le soldat Bernardo demande au soldat Francisco si tout a été tranquille. *Je n'ai pas vu trotter une souris* (acte I, sc. 1), répond Francisco. Convenons qu'une tragédie ne peut commencer avec une simplicité plus noble et plus majestueuse. C'est Sophocle tout pur.

M. Home porte ainsi sur tous les arts des jugements qui pourraient nous paraître extraordinaires.

C'est un effet admirable des progrès de l'esprit humain, qu'aujourd'hui il nous vienne d'Écosse des règles de goût dans tous les arts, depuis le poëme épique jusqu'au jardinage. L'esprit humain s'étend tous les jours, et nous ne devons pas désespérer de recevoir bientôt des poétiques et des rhétoriques des îles Orcades. Il est vrai qu'on aimerait mieux encore voir de grands artistes dans ces pays-là que de grands raisonneurs sur les arts : on trouvera toujours plus d'écrivains en état de faire des éléments de critique, comme milord Kaims, qu'une bonne histoire, comme ses compatriotes, M. Home et M. Robertson.

Il est aisé de dire son avis sur le Tasse et l'Arioste, sur Michel-Ange et Raphaël; il n'est pas si aisé de les imiter, et il faut avouer qu'aujourd'hui nous avons plus besoin d'exemples que de préceptes, aussi bien en France qu'en Écosse.

Au reste, si M. Home est si sévère envers tous nos meilleurs auteurs, et si indulgent envers Shakspeare, il faut avouer qu'il ne traite pas mieux Virgile et Horace.

S'il veut donner l'exemple de quelque balourdise, c'est dans Virgile qu'il va la chercher. Il se moque de la contradiction manifeste qu'il suppose dans ces vers du premier livre de l'*Énéide* [1] :

> *Graviter* commotus, *et alto*
> *Prospiciens summa* placidum *caput extulit unda.*

Il croit que le *placidum* contredit le *commotus;* il ne voit pas que *placidum caput* veut dire ce front qui apaise les tempêtes; il ne voit pas qu'un maître irrité peut, en montrant un front serein, apaiser les querelles de ses esclaves.

Il trouve indécent qu'Horace, dans une épître familière à Mécène, dise [2] :

> *Quid causæ est, merito quin illis Jupiter ambas*
> *Iratus buccas inflet?*

Il oublie que cette expression *inflare buccas*, pour dire *menacer*, était tirée du grec, familière aux Romains, et du ton le plus convenable à la satire.

M. Home donne toujours son opinion pour une loi, et il étend son

1. Vers 130. (Éd.) — 2. Livre I, sat. I, 20, 21. (Éd.)

despotisme sur tous les objets. C'est un juge à qui toutes les causes ressortissent.

Ses arrêts sur l'architecture et sur les jardins ne nous permettent pas de douter qu'il ne soit de tous les magistrats d'Écosse le mieux logé, et qu'il n'ait le plus beau parc. Il trouve les bosquets de Versailles ridicules; mais, s'il fait jamais un voyage en France, on lui fera les honneurs de Versailles; on le promènera dans ses bosquets; on fera jouer les eaux pour lui, et peut-être alors ne sera-t-il pas si dégoûté.

Après cela, s'il se moque de nos bosquets de Versailles, et des tragédies de Racine, nous le souffrirons volontiers : nous savons que chacun a son goût; nous regardons tous les gens de lettres de l'Europe comme des convives qui mangent à la même table; chacun a son plat, et nous ne prétendons dégoûter personne.

IV. *Letters of the right honourable Lady M-y W-y M-e*, etc. (Lettres de milady Marie Wortley Montague), écrites pendant ses voyages en Europe, en Asie, en Afrique, etc. Londres, chez T. Becket, 3 vol. in-12, 1763.

(4 avril 1764.)

C'est ici la troisième édition de ces lettres. Ceux qui ne les connaissent que par les traductions françaises qui en ont paru jusqu'à présent ne sauraient s'en former une juste idée. Elles ont été lues avec avidité par tous ceux qui entendent la langue anglaise. On a appelé milady Montague la Sévigné d'Angleterre; mais elle n'a ni la rapidité du style de Mme de Sévigné, ni son imagination vive et sensible; c'est une élégance charmante, nourrie d'une érudition qui ferait honneur à un savant, et qui est tempérée par les grâces. Il règne surtout dans l'ouvrage de milady Montague un esprit de philosophie et de liberté qui caractérise sa nation. Mme de Sévigné, dans ses lettres, sent beaucoup plus qu'elle ne pense. Mme de Maintenon écrivait quelquefois ce qu'elle ne pensait pas; Mme de Montague écrit tout ce qu'elle pense. Les lettres de ces deux Françaises n'intéressent que leur nation; les lettres de milady Montague semblent faites pour toutes les nations qui veulent s'instruire.

Lorsqu'en 1716 son mari fut nommé ambassadeur en Turquie, elle l'accompagna et fit le voyage par terre; elle traversa des pays qu'aucune personne de considération n'avait visités avant elle depuis plus de six cents ans. Elle passa par Peterwaradin, par les déserts de la Servie, par Philippopolis, par le mont Rhodope, par Sophia. Ensuite, lorsqu'elle revint par mer, elle vit avec attention les lieux que l'*Iliade* a célébrés. Ainsi, après avoir parcouru la patrie d'Orphée, elle observa le théâtre de la guerre chantée par Homère. Elle voyageait l'*Iliade* à la main, et quelquefois elle paraît animée de son esprit.

Son rang, sa curiosité, et une légère connaissance de la langue turque, lui ouvrirent l'entrée de tout ce qui est fermé et inconnu pour jamais aux étrangers. Elle fut accueillie et très-fêtée par l'épouse du grand vizir, et par la sultane, veuve de l'empereur Mustapha. La magnificence voluptueuse de quelques maisons où l'on s'empressa de la recevoir surpassa tout ce que nous connaissons d'agréable dans nos climats froids. Elle fut reçue chez la femme du lieutenant du grand vizir par deux eunuques noirs, qui la conduisirent au milieu de deux rangs de jeunes filles, toutes faites comme on peint les divinités, mais moins belles encore que leur maîtresse. Elle fut charmée de leurs danses et de leur musique, qu'elle compare et paraît préférer à la musique d'Italie; elle ajoute que leurs voix sont plus touchantes que celles des Italiennes. On croit lire un roman grec en lisant quelques-unes de ces lettres; mais, ce qui est le contraire du roman, elle rectifie la plupart de nos idées sur les mœurs turques; elle nous apprend, par exemple, que les femmes de ce pays ont encore plus de liberté que les nôtres. Elles peuvent aller partout, couvertes d'un double voile. Il n'est permis à aucun homme d'oser arrêter une femme voilée, et le mari le plus justement jaloux n'oserait saisir sa femme dans la rue : ainsi elles peuvent aller au rendez-vous avec la plus entière sécurité.

Les Turcs connaissent la délicatesse de l'amour; ils font des vers comme nous pour leurs maîtresses. En voici du grand vizir Ibrahim, gendre de l'empereur Achmet III. Ibrahim se plaint que le sultan diffère trop le jour des noces, et que la sultane obéit trop à son père.

STANCES.

I. « Le rossignol voltige dans les vignes pour y chercher des roses qu'il aime. Je suis venu admirer aussi la beauté des vignes, et la douceur de vos charmes a ravi mon cœur. Vos yeux sont noirs et attrayants comme ceux de la biche; vos yeux, comme ceux de la biche, sont sauvages et dédaigneux. »

II. « Le moment de mon bonheur se diffère de jour en jour. Le cruel sultan ne me permet pas de voir ces joues plus vermeilles que les roses; je n'ose encore y cueillir un baiser. La douceur de vos charmes a ravi mon cœur. Vos yeux sont noirs et attrayants comme ceux de la biche; vos yeux, comme ceux de la biche, sont sauvages et dédaigneux. »

III. « Le malheureux Ibrahim soupire dans ces vers. Un trait parti de vos yeux a percé mon sein. Ah! quand viendra le moment de la jouissance? Attendrai-je longtemps encore? Ah! sultane aux yeux de biche! ange au milieu des anges! je désire, et c'est en vain. Pouvez-vous prendre plaisir à tourmenter mon cœur? »

IV. « Mes cris perçants s'élèvent jusqu'au ciel : le sommeil fuit ma paupière. Tourne du moins les yeux vers moi, sultane, que je contemple ta beauté. Adieu.... je descends au tombeau.... mais rappelle-moi; ta voix retiendra mon âme fugitive.... Mon cœur est brûlant comme le soufre; laisse échapper un soupir, et ce cœur s'embrasera. Gloire de ma vie! belle lumière de mes yeux! ô ma sultane! mon front est prosterné contre la terre. Des larmes brûlantes inondent mes joues.... je sens le délire de l'amour. Ouvre ton âme à la pitié; laisse du moins tomber un regard sur moi. »

Ce morceau, fidèlement traduit d'après la traduction littérale qu'en donne milady Montague, respire le goût de la poésie orientale; on y retrouve ce désordre de sentiments et d'idées qui peut nous paraître exagéré, mais qui vraisemblablement est naturel à des peuples plus sensibles et moins cultivés. Un Arabe s'énonce dans le langage ordinaire d'une manière plus figurée et plus hardie que nous n'oserions le faire en vers. Un amant écrivait à sa maîtresse qui avait le teint blanc et les cheveux noirs : « Le jour est sur ton visage, et la nuit dans tes cheveux. »

Milady parle des bains chauds de Sophia, renommés dans ces contrées comme ceux de Bourbonne, de Plombières, d'Aix-la-Chapelle, le sont parmi nous; mais quelle différence entre la grossièreté rustique de nos bains et la magnificence de ceux des Turcs! ce sont des dômes de marbre qui reçoivent le jour par la coupole. Le pavé, les sofas qui règnent autour en gradins, tout est de marbre. Le milieu de chaque appartement est un bassin de fontaines jaillissantes. Elle assure qu'elle trouva sur ses sofas, ornés de coussins et de tapis superbes, un nombre considérable de femmes qui l'invitèrent à se baigner. Elles n'avaient d'autre habillement que celui qu'on donne aux Grâces. De jeunes esclaves, parées comme elles de leur beauté seule, tressaient les cheveux de leurs maîtresses, et les parfumaient d'essences odorantes. Ce qui surprit le plus milady Montague dans ce singulier spectacle, c'est l'extrême modestie de toutes ces dames nues, et la simplicité polie avec laquelle elles voulurent l'engager à se baigner avec elles. Si cette aventure n'était pas vraie, on ne voit pas ce qui aurait pu engager milady Montague à l'écrire à une de ses amies.

Elle revint par Marseille. Elle resta peu de temps à Paris, et retourna dans sa patrie par Calais. On s'aperçoit aisément, au mépris qu'elle témoigne pour nos dogmes et pour nos cérémonies, que c'est une Anglaise qui écrit.

V. *Dictionnaire universel des Fossiles*, etc., par M. Élie Bertrand, premier pasteur de l'Église française de Berne, 1763, 2 vol. in-8.

(18 avril 1764.)

Cet ouvrage, très-ample, dans lequel il n'y a rien que d'utile, paraît nécessaire à tous les amateurs d'histoire naturelle. On y trouve plusieurs observations qu'on chercherait vainement ailleurs. L'auteur ne perd point son temps à faire des systèmes; il rend compte de ce que la nature produit, sans vouloir inutilement deviner comment elle opère. Il n'assure point que les glossopètres soient des langues de chiens marins qui sont tous venus sur le même rivage déposer leurs langues pour qu'elles y fussent pétrifiées. Il n'affirme pas que les pierres appelées pommes cristallines, ou melons du mont Carmel, aient été originairement des melons, etc. : il rend compte de ce que la nature nous offre, et non de ce qu'elle nous cache.

L'auteur explique nettement, sans affecter ni trop de brièveté, ni trop d'étendue, tout ce qui regarde la pyrotechnie, la métallurgie, et les pierres précieuses. Il ne parle pas seulement de ce qu'il a lu, mais de ce qu'il a vu, et l'on peut dire qu'il a vu avec des yeux éclairés. Il possède un cabinet d'histoire naturelle très-curieux. Ce cabinet serait une acquisition fort utile à qui voudrait se donner sans peine des connaissances sûres dans cette partie de la physique.

VI. *Poems*, by C. Churchill. (*Poëmes*, par C. Churchill.) A Londres, chez Dryden Leach, 1763, in-4.

(18 avril 1764.)

Ces poëmes sont des satires pleines d'amertume, de chaleur et de force : elles avaient été publiées séparément; l'auteur, en les rassemblant dans un volume, y a fait quelques changements et ajouté plusieurs vers heureux. Le premier poëme par lequel M. Churchill se soit fait connaître au public est intitulé *la Rosciade;* il y fait la satire de différents acteurs des deux théâtres de Londres. Voilà un sujet assez bizarre pour le début d'un théologien de l'Église anglicane. Le révérend M. Sterne, chanoine d'York, débuta ainsi par le roman plus gai que décent de *Tristram Shandy. La Rosciade* réussit, et mérita à son auteur les applaudissements des beaux esprits et la censure du clergé, surtout de l'évêque de Rochester, dans le diocèse duquel il officiait.

On jugerait, par l'objet principal de ces satires, que M. Churchill n'a écrit ni pour les étrangers, ni pour la postérité. Les portraits de quelques comédiens, une querelle avec des journalistes, une aventure de revenant, un démêlé particulier avec M. Hogarth, etc., tout cela ne peut guère intéresser hors de Londres et des circonstances; mais M. Churchill a répandu dans ces morceaux des beautés qui sont de tous les temps; sa poésie est pleine de verve, de chaleur et d'énergie; il ne se contente pas de poursuivre les vices et les ridicules des particuliers, il attaque avec la même hardiesse et la même force les vices de son siècle et de sa nation. M. Churchill passe pour un des plus grands poëtes, et peut-être pour le premier des poëtes satiriques que l'Angleterre ait produits. Il ressemble moins à Pope qu'à Dryden, qu'il paraît aussi avoir plus étudié. Il n'est pas aussi pur, aussi correct que Pope, mais il a plus d'originalité dans sa manière; et son style, quoique avec une élégance moins continue, a une harmonie plus abondante et plus variée. On a reproché à Pope que ses vers tombent presque toujours deux à deux, et que le sens finit à chaque couplet. M. Churchill a une marche plus libre; mais il est souvent lâche et négligé, et son style est embarrassé de parenthèses, qui, s'enchâssant les unes dans les autres, occupent quelquefois jusqu'à vingt et trente vers. Ce défaut est assez commun aux écrivains anglais et dans la prose et dans les vers.

Mais ce qui nous paraît bien plus condamnable encore dans les poésies de M. Churchill, c'est l'amertume et quelquefois l'atrocité qu'il porte dans la satire : nous savons que ce genre de poésie a des bornes plus ou moins étroites, suivant la différente nature des gouvernements. La liberté d'écrire doit être plus grande partout où le peuple a quelque part à la législation. C'est une espèce de censure publique qui s'accorde très-bien avec les principes de la démocratie. Voilà pourquoi, dans les premiers temps de la Grèce, la satire, qui n'était alors employée qu'au théâtre, était violente; on l'adoucit lorsque les principes de l'aristocratie commencèrent à l'emporter sur ceux de la démocratie. En Angleterre, il semble que la loi donne à chaque particulier le droit d'attaquer tout homme en place dans son caractère public; mais partout la loi doit protéger la réputation et les mœurs privées d'un citoyen; lorsque la loi se tait, c'est au public même à venger les droits de la société outragée. M. Churchill nous paraît avoir violé toutes les lois de la bienséance et de l'honnêteté sociale. Livré à l'esprit de parti, il prodigue la louange ou le blâme, suivant les préjugés qu'il a adoptés. Juvénal et Horace déguisaient le plus souvent les noms de ceux qu'ils perçaient de leurs traits; M. Churchill accuse un homme *de vendre son âme de boue à qui veut la payer*, et le nomme. Pope, Dryden, et d'autres satiriques anglais, se contentaient de désigner leurs victimes par les lettres initiales de leurs noms; M. Churchill dédaigne même d'employer le voile le plus léger. Despréaux, qui quelque fois a outre-passé lui-même les bornes légitimes de la satire, est, auprès du satirique anglais, le plus doux et le plus poli des hommes. En rendant justice aux grands talents de M. Churchill, nous désirons qu'il en fasse à l'avenir un usage plus conforme aux droits de l'honnêteté et aux intérêts de sa propre gloire, en choisissant des sujets qui soient d'un intérêt plus général, et en modérant la violence effrénée de sa muse.

VII. *The Complete History of England*, etc. (L'Histoire complète de l'Angleterre, depuis Jules César jusqu'à sa révolution), par M. David Hume; nouvelle édition, corrigée et augmentée. A Londres, chez A. Millar, 1764, 8 vol. in-8.

(2 mai 1764.)

On ne peut rien ajouter à la célébrité de cette Histoire, la meilleure peut-être qui soit écrite en aucune langue. La nouvelle édition qu'on annonce renferme quelques changements, mais peu considérables. Nous ne nous proposons pas de donner l'extrait de cet ouvrage; la plus grande partie en est déjà traduite en français, et la traduction de ce qui reste ne tardera pas à paraître[1]. Nous nous contenterons de présenter ici quelques réflexions générales sur l'histoire même d'Angleterre, et sur le caractère du nouvel historien.

Jamais le public n'a mieux senti qu'il n'appartient qu'aux philosophes d'écrire l'histoire. Le philosophe ne doit point, comme Tite Live, entretenir son lecteur de prodiges; il ne doit point, comme Tacite, imputer toujours aux princes des crimes secrets.

Il y a de la différence entre un historien fidèle et un bel esprit malin qui empoisonne tout dans un style concis et énergique. Le philosophe ne recueillera point les bruits populaires comme Suétone: il ne dira point que Tibère voyait clair la nuit comme le jour; il doutera

1. Elle est de Mme Bellot, à qui nous devons déjà une très-bonne traduction du *Règne des Tudors*. (Note des auteurs de la *Gazette littéraire*.)

qu'un prince infirme, âgé de soixante-douze ans, se retira dans Caprée uniquement pour s'y abandonner à des débauches monstrueuses, inconnues même à la jeunesse dissolue de ce temps-là, et pour lesquelles il fallut des expressions nouvelles.

Le philosophe n'est d'aucune patrie, d'aucune faction. On aimerait à voir l'histoire des guerres de Rome et de Carthage écrite par un homme qui n'aurait été ni Carthaginois, ni Romain.

Mézerai dégoûte les Français même quand il dit : « Taisez-vous, écrivains allemands; vos histoires sentent plus le vin que l'huile. » Daniel laisse toujours trop voir de quel pays et de quelle profession il est. M. Hume, dans son Histoire, ne paraît ni parlementaire, ni royaliste, ni anglican, ni presbytérien; on ne découvre en lui que l'homme équitable.

On voit avec un plaisir mêlé d'horreur, dans l'Histoire de Henri VIII, ces commencements de développement de l'esprit humain qui doit un jour adoucir les mœurs, et cette ancienne férocité qui les rendait alors si atroces. L'Angleterre change quatre fois de religion sous Henri VIII, Édouard, Marie, et Élisabeth. Les parlements, qui depuis sont si jaloux de la liberté naturelle aux hommes, et qui la maintiennent avec tant de courage et même avec tant d'excès, sont, sous Henri VIII et Marie sa fille, les lâches instruments de la barbarie. On ne voit que des gibets, des échafauds, et des bûchers. Faut-il donc qu'on ait passé par de tels degrés pour arriver au temps où les Locke ont approfondi l'entendement humain, où les Newton ont développé les lois de la nature, et où les Anglais ont embrassé le commerce des quatre parties du monde?

Quelles scènes présentent le temps de Henri VIII, du jeune Édouard et de Marie! Henri VIII, ainsi que ses prédécesseurs, s'est soumis longtemps au pouvoir de la cour de Rome : il ne se sépare d'elle que parce qu'il est amoureux[1], et parce que le pape Clément XII, intimidé par Charles-Quint, ne veut pas favoriser son amour. Ce même prince fait brûler d'un côté tous ceux qui croient encore à la suprématie du pape, et tous ceux qui ne croient pas à la transsubstantiation. Il a rompu avec Rome pour une femme, et il fait mourir cette même femme sur un échafaud; il envoie ensuite une autre épouse au supplice. La dernière princesse de la maison de Plantagenêt, la mère du cardinal Lapole, est traînée sur l'échafaud à l'âge de quatre-vingts ans : prêtres, évêques, pairs, chanceliers, tout est sacrifié de même aux barbares caprices de ce fou sanguinaire. S'il eût été particulier, on l'eût enfermé et enchaîné comme un furieux; mais parce qu'il est fils d'un Tudor usurpateur qui fut vainqueur du tyran, il ne trouve pas un seul juge qui ne s'empresse d'être l'organe de ses cruautés et le ministre de ses assassinats judiciaires.

Après la mort de ce monstre, les Anglais, qui étaient encore catho-

1. Cet événement fameux est développé avec beaucoup de finesse et de sagacité dans l'*Histoire du divorce de Henri VIII*, par M. l'abbé Raynal. (Note des auteurs de la *Gazette littéraire*.)

liques séparés du pape, deviennent protestants; mais l'esprit de persécution qui abrutissait les hommes depuis si longtemps subsiste toujours, et la coutume de venger ses querelles particulières par des meurtres juridiques prend encore une nouvelle force. Le duc de Somerset, protecteur d'Angleterre, fait trancher la tête au grand amiral Seymour son propre frère; lui-même perd bientôt la vie sur un échafaud par le jugement du duc de Northumberland, qui périt ensuite par le même supplice. L'archevêque de Cantorbéry brûle des sectaires, et est brûlé à son tour. La reine Marie fait exécuter la reine Jeanne Gray et toute sa famille. La reine Marie Stuart, accusée d'être complice du meurtre de son mari, est condamnée, après dix-huit ans de captivité, à perdre la tête, par les ordres de la reine Élisabeth. Le petit-fils de la reine Marie Stuart est enfin condamné au même supplice par son peuple.

Qu'on songe au nombre prodigieux de citoyens périssant par la même mort que leurs chefs et leurs maîtres, et on verra que cette partie de l'histoire était, si on ose le dire, digne d'être écrite par le bourreau, puisqu'il avait recueilli les dernières paroles de tant d'hommes d'État qui lui furent tous abandonnés.

Si on s'arrêtait à ces objets d'horreur, si on ne connaissait de l'histoire anglaise que ces guerres civiles, cette longue et sanglante anarchie, cette privation de bonnes lois, et ces horribles abus du peu de lois sages qu'on pouvait avoir alors, quel homme ne présagerait pas une décadence et une ruine certaine de ce royaume? Mais c'est précisément tout le contraire: c'est de l'anarchie que l'ordre est sorti; c'est du sein de la discorde et de la cruauté que sont nées la paix intérieure et la liberté publique.

Voilà ce qui distingue le peuple anglais de tous les autres peuples, et ce qui rend son histoire si intéressante et si instructive. Ce peuple rentre de lui-même dans l'ordre, et, quelques années après la catastrophe de Charles Ier, on voit les fanatiques absurdes et féroces qui ont trempé leurs mains dans son sang, changés en philosophes. La raison humaine se perfectionne dans la même ville où il n'y avait peut-être pas, du temps de Charles Ier, un seul homme qui eût des notions raisonnables.

Un des plus étonnants contrastes de l'esprit humain, c'est celui de l'autorité que Cromwell avait dans les parlements, ainsi que dans les armées, avec ce galimatias absurde et dégoûtant qui régnait dans tous ses discours. Toutes les paroles qu'on a recueillies de lui sont au-dessous de ce que les prophètes des Cévennes ont jamais prononcé de plus bas et de plus extravagant; ce sont des expressions qui n'ont aucun sens, et des termes de la plus vile populace. C'est ainsi qu'il parlait dans le parlement ainsi que dans la chaire; et peut-être, à la honte des hommes, c'est ainsi qu'il fallait parler alors; car le jargon presbytérien et la folie prophétique étant à la mode, un discours raisonnable n'aurait point ému des hommes dont l'enthousiasme avait éteint la raison. Quelle prodigieuse différence entre le style des bons écrivains de la nation et celui de Cromwell, c'est-à-dire entre leurs idées! Cependant c'est ce style qui le met sur le trône, car la valeur n'en eût fait qu'un colonel ou un major: c'est avec le galimatias prophétique qu'il a régné.

Après cette épouvantable confusion dans l'État, dans l'Église, dans la société, dans la manière de penser, la raison a enfin repris son empire, et l'a étendu même au delà des bornes ordinaires. C'est aujourd'hui surtout qu'on peut dire de cette nation.

Trois pouvoirs, étonnés du nœud qui les rassemble,
Les députés du peuple, et les grands, et le roi,
Divisés d'intérêts, réunis par la loi, etc.
Henriade, ch. I, 314-16.

La fureur des partis a longtemps privé l'Angleterre d'une bonne histoire comme d'un bon gouvernement. Ce qu'un tory écrivait était nié par les whigs, démentis à leur tour par les torys. Rapin Thoyras, étranger, semblait seul avoir écrit une histoire impartiale; mais on voit encore la souillure du préjugé jusque dans les vérités que Thoyras raconte; au lieu que, dans le nouvel historien, on découvre un esprit supérieur à sa matière, qui parle des faiblesses, des erreurs et des barbaries, comme un médecin parle des maladies épidémiques.

VIII. (2 mai 1764.)

On a imprimé à Pise plusieurs tragédies de notre théâtre, fidèlement traduites en vers blancs, c'est-à-dire en vers non rimés, par le cavalier *Lorenzo Guazzesi*.

L'*Iphigénie* de Racine paraît aussi bien rendue qu'elle puisse l'être; mais jamais une traduction, quelque belle qu'elle soit, ne peut faire l'effet de l'original. Il est impossible que la contrainte ne s'aperçoive pas dans un ouvrage de longue haleine. Une épigramme, un madrigal, peuvent gagner dans une traduction; une tragédie ne peut jamais que perdre. C'est que l'auteur, en composant, a toujours été animé par le génie et par le sujet dont il était rempli; et le traducteur, en s'étudiant à copier les idées et les expressions d'un autre, perd nécessairement de vue tout l'ensemble; cet asservissement éteint l'enthousiasme.

Comment se peut-il faire que la gêne de la rime, la plus grande de toutes les gênes, laisse à Racine toute la liberté et toute la chaleur de son esprit, et que le traducteur, dégagé de ces entraves pénibles, paraisse cependant bien moins libre que Racine?

A peine un faible jour nous éclaire et nous guide,
Vos yeux seuls et les miens sont ouverts en Aulide.
Avez-vous dans les airs entendu quelque bruit?
Les vents nous auraient-ils exaucé cette nuit?
Mais tout dort, et l'armée, et les vents, et Neptune.

« Un debil lume
« Fa ch'io ti scorga e dubbio a te mi guida;
« In Aulida tu solo ed io siam desti;

« S'udi rumor per l'aere, o forse i venti
« Si svegliar questa notte a nostri voti?
« Ma qui ognun dorme, e in placido riposo
« Giace l'armata, la marina, e il vento. »

Il est peut-être difficile de mieux traduire, et cependant vous ne voyez dans ces vers ni la pompe, ni l'élégance, ni la facilité, ni la force de ceux de Racine.

In placido riposo énerve entièrement ce beau vers :

Mais tout dort, et l'armée, et les vents, et Neptune.

Cette césure si expressive, *mais tout dort*, n'est point rendue : *il vento*, *le vent*, ne fait pas le même effet que *les vents*. *La marina* est bien loin de signifier *Neptune*. que le poëte représente ici comme endormi, sans affecter pourtant une figure poétique. *Neptune* à la fin d'un vers est une image et une expression bien supérieure au terme *vent*. Que de beautés pour ceux qui sont un peu initiés aux mystères de l'art ! elles sont toutes perdues dans la traduction.

C'est ainsi que nous n'avons jamais pu bien traduire les belles scènes du *Pastor fido*. La difficulté qui naît de la rime peut en partie en avoir été cause; mais que dans une langue aussi abondante que l'italienne on ne puisse parfaitement traduire en vers blancs nos vers rimés; qu'on ne puisse, avec la plus grande liberté, imiter la facilité d'un auteur enchaîné par le retour des mêmes sons, c'est là ce qui paraît étonnant; et l'on ne peut, ce semble, en rendre raison qu'en avouant que celui qui invente, quelque gêné qu'il soit, paraît toujours plus à son aise que celui qui imite. En un mot, on ne traduit point le génie.

Le cavalier Guazzesi rend très-fidèlement ce vers d'*Alzire* :

Votre hymen est le nœud qui joindra les deux mondes.

« Le tue nozze, o figlio,
« Tosto uniranno il gemino emispero. »

Mais vos noces, ô mon fils, uniront bientôt les deux hémisphères, n'exprime point ce *nœud qui joint les deux mondes* : car ce nœud qui les joint fait une image qui ne se trouve pas dans la traduction, et le mot *tosto*, *bientôt*, affaiblit l'idée.

Il arrive donc qu'avec la chaîne de la rime on marche quelquefois d'un pas plus sûr qu'en se délivrant de cette servitude, et c'est de là qu'on peut conclure que la rime, qui présente à chaque moment le mérite d'une grande difficulté surmontée, est absolument nécessaire à la poésie française.

Il est vrai que la rime ajoute beaucoup à l'ennui que nous causent tous les poëmes qui ne s'élèvent pas au-dessus du médiocre; mais c'est qu'alors l'auteur n'a pas eu l'adresse de dérober aux lecteurs la peine qu'il a ressentie en rimant; ils éprouvent la même fatigue sous laquelle il a succombé. C'est un mécanicien qui laisse voir ses poulies et ses cordes; il en fait entendre le bruit choquant; il dégoûte, il révolte. De vingt poëtes il y en a très-rarement un qui sache subjuguer la rime; elle subjugue tous les autres : alors ce n'est plus qu'un vain tintement de consonnances fastidieuses.

Il faut que le poëte choisisse, dans la foule des idées qui s'offrent à lui, celle qui paraîtra la plus naturelle, la plus juste, et qui en même temps s'accordera le mieux avec la rime qu'il cherche, sans qu'il en coûte rien ni à la force du sens, ni à l'élégance de l'expression. Ce travail est prodigieux; mais quand il est heureux il produit un très-grand plaisir chez toutes les nations, puisque toutes les nations, depuis les Romains, ont adopté la rime.

Si en lisant les beaux endroits de l'Arioste, du Tasse, de Dryden, et de Pope, on s'aperçoit qu'ils ont rimé, on ne s'en aperçoit que par la satisfaction secrète que donne une difficulté toujours heureusement vaincue. Milton n'a pas rimé, et la raison qu'en donna M. Pope à M. de Voltaire, c'est que Milton ne le pouvait pas.

M. de La Motte, en voulant introduire les tragédies en prose, ôtait le mérite en ôtant la difficulté.

Le plaisir qui résulte des vers de Racine vient de ce que la prose la plus exacte ne peut dire mieux. C'est le comble de l'art, on l'a déjà dit, quand la prose la plus scrupuleuse ne peut rien ajouter au sens que les vers renferment.

C'est une chose très-remarquable que de tous les étrangers qui ont du goût, et qui se sont rendu notre langue familière, il n'en est aucun qui ne sente dans Racine le mérite de cette facilité, de cette harmonie, de cette élégance continue, qui caractérisent toutes ses tragédies. Quand ils ont commencé la lecture d'une de ses pièces, ils ne peuvent plus la quitter, ils cèdent à un charme invincible. Il y a donc une beauté réelle dans l'art avec lequel Racine a surmonté la difficulté de la rime.

Le défaut ordinaire des vers vient de ce qu'on se croit en droit de parler en vers moins correctement qu'en prose. On est dur ou lâche, le style est hérissé de solécismes, et les pièces qui réussissent le plus sur la scène ne peuvent soutenir l'œil du lecteur attentif.

N'en accusons point la rime, mais la négligence de ceux qui ne savent pas la manier. Elle ne doit fournir que des beautés par ses difficultés mêmes.

Ce n'est pas sans raison qu'on a imaginé le Parnasse comme un mont escarpé sur lequel il est presque impossible de monter sans tomber. On n'a donné des ailes à Pégase que comme un emblème de la difficulté de régler tantôt son vol et tantôt sa marche. La gloire en tout genre n'est attachée qu'au difficile, et il faut que ce difficile ait toujours l'air aisé; c'est à quoi Racine est parvenu, et il est presque aussi impossible qu'indispensable de l'imiter.

IX. (9 mai 1764.)

On nous mande qu'on prépare à Cambridge une magnifique édition in-4° de tous les ouvrages du docteur Middleton. C'est un des plus savants hommes et des meilleurs écrivains de l'Angleterre; il a été mis par beaucoup de gens au nombre des incrédules; nous sommes bien éloignés d'adopter aveuglément ces accusations d'impiété, intentées si aisément aujourd'hui, et avec autant de maladresse que d'atrocité, contre tous ceux qui écrivent avec quelque liberté; mais nous ne pouvons dissimuler que ce théologien n'ait eu des opinions très-difficiles à concilier avec les vrais principes du christianisme.

Il a fait une dissertation pour prouver que plusieurs des cérémonies augustes de l'Église romaine avaient été pratiquées par les païens. Jurieu et plusieurs autres protestants s'étaient déjà exercés sur cet objet; mais que prouve-t-elle, sinon que l'Église a sanctifié des pratiques communes à beaucoup de religions? Toutes les cérémonies sont indifférentes par elles-mêmes; c'est l'objet et le motif qui les rendent saintes ou impies : on se prosterne dans tous les temples du monde; il ne s'agit que de savoir devant quel être on doit se prosterner. Que la plupart des cérémonies et des lois des Hébreux aient été prises des Égyptiens, comme le prétend le savant Marsham, l'économie mosaïque n'en sera pas moins d'institution divine.

Dans un traité célèbre *sur les Miracles*, Middleton prétend que le don des miracles a commencé à s'affaiblir dès le IIe siècle, et qu'ils sont devenus moins fréquents parce qu'ils devenaient moins nécessaires. Il embrasse et fortifie autant qu'il peut l'opinion de Scaliger, que saint Pierre n'est jamais venu à Rome. Il avance ailleurs que le premier chapitre de la *Genèse* est purement allégorique. Nous n'avons garde d'adopter ou de justifier ces paradoxes, et il ne nous appartient pas de les discuter; mais nous rendrons justice à l'érudition, à la candeur, et surtout à la modération du théologien anglais. Quoique par sa naissance, par sa profession et par les serments qu'il avait prêtés à l'État et à l'université de Cambridge dont il était membre, il fût ennemi de l'Église romaine, il n'en parle jamais ni avec dérision ni avec aigreur. Il examine les monuments de Rome ancienne et moderne, non-seulement en antiquaire, mais encore en philosophe qui sait combien les usages tiennent aux opinions et aux mœurs.

Sa *Vie de Cicéron* est très-connue parmi nous par la traduction qu'en a donnée l'abbé Prévost. Les éloges continuels qu'il y fait de Cicéron ont trouvé bien des contradicteurs. Ceux qui ont voulu flétrir la mémoire de ce grand homme se sont fondés sur l'autorité de Dion Cassius, écrivain très-postérieur. Les panégyristes s'appuient sur le témoignage de Plutarque et des contemporains mêmes de Cicéron. Il faut avouer que la plupart des principaux personnages dont l'histoire romaine fait mention sont peints, pour ainsi dire, comme Janus, avec deux visages dont l'un ne ressemble point à l'autre. Quelques écrivains ne donnent à Jules César que des vertus, les autres que des vices. Ici, Auguste est regardé comme un bon prince; là, comme un tyran aussi heureux que méchant, débauché, lâche et cruel dans sa jeunesse, habile dans un âge avancé, et ne cessant de faire des crimes que quand les crimes cessaient de lui être nécessaires. Philon, qui avait vu Tibère, nous dit que c'était un bon et sage prince : Suétone, qui ne vivait pas du temps de cet empereur, en fait un monstre. Peut-être ces opinions contraires sont-elles également fondées sur les faits, parce que les hommes ont souvent des qualités contraires, et que la vie de la plupart des hommes d'État a été un mélange continuel de bonnes et de mauvaises actions, de vices et de vertus, de grandeur et de faiblesse. Il semble que, pour bien juger les hommes publics, on pourrait s'en rapporter aux monuments secrets et non suspects qui restent d'eux, comme les lettres dans lesquelles ils ouvrent leur cœur à leurs amis; mais c'est dans les lettres mêmes de Cicéron que ses admirateurs et ses détracteurs trouvent également les preuves de leurs éloges et de leurs censures. Tout cela prouve combien il est difficile, et peut-être même inutile, de chercher la vérité dans les détails de l'histoire. Quoi qu'il en soit des vertus patriotiques de Cicéron, la postérité admirera toujours en lui l'orateur, l'homme d'État et le philosophe.

X. *La Défense du Paganisme*, par l'empereur Julien, en grec et en français, etc. Berlin, 1764, in-8°.

(23 mai 1764.)

Ce traité, dont le savant P. Pétau croyait que la religion pouvait tirer les plus grands avantages, n'était encore connu que par la réfutation qu'en a faite saint Cyrille, qui l'a inséré par lambeaux dans un grand ouvrage destiné à défendre le christianisme. M. le marquis d'Argens en a rapproché les différentes parties, et, après avoir donné ses soins à ce que le texte parût dans toute sa pureté, il l'a accompagné d'une bonne traduction et d'une quantité considérable de remarques presque uniquement employées à combattre Julien et à défendre la religion chrétienne. L'objet de M. d'Argens, en publiant cet ouvrage vraiment intéressant pour tous ceux qui cherchent à connaître l'histoire de l'esprit humain, a été de prouver la nécessité de la tolérance. Nous observerons à ce sujet que Julien était livré à tout le fanatisme de la philosophie éclectique; qu'il donna dans tous les excès de la superstition; que s'il fût revenu vainqueur de son expédition contre les Parthes, les victimes, disait-on, lui auraient manqué, tant il en avait égorgé, soit pour lire dans leurs entrailles quel serait le sort de ses armes, soit pour se rendre les divinités propices; que, comme Plotin, Porphyre et Jamblique, il se vantait d'avoir un commerce immédiat avec les natures célestes, et que cependant ce prince, tout superstitieux, tout fanatique qu'il était, n'employa jamais la violence, encore moins les tourments, pour obliger les chrétiens à changer de religion. Il apprit du vertueux Libanius que les remèdes violents pouvaient bien emporter certaines maladies; mais que les préjugés sur la religion ne pouvaient être détruits ni par le fer ni par le feu.

XI. *Callimachi Cyrenæi Hymni cum latina interpretatione, etc.* (Hymnes de Callimaque de Cyrène), traduits en vers italiens, et imprimés pour la première fois à Florence, 1763.

(23 mai 1764.)

L'histoire des lettres prouve bien qu'elles ont, ainsi que toutes les choses humaines, leurs périodes et leurs révolutions. Les mêmes études qui, dans un siècle, ont été généralement cultivées, on les abandonne dans le siècle suivant, soit pour s'attacher à des objets plus utiles, soit parce que telle est l'inconstance de l'homme, qu'il se laisse nécessairement entraîner au charme de la nouveauté. Mais bientôt ce même fond d'inconstance ou d'inquiétude nous ramène sur les occupations qu'on a longtemps négligées, et des goûts qui paraissent entièrement éteints renaissent et se montrent avec la chaleur des passions.

Quand les lettres et les arts se ranimèrent en Italie, on ne vit presque paraître que des traductions : Homère, Hésiode, Euripide, Sophocle, Aristophane, Musée, Coluthus, Lycophron, etc., eurent leurs traducteurs. Plus d'un siècle entier s'écoula ensuite sans qu'aucun homme de lettres s'avisât d'inquiéter les mânes des poëtes anciens; mais aujourd'hui on les tourmente plus que jamais; l'Italie est inondée de versions et d'interprétations de toute espèce. Peut-être, dit un Italien lui-même, se persuade-t-on que jusqu'à présent on n'a point su traduire; peut-être aussi ne sait-on plus à quoi s'occuper pour se faire un nom dans la république des lettres.

La traduction dont il s'agit ici est très-fidèle et très-pure; a x hymnes de Callimaque, l'éditeur, M. Bandini, a ajouté les *Épigrammes* de ce poëte grammairien, ainsi que le petit poëme sur la *Chevelure de Bérénice*. L'ouvrage renferme différentes versions latines, un grand nombre de leçons ou *variantes*, et des notes très-bien choisies.

On ne trouve dans Callimaque ni les élans sublimes, ni les figures hardies, ni les expressions étincelantes de Pindare; ses hymnes ressemblent plutôt à ceux qu'on attribue à Homère; c'est à peu près la même marche et le même ton. Quant à sa versification, elle est douce, élégante, et très-soignée. M. l'abbé Terrasson prétendait même qu'elle est supérieure à celle d'Homère. Cet académicien était au nombre des gens de lettres du siècle dernier, qui confondaient les progrès des arts avec les progrès de la philosophie. Parce que les modernes sont plus grands géomètres que ne l'étaient les anciens, M. l'abbé Terrasson affirmait qu'ils sont aussi plus grands poëtes et plus grands orateurs. Il ne faisait pas attention que la poésie est fille de l'imagination, comme l'éloquence l'est de la liberté; que plus les facultés critiques se perfectionnent, plus l'imagination s'émousse; et qu'autant les mœurs des anciens étaient poétiques, autant les mœurs présentes résistent à la poésie.

Comme de tous les ouvrages de Callimaque les moins connus sont ses épigrammes, nous en rapporterons deux :

« C'est dans ces lieux, fait-il dire à Timon le Misanthrope, que pour me dérober au commerce des humains j'ai choisi mon habitation ; qui que tu sois, passe; accable-moi, si tu veux, d'invectives et d'imprécations, mais passe. »

« Acanthius, fils de Dicon, dort ici d'un sommeil sacré. Car ne dites jamais que les bons meurent. »

Avant de finir cette notice, nous ferons observer que les anciens n'attachaient point à l'épigramme l'idée que nous en avons aujourd'hui : ils ne cherchaient pas toujours à terminer ce genre de poëme par quelque chose de piquant et d'inattendu; toutes les conditions en étaient remplies lorsque l'objet y était énoncé avec élégance et avec précision. Ce n'est pas que, dans le recueil des épigrammes anciennes, on n'en trouve de très-délicates et de très-ingénieuses; nous aurons occasion d'en faire connaître un grand nombre dont rien n'égale la finesse. Qu'il nous soit permis, en attendant, de citer celle-ci sur la statue de Vénus qu'on adorait à Cnide, et qu'avait faite Praxitèle :

Cypris passait à Cnide; elle y trouva Cypris[1].
« O ciel! dit la déesse émue,
Quel objet se présente à mes regards surpris?
Aux yeux de trois mortels j'ai paru toute nue,
Adonis, Anchise et Pâris;
Mais Praxitèle, où m'a-t-il vue? »

XII. *The History of lady Julia Mandeville*, etc. (L'Histoire de lady Julie Mandeville). A Londres, chez R. et J. Dodsley, 2 vol. in-12, 3e édition.

(30 mai 1764.)

Ce roman est, comme ceux de Richardson, un recueil de lettres que s'écrivent tous les personnages qui ont part à l'action. Ces acteurs ayant tous un différent caractère, et chacun d'eux voyant les choses d'un œil différent, il en résulte une espèce de drame dans lequel les héros et les héroïnes de la pièce, les confidents et les confidentes, annoncent ce qui s'est passé, et forment l'exposition, l'intrigue et le dénoûment.

L'Histoire de Julie Mandeville est peut-être le meilleur roman de ce genre qui ait paru en Angleterre depuis *Clarisse* et *Grandison*. On y trouve de la vérité et de l'intérêt; et c'est l'art d'intéresser qui fait le succès des ouvrages dans tous les genres, même dans l'histoire; à plus forte raison dans les romans, qui sont des histoires supposées.

Plusieurs philosophes s'étonnent que les hommes, ayant tant de choses à savoir et si peu de temps à vivre, aient le temps de lire des romans. On a déjà remarqué qu'excepté les *Métamorphoses* d'Ovide, qui sont la théologie des anciens, les *Contes arabes*, qui tiennent tous du merveilleux, et l'inimitable Arioste, plus admirable encore par le style que par l'invention, tous les autres romans ne présentent que des aventures bien moins héroïques, moins singulières, moins tragiques que celles dont nos histoires sont remplies. Il n'y a rien de si attachant dans les *Cassandre*, les *Cléopatre*, les *Cyrus*, les *Clélie*, que les événements de nos derniers siècles.

La découverte et la conquête du Nouveau-Monde, les malheurs et la mort épouvantable de Marie Stuart et de Charles Ier, son petit-fils; les infortunes de tant d'autres princes, les aventures et le caractère de Charles XII, un nombre prodigieux de calamités horribles qu'un faiseur de fables n'aurait osé feindre; tous ces grands tableaux qui inté-

1. Κύπρις εἶδε Κύπριν. (Note des auteurs de la *Gazette littéraire*.)

ressent le genre humain, étant peints depuis quelques années par des génies qui ont su plaire, ont fait tomber les grands romans écrits dans un temps où l'on n'avait aucune bonne histoire ni en français ni en anglais.

Les romans tragiques ont donc disparu, et on a été inondé d'historiettes, du genre de la comédie, dans lesquelles on trouve mille petits portraits amusants de la vie commune.

On ne lisait guère dans l'Europe les romans anglais avant *Paméla*. Ce genre parut très-piquant *Clarisse* eut moins de succès, et en méritait cependant davantage. Les romans de Fielding présentèrent ensuite d'autres scènes, d'autres mœurs, un autre ton : ils plurent, parce qu'ils avaient de la vérité et de la gaieté; le succès des uns et des autres en a fait éclore ensuite une foule de mauvaises copies qui n'ont pas fait oublier les premiers, mais en ont sensiblement diminué le goût.

Il se trouve toujours des auteurs qui font, pour occuper le loisir de tant de personnes désœuvrées, ce que font les marchands qui inventent chaque jour des modes nouvelles pour flatter la vanité et amuser la fantaisie.

Ce goût pour les romans est plus vif en France et en Angleterre que chez les autres nations. Il prouve que Paris et Londres sont remplis d'hommes oisifs, qui n'ont d'autre besoin que celui de s'amuser. Les femmes surtout donnent la vogue à ces ouvrages, qui les entretiennent de la seule chose qui les intéresse. Ce qui est remarquable, c'est que ces livres de pur agrément ont plus de lecteurs en Angleterre qu'en France. Pour peu qu'un roman, une tragédie, une comédie ait de succès à Londres, on en fait trois et quatre éditions en peu de mois; c'est que l'état mitoyen est plus riche et plus instruit en Angleterre qu'en France, et qu'un très-grand nombre de familles anglaises passent neuf mois de l'année dans leurs terres; la lecture leur est plus nécessaire qu'aux Français rassemblés dans les villes, occupés des plaisirs et des bagatelles de la société, et sachant moins vivre avec eux-mêmes que les Anglais.

Les Espagnols n'ont pas eu depuis *Don Quichotte* un seul roman qui mérite d'être lu, et ils n'en sont pas plus à plaindre. Les Italiens n'ont rien eu depuis l'*Orlando furioso;* et en effet que pourrait-on lire après lui? Nous finirons ce petit article par une remarque : les deux héros de l'Arioste et de Cervantes sont fous, et ces deux ouvrages sont les meilleurs de l'Italie et de l'Espagne.

XIII. Aux auteurs de la *Gazette littéraire.*

(6 juin 1764.)

Vous avez dit, messieurs, en rendant compte de l'ouvrage de M. Hooke[1], que l'histoire romaine est encore à faire parmi nous, et rien n'est plus vrai. Il était pardonnable aux historiens romains d'il-

1. *Sur l'histoire romaine* (en anglais). (Éd.)

lustrer les premiers temps de la république par des fables qu'il n'est plus permis de transcrire que pour les réfuter. Tout ce qui est contre la vraisemblance doit au moins inspirer des doutes; mais l'impossible ne doit jamais être écrit.

On commence par nous dire que Romulus, ayant rassemblé trois mille trois cents bandits, bâtit le bourg de Rome de mille pas en carré. Or mille pas en carré suffiraient à peine pour deux métairies: comment trois mille trois cents hommes auraient-ils pu habiter ce bourg?

Quels étaient les prétendus rois de ce ramas de quelques brigands? n'étaient-ils pas visiblement des chefs de voleurs qui partageaient un gouvernement tumultueux avec une petite horde féroce et indisciplinée?

Ne doit-on pas, quand on compile l'histoire ancienne, faire sentir l'énorme différence de ces capitaines de bandits avec de véritables rois d'une nation puissante?

Il est avéré, par l'aveu des écrivains romains, que, pendant près de quatre cents ans, l'État romain n'eut pas plus de dix lieues en longueur, et autant en largeur. L'État de Gênes est beaucoup plus considérable aujourd'hui que la république romaine ne l'était alors.

Ce ne fut que l'an 360 que Véies fut prise après une espèce de siége ou de blocus qui avait duré dix années. Véies était auprès de l'endroit où est aujourd'hui Civita-Vecchia, à cinq ou six lieues de Rome; et le terrain autour de Rome, capitale de l'Europe, a toujours été si stérile, que le peuple voulut quitter sa patrie pour aller s'établir à Véies.

Aucune de ses guerres, jusqu'à celle de Pyrrhus, ne mériterait de place dans l'histoire, si elles n'avaient été le prélude de ses grandes conquêtes. Tous ces événements, jusqu'au temps de Pyrrhus, sont pour la plupart si petits et si obscurs, qu'il fallut les relever par des prodiges incroyables ou par des faits destitués de vraisemblance, depuis l'aventure de la louve qui nourrit Romulus et Rémus, et depuis celles de Lucrèce, de Clélie, de Curtius, jusqu'à la prétendue lettre du médecin de Pyrrhus, qui proposa, dit-on, aux Romains d'empoisonner son maître, moyennant une récompense proportionnée à ce service. Quelle récompense pouvaient lui donner les Romains, qui n'avaient alors ni or ni argent? et comment soupçonne-t-on un médecin grec d'être assez imbécile pour écrire une telle lettre?

Tous nos compilateurs recueillent ces contes sans le moindre examen; tous sont copistes, aucun n'est philosophe; on les voit tous honorer du nom de vertueux des hommes qui au fond n'ont jamais été que des brigands courageux. Ils nous répètent que la vertu romaine fut enfin corrompue par les richesses et par le luxe, comme s'il y avait de la vertu à piller les nations, et comme s'il n'y avait de vice qu'à jouir de ce qu'on a volé. Si on a voulu faire un traité de morale au lieu d'une histoire, on a dû inspirer encore plus d'horreur pour les déprédations des Romains que pour l'usage qu'ils firent des trésors ravis à tant de nations, qu'ils dépouillèrent l'une après l'autre.

Nos historiens modernes de ces temps reculés auraient dû discerner au moins les temps dont ils parlent: il ne faut pas traiter le combat peu vraisemblable des Horaces et des Curiaces, l'aventure romanesque de Lucrèce, celle de Clélie, celle de Curtius, comme les batailles de Pharsale et d'Actium. Il est essentiel de distinguer le siècle de Cicéron de ceux où les Romains ne savaient ni lire ni écrire, et ne comptaient les années que par des clous fichés dans le Capitole. En un mot, toutes les histoires romaines que nous avons dans les langues modernes n'ont point encore satisfait les lecteurs.

Personne n'a encore recherché avec succès ce qu'était un peuple attaché scrupuleusement aux supertitions, et qui ne sut jamais régler le temps de ses fêtes; qui ne sut même, pendant près de cinq cents ans, ce que c'était qu'un cadran au soleil; un peuple dont le sénat se piqua quelquefois d'humanité, et dont ce même sénat immola aux dieux deux Grecs et deux Gauloises pour expier la galanterie d'une de ses vestales; un peuple toujours exposé aux blessures, et qui n'eut qu'au bout de cinq siècles un seul médecin, qui était à la fois chirurgien et apothicaire.

Le seul art de ce peuple fut la guerre pendant six cents années; et, comme il était toujours armé, il vainquit tour à tour les nations qui n'étaient pas continuellement sous les armes.

L'auteur du petit volume sur la *Grandeur et la Décadence des Romains*[1] nous en apprend plus que les énormes livres des historiens modernes. Il eût seul été digne de faire cette histoire, s'il eût pu résister surtout à l'esprit de système, et au plaisir de donner souvent des pensées ingénieuses pour des raisons.

Un des défauts qui rendent la lecture des nouvelles histoires romaines peu supportable, c'est que les auteurs veulent entrer dans des détails comme Tite Live. Ils ne songent pas que Tite Live écrivait pour sa nation, à qui ces détails étaient précieux. C'est bien mal connaître les hommes, d'imaginer que les Français s'intéresseront aux marches et aux contre-marches d'un consul qui fait la guerre aux Samnites et aux Volsques, comme nous nous intéressons à la bataille d'Ivri et au passage du Rhin à la nage.

Toute histoire ancienne doit être écrite différemment de la nôtre, et c'est à ces convenances que les auteurs des histoires anciennes ont manqué. Ils répètent et ils allongent des harangues qui ne furent jamais prononcées; plus soigneux de faire parade d'une éloquence déplacée que de discuter des vérités utiles. Les exagérations souvent puériles, les fausses évaluations des monnaies de l'antiquité et de la richesse des États, induisent en erreur les ignorants, et font peine aux hommes instruits. On imprime de nos jours qu'Archimède lançait des traits à quelque distance que ce fût; qu'il élevait une galère du milieu de l'eau, et la transportait sur le rivage, en remuant le bout du doigt; qu'il en coûtait six cent mille écus pour nettoyer les égouts de Rome, etc.

Les histoires plus anciennes sont encore écrites avec moins d'attention. La saine critique y est plus négligée; le merveilleux, l'incroyable

1. Montesquieu. (Éd.)

y domine; il semble qu'on ait écrit pour des enfants plus que pour des hommes : le siècle éclairé où nous vivons exige dans les auteurs une raison plus cultivée.

XIV. Lettre aux auteurs de la *Gazette littéraire.*

(6 juin 1764.)

On vient d'imprimer des Mémoires pour servir à la *Vie de François Pétrarque*, en 2 volumes in-4°, à Amsterdam, chez Arkstée et Merkus. Si ce ne sont là que des Mémoires pour servir à la composition de cette histoire, nous devons espérer que la Vie de Pétrarque sera un ouvrage bien considérable.

Il est vrai que Pétrarque, au XIVe siècle, était le meilleur poëte de l'Europe, et même le seul : mais il n'est pas moins vrai que de ses petits ouvrages, qui roulent presque tous sur l'amour, il n'y en a pas un qui approche des beautés de sentiment qu'on trouve répandues avec tant de profusion dans Racine et dans Quinault : j'oserais même affirmer que nous avons dans notre langue un nombre prodigieux de chansons plus délicates et plus ingénieuses que celles de Pétrarque; et nous sommes si riches en ce genre, que nous dédaignons de nous en faire un mérite. Je ne crois pas qu'il y ait dans Pétrarque une seule chanson qu'on puisse opposer à celle-ci :

Oiseaux, si tous les ans vous quittez nos climats
Dès que le triste hiver dépouille nos bocages,
Ce n'est pas seulement pour changer de feuillages,
Et pour éviter nos frimas;
Mais votre destinée
Ne vous permet d'aimer qu'en la saison des fleurs,
Et quand elle a passé, vous la cherchez ailleurs,
Afin d'aimer toute l'année.

L'auteur des Mémoires rapporte plusieurs sonnets de son auteur favori : voici comme finit le premier :

« Mille trecento ventisette appunto
« Su l' ora prima, il di sesto d' aprile,
« Nel laberinto intrai, nè veggio ond' esca. »
Sonn. CLXXVI.

« L'an mil trois cent vingt-sept, tout juste le sixième d'avril, au matin, j'entrai dans le labyrinthe de l'amour, et je ne vois pas comment j'en sortirai. »

On ne peut pas accuser ce sonnet d'être trop brillant; il n'y a pas là de beautés recherchées.

L'auteur rapporte aussi le second sonnet, qui finit par ces vers :

« Trovommi Amor del tutto disarmato,
« Ed aperta la via per gli occhi al core,
« Che di lagrime son fatti uscio, e varco.

« Però, al mio parer, non li fu onore
« Ferirme di saetta in quello stato,
« E a voi armata non mostrar pur l' arco. »

Sonn. III.

« L'Amour me surprit sans défense et s'ouvrit le chemin de mon cœur par mes yeux, qui sont devenus une porte et une voie de larmes; il ne devait pas, à mon avis, me blesser de sa flèche en cet état, et montrer son arc quand vous étiez armée. »

Ce qu'il y a de plus singulier dans ce sonnet, c'est qu'il fut longtemps chez les Italiens, le sujet d'une dispute très-vive, pour savoir s'il avait été composé le lundi ou le vendredi de la semaine sainte.

Le fameux sonnet *La gola e'l sonno, e l'oziose piume*, commence heureusement : mais y a-t-il rien de plus faible que la fin, qui devrait être saillante ?

« Tanto ti priego più, gentile spirto,
« Non lassar la magnanima tua impresa. »

Sonn. VII.

« Tant plus je vous prie, esprit aimable, de ne point abandonner votre grande entreprise. »

Que dire de cet autre sonnet si admiré, composé, dit-on, dans la forêt des Ardennes ? L'auteur prétend dans ces vers que la ténébreuse horreur de la forêt ne peut l'épouvanter, parce qu'il n'y a que le soleil de Laure et ses rayons d'amour qui puissent lui donner quelque effroi ; et la chute de ce beau sonnet, c'est que rarement le silence, la solitude et l'ombrage, lui font plaisir, parce qu'alors il ne voit pas le soleil de Laure.

On peut défier les admirateurs de ces sonnets d'en trouver un seul qui finisse aussi heureusement que celui de Zappi sur les malheurs de l'Italie.

« Ch' or giù dall' Alpi non vedrei torrenti
« Scender d'armati, nè di sangue tinta
« Bever l'onda del Pò Gallici armenti ;

« Nè te vedrei del non tuo ferro cinta
« Pugnar col braccio di straniere genti,
« Per servir sempre, o vincitrice, o vinta. »

« O malheureuse Italie ! je ne verrais pas aujourd'hui descendre du haut des Alpes ces torrents destructeurs, et les coursiers de la Gaule boire l'onde ensanglantée du Pô.

« Je ne te verrais pas, armée d'un fer étranger, combattre avec le bras de tes ennemis, pour être toujours esclave ou par ta victoire, ou par ta défaite. »

Je m'en rapporte à tous les gens de lettres italiens qui seront de bonne foi. Qu'ils comparent les prologues de tous les chants de l'Arioste avec ce qu'ils aiment le mieux dans Pétrarque, et qu'ils jugent dans le fond de leur cœur si la différence n'est pas immense; mais, chez toutes les nations, il faut que l'antiquité l'emporte sur le moderne, jusqu'à ce que le moderne soit devenu antique à son tour. On se fait dans les siècles les plus polis une espèce de religion d'admirer ce qu'on admirait dans les siècles grossiers.

Personne ne niera que Pétrarque n'ait rendu de grands services à la poésie italienne, et qu'elle n'ait acquis sous sa plume de la facilité, de la pureté, de l'élégance; mais y a-t-il rien qui approche de Tibulle et d'Ovide? Quel morceau de Pétrarque peut être comparé à l'ode de Saphc sur l'amour, si bien traduite par Horace, par Boileau et par Addison? Pétrarque, après tout, n'a peut-être d'autre mérite que d'avoir écrit élégamment des bagatelles, sans génie, dans un temps où ces amusements étaient très-estimés, parce qu'ils étaient très-rares. Il importe fort peu qu'une Laure feinte ou véritable ait été l'objet de tant de sonnets; il est assez vraisemblable que Laure était ce que Boileau appelle une *Iris en l'air*. Un évêque de Lombez, chez qui Pétrarque demeura longtemps, lui écrit : « Votre Laure n'est qu'un fantôme d'imagination sur lequel vous exercez votre muse. » Pétrarque lui répond : « Mon père, je suis véritablement amoureux. » Cela prouve qu'alors on appelait les évêques *pères;* mais cela ne prouve pas plus que la maîtresse de Pétrarque s'appelait Laure en effet, que les charmants madrigaux de M. Ferrand ne prouvent que sa maîtresse s'appelait Thémire.

XV. Histoire du ministère du chevalier Robert Walpool, devenu ministre d'Angleterre et comte d'Oxford. Amsterdam; et se trouve à Paris, chez Durand, libraire, 1764; 3 vol. in-12.

(6 juin 1764.)

Il y a deux fautes dans ce titre : on écrit Walpole et non Walpool; ce ministre était comte d'Orford, et non d'Oxford. On connaîtrait mal le caractère du chevalier Walpole, si on ne le connaissait que par cette histoire, qu'on annonce comme étant traduite en partie de l'anglais. On y parle fort au long des différentes affaires de politique et de commerce qui ont occupé l'Angleterre pendant l'administration du chevalier Walpole, sans faire connaître la part qu'il y avait eue. Ce ministre mérite cependant d'être connu; il a gouverné l'Angleterre pendant vingt ans avec un pouvoir très-absolu, mais dont il usa toujours avec modération. Il entendait mieux le commerce et les finances que les affaires politiques; il négligea les lettres, et relâcha les ressorts de la liberté. Il connut mieux que personne le grand art des gouvernements modernes, l'art de diviser et de corrompre. Les bons patriotes anglais ne lui pardonneront pas d'avoir mis la corruption en système. On disait un jour devant lui que toutes les voix du parlement étaient vénales : « Je le sais bien, répondit-il, j'en ai même le tarif. » On trouve dans les *Essais* de M. Hume un portrait de Walpole, imprimé sous l'administration même de ce ministre, et tracé avec autant de finesse que d'impartialité.

XVI. (14 juin 1764.)

On prépare à Vérone une nouvelle édition de la *Mérope* du célèbre marquis Maffei.

L'archevêque Trissin, le même qui débarrassa la poésie italienne des entraves de la rime, ranima le premier, ou plutôt renouvela le drame ainsi que l'épopée. La pièce qu'il publia sous le titre de *Sophonisbe*, en 1524, et non en 1529, comme l'a annoncé Crescimbeni, est le premier ouvrage de théâtre que les Italiens aient regardé comme une vraie tragédie. Peu de temps après, Rucellai donna sa *Rosmunde* et son *Oreste;* le Speroni, sa *Canace*, etc.; mais toutes ces pièces, froidement modelées sur celles des Grecs, ne ressemblent pas plus aux drames de Sophocle et d'Euripide que ne ressemblerait à l'Apollon du Belvédère une statue à laquelle on s'attacherait à donner les mêmes proportions, sans se mettre en peine du caractère, de l'expression, et de la vie. Elles servent uniquement à prouver que leurs auteurs connurent très-bien les règles de la tragédie ancienne; et cela même doit nous faire sentir le cas qu'il faut faire des règles, puisque ce n'est point assurément d'après eux qu'on se serait jamais avisé d'en prescrire. L'Italien ne put s'accommoder d'un genre d'ouvrages où l'on ne lui présentait que des actions et des mœurs étrangères qui n'étaient pas même liées aux siennes. D'ailleurs son caractère semblait pencher beaucoup plus vers la plaisanterie et la malignité du genre comique, que vers l'austère majesté de la tragédie. Les mascarades, les *improvisements*, les comédies espagnoles, et surtout les drames lyriques, ou, pour nous servir de l'expression des Italiens, les mélodrames, achevèrent d'étouffer la bonne tragédie. Il y avait près d'un siècle que le goût en était entièrement éteint, lorsque Pierre Martelli crut le ranimer en substituant aux intrigues bizarres et romanesques que les Italiens avaient empruntées des Espagnols, on ne sait trop quels procédés de la tragédie française; mais il ne fut pas plus heureux que ne l'avaient été les premiers poëtes de sa nation lorsqu'ils essayèrent de transporter à leur théâtre la manière des Grecs[1]. Gravina écrivit dans le même temps sur les principes de l'art en homme de génie, et fit des tragédies pitoyables. La véritable époque du bon goût dramatique en Italie, c'est la *Mérope* du marquis Maffei. Ce savant homme touchait à son huitième lustre lorsqu'il fit cette tragédie. C'était le seul genre dans lequel il n'eût pas encore essayé ses forces. De toutes les pas-

1. Le même auteur, persuadé qu'il n'était possible d'exprimer d'une manière tragique les caractères et les actions des héros qu'en employant notre vers alexandrin, des deux vers italiens de sept syllabes n'en fit qu'un seul qu'il unit au vers suivant par le moyen de la rime; ces nouveaux vers furent appelés *Martelliens*, du nom de leur auteur. Mais Martelli ne fit pas attention que les rimes masculines et féminines du vers français produisaient une variété dont sa langue composée de mots toujours terminés par des voyelles ne la rendaient point susceptible, et qu'en supposant que la noblesse et la majesté du vers auraient suppléé cette variété, la césure ou le repos établi constamment à la septième syllabe, et la longueur extrême du vers, ne pouvaient plaire aux oreilles italiennes. (Note des auteurs de la *Gazette littéraire*.)

sions qui meuvent le cœur humain, la tendresse maternelle lui ayant paru la plus propre à faire une impression tout à la fois universelle et profonde, il fit choix de l'histoire de Mérope, d'après laquelle Euripide avait fait autrefois son *Cresphonte*. En travaillant à son plan, il consulta la nature et la raison, et méprisa toutes ces lois et ces règles, qui, loin de servir le talent, le rétrécissent et l'alarment, en faisant envisager la tragédie comme un ouvrage presque impossible à exécuter La *Mérope* du marquis Maffei eut en Italie le sort qu'eut en France le *Cid* de Corneille. Elle fut extrêmement applaudie, extrêmement critiquée, et, après les critiques, applaudie encore plus que jamais. Il y a dans la sixième scène du second acte de cette pièce un mot si vrai, si tendre, si sublime, que nous ne pouvons nous empêcher de le rapporter ici. M. Maffei avoue lui-même qu'il n'en est point l'auteur; mais il ne l'a emprunté d'aucun ouvrage; il le doit uniquement aux grands modèles qu'il observait sans cesse en travaillant à sa tragédie, la nature et la vérité. La femme d'un noble Vénitien, ayant perdu son fils unique, s'abandonnait au désespoir; un religieux tâchait de la consoler: « Souvenez-vous, lui disait-il, d'Abraham à qui Dieu commanda de plonger lui-même le poignard dans le sein de son fils, et qui obéit sans murmure. — Ah! mon père, répondit-elle avec impétuosité, Dieu n'aurait jamais commandé ce sacrifice à une mère. »

La *Mérope* du marquis Maffei a eu jusqu'à présent plus de cinquante éditions; nous n'en connaissons pas de plus belle et de plus complète que celle de Vérone, 1745.

XVII. Lettre aux auteurs de la *Gazette littéraire*.

(20 juin 1764.)

Tous les objets des sciences sont de votre ressort; souffrez que les chimères en soient aussi. *Nil sub sole novum*[1], rien de nouveau sous le soleil: aussi n'est-ce pas de ce qui se fait en plein jour que je veux vous entretenir, mais de ce qui se passe pendant la nuit. Ne vous alarmez pas, il ne s'agit que de songes.

Un de mes concitoyens vient de faire imprimer un livre très-profond sur les rêves. Il distingue les rêves en rêves naturels et en surnaturels. Ceux de cette dernière espèce sont rares: on ne les rencontre aujourd'hui que dans les tragédies. Je félicite mon cher compatriote d'avoir de si beaux rêves.

Je vous avoue, messieurs, que je pense assez comme le médecin de votre M. de Pourceaugnac; il demande à son malade de quelle nature sont ses songes, et M. de Pourceaugnac, qui n'est pas philosophe, répond qu'ils sont de la nature des songes. Il est très-certain pourtant, n'en déplaise à votre Limousin, que des songes pénibles et funestes dénotent les peines de l'esprit et du corps, un estomac surchargé d'aliments, ou un esprit occupé d'idées douloureuses pendant la veille.

1. *Ecclésiaste*, I, 10. (ÉD.)

Le laboureur qui a bien travaillé sans chagrin, et bien mangé sans excès, dort d'un sommeil plein et tranquille, que les rêves ne troublent point. Tant qu'il est dans cet état, il ne se souvient jamais d'avoir fait aucun rêve. C'est une vérité dont je me suis assuré autant que je l'ai pu dans mon manoir de Herefordshire. Tout rêve un peu violent est produit par un excès, soit dans les passions de l'âme, soit dans la nourriture du corps; il semble que la nature alors vous en punisse en vous donnant des idées, en vous faisant penser malgré vous. On pourrait inférer de là que ceux qui pensent le moins sont les plus heureux; mais ce n'est pas là que je veux en venir.

Il faut dire avec Pétrone : « Quidquid luce fuit, tenebris agit. » J'ai connu des avocats qui plaidaient en songe, des mathématiciens qui cherchaient à résoudre des problèmes, des poëtes qui faisaient des vers. J'en ai fait moi-même qui étaient assez passables, et je les ai retenus. Il est donc incontestable que, dans le sommeil, on a des idées suivies comme en veillant. Ces idées nous viennent incontestablement malgré nous. Nous pensons en dormant, comme nous nous remuons dans notre lit, sans que notre volonté y ait aucune part. Votre P. Malebranche a donc très-grande raison de dire que nous ne pouvons jamais nous donner nos idées; car pourquoi en serions-nous les maîtres plutôt pendant la veille que pendant le sommeil? Si votre Malebranche s'en était tenu là, il serait un très-grand philosophe; il ne s'est trompé que parce qu'il a été trop loin : c'est de lui dont on peut dire:

Processit longe flammantia mœnia mundi[1].

Pour moi, je suis persuadé que cette réflexion *que nos pensées ne viennent pas de nous* peut nous faire venir de très-bonnes pensées; je n'entreprends pas de développer les miennes, de peur d'ennuyer quelques lecteurs, et d'en étonner quelques autres.

Je vous prie seulement de souffrir encore un petit mot sur les songes. Ne trouvez-vous pas, comme moi, qu'ils sont l'origine de l'opinion généralement répandue dans toute l'antiquité touchant les ombres et les mânes? Un homme profondément affligé de la mort de sa femme ou de son fils, les voit dans son sommeil; ce sont les mêmes traits, il leur parle, ils lui répondent; ils lui sont certainement apparus. D'autres hommes ont eu les mêmes rêves; il est impossible de douter que les morts ne reviennent; mais on est sûr en même temps que ces morts, ou enterrés, ou réduits en cendres, ou abîmés dans les mers, n'ont pu reparaître en personne; c'est donc leur âme qu'on a vue : cette âme doit être étendue, légère, impalpable, puisqu'en lui parlant on n'a pu l'embrasser : « Effugit imago par levibus ventis. » Elle est moulée, dessinée sur le corps qu'elle habitait, puisqu'elle lui ressemble parfaitement; on lui donne le nom d'ombre, de mânes; et, de tout cela, il reste dans les têtes une idée confuse qui se perpétue d'autant mieux que personne ne la comprend.

1. Lucrèce, I, 74.

Les songes me paraissent encore l'origine sensible des premières prédictions. Qu'y a-t-il de plus naturel et de plus commun que de rêver à une personne chère qui est en danger de mort, et de la voir expirer en songe? Quoi de plus naturel encore que cette personne meure après le rêve funeste de son ami? Les songes qui auront été accomplis sont des prédictions que personne ne révoque en doute. On ne tient point compte des rêves qui n'auront point eu leur effet; un seul songe accompli fait plus d'effet que cent qui ne l'auront pas été. L'antiquité est pleine de ces exemples. Combien nous sommes faits pour l'erreur! Le jour et la nuit ont servi à nous tromper.

Vous voyez bien, messieurs, qu'en étendant ces idées, on pourrait tirer quelque fruit du livre de mon compatriote le rêvasseur; mais je finis, de peur que vous ne me preniez moi-même pour un songe-creux.

JOHN-DREAMER.

XVIII. Lettre aux auteurs de la *Gazette littéraire*.

(27 juin 1764.)

MESSIEURS,

Vous avez annoncé que vous rendriez compte des événements qui intéressent les beaux-arts; c'en est un fort triste pour eux que la perte de M. Algarotti. Il était comme votre journal, il appartenait à l'Europe. Il n'y a guère d'État dans lequel il n'eût voyagé, et qui n'eût servi de matière à ses divers ouvrages.

Ce fut en France qu'il composa la plus grande partie de son *Newtonianismo per le Dame*. Il était encore fort jeune. La profonde philosophie de Newton ne paraissait pas susceptible des agréments dont M. de Fontenelle avait orné la pluralité des mondes et les tourbillons de Descartes; l'auteur français avait à traiter deux fictions agréables; l'Italien avait des vérités de calcul à démontrer. Cependant il imita M. de Fontenelle, s'il ne l'égala pas; il sut plaire encore après lui; et il eut la même clarté, s'il n'eut pas la même délicatesse.

Il écrivit sur la Russie dans le temps que l'on commençait à cultiver les sciences dans ce vaste empire. Il traita plusieurs points d'histoire intéressants. On a de lui beaucoup de vers italiens pleins d'images et d'harmonie.

M. Algarotti fut le premier en Italie qui soutint que, pour faire de l'opéra un spectacle complet, il fallait imiter la France, joindre des fêtes au sujet, et incorporer ces divertissements à la pièce. Il donna un plan d'*Iphigénie en Aulide* pour être traité dans ce goût; mais un opéra tel que celui de France exige tant d'acteurs, tant de changements de décoration, tant de machines, qu'il est impossible aux entrepreneurs d'Italie de hasarder une si forte dépense. Il faut un grand souverain ou une ville comme Paris pour faire ce que demandait M. Algarotti. Son Altesse Royale l'infant duc de Parme a seul fait exécuter ce projet. Ailleurs on est encore obligé de s'en tenir à l'ancien usage de faire chanter à quatre ou cinq personnages de très-longs récitatifs entremêlés d'ariettes souvent étrangères à la scène, de sorte que le dialogue et les airs se nuisent réciproquement.

M. Algarotti était un des plus grands connaisseurs de l'Europe en peinture, en sculpture, en architecture. Il a vu la mort avec courage dans le temps qu'il devait aimer le plus la vie, et il s'est érigé un mausolée plutôt encore par goût pour les beaux-arts que par le désir d'illustrer sa mémoire.

XIX. Anecdotes sur le *Cid*.

(1er auguste 1764.)

Nous avions toujours cru que le *Cid* de Guillem de Castro était la seule tragédie que les Espagnols eussent donnée sur ce sujet intéressant; cependant il y avait encore un autre *Cid* qui avait été représenté sur le théâtre de Madrid avec autant de succès que celui de Guillem. L'auteur est don Juan Bautista Diamante, et la pièce est intitulée : *Comedio famosa del Cid, honrador de su padre ;* « la fameuse comédie du *Cid*, qui honore son père » (à la lettre, *honorateur de son père*).

Il y a même encore un troisième *Cid*, de don Fernando de Zarate, tant ce nom de *Cid* était illustre en Espagne et cher à la nation.

On peut observer que ces trois pièces portent pour titre, *Comedia famosa*, fameuse Comédie, ce qui prouve qu'elles furent très-applaudies dans leur temps. Toutes les pièces de théâtre étaient alors appelées *comédies*. On est étonné que Mme de Sévigné, dans ses lettres, dise qu'elle est allée à la comédie d'*Andromaque*, à la comédie de *Bajazet*; elle se conformait à l'ancien usage. Scudéri, dans sa *Critique du Cid*, dit: « Le *Cid* est une comédie espagnole dont presque tout l'ordre, les scènes, et les pensées de la française, sont tirées, etc. »

Nous ne dirons rien ici de la fameuse comédie de don Fernando de Zarate; il n'a point traité le sujet du Cid et de Chimène; la scène est dans une ville des Maures; c'est un amas de prouesses de chevalerie.

Pour *le Cid honorateur de son père*, de don Juan Bautista Diamante, on la croit antérieure à celle de Guillem de Castro de quelques années. Cet ouvrage est très-rare, et il n'y en a peut-être pas aujourd'hui trois exemplaires en Espagne.

Les personnages sont don Rodrigue, Chimène; don Diègue, père de don Rodrigue; le comte Lozano, le roi don Fernand, l'infante doña Urraca; Elvira, confidente de Chimène; un *criado de Ximena*; don Sancho, qui joue à peu près le même rôle que le don Sanche de Corneille; et enfin un bouffon qu'on appelle *Nuño*, *gracioso*.

On a déjà dit ailleurs que ces bouffons jouaient presque toujours un grand rôle dans les ouvrages dramatiques du XVIe et du XVIIe siècle, excepté en Italie. Il n'y a guère d'ancienne tragédie espagnole ou anglaise dans laquelle il n'y ait un plaisant de profession, une espèce de Gilles. On a remarqué que cette honteuse coutume venait de la plupart des cours de l'Europe, dans lesquelles il y avait toujours un fou à titre d'office. Les plaisirs de l'esprit demandent de la culture dans l'esprit;

et alors l'extrême ignorance ne permettait que des plaisirs grossiers. C'était insulter à la nature humaine de penser qu'on ne pouvait se sauver de l'ennui qu'en prenant des insensés à ses gages. Le fou qui fait un personnage dans le *Cid* espagnol y est aussi déplacé que les fous l'étaient à la cour.

Don Sanche vient annoncer au roi Ferdinand que le comte est mort de la main de Rodrigue. Le valet gracieux, *Nuño*, prétend qu'il a servi de second dans le combat, et que c'est lui qui a tué le comte. « Car, dit-il, il en coûte peu de paraître vaillant. »

« Por que parecer valiente es à poquissima costa. »

On lui demande pourquoi il a tué le comte; il répond : « J'ai vu qu'il avait faim, et je l'ai envoyé souper dans le ciel. »

« Vi que el conde tenia hambre,
« Le envie á cenar con Cristo. »

Cette scène se passe presque tout entière en quolibets et en jeux de mots, dans le moment le plus intéressant de la pièce.

Qui croirait qu'à de si basses bouffonneries pût immédiatement succéder cette admirable scène que Guillem de Castro imita, et que Corneille traduisit, dans laquelle Chimène vient demander vengeance de la mort de son père; et don Diègue, la grâce de son fils?

CHIMÈNE.

« Justicia, buen rey, justicia,
« Pide Ximena postrada,
« A vuestros pies, sola, y trista
« Ofendida, y desdichada.

DIÈGUE.

« Yo, rey, os pido el perdon
« De mi hijo, á vuestras plantas,
« Venturoso, alegre, y libre
« Del deshonor en que estaba.

CHIMÈNE.

« Mató a mi padre Rodrigo.

DIÈGUE.

« Vengó del suyo la infamia. »

On voit dans ces deux derniers vers le modèle de celui de Corneille, qui est bien supérieur à l'original, parce qu'il est plus rapide et plus serré :

Il a tué mon père. — Il a vengé le sien.

D'ailleurs la scène entière, les sentiments, la description douloureuse, mais recherchée, de l'état où Chimène a trouvé son père, est dans don Juan Diamante :

« Gran señor, mi padre es muerto,
« Y yo le hallé en la estacada :
« Correr en arroyos vi

« Su sangre por la campaña,
« Su sangre que en tanto asalto
« Defendió vuestras murallas,
« Su sangre, señor, que en humo
« Su sentimiento explicaba, etc. »

Sire, mon père est mort; mes yeux ont vu son sang
Couler à gros bouillons de son généreux flanc,
Ce sang qui tant de fois défendit vos murailles, etc.

Peut-être l'Académie de Madrid, non plus que l'Académie française, n'approuverait pas aujourd'hui qu'un sang défendît des murailles; mais il ne s'agit ici que de faire voir comment les deux auteurs espagnols rencontrèrent à peu près les mêmes pensées sur le même sujet, et comment Corneille les imita.

Don Juan Diamante fait parler ainsi Chimène dans la même scène :

« Son cœur me crie vengeance par ses blessures. Tout expirant qu'il est, il bat encore; il semble sortir de sa place pour m'accuser, si je tarde à le venger. »

« Por las heridas me llama
« Su corazon que á un defunto
« Pienso que batia las alas
« Para salirse del pecho
« Y acusarme la tardanza. »

L'idée est à la fois poétique, naturelle, et terrible. Il n'y a que *batia las alas* qui défigure ce passage; un cœur ne bat point des ailes. Ces expressions orientales, que la raison désavoue, n'étant pas justes, ne doivent jamais être admises en aucune langue.

L'auteur espagnol s'y prend, ce semble, d'une manière plus adroite et plus tragique que Guillem de Castro pour faire le nœud de la pièce. Le roi laisse à Chimène le choix de faire mourir Rodrigue ou de lui pardonner. Chimène dit tout ce que lui fait dire Corneille :

Je sais que je suis fille, et que mon père est mort.
« El conde es muerto, y su hija soy. »

Sa fille est bien mieux que *je suis fille;* car ce n'est pas parce que Chimène est fille, mais parce qu'elle est fille du comte, qu'elle doit demander justice de son amant.

On trouve dans la pièce de Diamante cette pensée singulière :

Il est teint de mon sang. — Plonge-le dans le mien,
Et fais-lui perdre ainsi la teinture du tien.

« Manchado de sangre mia!
« — El pardera lo teñido,
« Si con lamia le lavas. »

« Quoi! souillé de mon sang! — Il ne le sera plus s'il est lavé dans le mien. « *Lo teñido* n'est pas la teinture; l'Espagnol est ici plus simple, plus vrai, moins recherché que le Français.

C'est encore dans cette pièce que se trouve l'original de ce beau vers :

Le poursuivre, le perdre, et mourir après lui.

« Perseguille hasta perdelle
« Y morir luego con él. »

En un mot, une grande partie des sentiments attendrissants qui valurent au *Cid* français un succès si prodigieux sont dans les deux *Cid* espagnols, mais noyés dans le bizarre et dans le ridicule. Comment un tel assemblage s'est-il pu faire ? c'est que les auteurs espagnols avaient beaucoup de génie, et le public très-peu de goût; c'est que, pour peu qu'il y eût quelque intérêt dans un ouvrage, on était content, on ne se gênait sur rien ; nulle bienséance, nulle vraisemblance, point de style, point de vraie éloquence. Croirait-on que Chimène prend sans façon Rodrigue pour son mari à la fin de la pièce, et que le vieux don Diègue dit qu'il ne peut s'empêcher d'en rire ? *Non puedo tener la risa.* Les deux *Cid* espagnols étaient des pièces monstrueuses, mais les deux auteurs avaient un très-grand talent. Remarquons ici que toutes les pièces espagnoles étaient alors en vers de quatre pieds, que les Anglais appellent *doggerel*, et que, du temps de Corneille, on appelait vers burlesques. Il faut avouer que nos vers hexamètres sont plus majestueux; mais aussi ils sont quelquefois languissants; les épithètes les énervent, le défaut d'épithètes les rend quelquefois durs. Chaque langue a ses difficultés et ses défauts.

Quant au fond de la pièce du *Cid*, on peut observer que les deux auteurs espagnols marient Rodrigue avec Chimène le jour même qu'il a tué le père de sa maîtresse. L'auteur français diffère le mariage d'une année, et le rend même indécis. On ne pouvait garder les bienséances avec un plus grand scrupule. Cependant les auteurs espagnols n'essuient aucun reproche, et les ennemis de Corneille l'accusèrent de corrompre les mœurs. Telle est parmi nous la fureur de l'envie. Plus les arts ont été accueillis en France, plus ils ont essuyé de persécutions. Il faut avouer qu'il y a dans les Espagnols plus de générosité que parmi nous. On ferait un volume de ce que l'envie et la calomnie ont inventé contre les gens de lettres qui ont fait honneur à leur patrie.

XX. *De sacra poesi Hebræorum Prælectiones academicæ, Oxonii habitæ a Roberto Lowth, A. M. poeticæ publico prælectore*, etc. (Discours académiques sur la poésie sacrée des Hébreux, prononcés à Oxford par M. R. Lowth, professeur public de poésie.) A Oxford, grand in-8° de plus de 500 pages.

(30 septembre 1764.)

C'est ici la seconde édition d'un ouvrage estimé et digne de l'être. On y trouve partout une érudition profonde avec beaucoup de goût, deux qualités qu'on rencontre rarement ensemble. M. Lowth s'est proposé d'examiner la poésie des Hébreux suivant les principes que les critiques ont appliqués à celle des Grecs et des Romains. Il était difficile de présenter de nouvelles idées sur un sujet qui paraît épuisé; car les beautés et les règles de la poésie ont été analysées par d'excellents écrivains de toutes les nations anciennes et modernes : cependant, malgré la difficulté de l'entreprise, il nous semble que ce savant auteur a considéré la poésie en général sous des aspects nouveaux, et qu'il a découvert dans les poëmes hébreux des beautés qui méritent l'attention des hommes de goût et des critiques.

Les discours qui composent cet ouvrage ont été prononcés à l'université d'Oxford, où l'auteur donne des leçons publiques sur la poésie. Le style nous a paru d'une latinité pure et élégante, mais un peu verbeux; c'est le défaut ordinaire de ces discours d'appareil, où nos latinistes modernes, pour arrondir et lier leurs périodes, énervent le discours, et noient le sens dans une multitude de paroles surabondantes.

Le premier discours traite de la fin et de l'utilité de la poésie : l'auteur examine si le but de cet art est de plaire ou d'instruire, ou d'instruire à la fois et de plaire. C'est là une de ces questions sophistiques et oiseuses qui ont fait écrire bien des pages inutiles, et qui ne formeraient pas une difficulté si elles étaient réduites à des termes clairs et précis. On se moquerait d'un homme qui demanderait si la fin de la peinture est d'instruire ou de plaire; il en est de même de la poésie; elle est indifférente au vice et à la vertu, et peut également servir l'un et l'autre. Son but est d'attacher l'esprit en flattant l'imagination et l'oreille, soit que les idées ou les sentiments qu'elle veut exciter en nous soient bons ou mauvais, utiles ou nuisibles. Homère, en composant ses poëmes sublimes, ne s'embarrassait guère s'ils ne serviraient qu'à accréditer et à répandre des superstitions dangereuses ou absurdes; il ne cherchait qu'à amuser ses contemporains, en leur parlant de ce qui les intéressait davantage, de leurs dieux et de leurs héros. Nous osons même dire que la poésie, par sa nature, est plus favorable au mensonge qu'à la vérité; car son but est de tout exagérer, d'éveiller les passions, non de les calmer, et de troubler la raison plutôt que de l'éclairer. Enfin le poëte qui a peint la nature physique ou morale d'une manière vraie et intéressante a rempli les conditions de son art; il n'a pas satisfait aux devoirs d'un bon citoyen, s'il n'a pas respecté les mœurs et les lois de son pays; mais ces obligations n'ont aucun rapport avec l'essence et la nature de la poésie.

M. Lowth fait voir que la poésie sacrée peut être soumise aux règles de la critique; et, sans entrer dans aucune discussion théologique, il examine les poëmes des Hébreux selon ces mêmes règles; il en considère successivement le mètre, l'élocution et la disposition.

Les savants ont toujours été partagés sur la forme de la poésie hébraïque : les uns ont pensé, après saint Jérôme, qu'elle avait des vers mesurés; d'autres ont cru qu'elle était rimée comme celle des Arabes; d'autres ont dit qu'elle ne consistait que dans un langage plus pompeux et plus figuré. M. Lowth a adopté le sentiment de saint Jérôme, et avance que la poésie des Hébreux était en vers assujettis à une espèce de mètre fixe; c'est ce qu'il prouve assez spécieusement, en faisant remarquer plusieurs formules particulières aux ouvrages de poésie, et certaines altérations dans la forme et l'emploi des mots que les poëtes contractaient ou prolongeaient, sans doute pour les accommoder à la mesure et à l'harmonie. Mais quelle était cette espèce de mètre? c'est ce qu'il paraît impossible de découvrir. Comme la prononciation de l'hébreu est entièrement perdue aujourd'hui, il ne reste plus aucune trace de la sorte d'harmonie que cette langue pouvait avoir.

Il paraît que les premiers écrits des Hébreux étaient en vers : M. Lowth l'a fait voir à l'égard des premières parties de leur histoire et des plus anciennes prophéties. C'est ce qu'on a déjà remarqué de toutes les autres nations. Les premiers ouvrages en prose des Grecs ne parurent que longtemps après Homère et Hésiode. Phérécyde de Scyros chez ce peuple, et Appius Cæcus chez les Romains, furent les premiers qui écrivirent en prose. La poésie était, dans les premiers temps, le langage sacré, le langage de la religion et des lois. Athénée nous apprend que les lois de Charondas étaient chantées dans les fêtes des Athéniens, et Tacite dit que les Germains n'avaient d'autres histoires que les chants de leurs bardes. Tous ces faits ont été déjà observés et recueillis; et il n'est pas difficile d'en rendre raison en remontant à l'origine de la poésie, en considérant sa nature, son objet primitif, et son union intime avec la musique dès sa naissance.

Le langage des Hébreux, comme celui de toutes les nations orientales, est remarquable par la force et la hardiesse des images et des figures; mais il faut avouer que ce peuple n'avait aucune idée de ce que nous appelons goût, délicatesse, convenance. Leurs allusions fréquentes à la grossesse, à l'accouchement, et à d'autres infirmités du beau sexe, choquent étrangement notre goût et nos mœurs.

Le défaut commun des figures et des métaphores qu'on trouve dans les poëmes hébreux est d'être presque toujours outrées. Il faut observer cependant que ce défaut pouvait n'en être pas un pour les Juifs. Ce peuple, dont les mœurs étaient simples et encore barbares, dont l'imagination était sans cesse exaltée par l'ardeur du climat, par le spectacle continuel de la guerre, par la pompe d'une religion majestueuse et terrible, pouvait trouver naturelles des figures qui nous paraissent exagérées. Mais il y en a qui ne peuvent être justifiées par rien : *Des collines qui bondissent comme des agneaux*[1], forment une image qui passe toutes les limites de la licence. La comparaison, qui est une des figures le plus communément employées par les Hébreux, est aussi une de celles où nous trouvons le moins de justesse et de précision : dans les peintures fortes et grandes ce défaut est moins frappant; mais dans les images simples et gracieuses il est insupportable. Voyez le *Cantique des cantiques*, ce poëme plein de douceur et de grâces. Ce début[2] présente un tableau charmant : « Levez-vous, délices de mon cœur! venez, ma bien-aimée! Les frimas et les pluies ont disparu. De jeunes fleurs naissent déjà du sein de la terre. Les oiseaux recommencent leur ramage, et la tourterelle fait entendre son chant plaintif. Le figuier assaisonne ses fruits d'un suc délicieux, et la vigne florissante répand au

1. « Et exsultabunt colles sicut agni ovium. » — 2. Chap. II, verset 10. (ÉD.)

loin un doux parfum. Levez-vous, délices de mon cœur ! venez, ô ma bien-aimée ! » Cela est beau dans tous les temps et dans tous les climats. Mais lorsque l'amant compare le cou de sa bien-aimée à la tour de David, ses yeux au soleil et à la lune, ses cheveux à un troupeau de chèvres, etc., cela ne peut être agréable dans aucune langue. Ailleurs on compare les dents de l'épouse à un troupeau de brebis *pareilles et sortant du lavoir*[1], et sa gorge à *deux faons jumeaux*[2], *qui paissent au milieu des lis;* ces deux images ont quelque chose de piquant et de doux, mais il s'y joint encore je ne sais quoi de gigantesque qui en détruit la grâce et l'effet. M. Lowth, en louant presque également ces différents morceaux, s'est laissé aller à cette prévention naturelle et trop familière à ceux qui se livrent entièrement à l'étude de certaine langue et de certains auteurs.

En général les métaphores des poëtes hébreux sont claires et frappantes, parce qu'elles étaient prises dans des objets familiers qui étaient également sous les yeux du poëte et des lecteurs. Elles étaient ordinairement tirées des grands objets de la nature, le soleil, la lune, les étoiles, etc.; et les poëtes les employaient souvent pour désigner les revers ou la prospérité de la nation. Les poëtes latins se sont servis aussi des mêmes images; mais ils n'y ont pas mis la même force, la même chaleur de coloris. Horace n'est qu'élégant lorsqu'il dit[3] :

Lucem redde tuæ, dux bone, patriæ :
Instar veris enim vultus ubi tuus
Affulsit populo, gratior it dies,
Et soles melius nitent[4].

Les poëtes juifs s'expriment avec plus d'audace et d'enthousiasme. Ce n'est ni l'aurore, ni le printemps, ni une nuit sombre, qu'ils offrent à nos yeux; c'est le soleil et les astres qui semblent pour ainsi dire recevoir, par une création nouvelle, un éclat immense, ou qui sont prêts à retomber dans les premières ténèbres de l'antique chaos. Écoutez Isaïe annoncer au peuple choisi la faveur de Jéhovah et une prospérité sans bornes. « La lune aura l'éclat du soleil du midi[5], et les rayons du soleil resplendiront d'un feu sept fois plus vif..... Ce n'est plus la lumière du soleil[6] qui brillera à vos yeux; la lune ne servira plus à éclairer la nuit. Jéhovah sera pour vous une lumière éternelle, le soleil ne se couchera plus, et la lune ne retirera plus sa clarté : les jours de vos douleurs sont finis, etc. » Nous ne pouvons admirer également, comme M. Lowth, l'image suivante du même prophète : « La lune aura honte, et le soleil rougira, lorsque le dieu des armées viendra régner[7]. »

Les poëtes hébreux excellent particulièrement à peindre avec énergie

1. Chap. IV, verset 2. (Éd.) — 2. *Id.*, 5. (Éd.)
3. Livre IV, ode V, vers 5-8. (Éd.)
4. « Rendez, prince aimable, rendez la lumière à votre patrie : dès que votre visage brille aux yeux du peuple, semblable au printemps, il rend les jours plus beaux et l'éclat du soleil plus pur. »
5. Isaïe, XXX, 26. (Éd.) — 6. *Id.*, LX, 19-20. (Éd.)
7. « Et pudebit lunam et erubescet sol meridianus, quum regnat Jehova exer« cituum. » (Isaïe, chap. XXIV, v. 23.)

la grandeur et la majesté de Dieu, et surtout ses vengeances. « Dieu est assis sur les nuées comme sur son char[1]; il vole sur les ailes des vents; les foudres dévorants sont ses ministres. » Quand les prophètes annoncent aux Juifs la guerre, la famine, et les fléaux que leur prépare la colère de Dieu, c'est presque toujours sous l'image du bouleversement du monde. Cette figure est terrible dans Jérémie, lorsqu'il prédit la désolation de la Judée. « Je regardai la terre[2], et je la vis informe et inhabitée. Je vis les montagnes, arrachées de leurs fondements, s'agiter et s'entre-choquer. Pas un homme ne s'offrit à mes regards; les oiseaux du ciel avaient disparu. Je levai les yeux vers le firmament; ses flambeaux étaient éteints; tout se consumait au feu dévorant de la colère de Jéhovah. » Les poëtes profanes n'ont point de tableau plus imposant et plus vigoureux.

Les poëtes sacrés sont particulièrement attentifs à observer le caractère particulier et distinctif des objets qu'ils décrivent. Ils parlent très-souvent du Liban et du Carmel, mais ils ne citent pas indifféremment ces deux montagnes. Le Liban avec ses cèdres élevés sert à représenter la grandeur de l'homme, tandis que le Carmel, couvert de vignes, d'oliviers et d'arbrisseaux, est employé à peindre la délicatesse, la grâce et la beauté de la femme.

Les comparaisons ne sont faites que pour donner plus de force ou de clarté à une idée; les poëtes ne devraient donc prendre pour terme de comparaison que des objets connus à leurs lecteurs. Il semble que Virgile ait manqué à cette règle lorsque, dans le douzième livre de son *Énéide*[3], il compare Énée au mont Athos et au mont Éryx, montagnes étrangères que les Romains ne connaissaient guère; mais il faut observer qu'il ne fait que les nommer, au lieu qu'en y ajoutant aussitôt l'Apennin il le peint des plus vives couleurs.

Quantus Athos, aut quantus Eryx, aut ipse coruscis
Quum fremit ilicibus quantus, gaudetque nivali
Vertice se attollens pater Apenninus ad auras.

Cette différence est remarquable; plus on étudie ce grand poëte, plus on admire le goût sage et profond qui règne dans ses poésies. Il n'y a rien de si commun dans les ouvrages des poëtes modernes que d'y voir peints des objets que ni eux ni leurs lecteurs ne connaissent que par ouï-dire. On transporte dans nos forêts les palmiers d'Asie et les lions d'Afrique. Les bergers de Pope se plaignent des ardeurs dévorantes de l'été, comme ceux de Théocrite s'en plaignaient dans les campagnes de Sicile. Pope, dans sa troisième *Pastorale*, dont la scène est en Angleterre, décrit comme Virgile *le brûlant Sirius embrasant les champs altérés*[4]. Il peint, dans les vignes de Windsor, *la grappe*

1. Psaume CIII, v. 3 et 4. (ÉD.) — 2. Jérémie, IV, 23-26. (ÉD.)
3. Vers 701-703. (ÉD.)
4. *The sultry Sirius burns the thirsty plains.* Ce vers est rendu d'une manière curieuse dans une traduction des *Pastorales de Pope*, faite par M. de Lustrac, et imprimée à Paris chez David le jeune, 1753. M. de Lustrac traduit « Le Sirius brûlant embrase les champs altérés *qu'il traverse*; » et pour expli-

gonflée par des flots de vin. Le fameux Spenser, qui écrivait sous le règne d'Élisabeth, a introduit des loups en Angleterre; tout le monde sait cependant qu'il n'y a pas plus de vignes que de loups dans cette île.

Il y a, dans la situation de chaque pays et dans la manière de vivre des habitants, des particularités qui doivent affecter la poésie de chaque nation. Les Juifs, par leur religion et leur politique, étaient séparés du reste du monde. Leur commerce était peu considérable, et leur principale occupation était le soin des troupeaux et la culture de la vigne. De là cette multitude d'images tirées des travaux relatifs à ce genre d'occupation.

La prosopopée paraît être la figure favorite des écrivains hébreux. Ils personnifient Juda et Babylone, dont ils représentent les filles désolées et faisant entendre les voix les plus pathétiques de la douleur. Les Grecs et les Romains ont représenté sur leurs médailles des provinces et des nations entières sous des figures de femmes, mais rarement dans leurs écrits. On trouve sur des médailles romaines la Judée pleurant sous son palmier.

Les poésies des Hébreux sont en général plus dramatiques que celles d'aucune autre nation; le poëte met presque toujours l'apostrophe et le dialogue à la place du simple récit. Le livre de Job, qui est vraiment poétique pour le style, est entièrement dramatique; ce qui y répand beaucoup d'intérêt et de vie, parce que le poëte et le lecteur se supposent nécessairement dans les mêmes circonstances où se trouve le personnage qui parle.

La multitude des idées fortes et grandes qu'on rencontre dans les prophètes est étonnante. Les Grecs seuls peuvent leur être comparés à cet égard; car les Romains sont plutôt purs, élégants, et corrects, que sublimes; et, excepté dans la satire, ils n'ont été que les imitateurs des Grecs. Isaïe, par la variété et la richesse des images, par la majesté des pensées, par la douceur et l'abondance jointe à l'élévation et à la simplicité, peut être regardé comme l'Homère des Hébreux. Jérémie a de la hardiesse dans les figures et dans le style, mais il est supérieur dans l'art d'émouvoir les passions. Isaïe inspire la terreur, et Jérémie la pitié; le premier brise et déchire l'âme; le second l'attendrit et la pénètre de tous les sentiments dont il est plein lui-même. Suivant ce qui nous reste de Simonide, et ce que les anciens ont dit de son caractère, ce poëte avait beaucoup de ressemblance avec Jérémie. Ézéchiel est hardi, vigoureux, et véhément, mais trouble et sauvage. Sa marche est irrégulière et si rapide, qu'il est difficile de le suivre. Ses images portent l'empreinte de son caractère; il revient sans cesse sur les mêmes objets avec un nouveau feu et une nouvelle indignation; et le sentiment violent dont il paraît agité se communique à ses lecteurs. On trouve dans Eschyle les mêmes beautés et les mêmes

cation, il nous apprend dans une note que *le Sirius est un fleuve d'Éthiopie célèbre par sa profondeur.* On peut juger du goût qui règne dans le reste de la traduction.

défauts. Nous ne disons rien des autres prophètes, dont le caractère est moins frappant et moins facile à saisir.

Nous sommes fâchés de trouver plusieurs pages inutiles dans l'ouvrage de M. Lowth : c'est un chapitre sur l'Allégorie mystique, que nous n'entendons guère. L'homme de goût a fait place en cet endroit à l'archidiacre qui, malgré sa promesse, nous donne une discussion théologique sur le double caractère que présente David dans quelques-uns de ses psaumes. Nous désirerions qu'à la place de ce chapitre il en eût fait un sur la Poésie pastorale des Juifs. C'est dans leurs livres qu'on trouve la peinture la plus frappante des mœurs des premiers âges. Le *Pentateuque* nous offre une description si simple des différentes occupations des premiers hommes et de leurs patriarches, et nous reconnaissons la voix naïve de la nature dans les discours qu'on leur fait tenir. Leurs vertus et leurs vices étaient simples comme eux, aisément aperçus, et fortement exprimés. Le livre de *Ruth* est précieux par la multitude des images pastorales qui y sont répandues.

XXI. Lettre écrite de Munich aux auteurs de la *Gazette littéraire*, sur la bataille d'Azincourt et sur la Pucelle d'Orléans, à l'occasion des tomes XIII et XIV de l'*Histoire de France*, par M. de Villaret.

(30 septembre 1764.)

On ne s'instruit des faits qu'en confrontant les auteurs qui en ont parlé. M. Hume, dans son *Histoire d'Angleterre*, au règne de Charles V, page 308, nous dit qu'à la bataille d'Azincourt l'armée française était commandée par le Dauphin ; mais il est, je crois, le seul qui le dise. Ce Dauphin était Louis, gendre du duc de Bourgogne, âgé de dix-huit ans. Il était malade alors, et mourut quelque temps après la bataille. S'il se trompe sur ce fait important, il ne se trompe pas sur la marche des Anglais, qui arrivèrent auprès d'Azincourt après avoir passé la Somme et la petite rivière du Ternois, à Solangy, au pays de Vimeu, comté de Saint-Pol dans l'Artois.

Cette journée d'Azincourt est si fameuse dans l'histoire de France et d'Angleterre, et elle fut suivie quelques années après d'une si grande révolution, que ses moindres particularités en sont intéressantes. On veut savoir la position des lieux, la marche des deux armées, le nombre des combattants, et toutes leurs manœuvres.

Hubner, dans sa *Géographie*, dit « qu'Azincourt est un village près de Béthune, où les Anglais battirent les Français en 1415. » Mais Béthune est fort loin de là ; cette ville est sur la Brette, vers les frontières de Flandre. Hubner est si peu exact, qu'il n'est pas étonnant qu'il se soit mépris à ce point sur la situation d'Azincourt. Il y aurait plus de mille erreurs à corriger dans son livre.

Daniel décrit exactement la marche du roi d'Angleterre et du connétable de France qui le suivit. « Le connétable, dit-il, quitta sa route pour aller prendre les devants et couper les Anglais sur le chemin de Calais. »

Le nouvel auteur de l'*Histoire de France*, tome XIII, page 356, s'exprime ainsi : « Aussitôt qu'on eut appris que les Anglais avaient passé la Somme, les troupes françaises, incessamment accrues par de nouveaux corps, se hâtèrent d'aller à leur rencontre. » On ne doit point entendre par ces paroles que l'armée de France vint se présenter aux Anglais en venant à eux du côté opposé, et que Henri V, ayant passé la Somme, trouva les ennemis vers l'autre bord. L'auteur fait assez entendre que le roi d'Angleterre, venant de Normandie, passa la Somme auprès de Saint-Quentin, et que le connétable d'Albret, qui commandait l'armée de France, partit aussi de Normandie, et passa la Somme vers Abbeville.

Henri V, des environs de Saint-Quentin au delà de la Somme, s'avançait sur le chemin de Calais, soit pour s'en retourner en Angleterre, soit pour en attendre des renforts; et le connétable d'Albret, se portant sur le chemin de Calais dans l'Artois, faisait une très-belle manœuvre de guerre. Il avait une armée quatre fois plus forte que celle des ennemis, et cherchait à leur fermer aisément tous les passages.

Daniel dit que « Le roi d'Angleterre, ayant passé la petite rivière du Ternois à Blangy, fut fort surpris de découvrir des hauteurs l'armée française, dans la plaine d'Azincourt et de Russeauville, rangée en bataille, et tellement postée qu'il ne pouvait l'éviter. »

Il ne devait pas en être surpris, s'il est vrai, comme le rapporte le nouvel auteur d'après Froissard, qu'un héraut d'armes était venu trois jours auparavant lui annoncer, suivant l'esprit de chevalerie de ces temps-là, *qu'on lui livrerait bataille dans trois jours.*

La nouvelle Histoire dit, « que le connétable, à qui la disposition de la bataille appartenait, n'oublia rien de ce qu'il fallait pour la perdre. Maître de s'étendre dans un terrain spacieux où il eût pu facilement envelopper les ennemis et profiter de la supériorité du nombre, il choisit un espace étroit, resserré d'un côté par une petite rivière, et de l'autre par un bois. »

C'est le sentiment de Rapin Thoyras, qui était un officier de mérite, aussi bien qu'un historien très-judicieux.

Le P. Daniel s'exprime ainsi dans le récit de cette bataille : « Le roi d'Angleterre avait choisi admirablement son poste entre deux bois qui couvraient les deux flancs de son armée. » N'est-il pas vraisemblable que, si la position de l'armée anglaise entre deux bois était admirable, celle du connétable entre un bois et une rivière était plus admirable encore? car le connétable était appuyé non-seulement à un bois, mais encore à une rivière. Si la journée fut si malheureuse, ne doit-on pas attribuer la perte de la bataille à d'autres causes qu'à une mauvaise disposition?

Il est bien difficile de savoir quel était l'ordre des deux armées. « La signification des termes qui a changé, dit le P. Daniel, cause beaucoup d'embarras dans l'ancienne relation des batailles de ce temps-là. »

Rien n'est assurément plus vrai. Nous ne sommes guère plus instruits des détails des opérations militaires depuis Clovis jusqu'à la journée d'Ivri, que des dispositions de l'armée grecque devant Troie.

Le P. Daniel dit, d'après d'anciens auteurs contemporains, que le duc d'Alençon joignit le roi d'Angleterre dans la mêlée (car on se mêlait alors), et que même il abattit d'un coup de sabre une partie de la couronne que Henri portait au-dessus de son casque, mais qu'il fut tué par les officiers qui environnaient le roi d'Angleterre.

Voici comme le nouvel historien raconte cette aventure conformément à Rapin Thoyras (page 372, tome XIII) : « Environné de morts et de mourants, couvert de sang, le duc d'Alençon jette un dernier regard sur sa troupe exterminée ou dispersée. Supérieur par la grandeur de son âme à la fortune qui le trahit, suivi de quelques-uns des siens qui ne l'avaient pas abandonné, il fond sur les ennemis. Tout fuit ou tombe sous ses coups : partout il porte la mort ou l'effroi : il enfonce les rangs, il parvient jusqu'au monarque anglais ; c'était lui qu'il cherchait. Les deux héros se mesurent de l'œil, s'approchent. Le duc d'York, privé de la vie, tombe à côté du roi. Le duc d'Alençon, sans s'arrêter, se nomme, s'élance sur son adversaire ; d'un coup de hache il enlève une partie de la couronne d'or qui formait le cimier de son casque. Il allait redoubler ; c'en était fait, un second coup sauvait peut-être la France : il levait déjà le bras, lorsque Henri, d'un revers, l'étend à ses pieds, etc. »

Quelques lecteurs jugeront peut-être que cette description est un peu trop poétique et peu convenable à la grave simplicité de l'histoire ; mais il ne faut pas juger avec trop de sévérité un écrivain entraîné par la force de son sujet qui lui fait passer les bornes ordinaires. On sait assez qu'on doit également éviter l'écueil du style poétique et celui du style familier. Le P. Daniel fait battre trop souvent une armée *à plate couture* ; on fuit trop *à vau-de-route* ; et quand *sur ces entrefaites les ennemis sont aux trousses et qu'on est à la débandade*, le lecteur est trop dégoûté. Un enthousiasme noble, quoique déplacé, est peut-être plus pardonnable que ces expressions populaires ; mais il ne s'agit pas ici de la manière d'écrire l'histoire, il s'agit de l'histoire même. Tous les écrivains, et M. Hume lui-même, disent que les Français furent punis de leur témérité à la bataille d'Azincourt comme à celles de Crécy et de Poitiers.

On peut demander où était la témérité de combattre avec des forces très-supérieures une faible armée, fatiguée d'une longue marche, et dans laquelle régnait la dyssenterie. Il n'y eut assurément rien de téméraire chez les Français dans aucune de ces trois batailles. S'il y eut de la témérité, elle fut dans les Anglais, qui osèrent combattre à la journée d'Azincourt, et attaquer les premiers une armée quatre fois plus forte que la leur.

Le terrain était fangeux, dit-on, et la cavalerie française enfonçait jusqu'aux jarrets dans la terre détrempée par les pluies ; mais les chevaux anglais enfonçaient-ils moins dans ce terrain ? On ajoute que les archers anglais étaient plus exercés et avaient de meilleurs arcs : c'est une chose très-problématique, et les flèches des Français étaient en plus grand nombre que les flèches anglaises.

On nous dit que l'infanterie française n'était composée que de nouvelles milices; mais l'infanterie anglaise était composée de même. Les Actes de Rymer nous apprennent qu'elle fut levée à la hâte, et que Henri V faisait des conventions avec les seigneurs terriens pour lui fournir des soldats.

On prétend que la principale cause de la déroute vint de deux cents arbalêtiers anglais cachés à la droite de la gendarmerie française; il se levèrent tout à coup, et mirent cette gendarmerie dans le plus grand désordre. Mais, si l'armée française était si bien appuyée par une rivière à droite et par un bois à gauche, comment ces deux cents arbalêtiers purent-ils prendre l'armée en flanc ? comment un corps de vingt mille gendarmes fut-il défait par deux cents archers ?

Le nouvel auteur de l'*Histoire de France* avoue que la plupart des Anglais combattaient nus de la ceinture en bas. La raison en est, selon les historiens anglais, que les soldats de Henri V, attaqués de la dyssenterie, étaient obligés de soulager la nature en combattant. Il n'est guère possible que toute une armée ait combattu dans un tel état, et qu'elle ait été pleinement victorieuse. Quelques soldats peut-être auront été réduits à cette nécessité, et on aura exagéré leur nombre.

Enfin, la bataille fut entièrement perdue, et le plus grand nombre s'enfuit devant le plus petit, ce qui n'est arrivé que trop souvent. L'auteur éclairé, qui nous donne cette nouvelle *Histoire de France*, paraît avoir très-bien senti la raison de ces calamités fréquentes. Le maréchal de Saxe l'a dite sans détour dans une lettre écrite quelque temps après la journée de Fontenoi ; et ce qu'il dit est assez prouvé par les arrangements qu'il avait pris pour cette bataille.

Ce qu'il est très-nécessaire d'observer, c'est que cette fatale journée d'Azincourt ne produisit rien du tout. Henri V repassa en Angleterre, et ne reparut en France que deux ans après; encore ne put-il s'y présenter qu'avec vingt-cinq mille hommes. Aussi ce ne fut point la bataille d'Azincourt qui fit proclamer Henri V roi de France, à moins qu'on ne dise que la terreur qu'il inspira par cette victoire lui aplanit le chemin du trône.

Un événement encore plus singulier que la défaite d'Azincourt est celui de la Pucelle d'Orléans. Mézerai, dans sa grande *Histoire*, dit que *saint Michel, le prince de la milice céleste, apparut à cette fille ;* mais dans son *Abrégé*, mieux fait que sa grande *Histoire*, il se contente de dire que « Jeanne assurait avoir commission expresse de secourir la ville d'Orléans, et puis de faire sacrer le roi à Reims, étant, disait-elle, sollicitée à cela par de fréquentes apparitions des anges et des saints. »

Le jésuite Daniel fait entendre que Dieu opéra des miracles dans cette fille; mais il ajoute ensuite : « Je ne voudrais pas cautionner généralement la vérité de ses prophéties qui ne se trouvèrent pas toutes véritables, *parce que les prophéties ne parlent pas toujours en prophètes.* »

De pareilles distinctions ne sont guère admises que dans les disputes sur les bancs de l'école.

Il n'est pas permis d'écrire ainsi l'histoire. Il y a une contradiction manifeste à dire que quand on fait des prophéties on ne parle pas en prophète. Si une personne qui se dit inspirée prédit de la part de Dieu des choses qui n'arrivent point, il est évident qu'elle n'est point inspirée. Les Anglais accusèrent la pucelle d'avoir été conduite par le diable; mais il paraît que ni Dieu ni le diable n'employèrent aucun moyen surnaturel dans toute cette aventure. Il y a eu souvent de pieuses fraudes; il y en a eu d'héroïques : celle de Jeanne d'Arc est de ce dernier genre.

Il faut lire attentivement la dissertation de Rapin Thoyras sur la Pucelle d'Orléans, à la fin du règne de Henri V. C'est un morceau très-curieux et sagement écrit, sans lequel il serait difficile d'avoir des notions exactes de cet étrange événement.

Il faut voir ensuite comment on peut concilier Rapin Thoyras avec l'estimable auteur qui nous donne l'*Histoire de France* tome à tome. On trouve dans le tome XVI de cette histoire que Jeanne d'Arc était âgée de dix-sept ans quand elle fut présentée au roi, et dans Rapin Thoyras elle en avait vingt-sept. Rapin cite en preuve le procès criminel fait à Jeanne par les évêques de France et par un évêque anglais sur la requête de la Sorbonne : ce qui peut encore faire croire qu'en effet elle avait alors vingt-sept ans et non pas dix-sept, c'est qu'elle avoue, dans son interrogatoire, qu'elle avait eu un procès en Lorraine à l'officialité, à l'occasion d'un mariage. Elle ne dit point si c'était pour un mariage qu'on lui avait promis ou pour une cassation; mais enfin, ce n'est guère à quinze ou seize ans qu'on soutient un procès en son nom pour un mariage. Cette anecdote pourrait d'ailleurs jeter quelques soupçons sur cette fameuse virginité qui augmentait sa gloire, et dont la perte n'aurait point diminué l'éclat de sa valeur.

La nouvelle *Histoire de France* cite aussi le procès manuscrit de la Pucelle; nous ne savons pas si c'est le même qui est rapporté dans Pasquier, ou si c'est une pièce différente. Nous ignorons lequel de ces deux manuscrits contradictoires mérite le plus de croyance; et nous attendons que l'auteur de la nouvelle Histoire éclaircisse ces difficultés avec son exactitude et son impartialité ordinaires, dans le volume auquel il travaille.

M. Hume, dans son *Histoire*, moins détaillée et moins circonstanciée que celle de Rapin, n'entre dans aucune de ces discussions; il ne traite l'histoire qu'en philosophe. C'est assez que cette fille guerrière lui paraisse digne par son courage du rôle qu'on lui fait jouer. Tout le reste lui paraissant une supposition évidente, il lui importe peu de savoir quel était l'âge de Jeanne, et quelle fut sa conduite.

M. de Voltaire, dans son *Essai sur l'Histoire générale*, s'exprime ainsi sur le supplice de cette héroïne : « Enfin, accusée d'avoir repris une fois l'habit d'homme, qu'on lui avait laissé exprès pour la tenter, ses juges, qui n'étaient pas assurément en droit de la juger, puisqu'elle était prisonnière de guerre, la déclarèrent hérétique relapse, et firent mourir par le feu celle qui, ayant sauvé son roi, aurait eu des autels dans les temps héroïques où les hommes en élevaient à leurs libérateurs. Charles VII rétablit depuis sa mémoire assez honorée par son supplice même. »

M. Hume, tout Anglais qu'il est, appelle cet arrêt infâme. « Cette admirable héroïne, dit-il, à qui les anciens, par une superstition plus généreuse, auraient dressé des autels, fut condamnée aux flammes sous prétexte d'hérésie et de magie, et expia par ce terrible supplice les services qu'elle avait rendus à son prince et à sa patrie. »

Quelques années après cette mort, qui couvrit les juges d'une honte éternelle, il parut en Lorraine une aventurière qui se dit la Pucelle d'Orléans. Elle faisait du moins à ces juges iniques l'honneur de faire croire qu'ils n'avaient pas consommé leur crime, et qu'ils avaient brûlé un fantôme. Cette prétendue Jeanne d'Arc persuada tous les Lorrains. et un seigneur des Armoises se fit honneur de l'épouser. C'est une anecdote que le judicieux auteur, de qui nous attendons des lumières, ne manquera pas d'approfondir. On voit qu'il y a du merveilleux dans l'histoire de la Pucelle d'Orléans jusqu'après sa mort même. Aucun événement ne mérite plus de recherches.

XXII. *C. Cornelius Tacitus a falso impietatis crimine vindicatus*, etc. (C. Tacite justifié contre la fausse imputation d'impiété); discours prononcé dans un des collèges de l'université d'Oxford, par J. Kynaston. A Londres, chez Flexney, 1764.

(10 octobre 1764.)

Famien Strada, historien jésuite très-connu, avait accusé Tacite d'impiété, et s'était fondé particulièrement sur ce passage : « Nec unquam atrocioribus populi romani cladibus magisque justis judiciis[1] approbatum est non esse curæ diis securitatem nostram, esse ultionem. » (*Histor.* lib. I.) « Jamais les dieux n'ont fait voir par des fléaux plus terribles et des jugements plus sévères qu'ils avaient moins à cœur le salut du peuple romain que leur propre vengeance. » Un autre jésuite, que nous ne comparerons pas à Strada parce qu'il ne mérite d'être comparé à personne, le fameux Garasse, a cité le même passage pour prouver que Tacite était un *athéiste*, et il lui associe Lucain, qui, dit-il, a sûrement emprunté de lui cette pensée dans les vers suivants (liv. IV, 807-9) :

« Felix Roma quidem, civesque habitura beatos,
« Si libertatis superis tam cura placeret
« Quam vindicta placet !... »

C'est dommage pour la remarque du P. Garasse que *la Pharsale* ait été antérieure à l'*Histoire* de Tacite; mais nous ne nous arrêterons pas à relever ce fanatique bouffon trop au-dessous de toute critique; nous remarquerons seulement qu'il est étrange qu'on cite pour preuve de l'irréligion de Tacite la pensée la plus religieuse peut-être qu'on trouve dans cet auteur. Il n'y a rien assurément de moins impie que de dire que les dieux envoient des calamités à un peuple pour le punir de ses crimes; Tacite, dans cette même phrase, parle des prodiges, des présages heureux et funestes, et des autres avertissements du ciel; ce lan-

1. Ou *indiciis*.

gage ressemble plus à celui d'un superstitieux que d'un athée. Nous n'entrerons pas d'ailleurs dans cette frivole discussion; il importe fort peu à la gloire de Tacite qu'on pense qu'il admettait ou qu'il rejetait l'existence et la providence de Jupiter Capitolin; dans les principes de la vraie religion, croire aux dieux du paganisme ou être athée, c'est la même chose. Il y a beaucoup d'apparence que Tacite, ainsi que César, Cicéron, Sénèque, Lucrèce, et tous les autres grands hommes de ces temps-là, se moquaient beaucoup des auspices, des présages, du Tartare, et de tous les Jupiters de la fable; mais ce n'est pas sur un ou deux passages d'un auteur ancien qu'il faut juger de ses sentiments en matière de religion; il n'est aucun d'eux qui n'ait écrit sur cet objet des choses contradictoires. Il y a une règle simple et générale pour juger des opinions de ces écrivains : lorsqu'ils semblent respecter la religion nationale, ils ont pu le faire par bienséance, par politique, ou pour intéresser plus sûrement en adoptant les préjugés populaires; mais, lorsqu'ils attaquent ou tournent en ridicule ces mêmes préjugés, ils ne peuvent avoir pour motif que leur propre persuasion.

XXIII. Lettre aux auteurs de la *Gazette littéraire*.

(4 novembre 1764.)

Je vois, messieurs, par une de vos dernières gazettes (tome III, p. 80), que le gouvernement de la Suède a, depuis plus de vingt ans, persévéré dans l'entreprise utile de connaître à fond les forces du pays, et de commencer par un dénombrement exact. Il est dit qu'on a trouvé dans toute l'étendue de la Suède, sans compter la Poméranie, deux millions trois cent quatre-vingt-trois mille habitants. Ce calcul étonne. La Suède avec la Finlande est deux fois plus étendue que la France, qui passe pour contenir environ vingt millions de personnes; il est même constant, par le relevé de tous les intendants du royaume, en 1698, qu'on trouva à peu près ce nombre, et la Lorraine n'était point encore ajoutée à la France. Comment un pays qui n'est que la moitié d'un autre peut-il avoir environ dix fois plus de citoyens?

A territoire égal, il faudrait que la France fût dix fois meilleure que la Suède; et le territoire n'étant que la moitié, il faut que la France soit vingt fois meilleure.

Considérons d'abord qu'on doit retrancher de la carte de la Suède la mer Baltique, le golfe de Finlande, et le golfe de Bothnie, qui remplissent plus de la moitié de ce qui constitue la Suède. Otons-en le Lapmark et la Laponie, que l'on doit compter pour rien; retranchons encore des lacs immenses, et il se trouvera que le territoire habitable de la France sera plus grand d'un tiers que le terrain habitable de la Suède.

Or ce terrain habitable étant au moins dix fois plus fertile, il n'est pas étonnant qu'il y ait dix fois plus de citoyens.

Ce qui me paraît mériter beaucoup d'attention, c'est que dans la Gothie, province la plus méridionale et la plus fertile de la Suède, il y a mille deux cent quarante-huit habitants par chaque lieue carrée de

Suède. Or la lieue carrée de Suède, de dix et demie au degré, est à la lieue carrée de France, de vingt-cinq au degré, comme quatre et deux tiers environ est à un.

Il résulte du dénombrement de la France fait par les intendants du royaume, en 1698, que la France a six cent trente-six personnes par lieue carrée.

Or, si la lieue carrée de France, qui est à la lieue carrée de Suède comme un est à quatre et deux tiers environ, a six cent trente-six habitants, et la lieue carrée suédoise en a douze cent quarante-huit, il est clair que la lieue carrée de Gothie, qui devrait avoir quatre fois et deux tiers autant de colons, en nourrit à peine le double; donc la même étendue de terrain en France a plus de la moitié de colons ou d'habitants que la même étendue n'en a dans la Gothie.

Cette prodigieuse supériorité d'un pays sur un autre peut-elle, avec le temps être réduite à l'égalité? Oui, si les habitants du climat disgracié peuvent trouver le secret de changer la nature de leur sol et de se rapprocher du tropique.

Le pays pourrait-il être peuplé du double, du triple? Oui, si l'on faisait deux fois, trois fois plus d'enfants; mais qui les nourrirait, si la terre ne rend pas deux ou trois fois davantage?

Au défaut d'une récolte triple pour nourrir ce triple d'habitants, il faudrait donc avoir un commerce par le bénéfice duquel on pût acquérir deux ou trois fois plus de denrées qu'on n'en consomme aujourd'hui. Mais comment faire ce commerce avantageux, si la nature refuse de quoi exporter à l'étranger?

La commission établie pour rendre compte aux états assemblés de la dépopulation de la Suède affirme dans son Mémoire, sur des preuves historiques, que le pays était, il y a trois cents ans, presque trois fois plus peuplé qu'aujourd'hui. Il est de l'intérêt de tous les hommes de connaître les preuves de cette étrange assertion : se pourrait-il que la Suède, sans commerce, sans industrie, et plus mal cultivée qu'à présent, eût pu nourrir trois fois plus d'habitants?

Il paraît que les pays du Nord n'ont jamais été plus peuplés qu'ils ne le sont, parce que la nature a toujours été la même.

César, dans ses *Commentaires*, dit que les Helvétiens, désertant leur pays pour aller s'établir vers la Saintonge, partirent tous au nombre de trois cent soixante et huit mille personnes. Je ne crois pas que l'Helvétie en ait aujourd'hui davantage; et si elle rappelait tous ses citoyens répandus dans les pays étrangers, je doute qu'elle eût de quoi leur fournir des aliments.

On parle beaucoup de population depuis quelques années. J'ose hasarder une réflexion. Notre grand intérêt est que les hommes qui existent soient heureux, autant que la nature humaine et l'extrême disproportion entre les différents états de la vie le comportent; mais si nous n'avons pu encore procurer ce bonheur aux hommes, pourquoi tant souhaiter d'en augmenter le nombre? est-ce pour faire de nouveaux malheureux? La plupart des pères de famille craignent d'avoir trop d'enfants, et les gouvernements désirent l'accroissement des peuples; mais si chaque royaume acquiert proportionnellement de nouveaux sujets, nul n'acquerra de supériorité.

Quand un pays a un superflu d'habitants, ce superflu est employé utilement aux colonies de l'Amérique. Malheur aux nations qui sont obligées d'y envoyer les citoyens nécessaires à l'État! c'est dégarnir la maison paternelle pour meubler une maison étrangère. Les Espagnols ont commencé; ils ont rendu ce malheur indispensable aux autres nations.

L'Allemagne est une pépinière d'hommes, et n'a point de colonies: que doit-il en résulter? que les Allemands qui sont de trop chez eux peupleront les pays voisins. C'est ainsi que la Prusse et la Poméranie ont réparé la disette des hommes.

Très-peu de pays sont dans le cas de l'Allemagne: l'Espagne et le Portugal, par exemple, ne seront jamais fort peuplés; les femmes y sont peu fécondes, les hommes peu laborieux, et le tiers de la contrée est aride.

L'Afrique fournit tous les ans environ quarante mille nègres à l'Amérique, et ne paraît pas épuisée. Il semble que la nature ait favorisé les noirs d'une fécondité qu'elle a refusée à tant d'autres nations. Le pays le plus peuplé de la terre est la Chine, sans qu'on y ait jamais fait ni de livres ni de règlements pour favoriser la population, dont nous parlons sans cesse. La nature fait tout sans se soucier de nos raisonnements.

XXIV. Lettre aux auteurs de la *Gazette Littéraire.*

(14 novembre 1764.)

Mille gens, messieurs, s'élèvent et déclament contre l'anglomanie: j'ignore ce qu'ils entendent par ce mot. S'ils veulent parler de la fureur de travestir en modes ridicules quelques usages utiles, de transformer un déshabillé commode en un vêtement malpropre, de saisir jusqu'à des jeux nationaux pour y mettre des grimaces à la place de la gravité, ils pourraient avoir raison; mais si par hasard ces déclamateurs prétendaient nous faire un crime du désir d'étudier, d'observer, de philosopher, comme les Anglais, ils auraient certainement grand tort; car, en supposant que ce désir soit déraisonnable, ou même dangereux, il faudrait avoir beaucoup d'humeur pour nous l'attribuer, et ne pas convenir que nous sommes à cet égard à l'abri de tout reproche.

Je fais cette réflexion en lisant votre feuille du 24 octobre dernier, dans laquelle vous annoncez une Histoire d'Angleterre en forme de lettres. Vous dites que ce que les Anglais savent le mieux, c'est l'*Histoire d'Angleterre;* et j'ajoute que ce que les Français savent le moins, c'est l'*Histoire de France.* Otez à la plupart ce qu'ils ont ramassé dans des anecdotes forgées par la malignité, dans des mémoires platement rédigés, dans des romans sans imagination, et il ne leur restera pas même la notion la plus imparfaite d'une science très-importante.

L'étude de l'histoire serait pourtant aussi nécessaire à Paris qu'à

Londres. Si nous apprenions quelle est l'origine et la bonté de notre gouvernement, le patriotisme nous ranimerait; les temps de calme et d'obéissance, comparés aux temps de trouble et de vertige, seraient une leçon admirable de douceur et de soumission; les faits bien vus feraient tomber cette fureur pour la dispute, dont l'âcreté augmente en raison de l'obscurité et de l'inutilité des objets sur lesquels elle s'exerce; ils feraient revivre cet esprit de franchise et de loyauté, qui vaut bien l'esprit d'intrigue et de cabale; ils nous forceraient à appliquer les hommes et les événements passés aux hommes et aux événements actuels; nous travaillerions à devenir meilleurs, et nous gagnerions infiniment du côté des hommes et des choses.

On me dira que nous n'avons point d'historiens; que pour un de Thou, il y a cent mauvais compilateurs; qu'il eût été à souhaiter que l'auteur de l'*Essai sur les mœurs*, etc., se fût attaché à l'histoire de son pays; que c'est à un homme d'État et à un philosophe à écrire l'histoire, parce qu'il faut connaître les hommes pour les peindre, et participer au gouvernement, ou avoir les qualités propres à ce grand métier, pour en développer les ressorts: ces raisonnements sont vrais; je les ai faits.

J'ai vu, dans presque tous les historiens romains, l'intérieur de la république; ce qui concerne la religion, les lois, la guerre, les mœurs, m'a été clairement dévoilé; je ne sais même si je n'ai pas plus distinctement connu ce qui s'est passé au dedans, que ce qui s'est exécuté au dehors. Pourquoi cela? c'est que l'écrivain tenait à la chose publique; c'est qu'il pouvait être magistrat, prêtre, guerrier, et que, s'il ne remplissait pas les premières fonctions de l'État, il devait au moins s'en rendre digne. J'avoue qu'il ne faut point songer à obtenir chez nous un pareil avantage, notre propre constitution y résiste; mais je n'en conclus point qu'il ne faille pas étudier notre histoire.

Contentons-nous de ces historiens simples qui, comme dit Montaigne[1], « n'y apportent que le soin et la diligence de ramasser tout ce qui vient à leur notice, et d'enregistrer à la bonne foi toutes choses sans choix et sans triage, nous laissant le jugement entier pour la connaissance de la vérité. » Si nous en avons de tels, félicitons-nous, et lisons-les avec un esprit philosophique: si notre instruction n'est ni élevée ni profonde, elle sera proportionnée à notre génie, et pourra suffire à nos besoins.

J'ai l'honneur d'être, etc.

RÉPONSE A UN ACADÉMICIEN.

(1764.)

Vous me reprochez, monsieur, de n'avoir pas assez étendu ma critique, dans mes *Commentaires*, sur plusieurs vers de Corneille; vous

1. *Essais*, liv. II, chap. x.

voudriez que j'eusse examiné plus sévèrement les fautes contre la langue et contre le goût; vous blâmez ces vers-ci dans Pompée :

Qu'il eût voulu souffrir qu'un bonheur de mes armes
Eût vaincu ses soupçons, dissipé ses alarmes.
Prenez donc en ces lieux liberté tout entière.

J'avoue que je devais remarquer les deux premiers vers, qu'*un bonheur des armes* ne peut se dire, et qu'*un bonheur des armes qui eût vaincu des soupçons* n'est pas tolérable; mais il y a tant de fautes de cette espèce que j'ai craint de charger trop les *Commentaires.* J'ai laissé quelquefois au lecteur le soin d'observer par lui-même les beautés et les défauts.

Prenez donc en ces lieux liberté tout entière,

ne me paraît point un vers assez défectueux pour en faire une note. Vous avez trouvé trop de déclamation, trop de répétitions dans le rôle de Cornélie. Il me semble que je l'indique assez.

Je ne puis blâmer avec la même rigueur que vous ce que Cornélie dit au cinquième acte, en tenant l'urne de Pompée dans ses mains :

N'attendez point de moi de regrets ni de larmes;
Un grand cœur à ses maux applique d'autres charmes;
Les faibles déplaisirs s'amusent à parler,
Et quiconque se plaint cherche à se consoler.

Il est vrai qu'en général on ne doit point dire de soi qu'on a un grand cœur; il est vrai qu'aujourd'hui on n'applique point de charmes à des maux; il est encore vrai que, quand on parle assez longtemps, on ne doit point dire que les faibles déplaisirs s'amusent à parler : mais voici ce qui m'a déterminé à ne point critiquer ces vers. Il m'a paru que Cornélie s'impose ici le devoir de montrer un grand cœur, plutôt qu'elle ne se vante d'en avoir un.

Appliquer des charmes à des maux, m'a paru bien, parce que, dans ces temps-là, ce qu'on appelait charmes, la magie, était extrêmement en vogue, et que même Sextus Pompée, fils de Cornélie, fut très-connu pour avoir employé les prétendus secrets des sortilèges. *Les faibles déplaisirs s'amusent à parler*, semble signifier ici, *s'amusent à se plaindre*, et Cornélie s'excite à la vengeance.

Je n'ai point repris ces vers :

Mettant leur haine bas, me sauvent aujourd'hui,
Par la moitié qu'en terre il a reçu de lui.

Je conviens avec vous qu'ils sont mauvais; mais, ayant déjà remarqué la même faute dans *Polyeucte*, je n'ai pas cru devoir y revenir dans les notes sur *Pompée*.

Si vous me reprochez trop d'indulgence, vous savez que d'autres ont trouvé dans mes remarques trop de sévérité; mais je vous assure que je n'ai songé ni à être indulgent, ni à être difficile. J'ai examiné les ouvrages que je commentais, sans égard ni au temps où ils ont été faits, ni au nom qu'ils portent, ni à la nation dont est l'auteur. Quiconque cherche la vérité ne doit être d'aucun pays. Les beaux morceaux de Corneille m'ont paru au-dessus de tout ce qui s'est jamais fait dans ce genre chez aucun peuple de la terre : je ne pense point ainsi parce que je suis né en France, mais parce que je suis juste. Aucun de mes compatriotes n'a jamais rendu plus de justice que moi aux étrangers. Je peux me tromper, mais c'est assurément sans vouloir me tromper.

Le même esprit d'impartialité me fait convenir des extrêmes défauts de Corneille, comme de ses grandes beautés. Vous avez raison de dire que ses dernières tragédies sont très-mauvaises, et qu'il y a de grandes fautes dans ses meilleures. C'est précisément ce qui me prouve combien il est sublime, puisque tant de défauts n'ont diminué ni son mérite ni sa gloire. Je crois de plus qu'il y a des sujets qui ont par eux-mêmes des défauts absolument insurmontables : par exemple, il me semble qu'il était impossible de faire cinq actes de la tragédie des *Horaces* sans des longueurs et des additions inutiles. Je dis la même chose de *Pompée;* et il me paraît évident que l'on ne pouvait faire le beau cinquième acte de *Rodogune*, sans gâter le caractère de la princesse qui donne le nom à la pièce.

Joignez à tous ces obstacles, qui naissent presque toujours du sujet même, la prodigieuse difficulté d'être précis et éloquent en vers dans notre langue. Songez combien nous avons peu de rimes dans le style noble. Sentez quelles peines extrêmes on éprouve à éviter la monotonie dans nos vers qui marchent toujours deux à deux, qui souffrent très-peu d'inversions, et qui ne permettent aucun enjambement. Considérez encore la gêne des bienséances, celle de lier les scènes de façon que le théâtre ne reste jamais vide, celle de ne faire ni entrer ni sortir aucun acteur sans raison. Voyez combien nous sommes asservis à des lois que les autres nations n'ont pas connues; vous verrez alors quel est le mérite de Corneille d'avoir eu du moins des beautés qu'aucune nation n'a, je crois, égalées. Mais aussi vous voyez qu'il n'est guère possible d'atteindre à la perfection. Les difficultés de l'art et les limites de l'esprit se montrent partout. Si quelque pièce entière approche de cette perfection, à laquelle il est à peine permis à l'homme de prétendre, c'est peut-être, comme je l'ai dit, la tragédie d'*Athalie*, c'est celle d'*Iphigénie.* J'ai toujours pensé que ce sont là les deux chefs-d'œuvre de la France, comme j'ai pensé que le rôle de Phèdre était le plus beau de tous les rôles, sans faire aucun tort au grand mérite du petit nombre des autres ouvrages qui sont restés en possession du théâtre. Ce mérite est si rare, et cet art est si difficile, qu'il faut avouer que, depuis Racine, nous n'avons rien eu de véritablement beau.

Par quelle fatalité faut-il que presque tous les arts dégénèrent dès qu'il y a eu de grand modèles? Vous n'êtes content, monsieur, d'aucune des pièces de théâtre qu'on a faites depuis quatre-vingts ans; voilà presque un siècle entier de perdu. Je suis malheureusement de votre avis : je vois quelques morceaux, quelques lambeaux de vers épars çà et là, dans nos pièces modernes, mais je ne vois aucun bon ouvrage. J'oserai convenir avec vous hardiment qu'il y a une tragédie d'*OEdipe*, qui est mieux reçue au théâtre que celle de Corneille; mais je crois avec la même ingénuité que cette pièce ne vaut pas grand'-chose, parce qu'il y a de la déclamation, et que le froid ressouvenir des anciennes amours de Philoctète et de Jocaste me paraît insupportable.

Toutes les autres pièces du même auteur me semblent très-médiocres; et la preuve en est que j'en oublie volontiers tous les vers, pour ne m'occuper que de ceux de Racine et de Corneille.

J'ai fait, toute ma vie, une étude assidue de l'art dramatique; cela seul m'a mis en droit de commenter les tragédies d'un grand maître. J'ai toujours remarqué que le peintre le plus médiocre se connaissait quelquefois mieux en tableaux qu'aucun des amateurs qui n'ont jamais manié le pinceau.

C'est sur ce fondement que je me suis cru autorisé à dire ce que je pensais sur les ouvrages dramatiques que j'ai commentés, et de mettre sous les yeux des objets de comparaison. Tantôt je fais voir comment un Espagnol[1] et un Anglais[2] ont traité à peu près les mêmes sujets que Corneille. Tantôt je tire des exemples de l'inimitable Racine. Quelquefois je cite des morceaux de Quinault, dans lequel je trouve, en dépit de Boileau, un mérite très-supérieur.

Je n'ai pu dire que mon sentiment. Ce n'est point ici un vain discours d'appareil, dans lequel on n'ose expliquer ses idées de peur de choquer les idées de la multitude; mais en exposant ce que j'ai cru vrai, je n'ai en effet exposé que des doutes que chaque lecteur pourra résoudre.

J'ai toujours souhaité, en voyant la tragédie de *Cinna*, que, puisque Cinna a des remords, il les eût immédiatement après la scène où Auguste lui dit :

Cinna, par vos conseils je retiendrai l'empire,
Mais je le retiendrai pour vous en faire part.

Je n'ai pensé ainsi qu'en interrogeant mon propre cœur; il m'a semblé que si j'avais conspiré contre un prince, et si ce prince m'avait accablé de bienfaits dans le temps même de la conspiration, ce serait alors même que j'aurais éprouvé un violent repentir.

Si d'autres lecteurs pensent autrement, je ne puis que les laisser dans leur opinion; mais je sens qu'il ne m'est pas possible de leur sacrifier la mienne.

J'observerai encore avec vous qu'il y a quelquefois un peu d'arbitraire dans la préférence qu'on donne à certains ouvrages sur d'autres. Tel homme préférera *Cinna*, tel autre *Andromaque*; ce choix dépend du caractère du juge. Un politique s'occupera de *Cinna* plus volontiers, un homme plein de sentiment sera beaucoup plus touché d'*Andromaque*. Il en est de même dans tous les arts : ce qui se rapproche le plus de nos mœurs est toujours ce qui plaît davantage.

Ainsi, monsieur, quand je vous dis que les tragédies d'*Athalie* et

1. Calderon. (Éd.) — 2. Shakspeare. (Éd.)

d'*Iphigénie* me paraissent les plus parfaites, je ne prétends point dire que vous deviez avoir moins de plaisir à celles qui seront plus de votre goût. Je prétends seulement que, dans ces deux pièces, il y a moins de défauts contre l'art que dans aucune autre; que la magnificence de la poésie y répand ses charmes avec moins d'enflure et avec plus d'élégance que dans les pièces d'aucun autre auteur; que jamais plus de difficultés n'ont produit plus de beautés : mais, comme il y a des beautés de différente espèce, celles qui seront le plus conformes à votre manière de penser seront toujours celles qui devront faire le plus d'effet sur vous.

Je m'en suis entièrement rapporté à vous sur tout ce qui regarde la grammaire : c'est un article sur lequel il ne peut guère y avoir deux avis; mais pour ce qui regarde le goût, je ne peux faire autre chose que de conserver le mien, et de respecter celui des autres.

DISCOURS AUX WELCHES,

PAR ANTOINE VADÉ, FRÈRE DE GUILLAUME.

(1764.)

O Welches, mes compatriotes! si vous êtes supérieurs aux anciens Grecs et aux anciens Romains, ne mordez jamais le sein de vos nourrices, n'insultez jamais à vos maîtres, soyez modestes dans vos triomphes; voyez qui vous êtes et d'où vous venez.

Vous avez eu l'honneur, il est vrai, d'être subjugués par Jules-César, qui fit pendre tout votre parlement de Vannes, vendit le reste des habitants, fit couper les mains à ceux de Quercy, et vous gouverna ensuite fort doucement. Vous restâtes plus de cinq cents ans sous les lois de l'empire romain; vos druides, qui vous traitaient en esclaves et en bêtes, qui vous brûlaient pieusement dans des paniers d'osier, n'eurent plus le même crédit quand vous devîntes province de l'empire. Mais convenez que vous fûtes toujours un peu barbares.

Dans le ve siècle de votre ère vulgaire, des Vandales, que vous avez appelés du nom sonore de Bourgonsions ou de Bourguignons, gens d'esprit d'ailleurs et fort propres, qui oignaient leurs cheveux avec du beurre fort, comme le dit Sidonius Apollinaris, *infundens acido comam butyro*[1]; ces gens-là, dis-je, vous firent esclaves, depuis le territoire de votre ville de Vienne jusqu'aux sources de votre rivière de Seine; et c'est un reste glorieux de ces temps illustres, que des moines et chanoines aient encore des serfs dans ce pays[2]. Cette belle prérogative de l'espèce humaine subsiste parmi vous comme un témoignage de votre sagesse.

1. Sidonius Apollinaris, XII, vers 7. (ÉD.)
2. A Saint-Claude et dans d'autres seigneuries de moines, les citoyens sont encore gens de mainmorte.

Une partie de vos autres provinces, que vous appelâtes si longtemps les provinces d'Oc, et que vous distinguâtes si noblement des provinces de Oui, furent envahies par les Visigoths; et quant à vos provinces de Oui, elles furent prises par un Sicambre nommé Hildovic[1], dont les grands-pères avaient été condamnés aux bêtes à Trèves par l'empereur Constantin. Ce Sicambre, honoré du titre de *patrice romain*, vous réduisit en servitude avec une poignée de Francs sortis des marais du Rhin, du Mein, et de la Meuse. Les belles expéditions de ce grand homme furent d'assassiner trois roitelets ses parents et ses amis, l'un vers le bourg de Boulogne-sur-Mer, l'autre vers le village de Cambrai et le troisième vers le village du Mans, que vos chroniques appellent *villes;* ce fut alors que la contrée des Welches porta le nom mélodieux de Frankreich, ancien nom de la France, en commémoration de ses vainqueurs, et vous fûtes la première nation de l'univers, car vous aviez l'oriflamme à Saint-Denis.

Des pirates du Nord vinrent quelque temps après vous mettre à rançon, et vous prirent la province qu'on nomma depuis Normandie. Vous fûtes ensuite divisés en plusieurs nations sous différents maîtres, et chaque nation avait ses lois particulières comme son jargon.

La moitié de votre pays appartint bientôt aux peuples de l'île appelée Britain, ou England dans leur idiome, qui était aussi harmonieux que le vôtre. La Normandie, la Bretagne, l'Anjou, le Maine, le Poitou, la Saintonge, la Guienne, la Gascogne, l'Angoumois, le Périgord, le Rouergue, l'Auvergne, furent longtemps entre les mains de cette nation des Angles, tandis que vous n'aviez ni Lyon, ni Marseille, ni le Dauphiné, ni la Provence, ni le Languedoc.

Malgré cet état misérable, vos compilateurs, que vous prenez pour des historiens, vous appellent souvent *le premier peuple de l'univers*, et votre royaume *le premier royaume*. Cela n'est pas civil pour les autres nations. Vous êtes un peuple brillant et aimable; et si vous joignez la modestie à vos grâces, le reste de l'Europe sera fort content de vous.

Remerciez bien Dieu de ce que les divisions de la rose rouge et de la rose blanche vous délivrèrent des Angles, et remerciez-le surtout de ce que les guerres civiles d'Allemagne empêchèrent Charles-Quint d'engloutir votre pays, et d'en faire une province de l'Empire.

Vous avez eu un moment bien brillant sous Louis XIV; mais n'allez pas pour cela vous croire supérieurs en tout aux anciens Romains et aux Grecs.

Songez que, pendant six cents ans, presque personne parmi vous, hors quelques-uns de vos nouveaux druides, ne sut ni lire ni écrire. Votre extrême ignorance vous livra au *flamen* de Rome et à ses consorts, comme des enfants que des pédagogues gouvernent et corrigent à leur gré. Vos contrats de mariage, quand vous faisiez des contrats, ce qui était rare, étaient écrits en mauvais latin par des clercs. Vous ignoriez ce que vous aviez stipulé; et quand vous aviez eu des

[1] Clovis.

enfants, il venait un tonsuré de Rome qui vous prouvait que votre femme n'était point votre femme, qu'elle était votre cousine au septième degré, que votre mariage était un sacrilége, que vos enfants étaient bâtards, et que vous étiez damné, si vous ne faisiez pas toucher à la chambre, nommée *apostolique*, la moitié de votre bien, sans délai ni remise.

Vos Basiléis n'étaient pas mieux traités que vous : vous en avez eu neuf d'excommuniés, si je ne me trompe, par le serviteur des serviteurs de Dieu sous l'anneau du pêcheur. L'excommunication emportait nécessairement la confiscation des biens; de sorte que vos Basiléis perdaient de droit leur couronne, dont le pêcheur romain faisait présent, selon son bon plaisir et son équité, au premier de ses amis.

Vous me direz, mes chers Welches, que les peuples de l'île Britain ou England, et même les empereurs teutoniques, ont été encore plus maltraités que vous, et qu'ils étaient aussi ignorants : cela est vrai; mais cela ne vous justifie pas; et si la nation britannique a été assez abrutie pour être pendant quelque temps province feudataire d'un druide ultramontain, vous m'avouerez qu'elle s'en est bien vengée; tâchez de l'imiter si vous pouvez.

Vous eûtes autrefois un roi [1], qui, quoique malheureux dans tous ses desseins et dans toutes ses expéditions, est pourtant recommandable pour vous avoir appris à lire et à écrire; il fit même venir d'Italie des gens qui vous enseignèrent le grec, et d'autres qui vous apprirent à dessiner, et à tailler une figure en pierre; mais il se passa plus de cent années avant que vous eussiez un bon peintre et un bon sculpteur; et pour ceux qui apprirent le grec, et même l'hébreu, on les brûla presque tous, parce qu'ils étaient soupçonnés de lire l'original de quelques livres judaïques, ce qui est dangereux.

Je veux bien convenir avec vous, mes chers Welches, que votre pays est la première contrée de l'univers : cependant vous ne possédez pas le plus grand domaine dans la plus petite des quatre parties du monde. Considérez que l'Espagne est un peu plus étendue, que l'Allemagne l'est bien davantage, que la Pologne et la Suède sont plus grandes, et qu'il y a des provinces en Russie dont le pays des Welches ne ferait pas la quatrième partie.

Je souhaite que vous soyez le premier royaume de l'univers par la fertilité de votre terrain; mais, de grâce, songez à vos quarante lieues de landes vers Bordeaux, à cette partie de votre Champagne que vous avez nommée si noblement *pouilleuse*, à des provinces entières où le peuple ne se nourrit que de châtaignes, à d'autres où il n'a guère que du pain d'avoine. Remarquez bien la défense qui vous est faite de sortir les blés de votre pays, défense fondée nécessairement sur votre disette, et peut-être encore sur votre caractère, qui vous porterait à vendre au plus vite tout ce que vous avez, pour le racheter fort cher trois mois après, semblables en cela à certains habitants de l'Amérique [2]

1. François Ier. (Éd.) — 2. Les Caraïbes. (Éd.)

qui vendent leur lit le matin, oubliant qu'ils voudront se coucher le soir.

D'ailleurs la dépense que la plus brillante partie de la nation fait en fine farine pour poudrer ses têtes, soit que vous soyez coiffés à l'oiseau royal, soit que vous portiez vos cheveux étalés comme Clodion et les conseillers de la cour, cette dépense est si universelle, qu'on fait très-bien d'empêcher de porter à l'étranger une denrée dont vous faites un si bel usage.

Premier peuple de l'univers, songez que vous avez dans votre royaume de Frankreich environ deux millions de personnes qui marchent en sabots six mois de l'année, et qui sont nu-pieds les autres six mois.

Êtes-vous le premier peuple de l'univers pour le commerce et pour la marine?... Hélas!

J'entends dire, mais je ne puis le croire, que vous êtes la seule nation du monde chez qui on achète le droit de juger les hommes, et même de les mener tuer à la guerre. On m'assure que vous faites passer par cinquante mains l'argent du trésor public; et quand il est arrivé à travers toutes ces filières, il se trouve réduit tout au plus au cinquième.

Vous me répondrez que vous réussissez beaucoup à l'opéra comique; j'en convions; mais, de bonne foi, votre opéra comique, ainsi que votre opéra sérieux, ne vous vient-il pas d'Italie?

Vous avez inventé quelques modes, je l'avoue, quoique vous preniez aujourd'hui presque toutes celles des peuples de Britain : mais n'est-ce pas un Génois [1] qui a découvert la quatrième partie du monde où vous possédez enfin deux ou trois petites îles? n'est-ce pas un Portugais [2] qui vous a ouvert le chemin des Indes Orientales, où vous venez de perdre vos pauvres comptoirs?

Vous êtes peut-être le premier peuple du monde pour les inventions des arts; cependant n'est-ce pas Jean Goia de Melfi à qui l'on doit la boussole? n'est-ce pas l'Allemand Schwartz qui donna le secret de la poudre inflammable? l'imprimerie, dont vous faites tant d'usage, n'est-elle pas encore le fruit du travail ingénieux d'un Allemand [3]?

Quand vous voulez lire les brochures nouvelles qui font de vous un peuple si savant, vous vous servez quelquefois de lunettes; remerciez-en François Spina, sans lequel vous n'auriez jamais pu lire les petits caractères. Vous avez des télescopes; remerciez-en Jacques Mettius le Hollandais, et Galilei Galileo le Florentin.

Si vous vous divertissez quelquefois avec des baromètres et des thermomètres, à qui en avez-vous l'obligation? à Torricelli qui inventa les premiers, à Drebellius qui inventa les seconds.

Plusieurs d'entre vous étudient le vrai système du monde planétaire; c'est un homme de la Prusse polonaise [4] qui devina ce secret du Créateur. On vous aide dans vos calculs avec des logarithmes; c'est au

1. Christophe Colomb. (Éd.) — 2. Vasco de Gama. (Éd.)
3. Guttemberg. (Éd.) — 4. Copernic. (Éd.)

prodigieux travail de milord Neper[1] et de ses associés que vous en avez l'obligation. C'est Guericke de Magdebourg que vous devez remercier de la machine pneumatique.

C'est ce même Galilée dont je viens de vous parler, qui découvrit le premier les satellites de Jupiter, les taches du soleil, et sa rotation sur son axe. Le Hollandais Huygens vit l'anneau de Saturne, un Italien[2] vit ses satellites, lorsque vous n'aperceviez rien encore.

Enfin, c'est le grand Newton qui vous a montré ce que c'est que la lumière, et qui vous a dévoilé la grande loi qui fait mouvoir les astres, et qui dirige les corps pesants vers le centre de la terre.

Premier peuple du monde, vous aimez à orner vos cabinets; vous y mettez de jolies estampes; mais songez que le Florentin Finiguerra est le père de cet art qui éternise ce que le pinceau ne peut conserver. Vous avez de belles pendules, c'est encore une invention du Hollandais Huygens.

Vous portez quelques brillants au doigt; songez que c'est à Venise que l'on commença à les tailler, ainsi qu'à imiter les perles.

Vous vous regardez quelquefois au miroir; c'est encore à Venise que vous devez les glaces.

Je voudrais donc que, dans vos livres, vous témoignassiez quelquefois un peu de reconnaissance pour vos voisins. Vous n'en usez pas, à la vérité, comme Rome, qui met à l'inquisition tous ceux qui lui apportent une vérité de quelque genre que ce puisse être, et qui fait jeûner Galilée au pain et à l'eau, pour lui avoir appris que les planètes tournent autour du soleil: mais que faites-vous? dès qu'une découverte utile illustre une autre nation, vous la combattez, et même très-longtemps. Newton fait voir aux hommes étonnés les sept rayons primitifs et inaltérables de la lumière; vous niez l'expérience pendant vingt années, au lieu de la faire. Il vous démontre la gravitation, et vous lui opposez pendant quarante ans le roman impertinent des tourbillons de Descartes. Vous ne vous rendez enfin que quand l'Europe entière rit de votre obstination.

La méthode de l'inoculation sauve ailleurs la vie à des milliers d'hommes; vous employez plus de quarante années à tâcher de décrier cet usage salutaire. Si quelquefois, en portant au tombeau vos femmes, vos enfants morts de la petite vérole naturelle, vous sentez un moment de remords (comme vous avez un moment de douleur et de regrets); si vous vous repentez alors de n'avoir pas imité la pratique des nations plus sages que vous et plus hardies; si vous vous promettez d'oser faire ce qui est simple chez elles, ce mouvement passe bien vite; le préjugé et la légèreté reprennent chez vous leur empire ordinaire.

Vous ignorez, ou vous feignez d'ignorer, que dans le relevé des hôpitaux de Londres, destinés à la petite vérole naturelle et artificielle, la quatrième partie des hommes y meurt de la petite vérole ordinaire,

1. Jean Napier, nommé aussi Never et Nepaer, mort en 1617. (Ed.)
2. Cassini. (Ed.)

et qu'à peine meurt-il une personne sur quatre cents qui ont été inoculées.

Vous laissez donc périr la quatrième partie de vos concitoyens; et quand vous êtes effrayés de ce calcul qui vous déclare si imprudents et si coupables, que faites-vous? vous consultez des licenciés fondés ou non fondés par Robert Sorbon : vous présentez des réquisitoires! C'est ainsi que vous soutîntes des thèses contre Harvey, quand il eut découvert la circulation du sang. C'est ainsi qu'on a rendu des arrêts par lesquels on condamnait aux galères ceux qui disputaient contre les *Catégories* d'Aristote.

O premier peuple du monde! quand serez-vous raisonnable? Vous êtes obligé de convenir de tout ce que j'ai l'honneur de vous dire. Vous me répondez que toutes vos sottises n'empêchent pas que Mlle Duchapt ne vende ses ajustements de femmes dans tout le Nord, et qu'on ne parle votre langue à Copenhague, à Stockholm, et à Moscou. Je n'entrerai point dans l'importance du premier de ces avantages; le second seul est le sujet de mon discours.

Vous vous applaudissez de voir votre langue presque aussi universelle que le furent autrefois le grec et le latin : à qui en êtes-vous redevables, je vous prie? A une vingtaine de bons écrivains que vous avez presque tous ou négligés, ou persécutés, ou harcelés pendant leur vie. Vous devez surtout ce triomphe de votre langue dans les pays étrangers, à cette foule d'émigrants qui furent obligés de quitter leur patrie vers l'an 1685. Les Bayle, les Leclerc, les Basnage, les Bernard, les Rapin-Thoyras, les Beausobre, les Lenfant, et tant d'autres, allèrent illustrer la Hollande et l'Allemagne; le commerce des livres fut alors un des plus grands avantages des Provinces-Unies, et une perte pour vous. Ce sont les malheurs de vos compatriotes qui ont étendu votre langue chez tant de nations : les Racine, les Corneille, les Molière, les Boileau, les Quinault, les La Fontaine, et vos bons écrivains en prose ont, sans doute, beaucoup contribué à répandre ailleurs votre langue et votre gloire : c'est un grand avantage; mais il ne vous donne pas le droit de croire l'emporter en tout sur les Grecs et sur les Latins.

Ayez d'abord la bonté de considérer que vous n'avez aucun art, aucune science dont vous ne deviez la connaissance aux Grecs. Les noms mêmes de ces sciences et de ces arts l'attestent assez : la logique, la dialectique, la géométrie, la métaphysique, la poésie, la géographie, la théologie même, si c'est une science, tout vous annonce la source où vous avez puisé.

Il n'y a point de femme qui ne parle grec sans s'en douter; car, si elle dit qu'elle a vu une tragédie, une comédie, qu'on lui a récité une ode, qu'un de ses parents est tombé en apoplexie ou en paralysie, qu'il a une esquinancie, un anthrax, qu'un chirurgien l'a saigné à la veine céphalique, qu'elle a été à l'église, qu'un diacre a chanté les litanies; si elle parle d'évêques, de prêtres, d'archidiacre, de pape, de

1. Fameuse marchande de modes. (Éd.)

liturgie, d'antienne, d'eucharistie, de baptême, de mystères, de décalogue, d'évangile, d'hiérarchie, etc., il est bien certain qu'elle n'a pas prononcé un seul mot qui ne soit grec.

Il est vrai qu'on peut tirer presque toutes ses expressions d'une langue étrangère, et en faire un si heureux usage, que les disciples surpassent enfin les maîtres; mais lorsque avec le temps vous avez composé votre langue des débris du grec et du latin, mêlés avec vos anciens mots welches et tudesques, parvîntes-vous alors à faire un langage assez abondant, assez expressif, assez harmonieux? Votre stérilité n'est-elle pas attestée par ces mots secs et barbares, que vous employez à tout : *Bout du pied*, *bout du doigt*, *bout d'oreille*, *bout du nez*, *bout du fil*, *bout du pont*, etc.? tandis que les Grecs expriment toutes ces différentes choses par des termes énergiques et pleins d'harmonie. On vous a déjà reproché de dire *un bras de rivière*, *un bras de mer*, *un cul d'artichaut*, *un cul-de-lampe*, *un cul-de-sac*. A peine vous permettez-vous de parler d'un vrai cul devant des matrones respectables; et cependant vous n'employez point d'autre expression pour signifier des choses auxquelles un cul n'a nul rapport. Jérôme Carré vous a proposé le mot d'*impasse* pour vos rues sans issue; ce mot est noble et significatif : cependant, à votre honte, votre *Almanach royal* imprime toujours que l'un de vous demeure dans le cul-de-sac de Menars, et l'autre dans le cul des Blancs-Manteaux. Fi! n'avez-vous pas de honte? Les Romains appelaient ces chemins sans issue *angiportus*; ils n'imaginaient point qu'un cul pût ressembler à une rue.

Que dirai-je du mot *trou*, que vous appliquez encore à tant et de si nobles usages?

Ne trouvez-vous pas que les noms de vos portes, de vos rues, de vos temples, feraient un bel effet dans un poëme épique? On aime à voir Hector courir du temple de Pallas à la porte de Scée. L'oreille est aussi flattée que l'imagination amusée, quand les Grecs avancent de Ténédos aux rivages de Troie sur les rives du Simoïs et du Scamandre; mais, en vérité, pourrait-on peindre vos héros partant de l'église de Saint-Pierre-aux-Bœufs, ou de Saint-Jacques-du-Haut-Pas, avançant fièrement par la rue du Pet-au-Diable, et par la rue Trousse-Vache, s'embarquant sur la galiote de Saint-Cloud, et allant combattre dans la place de Longjumeau?

Vos curieux conservent des Mémoires innombrables depuis la mort de Henri II jusqu'à celle de Henri IV. Ce sont des monuments de grossièreté enfantés par la rage d'écrire; c'est un amas de satires sur des événements affreux transmis à la postérité dans le langage des halles; vous n'eûtes alors qu'un bon historien[1], et il fut obligé d'écrire en latin.

Enfin, vous avez nettoyé votre langue de cette rouille barbare et de cette crasse bourgeoise; vous avez fait quelques bons livres; mais avez-vous alors surpassé Cicéron et Démosthène? Avez-vous mieux écrit que Tite Live, Tacite, Thucydide et Xénophon? Quel auteur au-dessus du médiocre a écrit jusqu'ici vos annales?

1. De Thou. (Ed.)

Sied-il bien à Daniel de dire dès la première page de son histoire : « Ce ne fut que sous le grand Clovis que les Français se rendirent maîtres pour toujours de ces *grandes* provinces? » Certainement le grand Clovis ne s'en rendit pas maître *pour toujours*, puisque ses successeurs perdirent tout le pays qui s'étend de Cologne à la Franche-Comté. Ce Daniel vous dit, d'après le romancier Grégoire de Tours, que les soldats de Clovis, après la bataille de Tolbiac, *s'écrièrent comme de concert :* « Nous renonçons aux dieux mortels; nous ne voulons plus adorer que l'immortel; nous ne reconnaissons plus d'autre Dieu que celui que le saint évêque Remi nous prêche. »

En vérité, il n'est pas possible que toute une armée de Francs ait prononcé de *concert* cette phrase, et ces antithèses de mortel et d'immortel. Votre Daniel ressemble à votre La Motte, qui, dans une abréviation d'Homère, fait dire une pointe à toute l'armée grecque, et lui fait prononcer ce vers, quand Achille se réconcilie avec Agamemnon :

Que ne vaincra-t-il point? il s'est vaincu lui-même.

Comment l'armée des Francs pouvait-elle renoncer à des dieux mortels? Adorait-elle des hommes? Le Thaut, l'Irminsul, l'Odin, la Fridda, que ces barbares révéraient, n'étaient-ils pas des immortels à leurs yeux? Daniel ne devait pas ignorer que tous les peuples du Nord adoraient un Dieu suprême qui présidait à toutes ces divinités secondaires; il n'avait qu'à consulter l'ancien livre de l'Edda, cité par le savant Huet[1], évêque d'Avranches; il n'avait qu'à lire ce que Tacite dit expressément dans son *Traité des mœurs des Germains : Regnator omnium Deus.* Ce Dieu s'appelait God ou Goth, Got-le-Bon; et on ne peut assez admirer que des barbares eussent donné à la Divinité un titre si digne d'elle. Daniel ne devait donc pas mettre une pareille sottise dans la bouche de toute une armée, sottise convenable tout au plus au *Pédagogue chrétien*[2]. Mais en quelle langue, s'il vous plaît, prêchait Remi à ces Bructères et à ces Sicambres? Il parlait ou latin ou welche; et les Sicambres parlaient l'ancien tudesque. Remi apparemment renouvela le miracle de la Pentecôte : *Et unusquisque intendebat linguam suam.* Si vous examinez de près Mézerai, que de fables, que de confusion, et quel style! Méritez des Tite Live, et vous en aurez.

Je veux croire que chez vous l'éloquence du barreau et de la chaire a été portée aussi loin qu'elle peut l'être. Les divisions de vos sermons en trois points, quand il n'y a rien à diviser, un *Ave* à la vierge Marie qui précède ces divisions, un long discours welche sur un texte latin qu'on accommode comme on peut à ce discours, et enfin des lieux communs mille fois répétés, sont des chefs-d'œuvre sans doute; les plaidoyers de vos avocats sur les coutumes du Hurepois ou du Gâtinois passeront à la dernière postérité; mais je doute qu'ils fassent oublier l'éloquence grecque et romaine.

1. C'est dans sa *Lettre de l'origine des romans*, page 147 de l'édition de 1678, qu'Huet cite l'Edda. (Ed.)
2. Par Outreman. (Ed.)

Je suis bien loin de nier que Pascal, Bossuet, Fénelon, aient été très-éloquents. C'est lorsque ces génies parurent que vous cessâtes d'être Welches, et que vous fûtes Français; mais ne comparez pas les *Lettres provinciales* aux *Philippiques*. Considérez d'abord que l'importance du sujet est quelque chose. Les noms de Philippe et de Marc-Antoine sont un peu au-dessus des noms du P. Annat, d'Escobar et de Tambourini. Les intérêts de la Grèce et les guerres civiles de Rome sont des objets plus considérables que la grâce suffisante qui ne suffit pas, la grâce coopérante qui n'opère point, et la grâce efficace qui est sans efficacité.

Le grand attrait des *Lettres provinciales* périt avec les jésuites; mais les Oraisons de Démosthène et de Cicéron instruisent encore l'Europe, quand les objets de ces harangues ne subsistent plus, quand les Grecs ne sont que des esclaves, et que les Romains ne sont plus que tonsurés.

Je sais, encore une fois, que les Oraisons funèbres de Bossuet sont belles, qu'il y a même du sublime. Mais, entre nous, qu'est-ce qu'une oraison funèbre? un discours d'appareil, une déclamation, un lieu commun, et souvent une atteinte à la vérité. Faudra-t-il mettre ces harangues poétiques à côté des discours solides de Cicéron et de Démosthène?

Votre Fénelon, admirateur des anciens, et nourri de leurs ouvrages, alluma sa bougie à leurs flammes immortelles : vous n'oserez pas prétendre que sa Calypso, abandonnée par Télémaque, approche de la Didon de Virgile : la froide et inutile passion de ce Télémaque, que Mentor jette d'un coup de poing dans la mer pour le guérir de son amour, ne semble pas une invention des plus sublimes. Et oserez-vous dire que la prose de cet ouvrage soit comparable à la poésie d'Homère et de Virgile? O mes Welches! qu'est-ce qu'un poëme en prose, sinon un aveu de son impuissance? Ignorez-vous qu'il est plus aisé de faire dix tomes de prose passable que dix bons vers dans votre langue, dans cette langue embarrassée d'articles, dépourvue d'inversions, pauvre en termes poétiques, stérile en tours hardis, asservie à l'éternelle monotonie de la rime, et manquant pourtant de rimes dans les sujets nobles?

Souvenez-vous enfin que lorsque Louis XIV, qu'on s'obstinait à reconnaître dans Idoménée, ne fut plus au monde, quand on eut oublié Louvois, dont on reconnaissait le caractère dans celui de Protésilas; lorsqu'on n'envia plus la marquise Scarron de Maintenon, qu'on avait comparée à la vieille Astarbé, alors le *Télémaque* perdit beaucoup de son prix. Mais le *Tu Marcellus eris* de l'*Énéide* sera toujours dans la mémoire des hommes; on citera toujours avec attendrissement ces vers et tous ceux qui les précèdent :

Ter sese attollens cubitoque innixa levavit,
Ter revoluta toro est; oculisque errantibus, alto
Quæsivit cœlo lucem, ingemuitque reperta[1].

1. *Æneid.*, IV, 690-92. (Éd.)

On[1] a cité dans une traduction en prose de Virgile (car il vous est impossible de le traduire en vers, et vous n'avez pas même encore réussi à rendre en prose le sens de l'auteur latin), on a cité, dis-je, une imitation de cet admirable discours de Didon :

Exoriare aliquis nostris ex ossibus ultor,
Qui face Dardanios ferroque sequare colonos.
Nunc, olim, quocumque dabunt se tempore vires :
Littora littoribus contraria, fluctibus undas
Imprecor, arma armis : pugnent ipsique nepotes[2].

Voici la prétendue imitation de Virgile, qu'on donne pour une copie fidèle de ce grand tableau :

Puisse après mon trépas s'élever de ma cendre
Un feu qui sur la terre aille au loin se répandre!
Excités par mes vœux, puissent mes successeurs
Jurer dès le berceau qu'ils seront mes vengeurs,
Et, du nom des Troyens ennemis implacables,
Attaquer en tous lieux ces rivaux redoutables!
Que l'univers en proie à ces deux nations
Soit le théâtre affreux de leurs dissensions;
Que tout serve à nourrir cette haine invincible;
Qu'elle croisse toujours jusqu'au moment terrible,
Que l'un ou l'autre cède aux armes du vainqueur,
Que ses derniers efforts signalent sa fureur!

Voyez, je vous prie, combien cette copie prétendue est faible, vicieuse, forcée, languissante.

Puisse après mon trépas s'élever de ma cendre
Un feu qui sur la terre aille au loin se répandre!

Que veut dire ce feu qui ira se répandre au loin sur la terre? Retrouve-t-on, dans ces vers hérissés de chevilles, le moindre mot qui rappelle les idées de douleur, de terreur, de vengeance, qui respirent dans ce vers frappant :

Exoriare aliquis nostris ex ossibus ultor?

Il s'agit d'un vengeur; et le plat imitateur nous parle d'un feu *qui ira au loin se répandre*. Que ces rimes en épithètes, *implacables*, *redoutables*, *invincibles*, *terribles*, énervent la peinture de Virgile! Que toute épithète qui n'ajoute rien au sens est puérile!

Je ne sais pas de qui sont ces vers; mais je sais que quand on oppose ainsi les rimailleries d'un poëte welche aux plus beaux morceaux de l'antiquité, on ne lui rend pas un bon office.

O Français! je me fais un plaisir d'admirer avec vous vos grands poëtes; ce sont eux principalement qui ont porté votre langue jusque sous le cercle polaire, et qui ont forcé des Italiens et des Espagnols

1. L'abbé Desfontaines. (ÉD.) — 2. *Æneid.*, IV, 625-29. (ÉD.)

même à l'apprendre. Je commence par votre naïf et aimable La Fontaine : la plupart de ses fables sont prises chez Ésope le Phrygien, et chez Phèdre le Romain. Il y en a environ cinquante qui sont des chefs-d'œuvre pour le naturel, pour les grâces, et pour la diction. Ce genre même est inconnu aux autres nations modernes. J'aurais souhaité, je l'avoue, que, dans le reste de ses fables, cet homme unique eût été moins négligé, qu'il eût parlé plus purement cette langue qu'il a rendue si familière aux peuples voisins; que son style eût été plus châtié, plus précis; qu'en surpassant de bien loin Phèdre en délicatesse, il l'eût égalé dans la pureté de l'élocution. Je suis fâché de le voir débuter par une petite dédicace à un prince, dans laquelle il lui dit :

Et si de t'agréer je n'emporte le prix,
J'aurais du moins l'honneur de l'avoir entrepris.

Voilà un plaisant honneur, d'*entreprendre d'agréer;* et qu'est-ce que le *prix d'agréer?* Phèdre ne parle point ainsi. Phèdre ne fait point dire à la fourmi :

Ni mon grenier, ni mon armoire
Ne se remplit à babiller...

Le renard, chez Phèdre, dit :

Ils sont trop verts...

et il n'ajoute point :

Et bons pour des goujats.

Je suis affligé quand je vois,

La cigale ayant chanté
Tout l'été,

à qui la fourmi dit :

Vous chantiez! j'en suis fort aise,
Eh bien! dansez maintenant.

Le loup peut dire au chien d'attache qu'il ne voudrait pas de ses bons repas au prix de sa liberté; mais ce loup me fait de la peine quand il ajoute :

Je ne voudrais pas même à ce prix un trésor :
Cela dit, maître loup s'enfuit et court encor.

Un loup n'a jamais désiré l'or et l'argent.

L'homme qui souffle dans ses doigts parce qu'il a froid, et sur sa soupe parce qu'elle est trop chaude, a très-grande raison : il ne mérite point du tout qu'on dise de lui :

Arrière ceux dont la bouche
Souffle le chaud et le froid!

C'est abuser d'un proverbe trivial qui n'est pas ici appliqué avec justesse. Mais ces petites taches n'empêcheront pas que les fables de La Fontaine ne soient un ouvrage immortel.

Ses contes sont sans doute les meilleurs que nous ayons; ce mérite, si c'en est un, est inconnu à l'antiquité grecque et romaine. La Fontaine, en ce genre, a surpassé Rabelais, et souvent égalé la naïveté et la précision qui se rencontrent dans trois ou quatre ouvrages de Marot; vous trouvez dans ses meilleurs contes cette aménité, ce naturel de Passerat, qui vivait sous Henri III, et qui nous a laissé la *Métamorphose du coucou*, ouvrage trop peu connu, qui ne sent en rien la grossièreté du temps, et qu'on croirait fait par La Fontaine même. Voici comme Passerat finit le conte de ce malheureux jaloux qui, étant changé en coucou,

> S'envole au bois, au bois se tient caché,
> Honteux d'avoir sa femme tant cherché;
> Et néanmoins, quand le printemps renflamme
> Nos cœurs d'amour, il cherche encor sa femme;
> Parle aux passants, et ne peut dire qu'*où;*
> Rien que ce mot ne retint le coucou
> D'humain parler : mais par œuvres il montre
> Qu'onc en oubli ne mit sa malencontre,
> Se souvenant qu'on vint pondre chez lui,
> Venge ce tort, et pond au nid d'autrui.
> Voilà comment sa douleur il allége.
> Heureux ceux-là qui ont ce privilége!

Voilà le style sur lequel La Fontaine se forma; car tous vos poëtes du siècle de Louis XIV ont commencé par imiter leurs prédécesseurs. Corneille imita d'abord le style de Mairet et de Rotrou, Boileau celui de Regnier.

Le grand défaut peut-être des contes de La Fontaine est qu'ils roulent presque tous sur le même sujet : c'est toujours une fille ou une femme dont on vient à bout. Le style n'en est pas toujours correct et élégant; les négligences, les longueurs, les façons de parler proverbiales et communes, le défigurent. Il paraît au-dessous de l'Arioste dans les contes qu'il a empruntés de lui. Non-seulement l'Arioste a le mérite de l'invention, mais il a jeté ces petites aventures dans un long poëme, où elles sont racontées à propos. Le style en est toujours pur; aucune longueur, aucune faute contre la langue, point d'ornements étrangers. Enfin il est peintre, et très-grand peintre; c'est là le premier mérite de la poésie, et c'est ce que La Fontaine a négligé. Voyez, dans le *Joconde* de l'Arioste, ce jeune Grec qui vient trouver la *Fiammetta* dans son lit, tandis qu'elle est couchée entre le roi Astolphe et Joconde.

> « Viene all'uscio, e lo spinge; e quel gli cede;
> « Entra pian piano, e va a tenton col piede.
>
> « Fa lunghi i passi, e sempre in quel di dietro
> « Tutto si ferma, e l'altro par che muova
> « A guisa che di dar tema nel vetro,
> « Non che'l terreno abbia a calcar, ma l'uova;
> « E tien la mano innanzi simil metro,

« Va brancolando in fin che'l letto trova;
« E di là dove gli altri avean le piante,
« Tacito si cacciò col capo innante. »

C. XXVIII, st. 62-63.

Il est étrange que votre Boileau, dans son jugement sur le *Joconde* de l'Arioste et sur celui de La Fontaine, reproche à l'auteur italien certaines familiarités; il ne songe pas que c'est un hôtelier qui parle; chacun doit garder son caractère. L'Arioste, en observant ce costume, ne laisse échapper aucun mot qui ne soit du toscan le plus pur; mérite prodigieux dans un ouvrage de si longue haleine, écrit tout entier en stances dont les rimes sont redoublées.

C'est trop vous parler peut-être de ce petit genre qui, tout petit qu'il est, contribue pourtant à la gloire des lettres : « In tenui labor, at tenuis non gloria. »

Je m'étendrais sur le mérite supérieur de votre théâtre, auquel il ne manque que d'être assez tragique, si ce sujet n'avait pas été traité tant de fois.

J'imagine qu'Euripide serait honteux de sa gloire, qu'il irait se cacher, s'il voyait la *Phèdre* et l'*Iphigénie* de Racine. Les tragédies de Racine et plusieurs scènes de Corneille sont ce que vous avez de plus beau dans votre langue. Plus d'une scène de Quinault est admirable dans un genre que l'antiquité ne connut pas plus que celui des *Contes* de La Fontaine. Votre Molière l'emporte sur Térence et sur Plaute. Je vous accorderai encore que l'*Art poétique* de Boileau est plus poétique que celui d'Horace, qu'il donna l'exemple avec le précepte; et que c'est une copie supérieure à son original. Voilà votre gloire, ne la perdez pas.

C'est dans ces seuls genres que vous êtes supérieurs; vous avez des rivaux ou des maîtres dans tous les autres. Vous avez même été si pénétrés du charme des vers, qu'aujourd'hui vos écrits sur la physique et sur la métaphysique respirent malheureusement la poésie, et que, ne pouvant plus faire de vers comme on en faisait dans le siècle de Louis XIV, vous avez trouvé seulement le secret de gâter la prose.

Vous êtes menacés d'un autre fléau. J'apprends qu'il s'élève parmi vous une secte de gens durs qui se disent solides, d'esprits sombres qui prétendent au jugement parce qu'ils sont dépourvus d'imagination, d'hommes lettrés ennemis des lettres, qui veulent proscrire la belle antiquité et la fable. Gardez-vous bien de les croire, ô Français! vous redeviendriez Welches.

L'Imagination, fille du ciel, bâtit autrefois en Grèce un temple de marbre transparent; elle peignit de sa main sur les murs du temple la nature entière en tableaux allégoriques. On y vit Jupiter, le maître des dieux et des hommes, faire éclore de son cerveau la déesse de la sagesse. Celle de la beauté est aussi sa fille; mais ce n'est pas de son cerveau qu'elle a dû naître. Cette Beauté est la mère de l'Amour. Pour que cette Beauté enchante les cœurs, il faut (vous le savez) qu'elle ne soit jamais sans les trois Grâces : et quelles sont ces trois compagnes nécessaires de la Beauté? c'est Aglaé, par qui tout brille; Euphrosine, qui répand la douce joie dans les cœurs; Thalie, qui jette des fleurs sur les pas de la déesse : voilà ce que leurs trois noms signifient. Les Muses enseignent tous les beaux-arts : elles sont filles de Mémoire, et leur naissance vous apprend que, sans la mémoire, l'homme ne peut rien inventer, ne peut combiner deux idées.

Voilà donc ce que des barbares veulent détruire; et que substitueront-ils à ces emblèmes divins? les *Plaidoyers* de Lemaître[1], les *Enluminures*[2] et les chamillardes? la harangue de maître Étienne Ledain, prononcée du côté du greffe?

O Welches! si Janus au double front, représentant l'année qui finit et qui commence, a chez vous encore le nom grossier et inintelligible de *Janvier;* si votre *avril*, qui ne signifie rien, est chez les anciens le mois consacré à cette Aphrodise, à cette Vénus, au principe qui rajeunit la nature; si les noms iroquois de *vendredi* et de *mercredi* rappellent encore l'idée de Vénus et de Mercure; si tout le ciel dans ses constellations est encore plein des fables de la Grèce; respectez vos maîtres, vous dis-je; à moins que vous ne vouliez ressembler à ce savant Welche qui prétendait que les douze patriarches, fils de Jacob, avaient inventé les douze signes du zodiaque; que le bélier était celui d'Isaac; les gémeaux, Jacob et Ésaü; la vierge, Rebecca; le verseau, la cruche de Rebecca; et qu'on avait falsifié les autres signes.

Croyez, mes frères, que vous ne ferez pas mal de vous en tenir aux belles inventions profanes de vos prédécesseurs.

SUPPLÉMENT

DU DISCOURS AUX WELCHES,

AVEC UNE LETTRE DU LIBRAIRE DE L'ANNÉE LITTÉRAIRE A M. DE V., ET LA RÉPONSE DE M. DE V. A CETTE LETTRE.

(1764.)

AVERTISSEMENT[3].

Tout le monde sait que Guillaume et Antoine Vadé étaient frères, et cependant d'esprit et de caractère très-différents. Guillaume était gai, plaisant, et léger, ainsi que le témoignent ses opéras comiques, et qu'on le verra dans le *Vadiana*[4], qu'un de nos illustres académiciens rédige actuellement, dans le goût du *Fontenelliana*[5], et qui ne sera pas moins intéressant.

1. *Les Enluminures du fameux almanach des Jésuites*, poëme en vers libres, de Louis-Isaac Lemaître de Sacy, frère de l'auteur des *Plaidoyers*. (Éd.)
2. Épigrammes contre le contrôleur général Chamillard. (Éd.)
3. Par Voltaire. (Éd.) — 4. Il n'y en a point. (Éd.)
5. Il n'y en avait point encore. (Éd.)

Antoine, au contraire, était grave, profond, et sérieux, comme le prouve son *Discours aux Welches;* il n'aimait à s'occuper que de choses utiles. La gloire de la nation et le bien public l'intéressaient par-dessus tout; il s'affligeait des abus qui empêchent l'un et l'autre, et plus encore de ce que ceux qui voulaient les réformer ne commençaient pas par se réformer eux-mêmes. Il disait que quiconque veut corriger les autres doit se souvenir de l'oracle d'Apollon, et qu'il ne sied pas, lorsqu'on laisse brûler sa maison, de dire des injures à son voisin parce que le feu prend à la sienne.

On ajoute même qu'il travaillait depuis plusieurs années, à un grand ouvrage sur les dangers de la libre sortie des grains à l'étranger, dans lequel il prouvait invinciblement qu'il en doit être des blés du pays de Frankreich comme il en était autrefois des figues d'Athènes, et qu'il vaut infiniment mieux, pour les Welches, mourir de faim sur les blés entassés par monceaux, que de souffrir qu'ils soient achetés, payés, et mangés par les étrangers.

On ne peut assez regretter la perte de cet ouvrage, qui était fort avancé lorsque Antoine Vadé est mort. Il serait d'un grand secours aujourd'hui pour désabuser certains esprits de travers, entichés des avantages de cette liberté, et qui croient qu'il ne peut y avoir aucun inconvénient à permettre qu'une nation s'enrichisse par le commerce des productions de son sol; mais malheureusement Mlle Catherine Vadé, qui en a trouvé le manuscrit, ne sachant pas ce que c'était en a fait des patrons de manchettes, et ne nous a donné que le *Discours aux Welches.*

C'est à l'occasion de ce *Discours* qu'un de mes amis, qui l'a toujours été, comme il le dit lui-même, de la famille Vadé, m'a envoyé le récit suivant d'une conversation à laquelle il s'est trouvé, et qui peut servir de supplément au Discours.

Les Welches qui ne sont pas Welches ne seront point fâchés de voir ce supplément, et peut-être inspirera-t-il à ceux qui le sont encore le désir de cesser de l'être.

Au reste, Mlle Catherine Vadé assure que son cousin Antoine pensait que les Welches étaient les ennemis de la raison et du mérite, les fanatiques, les sots, les intolérants, les persécuteurs, et les calomniateurs; que les philosophes, la bonne compagnie, les véritables gens de lettres, les artistes, les gens aimables enfin, étaient les Français, et que c'était à eux à se moquer des autres, quoiqu'ils ne fussent pas les plus nombreux. Cette déclaration doit justifier pleinement la mémoire de notre illustre auteur, des reproches qu'on lui faisait de nous avoir dit nos vérités avec trop peu de ménagement.

J'ai toujours été fort attaché à la famille des Vadé, et surtout à Mlle Catherine Vadé, chez qui je me trouvais avec quelques amis, le jour que feu Antoine Vadé nous lut son Discours aux Welches. « Vous avez bien de l'humeur, mon cousin, lui dit Catherine. — Il est vrai que je suis en colère, répondit Antoine; je trouverai toujours un *cul-*

de-sac horriblement welche, et je ne m'apaiserai que quand on aura substitué quelque mot français honnête à cette expression grossière. Et comment voulez-vous qu'une nation puisse subsister avec honneur, quand on imprime *je croyois*, *j'octroyois*, et qu'on prononce, *je croyais*, *j'octroyais* ? Comment un étranger pourra-t-il deviner que le premier *o* se prononce comme un *o*, et le second comme un *a* ? Pourquoi ne pas écrire comme on parle ? Cette contradiction ne se trouve ni dans l'espagnol, ni dans l'italien, ni dans l'allemand ; c'est ce qui m'a le plus choqué : car il m'importe peu que ce soit un Allemand ou un Chinois qui ait inventé la poudre, et que je doive des remercîments à Goia de Melfi ou à Roger Bacon pour les lunettes que je porte sur le nez; mais un *cul-de-sac*, et tous ces termes populaires qui défigurent une langue, me donnent un mortel chagrin. »

Catherine Vadé, voyant qu'il s'échauffait, lui promit que le gouvernement mettrait ordre à ces abus, et qu'il ne se passerait pas trois cents ans avant qu'ils fussent réformés. Cela consola le bon Antoine. Il était comme l'abbé de Saint-Pierre, qui se croyait payé de toutes ses peines, quand on lui laissait entrevoir qu'un de ses projets pourrait être exécuté dans sept ou huit siècles. Jérôme Carré, le voyant apaisé, lui dit : « Mon cher Antoine, ne vous plaignez plus que les belles inventions ne viennent pas de vos compatriotes : nous avons un excellent citoyen[1] qui a promis de dessaler l'eau de la mer; et quand il n'y parviendrait pas, il serait toujours beau de le tenter. Un autre a inventé un carrosse suspendu par l'impériale, ce qui sera aussi commode qu'agréable. Un grand naturaliste est venu à bout, au commencement du siècle, de faire une paire de gants avec une toile d'araignée. Ce n'est qu'avec le temps que les arts se perfectionnent. » Le visage d'Antoine, à ce discours, parut resplendir d'une joie douce et sereine, car il aimait tendrement sa patrie ; et s'il était un peu fâché contre des auteurs trop préoccupés qui appelaient leur nation *la première nation de l'univers*, c'était par la crainte que les autres nations ne fussent choquées de cette petite rodomontade.

Ce fut alors que toute la compagnie traita cette grande question : « Lequel vaut le mieux, de l'esprit inventif ou de l'esprit aimable ? » M. Laffichard[2], dont le nom est si connu dans la république des lettres, ami de tout temps, comme moi, de la famille Vadé, soutint que le génie de l'invention est le premier de tous, et que celui qui a trouvé le secret de faire les épingles est infiniment au-dessus de tous ceux qui ont fait parmi nous de jolies chansons, et même des opéras. Mlle Vadé, au contraire, prétendit que celle qui attachait une épingle avec grâce l'emportait infiniment sur l'inventeur. Ces opinions furent débattues avec toute la sagacité et toute la profondeur qu'elles méritaient; et je suis bien fâché de n'avoir retenu qu'une faible partie des raisons de Catherine. « Celui qui sait plaire, disait-elle, est au-dessus d'Archimède. Imaginez une ville d'inventeurs; l'un fera une machine

1. Pierre-Isaac Poissonnier des Perrières. (Éd.)
2. Thomas Laffichard ou l'Affichard, mort en 1753, sous le nom duquel Voltaire a donné, en 1775, sa satire intitulée : *Le Temps présent*. (Éd.)

pneumatique, l'autre cherchera les propriétés d'une courbe, celui-ci fera un chariot à roues et à voiles, celui-là inventera le vertugadin pour les dames; ils ne converseront avec personne, ils ne s'entendront pas même entre eux : la ville des inventeurs sera la plus triste du monde entier. Auprès de cette ville d'ateliers, placez-en une où l'on ne cherche que le plaisir : qu'arrivera-t-il à la longue ? tous les habitants de la première se réfugieront dans la seconde. »

Catherine appuya cette supposition de raisonnements si fins, et de tours si délicats, que toute la compagnie fut de son avis. Ce succès l'enhardit; et voyant qu'Antoine était de bonne humeur, elle tourna la conversation sur des choses plus sérieuses. « Vous vous désolez, dit-elle, mon pauvre Antoine, de ce qu'on appelle une partie de la Champagne où vous êtes né, *pouilleuse*. — Ah ! le mot est ignoble et odieux, dit Antoine. — Vous avez raison, mon cousin : mais quel est le pays qui n'ait pas des terrains rebelles et incultivables? Vous vous plaignez des landes de Bordeaux; mais sachez qu'on va les défricher, et qu'une compagnie s'y est déjà ruinée. Vous vous affligez que dans certaines provinces vos compatriotes portent des sabots; ils auront des souliers avant qu'il soit peu; ils ne payeront pas même le trop bu, et ils auront soif impunément; c'est à quoi l'on travaille dès à présent avec une application merveilleuse. — Est-il possible ? dit Antoine avec transport. — Il n'y a rien de plus vrai, dit Catherine; prenez donc courage, et que votre esprit ne soit point abattu, parce que les Cimbres sont venus autrefois à Dijon, les Visigoths à Toulouse, et les Normands à Rouen, comme les Maures sont venus en Espagne. Tous les peuples ont éprouvé des révolutions; mais la nation avec laquelle on aime le mieux vivre est celle qui mérite la préférence. »

Je pris la liberté de parler à mon tour dans cette savante assemblée. Je voulus prouver que chaque peuple sur la terre avait été conquérant ou conquis, ou absurde, ou industrieux, ou ignorant, selon qu'il avait suivi plus ou moins certains principes que j'expliquai fort au long; et je m'aperçus même, en les approfondissant, que j'ennuyais beaucoup la compagnie. Heureusement je fus interrompu par Jérôme Carré : « J'avais, dit-il, il y a quelques années, une cousine fort jolie qui voulait m'épouser : on me demanda sept mille et deux cents livres que je devais envoyer par delà les monts, pour impétrer la liberté d'aimer loyalement ma cousine : je manquai cette grande affaire faute de cinq cents écus. Mon frère, qui n'avait rien, ayant obtenu un petit bénéfice, s'est ruiné en empruntant d'un juif de quoi payer aussi par delà les monts la première année de son revenu. Ces abus, mon cher, sont insupportables : il ne s'agit point ici de philosophie et de théologie, il est question d'argent comptant, et je n'entends pas raillerie là-dessus. »

M. Laffichard, à ce propos, rêva profondément selon sa coutume, et se laissant aller ensuite à son enthousiasme : « Eh bien ! dit-il, nous cherchons quelle est la première nation de l'univers; c'est celle-là, sans doute, qui a forcé longtemps toutes les autres à lui apporter leur argent, et qui n'en donne à personne.

Alors on calcula combien de temps cet abus durerait, et l'on trouva, par l'évaluation des probabilités, que les ridicules qui ne coûtent rien augmenteraient toujours, et que les ridicules pour lesquels il faut payer diminueraient bien vite. On établit enfin qu'il y a entre les nations, comme entre les particuliers, une compensation de grandeur et de faiblesse, de science et d'ignorance, de bons et de mauvais usages, d'industrie et de nonchalance, d'esprit et d'absurdité, qui les rend toutes à la longue à peu près égales.

Le résultat de cette savante conversation fut qu'on devait donner le nom de *Francs* aux pillards, le nom de *Welches* aux pillés et aux sots, et celui de *Francais* à tous les gens aimables.

LETTRE DE M. PANCKOUCKE A M. DE V.

Paris, 16 mai 1764.

J'ai trouvé dans le fonds de M. Lambert une partie d'édition d'un Recueil de vos Romans, en 3 vol. in-12. Ce recueil contient *Candide*, *Zadig*, *Micromégas*, etc. Comme cette édition est presque consommée, je désirerais en donner une nouvelle au public, en y joignant les contes qui sont à la tête de Guillaume Vadé. J'ornerai cette édition d'estampes, de culs-de-lampes. Quoique j'aie acquis, monsieur, par la cession de M. Lambert, le droit de réimprimer le Recueil de ces romans, je crois devoir vous en demander la permission, et je recevrai comme une grâce celle que vous voudrez m'accorder. Il y a bien de l'imprudence, sans doute, au libraire de l'*Année littéraire*, de vous demander des grâces; mais je vous ai déjà prié de croire, monsieur, que je suis bien loin d'approuver tout ce que fait M. Fréron.

Il vous a sans doute donné bien des raisons de le haïr, et cependant lui, il ne vous hait point; personne n'a de vous une si haute estime; personne n'a plus lu vos ouvrages, et n'en sait davantage. Ces jours derniers, dans la chaleur de la conversation, il trahissait son secret, et disait du fond de son cœur que vous étiez le plus grand homme de notre siècle. Quand il lit vos immortels ouvrages, il est ensuite obligé de se déchirer les flancs pour en dire le mal qu'il n'en pense pas; mais vous l'avez martyrisé tout vivant par vos répliques, et ce qui doit lui être plus sensible, c'est que vous l'avez déshonoré dans la postérité; tous vos écrits resteront. Pensez-vous, monsieur, que dans le secret il n'ait pas à gémir des rôles que vous lui faites jouer? J'ai souvent désiré pour votre repos, pour ma satisfaction particulière et pour la tranquillité de M. Fréron, de voir la fin de ces querelles. Mais comment parler de paix dans une guerre continuelle? il faudrait au moins une trêve de deux mois; et si vous daignez prendre confiance en moi, vous verriez, monsieur, que celui que vous regardez comme votre plus cruel ennemi, que vous traitez ainsi, deviendrait de votre admirateur secret votre admirateur public, etc.

RÉPONSE DE M. DE V.

AU SIEUR PANCKOUCKE, LIBRAIRE DE L'ANNÉE LITTÉRAIRE.

Du 24 mai 1764, aux Délices.

Vous me mandez, monsieur, que vous imprimez mes romans, et je vous réponds que si j'ai fait des romans, j'en demande pardon à Dieu; mais au moins je n'y ai jamais mis mon nom, pas plus qu'à mes autres sottises. On n'a jamais, Dieu merci, rien vu de moi contre-signé et paraphé, Cortiat, secrétaire. Vous me dites que vous ornerez votre édition de *culs-de-lampe*. Remerciez Dieu, monsieur, de ce qu'Antoine Vadé n'est plus au monde; il vous appellerait Welche, sans difficulté, et vous prouverait qu'un ornement, un fleuron, un petit cartouche, une petite vignette, ne ressemble ni à un *cul*, ni à une *lampe*.

Vous me proposez la paix avec Me Aliboron, dit Fréron, et vous me dites que c'est vous qui voulez bien lui faire sa litière; vous ajoutez qu'il m'a toujours estimé et qu'il m'a toujours outragé. Vraiment voilà un bon petit caractère! c'est-à-dire que quand il dira du bien de quelqu'un, on peut compter qu'il le méprise. Vous voyez bien qu'il n'a pu faire de moi qu'un ingrat, et qu'il n'est guère possible que j'aie pour lui les sentiments dont vous dites qu'il m'honore.

Paix en terre aux hommes de bonne volonté; mais vous m'apprenez que Me Aliboron a toujours été de volonté très-maligne; je n'ai jamais lu son Année littéraire, je vous en crois seulement sur votre parole.

Pour vous, monsieur, je vois que vous êtes de la meilleure volonté du monde, et je suis très-persuadé que vous n'avez imprimé contre moi rien que de fort plaisant pour réjouir la cour; ainsi je suis très-pacifiquement, monsieur, votre, etc

---

QUESTIONS

PROPOSÉES A QUI VOUDRA ET POURRA LES RÉSOUDRE.

(1764.)

Peut-on admettre quelque chose dont on n'a aucune idée? l'ignorance, en ce cas, ne vaut-elle pas mieux qu'un système? N'est-il pas vrai que ces mots : *la vie*, *la santé*, *l'intelligence*, *la volonté*, *la force*, *le mouvement*, *la végétation*, *le sentiment*, sont des mots génériques, des mots abstraits, inventés pour exprimer des effets que nous voyons, que nous éprouvons? Il n'y a point sans doute d'être réel appelé *la vie* qui se loge dans un corps et le rende vivant. Il n'y a point d'être réel appelé *l'intelligence*, *la volonté*, *la force*. Mais un homme est fort ou faible; il comprend certains axiomes, ou il ne les comprend pas; il veut, ou il ne veut pas; il se meut, ou il est en repos. Tous ces mots, qui expriment en général nos actions particulières, peuvent-ils être autre chose que des mots?

Il n'y a réellement point de végétation, mais des plantes qui végètent; point d'être métaphysique appelé *respiration*, mais des animaux qui respirent; point de sentiment en général, mais des animaux qui sentent.

Quelque torture que nous donnions à nos idées, trouverons-nous jamais un seul mot abstrait qui puisse signifier une substance? Un corps passe d'un lieu à un autre; mais y a-t-il un être invisible appelé mouvement qui aille se loger dans ce corps, et qui ensuite se retire? Y a-t-il une personne appelée *végétation*, qui se mette dans le corps de cette plante, et qui fasse monter les sucs de la terre dans ses fibres? Toutes nos disputes ne viennent-elles pas de l'abus que nous avons fait des mots, et de l'habitude où nous sommes depuis longtemps de les prendre pour des choses?

Nous avons disputé sur l'âme des bêtes. Ont-elles une âme, ou non? Cette âme est-elle matérielle? Est-ce une entéléchie? Mais il fallait auparavant savoir quelle idée on attache à ce mot *âme*, et alors on aurait vu qu'on n'en aura aucune.

N'est-il pas clair, à quiconque ne veut pas se tromper, qu'il n'y a pas plus de raison de dire : « L'âme de ce cheval est un être à part, » que de dire : « La vie, la force, le mouvement, la digestion, le sommeil de ce cheval, sont des êtres à part? »

Pourquoi le mot *âme*[1] donnerait-il plutôt l'idée d'un être à part que tous ces autres mots? N'est-il donc pas évident qu'il n'y a pas plus d'âme dans ce cheval, qu'il n'y a de ces êtres métaphysiques qui ne sont que des paroles?

Tout ce qu'on pourrait répondre, ce me semble, serait que, dans toutes les machines, il y a un principe de mouvement qui fait le jeu de ses ressorts; or, le principe de mouvement, de vie, de sentiment, vous l'appelez âme dans les animaux. Cette réponse est, je crois, la seule qu'on peut faire, et, au fond, elle ne dit rien du tout

Je conçois très-bien que l'eau tombant sur les aubes d'une roue, la fasse tourner; qu'un poids plus fort, en descendant, élève un poids plus faible; mais ici il n'en va pas de même. L'âme que vous avez admise dans cet animal ne peut assurément lui donner la vie, ne peut faire circuler son sang dans ses veines; car son sang circule avec une telle indépendance de son âme prétendue, que, quand il est trop agité, son âme voudrait en vain le calmer : tous les mouvements intérieurs de cet animal se font sans que cette âme en sache rien

Ce n'est pas parce qu'il est en vie que vous lui attribuez une âme, mais parce qu'il vous paraît avoir du sentiment et des idées.

Vous ne concevez pas comment il sent, comment il a de la mémoire et des désirs : certainement vous ne le concevez pas mieux quand vous prononcez le mot *âme*.

Pourquoi, voyant cet être qui se meut, qui digère, qui se ressou-

1. Il n'est question ici, et dans tout ce qui suit, que de l'âme végétative et de l'instinct, ou, en suivant la nouvelle manière de s'exprimer, de l'âme des animaux.

vient, qui désire, imaginez-vous dans lui un autre être qui le fait sentir, se mouvoir, digérer, désirer? N'avez-vous pas toujours à expliquer comment ce nouvel être lui ferait faire toutes ces choses?

Concevrez-vous mieux la mécanique incompréhensible des plantes quand vous aurez dit : *Il y a dans elles une âme végétative qui les fait végéter?* Et Thomas Diafoirus n'avait-il pas bien plus raison que vous de dire que l'opium fait dormir,

Quia est in eo
Virtus sopitiva
Quæ facit dormire?

La nature pourrait-elle donc avoir plus de peine à former cette plante qui végète, qu'à former encore une âme qui la fait végéter? Et faudra-t-il que la chèvre, qui broute l'âme végétative de cette plante, ne puisse la brouter sans avoir une âme?

La nature, en ce cas, ne pourrait donc point, par ses propres forces, faire végéter cette plante, et la faire manger par cette chèvre, sans appeler à son secours deux âmes, dont l'une sera mangée par l'autre?

Quand vous prononcez l'*âme des animaux*, qu'entendez-vous? Pensez-vous que Dieu n'a pas eu le pouvoir de faire des êtres qui vivent, qui se meuvent, qui dorment, qui crient? Vous voyez bien qu'il a eu ce pouvoir, puisqu'il les a faits. Pensez-vous qu'il ne pouvait venir à bout de cet ouvrage sans le secours d'une âme, sans l'influence d'un être étranger, qu'il logerait dans sa machine pour animer ce qu'il ne pouvait animer lui-même?

Le premier qui a montré ces orgues qui jouent des airs par le seul emploi des forces mouvantes, a fait un très-bel ouvrage; mais s'il avait caché dans le corps de cet instrument un homme qui eût touché l'orgue, il n'aurait été qu'un charlatan.

Ceux donc qui admettent dans les animaux un autre être intérieur qui les fait agir, semblent faire réellement une injure à la toute-puissance de Dieu.

Nous faisons des automates qui se meuvent par les mécaniques : Dieu fait des automates qui ont le sentiment. Mais, dites-vous, je ne comprends pas comment Dieu donne du sentiment et des idées à des automates. Vraiment, je le crois bien : mais le comprendrez-vous mieux quand vous aurez prononcé ces trois lettres ÂME?

Osez-vous dire aujourd'hui, avec d'anciens ignorants, que Dieu a donné des âmes aux planètes pour diriger leurs courses, aux mers pour s'élever au-dessus de leurs rivages, et pour s'en éloigner dans les temps marqués, aux éléments pour entretenir l'harmonie du monde? Vous avez compris enfin que Dieu exécute toutes ces opérations par ses lois éternelles, sans aucun secours intermédiaire; pourquoi donc aurait-il besoin de secours pour animer un être auquel il aura donné des sens? Quoi! le soleil et tous les globes célestes n'ont point d'âme, et il faudra qu'un bœuf en ait une? Est-il donc plus difficile à Dieu de donner du sentiment à ce bœuf, et assez d'instinct pour aller de lui-même à son étable, que de prescrire à Jupiter et à Saturne la route dans laquelle ils marchent ? Dieu n'a-t-il pu donner aussi aisément des idées aux animaux, que la gravitation vers un centre à la matière ?

On ne prétend point du tout faire entrer l'âme humaine dans cette question. La révélation nous rend certains que nous avons une âme spirituelle, immortelle ; nous ne parlons que de l'âme des animaux

On demande une solution à ces difficultés, et on se flatte que, parmi tant de philosophes dont l'Europe est remplie, il s'en trouvera quelqu'un qui voudra bien nous éclairer. Nous attendons de lui des raisons, et non pas des paroles.

POT-POURRI.

(1764.)

§ I. Brioché fut le père de Polichinelle, non pas son propre père, mais père de génie. Le père de Brioché était Guillot Gorju, qui fut fils de Giles, qui fut fils de Gros-René, qui tirait son origine du prince des sots et de la mère sotte ; c'est ainsi que l'écrit l'auteur de l'Almanach de la Foire. M. Parfaict [1], écrivain non moins digne de foi, donne pour père à Brioché Tabarin, à Tabarin Gros-Guillaume, à Gros-Guillaume Jean Boudin, mais en remontant toujours au prince des sots. Si ces deux historiens se contredisent, c'est une preuve de la vérité du fait pour le P. Daniel qui les concilie avec une merveilleuse sagacité, et qui détruit par là le pyrrhonisme de l'histoire.

§ II. Comme je finissais ce premier paragraphe des cahiers de Merry Hissing [2] dans mon cabinet, dont la fenêtre donne sur la rue Saint-Antoine, j'ai vu passer les syndics des apothicaires [3], qui allaient saisir des drogues et du vert-de-gris que les jésuites de la rue Saint-Antoine vendaient en contrebande ; mon voisin M. Husson, qui est une bonne tête, est venu chez moi, et m'a dit : « Mon ami, vous riez de voir les jésuites vilipendés ; vous êtes bien aise de savoir qu'ils sont convaincus d'un parricide en Portugal, et d'une rébellion au Paraguai ; le cri public qui s'élève en France contre eux, la haine qu'on leur porte, les opprobres multipliés dont ils sont couverts, semblent être pour vous une consolation ; mais sachez que, s'ils sont perdus comme tous les honnêtes gens le désirent, vous n'y gagnerez rien ; vous serez accablé par la faction des jansénistes. Ce sont des enthousiastes féroces, des âmes de bronze, pires que les presbytériens qui renversèrent le trône de Charles Ier. Songez que les fanatiques sont plus dangereux que les fripons. On ne peut jamais faire entendre raison à un énergumène : les fripons l'entendent. »

1. François et Noël Parfait, auteurs de plusieurs ouvrages sur l'histoire des théâtres. (ÉD.)

2. Ce nom, répété dans le paragraphe IX, est composé de deux mots anglais qu'on peut traduire ici par *facétieux persiflage*. (ÉD.)

3. Cette expédition est du 14 mai 1760. (ÉD.)

Je disputai longtemps contre M. Husson; je lui dis enfin : « Monsieur, consolez-vous; peut-être que les jansénistes seront un jour aussi adroits que les jésuites. » Je tâchai de l'adoucir; mais c'est une tête de fer qu'on ne fait jamais changer de sentiment.

§ III. Brioché, voyant que Polichinelle était bossu par devant et par derrière, lui voulut apprendre à lire et à écrire. Polichinelle, au bout de deux ans, épela assez passablement; mais il ne put jamais parvenir à se servir d'une plume. Un des écrivains de sa vie remarque qu'il essaya un jour d'écrire son nom, mais que personne ne put le lire.

Brioché était fort pauvre; sa femme et lui n'avaient pas de quoi nourrir Polichinelle, encore moins de quoi lui faire apprendre un métier. Polichinelle leur dit : « Mon père et ma mère, je suis bossu, et j'ai de la mémoire; trois ou quatre de mes amis, et moi, nous pouvons établir des marionnettes; je gagnerai quelque argent; les hommes ont toujours aimé les marionnettes; il y a quelquefois de la perte à en vendre de nouvelles, mais aussi il y a de grands profits. »

M. et Mme Brioché admirèrent le bon sens du jeune homme; la troupe se forma, et elle alla établir ses petits tréteaux dans une bourgade suisse, sur le chemin d'Appenzel à Milan.

C'était justement dans ce village que les charlatans d'Orviète avaient établi le magasin de leur orviétan. Il s'aperçurent qu'insensiblement la canaille allait aux marionnettes, et qu'ils vendaient dans le pays la moitié moins de savonnettes et d'onguent pour la brûlure. Ils accusèrent Polichinelle de plusieurs mauvais déportements, et portèrent leurs plaintes devant le magistrat. La requête disait que c'était un ivrogne dangereux; qu'un jour il avait donné cent coups de pied dans le ventre, en plein marché, à des paysans qui vendaient des nèfles.

On prétendit aussi qu'il avait molesté un marchand de coqs d'Inde; enfin ils l'accusèrent d'être sorcier. M. Parfaict, dans son *Histoire du Théâtre*, prétend qu'il fut avalé par un crapaud; mais le P. Daniel pense, ou du moins parle autrement. On ne sait pas ce que devint Brioché. Comme il n'était que le père putatif de Polichinelle, l'historien n'a pas jugé à propos de nous dire de ses nouvelles.

§ IV. Feu M. Dumarsais assurait que le plus grand des abus était la vénalité des charges. « C'est un grand malheur pour l'État, disait-il, qu'un homme de mérite, sans fortune, ne puisse parvenir à rien. Que de talents enterrés, et que de sots en place ! Quelle détestable politique d'avoir éteint l'émulation ! » M. Dumarsais, sans y penser, plaidait sa propre cause; il a été réduit à enseigner le latin, et il aurait rendu de grands services à l'État s'il avait été employé. Je connais des barbouilleurs de papier qui eussent enrichi une province, s'ils avaient été à la place de ceux qui l'ont volée. Mais, pour avoir cette place, il faut être fils d'un riche qui vous laisse de quoi acheter une charge, un office, et ce qu'on appelle *une dignité*.

Dumarsais assurait qu'un Montaigne, un Charron, un Descartes, un Gassendi, un Bayle, n'eussent jamais condamné aux galères des écoliers soutenant thèse contre la philosophie d'Aristote, ni n'auraient fait brûler le curé Urbain Grandier, le curé Gaufridi, et qu'ils n'eussent point, etc., etc.

§ V. Il n'y a pas longtemps que le chevalier Roginante, gentilhomme ferrarois, qui voulait faire une collection de tableaux de l'école flamande, alla faire des emplettes dans Amsterdam. Il marchanda un assez beau Christ chez le sieur Vandergru. « Est-il possible, dit le Ferrarois au Batave, que vous qui n'êtes pas chrétien (car vous êtes Hollandais) vous ayez chez vous un Jésus? — Je suis chrétien et catholique, » répondit M. Vandergru, sans se fâcher; et il vendit son tableau assez cher. « Vous croyez donc Jésus-Christ Dieu? lui dit Roginante. — Assurément, » dit Vandergru.

Un curieux logeait à la porte attenante, c'était un socinien; il lui vendit une Sainte-Famille. « Que pensez-vous de l'enfant? dit le Ferrarois. — Je pense, répondit l'autre, que ce fut la créature la plus parfaite que Dieu ait mise sur la terre. »

De là le Ferrarois alla chez Moïse Mansebo, qui n'avait que de beaux paysages, et point de Sainte-Famille. Roginante lui demanda pourquoi on ne trouvait pas chez lui de pareils sujets. « C'est, dit-il, que nous avons cette famille en exécration. »

Roginante passa chez un fameux anabaptiste, qui avait les plus jolis enfants du monde; il leur demanda dans quelle église ils avaient été baptisés. « Fi donc! monsieur, lui dirent les enfants; grâce à Dieu, nous ne sommes point encore baptisés. »

Roginante n'était pas au milieu de la rue, qu'il avait déjà vu une douzaine de sectes entièrement opposées les unes aux autres. Son compagnon de voyage, M. Sacrito, lui dit: « Enfuyons-nous vite, voilà l'heure de la Bourse; tous ces gens-ci vont s'égorger, sans doute, selon l'antique usage, puisqu'ils pensent tous diversement; et la populace nous assommera, pour être sujets du pape. »

Ils furent bien étonnés quand ils virent toutes ces bonnes gens-là sortir de leurs maisons avec leurs commis, se saluer civilement, et aller à la Bourse de compagnie. Il y avait ce jour-là, de compte fait, cinquante-trois religions sur la place, en comptant les arminiens et les jansénistes. On fit pour cinquante-trois millions d'affaires le plus paisiblement du monde, et le Ferrarois retourna dans son pays, où il trouva plus d'*Agnus dei* que de lettres de change.

On voit tous les jours la même scène à Londres, à Hambourg, à Dantzick, à Venise même, etc. Mais ce que j'ai vu de plus édifiant, c'est à Constantinople.

J'eus l'honneur d'assister, il y a cinquante ans, à l'installation d'un patriarche grec, par le sultan Achmet III, dont Dieu veuille avoir l'âme. Il donna à ce prêtre chrétien l'anneau, et le bâton fait en forme de béquille. Il y eut ensuite une procession de chrétiens dans la rue Cléobule; deux janissaires marchèrent à la tête de la procession. J'eus le plaisir de communier publiquement dans l'église patriarcale, et il ne tint qu'à moi d'obtenir un canonicat.

J'avoue qu'à mon retour à Marseille, je fus fort étonné de ne point y trouver de mosquée. J'en marquai ma surprise à monsieur l'intendant et à monsieur l'évêque. Je leur dis que cela était fort incivil, et que si les chrétiens avaient des églises chez les musulmans, on pouvait au moins faire aux Turcs la galanterie de quelques chapelles. Ils me promirent tous deux qu'ils en écriraient en cour : mais l'affaire en demeura là, à cause de la constitution *Unigenitus*.

O mes frères les jésuites ! vous n'avez pas été tolérants, et on ne l'est pas pour vous. Consolez-vous ; d'autres à leur tour deviendront persécuteurs, et à leur tour ils seront abhorrés.

§ VI. Je contais ces choses, il y a quelques jours, à M. de Boucacous, Languedocien très-chaud, et huguenot très-zélé. « *Cavalisque* ! me dit-il, on nous traite donc en France comme les Turcs ; on leur refuse des mosquées, et on ne nous accorde point de temples ! — Pour des mosquées, lui dis-je, les Turcs ne nous en ont encore point demandé, et j'ose me flatter qu'ils en obtiendront quand ils voudront, parce qu'ils sont nos bons alliés ; mais je doute fort qu'on rétablisse vos temples, malgré toute la politesse dont nous nous piquons ; la raison en est que vous êtes un peu nos ennemis. — Vos ennemis ! s'écria M. de Boucacous, nous qui sommes les plus ardents serviteurs du roi ! — Vous êtes fort ardents, lui répliquai-je, et si ardents que vous avez fait neuf guerres civiles, sans compter les massacres des Cévènes. — Mais, dit-il, si nous avons fait des guerres civiles, c'est que vous nous cuisiez en place publique ; on se lasse à la longue d'être brûlé, il n'y a patience de saint qui puisse y tenir : qu'on nous laisse en repos, et je vous jure que nous serons des sujets très-fidèles.

— C'est précisément ce qu'on fait, lui dis-je ; on ferme les yeux sur vous, on vous laisse faire votre commerce, vous avez une liberté assez honnête. — Voilà une plaisante liberté ! dit M. de Boucacous ; nous ne pouvons nous assembler en pleine campagne quatre ou cinq mille seulement, avec des psaumes à quatre parties, que sur-le-champ il ne vienne un régiment de dragons qui nous fait rentrer chacun chez nous. Est-ce là vivre ? est-ce là être libre ? »

Alors je lui parlai ainsi : « Il n'y a aucun pays dans le monde où l'on puisse s'attrouper sans l'ordre du souverain ; tout attroupement est contre les lois. Servez Dieu à votre mode dans vos maisons ; n'étourdissez personne par des hurlements que vous appelez *musique*. Pensez-vous que Dieu soit bien content de vous quand vous chantez ses commandements sur l'air de *Réveillez-vous, belle endormie* ? et quand vous dites avec les Juifs, en parlant d'un peuple voisin :

> Heureux qui doit te détruire à jamais !
> Qui, t'arrachant les enfants des mamelles,
> Écrasera leurs têtes infidèles !

Dieu veut-il absolument qu'on écrase les cervelles des petits enfants ? cela est-il humain ? De plus, Dieu aime-t-il tant les mauvais vers et la mauvaise musique ? »

M. de Boucacous m'interrompit, et me demanda si le latin de cuisine de nos psaumes valait mieux. « Non, sans doute, lui dis-je ; je conviens même qu'il y a un peu de stérilité d'imagination à ne prier Dieu que dans une traduction très-vicieuse de vieux cantiques d'un peuple que nous abhorrons ; nous sommes tous Juifs à vêpres, comme nous sommes tous païens à l'Opéra.

« Ce qui me déplaît seulement, c'est que les *Métamorphoses* d'Ovide sont, par la malice du démon, bien mieux écrites, et plus agréables que les cantiques juifs; car il faut avouer que cette montagne de Sion, et ces gueules de basilic, et ces collines qui sautent comme des béliers, et toutes ces répétitions fastidieuses, ne valent ni la poésie grecque, ni la latine, ni la française. Le froid petit Racine a beau faire, cet enfant dénaturé n'empêchera pas, profanement parlant, que son père ne soit un meilleur poëte que David.

« Mais enfin, nous sommes la religion dominante chez nous, il ne vous est pas permis de vous attrouper en Angleterre; pourquoi voudriez-vous avoir cette liberté en France? Faites ce qu'il vous plaira dans vos maisons, et j'ai parole de monsieur le gouverneur et de monsieur l'intendant, qu'en étant sages vous serez tranquilles : l'imprudence seule fit et fera les persécutions. Je trouve très-mauvais que vos mariages, l'état de vos enfants, le droit d'héritage, souffrent la moindre difficulté. Il n'est pas juste de vous saigner et de vous purger, parce que vos pères ont été malades : mais que voulez-vous? ce monde est un grand Bedlam, où des fous enchaînent d'autres fous. »

§ VII. Nous raisonnions ainsi, M. de Boucacous et moi, quand nous vîmes passer Jean-Jacques Rousseau avec grande précipitation. « Eh! où allez-vous donc si vite, monsieur Jean-Jacques? — Je m'enfuis, parce que maître Joly de Fleuri a dit, dans un réquisitoire, que je prêchais contre l'intolérance et contre l'existence de la religion chrétienne. — Il a voulu dire *évidence*, lui répondis-je; il ne faut pas prendre feu pour un mot. — Eh! mon Dieu, je n'ai que trop pris feu, dit Jean-Jacques; on brûle partout mon livre. Je sors de Paris comme M. d'Assouci de Montpellier, de peur qu'on ne brûle ma personne. — Cela était bon, lui dis-je, du temps d'Anne Dubourg et de Michel Servet, mais à présent on est plus humain. Qu'est-ce donc que ce livre qu'on a brûlé?

— J'élevais, dit-il, à ma manière un petit garçon en quatre tomes[1]. Je sentais bien que j'ennuierais peut-être; et j'ai voulu, pour égayer la matière, glisser adroitement une cinquantaine de pages en faveur du théisme. J'ai cru qu'en disant des injures aux philosophes, mon théisme passerait, et je me suis trompé. — Qu'est-ce que théisme? fis-je. — C'est, me dit-il, l'adoration d'un Dieu, en attendant que je sois mieux instruit. — Ah! dis-je, si c'est là tout votre crime, consolez-vous. Mais pourquoi injurier les philosophes? — J'ai tort, fit-il. — Mais, monsieur Jean-Jacques, comment vous êtes-vous fait théiste? quelle cérémonie faut-il pour cela? — Aucune, nous dit Jean-Jacques. Je suis né protestant, j'ai retranché tout ce que les protestants condamnent dans la religion romaine; ensuite, j'ai retranché tout ce que les autres religions condamnent dans le protestantisme; il ne m'est resté que Dieu; je l'ai adoré; et maître Joly de Fleuri a présenté contre moi un réquisitoire. »

Alors nous parlâmes à fond du théisme avec Jean-Jacques, qui nous

1. L'*Émile*. (Éd.)

apprit qu'il y avait trois cent mille théistes à Londres, et environ cinquante mille seulement à Paris, parce que les Parisiens n'arrivent jamais à rien que longtemps après les Anglais, témoin l'inoculation, la gravitation, le semoir, etc., etc. Il ajouta que le nord de l'Allemagne fourmillait de théistes et de gens qui se battent bien.

M. de Boucacous l'écouta attentivement, et promit de se faire théiste. Pour moi, je restai ferme. Je ne sais cependant si on ne brûlera pas ce petit écrit, comme un ouvrage de Jean-Jacques, ou comme un mandement d'évêque[1]; mais un mal qui nous menace n'empêche pas toujours d'être sensible au mal d'autrui; et comme j'ai le cœur bon, je plaignis les tribulations de Jean-Jacques.

§ VIII. Les compagnons de Polichinelle réduits à la mendicité, qui était leur état naturel, s'associèrent avec quelques bohèmes, et coururent de village en village. Ils arrivèrent dans une petite ville, et logèrent dans un quatrième étage, où ils se mirent à composer des drogues, dont la vente les aida quelque temps à subsister. Ils guérirent même de la gale l'épagneul d'une dame de considération; les voisins crièrent au prodige, mais, malgré toute leur industrie, la troupe ne fit pas fortune.

Ils se lamentaient de leur obscurité et de leur misère, lorsqu'un jour ils entendirent un bruit sur leur tête, comme celui d'une brouette qu'on roule sur le plancher. Ils montèrent au cinquième étage, et y trouvèrent un petit homme qui faisait des marionnettes pour son compte; il s'appelait le sieur Bienfait[2]; il avait tout juste le génie qu'il fallait pour son art.

On n'entendait pas un mot de ce qu'il disait; mais il avait un galimatias fort convenable, et il ne faisait pas mal ses bamboches. Un compagnon, qui excellait aussi en galimatias, lui parla ainsi :

« Nous croyons que vous êtes destiné à relever nos marionnettes; car nous avons lu dans Nostradamus ces propres paroles : *Nelle chi li po rate icsus res fait en bi*, lesquelles prises à rebours font évidemment : *Bienfait ressuscitera Polichinelle*. Le nôtre a été avalé par un crapaud; mais nous avons retrouvé son chapeau, sa bosse, et sa pratique. Vous fournirez le fil d'archal. Je crois d'ailleurs qu'il vous sera aisé de lui faire une moustache toute semblable à celle qu'il avait; et quand nous serons unis ensemble, il est à croire que nous aurons beaucoup de succès. Nous ferons valoir Polichinelle par Nostradamus, et Nostradamus par Polichinelle. »

Le sieur Bienfait accepta la proposition. On lui demanda ce qu'il voulait pour sa peine. « Je veux, dit-il, beaucoup d'honneurs et beaucoup d'argent. — Nous n'avons rien de cela, dit l'orateur de la troupe; mais avec le temps on a de tout. » Le sieur Bienfait se lia donc avec les bohèmes, et tous ensemble allèrent à Milan pour établir leur théâtre,

1. En 1764, le parlement de Bordeaux avait condamné un mandement de l'archevêque d'Auch. (ED.)

2. C'était le nom d'un entrepreneur de jeux de marionnettes aux foires de Saint-Germain et de Saint-Laurent à Paris. (ED.)

sous la protection de Mme Carminetta. On afficha que le même Polichinelle, qui avait été mangé par un crapaud du village du canton d'Appenzel, reparaîtrait sur le théâtre de Milan, et qu'il danserait avec Mme Gigogne. Tous les vendeurs d'orviétan eurent beau s'y opposer, le sieur Bienfait, qui avait aussi le secret de l'orviétan, soutint que le sien était le meilleur : il en vendit beaucoup aux femmes, qui étaient folles de Polichinelle, et il devint si riche qu'il se mit à la tête de la troupe.

Dès qu'il eut ce qu'il voulait (et que tout le monde veut), des honneurs et du bien, il fut très-ingrat envers Mme Carminetta. Il acheta une belle maison vis-à-vis celle de sa bienfaitrice, et il trouva le secret de la faire payer par ses associés. On ne le vit plus faire sa cour à Mme Carminetta; au contraire, il voulut qu'elle vînt déjeuner chez lui, et un jour qu'elle daigna y venir, il lui fit fermer la porte au nez, etc.

§ IX. N'ayant rien entendu au précédent chapitre de Merry Hissing, je me transportai chez mon ami M. Husson, pour lui en demander l'explication. Il me dit que c'était une profonde allégorie sur le P. Lavalette, marchand banqueroutier d'Amérique; mais que d'ailleurs il y avait longtemps qu'il ne s'embarrassait plus de ces sottises, qu'il n'allait jamais aux marionnettes, qu'on jouait ce jour-là *Polyeucte*, et qu'il voulait l'entendre. Je l'accompagnai à la comédie.

M. Husson, pendant le premier acte, branlait toujours la tête. Je lui demandai dans l'entr'acte pourquoi sa tête branlait tant. « J'avoue, dit-il, que je suis indigné contre ce sot Polyeucte et contre cet impudent Néarque. Que diriez-vous d'un gendre de M. le gouverneur de Paris, qui serait huguenot, et qui, accompagnant son beau-père le jour de Pâques à Notre-Dame, irait mettre en pièces le ciboire et le calice, et donner des coups de pieds dans le ventre à M. l'archevêque et aux chanoines? Serait-il bien justifié, en nous disant que nous sommes des idolâtres; qu'il l'a entendu dire au sieur Lubolier[1], prédicant d'Amsterdam, et au sieur Morfyé[2], compilateur à Berlin, auteur de la *Bibliothèque germanique*, qui le tenait du prédicateur Urieju[3]? C'est le fidèle portrait de la conduite de Polyeucte. Peut-on s'intéresser à ce plat fanatique, séduit par le fanatique Néarque? »

M. Husson me disait ainsi son avis amicalement dans les entr'actes. Il se mit à rire, quand il vit Polyeucte résigner sa femme à son rival; et il la trouva un peu bourgeoise, quand elle dit à son amant qu'elle va dans sa chambre, au lieu d'aller avec lui à l'église :

> Adieu, trop vertueux objet, et trop charmant;
> Adieu, trop généreux et trop parfait amant;
> Je vais seule en ma chambre enfermer mes regrets[4].

Mais il admira la scène où elle demande à son amant la grâce de son mari.

1. Boulier. (Éd.) — 2. Formey. (Éd.) — 3. Jurieu. (Éd.)
4. Dans *Polyeucte*. (Éd.)

« Il y a là, dit-il, un gouverneur d'Arménie qui est bien le plus lâche, le plus bas des hommes; ce père de Pauline avoue même qu'il a les sentiments d'un coquin :

Polyeucte est ici l'appui de ma famille;
Mais si par son trépas l'autre épousait ma fille,
J'acquerrais bien par là de plus puissants appuis,
Qui me mettraient plus haut cent fois que je ne suis.

« Un procureur au Châtelet ne pourrait guère ni penser ni s'exprimer autrement. Il y a de bonnes âmes qui avalent tout cela; je ne suis pas du nombre. Si ces pauvretés peuvent entrer dans une tragédie du pays des Gaules, il faut brûler l'*OEdipe* des Grecs. »

M. Husson est un rude homme. J'ai fait ce que j'ai pu pour l'adoucir; mais je n'ai pu en venir à bout. Il a persisté dans son avis, et moi dans le mien.

§ X. Nous avons laissé le sieur Bienfait fort riche et fort insolent. Il fit tant par ses menées qu'il fut reconnu pour entrepreneur d'un grand nombre de marionnettes. Dès qu'il fut revêtu de cette dignité, il fit promener Polichinelle dans toutes les villes, et afficha que tout le monde serait tenu de l'appeler Monsieur, sans quoi il ne jouerait point. C'est de là que, dans toutes les représentations des marionnettes, il ne répond jamais à son compère que quand le compère l'appelle M. Polichinelle. Peu à peu, Polichinelle devint si important, qu'on ne donna plus aucun spectacle sans lui payer une rétribution, comme les Opéra des provinces en payent une à l'Opéras de Paris.

Un jour, un de ses domestiques, receveur des billets et ouvreur de loges [1], ayant été cassé aux gages, se souleva contre Bienfait, et institua d'autres marionnettes qui décrièrent toutes les danses de Mme Gigogne et tous les tours de passe-passe de Bienfait. Il retrancha plus de cinquante ingrédients qui entraient dans l'orviétan, composa le sien de cinq ou six drogues; et, le vendant beaucoup meilleur marché, il enleva une infinité de pratiques à Bienfait, ce qui excita un furieux procès, et on se battit longtemps à la porte des marionnettes, dans le préau de la Foire.

§ XI. M. Husson me parlait hier de ses voyages : en effet, il a passé plusieurs années dans les Échelles du Levant; il est allé en Perse; il a demeuré longtemps dans les Indes, et a vu toute l'Europe. « J'ai remarqué, me disait-il, qu'il y a un nombre prodigieux de Juifs qui attendent le Messie, et qui se feraient empaler plutôt que de convenir qu'il est venu. J'ai vu mille Turcs persuadés que Mahomet avait mis la moitié de la lune dans sa manche. Le petit peuple, d'un bout du monde à l'autre, croit fermement les choses les plus absurdes. Cependant qu'un philosophe ait un écu à partager avec le plus imbécile de ces malheureux, en qui la raison humaine est si horriblement obscurcie, il est sûr que s'il y a un sou à gagner, l'imbécile l'emportera sur

1. Voltaire désigne ainsi Luther, chef de la réforme, et qui avait été augustin. (*Note de M. Beuchot.*)

le philosophe. Comment des taupes, si aveugles sur le plus grand des intérêts, sont-elles lynx sur les plus petits ? Pourquoi le même Juif qui vous égorge le vendredi, ne voudrait-il pas voler un liard le jour du sabbat ? Cette contradiction de l'espèce humaine mérite qu'on l'examine.

— N'est-ce pas, dis-je à M. Husson, que les hommes sont superstitieux par coutume, et coquins par instinct ? — J'y rêverai, me dit-il ; cette idée me paraît assez bonne. »

§ XII. Polichinelle, depuis l'aventure de l'ouvreur de loges, a essuyé bien des disgrâces. Les Anglais, qui sont raisonneurs et sombres, lui ont préféré Shakspeare; mais ailleurs ses farces ont été fort en vogue; et, sans l'Opéra-Comique, son théâtre était le premier des théâtres. Il a eu de grandes querelles avec Scaramouche et Arlequin, et on ne sait pas encore qui l'emportera. Mais....

§ XIII. « Mais, mon cher monsieur, disais-je, comment peut-on être à la fois si barbare et si drôle ? Comment, dans l'histoire d'un peuple, trouve-t-on à la fois la Saint-Barthélemy et les *Contes* de La Fontaine, etc. ? est-ce l'effet du climat ? est-ce l'effet des lois ?

— Le genre humain, répondit M. Husson, est capable de tout. Néron pleura quand il fallut signer l'arrêt de mort d'un criminel, joua des farces, et assassina sa mère. Les singes font des tours extrêmement plaisants, et étouffent leurs petits. Rien n'est plus doux, plus timide qu'une levrette; mais elle déchire un lièvre, et baigne son long museau dans son sang.

— Vous devriez, lui dis-je, nous faire un beau livre qui développât toutes ces contradictions. — Ce livre est tout fait, dit-il; vous n'avez qu'à regarder une girouette; elle tourne tantôt au doux soufffe du zéphyr, tantôt au vent violent du nord ; voilà l'homme. »

§ XIV. Rien n'est souvent plus convenable que d'aimer sa cousine. On peut aussi aimer sa nièce ; mais il en coûte dix-huit mille livres, payables à Rome, pour épouser une cousine, et quatre-vingt mille francs pour coucher avec sa nièce en légitime mariage.

Je suppose quarante nièces par an, mariées avec leurs oncles, et deux cents cousins et cousines conjoints; cela fait en sacrements six millions huit cent mille livres par an, qui sortent du royaume. Ajoutez-y environ six cent mille francs pour ce qu'on appelle *les Annates des terres de France*, que le roi de France donne à des Français en bénéfices; joignez-y encore quelques menus frais; c'est environ huit millions quatre cent mille livres que nous donnons libéralement au saint-père par chacun an. Nous exagérons peut-être un peu; mais on conviendra que si nous avons beaucoup de cousines et de nièces jolies, et si la mortalité se met parmi les bénéficiers, la somme peut aller au double. Le fardeau serait lourd, tandis que nous avons des vaisseaux à construire, des armées et des rentiers à payer.

Je m'étonne que dans l'énorme quantité de livres, dont les auteurs ont gouverné l'État depuis vingt ans, aucun n'ait pensé à réformer ces abus. J'ai prié un docteur de Sorbonne, de mes amis, de me dire dans quel endroit de l'Écriture on trouve que la France doive payer à Rome la somme susdite : il n'a jamais pu le trouver. J'en ai parlé à un jésuite; il m'a répondu que cet impôt fut mis par saint Pierre sur les Gaules, dès la première année qu'il vint à Rome; et comme je doutais que saint Pierre eût fait ce voyage, il m'en a convaincu, en me disant qu'on voit encore à Rome les clefs du paradis qu'il portait toujours à sa ceinture. « Il est vrai, m'a-t-il dit, que nul auteur canonique ne parle de ce voyage de Simon Barjone; mais nous avons une belle lettre de lui, datée de Babylone; or, certainement Babylone veut dire Rome; donc, vous devez de l'argent au pape, quand vous épousez vos cousines. » J'avoue que j'ai été frappé de la force de cet argument.

§ XV. J'ai un vieux parent qui a servi le roi cinquante-deux ans. Il s'est retiré dans la Haute-Alsace, où il a une petite terre qu'il cultive, dans le diocèse de Porentru. Il voulut un jour faire donner le dernier labour à son champ; la saison avançait, l'ouvrage pressait. Ses valets refusèrent le service, et dirent pour raison que c'était la fête de sainte Barbe, la sainte la plus fêtée à Porentru. « Eh! mes amis, leur dit mon parent, vous avez été à la messe en l'honneur de Barbe, vous avez rendu à Barbe ce qui lui appartient; rendez-moi ce que vous me devez : cultivez mon champ, au lieu d'aller au cabaret. Sainte Barbe ordonne-t-elle qu'on s'enivre pour lui faire honneur, et que je manque de blé cette année? » Le maître-valet lui dit : « Monsieur, vous voyez bien que je serais damné si je travaillais dans un jour si saint. Sainte Barbe est la plus grande sainte du paradis; elle grava le signe de la croix sur une colonne de marbre avec le bout du doigt; et du même doigt, et du même signe, elle fit tomber toutes les dents d'un chien qui lui avait mordu les fesses : je ne travaillerai point le jour de sainte Barbe. »

Mon parent envoya chercher des laboureurs luthériens, et son champ fut cultivé. L'évêque de Porentru l'excommunia[1]. Mon parent en appela comme d'abus; le procès n'est pas encore jugé. Personne assurément n'est plus persuadé que mon parent qu'il faut honorer les saints; mais il prétend aussi qu'il faut cultiver la terre.

Je suppose en France environ cinq millions d'ouvriers, soit manœuvres, soit artisans, qui gagnent chacun, l'un portant l'autre, vingt sous par jour, et qu'on force saintement de ne rien gagner pendant trente jours de l'année, indépendamment des dimanches; cela fait cent cinquante millions de moins dans la circulation, et cent cinquante millions de moins en main-d'œuvre. Quelle prodigieuse supériorité ne doivent point avoir sur nous les royaumes voisins qui n'ont ni sainte Barbe, ni d'évêque de Porentru! On répondait à cette objection que les cabarets, ouverts les saints jours de fête, produisent beaucoup aux fermes générales. Mon parent en convenait; mais

1. Voltaire fut effectivement sur le point d'être excommunié par l'évêque de Porentru (ou Porentrui), qui s'entendait avec les jésuites dirigés par Kroust pour le persécuter, lorsqu'il essaya de s'établir aux environs de Colmar, en 1754. Mais il fait surtout allusion à la permission demandée inutilement par lui, en 1761, à Biord, son évêque, pour que les malheureux habitants du pays de Gex pussent labourer les jours de fête sans être damnés. Au surplus, le parent qu'il met en scène ici me paraît être un M. de Mauléon, ancien officier, sous le nom duquel il écrivit à ce même Biord, en 1769. (Éd.)

il prétendait que c'est un léger dédommagement; et que d'ailleurs, si on peut travailler après la messe, on peut aller au cabaret après le travail. Il soutient que cette affaire est purement de police, et point du tout épiscopale; il soutient qu'il vaut encore mieux labourer que de s'enivrer. J'ai bien peur qu'il ne perde son procès.

§ XVI. Il y a quelques années qu'en passant par la Bourgogne avec M. Évrard, que vous connaissez tous, nous vîmes un vaste palais, dont une partie commençait à s'élever. Je demandai à quel prince il appartenait. Un maçon me répondit que c'était à Mgr l'abbé de Cîteaux; que le marché avait été fait à dix-sept cent mille livres, mais que probablement il en coûterait bien davantage.

Je bénis Dieu qui avait mis son serviteur en état d'élever un si beau monument, et de répandre tant d'argent dans le pays. « Vous moquez-vous? dit M. Évrard; n'est-il pas abominable que l'oisiveté soit récompensée par deux cent cinquante mille livres de rente, et que la vigilance d'un pauvre curé de campagne soit punie par une portion congrue de cent écus? Cette inégalité n'est-elle pas la chose du monde la plus injuste et la plus odieuse? Qu'en reviendra-t-il à l'État, quand un moine sera logé dans un palais de deux millions? Vingt familles de pauvres officiers, qui partageraient ces deux millions, auraient chacune un bien honnête, et donneraient au roi de nouveaux officiers. Les petits moines, qui sont aujourd'hui les sujets inutiles d'un de leurs moines élu par eux, deviendraient des membres de l'État, au lieu qu'ils ne sont que des chancres qui le rongent. »

Je répondis à M. Évrard : « Vous allez trop loin, et trop vite; ce que vous dites arrivera certainement dans deux ou trois cents ans; ayez patience. — Et c'est précisément, répondit-il, parce que la chose n'arrivera que dans deux ou trois siècles que je perds toute patience; je suis las de tous les abus que je vois : il me semble que je marche dans les déserts de la Libye, où notre sang est sucé par des insectes quand les lions ne nous dévorent pas.

« J'avais, continua-t-il, une sœur assez imbécile pour être janséniste de bonne foi, et non par esprit de parti. La belle aventure des billets de confession la fit mourir de désespoir. Mon frère avait un procès qu'il avait gagné en première instance; sa fortune en dépendait. Je ne sais comment il est arrivé que les juges ont cessé de rendre la justice, et mon frère a été ruiné. J'ai un vieil oncle criblé de blessures, qui faisait passer ses meubles et sa vaisselle d'une province à une autre; des commis alertes ont saisi le tout sur un petit manque de formalité; mon oncle n'a pu payer les trois vingtièmes, et il est mort en prison. »

M. Évrard me conta des aventures de cette espèce pendant deux heures entières. Je lui dis : « Mon cher monsieur Évrard, j'en ai essuyé plus que vous; les hommes sont ainsi faits d'un bout du monde à l'autre; nous nous imaginons que les abus ne règnent que chez nous; nous sommes tous deux comme Astolphe et Joconde, qui pensaient d'abord qu'il n'y avait que leurs femmes d'infidèles; ils se mirent à voyager, et ils trouvèrent partout des gens de leur confrérie. — Oui, dit M. Évrard, mais ils eurent le plaisir de rendre partout ce qu'on avait eu la bonté de leur prêter chez eux.

- Tâchez, lui dis-je, d'être seulement pendant trois ans directeur de.... ou de.... ou de.... ou de.... et vous vous vengerez avec usure. »

M. Évrard me crut : c'est à présent l'homme de France qui vole le roi, l'État, et les particuliers, de la manière la plus dégagée et la plus noble, qui fait la meilleure chère, et qui juge le plus fièrement d'une pièce nouvelle.

DOUTES NOUVEAUX

SUR LE TESTAMENT ATTRIBUÉ AU CARDINAL DE RICHELIEU.

(1764.)

Lorsque M. de Foncemagne, en 1750, écrivit pour soutenir l'authenticité du *Testament politique*, voici ce qu'on lui répondit, et ce qui ne fut pas imprimé, parce que l'auteur de cette réponse voyage hors de sa patrie.

« Un académicien connu de ses amis par la douceur de ses mœurs, et du public par ses lumières, a écrit contre mon sentiment.

« Son ouvrage est plein de cette sagesse et de cette politesse que son titre annonce. Tout homme doit se défier de son opinion, lorsqu'il est repris par un tel critique.

« Mon illustre adversaire emploie toute la sagacité de son esprit à prouver que ce *Testament politique*, attribué au cardinal de Richelieu, est en effet de ce grand ministre. On voit (ce qui est assez commun) qu'il tâche de croire, et qu'il doute. Il a trop d'esprit et trop de raison pour ne pas apercevoir les contradictions, les erreurs, les anachronismes dont ce livre est rempli : il sait sans doute mieux que moi que les grands hommes ne disent jamais d'inepties. Voilà pourquoi il avoue, après s'être tourné de tous les côtés, que le cardinal de Richelieu n'a dicté ni écrit tout l'ouvrage, et qu'il en a confié la rédaction à des ouvriers subalternes. Je n'en veux pas davantage. Avouer qu'un testament politique, destiné par un premier ministre à un roi, un ouvrage qui devait être si secret, est cependant de plusieurs mains, c'est avouer qu'il n'est pas du premier ministre.

« Si j'avais l'honneur d'entretenir ce sage adversaire qui sait douter, je lui dirais : Avouez qu'au fond vous ne croyez pas qu'il y ait un mot du cardinal dans ce testament; pensez-vous de bonne foi que le chevalier Walpole se fût avisé d'écrire un catéchisme de politique pour le roi George Ier ? l'idée seule vous en paraît ridicule. Examinez la situation où était le cardinal de Richelieu avec Louis XIII, et vous conviendrez peut-être que la seule pensée de faire un pareil livre pour l'usage de ce monarque était cent fois plus déplacée.

« Songez que Louis XIII, toujours malade, était menacé d'une mort prochaine; songez que le cardinal de Richelieu pensait à faire exclure de la régence le frère unique du roi; songez au caractère d'un ambitieux; et voyez s'il est dans son cœur de s'occuper de principes d'éducation, de parler des vitres de la Sainte-Chapelle de Paris, des trois sentences requises pour punir les clercs; d'intituler un chapitre, *Du règne de Dieu*, de recommander la chasteté, et à qui? à un monarque infirme, âgé de quarante ans, auquel on espère survivre : car, en 1639, et au commencement de 1640, le cardinal de Richelieu se portait bien encore, et vous savez jusqu'où il poussa ses espérances

« Je ne veux que cette seule raison. Le *Testament* fût-il aussi bien fait qu'il l'est mal; fût-il en effet (ce qu'il n'est point du tout) un vrai testament politique; fût-il un développement sage et profond de la conduite que Louis XIII devait tenir avec toutes les puissances de l'Europe, avec ses alliés et ses ennemis, dans la crise la plus violente, avec sa femme, avec son frère, avec les princes de son sang, et ses généraux, et ses ministres; en un mot, l'ouvrage fût-il digne du cardinal de Richelieu, j'oserais croire encore qu'il n'en est point l'auteur. Je vous dirais qu'il n'est pas dans la vraisemblance qu'Agrippa fasse un tel testament politique pour Auguste, ni Séjan pour Tibère, ni La Trimouille pour Charles VII, ni Georges d'Amboise pour Louis XII, ni Wolsey pour Henri VIII, ni Buckingham pour Jacques Ier, ni Olivarès pour Philippe IV, ni enfin Richelieu pour Louis XIII. Un ministre dit à son maître de vive voix tout ce qu'il croit important, et surtout il ne fait point de testament pour lui dire des choses vagues, inutiles, et fausses.

> *Scilicet is* magnis *labor est*, *ea cura* potentes
> *Sollicitat*....
>
> Virg., *Æn.*, IV, 379.

Ces sortes de livres sont d'ordinaire le partage des politiques oisifs. Quand le duc de Sully, dans sa retraite, fit composer ses *Mémoires* par ses secrétaires, il ne donna point de leçons d'enfant à Louis XIII.

« Vous avez beau employer toutes les ressources de votre esprit, vous avez beau recueillir quelques maximes éparses dans le *Testament politique* pour tâcher de les faire regarder comme des émanations de l'âme du cardinal de Richelieu.

« Eh, monsieur, vous savez mieux que moi que Balzac, Sirmond, Chapelain, Silhon, Sérisi, en ont débité dix fois davantage. Depuis quand les lieux communs sont-ils un si grand mérite? ne trouve-t-on pas des maximes partout? J'ouvre le prétendu *Testament de Louvois*, dont Courtilz est l'auteur; j'y vois : « L'exemple tient très-souvent lieu de raison. Il est de la prudence de faire place au torrent, il perd sa rapidité dans sa course. Qui veut s'élever trop haut attire l'envie de ses égaux et la haine de ses supérieurs. » Il y en a cent de cette espèce. On en trouve dans le *Testament* ridicule *du cardinal Albéroni*, et dans celui du maréchal de Belle-Isle. Je suppose que quelques-unes des maximes et des anecdotes qui sont dans le livre attribué au cardinal aient été en effet recueillies de sa bouche, s'ensuivra-t-il qu'on doive lui attribuer l'ouvrage? Faut-il d'ailleurs de si grands efforts de génie pour rappeler quelques petites anecdotes, quelques circonstances de la vie privée d'un prince, d'un ministre, et pour savoir les appliquer? n'est-ce pas un artifice commun, pratiqué non-seulement par tous ceux qui se sont avisés de forger des *Testaments politiques*, mais par les auteurs de tous les faux mémoires dont nous sommes inondés?

« Vous avez déterré, comme moi, un misérable manuscrit plein d'antithèses et d'hyperboles, digne du pédant Granger, intitulé *Testamentum politicum*. Il paraît que cette rapsodie pouvait annoncer à toute force un ouvrage plus étendu; et de là vous inférez que le cardinal de Richelieu pourrait bien avoir part à cet ouvrage plus étendu, et que c'est son testament politique! A quoi est-on réduit en tout genre, quand on veut prouver ce qui est improbable!

« Nous pouvons, monsieur, mettre au rang des mensonges imprimés le petit traité du capucin Joseph, *De l'unité du ministre*, présenté à Louis XIII.

« De bonne foi pensez-vous qu'un capucin ait donné un mémoire au roi, par lequel il lui enseignait qu'il fallait qu'un roi « crût en tout son premier ministre, qu'il ne crût rien contre son premier ministre, qu'il révélât à son premier ministre tout ce qu'on lui dirait contre lui, qu'il comblât d'honneurs et de biens son premier ministre, qu'il donnât une autorité sans bornes à son premier ministre? » Est-il bien vraisemblable qu'un grand homme se soit servi, auprès d'un maître très-défiant, d'un artifice si grossier? Si un capucin, ami de votre maître d'hôtel, venait vous présenter un pareil mémoire, vous renverriez le capucin dans son couvent, et vous pourriez bien vous défaire de votre maître d'hôtel.

« Souffrez qu'après avoir fait avec vous ces petites réflexions, et avoir jusqu'ici écrit en critique sur cette matière, j'ose vous parler à présent en citoyen.

« Parmi les maximes très-triviales dont le *Testament politique* est plein, il y en a de fort dures. Parmi les conseils qu'on ose y donner, il y en a de bien violents. L'auteur du *Testament* a cru qu'en faisant parler le cardinal de Richelieu, il fallait le faire parler en homme d'une sévérité outrée, comme Corneille, en mettant les anciens Romains sur le théâtre, leur a donné quelquefois plus d'orgueil et de férocité qu'ils n'en avaient, ou plutôt comme un domestique parle souvent avec fierté au nom de son maître.

« Mais, monsieur, quel service rendrait-on aux hommes, en voulant mettre sous le nom d'un prêtre, d'un évêque, d'un grand ministre, des maximes impitoyables? Nous vivons sous un roi doux, bienfaisant, indulgent; mais il se peut faire que dans la suite des siècles la nation ait des souverains moins remplis d'humanité. Ne seront-ils pas encouragés à la dureté, à l'abus de la suprême puissance, quand ils croiront que le plus grand ministre de l'Europe a conseillé à son maître de ne point pardonner, de dépouiller tous les magistrats qui consument leur vie à étudier et à maintenir les lois, qui exercent une des plus nobles fonctions de la royauté, et qui n'ont d'autre récompense de leurs travaux que leurs travaux mêmes; de les dépouiller, dis-je, de leurs droits et de leurs priviléges; enfin de faire payer la taille aux parlements, aux chambres des comptes, au grand conseil, etc.; et d'enrôler la noblesse comme des paysans? Ces deux propositions, aussi tyranniques qu'extravagantes, n'auraient-elle pas dû suffire pour dessiller les yeux?

« Non-seulement je vous soumets, monsieur, toutes les raisons que j'ai alléguées, mais j'en appelle à toutes celles que votre bon esprit vous fournit; je réclame l'intérêt du genre humain. Remercions à jamais le juste, le modéré, l'élégant précepteur du duc de Bourgogne, d'avoir écrit le *Télémaque;* et souhaitons que le cardinal de Richelieu n'ait point écrit ce testament.

« Vous avez un cœur digne de votre génie : que l'un et l'autre s'unissent pour daigner m'éclairer si je me trompe. »

M. de Foncemagne a travaillé depuis à m'éclairer; il a cherché partout des copies du *Testament politique;* il a fait réimprimer ce célèbre ouvrage, et l'a rendu encore plus célèbre par ses remarques. Je prends la liberté de lui demander de nouvelles instructions; et j'entre en matière.

NOUVEAUX DOUTES

SUR L'AUTHENTICITÉ DU TESTAMENT POLITIQUE ATTRIBUÉ AU CARDINAL DE RICHELIEU, ET SUR LES REMARQUES DE M. DE FONCEMAGNE.

Objection. — Il est dit dans la préface du *Testament politique* du cardinal de Richelieu, nouvellement imprimé à Paris, chez Lebreton, 1754 : « M. de Voltaire attaqua le *Testament politique* en 1749, dans une courte dissertation intitulée : *Des mensonges imprimés*, etc. Le paradoxe qu'il voulait établir trouva des contradicteurs. Entre les écrits qui furent publiés, on distingua celui qui portait le titre de *Lettre sur le Testament politique;* lettre polie et solide, dans laquelle M. de Voltaire ne put avoir à se plaindre que de la force des preuves qu'on lui opposait. »

Réponse. — L'opinion de M. de Voltaire, bien loin d'être un paradoxe, est l'opinion d'Auberi, historiographe du cardinal de Richelieu, et pensionné de la duchesse d'Aiguillon, sa nièce. C'est l'opinion de Guy-Patin, de Richard, de Levassor; c'est le sentiment d'Ancillon, de l'auteur[1] très-instruit déguisé sous le nom de Vigneul; du P. d'Avrigny, auteur des excellents *Mémoires* pour servir à l'histoire du XVIIe siècle; du judicieux et profond Leclerc; et enfin du sage et savant Lamonnoie.

Quelle autorité plus forte que celle d'Auberi, qui écrivait sous les yeux de la nièce du cardinal, de sa nièce chérie, dépositaire de tous ses sentiments et de tous ses papiers? Serait-il possible que l'écrivain de la vie du cardinal eût supprimé un fait aussi essentiel que celui du *Testament politique*, qui devait avoir été présenté à Louis XIII par la famille du cardinal, et dont une copie authentique devait être entre les

1. D'Argonne. (Éd.)

mains de cette duchesse? Ne lui aurait-elle pas fait voir ce fameux testament? Ne lui aurait-elle pas dit : « Comment oubliez-vous un ouvrage si intéressant, si public, et qu'on croit si glorieux pour mon oncle? » M. de Foncemagne sait assez du moins que c'est ainsi qu'en aurait usé une troisième duchesse d'Aiguillon, non moins célèbre que les deux autres, par tout ce qui peut mériter l'estime et les hommages du public.

Non-seulement Auberi ne parle point de ce testament dans cette histoire, mais voici comme il s'exprime dans celle du cardinal Mazarin[1] :

« On a imprimé ces derniers jours (c'est-à-dire en 1688) un *Testament politique* du cardinal de Richelieu, contre lequel il n'y a point de lecteurs, pour peu de lumière ou de connaissance qu'ils aient de l'histoire du temps, qui ne réclament et ne se récrient. Il ne faut, pour le détruire, que les mêmes raisons dont l'imprimeur se sert pour pour essayer de l'établir.

« Ce n'est en effet qu'un ouvrage de doctrine, qui traite particulièrement des appels comme d'abus, des cas privilégiés, de la régale prétendue par la Sainte-Chapelle sur tous les évêchés de France, des exemptions du patronage ecclésiastique et laïque, du droit d'indult et d'autres matières semblables; de sorte que c'est tacitement reprocher à un si fameux ministre l'ambition et la honte d'avoir voulu s'ériger en auteur, et faire à peu près des recherches comme celles de Pasquier.

« D'ailleurs, étant un ouvrage assez gros, et rempli d'observations fort communes, on ne s'aurait s'imaginer auquel de ses secrétaires il l'aurait dicté, et encore moins comme il l'aurait écrit lui-même. Il est constant que le cardinal de Richelieu a toujours dicté, et n'a jamais guère écrit.

« Mais il y a plus : on y remarque force impertinences, bévues et suppositions. Ce prétendu testament commence par une lettre du testateur au feu roi, avec la souscription Armand Duplessis ; cependant il n'a jamais souscrit ses lettres à Louis XIII que de deux manières, ou comme évêque, ou comme cardinal. La première des deux était l'évêque de Luçon, et l'autre le cardinal de Richelieu. Il n'y en doit point avoir de troisième; et, s'il s'en trouve, ce ne peut être qu'une pièce supposée.

« On opine à peu près de même du reproche qu'on lui fait faire aux ennemis de marquer l'année 1638 pour lui avoir été favorable, sur ce que la prise de Brisach devait avoir effacé toutes nos disgrâces. Ce lui aurait été une espèce de crime que d'omettre notre plus signalé bonheur de cette année-là, qui fut la naissance de monseigneur le dauphin.

« Cette omission donc n'était guère moins remarquable que la contradiction qui se voyait au même testament, où il est dit, tantôt que la paix était faite, et tantôt qu'elle ne l'était pas. D'où il se peut infailliblement conclure que cette pièce est d'autant plus fausse qu'elle étai tout à fait inutile. »

Quand il n'y aurait que cette preuve, elle suffirait, à mon avis, pour

1. *Histoire du cardinal Mazarin*, t. IV, p. 337 et 338, édit. de 1718, à Amsterdam, chez Le Cène.

constater que le *Testament politique* ne peut être du cardinal de Richelieu.

Le dernier critique qui a fait voir évidemment la supposition, est le savant Lamonnoie; on veut récuser aujourd'hui son témoignage, parce qu'il est trop décisif; et on se contente de dire « que ce savant homme n'avait pas tourné ses études du côté de ces recherches. »

C'est précisément à ces recherches qu'il s'appliqua ses vingt dernières années; voyez sa *Vie de Ménage*, ses additions au *Menagiana*, sa dissertation sur le livre des *Trois Imposteurs;* c'était dans cette partie qu'il excellait.

Dans une discussion de cette nature, le lecteur doit, ce me semble, agir comme un juge équitable, qui n'adjugera jamais à personne un bien contesté que sur des preuves évidentes.

Vous assurez, malgré la déposition formelle de l'historiographe du cardinal de Richelieu, payé pour faire son panégyrique, que le *Testament politique* est de ce ministre. On vous y montre des méprises grossières, indignes de tout homme en place et de tout écrivain. Montrez-nous donc quelques preuves convaincantes que le cardinal de Richelieu est en effet l'auteur de ces bévues.

Vous êtes tenu de faire voir au moins l'ouvrage signé de sa main; vous n'avez que cette unique ressource, et encore nous examinerons si cette preuve serait décisive.

Objection. — « Il ne paraît pas facile, dit-on dans la préface de l'éditeur du nouveau *Testament politique*, de concilier l'opinion où l'on était à l'hôtel de Richelieu que le *Testament politique* était du cardinal de Richelieu, avec ce qu'avance M. de Voltaire, qu'ayant fait demander chez tous les héritiers du cardinal, si on avait quelque notion que le manuscrit du testament ait jamais été dans leur maison, on répondit unanimement que personne n'en avait eu la moindre connaissance avant l'impression. »

Réponse. — Rien n'est plus aisé à concilier. M. de Voltaire chercha ce manuscrit dans l'hôtel de Richelieu; il ne l'y trouva pas, et les dépositaires des archives lui dirent qu'ils ne l'avaient jamais vu. En effet, le seul exemplaire manuscrit qui avait été chez Mme la duchesse d'Aiguillon, seconde du nom, comme il était dans trente autres bibliothèques de Paris, fut transféré, en 1705, avec d'autres papiers du cardinal, au dépôt des affaires étrangères. Nous verrons en son lieu de quelle autorité est ce manuscrit.

Réflexion. — D'où venait l'édition du prétendu *Testament politique* imprimé en 1688? pourquoi l'éditeur ne cite-t-il pas ses garants, ses autorités? d'où a-t-il reçu ce manuscrit? C'est une pièce si importante par le nom du respectable auteur à qui on l'attribue, par le monarque auquel elle est adressée, par le sujet qu'elle annonce, que l'éditeur est indispensablement obligé de dire et de prouver comment un écrit de cette nature était tombé entre ses mains; il ne l'a pas fait; on ne lui doit donc nulle créance, comme on l'a déjà dit.

Il n'en est pas de même, ce me semble, des mémoires du cardinal de Retz[1], de Talon, de Montchal, de Laporte. Personne n'a douté des auteurs de ces mémoires; au lieu qu'une foule de savants critiques a toujours nié que le *Testament politique* fût de l'illustre cardinal de Richelieu. Ce testament est bien autrement important que tous les mémoires dont nous parlons.

Ces mémoires portent tous un caractère de vérité qui ne permet aucun doute sur leurs auteurs. Au contraire les anachronismes, les erreurs de toute espèce qui fourmillent dans le testament du cardinal, font naître des doutes dans l'esprit de tous ceux qui réfléchissent.

Objection. — M. de Foncemagne dit que « dans le catalogue des livres de feu M. l'abbé de Rothelin, on trouva un *Testament politique* du cardinal de Richelieu, relié en maroquin rouge. »

Réponse. — Il sait bien que ce maroquin rouge n'est pas une preuve que ce testament fut présenté à Louis XIII. Un Romain qui aurait eu dans sa bibliothèque un Pétrone en maroquin rouge, aurait-il dû conclure que cet ouvrage licencieux d'un jeune débauché sortant des écoles, était l'ouvrage du consul Petronius? On aurait beau relier les *Fausses décrétales* en maroquin rouge, elles n'en seraient pas moins fausses.

Aussi le judicieux M. de Foncemagne ne fait pas grand fond sur cette preuve qu'il allègue.

Objection très-forte de M. de Foncemagne. — Ce sage et savant critique me fait une objection bien plus importante, et qui peut faire une très-grande impression sur les esprits; c'est qu'il se trouve au dépôt des affaires étrangères une copie du testament du cardinal de Richelieu. Je ne suis pas à portée de la voir dans le fond de mes déserts, et, quand je serais au Louvre, je ne pourrais m'en rapporter à mes yeux, à qui la lumière est presque entièrement refusée. Je fais lire la lettre de M. de Foncemagne, je dicte mes doutes, et je lui demande des éclaircissements.

Le nouveau testament qu'il a fait imprimer porte, dit-il, des corrections en marge, de la main du cardinal de Richelieu; ces corrections, d'une demi-ligne, sont dans le discours préliminaire intitulé : *Maximes d'État* ou *Testament politique*, succincte narration des grandes actions du roi.

A la fin de cette succincte narration, on prétend que le cardinal de Richelieu a écrit de sa main

Monaco
si vous reperdez

1. Le P. de Tournemine, jésuite, s'avisa de dire, par une figure de rhétorique, dans le *Journal de Trévoux*, qu'on devait croire charitablement que les Mémoires du cardinal de Retz, archevêque de Paris, n'étaient pas de lui, parce qu'il ne sied pas à un archevêque de parler de ses galanteries et de ses complots séditieux; mais il n'insista jamais sur ce paradoxe qui n'était qu'un jeu d'esprit.

Aire;
galères d'Espagne
perdues par la tempête;
distribution de
bénéfices.

Réponse. — Je supplie d'abord M. de Foncemagne de vouloir bien instruire le public si on a confronté l'écriture reconnue du cardinal de Richelieu avec ces notes marginales; cet éclaircissement est d'une nécessité indispensable : je ne cherche, comme lui, que la vérité. Le cardinal faisait souvent mettre de pareilles notes par Bois-Robert et par son médecin Citois, comme le rapporte Pellisson dans son *Histoire de l'Académie*, au sujet de la critique du *Cid.* Je m'en rapporte entièrement à M. de Foncemagne, comme je le dois.

En second lieu, oserai-je dire que cette *Narration succincte*, qui est au-devant du *Testament politique*, me paraît une preuve évidente de la supposition du testament?

Je prie le lecteur attentif de faire avec moi ses réflexions, qui vaudront mieux que les miennes.

Mme la duchesse d'Aiguillon, seconde du nom, avait, dit-on, entre les mains ce dépôt précieux : l'authenticité du *Testament politique* était combattue hautement par plusieurs écrivains.

Comment ne se trouva-t-il personne dans sa maison qui opposât cette pièce victorieuse à l'incrédulité des savants? Comment surtout la seconde duchesse d'Aiguillon ne s'éleva-t-elle pas contre l'avocat Auberi, pensionnaire de sa maison, auteur de l'histoire de son grand-oncle? Il osait s'inscrire en faux contre le testament, dont elle avait, dit-on, l'original marginé de la main du cardinal; n'y a-t-il pas la plus grande vraisemblance qu'elle ne pouvait confondre Auberi, puisqu'elle ne le confondit pas, et que cet avocat était comme ceux d'aujourd'hui qui préfèrent la vérité à tout? Enfin si tout le testament était du cardinal, pourquoi n'était-il pas signé de sa main?

Accordons que la petite note, *si vous leperdez Aire*, est du cardinal; qu'en pouvez-vous conclure? qu'il est physiquement impossible que le cardinal ait ni fait ni dicté depuis le prétendu *Testament politique*. Aire avait été prise par le maréchal de La Meilleraie le 27 juillet 1641, elle fut reprise par les Espagnols la même année, le 26 auguste (que nous appelons le mois d'août par corruption); donc ce ne fut que depuis la fin de juillet 1641 que le cardinal put écrire ou faire écrire le prétendu testament à la suite de la *Narration succincte*. Et cependant on le fait parler dans son prétendu testament tantôt en 1640, tantôt en 1638.

Il avait ce dessein, je le veux; il dit à M. de Montchal, archevêque de Toulouse, son ennemi, en le trompant et en répandant des larmes[1], qu'il voulait ressembler à l'empereur Auguste: à la bonne heure. Auguste avait fait rédiger un état des forces de l'empire, des finances,

1. *Mémoires de Montchal*, p. 202 et 216.

des légions, des frontières, des voisins de l'empire, comme les Germains septentrionaux, les Daces, les Parthes, etc. Il n'est point de prince d'Allemagne qui n'ait un pareil mémoire raisonné dans son cabinet: c'est ce que le cardinal voulait et devait faire, et c'est assurément ce qu'on ne trouve pas dans le *Testament politique*. Il ne put en avoir le temps depuis le mois d'août 1641; ce fut alors que la conspiration du grand écuyer Cinq-Mars commença à se tramer contre lui; il n'eut dès lors aucun moment de repos; sa santé s'altéra, et ce ministre au bord de son tombeau, faisant couler le sang sur les échafauds, n'eut pas sans doute le loisir d'imiter Auguste.

Mais que devint donc cette note qu'on croit écrite de sa main à la fin de la *Narration succincte*, qui est suivie des projets de l'abbé de Bourzeys pour ôter le droit de régale au roi de France, pour faire payer la taille aux parlements, et pour enrôler la noblesse par force? Cette note s'explique d'elle-même, et en voici le sens naturel:

« J'ai eu à peine le temps, monsieur l'abbé, de parcourir la narration succincte que vous avez faite en mon nom pour me flatter; vous ne deviez pas dire que « dès que j'entrai au conseil, en 1624, par la « faveur de la reine mère, je promis au roi d'employer toute mon indus- « trie et toute mon autorité pour ruiner le parti huguenot, rabaisser « l'orgueil des grands, et relever son nom; » premièrement, parce qu'un tel discours est rempli d'un orgueil insupportable; secondement, parce qu'il est entièrement faux. Toute la France sait que, dans l'année 1624, j'entrai au conseil malgré la répugnance extrême du roi. Après avoir longtemps sollicité le marquis de La Vieuville, à qui je jurai sur l'eucharistie une amitié inviolable, et que je fis ensuite exiler, je n'eus d'abord aucun crédit, aucun département: le roi ne connaissait pas alors tout mon zèle, et je n'avais rendu aucun service signalé.

« Vous parlez avec trop d'emphase *de la victoire que les armes de S. M. remportèrent à Castelnaudari*[1]. Tout le monde sait assez que cette grande victoire fut à peine une escarmouche. Le duc de Montmorenci étant allé reconnaître un poste à la tête de soixante maîtres, un corps avancé, qui se trouva vis-à-vis sur le bord d'un fossé, tira quelques coups; Montmorenci, emporté d'une ardeur téméraire, franchit le fossé, et n'étant suivi que de six personnes seulement, il fut percé de coups et fait prisonnier: il est vrai que je l'ai fait mourir sur un échafaud; mais vous pourriez m'épargner cet éloge.

« Vous me louez beaucoup: de justes éloges encouragent; mais certains mensonges imprimés ou manuscrits diminueraient ma gloire, au lieu de l'accroître. Gardez-vous surtout, dans votre Narration, de me faire parler d'une manière indécente, de me prêter des injures atroces contre la brave et fidèle nation espagnole, avec laquelle je suis déjà en négociation; ne me faites pas dire *qu'elle a rendu les Indes tribu-*

1. Les mots en italique se trouvent dans la *Succincte narration*, formant le chapitre Ier de la Ire partie du *Testament politique de Richelieu*. (ED.)

taires de l'enfer; ces invectives sont d'un mauvais rhéteur, et non d'un ministre.

« Quand vous me faites parler d'un héros tel que le duc Henri de Rohan, ne me faites pas dire *que sa terreur panique nous a fait perdre la Valteline.* Nul guerrier n'a été moins sujet aux terreurs paniques que lui; et vous ressembleriez à ce poëte italien qui, dans un opéra, introduit César criant aux siens, dès la première scène : *Alla fuga, allo scampo, signori.* Corrigez toutes les indécences pareilles dont vous parsemez votre *Narration succincte*, et mettez des vérités à la place des injures.

« Ajoutez à votre narration la conquête d'Aire, que je crains bien qui nous soit enlevée. Parlez de la dernière distribution des bénéfices, si vous voulez; corrigez toutes les fautes de votre ouvrage; et je le reverrai quand j'en aurai le temps.

« Si jamais vous avez la fantaisie de coudre vos idées chimériques à votre *Narration*, n'allez pas me faire dire que je veux abolir le droit de régale[1], vous me feriez passer pour un homme qui abandonne les intérêts du roi et de la patrie; vous me rendriez odieux à tous les parlements. J'ai signé deux arrêts du conseil pour forcer les évêques, qui se prétendent exempts de la régale, à montrer leurs titres; ce n'est pas là vouloir abolir la plus ancienne prérogative de la couronne; c'est M. de Montchal, archevêque de Toulouse, qui fait courir ces bruits injurieux; il m'appelle dans ses manuscrits, qu'on m'a montrés, *cruel et timide*[2]; il me compare au tyran Phocas; il dit à tout le monde que j'abrége les jours du roi, que je le ferai bientôt mourir[3].

« Il dit que je me déclare contre la régale, parce que je n'ai pas payé la mienne à la Sainte-Chapelle[4].

« Il dit qu'on me déplaît en me refusant le titre de *chef de l'Église gallicane*[5].

« Il dit que je mourrai dans l'année pour avoir persécuté l'Église de Dieu[6].

« Gardez-vous bien, encore une fois, de parler de régale. Voulez-vous qu'ayant été assez mal avec Rome, pendant mon ministère, je lui fasse ma cour après ma mort? »

Si le cardinal de Richelieu n'a pas tenu ce langage, il a dû le tenir; et cette *Narration succincte* est si mal faite, si odieuse en quelques endroits, si remplie de faussetés évidentes, si insultante pour les familles les plus considérables, qu'il n'est pas étonnant que la duchesse d'Aiguillon ne la fît pas voir au public, qu'elle aurait révolté.

Ainsi cette note, qu'on assure être de la main du cardinal de Richelieu, au bas de la *Narration succincte*, me paraît une preuve évidente qu'il n'a jamais vu le *Testament politique*; s'il l'avait vu, il y aurait mis quelques notes selon sa coutume. Ce testament, rempli d'erreurs

1. *Testament politique*, partie Ire, chap. II, section IV. (ÉD.)
2. *Mémoires de Montchal*, p. 9. — 3. *Ibid.*, p. 7. — 4. *Ibid.*, p. 216.
5. *Ibid.*, p. 180. — 6. *Ibid.*, p. 186.

en tout genre, méritait bien quelques remarques; et si malheureusement il l'avait approuvé, il y aurait mis son nom: il n'a fait ni l'un ni l'autre, donc il est bien probable que le testament n'est point de lui.

Objection non moins importante. — M. le marquis de Torci, en 1705, « fit retirer, dit-on, des effets de la succession de Mme la duchesse d'Aiguillon, les papiers du ministère du cardinal de Richelieu; le *Testament politique* fut remis, avec tous ces papiers, dans le dépôt des affaires étrangères, lorsqu'en 1710 il forma ce dépôt, avec la permission de Louis XIV, dans le donjon au-dessus de la chapelle du Louvre. » C'est M. Ledran, chargé du dépôt, qui a donné cette note.

Réponse. — J'avoue que je n'ai pas consulté M. Ledran; il n'était pas alors chargé de ce dépôt, lequel n'était pas, ce me semble, encore en règle; et aujourd'hui je ne puis consulter personne: je m'en rapporte toujours à ceux qui vivent à Paris, et qui ont des yeux; et voici sur quoi je les prie de vouloir bien m'instruire.

La *Succincte narration* ne me paraît avoir aucun rapport avec la suite du testament. M. de Foncemagne dit lui-même: « Ce sont deux parties distinctes du même tout. *Voilà, sire,* dit le cardinal en finissant la première, *ce que vous avez fait pour votre gloire;* et il me semble lui entendre dire en commençant la seconde, qui est le testament proprement dit: *Voilà, sire, ce que vous devez faire pour vos sujets.* »

De là je conclus ce que M. de Foncemagne devrait, ce me semble, nécessairement conclure, que le *Testament politique* proprement dit ne peut être du cardinal de Richelieu.

Si le cardinal, dans la *Narration succincte*, a parlé de la conduite qu'ont tenue les généraux d'armée contre l'Allemagne et l'Espagne, il va parler sans doute de la conduite qu'ils doivent tenir. S'il a fait mention des négociations avec toutes les puissances voisines, il va expliquer comment il faut négocier dans la situation présente, qui est très-épineuse, avec l'Italie, la Hollande, la Suède, le Danemark, l'Angleterre. S'il s'est étendu sur l'invasion du Piémont, il va enseigner la manière de le conserver. S'il a dit quelque chose des révolutions de la Catalogne et du Portugal, il va montrer par quels ressorts on peut profiter de ces grands événements. Lisez; il parle de cas privilégiés et du droit de présenter aux cures.

Je suis jusqu'à présent du premier avis de M. de Foncemagne, que le cardinal de Richelieu pouvait avoir projeté de faire ce qu'on appelle *un Testament vraiment politique*: qu'il avait donné à l'abbé de Bourzeys la commission de rédiger la *Narration succincte;* qu'il avait fait quelques notes de sa main comme il en fit *au Jugement de l'Académie sur le Cid.* Mais de ce qu'il écrivit deux ou trois notes sur cet ouvrage de l'académie, s'ensuit-il qu'il en fut l'auteur? non sans doute; un ministre qui avait à combattre la maison d'Autriche, les protestants, la moitié de la France, la cour, et le caractère de son maître, n'avait pas plus le temps de faire la critique raisonnée du *Cid* que de travailler lui-même à toutes les pièces des cinq auteurs dont il donnait quelquefois l'idée rapidement à Rotrou, à Scudéri, à Colletet, etc., et dont il se contentait de faire quelques vers.

Quand je fis l'*Histoire de la guerre de* 1741, à Versailles, chez M. le comte d'Argenson, ce ministre en margina quelques pages. S'est-on iamais avisé d'attribuer à M. d'Argenson cet ouvrage, dont on m'a volé plusieurs cahiers informes ridiculement imprimés?

Je présume que depuis 1638, et surtout depuis le 28 juillet 1641, le cardinal, qui écrivait très-peu, ne put jamais ni avoir assez de loisir, ni en abuser assez pour s'étendre dans un long ouvrage sur toute autre chose que sur les affaires de son maître, pendant que la guerre contre la maison d'Autriche mettait la France en alarmes, que Piccolomini battait les Français, que la province de Normandie était révoltée, que les révolutions du Portugal et de la Catalogne exigeaient toute l'attention du ministre; pendant que le comte de Soissons, le duc de Guise et le duc de Bouillon, ligués avec l'Espagne, faisaient la guerre civile; pendant qu'ils gagnaient contre les troupes du roi, ou plutôt contre le cardinal, la bataille de la Marfée; pendant que la conspiration de Cinq-Mars se tramait; enfin, pendant que tous ces orages conduisaient le cardinal au tombeau.

Était-ce alors le temps de parler des vitres de la Sainte-Chapelle et de recommander la chasteté à Louis XIII moribond?

Et qui fait-on prêcher la chasteté si mal à propos? Il faut le répéter encore, c'est l'amant public de Marion Delorme; c'est celui de la Béjart, qui disait qu'elle ne regrettait que deux hommes dans le monde, le cardinal de Richelieu et Gros-René. C'est celui qui jouit le premier de la fameuse Ninon, si j'en crois l'abbé de Châteauneuf, intime ami de cette personne si célèbre, à qui je l'ai ouï dire plusieurs fois dans mon enfance, et à qui je dois d'avoir été placé dans le testament de Ninon; testament beaucoup plus sûr que celui dont il est question. C'est enfin celui dont les amours sont décrits avec tant de naïveté par le cardinal de Retz, son rival auprès de Mme de La Meilleraie, et son rival heureux.

Ce n'est pas assurément que je prétende reprocher à un ministre ses galanteries; je sais combien il est permis à un grand homme, qui a pris une ville réputée imprenable, et qui a rendu des services à la patrie, de joindre les plaisirs aux travaux; mais combien il eût été ridicule au cardinal, combien même dangereux, de parler de chasteté à Louis XIII, qui devait être très-instruit du tour que lui avait joué Mme du Fargis, dame d'atour de la reine! Consultez sur cette aventure, et sur tant d'autres, les mémoires du cardinal de Retz, dans les premières pages du premier livre de ses mémoires. Ne dites point que les amours du cardinal avec Marion Delorme « ne sont connues que par les mémoires intitulés, *Galanterie depuis le commencement de la Monarchie*, et par le *Dictionnaire de Bayle.* » Voyez ce que le cardinal de Retz en dit à l'endroit déjà cité, et ce qu'il ajoute sur Mme de Fruge.

Le cardinal de Retz, archevêque de Paris, parle de ses amours avec autant de vérité que de celles du cardinal de Richelieu ; mais il ne donne de leçon de chasteté à personne.

Quis tulerit Gracchos de seditione querentes?
Juven., sat. II, v. 24.

N'est-il donc pas de la plus extrême vraisemblance que l'abbé de Bourzeys, ayant fait la *Narration succincte* que le cardinal corrigea très-succinctement, s'avisa depuis de travailler de lui-même, et de joindre ses rêveries à la narration dont il était l'auteur? Il était le Colletet de la politique.

C'est le premier sentiment de M. de Foncemagne, c'est le mien ; et je m'en rapporte au lecteur dont le jugement est sans prévention.

Réflexion. — J'aurais souhaité que M. de Foncemagne, en me réfutant, ou plutôt en m'instruisant, s'en fût rapporté seulement à ce qui est publié dans le tome IV de mes faibles ouvrages[1], imprimés à Genève en 1757, et non à des éditions antérieures, imprimées sans mon aveu : j'aurais désiré qu'il eût consulté, à la page 298 de ce IVe tome, le chapitre XLVIII, intitulé *Raisons de croire que le livre intitulé* Testament politique, etc., *est un ouvrage supposé.*

Il aurait vu que, dans cette édition, il n'est point question des millions d'or dont il parle. Ne mêlons point ces bagatelles à l'essentiel de la cause : des discussions inutiles détournent des grands objets ; allons toujours au fait principal dans toute affaire.

Objection. — J'avais dit qu'il n'est pas naturel qu'un premier ministre demande l'abolition des comptants ; j'avais dit que l'affaire des comptants ne fit du bruit qu'au temps de la disgrâce de Fouquet. M. de Foncemagne me répond « que l'affaire des comptants avait fait du bruit longtemps avant la disgrâce du surintendant ; le cardinal ne l'ignorait pas. Le grand Henri, dit-il, connaissait le mal établi du temps de son prédécesseur, et ne l'a pu ôter. L'exemple de M. de Sully, etc. »

Réponse. — Je m'en tiens à ces propres paroles, pour être fondé à croire que le *Testament politique* ne peut être du cardinal de Richelieu. Les *Mémoires de Sully* ne parurent que longtemps après la mort du cardinal[2] ; ce ne peut donc être lui qui les cite, ce ne peut être que l'abbé de Bourzeys. L'affaire des comptants n'avait donc point fait de bruit avant la disgrâce de Fouquet.

Mais il y a bien plus. Voici comme l'auteur fait parler le cardinal : « Entre les voies par lesquelles on peut tirer illicitement les deniers des coffres du roi, il n'y en a point de si dangereuses que celle des comptants, dont l'abus est venu jusqu'à tel point, que n'y remédier pas et perdre l'État, c'est la même chose, etc. »

1. *Mélanges de littérature, d'histoire et de philosophie*, 1757. (Éd.)
2. Richelieu n'est mort qu'en 1642, un an après Sully, qui avait publié lui-même, en 1634, les deux premiers volumes de ses *Mémoires*. (Éd.)

Qui disposait alors des comptants, je vous prie? qui les signait? C'était le cardinal lui-même. On lui fait donc dire qu'il tire *illicitement* les deniers des coffres du roi; on met dans sa bouche une accusation de péculat contre sa personne; on lui fait dire nettement qu'il est criminel de lèse-majesté. Une pareille absurdité est-elle possible? est-elle concevable? et après cette preuve de supposition, en faut-il d'autres encore?

L'abbé de Bourzeys aura donc mis ses idées, vers l'an 1660, à la suite de la *Narration succincte :* ce manuscrit sera tombé entre les mains de Mme la duchesse d'Aiguillon, seconde du nom; on l'aura enlevé chez elle, après sa mort, avec toutes les négociations du cardinal; voilà tout le mystère; rien n'est plus naturel, plus simple, plus aisé à concilier.

Réflexion. — Je ne répéterai pas ici ce que j'ai déjà dit de la fausseté des faits, des réflexions et des calculs. L'auteur du prétendu testament prétend « que quand on établit un nouvel impôt, on est obligé de donner une plus grande paye aux soldats. » Cela est faux dans tous les États de l'Europe; donc le cardinal de Richelieu ne peut l'avoir dit. M. de Foncemagne laisse cette objection accablante sans réplique.

Il est parlé, dans le prétendu testament, des grands périls de la navigation d'Espagne en Italie, et d'Italie en Espagne. Il est impossible que le cardinal de Richelieu, surintendant des mers, ait parlé avec tant d'ignorance : aussi M. de Foncemagne se garde bien de justifier l'abbé de Bourzeys sur cet article.

Ce même abbé de Bourzeys, dans ce même prétendu testament, ose dire que la seule Provence a plus de beaux ports que la monarchie d'Espagne. Encore une fois, comment le surintendant des mers aurait-il pu avancer une fausseté si publique?

Preuves de la supposition du testament. — Affaires de finance. — A toutes ces vraisemblances, qui me paraissent des certitudes, j'ajouterai toujours que si le cardinal a voulu donner des leçons à son maître, il a donné des leçons bien étranges : s'il entre dans quelques détails, il se trompe toujours; s'il parle de finances, chapitre IX, il fait des fautes qu'un écolier qui apprendrait l'arithmétique ne commettrait pas.

« De trente millions à supprimer, il y en a près de sept dont le remboursement ne devant être fait qu'au denier cinq, la suppression se fera en sept années et demie par la seule jouissance. »

Premièrement, l'auteur met le denier cinq pour le denier vingt.

Secondement, comment imaginer que dans sept années et demie un fonds est absorbé par la jouissance à cinq pour cent? ces cinq pour cent en sept années et demie font trente-sept et demi : or je demande à Barême si trente-sept et demi font cent?

Je prie tous les calculateurs, et tous les hommes versés dans la finance, de lire ce chapitre, et de dire s'ils ont jamais vu de pareils comptes et de pareils projets de ministre.

Autres preuves. — Vous voyez que sur terre et sur mer le rédacteur du *Testament politique* s'éloigne assez des idées ordinaires. Il soutient qu'il n'y a point d'établissements à faire dans l'Occident; les Anglais et les Hollandais nous ont bien prouvé le contraire; et il est très-certain que le feu comte Maurice, qui était plein de vie en 1642, gouvernait le Brésil, que les Hollandais avaient conquis sur les Portugais.

M. de Foncemagne me dit que j'ai confondu ce comte Maurice avec le Maurice prince d'Orange. Non, c'est l'abbé de Bourzeys qui les confond, et c'est une de ses moindres méprises.

Il n'y a sans doute que cet abbé de Bourzeys qui ait pu avancer (chap. IX) que Gênes était la plus riche ville d'Italie, tandis que le pape jouissait de quinze millions de nos livres de rente, tandis que Livourne faisait un plus grand commerce que Gênes, tandis que Venise trouva des fonds assez considérables pour résister aux forces de l'empire ottoman.

Réflexion. — Je crains que tant de fautes accumulées ne fatiguent le lecteur ainsi que moi. Je finis par cette grande difficulté à laquelle on n'a jamais pu répondre, et que j'ai indiquée dans mes premières réflexions. Y a-t-il quelqu'un qui puisse croire qu'un premier ministre parle à son roi de tant de petits détails qui n'appartiennent qu'à des commis subalternes, et surtout de tant de calculs erronés et de projets chimériques de finance, qui n'appartiennent qu'à ces écrivains qu'on appelle en Angleterre *projeteurs*? qu'il propose aux Français de ne s'habiller que d'un bon drap du seau[1], aux parlements de payer la taille, aux gentilshommes d'être enrôlés, aux chefs des armées de lever toujours par ménage cent mille soldats, quand il en faut cinquante mille; qu'il ne donne d'ailleurs que des conseils vagues sur la grande administration; qu'il s'appesantisse dans la moitié de son livre sur des lieux communs de morale, et en fasse un sermon insipide, sans dire un seul mot de la manière dont il fallait soutenir alors l'État chancelant?

J'avoue que j'ai toujours été tellement frappé d'une inconvenance si marquée, que si l'abbé de Bourzeys me montrait aujourd'hui son livre signé de la main du cardinal de Richelieu, je lui dirais: « Non, il n'est pas de lui; c'est vous qui lui avez fait signer votre propre ouvrage; il vous avait demandé peut-être quelques observations politiques dont il pût faire usage; il a pu les signer, comme tant de grands seigneurs signent les comptes de leurs intendants, sans les avoir presque lus. »

Objection. — M. de Foncemagne me dit qu'il n'est pas étonnant que le cardinal de Richelieu ait présenté à Louis XIII « ces lieux communs puérils, vagues, ce catéchisme pour un prince de dix ans, si déplacé à l'égard d'un roi âgé de quarante années, puisque le grand Bossuet

1. Il faudrait peut-être *drap d'Usseaux*, du nom d'un village sur la frontière du Dauphiné. (ÉD.)

composa autrefois, pour l'instruction du dauphin, » la *Politique tirée de l'Écriture sainte.*

Réponse. — Je réponds à M. de Foncemagne : « Il est pardonnable au grand Bossuet d'avoir fait pour un enfant ce livre peu digne de lui, intitulé, *Politique tirée de l'Écriture sainte;* mais ce sublime écrivain aurait bien négligé toute décence, s'il avait fait un tel ouvrage pour l'usage de Louis XIV. Vous savez mieux qu'un autre, monsieur, comment il faut parler aux jeunes princes et aux princes d'un âge mûr; et, dans le fond de votre cœur, vous sentez encore mieux que moi les prodigieuses disparates que j'ai observées, et l'extrême inconvenance de dire à un prince qui règne depuis trente-six ans ce qu'on dirait à peine à un enfant qu'on élève, et surtout ce qu'il ne faudrait pas lui dire dans un style prolixe et rebutant. »

Question importante. — Imaginons que Louis XIV, après les batailles d'Hochstedt, de Ramillies, d'Oudenarde, de Turin, manquant d'argent, ayant peine à recruter ses armées, demanda au maréchal de Villars un plan qui pût remédier aux maux présents de la France. Croyez-vous de bonne foi qu'alors le maréchal de Villars, prêt à partir pour aller en campagne, eût dit au roi : « Sire, il faut commencer par restreindre les appels comme d'abus; toute contravention à la pragmatique a été estimée cas privilégié; vous avez tort de prétendre le droit de régale dans certains diocèses : il faut annexer à la Sainte-Chapelle une abbaye; il ne faut pas croire les gens de palais, qui jugent de la puissance du roi par la forme de sa couronne, qui étant ronde n'a point de fin; les universités prétendent qu'on leur fait un tort extrême de ne leur pas laisser privativement à tous autres la faculté d'enseigner la jeunesse.

« L'histoire de Benoît XI contre les cordeliers qui, piqués sur le sujet de la perfection de la pauvreté, savoir, des revenus de saint François, s'animèrent à un tel point qu'ils lui firent ouvertement la guerre par leurs livres, etc.

« Je vous apprends que les meilleurs princes ont besoin d'un bon conseil : je vous apprends qu'un prince capable est un grand trésor dans un État, et que beaucoup de qualités sont requises pour faire un conseiller d'État parfait. Je vous apprends qu'un conseiller d'État doit être un honnête homme; et voici sept grands paragraphes où je parle des grands conseillers d'État, sans dire un seul mot du fait dont il s'agit[1].

« Il est question, sire, d'empêcher les ennemis de venir à Paris; mais n'en parlons point. Apprenez, à votre âge, que le règne de Dieu est le principe du gouvernement des États, et que la pureté d'un prince chaste bannira plus d'impureté du royaume que toutes les ordonnances qu'il saurait faire à cette fin.

« Écoutez, sire, cette vérité si peu connue : la raison doit être la

1. L'abbé de Bourzeys avait le titre de conseiller d'État.

règle et la conduite d'un État : la lumière naturelle fait connaître à un chacun que l'homme, ayant été fait raisonnable, ne doit rien faire que par raison. »

(Cette maxime est nouvelle, je l'avoue; mais elle n'en est pas moins curieuse, et elle prouve qu'il ne faut pas croire le P. Canaye, qui loue tant le maréchal d'Hocquincourt de n'avoir point de raison.)

« Je vous apprends que la prévoyance est nécessaire au gouvernement d'un État.

« Je me donnerai bien de garde de vous dire quels négociateur secrets il faudrait employer pour détacher l'Angleterre de l'Allemagne et de la Hollande, et pour opposer le comte d'Oxford au duc de Marlborough; mais lisez, si vous pouvez, mon chapitre VII où je parle des négociations; je vous y apprends que la faveur peut innocemment avoir lieu dans quelques choses, lorsque le trône de cette fausse déesse est élevé au-dessus de la raison : lisez le chapitre VII, où un abbé que j'ai consulté dit que les Français, étant destitués de flegme, sont des viandes servies sans sauce. »

Si le maréchal de Villars avait parlé ainsi, n'est-il pas vrai que le roi Louis XIV l'aurait cru un peu affaibli du cerveau, et ne l'eût certainement pas envoyé commander sur la frontière?

Voilà pourtant très-précisément ce qu'on impute au cardinal de Richelieu.

Maintenant je suppose que le cardinal eût donné à lire son testament à Louis XIII, qui ne lisait jamais; je suppose même que le roi eût fait l'effort difficile de parcourir cet ouvrage; dans quel excès de surprise ne serait-il pas tombé? n'aurait-il pas été en droit de dire à son ministre : « J'attends de vous des conseils un peu plus précis : vous savez de quelle importance il est d'attacher à mon service les troupes weimariennes, et que c'est l'unique moyen d'incorporer l'Alsace à la France.

« La Savoie va nous échapper : le chancelier Oxenstiern peut faire une paix avantageuse avec l'Allemagne, et nous abandonner. De grands troubles se préparent en Angleterre, dont il me semble que nous pouvons profiter.

« Quel avantage tirerons-nous de la révolte de la Catalogne contre le roi d'Espagne, et de la prise de Turin par le comte de Harcourt de Lorraine?

« Quels négociateurs emploierons-nous pour attacher le landgrave de Hesse aux intérêts de la France? Avons-nous assez d'argent pour lui payer des subsides?

« Quels secours pouvons-nous donner au Portugal? Par quel moyen pourrons-nous dissiper les conspirations qui se trament en secret en France?

« Quelles propositions faudra-t-il faire au duc de Bouillon, pour l'engager à céder sa principauté de Sedan, et à n'avoir désormais d'autre intérêt que celui de me servir?

« Que dois-je faire surtout pour écarter de mon frère les conseillers pernicieux qui sont prêts de l'engager à prendre les armes?

« Parlez-moi de tant d'intérêts importants de qui dépend le destin de l'Europe et de la France : ces seuls objets sont dignes de vous et de moi; laissez là vos viandes servies sans sauce, et vos sept paragraphes des devoirs d'un conseiller d'État. Je veux bien que l'abbé de Bourzeys, et Sirmond, et Salomon, etc., aient le brevet de conseiller d'État pour faire votre panégyrique, mais je ne veux pas qu'ils m'ennuient.

« Votre abbé de Bourzeys m'a déjà fait perdre mon temps à lire une *Narration succincte* et erronée de ce qui s'est passé publiquement depuis quelques années, et de ce que je savais mieux que lui. Tâchez donc de me procurer un mémoire succinct de ce que je dois faire; que l'un soit la suite de l'autre; et si Bourzeys n'est pas capable d'un tel ouvrage, donnez-le à faire à Colletet ou à Chapelain. »

Je demande à M. de Foncemagne, et à tous les lecteurs, si un tel discours dans la bouche de Louis XIII n'aurait pas été d'autant plus raisonnable, que le testateur politique emploie une section entière à prouver qu'il faut être gouverné par la raison?

Suite de cette question. — Trouvez bon, monsieur, que je me serve encore d'une de vos allégations pour me prouver invinciblement à moi-même que ce célèbre ministre n'a point fait le testament qu'on lui reproche.

Vous le reconnaissez, dites-vous, au conseil qu'il donne à Louis XIII en ces termes : « Conjurant Votre Majesté d'appliquer son esprit aux grandes choses importantes à son État, et de mépriser les petites. »

Voilà précisément le défaut dans lequel on fait tomber le cardinal; rien n'était plus important que l'éducation du dauphin : quel gouverneur lui donnera-t-on? qui mettra-t-on auprès de sa personne? Il n'en est pas dit un mot dans le testament; et cependant la *Narration succincte* ne peut être que du mois d'août 1641, trois ans après la naissance du dauphin. Ainsi, dans cette longue déclamation adressée à Louis XIII, dans ces conseils donnés à son souverain d'un ton de maître, il n'est question ni de l'héritier de la couronne, ni des grands intérêts du roi, ni de ceux du royaume.

Question intéressante. — Souffrez que je vous propose un de mes doutes, qui me paraît mériter l'attention du public.

Je ne sais s'il est bien vraisemblable qu'un grand ministre ait conseillé de perpétuer l'abus de la vénalité des charges; la France est le seul pays souillé de cet opprobre.

Je ne sais s'il est bien vrai que ce qu'on appelle « basse naissance produit rarement les qualités nécessaires à un magistrat, et que de deux personnes dont le mérite est égal, celle qui est plus aisée en ses affaires est préférable à l'autre. » Le testament ajoute : « Il est certain qu'il faut qu'un pauvre magistrat ait l'âme d'une trempe bien forte, si elle ne se laisse amollir quelquefois par la considération de ses intérêts. »

Le cardinal pouvait-il penser ainsi, lui qui avait vu les magistrats les plus pauvres du parlement, Barillon, Sallo, Lainé, Bitaut, et le père de Scarron, résister à sa violence avec le plus de courage?

Peut-être les hommes d'une fortune médiocre sont en tout pays les meilleurs citoyens, puisqu'ils sont au-dessus d'une extrême pauvreté qui peut conduire à des bassesses, et au-dessous de la grande opulence qui nourrit presque toujours l'ambition.

A l'égard de ce qu'il appelle *basse naissance*, les avocats, dont on tire les magistrats dans tout le reste de l'Europe, sont tous des citoyens de familles honnêtes, et précisément dans cet état également éloigné de la misère et de la fortune, état convenable à l'intégrité de la magistrature; tous ont reçu une bonne éducation, tous ont étudié les lois: la dissipation et les plaisirs, suite ordinaire de la richesse, ne les ont point corrompus; ils enseignent les magistrats, et sont par conséquent dignes de l'être.

Avouons que la vénalité des charges est un très-grand mal, qui n'a eu sa source que dans les malheurs de François Ier, et dans la très-mauvaise administration de ses finances.

Ce serait une chose monstrueuse en Angleterre, en Allemagne, en Espagne, et même dans presque toute l'Italie, que d'acheter le droit de juger les hommes comme on achète un pré et un champ. Cet abus n'est connu ni en Turquie, ni en Perse, ni à la Chine.

Enfin je ne puis imaginer qu'un ministre ait pu conseiller le maintien de ce trafic honteux contre lequel l'univers entier réclame. Tous ceux qui exercent aujourd'hui la magistrature en France avec tant de dignité et de justice aimeraient mieux avoir été élus à la pluralité des voix, comme ils l'auraient été sans doute, que d'avoir tous acheté leur office à prix d'argent. Ainsi cette magistrature elle-même s'élève, avec le reste de la terre, contre l'abus qu'on suppose approuvé par le cardinal de Richelieu.

Conclusion. — Je persiste toujours, monsieur, dans mon sentiment, qui a été le vôtre, et qui semble encore l'être, c'est-à-dire que le cardinal de Richelieu put jeter un coup d'œil sur la *Narration succincte* de l'abbé de Bourzeys; et j'ajoute que, si le cardinal avait vu le reste, il n'aurait pas eu grande opinion de la capacité de ce projeteur.

Le monde est plein de ces donneurs d'avis qui font parler les ministres; mais j'ose croire que toutes les fois qu'on attribue à un ministre des projets visiblement impraticables, des calculs erronés, des assertions évidemment fausses, des erreurs grossières sur les choses les plus communes, des déclamations de rhétorique sans objet précis, et de vagues réflexions sans convenance, qui n'ont rien de commun ni avec l'état présent des choses, ni avec la situation du ministre, ni avec le caractère du prince à qui s'adressent ces discours, on peut être assuré que l'ouvrage n'est point du ministre.

Pouvez-vous penser autrement, monsieur, vous qui soupçonnez toujours dans vos remarques que Bourzeys et Dageant ont fabriqué le *Testament politique?* vous qui, effrayé des bévues dont les chapitres sur le commerce et la finance fourmillent, dites, page 118 : « Ce pourrait bien être le fruit du travail de Dageant; » vous n'avez donc écrit en effet que pour confirmer mon opinion, et pour prouver que le testament n'est pas du cardinal.

Je ne peux imaginer, monsieur, que vous souteniez le pour et le contre, et que vous vouliez vous contredire parce que le testament se contredit en cent endroits. Je crois devoir inférer de tout votre ouvrage que, quand vous dites le cardinal de Richelieu, vous entendez toujours Dageant et Bourzeys.

Cependant comment se peut-il faire qu'étant vous-même persuadé que le testament prétendu n'est pas du cardinal de Richelieu, et que la moitié de cet ouvrage est un tissu de lieux communs, et l'autre moitié, un amas de projets impraticables, vous pensiez m'éblouir en me disant qu'il a été loué par La Bruyère? N'est-il jamais arrivé qu'un homme de lettres se soit laissé séduire par un grand nom, par l'envie de faire sa cour à des personnes puissantes, enfin par l'erreur populaire, qui domine souvent les esprits les mieux faits? Si l'abbé de Bourzeys avait donné ses *Idées politiques* sous son nom, on en aurait ri comme des projets de M. Ormin et de Caritidès [1].

Il sentit combien Sosie a raison de dire :

> Tous ces discours sont des sottises [2],
> Partant d'un homme sans éclat;
> Ce seraient paroles exquises,
> Si c'était un grand qui parlât.

Dès qu'une fois la prévention est établie, vous savez que la raison perd tous ses droits. Les noms, en tout genre, font plus d'impression que les choses.

Vous avez peut-être entendu parler de ce qui se passa dans un souper au Temple, chez M. le prince de Vendôme, au sujet des fables de La Motte. Elles venaient de paraître, et par conséquent tout le monde affectait d'en dire du mal. Le célèbre abbé de Chaulieu, l'évêque de Luçon, fils du fameux Bussi Rabutin, et beaucoup plus aimable que son père, un ancien ami de Chapelle, plein d'esprit et de goût, l'abbé Courtin, et d'autres bons juges des ouvrages, s'égayaient aux dépens de La Motte; le prince de Vendôme et le chevalier de Bouillon enchérissaient sur eux tous; on accablait le pauvre auteur; je leur dis : « Messieurs, vous avez tous raison; vous jugez en connaissance de cause : quelle différence du style de La Motte à celui de La Fontaine! Avez-vous vu la dernière édition des *Fables de La Fontaine?* — Non, dirent-ils. — Quoi! vous ne connaissez pas cette belle fable qu'on a retrouvée parmi les papiers de Mme la duchesse de Bouillon? » Je leur récitai la fable; ils la trouvaient charmante, ils s'extasiaient. « Voilà du La Fontaine, disaient-ils; c'est la nature pure; quelle naïveté! quelle grâce! — Messieurs, leur dis-je, la fable est de La Motte. » Alors ils me la firent répéter, et la trouvèrent détestable.

1. Ormin et Caritidès sont des personnages des *Fâcheux*, comédie de Molière. (ÉD.)
2. *Amphitryon*, acte II, scène I. (ÉD.)

J'ai été souvent à portée de conter cette histoire à propos; et je crois que c'est ici sa véritable place.

Vous pensez, monsieur, justifier les bévues du ministère par les miennes; vous feignez de croire que le cardinal de Richelieu a pu prendre le pape Benoît XI pour le pape Jean XXII, parce que mon imprimeur allemand a mis dans l'*Essai sur les Mœurs*, etc., la *Sardaigne* pour la *Cerdagne*. Vous concluez de ce que j'ai dit des sottises que le cardinal de Richelieu a pu aussi en dire. Le cas est bien différent. Il n'est pas permis à un ministre de se tromper quand il donne des leçons à son maître. Je ne donne de leçons à personne; je suis fait pour en recevoir; c'est à moi qu'il est permis de se tromper; et c'est à vous de me redresser.

Aussi vous me reprochez, pour justifier le cardinal de Richelieu, ou plutôt Bourzeys et Dageant, vous me reprochez, dis-je, que j'ai dit dans l'*Essai sur les Mœurs*, etc., que Constance de Naples était fille de Guillaume II. Non, monsieur, je ne l'ai point dit : l'édition que j'ai sous mes yeux, imprimée à Genève en 1761, porte au tome II, page 12 : « Il ne restait de la race légitime des conquérants normands que Constance, fille du roi Roger, premier du nom. » Si on a mis Victor II pour Victor IV, ce n'est pas ma faute, et cela ne prouve rien pour le testament du cardinal. Je ne sais pas de quelle édition vous vous êtes servi. Si je pouvais encore avoir quelque amour-propre dans ma vieillesse, en connaissant, comme je fais, le néant de la plupart des livres, et surtout des miens, je pourrais me plaindre de la manière dont on défigure à Paris tous mes ouvrages, jusque-là que plusieurs de mes tragédies sont remplies de vers qui ne sont pas de moi, et que je n'ai reconnu ni *Tancrède* ni *Olympie* dans les éditions des libraires de cette ville.

Je me justifie auprès de vous, monsieur, moins par vanité que par mon amour pour la vérité, qui assurément est égal au vôtre; amour qui ne doit jamais s'affaiblir, qui ne doit céder à aucune complaisance, contre lequel l'envie et la calomnie s'élèvent trop souvent, mais qu'elles sont forcées de respecter en secret.

J'avoue que vous avez très-grande raison quand vous relevez la faute que j'avais faite de prendre un Léopold d'Autriche pour un autre Léopold d'Autriche, dans l'*Essai sur les Mœurs*, etc. Que Dieu vous conserve les yeux, dont la privation presque entière me fait faire bien des fautes ! Il m'a jusqu'ici conservé un peu de mémoire; elle m'a servi depuis longtemps à corriger cette bévue; et si vous aviez pris la peine de lire mes *Remarques sur l'Histoire générale*, imprimées en 1763, vous auriez vu ces paroles à la page 85 :

« Je me suis trompé sur un duc d'Autriche qui enchaîna et vendit Richard II, roi d'Angleterre : ce n'est pas ce duc qui fit la guerre aux Suisses. Il y a quelques erreurs pareilles dont les lecteurs savants s'aperçoivent, et dont les autres doivent être informés. »

Ainsi, monsieur, étant d'accord avec moi sur une de mes erreurs, que vous relevez près de deux ans après moi, soyons aussi d'accord ensemble sur les fautes innombrables de MM. Dageant et Bourzeys. Il y a une petite différence entre eux et moi; c'est qu'on loue le cardinal de Richelieu d'un ouvrage qu'ont fait ces messieurs, et qu'on m'impute à moi tous les jours des ouvrages dont on ne loue personne. Jamais on ne parla à Louis XIII du *Testament politique* attribué au cardinal de Richelieu; et on parle quelquefois à Louis XV et à sa cour d'écrits qu'on m'attribue, et auxquels je n'ai pas la moindre part. Ce malheur est le partage des gens de lettres; on les calomnie pendant leur vie, on leur rend quelquefois justice après leur mort. Je vous prie, monsieur, de me la rendre de mon vivant; cette justice est surtout d'être bien persuadé de mes sentiments respectueux pour vous, et de ma très-sincère estime.

Si quid novisti rectius istis, —
Candidus imperti; si non, his utere mecum.
Hor., lib. I, ep. VI, v. 67.

Vous semblez penser que la *Narration succincte* fut écrite par ordre du cardinal de Richelieu, et que le *Testament politique* a été composé en partie par Dageant, et en partie par Bourzeys ou quelque autre; si vous trouvez des raisons convaincantes pour vous rétracter, je vous promets de me rétracter aussi, et de me soumettre à votre jugement.

Aux Délices, près de Genève, 23e octobre 1764.

Lettre écrite depuis l'impression des Doutes.

En vous envoyant, monsieur, la réponse que j'ai faite à M. de Foncemagne, je n'en sens pas moins l'extrême futilité de la plupart de ces disputes. Il n'importe guère de qui soit un livre, pourvu qu'il soit bon. Notre véritable intérêt est d'y puiser des instructions; le nom de l'auteur n'est qu'un objet de curiosité. Que gagnerons-nous à savoir qui sont les faussaires qui ont fabriqué les testaments de Louvois, de Colbert, du duc de Lorraine, du cardinal Albéroni, du maréchal de Belle-Isle? Les testaments politiques sont devenus si fort à la mode, qu'on a fait enfin celui de Mandrin.

Lorsque le testament du cardinal Albéroni parut, je crus d'abord qu'il avait été publié par l'abbé de Montgon, parce qu'en effet il y a un chapitre sur l'Espagne beaucoup plus vrai et plus instructif que tout ce que j'ai lu dans toutes les rapsodies auxquelles on a donné le nom de *testament*. Je souhaitai à l'auteur qu'il eût été couché sur celui du cardinal Albéroni pour quelque bonne pension : il se trouva que cet auteur était un capucin échappé de son couvent, à qui personne n'avait fait de legs, et qui, n'ayant pas de quoi subsister, faisait des testaments pour gagner sa vie.

M. de Bois-Guillebert s'avisa d'abord d'imprimer la *Dîme royale* sous le nom de *Testament politique du maréchal de Vauban*; ce Bois-Guillebert, auteur du *Détail de la France*, en deux volumes, n'était pas sans mérite; il avait une grande connaissance des finances du royaume; mais la passion de critiquer toutes les opérations du grand Colbert l'emporta trop loin; on jugea que c'était un homme fort instruit qui s'égarait toujours, un faiseur de projets qui exagérait les maux du royaume, et qui proposait de mauvais remèdes. Le peu de succès de ce livre auprès du ministère lui fit prendre le parti de mettre sa *Dîme royale* à l'abri d'un nom respecté; il prit celui du maréchal de Vauban, et ne pouvait mieux choisir. Presque toute la France croit encore que le projet de la *Dîme royale* est de ce maréchal, si zélé pour le bien public; mais la tromperie est aisée à connaître.

Les louanges que Bois-Guillebert se donne à lui-même dans la préface le trahissent; il y loue trop son livre du *Détail de la France;* il n'était pas vraisemblable que le maréchal eût donné tant d'éloges à un livre rempli de tant d'erreurs; on voit dans cette préface un père qui loue son fils, pour faire bien recevoir un de ses bâtards.

L'abbé de Saint-Pierre, d'ailleurs excellent citoyen, s'y prenait d'une autre façon pour faire goûter ses idées; il les donnait à la vérité sous son nom avec franchise; mais il les appuyait du suffrage du duc de Bourgogne, et prétendait que ce prince avait toujours été occupé du scrutin perfectionné, de la paix perpétuelle, et du soin d'établir une ville pour tenir la diète européane, ou européenne ou europaine. Il ressemblait aux anciens législateurs qui disaient avoir reçu leurs lois de la bouche des demi-dieux.

Plût à Dieu, monsieur, qu'il n'y eût de charlatanerie que dans ces projets chimériques! mais il y a des charlatans de toute espèce, et le nombre de ceux qui ont voulu tromper les hommes peut à peine se compter.

Ce qu'il y a de pis, c'est qu'on voit quelquefois des hommes du plus rare mérite soutenir avec autant d'esprit que de bonne foi les plus grandes erreurs, uniquement parce qu'elles sont accréditées. S'ils trouvent une faible lueur qui puisse favoriser la cause qu'ils embrassent, ils ne manquent pas de la faire valoir. Si quelque lumière plus vive éclaire le mauvais côté de leur cause, ils ferment les yeux de peur de la voir. Il est peut-être plus commun encore de se tromper soi-même que de chercher à tromper les autres.

La séduction et la charlatanerie entrent même dans les choses purement de goût, dans le jugement qu'on porte d'une tragédie, d'une comédie, d'un opéra, d'une pièce de vers, d'un discours oratoire. Tel qui sera enchanté de l'Arioste n'osera l'avouer, et dira en baillant que l'Odyssée est divine.

Il y a une foule prodigieuse de gens d'esprit; mais les personnes d'un goût épuré, qui pensent juste, et qui disent ce qu'elles pensent, sont bien rares.

Que d'erreurs monstrueuses accréditées par la science même qui aurait dû les détruire! On commence par une fausse charte, par un diplôme supposé; on le montre en secret à quelques personnes intéressées à le faire valoir : sa réputation s'établit avant même qu'il soit connu. Commence-t-il à percer, les honnêtes gens, les esprits sensés se récrient contre l'imposture; on les fait taire; on rectifie une erreur; on déguise habilement un mensonge; on corrompt le sens du texte par des commentaires. Écoutez Montaigne, il dira mieux que moi (livre III, chapitre XI) :

« Les premiers qui sont abreuvés de ce commencement d'étrangeté, venant à semer leur histoire, sentent, par les oppositions qu'on leur fait, où loge la difficulté de la persuasion, et vont calfeutrant cet endroit de quelque pièce fausse. Outre ce que, *insita hominibus libidine alendi de industria rumores* (Tit. Liv.[1]), nous faisons naturellement conscience de rendre ce qu'on nous a prêté, sans quelque usure et accession de notre cru. L'erreur particulière fait premièrement l'erreur publique, et à son tour après l'erreur publique fait l'erreur particulière. Ainsi va tout ce bâtiment, s'étoffant et formant de main en main, de manière que le plus éloigné témoin en est mieux instruit que le plus voisin, et le dernier informé, mieux persuadé que le premier. C'est un progrès naturel. Car quiconque croit quelque chose, estime que c'est ouvrage de charité de la persuader à un autre ; et pour ce faire, ne craint point d'ajouter de son invention, autant qu'il voit être nécessaire en son conte, pour suppléer à la résistance et au défaut qu'il pense être en la conception d'autrui. »

Qui veut apprendre à douter doit lire ce chapitre entier de Montaigne, le moins méthodique des philosophes, mais le plus sage et le plus aimable.

SENTIMENT DES CITOYENS.

(1764.)

Après les *Lettres de la campagne* sont venues celles *de la montagne*. Voici les sentiments de la ville :

On a pitié d'un fou ; mais quand la démence devient fureur, on le lie. La tolérance, qui est une vertu, serait alors un vice.

Nous avons plaint Jean-Jacques Rousseau, ci-devant citoyen de notre ville, tant qu'il s'est borné dans Paris au malheureux métier d'un bouffon qui recevait des nasardes à l'Opéra, et qu'on prostituait marchant à quatre pattes sur le théâtre de la Comédie. A la vérité, ces opprobres retombaient en quelque façon sur nous : il était triste pour un Genevois arrivant à Paris de se voir humilié par la honte d'un compatriote. Quelques-uns de nous l'avertirent et ne le corrigèrent pas. Nous avons pardonné à ses romans, dans lesquels la décence et la pudeur sont aussi peu ménagées que le bon sens ; notre ville n'était connue auparavant que par des mœurs pures et par des ouvrages solides qui attiraient les étrangers à notre académie : c'est pour la première fois qu'un de nos concitoyens l'a fait connaître par des livres qui alarment les mœurs, que les honnêtes gens méprisent et que la piété condamne.

Lorsqu'il mêla l'irréligion à ses romans, nos magistrats furent indis-

1. VIII. XXIV. (ÉD.)

pensablement obligés d'imiter ceux de Paris et de Berne [1], dont les uns le décrétèrent et les autres le chassèrent. Mais le conseil de Genève, écoutant encore sa compassion dans sa justice, laissait une porte ouverte au repentir d'un coupable égaré qui pouvait revenir dans sa patrie et y mériter sa grâce.

Aujourd'hui la patience n'est-elle pas lassée quand il ose publier un nouveau libelle dans lequel il outrage avec fureur la religion chrétienne, la réformation qu'il professe, tous les ministres du saint Évangile, et tous les corps de l'État ? La démence ne peut plus servir d'excuse quand elle fait commettre des crimes.

Il aurait beau dire à présent : « Reconnaissez ma maladie du cerveau à mes inconséquences et à mes contradictions, » il n'en demeurera pas moins vrai que cette folie l'a poussé jusqu'à insulter à Jésus-Christ, jusqu'à imprimer que « l'Évangile est un livre scandaleux [2], téméraire, impie, dont la morale est d'apprendre aux enfants à renier leur mère et leurs frères, etc. » Je ne répéterai pas les autres paroles, elles font frémir. Il croit en déguiser l'horreur en les mettant dans la bouche d'un contradicteur ; mais il ne répond point à ce contradicteur imaginaire. Il n'y en a jamais eu d'assez abandonné pour faire ces infâmes objections et pour tordre si méchamment le sens naturel et divin des paraboles de notre Sauveur. « Figurons-nous, ajoute-t-il une âme infernale analysant ainsi l'Évangile. » Eh ! qui l'a jamais ainsi analysé ? Où est cette âme infernale [3] ? La Métrie, dans son *Homme-machine*, dit qu'il a connu un dangereux athée dont il rapporte les raisonnements sans les réfuter. On voit assez qui était cet athée ; il n'est pas permis assurément d'étaler de tels poisons sans présenter l'antidote.

Il est vrai que Rousseau, dans cet endroit même, se compare à Jésus-Christ avec la même humilité qu'il a dit que nous lui devions dresser une statue. On sait que cette comparaison est un des accès de sa folie. Mais une folie qui blasphème à ce point peut-elle avoir d'autre médecin que la même main qui a fait justice de ses autres scandales ?

S'il a cru préparer dans son style obscur une excuse à ses blasphèmes, en les attribuant à un délateur imaginaire, il n'en peut avoir aucune pour la manière dont il parle des miracles de notre Sauveur. Il dit nettement sous son propre nom : « Il y a des miracles dans l'Évangile qu'il n'est pas possible de prendre au pied de la lettre sans renoncer au bon sens ; » il tourne en ridicule tous les prodiges que Jésus daigna opérer pour établir la religion.

Nous avouons encore ici la démence qu'il a de se dire chrétien quand il sape le premier fondement du christianisme ; mais cette folie ne le rend que plus criminel. Être chrétien et vouloir détruire le christianisme n'est pas seulement d'un blasphémateur, mais d'un traître.

1. Je ne fus chassé du canton de Berne qu'un mois après le décret de Genève. *Note de J. J. Rousseau.*)

2. *Lettres écrites de la montagne*, Ire partie, lettre Ire. (ÉD.)

3. Il paraît que l'auteur de cette pièce pourrait mieux répondre que personne à sa question. Je prie le lecteur de ne pas manquer de consulter, dans l'endroit qu'il cite, ce qui précède et ce qui suit. (*Note de J. J. Rousseau.*)

Après avoir insulté Jésus-Christ, il n'est pas surprenant qu'il outrage les ministres de son saint Évangile.

Il traite une de leurs professions de foi d'amphigouri, terme bas et de jargon qui signifie déraison. Il compare leur déclaration aux plaidoyers de Rabelais[1] : « Ils ne savent, dit-il, ni ce qu'ils croient, ni ce qu'ils veulent, ni ce qu'ils disent. »

« On ne sait, dit-il ailleurs[2], ni ce qu'ils croient, ni ce qu'ils ne croient pas, ni ce qu'ils font semblant de croire. »

Le voilà donc qui les accuse de la plus noire hypocrisie sans la moindre preuve, sans le moindre prétexte. C'est ainsi qu'il traite ceux qui lui ont pardonné sa première apostasie, et qui n'ont pas eu la moindre part à la punition de la seconde, quand ses blasphèmes, répandus dans un mauvais roman, ont été livrés au bourreau. Y a-t-il un seul citoyen parmi nous qui, en pesant de sang-froid cette conduite, ne soit indigné contre le calomniateur?

Est-il permis à un homme né dans notre ville d'offenser à ce point nos pasteurs, dont la plupart sont nos parents et nos amis, et qui sont quelquefois nos consolateurs? Considérons qui les traite ainsi : est-ce un savant qui dispute contre des savants? Non, c'est l'auteur d'un opéra et de deux comédies sifflées. Est-ce un homme de bien qui, trompé par un faux zèle, fait des reproches indiscrets à des hommes vertueux? Nous avouons avec douleur et en rougissant que c'est un homme qui porte encore les marques funestes de ses débauches, et qui, déguisé en saltimbanque, traîne avec lui de village en village, et de montagne en montagne, la malheureuse dont il fit mourir la mère, et dont il a exposé les enfants à la porte d'un hôpital, en rejetant les soins qu'une personne charitable voulait avoir d'eux, et en abjurant tous les sentiments de la nature, comme il dépouille ceux de l'honneur et de la religion[3].

C'est donc là celui qui ose donner des conseils à nos concitoyens! nous verrons bientôt quels conseils. C'est donc là celui qui parle des devoirs de la société!

Certes il ne remplit pas ces devoirs quand, dans le même libelle,

1. Première partie, seconde lettre. (Éd.) — 2. *Id.*, *ibid.*, p. 82. (Éd.)

3. Je veux faire avec simplicité la déclaration que semble exiger de moi cet article. Jamais aucune maladie de celles dont parle ici l'auteur, ni petite, ni grande, n'a souillé mon corps. Celle dont je suis affligé n'y a pas le moindre rapport; elle est née avec moi, comme le savent les personnes encore vivantes qui ont pris soin de mon enfance. Cette maladie est connue de MM. Malouin, Morand, Thierry, Daran, le frère Côme. S'il s'y trouve la moindre marque de débauche, je les prie de me confondre et de me faire honte de ma devise. La personne sage et généralement estimée qui me soigne dans mes maux et me console dans mes afflictions n'est malheureuse que parce qu'elle partage le sort d'un homme fort malheureux; sa mère est actuellement pleine de vie et en bonne santé malgré sa vieillesse. Je n'ai jamais exposé ni fait exposer aucun enfant à la porte d'aucun hôpital ni ailleurs.

Une personne qui aurait eu la charité dont on parle aurait eu celle d'en garder le secret, et chacun sent que ce n'est pas de Genève, où je n'ai point vécu, et d'où tant d'animosité se répand contre moi, qu'on doit attendre des informations fidèles sur ma conduite. Je n'ajouterai rien sur ce passage, sinon, qu'au meurtre près, j'aimerais mieux avoir fait ce dont son auteur m'accuse que d'en avoir écrit un pareil. (*Note de J. J. Rousseau.*)

trahissant la confiance d'un ami[1], il fait imprimer une de ses lettres pour brouiller ensemble trois pasteurs. C'est ici qu'on peut dire, avec un des premiers hommes de l'Europe, de ce même écrivain, auteur d'un roman d'éducation, que, pour élever un jeune homme, il faut commencer par avoir été bien élevé[2].

Venons à ce qui nous regarde particulièrement, à notre ville, qu'il voudrait bouleverser parce qu'il y a été repris de justice. Dans quel esprit rapporte-t-il nos troubles assoupis? Pourquoi réveille-t-il nos anciennes querelles et nous parle-t-il de nos malheurs? Veut-il que nous nous égorgions[3] parce qu'on a brûlé un mauvais livre à Paris et à Genève? Quand notre liberté et nos droits seront en danger, nous les défendrons bien sans lui. Il est ridicule qu'un homme de sa sorte, qui n'est plus notre concitoyen, nous dise : « Vous n'êtes ni des Spartiates[4] ni des Athéniens ; vous êtes des marchands, des artisans, des bourgeois occupés de vos intérêts privés et de votre gain. » Nous n'étions pas autre chose quand nous résistâmes à Philippe II et au duc de Savoie; nous avons acquis notre liberté par notre courage et au prix de notre sang, et nous la maintiendrons de même.

Qu'il cesse de nous appeler esclaves, nous ne le serons jamais. Il traite de tyrans les magistrats de notre république, dont les premiers sont élus par nous-mêmes. « On a toujours vu, dit-il[5], dans le conseil des deux cents, peu de lumières, et encore moins de courage. » Il cherche par des mensonges accumulés à exciter les deux cents contre le petit conseil; les pasteurs contre ces deux corps; et enfin tous contre tous, pour nous exposer au mépris et à la risée de nos voisins. Veut-il nous animer en nous outrageant? veut-il renverser notre constitution en la défigurant, comme il veut renverser le christianisme, dont il ose faire profession? Il suffit d'avertir que la ville qu'il veut troubler le désavoue avec horreur. S'il a cru que nous tirerions l'épée pour le roman d'*Émile*, il peut mettre cette idée dans le nombre de ses ridicules et de ses folies. Mais il faut lui apprendre que si on châtie légèrement un romancier impie, on punit capitalement un vil séditieux.

1. Je crois devoir avertir le public que le théologien qui a écrit la lettre dont j'ai donné un extrait n'est ni ne fut jamais mon ami; que je ne l'ai vu qu'une fois en ma vie, et qu'il n'a pas la moindre chose à démêler ni en bien ni en mal avec les ministres de Genève. Cet avertissement m'a paru nécessaire pour prévenir les téméraires applications. (*Note de J. J. Rousseau.*)

2. Tout le monde accordera, je pense, à l'auteur de cette pièce, que lui et moi n'avons pas plus eu la même éducation que nous n'avons la même religion. (*Id.*)

3. On peut voir dans ma conduite les douloureux sacrifices que j'ai faits pour ne pas troubler la paix de ma patrie; et dans mon ouvrage, avec quelle force j'exhorte les citoyens à ne la troubler jamais, à quelque extrémité qu'on les réduise. (*Id.*)

4. Lettre IXe, IIe partie, p. 181. (Éd.) — 5. Lettre VIIe, IIe partie, p. 59. (Éd.)

CONFORMEZ-VOUS AUX TEMPS.

(1764.)

Feu M. de Montampui, mon bon ami, recteur de l'Université de Paris, eut envie un jour d'aller à une représentation de *Zaïre*, pièce très-sainte, dans laquelle l'héroïne ne donne un rendez-vous que pour se faire baptiser.

M. le recteur n'avait d'autre parti à prendre que celui d'aller en fiacre de son collége à la comédie, vêtu de son habit ordinaire, comme en usent tous les honnêtes gens de Paris; mais il crut, comme le P. Castel, que l'univers avait les yeux sur lui, et il le crut avec d'autant plus de raison, qu'étant recteur de l'Université, il avait, suivant la force du mot, inspection sur l'univers, lequel, par conséquent, le regardait continuellement. Il sentit que l'univers apprendrait avec étonnement qu'un nommé Montampui avait été à la comédie, et que tous les siècles en seraient scandalisés.

Montampui, ne voulant ni faire cette peine à l'univers, ni se priver de la comédie, prit le parti de se déguiser en femme. Il avait dans une vieille armoire un ajustement de sa grand'mère, décédée du temps de la Fronde. Le voilà qui s'affuble d'un cotillon de drap rouge, et d'un manteau feuille-morte. Il couvre sa vieille tête de recteur d'une coiffure à triple étage, surmontée d'un gros nœud de rubans rose-sèche

Une paire d'engageantes rousses et déchirées laisse paraître dans tout leur avantage ses bras carrés et velus. Notre recteur, ainsi troussé, sort par une porte secrète du collége, et court à celle de la Comédie.

Cette étrange figure attroupa le monde; on eut peu de respect pour madame; elle fut tiraillée, reconnue pour un vilain homme, et menée en prison, où elle demeura jusqu'à ce qu'elle eût avoué qu'elle était le recteur de l'Université de Paris, la fille aînée de nos rois. Si M. Montampui avait eu dans la tête ce bel axiome: *Conformez-vous aux temps!* il n'aurait pas donné cette scène à l'univers.

Ce n'est pas la peine de recommander cette maxime aux courtisans; ils l'ont toujours fidèlement observée avec les hommes en place; *serviebant tempori*, comme dit Tacite. Les dames et les petits-maîtres ont toujours aussi révéré la mode, et même enchéri sur elle; ce n'est pas à ceux qui vont selon le temps, c'est à ceux que la destinée a mis à la tête des gouvernements que s'adresse ce petit discours.

Rois d'Angleterre, vous ne faites plus semblant de guérir des écrouelles, depuis que votre peuple s'est aperçu que vous n'êtes pas médecins. La Société royale de Londres a vu clairement qu'il n'y a nul rapport physique ni métaphysique entre les prérogatives de la couronne d'Angleterre et des humeurs froides. Vous avez retranché cette cérémonie; vous vous êtes conformés aux temps.

Je suis persuadé qu'il y avait de très-belles lois dans Athènes sur la récolte du gland, avant que Triptolème eût enseigné aux Grecs à semer du blé; mais quand les Athéniens eurent commencé à manger du pain, et à trouver cette nourriture meilleure que l'autre, alors toutes les lois sur le gland s'abolirent d'elles-mêmes, et les archontes furent obligés d'encourager l'agriculture.

Archevêque de Naples, le temps viendra où le sang de monsieur saint Janvier ou Gennaro ne bouillira plus quand on l'approchera de sa tête. Les gentilshommes napolitains et les bourgeois en sauront assez dans quelques siècles, pour conclure que ce tour de passe-passe ne leur a pas valu un ducat; qu'il est absolument inutile à la postérité du royaume et au bien-être des citoyens; que Dieu ne fait point de miracles à un jour nommé, qu'il ne change point les lois qu'il a imposées à la nature. Quand ces notions seront descendues des nobles aux citadins, et de ceux-ci à la portion du peuple qui est capable de raison, alors on verra dans Naples ce qu'on vit dans la petite ville Egnatia, où du temps d'Horace l'encens brûlait de lui-même sans qu'on l'approchât du feu. Horace tourna le miracle en ridicule, et il ne se fit plus. C'est ainsi qu'on s'est défait du saint nombril de Jésus dans la ville de Châlons; c'est ainsi que les miracles sont partis de la moitié de l'Europe avec les reliques. Dès que la raison vient, les miracles s'en vont.

Tribunal ancien ou nouveau[1], qui siégez dans une grande ville irrégulière, composée de palais et de chaumières, dégoûtante et magnifique, habitée tour à tour par des sauvages, des demi-sauvages, des Welches, des Romains, des Francs, et enfin par des Français, il y a bien longtemps que vous n'avez promené dans les rues la prétendue carcasse de la bergère de Nanterre, et que Marcel et Geneviève ne se sont rencontrés sur le pont Notre-Dame pour nous donner de la pluie et du beau temps. Vous avez su que les bons bourgeois de Paris commençaient à soupçonner que ce n'est pas une petite fille de village qui dispose des saisons; mais que le Dieu qui arrangea la matière, et qui forma les éléments, est le seul maître absolu des airs et de la terre; et bientôt Geneviève, honorée modestement dans sa nouvelle église, ne partagera plus avec Dieu le domaine suprême de la nature.

Vous ne rendrez plus d'arrêts ni en faveur d'Aristote, ni contre l'émétique; on ne vous présentera plus de réquisitoire pour empêcher que l'inoculation ne conserve la vie de nos princes et de nos citoyens: vous vous conformerez aux temps.

Les temps approchent où l'on se lassera d'envoyer de l'argent à trois cents lieues de chez soi, pour posséder en sûreté dans sa patrie des prés et des vignes accordés par le souverain.

On verra qu'il n'appartient pas plus à un Italien de se mêler de ce que pense un Français, qu'il n'appartient à ce Français de prescrire à cet Italien ce qu'il doit penser. On sentira l'énorme et dangereux ridicule d'avoir dans un État un corps considérable de citoyens dépendants

1. Le parlement de Paris. (Éd.)

d'un maître étranger. Ce corps comprendra lui-même qu'il serait plus honoré, plus cher à la nation, si, réclamant son indépendance naturelle, il cessait d'employer à ses dépens une espèce de simonie pour se rendre esclave. Il se fortifiera dans cette idée sage et noble par l'exemple d'une île voisine. Alors vous ferez servir votre influence et votre pouvoir à briser des liens dont la nation s'indigne. Vous vous conformerez au temps.

Il est plus beau, sans doute, de les préparer que de s'y conformer; car il y a peu de mérite à se nourrir des fruits que l'arrière-saison fait naître : mais c'en est un grand de préparer sa terre, par une sage culture, à porter de bonne heure les productions dont on n'aurait eu qu'une jouissance tardive.

L'opinion gouverne le monde : mais ce sont les sages qui à la longue dirigent cette opinion.

Quand ces sages ont enfin éclairé les hommes, il ne faut pas traiter avec eux comme on usait du temps de Pierre Lombard, de Scot et de Gilbert de La Porée.

Une société insociable [1], étrangère dans sa patrie, composée de gens de mérite, de sots, de fanatiques, de fripons, portait d'un bout de l'univers à l'autre l'étendard d'un homme qui prétend commander de droit divin à l'univers; elle avait fabriqué dans un coin, au nom de cet homme, cent et une flèches [2] dont elle perçait dévotement ses ennemis; elle voulut persuader que ces flèches étaient d'or, et qu'elles étaient tombées du ciel.

Pour appuyer cette opinion, elle employa une espèce de magie. Les incrédules [3] qui voulaient prouver que ces flèches n'étaient que de plomb, se trouvaient tout d'un coup, sans savoir comment, à trois cents, à cinq cents milles de chez eux, ou dans un château voisin [4], obscur et mal meublé, dont ils ne sortaient point qu'ils n'eussent signé que les cent et une flèches étaient d'or très-pur.

Vous avez enfin purgé le pays de ces magiciens; vous avez enfin vu de loin le temps où l'exécration publique les aurait exterminés. Non-seulement vous vous êtes conformés aux temps, mais vous avez prévenu les temps.

Ne gâtez pas cette bonne œuvre, en écrasant le fanatisme d'une main, et en poursuivant la raison de l'autre.

Quand vous voyez cette raison faire des progrès si prodigieux, regardez-la comme une alliée qui peut venir à votre secours, et non comme une ennemie qu'il faut attaquer. Croyez qu'à la longue elle sera plus puissante que vous; osez la chérir, et non la craindre. Conformez-vous aux temps.

1. La société des jésuites. (Éd.)
2. Allusion aux cent et une propositions condamnées par la bulle *Unigenitus*. (Éd.)
3. Les jansénistes. (Éd.) — 4. La Bastille. (Éd.)

ARBITRAGE

ENTRE M. DE VOLTAIRE ET M. DE FONCEMAGNE[1]

(1765.)

M. de Voltaire et M. de Foncemagne ont donné au monde littéraire un de ces exemples de politesse dans la dispute, qui ne sont pas toujours imités par les écrivains. Ces égards et cette décence conviennent également aux deux antagonistes.

Le sujet qui les divise paraît très-important; il s'agit de savoir non-seulement si le plus grand ministre qu'ait eu la France est l'auteur du *Testament politique*, mais encore s'il est digne de lui, et s'il faut ou l'accuser de l'avoir fait, ou le justifier de ne l'avoir point écrit.

Nous vivons heureusement dans un siècle où la recherche de la vérité est permise dans tous les genres. Nulle considération particulière ne doit empêcher d'examiner cette vérité toujours précieuse aux hommes jusque dans les choses indifférentes. Un homme public, un grand homme, appartient à la nation entière; il est comme un de ces monuments publics exposés aux yeux et aux jugements de tous les hommes.

Je vais donc user du droit naturel que nous avons tous, et proposer mes idées sur ce fameux *Testament politique*.

Je suis persuadé que M. de Foncemagne a raison d'attribuer au cardinal de Richelieu la *Narration succincte des grandes actions du roi Louis XIII*, et de rendre en effet ce ministre responsable de tout ce qu'on lit dans ce discours, supposé qu'en effet il y ait quelques lignes corrigées de la propre main du cardinal, comme je n'en doute pas. Les mots écrits de sa main sont une démonstration qu'il avait vu l'ouvrage, et laissent penser en même temps que l'ouvrage n'était point de lui, mais qu'il l'approuvait.

Il semble surtout par ces mots : « Monaco, si vous reperdez Aire, galères d'Espagne perdues par la tempête, etc., » que ce sont des avis qu'il donne à l'écrivain qu'il fait travailler.

M. de Voltaire nous a donné la véritable époque du temps auquel ce discours fut écrit : « Ce ne peut être, dit-il, que sur la fin de juillet ou au mois d'auguste 1641, » puisque la ville d'Aire fut prise le 27 juillet 1641, et reprise un mois après par les Espagnols.

Le cardinal avertit donc l'écrivain par cette note de ne pas parler de la conquête d'Aire, que l'on est prêt de perdre; et il l'avertit qu'il pourra parler de[2] Monaco, dont en effet on s'empara le 18 novembre de cette même année : il devient donc responsable de cette pièce,

1. Par Voltaire. (Éd.)
2. *N. B.* Il paraît pourtant bien difficile à croire que le cardinal de Richelieu ait fait en juillet une note de Monaco, qui ne fut au pouvoir du roi qu'au mois de novembre.

quoiqu'il n'en soit point l'auteur. Ainsi les princes, dans leurs manifestes et dans leurs traités, sont censés parler eux-mêmes. Le discours dont il s'agit est visiblement un manifeste écrit par l'ordre du cardinal de Richelieu, pour justifier toute sa conduite depuis qu'il était entré dans le ministère.

M. de Voltaire demande pourquoi ce manifeste n'est point signé par le cardinal. En voici, je crois, la raison :

Le cardinal voulait et devait examiner bien soigneusement ce mémoire avant de le présenter au roi. L'auteur, dans le dessein de relever toutes les actions du premier ministre, le faisait parler en plusieurs endroits d'une manière un peu contraire à la vérité et à la modestie. Il lui faisait dire des choses dont Louis XIII n'aurait que trop connu la fausseté. Il était impossible que le cardinal de Richelieu, en entrant dans le conseil, eût promis au roi la ruine des protestants et l'abaissement des grands. C'était le marquis duc de La Vieuville qui était alors premier ministre. C'est le titre que le comte de Brienne, secrétaire d'État, lui donne. Le comte de Brienne nous apprend dans ses mémoires que ce fut le duc de La Vieuville qui fit entrer le cardinal au conseil pour y assister seulement, ainsi que le cardinal de La Rochefoucauld[1]. Le roi ne lui donna point alors le secret des affaires.

Les *Mémoires de Rohan*, le *Journal de Bassompierre*, les *Mémoires de Vittorio Siri*, les *Manifestes de la reine mère*, les *Mémoires de Dageant*, nous apprennent que le cardinal ne traita même avec aucun ambassadeur dans les six premiers mois qu'il jouit de sa place; il n'était chargé d'aucun département; il était très-éloigné d'avoir le premier crédit; et ce ne fut qu'à l'occasion du mariage de la sœur de Louis XIII avec le roi d'Angleterre, qu'il commença à manifester ses grands talents, et à l'emporter sur tous ses concurrents.

Ainsi, quelque dessein qu'il eût de faire valoir ses services auprès du roi, il ne pouvait, sans se nuire à lui-même, dire qu'il avait eu d'abord toute autorité, et qu'il promit de s'en servir « pour rabaisser l'orgueil des grands. »

Ce fut depuis le mois d'août 1641, que le cardinal eut tout à craindre de ces grands et du roi même. Le roi était si fatigué et si mécontent de lui, que le grand écuyer Cinq-Mars osa lui proposer d'assassiner ce même ministre qu'il ne pouvait garder, et dont il ne pouvait se défaire.

C'est un fait dont on ne peut douter, puisque Louis XIII lui-même l'avoua dans une lettre au chancelier de Châteauneuf.

Les conspirations éclatèrent bientôt après de toutes parts; on ne voit guère de moments, depuis le mois d'août 1641 jusqu'à la mort du cardinal, où il ait eu le temps de s'occuper de la *Narration succincte;* et une grande présomption qu'il ne l'a pas revue, c'est qu'il ne l'a point signée.

Il y a une grande apparence que, s'il eût eu le loisir de l'examiner avec attention, il y aurait corrigé bien des choses que le zèle inconsidéré

1. *Mémoires de Brienne*, t. I, p. 160.

de son écrivain avait laissé échapper, et que la circonspection d'un premier ministre ne pouvait avouer. Il aurait exigé qu'on parlât du cardinal de Bérulle avec plus de modération; il aurait adouci les injures odieuses prodiguées à toute la nation espagnole, avec laquelle il voulut faire la paix. Il n'aurait pas permis qu'on se servît de son nom pour dire de la duchesse de Savoie, sœur du roi son maître, « que les extravagances ajoutaient une nouvelle honte à sa conduite. »

Il y a tant de traits de cette espèce dans la *Narration succincte;* toutes les grandes maisons du royaume y sont si maltraitées, on y parle de plusieurs principaux personnages avec tant de mépris, que je ne suis point étonné que le cardinal de Richelieu n'ait jamais signé cette pièce.

Nous accordons à M. de Foncemagne que cet ouvrage est authentique; qu'il a été composé en 1641; que le cardinal de Richelieu l'a vu; qu'il y a fait des notes; qu'en un mot c'est un monument précieux de ces temps-là.

Nous pensons en même temps qu'il ne faut point faire de reproches au cardinal sur cet ouvrage, puisqu'il ne lui a pas donné une sanction légitime en le signant. Nous le regarderons comme un projet qui n'a point eu d'exécution, comme une pièce digne d'être conservée, et qui reçoit sa principale importance du nom sous lequel elle a été composée.

Il nous paraît extrêmement vraisemblable que cette *Narration succincte*, ce projet de manifeste, fait évidemment en 1641, finissait à ces mots : « d'un prince dont la présence n'était pas peu utile à maintenir en son obéissance les peuples qu'il avait en gouvernement; » car c'est au bas de cette page, qui est probablement la dernière, qu'on trouve dans un grand espace ces mots de la main du cardinal ainsi rangés :

Monaco
si vous reperdez
Aire;
galères d'Espagne
perdues par la tempête;
distribution de
bénéfices.

Ensuite à une autre page l'auteur ajoute ces paroles :

« Voilà, sire, jusqu'à présent, quelles ont été les actions de Votre Majesté, que j'estimerai heureusement terminées, si elles sont suivies d'un repos qui vous donne moyen de combler votre État de toutes sortes d'avantages. Pour ce faire, il faut considérer les divers ordres de votre royaume, l'État qui en est composé, votre personne, qui est chargée de sa conduite, et les moyens qu'elle doit tenir pour s'en acquitter dignement, ce qui ne requiert autre chose en général que d'avoir un bon et fidèle conseil, faire état de ses avis, et suivre la raison dans les principes qu'elle prescrit pour le gouvernement de ses États : c'est à quoi se réduira le reste de cet ouvrage, traitant distinctement ces matières en divers chapitres subdivisés en diverses sections, pour les éclaircir plus méthodiquement. »

Premièrement cette addition ne nous paraît pas tout à fait du même style que la *Narration succincte.*

Secondement elle n'est point annoncée dans le commencement de la *Narration*, elle ne l'est que dans une lettre au roi qui précède cette *Narration ;* et jamais on n'a vu l'original de cette lettre, laquelle n'étant nullement sujette à révision, comme la *Narration succincte*, devrait avoir été signée sans aucune difficulté.

S'il nous paraît indubitable que ce manifeste du cardinal de Richelieu auprès du roi son maître, sous le nom de *Narration succincte*, a été vu et corrigé de la main du premier ministre, nous croyons qu'il n'en est pas de même du *Testament politique*. Nous pensons que l'auteur, soit l'abbé de Bourzeys, soit quelque autre, a voulu lier ces deux ouvrages ensemble, et faire passer ses propres idées, non-seulement sous un nom illustre, mais à la faveur d'une pièce avouée en quelque façon par le cardinal lui-même. Nous sommes portés à penser que l'abbé de Bourzeys n'avait aucune part à la *Narration*. Le style du *Testament politique* semble être entièrement conforme à celui du dernier paragraphe ajouté après coup à cette *Narration succincte.*

Nous sommes entièrement de l'avis de M. de Voltaire, quand il dit que si le *Testament politique* avait été vu du cardinal de Richelieu, il y aurait certainement fait des notes, comme il en fit à la *Narration*. Ce *Testament*, en effet, mérite beaucoup plus de notes qu'aucun autre ouvrage de ce genre, et il ne nous paraît nullement vraisemblable qu'un homme aussi instruit et aussi éclairé que le cardinal n'eût pas indiqué en marge une seule des erreurs dont le *Testament politique* est rempli.

Nous avouons que cette réflexion de M. de Voltaire est d'un très-grand poids.

Il convient de faire ici un relevé des erreurs, des faussetés, des incompatibilités, des superfluités, dont M. de Voltaire s'est contenté de faire remarquer une partie, et qui n'auraient certainement pas échappé aux yeux d'un ministre tel que le cardinal.

1° Page 104, le *Testament politique* dit « que le désordre des personnes qui autorisait les laïques à posséder des bénéfices est absolument banni. »

Il est certain que cet abus n'a été absolument banni que sous Louis XIV. M. de Voltaire a justement remarqué que le cardinal lui-même avait donné cinq abbayes au comte de Soissons tué à la bataille de la Marfée, onze au duc de Guise, l'évêché de Metz au duc de Verneuil, l'abbaye de Saint-Denis au prince de Conti, celle de Saint-Remi de Reims au duc de Nemours, celle de Moutier-Ender au marquis de Tréville, etc. Cet usage était si commun, et dura si longtemps, que nous lisons dans la vie du célèbre Boileau Despréaux qu'il jouit longtemps d'un bénéfice étant laïque.

2° Dans le chapitre des appels comme d'abus, chapitre entièrement contraire à toutes les lois du royaume il est dit, page 112 : « Il y a très-grand lieu de croire que le premier fondement de cet usage vient de la confiance que les ecclésiastiques prirent en l'autorité royale, lorsque étant maltraités par les antipapes Clément VII, Benoît XIII, et Jean XXIII, réfugiés en Avignon, ils eurent recours au roi. »

Clément VII, qui disputait la papauté avec tant de scandale à Urbain VI, plus scandaleux encore, vint en effet dans Avignon, tandis que son compétiteur Urbain prêchait une croisade contre la France. Après la mort d'Urbain, celui qui s'appelait Boniface IX disputa la tiare à celui qui se faisait appeler Clément VII; et tous deux à l'envi taxèrent, autant qu'ils le purent, les églises dont ils étaient reconnus. L'université de Paris résista à Clément VII, l'accusa de simonie par la bouche de Clamengis, et proposa « de le chasser du troupeau de l'Église comme un loup dangereux; » mais il ne fut point question d'appels comme d'abus dans cette affaire.

Jean XXIII ne fut jamais *réfugié en Avignon*. L'opiniâtre Luna, antipape, qui lui succéda sous le nom de Benoît XIII, essuya de l'université un appel en 1396; mais ce n'était pas un appel comme d'abus, c'était un appel à un concile œcuménique.

Ainsi tout cet article du *Testament politique* est entièrement erroné, et l'auteur se trompe évidemment sur l'origine des appels comme d'abus.

3° (Page 127.) « Les personnes qui s'attachent à Dieu, etc., sont si absolument exemptées de la juridiction temporelle des princes, qu'elles ne peuvent être jugées que par leurs supérieurs ecclésiastiques. »

M. de Foncemagne fait à cette occasion la remarque judicieuse, « que cette proposition, fausse dans tous ses points, est peu digne d'un législateur français. » Nous ajoutons que ce qui est si indigne d'un ministre ne doit point être présumé avoir été écrit par ce ministre.

4° Nous en disons autant de cette assertion si évidemment fausse (page 128), « que l'Église donna pouvoir aux juges séculiers de prendre connaissance des cas appelés privilégiés. » Il n'est certainement ni dans la nature humaine, ni dans la nature ecclésiastique, de se dépouiller de ses droits pour en revêtir ceux qu'on croit ses compétiteurs; et M. de Foncemagne pense comme nous.

Ce chapitre des cas privilégiés nous paraît composé par un ecclésiastique beaucoup plus attaché à son état qu'à l'autorité royale, et qui n'avait aucune idée des principes du ministère.

5° Nous dirons la même chose de l'article sur la régale, et de celui des trois sentences conformes, requises pour punir les clercs, et de l'article sur les exemptions. Ce sont des traités de jurisprudence ultramontaine, dont les maximes sont presque en tout l'opposé de nos lois. On y propose de faire révoquer toutes ces exemptions qui sont la plupart subreptices; et on y suppose (page 156) que ce remède serait improuvé par les parlements.

Nous pensons que le cardinal devait être instruit combien tous les parlements du royaume sont contraires à ces droits abusifs des moines.

6° Les sections sur le droit des laïques de présenter aux cures, et sur la réforme des monastères, nous paraissent, comme à M. de Voltaire, moins dignes de l'attention d'un grand ministre, que les objets intéressants qui devaient occuper le roi et le cardinal, comme les négociations avec la Suède et avec une partie de l'Allemagne, l'éducation du dauphin, et tant d'autres matières véritablement politiques, sur lesquelles le testament garde un silence absolu; et nous pensons que la cause évidente de ce silence sur des choses si nécessaires, et de cet appesantissement sur des choses inutiles, vient de ce que l'auteur théologien était un peu instruit des unes, et n'avait aucune connaissance des autres.

7° Nous ne voyons pas que jamais la société des jésuites ait donné *tant de jalousie à l'archiduc Albert*, comme il est dit (page 174) qu'elle en donna à l'université de Louvain; mais il nous semble qu'il n'est rien dit nulle part de cet ombrage donné à l'archiduc par les jésuites, si dévoués en tout temps à la maison d'Autriche.

8° (Page 175.) Selon l'auteur du testament, « l'ordre de Saint-Benoît a été autrefois si absolument maître des écoles, qu'on n'enseignait en aucun autre lieu. »

Le cardinal de Richelieu savait sans doute que Charlemagne institua l'école du palais. Il y eut des écoles attachées à toutes les cathédrales, et il y eut toujours des écoles à Paris, jusqu'à Guillaume de Champeaux qui illustra cette école, érigée bientôt après en université.

9° (Page 176.) « L'Histoire du pape Benoît XI contre lequel les cordeliers, piqués sur le sujet de la perfection de la pauvreté, etc. »

Nous ne pouvons nous empêcher de relever avec M. de Voltaire cette erreur essentielle. Ce n'est pas ici une simple erreur de nom, une simple méprise en chronologie, un mot mis pour un autre. Benoît XI ou XII, à qui on attribue de grandes querelles avec l'empereur et les cordeliers, ne peut être pris pour le pape Jean XXII, qui fut accusé d'hérésie sur la vision béatifique, et qui longtemps auparavant s'étant déclaré contre l'empereur Louis de Bavière, osa le déposer en idée par une bulle en 1327. Il fut déposé à son tour, non moins vainement, par l'empereur, qui le condamna dans Rome à être brûlé vif le 22 mai 1328.

L'auteur du testament brouille toute cette histoire avec une ignorance étonnante. Il suppose que les cordeliers engagèrent l'empereur à faire la guerre au pape. Il est seulement vrai que deux cordeliers, pendant cette guerre, offrirent leur plume à Louis de Bavière; mais il est assez connu que cette guerre était un intérêt d'État, et non un intérêt de moines, et qu'il s'agissait de la domination de l'empereur en Italie, et non d'une dispute de cordeliers sur la forme de leur capuchon.

Nous avouons que dans ce morceau il n'y a pas un mot qui ne soit une faute. Nous ne croyons pas le cardinal de Richelieu capable d'avoir laissé tant d'erreurs à la postérité.

10° Nous ne dirons rien de la vénalité des charges de judicature, dont l'auteur paraît être le partisan. Il se pourrait qu'un ministre, sentant combien il est difficile de rembourser toutes ces charges, eût conclu à laisser subsister un abus qui ne se pouvait corriger qu'avec un argent qu'on n'avait pas. Mais en ce cas il nous semble que celui qui fait parler le ministre l'aurait fait parler plus dignement en déplorant la nécessité de ce trafic honteux, qu'en cherchant à pallier ce vice par quelques avantages, peut-être imaginaires, qu'on prétend en résulter.

Nous croyons remarquer une contradiction dans cet article. L'auteur dit, à la page 205, que les esprits des magistrats qui sont d'une naissance trop médiocre « ont une austérité si épineuse, qu'elle n'est pas seulement fâcheuse, mais préjudiciable; » et, à la page 206, il dit « qu'il faut qu'un pauvre magistrat ait l'âme d'une trempe bien forte, si elle ne se laisse quelquefois amollir par la considération de ses intérêts. »

Nous invitons le lecteur à lire ce que dit M. de Voltaire sur ce sujet : il nous paraît qu'il s'explique en véritable citoyen.

Nous remarquerons ici que le célèbre auteur de l'*Esprit des Lois* n'a que trop abusé de ce passage du *Testament politique*. « Si dans le peuple, dit-il[1], il se trouve quelque malheureux honnête homme, le cardinal de Richelieu insinue qu'un monarque doit se garder de s'en servir : tant il est vrai que la vertu n'est pas le ressort de ce gouvernement ! »

Il met en marge « que le *Testament politique* a été fait sous les yeux et sur les mémoires du cardinal de Richelieu par MM. de Bourzeys et de..., qui lui étaient attachés. »

Nous convenons avec M. de Montesquieu que l'abbé de Bourzeys fit ce testament, mais non pas sous les yeux du cardinal. Nous convenons encore moins que le testament dise ce que M. de Montesquieu lui fait dire. Il le cite ainsi en marge : « Il ne faut, y est-il dit, se servir de gens de bas lieu; ils sont trop austères et trop difficiles. » Ce n'est pas citer exactement. Le testament dit dans cet endroit que les hommes d'une basse naissance sont d'ordinaire difficiles et d'une austérité épineuse : il ne dit point qu'il ne faut pas se servir d'un pauvre honnête homme; et il se contredit dans le moment d'après, en disant « qu'un pauvre magistrat est trop exposé à se laisser amollir. »

Ainsi l'auteur du testament tombe dans des contradictions, et l'auteur de *l'Esprit des Lois* dans une grande erreur, et surtout dans une erreur très-odieuse, en supposant que la vertu n'entre jamais dans le gouvernement monarchique. Il ne faut point être flatteur, mais il ne faut point être satirique. C'est encourager au crime que de représenter la vertu comme inutile ou comme impossible.

Rapportons ici le passage qui se trouve dans une note du *Siècle de Louis XIV*.

« Il est dit dans *l'Esprit des Lois* qu'il faut plus de vertu dans une république; c'est en un sens tout le contraire : il faut beaucoup plus de vertu dans une cour pour résister à tant de séductions. Le duc de Montausier, le duc de Beauvilliers, étaient des hommes d'une vertu très-austère; le maréchal de Villeroi joignit des mœurs plus douces à une probité non moins incorruptible; le marquis de Torci a été un des plus honnêtes hommes de l'Europe, dans une place où la politique permet

1. *Esprit des Lois*, chap. v, liv. III, dernières lignes.

le relâchement dans la morale; les contrôleurs généraux Le Pelletier et Chamillart passèrent pour être moins habiles que vertueux.

« Il faut avouer que Louis XIV, dans cette guerre malheureuse, ne fut guère entouré que d'hommes irréprochables. C'est une observation très-vraie et très-importante dans une histoire où les mœurs ont tant de part. »

Tout ce passage est dans la plus exacte vérité; nous croyons qu'on ne peut trop le citer. Il est si beau qu'il se soit trouvé dans une cour tant d'hommes vertueux à la fois, cela est si honorable pour la nation et pour le beau siècle de Louis XIV, si encourageant pour tous les siècles, qu'il y aurait de l'injustice et de l'ingratitude à ne savoir pas quelque gré à l'auteur d'avoir, seul de tous les historiens, démêlé et mis dans son jour cette vérité utile au genre humain.

Saisissons avec plaisir cette occasion d'observer que dans tous ses ouvrages M. de Voltaire a toujours eu pour objet la vérité et la vertu. Sa *Henriade*, ses tragédies, ses histoires, respirent l'humanité, la bienfaisance, l'indulgence; il a toujours rendu justice au mérite malheureux et à la vérité persécutée. Nul auteur n'a jamais détruit plus de calomnies; nul en écrivant l'histoire n'a jamais tant confondu les auteurs des libelles. Nous devons faire pour lui ce qu'il a fait pour tant d'autres; nous devons la vérité à celui qui l'a dite.

11° Nous n'entrons point ici dans la discussion des atteintes que le *Testament politique* (page 217) donne aux parlements du royaume. Il n'était pas hors de vraisemblance que le cardinal de Richelieu eût de tels sentiments, mais aussi il est très-vraisemblable que l'auteur, en conseillant au roi d'envoyer dans les provinces des conseillers d'État et des maîtres des requêtes pour rendre la justice, écrivait après l'année 1665, lorsque Louis XIV eut fait tenir les grands jours dans quelques provinces par une commission extraordinaire. Il n'est guère possible qu'alors on eût suivi en cela les instructions du cardinal de Richelieu, dont le testament ne parut qu'en 1688: et il est assez naturel que l'auteur, déguisé sous le nom du cardinal, ait conseillé ce qu'on venait de faire.

12° Après avoir lu attentivement le chapitre intitulé *Du conseil du prince*, nous sommes forcés d'avouer notre extrême étonnement de n'y avoir rien trouvé que de vague sur la probité nécessaire à un conseiller d'État, sur le cœur et la force d'un conseiller d'État, sur l'application que doivent avoir les conseillers d'État; et nous présumons qu'il n'est pas vraisemblable qu'un ministre ait perdu son temps à composer une déclamation si vaine et si fastidieuse, lorsqu'il avait tant de choses intéressantes à dire, et tant de grands intérêts à discuter.

Telle est notre opinion concernant la première partie du testament, et tel a été l'avis de ceux qui l'ont lu avec nous, et que nous avons consultés. Venons à la seconde partie.

13° Nous n'avons trouvé rien de relatif à la France, rien qui la concerne plutôt qu'un autre pays, dans les chapitres intitulés : *Le premier fondement du bonheur d'un État est l'établissement du règne de Dieu; La raison doit être la règle de la conduite d'un État; Les intérêts pu-*

blies doivent être l'unique fin de ceux qui gouvernent les États; La prévoyance est nécessaire au gouvernement d'un État; La peine et la récompense sont deux points tout à fait nécessaires à la conduite des États; Une négociation continuelle ne contribue pas peu au bon succès des affaires, etc.

Tout cela convient à la Suède, à la Russie, à la Chine aussi bien qu'à la France.

Rien ne nous paraît porter davantage le caractère d'un déclamateur qui veut se faire valoir, rien ne ressemble moins à un ministre qui veut être utile.

14° Nous remarquerons seulement une maxime bien cruelle (page 27, II° partie) : il est dit qu'en plusieurs occasions on peut, sans preuve authentique, *commencer par l'exécution;* c'est-à-dire qu'il faut d'abord faire mourir un homme soupçonné de crime d'État, sauf à examiner ensuite s'il est coupable.

Quelque despotique qu'ait été le cardinal de Richelieu, il est difficile de penser qu'il ait donné des conseils si abominables. Ce sont des barbaries qu'on a le malheur de commettre quelquefois, mais qu'on n'a jamais l'imprudence de dire. Cela est trop opposé au chapitre intitulé: *Du règne de Dieu.* C'est ici que l'auteur affecte de ressembler à Machiavel, pour se donner le relief d'un politique profond. Il croit qu'en prenant le nom d'un grand ministre, il doit le faire parler en tyran. Nous respectons trop la mémoire du cardinal, pour lui imputer des conseils qui rendraient à jamais sa mémoire odieuse à tous les peuples; et nous nous joignons à M. de Voltaire pour bénir le ciel que Fénelon ait fait son *Télémaque*, et que Richelieu puisse être lavé du soupçon d'avoir fait ce testament.

Venons enfin au peu d'articles qui regardent précisément la France.

15° Il est dit, au chapitre IX (section V) de la Puissance sur mer, non-seulement « que la Provence a beaucoup plus de grands ports et de plus assurés que l'Espagne et l'Italie ensemble; » ce que M. de Voltaire a très-bien relevé: mais on assure encore « que la Bretagne contient les plus beaux ports qui soient dans l'Océan; » ce que M. de Voltaire ne devait pas moins reprendre.

Nous sommes entièrement de son avis sur cette exagération insoutenable, dont il n'a pas cru que le surintendant des mers pût être capable: et tout le reste de ce chapitre nous a paru être d'un homme qui affecte de connaître le mistral et la tramontane, et qui n'a aucune connaissance de la mer.

16° Sur l'article du commerce, il nous paraît bien difficile que le cardinal de Richelieu soit entré dans le détail des soies et des cotons filés. Il se serait bien trompé s'il avait dit (page 130) que les velours rouges, violets et tannés, se fabriquaient à Tours beaucoup plus beaux qu'à Gênes: ce qui est d'une fausseté reconnue par tous les marchands. On ne peut non plus soupçonner le cardinal d'avoir dit qu'il n'y avait point d'établissement à faire en Amérique.

17° La section VII (page 141) annonce le projet « de décharger le peuple des trois quarts du faix qui l'accable maintenant. » Ce titre ressemble plutôt, il faut l'avouer, au projet d'un citoyen oisif, effrayé des charges de l'État, qu'aux idées justes d'un grand ministre qui sentirait l'impossibilité de diminuer les trois quarts de ces charges.

Nous ne pouvons condamner le doute que M. de Voltaire a élevé au sujet des comptants : on sent assez qu'il n'est pas naturel qu'un ministre traite d'*illicites* des ordonnances qu'il signait lui seul, et qu'il s'accuse lui-même de péculat.

18° Nous avons lu attentivement ce projet de finances; nous avions été bien étonnés de la proposition de retrancher toutes les pensions (page 161), et de réduire (même page) le comptant du roi à trois cent mille livres, tandis qu'à la page 145 il réduit ce même comptant à un million d'écus d'or. Cette énorme contradiction nous a paru impossible dans un ministre tel que le cardinal.

Il n'y a pas moyen de rien comprendre à la page 172 et suivantes, dans lesquelles on propose de rembourser trente millions de capitaux de rentes. « La suppression, dit l'auteur, d'un capital de sept millions à cinq pour cent, se fera en sept années et demie par la seule jouissance. »

M. de Voltaire a très-bien remarqué qu'il faut vingt années pour rembourser à cinq pour cent un capital par la jouissance. Il aurait dû faire voir aussi quelle serait l'énorme injustice de dépouiller une famille de son capital, sous prétexte qu'elle aurait reçu la valeur de ce capital en plusieurs années. Cette proposition révoltante serait la destruction de la société.

Tous les calculs qui suivent sont également fautifs. « De sept autres millions, dit l'auteur, qui ne devront être remboursés qu'au denier six, qui est le prix courant de telles charges, ils pourront être supprimés en huit années et demie. » Cet auteur n'entend pas un mot de la matière, et n'entend pas mieux l'arithmétique la plus simple qu'il ne sait le français. Au lieu du denier six il devait dire le denier seize et un quart, parce que six pour cent sont la seizième partie et un quart de cent; il est bien clair qu'en huit années et demie un capital à six pour cent d'intérêt ne serait pas remboursé par la jouissance. Six fois huit et demi font cinquante et un; de sorte qu'il s'en manquerait presque la moitié. Et que signifie *remboursés qu'au denier six?* six pour cent sont-ils moins que cinq pour cent? Autant de paroles, autant d'inepties.

Nous ne pouvons assez nous étonner que des absurdités si grossières aient été imputées au cardinal de Richelieu, et nous ne pouvons qu'applaudir à M. de Voltaire, qui a persévéré constamment à défendre sa mémoire.

19° Nous avions pensé d'abord qu'il s'était exprimé avec trop peu d'exactitude et trop d'exagération, quand il a reproché à l'auteur du testament d'avoir voulu imposer les cours souveraines à la taille : mais il n'est que trop certain que cette proposition se trouve expressément énoncée (page 175). La taille est une ancienne imposition établie par les seigneurs des terres sur leurs vassaux roturiers, sur les vilains nommés alors leurs *sujets*, impôt devenu humiliant, reste de servitude, titre de bassesse, auquel chacun cherche à se dérober aujourd'hui dès qu'il s'est élevé un peu par son industrie.

Assujettir toute la robe à cette humiliation, ce serait avilir la magistrature au point qu'aucun citoyen ne voudrait embrasser cet état. La noble fonction de rendre la justice serait confondue avec la dernière classe des hommes; l'honneur de juger la nation deviendrait un opprobre: le commis d'un receveur des tailles ferait trembler son juge. Une chimère aussi tyrannique rendrait le nom d'un ministre éternellement odieux, s'il avait pu la proposer.

Il est très-vrai encore (page 101) que l'auteur du testament propose d'ordonner « à tous les gentilshommes qui auront passé vingt ans de porter les armes, » et d'ordonner à tous les capitaines de cavalerie « d'enrôler dans leurs compagnies au moins la moitié de gentilshommes. »

C'est dans le même chapitre (page 103) que l'auteur dit « que si l'on veut avoir cinquante mille hommes, il en faut lever cent. »

Saisis d'étonnement à la lecture de tant d'étranges propositions, nous croirions en effet être coupables envers la nation comme envers la mémoire d'un grand ministre, si nous pouvions le soupçonner un moment d'avoir eu la moindre part à de tels systèmes, qui nous paraissent enfantés par un écrivain bien indigne du grand nom qu'il usurpe. Nous pensons que, pour peu qu'on ait de justice, on doit des remercîments à celui qui nous a ouvert les yeux.

Il reste à rechercher comment il s'est pu faire qu'on ait si longtemps attribué au cardinal de Richelieu ce *Testament politique*. Il est trop vrai, comme l'a dit M. de Voltaire, que bien qu'il y ait une foule immense de livres, on lit peu et on lit mal: l'esprit se repose sur la foi d'un grand nom; il est plus aisé et plus commun de croire que d'examiner; le temps donne de l'autorité à l'erreur; ceux qui la combattent trop tard passent pour téméraires; et on emploie quelquefois, pour la soutenir, toutes les armes dont on ne devait se servir que pour défendre la vérité.

Enfin, pour résumer tout ce que nous avons dit, nous pensons que M. de Foncemagne a saisi le vrai, en faisant voir que le cardinal de Richelieu commanda, lut, et margina son manifeste sous le nom de *Narration succincte*; et que M. de Voltaire a prouvé que le *Testament politique*, joint à cette narration, n'est ni ne peut être l'ouvrage d'un ministre dont le nom sera toujours illustre, et qui nous devient cher de jour en jour par les mérites et les services des héritiers de son nom et de sa gloire.

DE
L'HORRIBLE DANGER DE LA LECTURE.

(1765.)

Nous Joussouf-Chéribi, par la grâce de Dieu mouphti du Saint-Empire ottoman, lumière des lumières, élu entre les élus, à tous les fidèles qui ces présentes verront, sottise et bénédiction.

Comme ainsi soit que Saïd-Effendi, ci-devant ambassadeur de la sublime Porte vers un petit État nommé *Frankrom*, situé entre l'Espagne et l'Italie, a rapporté parmi nous le pernicieux usage de l'imprimerie[1], ayant consulté sur cette nouveauté nos vénérables frères les cadis et imans de la ville impériale de Stamboul, et surtout les fakirs connus par leur zèle contre l'esprit, il a semblé bon à Mahomet et à nous de condamner, proscrire, anathématiser ladite infernale invention de l'imprimerie, pour les causes ci-dessous énoncées.

1° Cette facilité de communiquer ses pensées tend évidemment à dissiper l'ignorance, qui est la gardienne et la sauvegarde des États bien policés.

2° Il est à craindre que parmi les livres apportés d'Occident, il ne s'en trouve quelques-uns sur l'agriculture et sur les moyens de perfectionner les arts mécaniques, lesquels ouvrages pourraient à la longue, ce qu'à Dieu ne plaise, réveiller le génie de nos cultivateurs et de nos manufacturiers, exciter leur industrie, augmenter leurs richesses, et leur inspirer un jour quelque élévation d'âme, quelque amour du bien public, sentiments absolument opposés à la saine doctrine.

3° Il arriverait à la fin que nous aurions des livres d'histoire dégagés du merveilleux qui entretient la nation dans une heureuse stupidité. On aurait dans ces livres l'imprudence de rendre justice aux bonnes et aux mauvaises actions, et de recommander l'équité et l'amour de la patrie, ce qui est visiblement contraire aux droits de notre place.

4° Il se pourrait, dans la suite des temps, que de misérables philosophes, sous le prétexte spécieux, mais punissable, d'éclairer les hommes, et de les rendre meilleurs, viendraient nous enseigner des vertus dangereuses dont le peuple ne doit jamais avoir de connaissance.

5° Ils pourraient, en augmentant le respect qu'ils ont pour Dieu, et en imprimant scandaleusement qu'il remplit tout de sa présence, diminuer le nombre des pèlerins de la Mecque, au grand détriment du salut des âmes.

6° Il arriverait, sans doute, qu'à force de lire les auteurs occidentaux qui ont traité des maladies contagieuses, et de la manière de les

1. On imprima à Constantinople dès la fin du XVe siècle. (ÉD.)

prévenir, nous serions assez malheureux pour nous garantir de la peste, ce qui serait un attentat énorme contre les ordres de la Providence.

A ces causes et autres, pour l'édification des fidèles, et pour le bien de leurs âmes, nous leur défendons de jamais lire aucun livre, sous peine de damnation éternelle. Et, de peur que la tentation diabolique ne leur prenne de s'instruire, nous défendons aux pères et aux mères d'enseigner à lire à leurs enfants. Et, pour prévenir toute contravention à notre ordonnance, nous leur défendons expressément de penser, sous les mêmes peines; enjoignons à tous les vrais croyants de dénoncer à notre officialité quiconque aurait prononcé quatre phrases liées ensemble, desquelles on pourrait inférer un sens clair et net. Ordonnons que dans toutes les conversations on ait à se servir de termes qui ne signifient rien, selon l'ancien usage de la sublime Porte.

Et pour empêcher qu'il n'entre quelque pensée en contrebande dans la sacrée ville impériale, commettons spécialement le premier médecin de Sa Hautesse[1], né dans un marais de l'Occident septentrional; lequel médecin, ayant déjà tué quatre personnes augustes[2] de la famille ottomane, est intéressé plus que personne à prévenir toute introduction de connaissances dans le pays : lui donnons pouvoir, par ces présentes, de faire saisir toute idée qui se présenterait par écrit ou de bouche aux portes de la ville, et nous amener ladite idée pieds et poings liés, pour lui être infligé par nous tel châtiment qu'il nous plaira.

Donné dans notre palais de la stupidité, le 7 de la lune de Muharem, 1143 de l'hégire.

1. Van-Swieten, premier médecin de l'impératrice-reine, voulut se mêler de la médecine des âmes, et se fit donner l'emploi d'empêcher les bons livres français de pénétrer dans la ville de Vienne. Personne n'eût pu prévoir alors que Vienne donnerait, vingt ans après, à l'Europe catholique, l'exemple de la tolérance, de la liberté de la presse, de la destruction des abus de l'autorité ecclésiastique, enfin de la réforme du clergé.

Les ouvrages de M. de Voltaire étaient le principal objet de la sévérité de Van-Swieten, qui haïssait l'inoculation encore plus que la philosophie. Cependant plusieurs personnes de la famille impériale étant mortes entre ses mains de la petite vérole, il ne put empêcher que l'inoculation ne s'introduisît sous ses yeux dans le palais de Vienne, ainsi que les lumières qui ont produit une si étonnante révolution. (*Éd. de Kehl.*)

2. Ces quatre personnes augustes sont : Charles-Joseph-Emmanuel, fils de l'empereur Étienne-François, né en 1745, mort le 18 janvier 1761; Jeanne-Gabrielle-Joséphine ou Marie-Jeanne-Gabrielle, née en 1750, morte le 23 décembre 1762; Marie-Christine, née et morte le 22 novembre 1763; et Marie-Élisabeth de Parme, femme du prince impérial, depuis Joseph II, morte de la petite vérole, le 27 novembre 1763. (*Note de M. Beuchot.*)

CONVERSATION

DE LUCIEN, ÉRASME ET RABELAIS

DANS LES CHAMPS ÉLYSÉES

(1765.)

Lucien fit, il y a quelque temps, connaissance avec Érasme, malgré sa répugnance pour tout ce qui venait des frontières de l'Allemagne. Il ne croyait pas qu'un Grec dût s'abaisser à parler avec un Batave; mais ce Batave lui ayant paru un mort de bonne compagnie, ils eurent ensemble cet entretien.

LUCIEN. — Vous avez donc fait dans un pays barbare le même métier que je faisais dans le pays le plus poli de la terre; vous vous êtes moqué de tout?

ÉRASME. — Hélas! je l'aurais bien voulu; c'eût été une grande consolation pour un pauvre théologien tel que je l'étais; mais je ne pouvais prendre les mêmes libertés que vous avez prises.

LUCIEN. — Cela m'étonne: les hommes aiment assez qu'on leur montre leurs sottises en général, pourvu qu'on ne désigne personne en particulier; chacun applique alors à son voisin ses propres ridicules, et tous les hommes rient aux dépens les uns des autres. N'en était-il donc pas de même chez vos contemporains?

ÉRASME. — Il y avait une énorme différence entre les gens ridicules de votre temps et ceux du mien: vous n'aviez affaire qu'à des dieux qu'on jouait sur le théâtre, et à des philosophes qui avaient encore moins de crédit que les dieux; mais, moi, j'étais entouré de fanatiques; et j'avais besoin d'une grande circonspection pour n'être pas brûlé par les uns ou assassiné par les autres.

LUCIEN. — Comment pouviez-vous rire dans cette alternative?

ÉRASME. — Aussi je ne riais guère; et je passai pour être beaucoup plus plaisant que je ne l'étais: on me crut fort gai et fort ingénieux, parce qu'alors tout le monde était triste. On s'occupait profondément d'idées creuses qui rendaient les hommes atrabilaires. Celui qui pensait qu'un corps peut être en deux endroits à la fois était prêt à égorger celui qui expliquait la même chose d'une manière différente. Il y avait bien pis; un homme de mon état qui n'eût point pris de parti entre ces deux factions eût passé pour un monstre.

LUCIEN. — Voilà d'étranges hommes que les barbares avec qui vous viviez! De mon temps, les Gètes et les Massagètes étaient plus doux et plus raisonnables. Et quelle était donc votre profession dans l'horrible pays que vous habitiez?

ÉRASME. — J'étais moine hollandais.

LUCIEN. — Moine! quelle est cette profession-là?

ÉRASME. — C'est celle de n'en avoir aucune, de s'engager par un serment inviolable à être inutile au genre humain, à être absurde et esclave, et à vivre aux dépens d'autrui.

LUCIEN. — Voilà un bien vilain métier ! Comment avec tant d'esprit aviez-vous pu embrasser un état qui déshonore la nature humaine ? Passe encore pour vivre aux dépens d'autrui : mais faire vœu de n'avoir pas le sens commun et de perdre sa liberté !

ÉRASME. — C'est qu'étant fort jeune, et n'ayant ni parents ni amis, je me laissai séduire par des gueux qui cherchaient à augmenter le nombre de leurs semblables.

LUCIEN. — Quoi ! il y avait beaucoup d'hommes de cette espèce ?

ÉRASME. — Ils étaient en Europe environ six à sept cent mille.

LUCIEN. — Juste ciel ! le monde est donc devenu bien sot et bien barbare depuis que je l'ai quitté ! Horace l'avait bien dit que tout irait en empirant :

Progeniem vitiosiorem. (L. III, od. VI, v. dern.)

ÉRASME. — Ce qui me console, c'est que tous les hommes, dans le siècle où j'ai vécu, étaient montés au dernier échelon de la folie ; il faudra bien qu'ils en descendent, et qu'il y en ait quelques-uns parmi eux qui retrouvent enfin un peu de raison.

LUCIEN. — C'est de quoi je doute fort. Dites-moi, je vous prie, quelles étaient les principales folies de ce temps ?

ÉRASME. — Tenez, en voici une liste que je porte toujours avec moi ; lisez.

LUCIEN. — Elle est bien longue. (*Lucien lit et éclate de rire; Rabelais survient.*)

RABELAIS. — Messieurs, quand on rit je ne suis pas de trop ; de quoi s'agit-il ?

LUCIEN et ÉRASME. — D'extravagances.

RABELAIS. — Ah ! je suis votre homme.

LUCIEN, *à Érasme.* — Quel est cet original ?

ÉRASME. — C'est un homme qui a été plus hardi que moi et plus plaisant ; mais il n'était que prêtre, et pouvait prendre plus de liberté que moi qui étais moine.

LUCIEN, *à Rabelais.* — Avais-tu fait, comme Érasme, vœu de vivre aux dépens d'autrui ?

RABELAIS. — Doublement, car j'étais prêtre et médecin. J'étais né fort sage, je devins aussi savant qu'Érasme ; et voyant que la sagesse et la science ne menaient communément qu'à l'hôpital ou au gibet ; voyant même que ce demi-plaisant d'Érasme était quelquefois persécuté, je m'avisai d'être plus fou que tous mes compatriotes ensemble ; je composai un gros livre de contes à dormir debout, rempli d'ordures, dans lequel je tournai en ridicule toutes les superstitions, toutes les cérémonies, tout ce qu'on révérait dans mon pays, toutes les conditions, depuis celle de roi et de grand pontife jusqu'à celle de docteur en théologie, qui est la dernière de toutes ; je dédiai mon livre à un cardinal[1], et je fis rire jusqu'à ceux qui me méprisent.

1. Odet de Châtillon. (Éd.)

LUCIEN. — Qu'est-ce qu'un cardinal, Érasme?

ÉRASME. — C'est un prêtre vêtu de rouge, à qui on donne cent mille écus de rente pour ne rien faire du tout.

LUCIEN. — Vous m'avouerez du moins que ces cardinaux-là étaient raisonnables. Il faut bien que tous vos concitoyens ne fussent pas si fous que vous le dites.

ÉRASME. — Que M. Rabelais me permette de prendre la parole. Les cardinaux avaient une autre espèce de folie, c'était celle de dominer; et comme il est plus aisé de subjuguer des sots que des gens d'esprit, ils voulurent assommer la raison qui commençait à lever la tête. M. Rabelais, que vous voyez, imita le premier Brutus, qui contrefit l'insensé pour échapper à la défiance et à la tyrannie des Tarquins.

LUCIEN. — Tout ce que vous me dites me confirme dans l'opinion qu'il valait mieux vivre dans mon siècle que dans le vôtre. Ces cardinaux dont vous me parlez étaient les maîtres du monde entier, puisqu'ils commandaient aux fous?

RABELAIS. — Non; il y avait un vieux fou au-dessus d'eux.

LUCIEN. — Comment s'appelait-il?

RABELAIS. — Un *papegaut*. La folie de cet homme consistait à se dire infaillible, et à se croire le maître des rois; et il l'avait tant dit, tant répété, tant fait crier par les moines, qu'à la fin presque toute l'Europe en fut persuadée.

LUCIEN. — Ah! que vous l'emportez sur nous en démence! Les fables de Jupiter, de Neptune et de Pluton, dont je me suis tant moqué, étaient des choses respectables en comparaison des sottises dont votre monde a été infatué. Je ne saurais comprendre comment vous avez pu parvenir à tourner en ridicule, avec sécurité, des gens qui devaient craindre le ridicule encore plus qu'une conspiration. Car enfin on ne se moque pas de ses maîtres impunément : et j'ai été assez sage pour ne pas dire un seul mot des empereurs romains. Quoi! votre nation adorait un papegaut! Vous donniez à ce papegaut tous les ridicules imaginables, et votre nation le souffrait! elle était donc bien patiente?

RABELAIS. — Il faut que je vous apprenne ce que c'était que ma nation. C'était un composé d'ignorance, de superstition, de bêtise, de cruauté et de plaisanterie. On commença par faire pendre et par faire cuire tous ceux qui parlaient sérieusement contre les papegauts et les cardinaux. Le pays des Welches, dont je suis natif, nagea dans le sang; mais dès que ces exécutions étaient faites, la nation se mettait à danser, à chanter, à faire l'amour, à boire et à rire. Je pris mes compatriotes par leur faible; je parlai de boire, je dis des ordures, et avec ce secret tout me fut permis. Les gens d'esprit y entendirent finesse, et m'en surent gré; les gens grossiers ne virent que les ordures et les savourèrent; tout le monde m'aima, loin de me persécuter.

LUCIEN. — Vous me donnez une grande envie de voir votre livre. N'en auriez-vous point un exemplaire dans votre poche? Et vous, Érasme, pourriez-vous aussi me prêter vos facéties?

(Ici Érasme et Rabelais donnent leurs ouvrages à Lucien, qui en lit quelques morceaux, et, pendant qu'il lit, ces deux philosophes s'entretiennent.)

RABELAIS, *à Érasme.* — J'ai lu vos écrits et vous n'avez pas lu les miens, parce que je suis venu un peu après vous. Vous avez peut-être été trop réservé dans vos railleries et moi trop hardi dans les miennes; mais à présent nous pensons tous deux de même. Pour moi, je ris quand je vois un docteur arriver dans ce pays-ci.

ÉRASME. — Et moi je le plains; je dis : « Voilà un malheureux qui s'est fatigué toute sa vie à se tromper, et qui ne gagne rien ici à sortir d'erreur. »

RABELAIS. — Comment donc ! n'est-ce rien d'être détrompé ?

ÉRASME. — C'est peu de chose quand on ne peut plus détromper les autres. Le grand plaisir est de montrer le chemin à ses amis qui s'égarent, et les morts ne demandent leur chemin à personne.

Érasme et Rabelais raisonnèrent assez longtemps. Lucien revint après avoir lu le chapitre des *Torcheculs*[1] et quelques pages de l'*Éloge de la folie*[2]. Ensuite ayant rencontré le docteur Swift, ils allèrent tous quatre souper ensemble.

MANDEMENT

DU RÉVÉRENDISSIME PÈRE EN DIEU, ALEXIS

ARCHEVÊQUE DE NOVOGOROD-LA-GRANDE.

(1765.)

Deutera-ton-pianepsiou[3].

MES FRÈRES,

Nous avons appris avec une grande édification que le dicastère de la nation franke, nommé aujourd'hui le parlement des Français, aurait[4] fait brûler il y a quelques semaines[5] par son juré bourreau, au pied de son grand escalier, la lettre circulaire de l'assemblée du clergé frank, comme fanatique et séditieuse, en présence de Dagobert-Étienne Isabeau.

Et quoique nous ignorions quelle espèce de saint est ce Dagobert, nous, après avoir lu ladite lettre circulaire et les actes de l'assemblée générale dudit clergé, et après avoir invoqué les lumières du Saint-Esprit, déclarons qu'il a semblé bon au Saint-Esprit et à nous d'adhérer pleinement au jugement rendu par le susdit dicastère, lequel, dans tous les temps à nous connus, a soutenu et vengé les droits des rois franks et de la nation gallo-franke contre les usurpations de l'Église hérule, gothe et lombarde, nommée par abus *Église romaine*, les-

1. Chap. XIII de *Gargantua*. (ÉD.) — 2. Titre d'un ouvrage d'Érasme. (ÉD.)
3. Ce qui répond au 12 octobre des Franks.
4. Les Franks se servent du subjonctif au lieu de l'imparfait de l'indicatif; c'est l'ancien vice d'une langue barbare, vice conservé dans les chancelleries et cours des plaids; vice que les académies du pays des Franks n'ont pu encore déraciner.
5. Le vendredi 6 septembre 1765.

quels droits des rois franks et de la nation gallo-franke sont les droits naturels de tous les rois et de toutes les nations.

Tout le système de l'assemblée du clergé frank roule sur ces paroles de je ne sais quel papa transalpin, nommé Gélas :

« Deux puissances sont établies pour gouverner les hommes : l'autorité sacrée des pontifes[1], et celle des rois. »

Mes frères, notre obéissance aux lois de notre vaste empire, la vérité et l'humilité chrétienne, exigent que nous vous instruisions sur la nature de ces *deux puissances*, sur l'abus de ces mots inconnus dans toute notre Église, et que nous nous hâtions de vous prémunir contre ces erreurs pernicieuses, *nées dans les ténèbres de l'Occident*, comme disait notre grand patriarche Photius

Des deux puissances. — Il faut d'abord, mes frères, savoir ce que c'est que puissance ; car si on ne définit les mots, on ne s'entend jamais, et l'équivoque que les Grecs nomment *logomachie* est l'origine de toutes les disputes, et les disputes ont produit le trouble dans tous les temps.

Puissance, chez les hommes, signifie faculté convenue de faire des lois, et de les appuyer par la force.

Ainsi, depuis près de cinq mille ans, nos voisins les empereurs de la Chine ont eu légitimement la puissance ; notre auguste impératrice jouit du même droit, le monarque frank a les mêmes prérogatives ; le roi d'Angleterre jouit du même pouvoir quand il est d'accord avec ses états généraux, nommés *parlement* ; mais jamais chez aucun peuple de l'antiquité, ni à la Chine, ni dans l'empire romain d'Orient ou d'Occident, on n'entendit parler de deux puissances dans un État : c'est une imagination pernicieuse, c'est une espèce de manichéisme, qui, établissant deux principes, livrerait l'univers à la discorde.

Pendant les premiers siècles du christianisme, cette distinction séditieuse de deux puissances fut entièrement ignorée, et par cela seul elle est condamnable. Il suffit d'avoir lu l'Évangile pour savoir que le royaume de Jésus-Christ n'est point de ce monde[2] ; que dans ce royaume il n'y a ni premier ni dernier[3], que le fils de l'homme est venu, *non pas pour être servi, mais pour servir*[4].

Ce sont, mes frères, les propres paroles émanées de la bouche de notre divin Sauveur, paroles sacrées dont le sens clair et naturel ne pourra jamais être perverti, ni par aucune usurpation, ni par aucune citation tronquée et captieuse d'un texte malignement interprété.

Notre Seigneur Jésus-Christ donna puissance à ses disciples : quelle fut cette puissance ? Celle de chasser les démons des corps des possédés, de manier les serpents impunément, de parler plusieurs langues à la fois sans les avoir apprises, de guérir les malades, ou par leur ombre, ou en leur imposant les mains.

1. Il faut remarquer que les évêques sont nommés avant les rois, et que le mot *sacrée* n'est ici que pour eux, et non pas pour les rois, qui cependant sont très-sacrés.

2. Jean, XVIII, 36. (Ed.) — 3. Matth., XIX, 30 ; XX, 16 ; Marc, X, 31 ; Luc, XIII, 30. (Ed.) — 4. Matth., XX, 28 ; Marc, X, 45. (Ed.)

Nos papas grecs, africains, égyptiens, qui fondèrent seuls l'Église chrétienne. qui seuls écrivaient dans les premiers siècles, qui seuls furent appelés *Pères de l'Église*, perdirent cette puissance, et ne prétendirent point la remplacer par des honneurs, par un crédit, par des richesses, par une ambition que la religion condamne, et que le monde abhorre.

Aucun évêque parmi nous ne s'intitula *prince* ou *comte;* aucun ne rétendit d'autre puissance que celle d'exhorter les pécheurs, et de prier Dieu pour eux. Quand quelque patriarche voulut abuser de sa place, et lutter contre le trône, il fut sévèrement puni, et tout l'empire approuva son châtiment.

On sait qu'il n'en fut pas ainsi dans l'Église d'Occident; elle ne s'était formée que très-longtemps après la nôtre : nos Évangiles grecs, écrits dans Alexandrie et dans Antioche, furent à peine connus de ces barbares; ils en firent enfin une assez mauvaise traduction dans le temps de la décadence de la langue latine; mais d'ailleurs, comme nous l'avons déjà remarqué, il n'y eut aucun Père de l'Église né à Rome.

Ils suppléèrent à leur ignorance par des contes absurdes, qu'ils firent croire aisément à des peuples aussi absurdes qu'eux. Ne pouvant se faire valoir par leur science, ils supposèrent que l'apôtre Pierre, dont la mission était uniquement pour les Juifs, avait trahi sa vocation pour aller à Rome.

Voyez, mes frères, sur quels fondements ils bâtirent cette fable. Il y eut, disent-ils, dès le Ier siècle, un nommé Abdias qui prétendit être évêque secret des premiers chrétiens à Babylone, quoiqu'il soit avéré que ce ne fut qu'au IIe siècle qu'il y eut de véritables évêques attachés à un troupeau, et qu'on vit une hiérarchie certaine établie : cet Abdias passa pour avoir écrit en hébreu une Histoire des douze apôtres, et Jules Africain la traduisit depuis, ou du moins quelqu'un prit le nom de Jules Africain.

C'est cet Abdias qui le premier écrivit que Pierre avait fait le voyage de la Syrie à Rome; qu'il rencontra, à la cour de Néron, Simon le Magicien, avec lequel il fit assaut de miracles. Un jeune seigneur, parent de Néron, mourut. Simon et Pierre disputèrent à qui lui rendrait la vie : Simon ne le ressuscita qu'à moitié; mais Pierre le ressuscita tout à fait, et gagna le prix. Simon voulut prendre sa revanche; il envoya un chien à Pierre lui faire des compliments de sa part, et le défier à qui volerait le plus haut dans les airs en présence de l'empereur. Le chien de Simon s'acquitta parfaitement de sa commission. Pierre aussitôt envoya son chien chez Simon pour le complimenter à son tour et pour accepter le défi : les deux champions comparurent; Simon vola; Pierre pria Dieu avec tant de larmes, que Dieu, touché de pitié, fit tomber Simon, qui se cassa les jambes; et Néron irrité fit crucifier Pierre la tête en bas. Hégésippe et Marcel racontent la même histoire; ce sont là les Pères de l'Église de Rome.

Cette Église prétend que Pierre fut vingt-cinq ans évêque de la capitale, ce qui ne s'accorde nullement avec la chronologie; mais les Latins ne s'effrayent pas pour si peu de chose; ils ont eu le front d'assurer que Pierre avait écrit une lettre de Babylone où il était avec Abdias; ce mot Babylone signifiait Rome; et voilà en vérité toute la preuve qu'ils apportent du prétendu épiscopat de Pierre. Nous savons que plusieurs Pères adoptèrent ces contes longtemps après; mais nous savons aussi par quelles raisons victorieuses Spanheim et Laroque les ont réfutés. C'est donc sur cette fable et sur un ou deux passages de l'Évangile, interprétés d'une étrange manière, que les Latins ont établi l'empire du pape, et sa domination sur tous les rois.

Jamais l'Église grecque ne se souilla par des entrepises si criminelles; elle fut toujours soumise à ses souverains, suivant la parole de Jésus-Christ même; mais l'Église romaine s'emporta jusqu'à une rébellion ouverte sur la fin du VIIIe siècle; et enfin au commencement de l'année 800, un pape, nommé Léon III, osa transférer l'empire d'Occident à Charlemagne.

Dès ce moment, quelle foule d'usurpations, de meurtres, de sacriléges, et de guerres civiles! Est-il un royaume, depuis le Danemark jusqu'au Portugal, dont les papes n'aient prétendu disposer plus d'une fois? Qui ne sait que l'empereur Henri IV fut forcé de demander pardon, pieds nus et à genoux, à l'évêque de Rome Grégoire VIII; qu'il mourut détrôné et réduit à l'indigence; que son fils Henri V fit déterrer le corps de son père comme celui d'un excommunié, et qu'ayant osé enfin soutenir ses droits contre Rome, il fut obligé de céder, de peur d'être traité comme son père?

Les malheurs des empereurs Frédéric-Barberousse et Frédéric II sont connus de toute la terre. Sept rois de France excommuniés, deux morts assassinés, sont d'effroyables exemples qui doivent instruire tous les princes. Un des meilleurs rois qu'aient eus les Francs est Louis XII; que n'essuya-t-il pas de ce pape Alexandre VI, de ce vicaire en Jésus-Christ, qui, environné de sa maîtresse et de ses cinq bâtards, faisait mourir par le poison, par le poignard, ou par la corde, vingt seigneurs dont il ravissait le patrimoine, et leur donnait encore l'absolution à l'article de la mort!

Nous faisons gloire de n'être pas d'une communion souillée de tant de crimes. Dieu nous préserve surtout de nous élever jamais contre la jurisprudence de notre chère patrie et contre le trône! Nous regardons comme notre premier devoir d'être entièrement soumis à nos augustes souverains: ces seuls mots, *les deux puissances*, nous paraissent le cri de rébellion.

Nous adhérons aux maximes du parlement de France, qui, comme notre sénat, ne reconnaît qu'une seule puissance fondée sur les lois. Nous plaignons les malheurs et les troubles intestins où la France a été plongée depuis près de soixante ans par trois moines jésuites. Nous sommes assez instruits de l'histoire de nos alliés les Franks pour savoir que ces trois jésuites, Le Tellier, Doucin et Lallemand, fabriquèrent dans Paris, au collége de Louis-le-Grand, une bulle dans laquelle le pape devait condamner cent trois passages tirés pour la plupart de nos saints Pères, et surtout de saint Augustin l'Africain. et de saint

Paul de Tarsis, apôtre de Jésus. Nous savons que l'évêque de Rome et son consistoire, pour faire accroire qu'ils avaient jugé en connaissance de cause, retranchèrent deux propositions condamnées, et réduisirent le tout à cent et un anathèmes.

Nous n'ignorons pas que le nonce qui fit recevoir cette bulle en France[1], malgré les cris de toute la nation indignée, prit pour maîtresse une actrice de l'Opéra, qu'on appela la Constitution, et qu'il en eut une fille qu'on appela la Légende.

Nous savons que presque toutes les affaires ecclésiastiques se sont ainsi traitées, et que quand le scandale des mauvaises mœurs ne s'est pas joint aux erreurs de cette Eglise latine, le fanatisme, mille fois plus dangereux que les filles de l'Opéra, a fait naître plus de troubles que tous les bâtards des papes et des nonces n'en ont jamais produit.

Nous avons été instruits de tout le mal qui a résulté de la détestable invention des billets de confession, et de tout le bien qu'a fait la chrétienne et vigoureuse résistance du parlement de Paris. Quoique nous ne soyons pas de la communion de l'Église gallicane, cependant, en qualité de chrétien indépendant de l'usurpation romaine, nous nous unissons à cette Eglise gallicane pour l'exhorter à nous imiter, à soutenir ses libertés, à ne pas souffrir que jamais un évêque transalpin ose déléguer des juges chez elle.

Puissent ses évêques ne plus s'avilir jusqu'à s'intituler évêques par la grâce d'un évêque transalpin, ne plus payer en tribut à cet Italien la première année d'un revenu qu'ils ne tiennent que de la libéralité de leur monarque!

Grand Dieu! seriez-vous descendu sur la terre, y auriez-vous vécu dans la pauvreté, l'auriez-vous recommandée à vos apôtres, l'auraient-ils embrassée, pour qu'un de leurs successeurs traitât ses confrères en tributaires, et marchât sur les têtes des princes à qui vous obéissiez, vous, mon Dieu! quand vous étiez en Judée?

Nous reconnaissons que le parlement de Paris, et tous ceux du pays des Franks, se sont toujours opposés à ces innovations odieuses, à ces simonies transalpines, qui ont leur source dans le fatal système des *deux puissances*.

Nous devons d'autant plus, mes frères, vous donner un préservatif contre ces opinions détestables, que nous sommes instruits des fréquents voyages que nos seigneurs russes font dans la capitale des Franks; ils pourraient nous apporter la mode des *deux puissances* et des billets de confession, avec les autres modes.

Nous vous exhortons à ne vous laisser séduire par aucune nouveauté, à demeurer fidèlement attachés à notre ancienne Église grecque, mère de la latine, et mère d'une fille dénaturée; et dans cette espérance nous vous donnons notre sainte bénédiction, au nom du Père qui a engendré le Fils, au nom du Fils qui n'a pas la puissance d'engendrer, et au nom du Saint-Esprit qui procède uniquement du Père.

1. Le cardinal Bentivoglio. (Éd.)

Le tout, avec la permission de notre auguste impératrice Catherine II, sans laquelle nous ne pouvons ni ne devons donner aucune instruction pastorale.

Signé ALEXIS.

Permis d'imprimer, CHRISTOPHE BORKEROI, lieutenant de police de Novogorod-la-Grande.

DES PAIENS ET DES SOUS-FERMIERS.

(1765.)

Un jour le cardinal de Fleuri, en présentant au roi les fermiers généraux qui venaient de signer un bail : « Voilà, dit-il, sire, les quarante colonnes de l'État[1]. »

Quelques jours après, un sous-fermier, nommé Blaise Rabau (car il y avait alors des sous-fermiers), alla le dimanche au sermon de la paroisse dans sa terre près de Beaugenci, pour édifier ses vassaux; le prédicateur avait pris pour texte : « Qui n'écoute pas l'Église soit regardé comme un païen ou comme un publicain[2]! »

M. Rabau, accompagné de ses amis, sortit en colère, et emmena sa compagnie, aussi indignée que lui. Le prédicateur du village, qui n'y entendait point finesse, alla se présenter à souper chez son seigneur, selon sa coutume : « Vous êtes bien insolent, lui dit M. Rabau, de m'insulter en chaire et de m'appeler *païen!* je vous ferai condamner par la chambre de Valence. Apprenez que si les fermiers sont les colonnes de l'État, j'en suis au moins un chapiteau. Où avez-vous péché, s'il vous plaît, les injures que vous me dites?

— Monseigneur, répliqua le prédicateur, je vous demande pardon, ce n'est pas ma faute, le texte est de l'Écriture. — Qu'on la réforme, dit M. Rabau; je vous en charge, et vous en répondrez à mes commis. »

Le prédicateur restait muet et confus. Un énorme receveur des tailles, qui était assis auprès du seigneur, prit alors la parole, et dit : « Je ne lis jamais que les édits du roi sur les finances; je ne sais ce que c'est que païen et publicain; s'il y a en effet un livre où il soit mal parlé des receveurs des tailles, c'est un livre contre l'État et les bonnes mœurs; j'en parlerai à monsieur l'intendant, qui certainement fera condamner le livre au premier concile. » Toute la compagnie parla avec la même énergie.

« Quoi! disait M. Blaise Rabau, je vous paye pour venir prêcher dans ma paroisse, et votre texte me dit des injures! Quel rapport, s'il vous plaît, entre un païen et un fermier des aides et gabelles? Ne

1. « Oui, dit le marquis de Souvré, ils soutiennent l'État comme la corde soutient le pendu. » (ÉD.)

2. Matthieu, XVIII, 17. (ÉD.)

suis-je pas un homme nécessaire à l'État? La société peut-elle subsister sans qu'il y ait des citoyens chargés du recouvrement des deniers publics? Ceux qui les percevaient chez les Romains n'étaient-ils pas chevaliers? non pas chevaliers de Saint-Michel, mais chevaliers avec un gros anneau d'or. Ne formaient-ils pas le second ordre de la république, comme je l'ai ouï dire à un savant de l'Académie des inscriptions et belles-lettres, qui vient dîner chez moi tous les mardis, et qui s'en va dès qu'il a mangé? Il ne m'a jamais dit que ces gens-là fussent damnés à Rome. Un fermier général ne peut avoir été mis dans le rang des païens que par des gueux qui n'ont pas de quoi payer, et qui veulent plaire à la populace. Remarquez que tous ces drôles qui déclament contre les riches n'ont jamais eu de pot au feu, et viennent nous demander à souper. Ne manquez pas de m'apporter votre rétractation par écrit, afin que je la paraphe.

— Monseigneur, lui répliqua le révérend père prédicateur, il me vient une idée : on pourrait accommoder les choses; il est vrai que les publicains sont toujours mis dans l'Écriture avec les païens; mais vous n'êtes point païen, donc vous n'êtes point publicain. »

Blaise Rabau, après avoir rêvé, lui dit : « Père, qu'entendez-vous donc par publicain? — Il me semble, dit l'orateur, que publicain vient de public, et qu'il n'y a de damnés que ceux qui lèvent les deniers publics. »

A cette fatale réponse, une juste colère transporta toute l'assemblée; on allait jeter le père par les fenêtres, quand il leur dit : « Messieurs, cette sentence éternelle ne vous regarde pas; encore une fois, vous n'êtes pas publicains. — Comment cela, maraud? dit M. Rabau, qui ne se possédait plus. — C'est, dit le prédicateur, que les publicains, chez les Grecs et chez les Romains, étaient ceux qui recevaient les deniers du public; ils en rendaient compte au public; et c'est pour cela qu'ils étaient excommuniés : mais vous, messieurs, vous percevez les deniers du roi, vous ne rendez point compte au public; ainsi l'anathème ne peut être pour vous, et vous ne trouverez nulle part que les sous-fermiers du roi soient excommuniés.

— Ah! mon révérend père, que vous êtes un galant homme! s'écria M. Rabau. Mais si vous étiez à Venise, où les trésoriers rendent compte de leur maniement à la république, comment expliqueriez-vous votre texte?

— Oh! dit le père, rien n'est plus aisé; je ferais voir évidemment que l'anathème n'est prononcé que contre les fermiers du royaume; et c'est ainsi que nous expliquons tous les textes. »

QUESTIONS SUR LES MIRACLES.

(1765.)

LETTRE I. — *A M. le professeur R..., par un proposant.*

MONSIEUR, j'ai lu votre lettre sur les miracles avec tant de fruit, que je vous demande de nouvelles instructions.

J'oserai, monsieur, pour mettre un peu d'ordre dans les grâces que je vous demande, distinguer plusieurs sortes de miracles dans notre divin Sauveur; ceux qu'il a faits par lui-même, et ceux qu'il a daigné opérer par ses apôtres et par ses saints.

Dans ceux qu'il a faits pendant sa vie, je distinguerai ceux qui marquent seulement sa puissance ou sa bonté, comme la vue rendue aux aveugles, et la vie aux morts; ceux qui sont des types, des allégories manifestes; enfin ceux qu'il promet de faire, et dans l'attente desquels le genre humain doit opérer son salut avec crainte.

Des miracles de notre Seigneur Jésus-Christ, qui ont manifesté sa puissance et sa bonté. — Jésus n'était pas encore né, et il faut convenir qu'il faisait déjà les plus grands miracles, puisqu'il était Dieu, et conçu dans le sein d'une vierge.

Dès qu'il est né dans une étable, les anges viennent du haut des sphères célestes annoncer ce grand événement aux pasteurs de Bethléem. Une étoile nouvelle brille dans le ciel, du côté de l'orient; cette étoile marche, et conduit trois mages, ou trois princes, jusqu'à l'étable dans laquelle le Maître du monde est né. Ils lui offrent de l'encens, de la myrrhe et de l'or. Voilà, sans doute, les miracles les plus authentiques; car ils éclatent dans le ciel et sur la terre; ce sont des astres, des anges, des rois, qui en sont les ministres. Jésus doit être reconnu dès son enfance à tous ces prodiges. Ajoutons encore le miracle que le vieil Hérode, créé roi des Juifs par les Romains, attaqué dès lors d'une maladie mortelle, ait été persuadé que Jésus était roi, et que, pour le perdre il ait fait massacrer tous les enfants du pays. Ce grand massacre d'enfants n'est pas une chose naturelle, et peut certainement être compté parmi les prodiges qui accompagnèrent la naissance et la circoncision de la seconde personne de la Trinité.

Une preuve non moins publique et non moins éclatante de sa divinité, c'est son baptême. C'est en présence d'une foule de peuple que, Jésus sortant hors de l'eau, la troisième personne de la Trinité descend sur sa tête en colombe; que le ciel s'ouvre, et que Dieu le père s'écrie au peuple: « Celui-ci est mon fils bien-aimé, en qui je me suis complu; écoutez-le[1]. »

Il est impossible de résister à des signes si divins, si publics et de-

1. Matthieu, III, 17. (ÉD.)

vant lequels tous les hommes durent se prosterner dans un silence d'adoration.

Aussi toute la terre reconnut, sans doute, ces miracles; Pilate même en rendit compte à l'empereur Tibère, après que l'homme-Dieu eut été supplicié, et Tibère voulut placer Jésus-Christ au rang des dieux; mais probablement Jésus ne souffrit pas ce mélange adultère du vrai Dieu et des dieux des gentils, et empêcha que Tibère n'accomplît ce qu'il réservait au pieux Constantin.

Tertullien lui-même, l'un des premiers Pères de l'Église, nous certifie cette anecdote, et Eusèbe la confirme dans son *Histoire ecclésiastique*, liv. II, chap. II. On nous objecte que Tertullien écrivait cent quatre-vingts ans après Jésus-Christ; qu'il pouvait se tromper, qu'il a toujours trop hasardé, qu'il s'abandonnait à son imagination africaine; qu'Eusèbe de Césarée, un siècle après lui, s'appuya sur un trop mauvais garant; qu'il n'affirme pas même ce point d'histoire, il se sert des mots *on dit;* mais enfin, ou Pilate écrivit les lettres, ou les premiers chrétiens, disciples des apôtres, les ont forgées. S'ils ont fait de tels actes de faux, ils étaient donc à la fois imposteurs et superstitieux; ils étaient donc les plus méprisables de tous les hommes. Or, comment des hommes si lâches étaient-ils si constants dans leur foi? C'est en vain qu'on nous répond qu'ils étaient lâches et fourbes par la bassesse de leur état et de leur âme, et qu'ils étaient constants dans leur foi par leur fanatisme.

Grotius, Abbadie, Houteville, et vous, monsieur, vous montrez assez comment ces contraires ne peuvent subsister ensemble, quelles que soient les faiblesses et les contradictions de l'esprit humain. Non-seulement ces premiers chrétiens avaient vu sans doute les actes et les lettres de Pilate, mais ils avaient vu les miracles des apôtres qui avaient constaté ceux de Jésus-Christ.

On insiste encore; on nous dit : « Les premiers chrétiens ont bien produit de fausses prédictions des sibylles; ils ont forgé des vers grecs qui pèchent par la quantité; ils ont imputé aux anciennes sibylles des vers acrostiches remplis de solécismes, que nous trouvons encore dans Justin, dans Clément d'Alexandrie, dans Lactance; ils ont supposé des Évangiles; ils ont cité d'anciennes prophéties qui n'existaient pas; ils ont cité des passages de nos quatre Évangiles, qui ne sont point dans ces Évangiles; ils ont forgé des lettres de Paul à Sénèque, et de Sénèque à Paul; ils ont supposé même des lettres de Jésus-Christ; ils ont interpolé des passages dans l'historien Josèphe, pour faire accroire que ce Josèphe, non-seulement fit mention de Jésus, mais même le regarda comme le Messie, quoique Josèphe fût un pharisien obstiné; ils ont forgé les Constitutions apostoliques, et jusqu'au Symbole des apôtres. Il est donc évident qu'ils n'étaient qu'une troupe de demi-Juifs, d'Égyptiens, de Syriens, et de Grecs factieux, qui trompaient une vile populace par les plus infâmes impostures. Ils n'avaient à combattre que des gentils abrutis par d'autres fables; et les nouvelles fables des chrétiens l'emportèrent enfin sur les anciennes, quand ils eurent prêté de l'argent à Constance Chlore et à Constantin son fils. Voilà, dit-on, l'histoire naturelle de l'établissement du christianisme; ses fondements sont l'enthousiasme, la fraude, et l'argent. »

C'est ainsi que raisonnent les nombreux partisans de Celse, de Porphyre, d'Apollonius, de Symmaque, de Libanius, de l'empereur Julien, de tous les philosophes, jusqu'au temps des Pomponace, des Cardan, des Machiavel, des Socin, de milord Herbert, de Montaigne, de Charron, de Baçon, du chevalier Temple, de Locke, de milord Shaftesbury, de Bayle, de Wollaston, de Toland, de Tindal, de Collins, de Woolston, de milord Bolingbroke, de Middleton, de Spinosa, du consul Maillet, de Boulainvilliers, du savant Fréret, de Dumarsais, de Meslier, de La Mettrie, et d'une foule prodigieuse de déistes répandus aujourd'hui dans toute l'Europe, qui, comme les musulmans, les Chinois et les anciens Parsis, croiraient insulter Dieu s'ils lui supposaient un fils qui ait fait des miracles dans la Galilée.

On croit nous terrasser par l'appareil de ces armes brillantes; mais ne nous décourageons pas. Voyons si les chrétiens sont coupables de ces crimes de faux dont on les accuse.

Je ne parlerai ici que des faux évangiles. Ils étaient, dit-on, au nombre de cinquante. On en choisit quatre vers le commencement du IIIe siècle. Quatre suffisaient en effet; mais décida-t-on que tous les autres étaient supposés par des imposteurs? Non, plusieurs de ces évangiles étaient regardés comme des témoignages très-respectables; par exemple, Tertullien, dans son livre *du Scorpion;* Origène, dans son *Commentaire sur saint Matthieu;* saint Épiphane, dans sa *Trentième leçon des hérésies des ébionites;* Eustache[1], dans son *Hexameron*, et beaucoup d'autres parlent avec un grand respect de l'*Évangile* de saint Jacques. Il est très-précieux, en ce que c'est le seul où l'on trouve la mort de Zacharie, dont Jésus parle dans saint Matthieu[2]. Cet Évangile sert d'introduction aux autres, et il n'a été probablement négligé que parce qu'il n'était pas assez étendu.

On n'a pas moins respecté celui de Nicodème; les témoignages en sa faveur sont très-nombreux; mais dans tous ces évangiles qui nous sont restés, il y a autant de miracles que dans les autres. Il est donc évident que tous ceux qui écrivirent des évangiles, étaient persuadés que Jésus avait fait un très-grand nombre de prodiges.

L'ancien livre même, intitulé *Sepher toldos Jeschut*, écrit par un Juif contre Jésus-Christ, dès le Ier siècle, ne nie point qu'il ait opéré des miracles; il prétend seulement que Judas, son adversaire, en faisait d'aussi grands, et il les attribue tous à la magie.

Les incrédules disent qu'il n'y a point de magie, que ces prodiges n'étaient crus que par des idiots, que les hommes d'État, les gens d'esprit, les philosophes, s'en sont toujours moqués; ils nous renvoient au *credat Judæus Apella* d'Horace, à toutes les marques de mépris qu'on prodigua aux Juifs et aux premiers chrétiens, regardés longtemps

1. Eustathe ou Eustathius, auteur du *Commentaire sur l'ouvrage des six jours*, mort vers le milieu du IVe siècle. (Ed.)
2. XXIII, 35. (Ed.)

comme une secte de Juifs; ils disent que si quelques philosophes, en disputant contre les chrétiens, convinrent des miracles de Jésus, c'étaient des théurgistes fanatiques qui croyaient à la magie, qui ne regardaient Jésus que comme un magicien, et qui, infatués des faux prodiges d'Apollonius de Tyane et de tant d'autres, admettaient aussi les faux prodiges de Jésus. L'aveu d'un fou fait à un autre fou, une absurdité dite à des gens absurdes, ne sont pas des preuves pour les esprits bien faits; en effet, les chrétiens, fondés sur l'histoire de la pythonisse d'Endor, et sur celle des enchanteurs d'Égypte, croyaient à la magie comme les païens; tous les Pères de l'Église, qui pensaient que l'âme est une substance ignée, disaient que cette substance peut être évoquée par des sortiléges: cette erreur a été celle de tous les peuples.

Les incrédules vont encore plus loin; ils prétendent que jamais les vrais philosophes grecs et romains n'accordèrent aux chrétiens leurs miracles, et qu'ils leur disaient seulement: « Si vous vous vantez de vos prodiges, nos dieux en ont fait cent fois davantage; si vous avez quelques oracles en Judée, l'Europe et l'Asie en sont remplies; si vous avez eu quelques métamorphoses, nous en avons mille; vos prestiges ne sont qu'une faible imitation des nôtres; nous avons été les premiers charlatans, et vous les derniers. » C'est là, continuent nos adversaires, le résultat de toutes les disputes des païens et des chrétiens. Ils concluent, en un mot, qu'il n'y a jamais eu de miracles, et que la nature a toujours été la même.

Nous leur répondons qu'il ne faut pas juger de ce qui se faisait autrefois par ce qu'on fait aujourd'hui: les miracles étaient nécessaires à l'Église naissante, ils ne le sont pas à l'Église établie; Dieu étant parmi les hommes devait agir en Dieu: les miracles sont pour lui des actions ordinaires; le maître de la nature doit toujours être au-dessus de la nature. Ainsi, depuis qu'il se choisit un peuple, toute sa conduite avec ce peuple fut miraculeuse; et quand il voulut établir une nouvelle religion, il dut l'établir par de nouveaux miracles.

Loin que ces miracles rapportés par les Juifs et par les chrétiens aient été des imitations du paganisme, ce sont au contraire les païens qui ont voulu imiter les miracles des Juifs et des chrétiens.

Nos adversaires répliquent que les païens existaient longtemps avant les Juifs; que les royaumes de Chaldée, de l'Inde, de l'Égypte, florissaient avant que les Juifs habitassent les déserts de Sin et d'Horeb; que ces Juifs, qui empruntèrent des Égyptiens la circoncision et tant de cérémonies, et qui n'eurent des voyants, des prophètes, qu'après les voyants d'Égypte, empruntèrent aussi leurs miracles. Enfin, ils font des Juifs un peuple très-nouveau. Ils auraient raison si on ne pouvait remonter qu'à Moïse; mais de Moïse, nous remontons à Abraham et à Noé par une suite continue de miracles.

Les incrédules ne se rendent pas encore; ils disent qu'il n'est pas possible que Dieu ait fait de plus grands miracles pour établir la religion juive dans un coin du monde que pour établir le christianisme dans le monde entier. Selon eux, il est indigne de Dieu de former un culte pour en donner un autre: et si le second culte vaut mieux que le premier, il est encore indigne de Dieu de ne fortifier son second culte que par de petites merveilles, après qu'il a fondé le premier sur les plus grands prodiges. Des possédés délivrés, de l'eau changée en vin, un figuier séché, n'approchent pas des plaies de l'Égypte, de la mer Rouge entr'ouverte et suspendue, et du soleil qui s'arrête.

Nous répondons avec tous les bons métaphysiciens : Il n'y a ni petits ni grands miracles, tous sont égaux; il est aussi impossible à l'homme et aussi aisé à Dieu de guérir d'un mot un paralytique, que d'arrêter le soleil; et sans examiner si les prodiges chrétiens sont plus grands que les prodiges mosaïques, il est sûr que Dieu seul a pu opérer les uns et les autres.

Des miracles typiques. — J'appelle miracles typiques ceux qui sont évidemment le type, le symbole de quelque vérité morale. Le docteur Woolston traite avec une indécence révoltante les miracles du figuier séché[1] parce qu'il ne portait pas de figues quand ce n'était pas le temps des figues; des diables envoyés dans un troupeau de deux mille cochons[2], dans un pays où il n'y avait point de cochons; de l'enlèvement de Jésus par le diable sur une montagne[3], dont on découvre tous les royaumes de la terre; de la transfiguration sur le Thabor[4], etc. : mais presque tous les Pères de l'Église ne nous avertissent-ils pas du sens mystique que ces narrations renferment?

Il est ridicule, dit-on, de faire descendre Dieu sur la terre, pour chercher à manger des figues au mois de mars, et pour sécher un figuier qui ne porte point de figues hors du temps des figues. Mais si cela n'est dit que pour avertir les hommes qu'ils doivent en tout temps porter des fruits de justice et de charité, alors il n'y a rien là que d'utile et de sage.

Les diables envoyés dans un troupeau de deux mille cochons, signifient-ils autre chose que la souillure des péchés qui vous rabaissent au rang des animaux immondes? Dieu qui permet au démon de se saisir de lui et de le transporter sur le haut d'une montagne, dont on voit tous les royaumes, ne nous donne-t-il pas une idée sensible des illusions de l'ambition? Si le diable tente Dieu, combien plus aisément tentera-t-il les hommes!

J'ose penser que les miracles de cette espèce, qui scandalisent tant d'esprits, sont semblables aux paraboles dont on se servait dans ces temps-là. On sait bien que le royaume des cieux n'est pas un grain de moutarde[5]; que jamais roi n'envoya des courriers à ses voisins pour leur dire[6] : « J'ai tué mes volailles, venez aux noces; » que nul homme n'envoya un valet sur les grands chemins forcer les borgnes et les boiteux à venir souper chez lui[7]; qu'on n'a jamais mis personne en prison[8]

1. Matthieu, XXI, 19; Marc, XI, 13. (Éd.)
2. Matthieu, VIII, 32; Marc, V, 13; Luc, VIII, 32. (Éd.)
3. Matthieu, IV, 8; Luc, IV, 5. (Éd.) — 4. Matthieu, XVII, 1; Marc, IX, 1. (Éd.)
5. Matthieu, XIII, 31; Marc, IV, 31; Luc, XIII, 19. (Éd.)
6. Matthieu, XXII, 5. (Éd.) — 7. Luc, XIV, 21. (Éd.)
8. Matthieu, XXII, 13. (Éd.)

pour n'avoir pas eu sa robe nuptiale : mais le sens de toutes ces paraboles est une instruction morale.

Me sera-t-il permis, à cette occasion, de réfuter l'opinion de ceux qui préfèrent les passages de Confucius, de Pythagore, de Zaleucus, de Solon, de Platon, de Cicéron, d'Épictète, aux discours de Jésus-Christ, qui leur paraissent trop populaires et trop bas? Tous ces philosophes écrivaient pour des philosophes, mais Jésus-Christ n'écrivit jamais. Il n'est pas dit même qu'en qualité d'homme il ait daigné apprendre à écrire. Il parlait au peuple; et à quel peuple? à celui de Capharnaüm et des bourgades de la Galilée. Il se conformait donc au langage du peuple. Il était roi, mais il ne se donnait pas pour roi. Il était Dieu, mais il ne s'annonçait pas pour Dieu. Il était pauvre, et il évangélisait les pauvres. Nos adversaires ne peuvent pas souffrir que les évangélistes fassent dire à Dieu que « le blé doit pourrir pour germer[1]; qu'on ne met point de vin nouveau dans de vieilles futailles[2], etc. » Cela est non-seulement bas, disent-ils, mais cela est faux. Premièrement, les comparaisons prises des choses naturelles ne sont pas basses; il n'est rien de petit ni de grand aux yeux du maître de la nature. Secondement, ce qui est faux en soi ne l'était pas dans l'opinion du peuple. On réplique que Dieu pouvait corriger ces préjugés, au lieu de s'y asservir. Et nous répliquons, à notre tour, que Dieu vint enseigner la morale, et non la physique.

Des miracles promis par Jésus-Christ. — Jésus-Christ promet, dans saint Luc[3], qu'il viendra dans les nuées avec une grande puissance et une grande majesté, avant que la génération présente soit passée. Dans saint Jean[4], il promet le même miracle. Saint Paul en conséquence dit aux Thessaloniciens[5] qu'ils iront ensemble au-devant de Jésus, au milieu de l'air. Ce grand miracle, disent les incrédules, ne s'accomplit pas plus que celui du transport des montagnes, promis à quiconque aura un grain de foi[6].

Mais on répond que l'avénement de Jésus au milieu des nuages est réservé pour la fin du monde qu'on croyait alors prochaine. Et à l'égard de la promesse de transporter les montagnes, c'est une expression qui marque que nous n'avons presque jamais une foi parfaite; comme la difficulté de faire passer un chameau par le trou d'une aiguille[7] prouve seulement la difficulté qu'un homme riche soit sauvé.

De même, si l'on prenait à la lettre la plupart des expressions hébraïques dont le *Nouveau Testament* est rempli, on serait exposé à se scandaliser : « Je ne suis point venu apporter la paix, mais le glaive[8], » est un discours qui effraye les faibles. Ils disent que c'est annoncer une mission destructive et sanguinaire; que ces paroles ont servi d'excuse aux persécuteurs et aux massacres pendant plus de quatorze siècles;

1. *I Corinth.*, XV, 36. (ÉD.)
2. Matthieu, IX, 17; Marc, II, 22; Luc, V, 37, 38. (ÉD.) — 3. XXI, 27. (ÉD.)
4. Ce n'est pas dans saint Jean, mais dans saint Matthieu, XXIV, 30, et XXVI, 64; saint Marc, XIII, 26, et XIV, 62. (ÉD.)
5. IV, 16. (ÉD.) — 6. Matthieu, XVII, 19. (ÉD.) — 7. Matthieu, XIX, 24. (ÉD.)
8. Matthieu, X, 34. (ÉD.)

et cette idée est un prétexte à beaucoup de personnes pour haïr la religion chrétienne. Mais quand on veut bien considérer que par ces paroles il faut entendre les combats qui s'élèvent dans le cœur, et le glaive dont on coupe les liens qui nous attachent au monde, alors on s'édifie au lieu de se révolter. Ainsi les miracles de Jésus et ses paraboles sont autant de leçons.

Des miracles des apôtres. — On demande comment des langues de feu [1] descendirent sur la tête des apôtres et des disciples dans un galetas? comment chaque apôtre, en ne parlant que sa langue, parlait en même temps celle de plusieurs peuples qui l'entendaient, chacun dans son idiome? comment chaque auditeur, entendant prêcher dans sa langue, pouvait dire que les apôtres étaient ivres de vin nouveau au mois de mai? On peut bien, dit-on, prendre pour un homme ivre celui qui parle sans se faire entendre de personne, mais non celui qui se fait entendre de tout le monde.

Ces petites difficultés, tant de fois proposées, ne doivent faire aucune peine; car dès qu'on est convenu que Dieu a fait des miracles pour substituer le christianisme au judaïsme, on ne doit pas incidenter sur la manière dont Dieu les a opérés; il est également le maître de la fin et des moyens. Si un médecin vous guérit, lui reprochez-vous la manière dont il s'y est pris pour vous guérir? Vous êtes étonnés, par exemple, que les apôtres aient guéri des malades par leur ombre [2]; vous dites que l'ombre n'est que la privation de la lumière, que le néant n'a point de propriété. Cette objection tombe dès que vous convenez de la puissance des miracles. Elle n'aurait quelque poids que dans ceux qui disent que Dieu ne peut faire de miracles inutiles; et c'est ce qu'il faut examiner.

Les prodiges de Jésus et des apôtres paraissent inutiles à nos contradicteurs. Le monde, disent-ils, n'en a pas été meilleur; la religion chrétienne, au contraire, a rendu les hommes plus méchants, témoin les massacres des Manichéens, des Ariens, des Athanasiens, des Vaudois, des Albigeois, témoin tant de schismes sanglants, témoin enfin la Saint-Barthélemy. Mais c'est là l'abus de la religion chrétienne, et non son institution. En vain vous dites que l'arbre qui porte toujours de tels fruits est un arbre de mort : il est un arbre de vie pour le petit nombre des élus qui constituent l'Église triomphante; c'est donc en faveur de ce petit nombre des élus que tous les miracles ont été faits. S'ils ont été inutiles à la plus grande partie des hommes, qui est corrompue, ils ont été utiles aux saints. Mais fallait-il, dites-vous, que Dieu vînt sur la terre, et qu'il mourût pour laisser presque tous les hommes dans la perdition? A cela je n'ai rien à répondre, sinon : Soyez juste, et vous ne serez point réprouvé. — Mais si j'avais été juste sans être racheté, serais-je réprouvé? — Ce n'est point à moi d'entrer dans les secrets de Dieu, et je ne puis que me recommander avec vous à sa miséricorde.

1. *Actes*, II, 3-13. (Éd.) — 2. *Id.*, V, 15. (Éd.

La mort d'Anānie et de Saphire [1] vous scandalise; vous êtes effrayé que Pierre fasse un double miracle pour faire mourir subitement la femme après l'époux, qui ne sont coupables que de n'avoir pas donné tout leur bien à l'Église, et d'en avoir retenu quelques oboles pour leurs nécessités pressantes sans l'avoir avoué; vous osez prétendre que ce miracle a été inventé pour forcer les pères de famille à se dépouiller de tout en faveur des prêtres : vous vous trompez; c'était un vœu fait à Dieu même : Dieu est le maître de punir les violateurs des serments.

Vous vous retranchez à dire que tous ces miracles ont été écrits plusieurs années après le temps où l'on pouvait les examiner, après les témoins morts; que ces livres ne furent communiqués qu'aux initiés de la secte; que les magistrats romains n'en eurent pendant cent cinquante ans aucune connaissance; que l'erreur prit racine dans des caves et dans des greniers ignorés. Je vous renvoie alors à l'empereur Tibère, qui délibéra sur la divinité de Jésus; à l'empereur Adrien, qui mit dans son oratoire le portrait de Jésus; à l'empereur Philippe, qui adora Jésus. Vous me niez ces faits : alors je vous renvoie à l'établissement de la religion chrétienne, qui est lui-même un grand miracle. Vous me niez encore que cet établissement soit miraculeux; vous me dites que notre sainte religion ne s'est formée que comme toutes les autres sectes dans le fanatisme et dans l'obscurité, comme l'anabaptisme, le quakerisme, le moravisme, le piétisme, etc. Alors je ne puis que vous plaindre; vous me plaignez aussi. Qui de nous deux se trompe? Je produis mes titres qui remontent jusqu'à l'origine du monde, et vous n'avez pour vous que votre raison; j'ai aussi la mienne que je prie Dieu d'éclairer : vous ne regardez le christianisme que comme une secte d'enthousiastes, semblable à celles des esséniens, des judaïtes, des thérapeutes, fondée d'abord sur le judaïsme, ensuite sur le platonisme, changeant d'article de foi à chaque concile, s'occupant sans relâche de disputes d'autant plus dangereuses qu'elles sont inintelligibles, versant le sang pour ces vaines disputes, et ayant troublé toute la terre habitable depuis l'île d'Angleterre jusqu'aux îles du Japon. Vous ne voyez dans tout cela que la démence humaine; et moi j'y vois la sagesse divine, qui a conservé cette religion malgré nos abus. Je vois comme vous le mal, et vous n'apercevez pas le bien; examinez avec moi, comme j'examine avec vous.

Des miracles après le temps des apôtres. — Jésus, ayant la puissance de faire des miracles, put la communiquer; s'il la communiqua aux apôtres, il put la donner aux disciples. Les incrédules triomphent de voir que ce don s'affaiblit de siècle en siècle. Ils insultent à la fraude pieuse des historiens chrétiens, et ils disent que parmi tous les miracles dont nous ornons encore les premiers siècles, il n'y en a aucun de prouvé, aucun de vraisemblable, aucun de constaté par les magistrats romains, ni dont leurs historiens romains aient fait mention. Au contraire, les archives de Rome, les monuments publics, les histoires

1. *Actes*, V, 1 et suiv. (ÉD.)

attestent les deux miracles de l'empereur Vespasien, qui, étant sur son tribunal, dans Alexandrie, rendit publiquement la vue à un aveugle, et l'usage de ses membres à un paralytique. Si donc, disent-ils, ces deux miracles si authentiques et si célèbres n'attirent aujourd'hui aucune croyance, quelle foi pourrons-nous ajouter aux prétendus prodiges des chrétiens, prodiges opérés dans la fange d'une populace ignorée, recueillis longtemps après, et accompagnés pour la plupart de circonstances ridicules?

Que pouvons-nous penser, disent-ils, de la *Vie des Pères du désert*, écrite par Jérôme? Ici, c'est un saint Pacôme qui, quand il veut voyager, se fait porter par un crocodile; là, c'est un saint Amon qui, s'étant dépouillé tout nu pour passer un fleuve à la nage, est transporté subitement à l'autre bord, de peur d'être mouillé; plus loin, un corbeau apporte tous les jours une moitié de pain à l'ermite Paul pendant soixante années; et quand l'ermite Antoine vient visiter Paul, le corbeau apporte un pain entier.

Que dirons-nous des miracles rapportés dans les *Actes des martyrs*? sept vierges chrétiennes, par exemple, dont la plus jeune a soixante-dix ans, sont condamnées par le magistrat de la ville d'Ancyre à être les victimes de la lubricité des jeunes gens de la ville. Un saint cabaretier chrétien[1], instruit du danger que courent ces vierges, prie Dieu de les faire mourir pour prévenir la perte de leur virginité; Dieu l'exauce; le juge d'Ancyre les fait jeter dans un lac; elles apparaissent au cabaretier, et se plaignent à lui d'être sur le point de se voir mangées par les poissons; le cabaretier va pendant la nuit pêcher les sept vieilles; un ange à cheval, précédé d'un flambeau céleste, le conduit au lac; il ensevelit les vierges, et pour récompense, il reçoit la couronne du martyre.

Nos prétendus sages font des collections de cent miracles de cette nature, ils nous insultent; ils disent (car il ne faut dissimuler aucune de leurs témérités): « Si les *Actes des martyrs* portaient que ce cabaretier changea l'eau en vin, nous n'en croirions rien, quoique ce soit une opération de son métier: pourquoi donc croirions-nous au miracle des noces de Cana, qui semble encore plus indigne de la majesté d'un Dieu que convenable à la profession d'un cabaretier? »

Cet argument dont s'est servi Woolston ne me paraît, je l'avoue, qu'un blasphème; car en quoi est-il indigne de Dieu de se prêter à la joie innocente des convives, dès qu'il daigne être à table avec eux? et s'il a bien voulu faire de tels miracles, pourquoi ne les opérera-t-il pas ensuite par les mains de ses élus? Les prodiges de l'*Ancien* et du *Nouveau Testament*, une fois admis, peuvent être répétés dans tous les siècles; et si on n'en fait plus aujourd'hui, c'est, comme on l'a dit tant de fois, que nous n'en avons plus besoin.

Grande objection des incrédules combattue. — La dernière ressource de ceux qui n'écoutent que leur raison trompeuse, est de nous dire que

1. Théodote. (ÉD.)

nous avons plus besoin de miracles que jamais. L'Église, disent-ils, est réduite à l'état le plus déplorable.

Anéantie dans l'Asie et dans l'Afrique, esclave en Grèce, dans l'Illyrie, dans la Mésie, dans la Thrace, elle est déchirée dans le reste de l'Europe, partagée en plus de vingt sectes qui se combattent, et saignante encore des meurtres de ses enfants; trop brillante dans quelques États, trop avilie dans d'autres, elle est plongée dans le luxe ou dans la fange. La mollesse la déshonore, l'incrédulité lui insulte; elle est un objet d'envie ou de pitié; elle crie au ciel : « Rétablissez-moi comme vous m'avez produite; » elle demande des miracles comme Rachel demandait des enfants[1]. Ces miracles, sans doute, n'étaient pas plus nécessaires quand Jésus enseignait et persuadait, qu'aujourd'hui que nos pasteurs enseignent et ne persuadent pas.

Tel est le raisonnement de nos adversaires : il paraît spécieux; mais ne peut-on pas lui faire une réponse solide? Jésus fit des miracles dans les premiers siècles pour établir la foi, il n'en fit jamais pour inspirer la charité : c'est surtout de charité que nous avons besoin. Le grand miracle destiné à produire cette vertu qui nous manque, est de parler au cœur et de le toucher; demandons ce prodige, et nous l'obtiendrons. Tant de sectes, tant de savants ne pourront jamais penser d'une manière uniforme; mais nous pourrons nous supporter, et même nous aimer.

Spinosa ne croyait à aucun miracle; mais il partagea le peu de bien qui lui restait avec un ami indigent qui les croyait tous. Eh bien! plaignons l'aveuglement de Benoît Spinosa, et imitons sa morale; étant plus éclairés que lui, soyons, s'il se peut, aussi vertueux.

Je ne regarde ce faible discours que comme des questions qu'un écolier fait à son maître.

Je suis, monsieur, avec respect, etc.

LETTRE II.

MONSIEUR, attaché comme vous à notre sainte religion, par mon état et par mon cœur, instruit par vos leçons, désirant de vous imiter, et incapable de vous atteindre, je vois avec douleur qu'on n'a pas soutenu la vérité de nos miracles avec autant de sagacité et de profondeur que vous. On a déclamé à la manière ordinaire[2] en supposant toujours ce qui est en question, en disant : « Les miracles de Jésus sont vrais, puisqu'ils sont rapportés dans les Évangiles. » Mais on devait commencer par prouver ces Évangiles, ou du moins renvoyer les

1. *Genèse*, XXX, 1. (ÉD.)

2. Dans les *Lettres de la Plaine*, ouvrage que M. l'abbé Sigorgne, grand vicaire de Mâcon, opposa aux *Lettres de la Montagne*, de J. J. Rousseau, écrites pour répondre aux *Lettres de la Campagne*, de M. Tronchin. M. l'abbé Sigorgne est l'auteur des *Institutions newtoniennes*, et c'est lui qui, le premier, a osé enseigner dans l'Université de Paris les vérités démontrées par Newton. Mais puisque le géomètre Fatio a bien voulu faire des miracles, pourquoi trouverait-on mauvais qu'un autre géomètre ait la bonté d'y croire? (*Éd. de Kehl.*)

lecteurs aux Pères de l'Église qui les ont prouvés, et rapporter leurs raisons victorieuses.

Il faudrait être philosophe, théologien et savant, pour traiter à fond cette question. Vous réunissez ces trois caractères : je m'adresse encore à vous pour savoir comment un philosophe doit admettre les miracles, et comment un théologien savant en prouve l'authenticité.

Comment les philosophes peuvent admettre les miracles. — Hobbes, Collins, milord Bolingbroke et d'autres, demandent d'abord s'il est vraisemblable que Dieu dérange le plan de l'univers; si l'Être éternel, en faisant ses lois, ne les a pas faites éternelles; si l'Être immuable ne l'est pas dans ses ouvrages; s'il est vraisemblable que l'Être infini ait des vues particulières, et qu'ayant soumis toute la nature à une règle universelle, il la viole pour un seul canton dans ce petit globe; si, tout étant visiblement enchaîné, un seul chaînon de la chaîne universelle peut se déranger sans que la constitution de l'univers en souffre; si, par exemple, la terre s'étant arrêtée pendant neuf à dix heures dans sa course et la lune dans la sienne, pour favoriser la défaite de quelques centaines d'Amorrhéens, il n'était pas absolument nécessaire que tout le reste du monde planétaire fût bouleversé.

Il est évident que la terre et la lune s'arrêtant dans leur cours, l'heure des marées a dû changer. Les points de ces deux planètes, dirigés vers les points correspondants des autres astres, ont dû avoir une nouvelle direction, ou toutes les autres planètes ont dû s'arrêter aussi. Le mouvement de projectile et de gravitation ayant été suspendu dans toutes les planètes, il faut que les comètes s'en soient ressenties; le tout pour tuer quelques malheureux déjà écrasés par une pluie de pierres; tandis qu'il paraissait plus digne de la sagesse éternelle d'éclairer et de rendre heureux tous les hommes sans miracle, que d'en faire un si grand dans la seule vue de donner à Josué plus de temps pour achever de massacrer quelques fuyards assommés.

C'est bien pis quand il s'agit de l'étoile nouvelle qui parut dans les cieux, et qui conduisit les mages d'orient en occident. Cette étoile ne pouvait être moindre que notre soleil, qui surpasse la terre un million de fois en grosseur. Cette masse énorme, ajoutée à l'étendue, devait déranger le monde entier composé de ces soleils innombrables appelés étoiles, qui probablement sont entourés de planètes. Mais que dut-il arriver quand elle marcha dans l'espace malgré la loi qui retient toutes les étoiles fixes dans leurs places? Les effets d'une telle marche sont inconcevables.

Voilà donc non-seulement notre monde planétaire bouleversé, mais tous les mondes possibles aussi, et pourquoi? Pour que dans ce petit tas de boue appelé la terre, les papes s'emparassent enfin de Rome, que les bénédictins fussent trop riches, qu'Anne Dubourg fût pendu à Paris, et Servet brûlé vif à Genève.

Il en est de même de plusieurs autres miracles. La multiplication de trois poissons et de cinq pains nourrit abondamment cinq mille personnes. Que chacun ait mangé la valeur de trois livres, cela compose quinze mille livres de matières tirées du néant, et ajoutées à la masse commune. Ce sont là, je crois, les plus fortes objections.

C'est à vous, monsieur, de résoudre par une saine philosophie, sans contradiction et sans verbiage, ces difficultés philosophiques, et de montrer qu'il est égal à Dieu que les lois éternelles soient continuées ou suspendues, que les Amorrhéens périssent ou se sauvent, et que cinq mille hommes jeûnent ou repaissent. Dieu a pu, parmi les mondes innombrables qu'il a formés, choisir cette planète, quoique une des plus petites, pour y déranger ses lois; et si on prouve qu'il l'a fait, nous triomphons de la vaine philosophie. Votre théologie et votre science seront encore moins embarrassées à mettre dans un jour lumineux l'authenticité de tous les miracles de l'*Ancien* et du *Nouveau Testament*.

Évidence des miracles de l'Ancien Testament. — Abbadie, en prouvant, comme il a fait, les prodiges de Moïse, est peut-être tombé dans le défaut si commun à tous les auteurs, de supposer toujours ce qu'on examine. Les incrédules recherchent si Moïse a existé; si un seul des écrivains profanes a parlé de Moïse avant que les Hébreux eussent traduit leurs histoires en grec; si l'homme dont les Hébreux ont fait leur Moïse, n'était pas ce Misem des Arabes, tant célébré dans les vers orphiques, et dans les anciennes orgies de la Grèce, avant que les nations eussent entendu parler de Moïse. Ils recherchent pourquoi Flavius Josèphe, en citant les auteurs égyptiens qui ont parlé de sa nation, n'en cite aucun qui ait dit un seul mot des miracles de Moïse. Ils croient que les livres qui lui sont imputés n'ont pu être écrits que sous les rois juifs, et ils se fondent, quoique mal à propos, sur des passages de ces mêmes livres.

Abbadie, au lieu de sonder toutes ces profondeurs, tire son grand argument de ce que Moïse n'aurait jamais pu dire à six cent trente mille combattants, que la mer s'était ouverte pour eux, afin qu'ils pussent s'enfuir, si ces six cent trente mille hommes n'en avaient été témoins; et c'est précisément ce qui est en dispute. Les incrédules ne disent pas: « Moïse a trompé six cent trente mille soldats qui ont cru voir ce qu'ils n'avaient pas vu; » ils disent: « Il est impossible que Moïse ait eu six cent trente mille soldats, ce qui supposerait près de trois millions de personnes; et il est impossible que soixante-dix Hébreux, réfugiés en Égypte, aient produit trois millions d'habitants en deux cent quinze ans. »

Il n'est pas probable que si Moïse avait eu trois millions de suivants à ses ordres, et Dieu à leur tête, il se fût enfui en lâche; il n'est pas probable que, s'il a écrit, il ait écrit autrement que sur des pierres; il est dit que Josué fit écrire tout le *Deutéronome*[1] sur un autel de pierres brutes, enduites de mortier; il n'est pas probable que le dépôt de ces pierres se soit conservé, quand les Juifs furent esclaves après Josué; il ne l'est pas que Moïse ait écrit, il ne l'est pas même qu'il ait existé; et d'ailleurs toute la théogonie des Juifs semble prise des Phéniciens,

1. Josué VIII, 32. (Éd.)

auprès de qui la troupe juive eut très-tard un très-petit établissement.

Il vous appartient, monsieur, beaucoup plus qu'au docteur Abbadie, de réfuter tous ces vains raisonnements, et de montrer que si la nation juive est beaucoup plus récente que les nations de Phénicie, de Chaldée, d'Égypte, la race juive remonte plus haut dans l'antiquité. Vous descendrez d'Adam à Abraham, et d'Abraham à Moïse. Vous ferez voir que Dieu s'est manifesté par des miracles continuels à cette race chérie et réprouvée; vous nous apprendrez par quels ressorts secrets de la Providence, les Juifs, toujours gouvernés par Dieu même, et commandant si souvent en maîtres à la nature entière, ont été pourtant le plus malheureux de tous les peuples, ainsi que le plus petit, le plus ignorant, le plus cruel et le plus absurde; comment il fut à la fois miraculeux par la protection et par la punition divine, par sa splendeur secrète et par son abrutissement connu. On nous objecte sa grossièreté; mais la grandeur de son Dieu en éclate davantage. On nous objecte que les lois de ce peuple ne lui parlaient point de l'immortalité de l'âme; mais Dieu, qui le gouvernait, le punissait ou le récompensait en cette vie par des effets miraculeux.

Qui mieux que vous pourra démontrer que Dieu, ayant choisi un peuple, devait le conduire autrement que les législateurs ordinaires, et que par conséquent tout devait être prodige sous la main de celui qui seul peut faire des prodiges? Ensuite, vous élevant de miracle en miracle, vous en viendrez au *Nouveau Testament*.

Des miracles du Nouveau Testament. — Les miracles du *Nouveau Testament* doivent sans doute être reconnus pour incontestables, puisque les seuls livres qui en parlent sont incontestables. Les faits les plus ordinaires n'obtiennent point de croyance, si les témoignages ne sont pas authentiques; à plus forte raison les faits prodigieux sont-ils rejetés. Souvent même on les réprouve, malgré les attestations les plus formelles; souvent on dit qu'une chose improbable en elle-même ne peut devenir probable par des histoires. Les incrédules prétendent qu'on doit plutôt croire que les historiens ont erré, qu'on ne doit croire que la nature se soit démentie. Il était plus aisé à un Juif ou à un demi-Juif de dire des sottises, qu'aux astres de changer leur cours. Je dois plutôt penser que les Juifs avaient l'esprit bouché, que je ne dois penser que le ciel se soit ouvert. Tel est leur téméraire langage.

Il faut donc au moins que les livres qui annoncent des choses si incroyables aient été examinés par les magistrats; que les preuves de ces prodiges aient été déposées dans les archives publiques; que les auteurs de ces livres ne se soient jamais contredits sur la plus légère circonstance, sans quoi ils sont légitimement suspects de tromper sur les plus graves. Il faut avoir cent fois plus d'attention, de scrupule, de sévérité dans l'examen d'une chose à laquelle on dit le salut du genre humain attaché, que dans le plus grand procès criminel. Or il n'y a point d'accusation dans un procès qui ne soit déclarée calomnieuse, ou du moins fausse, si les témoins se contredisent

Comment donc, continuent nos adversaires, pourrons-nous croire à ces Évangiles, qui se contredisent continuellement? Matthieu[1] fait descendre Jésus d'Abraham par quarante-deux générations, quoique dans son compte il ne s'en trouve que quarante et une; et encore se trompe-t-il en faisant Josias père de Jéchonias.

Luc[2] fait descendre Jésus du même Abraham par cinquante-six générations, et elles sont absolument différentes de celles que Matthieu rapporte. De plus, cette généalogie est celle de Joseph, qui n'est pas le père de Jésus. Les incrédules demandent dans quel tribunal on déciderait de l'état d'un homme sur de telles preuves.

Matthieu fait enfuir Marie Joseph, et Jésus en Egypte, après l'apparition de la nouvelle étoile, l'adoration des mages, et le massacre des petits enfants. Luc ne parle ni du massacre, ni des mages, ni de l'étoile, et maintient que Jésus resta constamment dans la Palestine. Y a-t-il, disent les réfractaires, une contradiction plus grande?

Trois évangélistes semblent formellement opposés à Jean : Matthieu, Marc, et Luc, ne font vivre Jésus qu'environ trois mois après son baptême; et Jean, après ce même baptême, le fait aller trois fois à Jérusalem pour faire la pâque, ce qui suppose au moins trois années.

On sait combien d'autres contradictions les incrédules reprochent aux auteurs sacrés; mais ils ne se bornent pas à ces reproches si connus. Quand même, disent-ils, les quatre Évangiles reçus seraient entièrement uniformes; quand même les quarante-six autres, qui furent rejetés avec le temps, déposeraient des mêmes faits; quand même tous les auteurs de ces livres auraient été des témoins oculaires, nul homme sensé ne doit, sur leur parole, croire des prodiges inconcevables, à moins que ces prodiges qui choquent la raison, n'aient été juridiquement constatés avec la publicité la plus authentique.

Or, disent-ils, ces prodiges n'ont point été constatés, et ils choquent la raison; car il ne leur semble pas raisonnable que Dieu se soit fait Juif plutôt que Romain; qu'il soit né d'une femme vierge; que Dieu ait eu un frère aîné, nommé Jacques; que Dieu ait été emporté sur une montagne par le diable, et que Dieu, enfin, ait fait tant de miracles pour être outragé, pour être supplicié, pour rendre le monde beaucoup plus méchant qu'il n'était auparavant, pour amener sur la terre des guerres civiles de religion, dont on n'avait jamais entendu parler, pour exterminer la moitié du genre humain, et pour soumettre l'autre à un tyran et à des moines.

Ils disent que ces miracles, sur lesquels autrefois les moines en élevèrent tant d'autres pour nous ravir notre liberté et nos biens, n'ont été écrits que quatre-vingts ans après Jésus, dans le plus grand secret, par des hommes très-obscurs, qui cachaient leurs livres aux gentils avec le scrupule le plus religieux, et qui ne formèrent une secte qu'à la faveur du mépris qui les dérobait au reste des hommes.

De plus, disent-ils, il est avéré que les premiers chrétiens forgèrent mille faux actes, et jusqu'à des prophéties de sibylles, comme on l'a

1. Chap. I. (Éd.) — 2. Chap. III. (Éd.)

déjà dit. S'ils sont donc reconnus faussaires sur tant de points, ils doivent être reconnus faussaires sur les autres. Or les Évangiles sont les seuls monuments des miracles de Jésus; ces Évangiles si longtemps ignorés se contredisent : donc ces miracles sont d'une fausseté palpable.

Ces objections, qu'il ne faut pas dissimuler, ont paru si spécieuses, qu'on y répond encore tous les jours. Mais, disent-ils, toujours répondre est une preuve qu'on a mal répondu : car si on avait terrassé son ennemi du premier coup, on n'y reviendrait pas à tant de fois.

On ne soutient plus aujourd'hui la donation de Constantin au pape Sylvestre, ni l'histoire de la papesse Jeanne, ni tant d'autres contes : pourquoi? c'est qu'ils ont été détruits par la raison, et que tout le monde à la longue se rend à la raison, quand on la montre. Mais il faut bien que la matière des miracles n'ait pas encore été éclaircie, puisqu'on agite encore aujourd'hui cette question avec le plus grand acharnement.

Je vous ai exposé, monsieur, naïvement les objections des incrédules, qui me font frémir. Il ne faut ni les dissimuler ni les affaiblir, parce qu'avec le bouclier de la foi on repousse tous les traits de l'enfer. Que ces messieurs lisent seulement les livres de la primitive Église, les Tertullien, les Origène, les Irénée, et ils seront bien étonnés. C'est à vous, monsieur, de nous tenir lieu de tous ces grands hommes.

Personne assurément n'est plus en état que vous de mettre fin à ces disputes, et de nous délivrer d'un si grand scandale; personne ne fera mieux voir combien les miracles étaient nécessaires, à quel point ils sont évidents, quoiqu'on les combatte; pourquoi ils furent ignorés du sénat et des empereurs, ayant été si publics; pourquoi, lorsqu'ils furent plus connus des Romains, ils furent quelquefois attribués à la magie, dont toute la terre était infectée; pourquoi il y avait tant de possédés; comment les Juifs chassaient les diables avant Jésus-Christ; comment les chrétiens eurent le même privilége, qu'ils n'ont plus. Développez-nous ce qu'en disent Tertullien, Origène, Clément Alexandrin, Irénée. Ouvrez-nous les sources où vous puisez la vérité; noyez l'incrédulité dans ses eaux salutaires, et raffermissez la foi chancelante des fidèles.

Le cœur me saigne quand je vois des hommes remplis de science, de bon sens, et de probité, rejeter nos miracles, et dire qu'on peut remplir tous ses devoirs sans croire que Jonas ait vécu trois jours et trois nuits dans le ventre d'une baleine, lorsqu'il allait par mer à Ninive, qui est au milieu des terres. Cette mauvaise plaisanterie n'est pas digne de leur esprit, qui d'ailleurs mérite d'être éclairé. J'ai honte de vous en parler; mais elle me fut répétée hier dans une si grande assemblée, que je ne peux m'empêcher de vous supplier d'émousser la pointe de ces discours frivoles par la force de vos raisons. Prêchez contre l'incrédulité, comme vous avez prêché contre le loup qui ravage mon cher pays du Gévaudan[1], dont je suis natif : vous aurez le même succès, et tous nos citoyens, bourgeois, natifs, et habitants, vous béniront, etc.

1. Cette bête, après avoir épouvanté l'Auvergne et le Gévaudan, pendant

Lettre III. — *Du proposant à M. le professeur en théologie.*

Monsieur, je vous prie de venir à mon secours contre un grand seigneur allemand[1] qui a beaucoup d'esprit, de science, et de vertu, et qui malheureusement n'est pas encore persuadé de la vérité des miracles opérés par notre divin Sauveur. Il me demandait hier pourquoi Jésus aurait fait ces miracles en Galilée. Je lui dis que c'était pour établir notre sainte religion à Berlin, dans la moitié de la Suisse, et chez les Hollandais.

« Pourquoi donc, dit-il, les Hollandais ne furent-ils chrétiens qu'au bout de huit cents années? pourquoi donc n'a-t-il pas enseigné lui-même cette religion? Elle consiste à croire le péché originel, et Jésus n'a pas fait la moindre mention du péché originel; à croire que Dieu a été homme, et Jésus n'a jamais dit qu'il était Dieu et homme tout ensemble; à croire que Jésus avait deux natures, et il n'a jamais dit qu'il eût deux natures; à croire qu'il est né d'une vierge, et il n'a jamais dit qu'il fût né d'une vierge; au contraire, il appelle sa mère *femme*; il lui dit durement[2] : « Femme, qu'y a-t-il entre vous et moi? » à croire que Dieu est né de David, et il se trouve qu'il n'est point né de David; à croire sa généalogie, et on lui en a fait deux qui se contredisent absolument.

« Cette religion consiste encore dans certains rites, dont il n'a jamais dit un seul mot. Il est clair, par vos Évangiles, que Jésus naquit Juif, vécut Juif, mourut Juif; et je suis fort étonné que vous ne soyez pas Juif. Il accomplit tous les préceptes de la loi juive : pourquoi les réprouvez-vous?

« On lui fait dire même dans un Évangile[3] : « Je ne suis pas venu « détruire la loi, mais l'accomplir. » Or est-ce accomplir la loi mosaïque que d'en avoir tous les rites en horreur? Vous n'êtes point circoncis, vous mangez du porc, du lièvre et du boudin : en quel endroit de l'Évangile Jésus vous a-t-il permis d'en manger? Vous faites et vous croyez tout ce qui n'est pas dans l'Évangile : comment donc pouvez-vous dire qu'il est votre règle? Les apôtres de Jésus observaient la loi juive comme lui. « Pierre et Jean montèrent au temple à l'heure neu-

assez longtemps, fut tuée, le 20 septembre 1765, près de la ville de Langeac. Portée en poste à Versailles, et présentée à Louis XV, elle fut reconnue effectivement pour un loup du poids de cent trente livres, et de la hauteur de trente-deux pouces. (Éd.)

1. Ce grand seigneur allemand est nommé le comte de K..., à la fin de la lettre XII, dans l'édition de 1765, et le comte de *Hiss-Priest-Craft*, au commencement de la XIIe lettre, dans les éditions postérieures et dans celle-ci. Il est dit, dans la XXe lettre, qu'il demeurait en Souabe. On pourrait, à plus d'un trait, reconnaître en M. le comte de *Hiss-Priest-Craft*, qui *siffle, censure les ruses et impostures sacerdotales*, M. le comte de Ferney lui-même, qui se cachait quelquefois sous le nom de *Misopriest* : mais il est plus vraisemblable que le proposant Voltaire a entendu désigner indirectement ici Frédéric II, roi de Prusse et comte de Neufchâtel, cité sous ce dernier titre dans la première page de la XIVe lettre. (Éd.)

2. Jean, II, 4. (Éd.) — 3. Matthieu, V, 17. (Éd.)

« vième de l'oraison. » (*Actes des apôtres*, chap. XVI[1].) Paul alla, longtemps après, judaïser dans le temple pendant huit jours, selon le conseil de Jacques. Il dit à Festus : « Je suis pharisien[2]. » Aucun apôtre n'a dit : « Renoncez à la loi de Moïse. » Pourquoi donc les chrétiens y ont-ils entièrement renoncé dans la suite des temps? »

Je lui répondis avec cette modération qui sied si bien à la vérité, et avec la modestie convenable à ma médiocrité : « Si Dieu n'a rien écrit, et si dans les Évangiles Dieu n'a point enseigné expressément la religion chrétienne, telle que nous l'observons aujourd'hui, ses apôtres y ont suppléé; s'ils n'ont pas tout dit, les Pères de l'Église ont annoncé ce que les apôtres avaient préparé; enfin les conciles nous ont appris ce que les apôtres et les Pères avaient cru ne devoir pas dire. Ce sont les conciles, par exemple, qui nous ont enseigné la consubstantialité, les deux natures dans une seule personne, et une seule personne avec deux volontés. Ils nous ont appris que la paternité n'appartient pas au fils, mais qu'il a la vertu productive, et que l'esprit ne l'a pas, parce que le Saint-Esprit procède, et n'est pas engendré; et bien d'autres mystères encore, sur lesquels Jésus, les apôtres, les Pères, avaient gardé le silence; il faut que le jour vienne après l'aurore.

— Laissez là votre aurore, me répondit-il; une comparaison n'est pas une raison. Je suis trop entouré de ténèbres. Je conviens que les objets principaux de votre foi ont été déterminés dans des conciles; mais aussi d'autres conciles, non moins nombreux, ont admis une doctrine toute contraire. Il y a eu autant de conciles en faveur d'Arius et d'Eusèbe qu'en faveur d'Athanase.

« Comment Dieu serait-il venu mourir sur la terre par le plus grand et le plus infâme des supplices, pour ne pas annoncer lui-même sa volonté, pour laisser ce soin à des conciles qui ne s'assembleraient qu'après plusieurs siècles, qui se contrediraient, qui s'anathématiseraient les uns les autres, et qui feraient verser le sang par des soldats et par des bourreaux?

« Quoi! Dieu vient sur la terre, il y naît d'une vierge, il y habite trente-trois ans, il y périt du supplice des esclaves, pour nous enseigner une nouvelle religion; et il ne nous l'enseigne pas! il ne nous apprend aucun de ses dogmes! il ne nous commande aucun rite! tout se fait, tout s'établit, se détruit, se renouvelle avec le temps à Nicée, à Chalcédoine, à Éphèse, à Antioche, à Constantinople, au milieu des intrigues les plus tumultueuses et des haines les plus implacables! Ce n'est enfin que les armes à la main qu'on soutient le pour et le contre de tous ces dogmes nouveaux.

« Dieu, quand il était sur la terre, a fait la pâque en mangeant un agneau cuit dans des laitues; et la moitié de l'Europe, depuis plus de huit siècles, croit faire la pâque en mangeant Jésus-Christ lui-même en chair et en os. Et la dispute sur cette façon de faire la pâque a fait

1. Ce n'est pas au chap. XVI, comme le dit Voltaire, mais au chap. III, verset 1. (ÉD.)
2. *Actes*, XXIII, 6. (ÉD.)

couler plus de sang que les querelles des maisons d'Autriche et de France, des Guelfes et des Gibelins, de la Rose blanche et de la Rose rouge n'en ont jamais répandu. Si les campagnes ont été couvertes de cadavres pendant ces guerres, les villes ont été hérissées d'échafauds pendant la paix. Il semble que les pharisiens, en assassinant le Dieu des chrétiens sur la croix, aient appris à ses suivants à s'assassiner les uns les autres sous le glaive, sur la potence, sur la roue, dans les flammes. Persécutés et persécuteurs, martyrs et bourreaux tour à tour, également imbéciles, également furieux, ils tuent et ils meurent pour des arguments dont les prélats et les moines se moquent en recueillant les dépouilles des morts, et l'argent comptant des vivants. »

Je vis que ce seigneur s'échauffait; je lui répondis humblement ce que j'ai déjà soumis à vos lumières dans ma seconde lettre, qu'il ne faut pas prendre l'abus pour la loi. « Jésus-Christ, lui dis-je, n'a commandé ni le meurtre de Jean Hus, ni celui d'Anne Dubourg, ni celui de Servet, ni celui de Jean Calas, ni les guerres civiles, ni la Saint-Barthélemy. »

Je vous avouerai, monsieur, qu'il ne fut point du tout content de cette réponse. « Ce serait, me dit-il, insulter à ma raison et à mon malheur, de vouloir me persuader qu'un tigre qui aurait dévoré tous mes parents ne les aurait mangés que par abus, et non par la cruauté attachée à sa nature. Si la religion chrétienne n'avait fait périr qu'un petit nombre de citoyens, vous pourriez imputer ce crime à des causes étrangères.

« Mais que pendant quatorze à quinze siècles entiers chaque année ait été marquée par des meurtres, sans compter les troubles affreux des familles, les cachots, les dragonnades, les persécutions de toute espèce, pires peut-être que le meurtre même; que ces horreurs aient toujours été commises au nom de la religion chrétienne, qu'il n'y ait d'exemple de ces abominations que chez elle seule; alors quel autre qu'elle-même pouvons-nous en accuser? Tous ces assassinats de tant d'espèces différentes n'ont eu qu'elle pour sujet et pour objet: elle en a donc été la cause. Si elle n'avait pas existé, ces horreurs n'auraient pas souillé la terre. Les dogmes ont amené les disputes, les disputes ont produit les factions, ces factions ont fait naître tous les crimes. Et vous osez dire que Dieu est le père d'une religion barbare engraissée de nos biens et teinte de notre sang, tandis qu'il lui était si aisé de nous en donner une aussi douce que vraie, aussi indulgente que claire, aussi bienfaisante que démontrée! »

Vous ne sauriez croire quel enthousiasme d'humanité et de zèle échauffait les discours de ce bon seigneur. Il m'attendrit, mais il ne m'ébranla point: je lui dis que nos passions, dont nous avons reçu le germe des mains de la nature, et que nous pouvons régler, ont fait autant de mal qu'il en reprochait au christianisme. « Ah! dit-il les yeux mouillés de larmes, nos passions ne sont point divines; mais vous prétendez que le christianisme est divin. Était-ce à lui d'être plus insensé et plus barbare que nos passions les plus funestes? »

Je fus ému de ces paroles. « Hélas! dis-je, nous avons tout fait servir à notre perte, jusqu'à la religion même! mais ce n'est pas la faute de sa morale, qui n'inspire que la douceur et la patience, qui n'enseigne qu'à souffrir, et non à persécuter.

— Non, reprit-il, ce n'est pas la faute de sa morale, c'est celle du dogme : c'est ce dogme qui « divise en effet la femme et l'époux, le « fils et le père, qui apporte le glaive et non la paix[1]; » voilà la source malheureuse de tant de maux. Socrate, Épictète, l'empereur Antonin, ont enseigné une morale pure, contre laquelle nul mortel ne s'est jamais élevé; mais si, non contents de dire aux hommes : « Soyez justes « et résignés à la Providence, » ils avaient ajouté : « Croyez qu'Épictète « procède d'Antonin, ou bien qu'il procède d'Antonin et de Socrate; « croyez-le, ou vous périrez sur un échafaud, et vous serez éternelle« ment brûlés dans l'enfer : » si, dis-je, ces grands hommes avaient exigé une telle croyance, ils auraient mis les armes à la main de tous les hommes, ils auraient perdu le genre humain, dont ils ont été les bienfaiteurs. »

Par tout ce que me disait ce seigneur séduit, mais respectable, je vis que son âme est belle, qu'il déteste la persécution, qu'il aime les hommes, qu'il adore Dieu, et que sa seule erreur est de ne pas croire ce que Paul appelle la folie de la croix[2], de ne pas dire avec Augustin : « Je le crois parce qu'il est absurde; je le crois parce qu'il est impossible. » Je plaignais son obstination, et je respectais son caractère.

Il est aisé de ramener au joug une âme criminelle et tremblante qui ne raisonne point; mais il est bien difficile de subjuguer un homme vertueux qui a des lumières. J'essayai de le dompter par sa vertu même. « Vous êtes juste, vous êtes bienfaisant, lui dis-je; les pauvres avec vous cessent d'être pauvres; vous conciliez les querelles de vos voisins; l'innocence opprimée trouve en vous un sûr appui : que n'exercez-vous le bien que vous faites, au nom de Jésus qui l'a ordonné? « Voici, monsieur, ce qu'il me répondit : « Je m'unis à Jésus s'il me dit : « Aimez « votre prochain[3]; » car alors il a dit ce que j'ai dans mon cœur; je l'ai prévenu : mais je ne saurais souffrir qu'un auteur attribue à Jésus seul un précepte qui se trouve dans Moïse[4] comme dans Confucius, et dans tous les moralistes de l'antiquité. Je m'indigne de voir qu'on fasse dire à Jésus : « Je vous apporte un précepte nouveau; je vous fais un com« mandement nouveau[5]; c'est que vous vous aimiez mutuellement. » Le *Lévitique* avait promulgué ce précepte deux mille ans auparavant d'une manière bien plus énergique, quoique moins naturelle[6] : « Tu « aimeras ton prochain comme toi-même, » et c'était un des préceptes des Chaldéens. Cette faute grossière, et impardonnable dans un auteur juif, fait soupçonner à beaucoup de savants que l'*Évangile* attribué à Jean est d'un chrétien platonicien, qui écrivit dans le commencement du IIe siècle de notre ère, et qui connaissait moins l'*Ancien Testament* que Platon, dans lequel il a pris presque tout le premier chapitre.

« Quoi qu'il en soit de cette fraude, et de tant d'autres fraudes, j'a-

1. Matthieu, X, 34, 35. (ÉD.) — 2. *I Corinth.*, I, 18. (ÉD.)
3. Matth., V, 43; XXII, 39; Marc, XII, 31. (ÉD.) — 4. *Lévitique*, XIX, 18. (ÉD.)
5. Jean, chap. XIII, v. 34. — 6. *Lévitique*, chap. XIX, v. 18 et 34.

dopte la saine morale partout où je la trouve : elle porte l'empreinte de Dieu même; car elle est uniforme dans tous les temps et dans tous les lieux. Qu'a-t-elle besoin d'être soutenue par des prestiges, et par une métaphysique incompréhensible? En serai-je plus vertueux, quand je croirai que le fils a la puissance d'engendrer, et que l'esprit procède sans avoir cette puissance? Ce galimatias théologique est-il bien utile aux hommes? y a-t-il aujourd'hui un esprit sensé qui pense que le Dieu de l'univers nous demandera un jour si le fils est de même nature que le père, ou s'il est de semblable nature? Qu'ont de commun ces vaines subtilités avec nos devoirs?

« N'est-il pas évident que la vertu vient de Dieu, et que les dogmes viennent des hommes qui ont voulu dominer? Vous voulez être prédicant, prêchez la justice, et rien de plus. Il nous faut des gens de bien, et non des sophistes. On vous paye pour dire aux enfants : « Respectez, aimez vos pères et mères; soyez soumis aux lois; ne faites jamais « rien contre votre conscience; rendez votre femme heureuse; ne vous « privez pas d'elle sur de vains caprices; élevez vos enfants dans l'amour « du juste et de l'honnête; aimez votre patrie; adorez un Dieu éternel « et juste; sachez que, puisqu'il est juste, il récompensera la vertu, et « punira le crime. » Voilà, continua-t-il, le symbole de la raison et de la justice. En instruisant la jeunesse de ces devoirs, vous ne serez pas, à la vérité, décorés de titres et d'ornements fastueux; vous n'aurez pas un luxe méprisable et un pouvoir abhorré; mais vous aurez la considération convenable à votre état, et vous serez regardés comme de bons citoyens, ce qui est le plus grand des avantages. »

Je ne vous répète, monsieur, qu'une très-faible partie de tout ce que me dit ce bon seigneur. Je vous conjure de l'éclairer; il mérite de l'être. Il est vertueux; il adore sincèrement dans Dieu le père commun de tous les hommes, un père infiniment sage et infiniment tendre, qui ne préfère point le cadet à l'aîné, qui ne prive point de son soleil le plus grand nombre de ses enfants, pour aveugler le plus petit à force de lumière; un père infiniment juste, qui ne châtie que pour corriger, et qui récompense au delà de notre espoir et de notre mérite. Ce bon seigneur met dans le gouvernement de sa maison toutes ces maximes en pratique. Il semble qu'il imite le Dieu qu'il adore; vous lui donnerez tout ce qui lui manque.

J'ai fait tout ce que j'ai pu, et je n'ai point réussi. Je lui ai demandé ce qu'il risquait en soumettant sa raison. « Je risque, m'a-t-il répondu, de mentir à Dieu et à moi-même, de dire : « Je vous crois, » quand je ne vous crois point, et d'offenser l'Être des êtres qui m'a donné cette raison. Je ne suis pas dans le cas d'une ignorance invincible, mais dans celui d'une opinion invincible. Pensez-vous, a-t-il ajouté, que Dieu me punira pour n'avoir pas été de votre avis? Et qui vous a dit qu'il ne vous punira pas d'avoir résisté au mien? Je vous ai parlé suivant ma conscience; oseriez-vous jurer entre Dieu et moi que vous avez toujours parlé selon la vôtre? Vous m'avez dit que vous croyez que Jonas a été trois jours et trois nuits dans le ventre d'un poisson, et moi je vous dis que je n'en crois rien.

« Qui de nous deux est plus près du doute? Qui de nous deux, dans le secret de son cœur, a parlé avec plus de sincérité? Quand je paraîtrai devant Dieu à ma mort, j'y paraîtrai avec confiance; mais n'aurez-vous pas à trembler dans ce moment fatal, vous qui, pour le vain plaisir de me subjuguer, m'avez voulu faire croire des choses dont il est impossible que vous soyez convaincu? »

Je voulais répliquer, car j'avais de bonnes raisons à dire; mais il ne voulut pas les écouter; il me quitta : je sentis que c'était de peur de se mettre en colère et de me fâcher; je vis qu'il ne voulait dégrader ni sa raison ni la mienne. Je fus touché de cette bonté pour moi, et de cet effort qu'il faisait contre les mouvements d'une passion si commune [1].

Il faut qu'il croie que Dieu est né dans le petit canton de la Judée; qu'il y a changé l'eau en vin; qu'il s'est transfiguré sur le Thabor; qu'il a été tenté par le diable; qu'il a envoyé une légion de diables dans un troupeau de cochons; que l'ânesse de Balaam a parlé aussi bien que le serpent; que le soleil s'est arrêté à midi sur Gabaon, et la lune sur Aïalon, pour donner le temps aux bons Juifs de massacrer une douzaine ou deux de pauvres innocents qu'une pluie de grosses pierres avait déjà assommés; que dans l'Égypte, où il n'y avait point de cavalerie, le Pharaon, dont on ne dit pas le nom, poursuivit trois millions d'Hébreux avec une nombreuse cavalerie, après que l'ange du Seigneur avait tué toutes les bêtes, etc., etc., etc., etc., etc. Il faut que sa raison soumise ait une foi vive pour tous ces mystères; sans cela que lui servirait sa vertu?

Je sais, monsieur, que cette énumération des miracles qu'on doit croire peut effaroucher quelques âmes pieuses, et paraître ridicule aux incrédules; mais je n'ai point craint de les rapporter, parce que ce sont ceux qui exercent le plus notre foi. Dès qu'on croit un miracle moins révoltant, on doit croire tous les autres, quand c'est le même livre qui nous les certifie.

Ayez la bonté, monsieur, de m'apprendre si je ne vais pas trop loin. Il y a des gens qui distinguent les miracles dont on est d'accord, ceux qu'on nie, ceux dont on est en doute. Pour moi, je les admets tous, ainsi que vous-même. Je crois surtout avec vous le miracle éternel de la consubstantialité, non-seulement parce qu'il est contraire à ma rai-

1. Dans les éditions de 1765, 1767, cette troisième lettre se terminait par le passage que voici :

« J'ai demeuré depuis ce moment en proie à mes réflexions; j'ai tremblé qu'ayant voulu convertir ce brave homme, ce ne fût lui qui me convertît. Je ne pouvais repousser de mon cœur ses dernières paroles; je me disais à moi-même : Le Dieu de bonté et de miséricorde exigerait-il en effet de nous des raisonnements subtils, plutôt que des actions vertueuses? ne vaut-il pas mieux cent fois, comme l'a dit ce bon seigneur, secourir le pauvre et défendre l'opprimé, que de discuter des faits obscurs passés il y a deux mille ans? Je suis bien certain qu'on ne peut pas déplaire à Dieu en faisant de bonnes œuvres : suis-je aussi certain qu'on peut lui plaire par des arguments de l'école? Que vous dirai-je enfin? mon âme est bouleversée. J'avais commencé par vous prier de m'appuyer contre ce seigneur, qui m'inspire de la vénération, et je finis par vous conjurer de me secourir contre moi-même. »

son, mais parce que je ne peux m'en former aucune idée; et j'ose dire que j'admettrais (Dieu me pardonne !) le miracle de la transsubstantiation, si le saint concile de Nicée et le modéré saint Athanase l'avaient enseigné.

J'ai l'honneur d'être, etc.

Avertissement[1]. — M. le proposant ayant écrit ces trois lettres à M. le professeur R..., son ami, ce professeur, profondément pénétré de la candeur et de la sincérité du proposant, communiqua ces lettres à quelques personnes pieuses, sages et tolérantes : elles parvinrent au sieur Needham, jésuite irlandais, qui était alors à Genève, et qui servait de précepteur à un jeune Irlandais. Needham fit imprimer les trois lettres, pour avoir le mérite d'y répondre : on ne sut pas d'abord que cette réponse fût de lui. Nous dirons dans la suite de ce recueil à quelle occasion M. Théro a parlé d'anguilles au jésuite Needham, et quelle figure l'illustre M. Covelle a faite dans cette savante dispute. Il suffit à présent de savoir que Needham donna absolument incognito la réponse qu'on va lire si on peut.

Extrait de la réponse de Needham à M. le proposant.

Avant de s'engager dans une discussion qui demande un certain degré de science, on doit commencer par acquérir les connaissances nécessaires[2]. Si un philosophe m'objecte que les miracles ne sont pas vraisemblables, parce que, selon lui, l'univers se gouverne comme une machine, sans cause première[3], je réponds que le vraisemblable n'est pas toujours vrai, ni le vrai toujours vraisemblable. Selon vous, la morale, qui est bien peu de chose[4], doit être assujettie à la physique.... La morale évangélique a donné une suite d'hommes vertueux dans tous les siècles qui ne valaient pas moins que monsieur le proposant des autres questions[5].... La prolongation d'un jour ne demande pas autre chose que la simple suspension de la rotation de la terre autour de son axe[6].... Pour que monsieur le proposant puisse se proposer comme digne d'assister au conseil du Très-Haut, il lui conviendra de prendre d'avance quelques leçons d'astronomie[7]. C'est comme si l'on disait

1. Cet Avertissement est de Voltaire. (Éd.)
2. Acquérez-les donc.
3. Jésuite calomniateur, on n'a jamais rien dit de cela; on a dit tout le contraire : que « Dieu gouverne l'univers, son ouvrage, par ses lois éternelles. » Pourquoi as-tu l'impudence d'accuser de nier une cause première ceux qui ne parlent que d'une cause première? tu devais savoir que cette arme rouillée, dont tes pareils se sont tant de fois servis, est aujourd'hui aussi abhorrée qu'inutile.
4. Jésuite calomniateur, comment es-tu assez abandonné pour dire de toi-même que la morale est peu de chose, ou pour imputer lâchement ce crime à ton adversaire qui ne prêche que la morale?
5. Et qui valaient un jésuite.
6. On voit par les lettres suivantes quelle est l'ignorance de ce jésuite Needham, qui oublie que la lune s'arrêta sur Aïalon.
7. Apprends-la donc, maître Needham, et sache que, pour que le soleil et la

qu'il ne valait pas la peine d'avoir une législation en France, pour que deux cents maltôtiers s'enrichissent aux dépens du peuple[1].... Les papes valent bien les Tibère et les Néron[2].... Je raisonne ici *ad hominem*.... « Répondez, dit Salomon, à un insensé selon sa folie....[3] » Nos philosophes sont venus malheureusement plus de cent ans trop tard, ou pour réprimer la puissance exorbitante des papes, ou pour déclamer avec avantage contre l'intolérance des ecclésiastiques[4]....

Les insensés reviennent sans cesse à la quadrature du cercle....[5] Si les soi-disant philosophes avaient tant fait par leurs objections que d'écraser parfaitement la religion, et de la réduire dans l'esprit de tout homme sensé à l'état de la fable de Mahomet[6].... Au lieu donc de nous persécuter avec leurs doutes minutieux, et de s'accrocher aux mots et syllabes, en épluchant la *Bible*, ils nous mépriseraient trop pour se donner tant de peine[7].... La religion se soutient toujours malgré la tempête. « Merses profundo, pulchrior evenit. Per damna, per cædes, « ab ipso ducit opes animumque ferro[8]....» Celui qui lui répond (au proposant), par ce court imprimé, est qualifié par ses recherches, pour s'inscrire en faux contre la prétendue invincibilité de ses objections[9].... Je ne puis pardonner à sa simplicité ni à celle de cette assemblée (où l'esprit, dont il nous donne un échantillon si beau,

lune s'arrêtent dans leur cours, il est nécessaire qu'ils ne répondent plus aux mêmes étoiles; un écolier de deux jours te l'apprendrait.

1. Quelle pitié de comparer des lois éternelles, émanées de la divinité, aux règlements établis par les hommes! Voyez la septième lettre de M. le proposant Théro.

2. Je le crois bien.

3. Crois-moi, mon pauvre Needham, pour raisonner extravagamment, tu n'as pas besoin de te gêner; abandonne-toi à ton beau naturel. (*Note de M. Covelle.*)

4. Non, Needham, on ne viendra jamais ni trop tôt ni trop tard pour réprimer des usurpations qui durent encore, et pour déplorer des désastres dont la mémoire ne périra jamais. Il faut que tous les siècles se lèvent en jugement contre les siècles affreux qui ont vu les massacres des Albigeois, ceux de Mérindol, ceux de la Saint-Barthélemy, ceux d'Irlande, et des Cévennes; parce que, tant qu'il y aura des théologiens dans le monde, ces temps horribles peuvent renaître, parce que l'inquisition subsiste, parce que les convulsionnaires ont troublé depuis peu la France, parce que les billets de confession ont produit sous nos yeux un parricide. Apprends que les sages doivent en tout temps réprimer tes pareils.

5. Pauvre Needham, on ne répond plus aujourd'hui à ceux qui trouvent la quadrature du cercle, non plus qu'à ceux qui changent de la farine en anguilles. (*Note de M. Euler.*)

6. Que veut dire ce barbouilleur? traite-t-il de fable l'histoire de Mahomet? prétend-il que *le Koran* soit un recueil d'historiettes? *Le Koran* est, à la vérité, un amas de sentences morales, de préceptes, d'exhortations, de prières, de traits de l'*Ancien Testament*, rapportés selon la tradition arabe. Le tout est composé sans ordre, sans liaison; il y règne beaucoup de fanatisme; il est plein d'erreurs physiques : mais ce n'est point ce que nous appelons une fable. (*Note de M. Beaudinet.*)

7. Non, jésuite Needham, je ne me fâcherai pas contre un bonze du Japon qui ne me persécutera pas. Je me fâcherai contre un bonze d'Europe qui voudra me susciter des persécutions, et je mépriserai un jésuite d'Irlande. (*Note de M. Boudry.*)

8. Courage, Needham! prouve la religion par Horace.

9. Tu es plaisamment qualifié.

voltigeait librement aux dépens de nos pauvres croyants), qu'ils ignoraient tous que Jonas n'allait pas alors par *mer à Ninive*, mais qu'au contraire il s'était embarqué exprès dans un port de mer pour s'enfuir, et s'éloigner de plus en plus de cette ville méditerranée [1].... Et quoique nous semblions toucher de près à ce temps malheureux [2].... Dieu vous préserve, mes chers lecteurs, vous et votre postérité, de la bête féroce du Gévaudan [3].... Les incrédules sont nommés communément *esprits forts* [4].... Ces messieurs prennent tout pour argent comptant, et croient tout, excepté la *Bible* [5].... Cette dernière espèce d'incrédule, qui fait le peuple dans cette secte, ne mérite pas le pompeux titre d'esprit fort; car il n'en coûte rien pour rejeter une fable manifeste, telle que le *Koran* de Mahomet; et on ne peut pas s'arroger le caractère de hardi et de courageux en ce genre sans risquer son âme. Or, pour tout conclure en peu de mots (et c'est précisément là où j'ai voulu venir par une espèce de méthode socratique), une fable très-compliquée, qui est le produit d'un temps immense, qui dépend par une liaison nécessaire dans ses principes d'une suite de six mille ans et de plus de deux cents générations; qui a été la fable universellement reçue de tant de différentes nations [6], de tant de climats, de tant de siècles, de tant de génies différents, de la première classe en tout genre, et de tant de tempéraments...; une fable.... enfin qui est soutenue par tant de preuves qui, nous venant de tous côtés, aboutissent sans se croiser au même point, par tant de marques de vérité, dont la lumière augmente à raison de la réflexion multipliée, assez fortes pour enchaîner le déiste savant dans un doute éternel, est une fable unique, une fable d'une espèce qu'on ne conçoit pas, qui n'a jamais existé ailleurs depuis la création du monde, et qui n'existera jamais dans toute la suite des siècles, quand le monde durerait éternellement [7].

1. Le propre des gens qui ont tort est de ne pas entendre raillerie. (*Note de M. Claparède.*)

2. Ainsi donc le jésuite Needham croit que le monde va finir; il est fini en effet pour les jésuites. (*Note de M. Covelle.*)

3. Tu n'es pas au fait, mon ami; notre professeur Clap avait prêché sur la bête du Gévaudan, et c'est de quoi monsieur le proposant l'avait remercié dans sa seconde lettre. Tu prends toujours martre pour renard. (*Note de M. Deluc le père.*)

4. Et des esprits faibles, et des esprits faux, et des esprits lourds, qu'en dirons-nous? (*Note de monsieur le capitaine.*)

5. Oh que non! mon ami, nous n'avons jamais cru à tes expériences. (*Note d'un professeur de physique.*)

6. Tu ne sais ce que tu dis, mon ami; je crois aux miracles de Jésus-Christ plus que toi; et si tu es un théologien irlandais, je suis un théologien suisse. Tu soutiens une bonne cause que personne ne te dispute, mais par de bien mauvaises raisons. Comment ne vois-tu pas qu'on en pourrait dire autant du mahométisme? il remonte à six mille ans comme le judaïsme; il est embrassé par des nations qui diffèrent de mœurs et de génie, par des Africains, des Persans, des Indiens, des Tartares, des Syriens, des Thraces, des Grecs. Il s'appuie sur des prophéties, et il y a peut-être en Turquie des Needham. (*Note de M. Théro.*) — Ces diverses notes sont transcrites avec ces indications de noms d'auteurs par Voltaire lui-même. (Éd.)

7. Nous avons transcrit ce long passage pour donner au lecteur une idée de l'éloquence du jésuite. Nous n'avons conservé du reste que ce qui est nécessaire pour entendre les notes. (*Éd. de Kehl.*)

Avertissement[1]. — Le sieur Needham n'ayant pas osé se nommer en répondant aux trois premières lettres de M. le proposant Théro, celui-ci, croyant bonnement que cette réponse était d'un docteur en théologie, lui adressa la lettre suivante.

LETTRE IV. — *Du proposant à M. le professeur; et remercîments à ses extrêmes bontés.*

Que je vous suis obligé, monsieur, d'avoir daigné me fournir quelques-unes de vos armes pour combattre la nombreuse armée des incrédules! c'est Achille qui prête son armure à Patrocle; mais on m'a dit que Patrocle ayant été vaincu, je devais craindre de l'être aussi.

J'ai malheureusement répété votre leçon devant un jeune écolier de physique et d'astronomie; je lui ai fait valoir d'abord la bonté, l'éloquence, la politesse, le savoir-vivre que vous avez employé pour m'instruire; je lui ai exposé votre démonstration de la manière dont le soleil et la lune s'arrêtèrent en plein midi pour donner le temps à Josué de massacrer ces Amorrhéens écrasés par une pluie de pierres Voici ce que je lui ai dit : « Monsieur le professeur prétend qu'il suffit, pour cette opération naturelle, que la terre se soit arrêtée huit à neuf heures dans sa rotation sur son axe, et que c'est là tout le mystère. »

L'écolier, monsieur, qui n'a pas encore acquis toute votre politesse, en a eu cependant assez pour me dire qu'il n'était pas possible qu'un homme tel que vous eût dit une telle bêtise, et que vous possédez trop bien votre Écriture sainte et l'astronomie, pour parler avec cette excessive ignorance. Les sacrés cahiers affirment positivement que le soleil s'arrêta sur Gabaon, et la lune sur Aïalon à l'heure de midi. Or la lune ne pouvait suspendre son cours, qui s'achève en un mois autour de la terre, sans que la terre suspendît sa course annuelle, car le soleil est mis pour la terre dans les sacrés cahiers, et l'auteur inspiré ne savait pas que c'est la terre qui tourne.

Or, si la terre et la lune se sont arrêtées, celle-ci dans sa période d'un mois sur Aïalon, celle-là dans sa période d'un an vis-à-vis Gabaon, il est absolument nécessaire que les points correspondants de toutes les planètes aient changé pendant tout ce temps-là. Mais, comme au bout de huit à neuf heures ils se retrouvèrent les mêmes, l fallait que toutes les planètes eussent suspendu leur course; cela est démontré en rigueur[2].

Mais c'est un grand gain pour M. le professeur; car le miracle est bien plus beau qu'il ne croyait, et il y a quatre miracles au lieu d'un. Non-seulement la terre et la lune s'arrêtèrent dans leur période menstruelle et annuelle, mais aussi dans leur rotation journalière; ce qui fait deux miracles; et non-seulement elles perdirent pendant huit ou

1. Cet Avertissement, de Voltaire, est de 1765. (ÉD.)

2. La plupart des commentateurs prétendent que le soleil et la lune s'arrêtèrent un jour entier.

neuf heures leur double mouvement, mais toutes les planètes perdirent le leur, troisième miracle ; et le mouvement de projectile et de gravitation fut suspendu dans toute la nature, quatrième miracle.

Je lui parlai ensuite, monsieur, de la comète que vous supposez avoir conduit les trois mages à Bethléem. Il me dit qu'il vous dénoncerait au consistoire, pour avoir appelé *comète* ce que les sacrés cahiers appellent *étoile*, et qu'il n'est pas loyal de falsifier ainsi l'Écriture sainte.

Je lui appris votre belle explication du miracle des cinq mille pains et des trois mille poissons qui nourrirent cinq Juifs. Pardon, je voulais dire des cinq pains et des trois poissons qui nourrirent cinq mille Juifs. Vous dites que Dieu changea les pierres du voisinage en pains et en poissons. Mais y pensez-vous? oubliez-vous que c'est là précisément ce que proposait le diable, quand il dit à Jésus[1] : « Dites que ces pierres deviennent pains? »

Il me demanda ensuite si vous ne parliez pas du grand miracle par lequel le vieil Hérode, qui était malade de la maladie dont il mourut, fit égorger tous les petits enfants du pays ; car sans doute c'était une chose très-miraculeuse qu'un vieillard moribond, créé roi par les Romains, s'imaginât qu'il était né un autre roi des Juifs, et fît massacrer tous les petits garçons pour envelopper le roi nouveau-né dans cette boucherie. Il me demanda comment vous expliquiez le silence de Flavius Josèphe sur cette Saint-Barthélemy.

Je lui dis que vous ne vous mêliez pas de ces bagatelles, mais que vous m'aviez dit des choses merveilleuses sur Jonas.

« Quoi donc! dit-il, prétend-il que ce fut Jonas qui avala la baleine? — Non, répondis-je ; il s'est contenté de confondre sérieusement une mauvaise plaisanterie, en avouant pourtant que le bonhomme Jonas avait pris son plus long pour aller à Ninive.

— Il est lui-même fort plaisant, répliqua l'écolier ; il devait examiner, avec les plus judicieux commentateurs, si Jonas fut avalé par une baleine ou par un chien marin ; pour moi, je suis pour le chien marin : et je pense de plus avec le grand saint Hilaire, que Jonas fut mangé jusqu'aux os, et qu'il ressuscita au bout de trois jours comme de raison. Les miracles sont toujours plus grands que ne le croit monsieur le professeur ; mais je vous prie de le consulter sur une autre petite difficulté.

« Jonas prophétisa du temps du roitelet juif Joas, vers l'an 850 avant notre ère vulgaire. Phul, selon Diodore de Sicile, fonda Ninive en ce temps-là. Le divin historien qui a écrit l'histoire véridique de Jonas[2], assure qu'il y avait dans cette ville six-vingt mille enfants qui ne savaient pas distinguer leur main droite de leur main gauche[3]. Cela fait, suivant les calculs de Breslau, d'Amsterdam, de Londres et de Paris,

1. Matthieu, IV, 3 ; Luc, IV, 3. (Éd.) — 2. Jonas, IV, 11. (Éd.)
3. On multiplie par trente-quatre les enfants nés dans l'année, car il n'y a qu'eux qui ne savent pas distinguer la main droite de la gauche. Ajoutez que le tiers de ces enfants meurt avant la fin de l'année, ce qui donne un tiers en sus d'habitants.

quatre millions quatre-vingt mille âmes, sans compter les eunuques; voilà une ville nouvelle honnêtement peuplée.

« Demandez aussi à monsieur le professeur si c'était une citrouille ou un lierre dans lequel Dieu[1] envoya un ver pour le faire sécher, afin d'ôter l'ombrage à Jonas qui dormait. En effet, rien ne ressemble plus à un lierre qu'une citrouille, et l'un et l'autre donnent l'ombrage le plus épais. »

Ne trouve-t-il pas bien plaisant que Dieu envoie un ver pour empêcher un pauvre diable de prophète de dormir à l'ombre! On m'assure que ce théologien a dit qu'il faut mettre ce ver avec la baleine: cet homme est goguenard.

C'était au Molard que se passait ce petit entretien: on s'attroupa, la conversation s'anima au point qu'on se mit à rire d'un bout de la ville à l'autre, et il n'y eut que monsieur le professeur qui ne rit point.

Quand on eut bien ri, le vieux capitaine Durôst[2], que vous connaissez, fendit la presse: vous savez qu'il n'a jamais connu de prêtres que l'aumônier de son régiment. Il me dit: « Mordieu! monsieur le proposant, allez dire à monsieur le professeur.... (dispensez-moi de répéter les termes indécents dont il se servit). Ces bonnes gens voulurent, il y a quelque temps, faire mettre mon ami Covelle à genoux: s'ils avaient osé faire cet outrage à notre liberté et à nos lois.... je.... dites-leur, s'il vous plaît, que nous ne sommes plus au temps de Jean Chauvin, Picard, qui avait l'impertinence de précéder dans les cérémonies le magnifique conseil.... Les temps sont un peu changés; vous savez qu'un prédicant de village[3], qui a voulu excommunier M. Rousseau, a été réprimandé par un roi héros et philosophe[4]. Sachez que tous les esprits font à présent l'exercice à la prussienne, et qu'il ne reste aux théologiens d'autre ressource que d'être civils et modestes. »

Je m'acquitte, monsieur, auprès de vous de la commission de monsieur le capitaine.

J'ai l'honneur d'être médiocrement, monsieur, votre affectionné.

Avertissement[5]. — On apprit bientôt que le sieur Needham était l'auteur de la prétendue réponse d'un théologien: on sut qu'il n'était pas même théologien, et qu'il n'était que jésuite; que c'était un de ces prêtres irlandais déguisés qui courent le monde, et qui vont secrètement prêcher le papisme en Angleterre; mais ce qui étonna davantage, c'est que ce prêtre déguisé était celui-là même qui, plusieurs années auparavant, se mêla de faire des expériences sur les insectes, et qui crut avoir découvert, avec son microscope, que de la farine de

1. Jonas, IV, 7. (Ed.)

2. Ce personnage, qui a sans doute existé, figure aussi dans une note de la lettre VI, et dans la *Lettre curieuse de Robert Covelle*, qu'on lit dans ce volume. (Ed.)

3. Montmollin, ministre des cultes à Motiers-Travers, souvent cité dans la quatorzième lettre. (Ed.)

4. Frédéric II, roi de Prusse et souverain de Neufchâtel. (Ed.)

5. Cet Avertissement est de Voltaire, et de 1765. (Ed.)

blé ergoté, délayée dans de l'eau, se changeait incontinent en de petits animaux ressemblant à des anguilles. Le fait était faux, comme un savant italien[1] l'a démontré, et il était faux par une autre raison bien supérieure, c'est que le fait est impossible. Si des animaux naissaient sans germe, il n'y aurait plus de cause de la génération; un homme pourrait naître d'une motte de terre tout aussi bien qu'une anguille d'un morceau de pâte. Ce système ridicule mènerait d'ailleurs visiblement à l'athéisme. Il arriva en effet que quelques philosophes, croyant à l'expérience de Needham, sans l'avoir vue, prétendirent que la matière pouvait s'organiser d'elle-même; et le microscope de Needham passa pour être le laboratoire des athées.

C'est à cette transformation de farine en anguilles qu'on fait allusion dans la plupart des lettres suivantes.

LETTRE V. — *Du proposant à M. Needham, jésuite.*

MONSIEUR, vraiment vous avez eu grand tort de vous déguiser sous le nom d'un théologien, et vous n'avez pas eu raison de faire l'astronome. On voit bien que vous vous servez du quart de cercle comme du microscope. Vous vous étiez fait une petite réputation parmi les athées pour avoir fait des anguilles avec de la farine, et de là vous avez conclu que si de la farine produit des anguilles, tous les animaux, à commencer par l'homme, avaient pu naître à peu près de la même façon. La seule difficulté qui restait, était de savoir comment il y avait eu de la farine avant qu'il y eût des hommes?

Vous avez cru que vos anguilles ressemblaient aux rats d'Égypte, qui étaient d'abord moitié rats et moitié fange, ainsi que quelques hommes qui se mêlent d'écrire et d'injurier leur prochain.

D'athée que vous étiez, vous êtes devenu témoin de miracles. Apparemment que vous avez voulu faire pénitence; mais on voit, monsieur, que vous n'êtes pas trop bon chrétien, et que vous n'avez pas plus appris la religion que la politesse.

Un pauvre proposant fait humblement des questions à un grave professeur, et vous vous jetez à la traverse comme l'avocat Breniquet, qui répondait toujours à ce qu'on ne lui demandait pas. De quoi vous mêlez-vous? Je demandais de nouvelles instructions à mon maître pour affermir les fidèles dans la croyance des miracles, et vous venez ébranler leur foi par les plus grandes absurdités qu'on ait jamais dites.

On prétend pourtant que vous êtes Anglais : ah, monsieur! vous êtes Anglais comme Arlequin est Italien; il n'en est pas moins balourd. Souvenez-vous de ce Grec qui voyageait en Scythie, et dont tout le monde se moquait : « Messieurs les Scythes, dit-il, vous devez me respecter; je suis du pays de Platon. » Un Scythe lui répondit : « Parle comme Platon, si tu veux qu'on t'écoute. » Je vous pardonne d'être un

1. Lazare Spallanzani, mort en 1799. (ÉD.)
2. Il faut savoir que le jésuite Needham a cru fermement qu'il avait fait des anguilles avec de la colle de farine de blé.

ignorant, mais je ne vous pardonne pas d'être un homme très-grossier, qui a l'insolence de mêler dans cette querelle et de nommer des gens qui ne devaient pas s'y attendre ; vous avez cru peut-être que votre obscurité vous mettrait à l'abri ; mais, croyez-moi, que le mépris auquel vous vous êtes attendu ne vous donne pas trop de sécurité.

LETTRE VI. — *Laquelle n'est pas d'un proposant*[1]

Notre ancien concitoyen[2] ayant écrit sur les miracles, un jeune proposant a demandé des instructions à un professeur qui a le mot pour rire[3]. M. Needham, qui n'est pas si plaisant, s'est cru sérieusement intéressé dans cette affaire. Il s'est imaginé qu'on parlait de lui sous le nom de Jésus-Christ. Ce M. Needham ne manque pas d'amour-propre, comme vous voyez ; il est comme cet histrion qui, jouant devant Auguste, prenait pour lui les applaudissements qu'on prodiguait à l'empereur.

Si on dit que Jésus-Christ a changé l'eau en vin, aussitôt M. Needham pense à sa farine qu'il a changée en anguilles, et il croit qu'il les faut faire cuire avec le vin des noces de Cana. *Istius farinæ homines sunt admodum gloriosi*, comme dit saint Jérôme.

M. Needham crie, comme une anguille qu'on écorche, contre un pauvre proposant de notre ville, qui ne savait pas que ce M. Needham fût au monde. Il est peut-être désagréable pour un homme comme lui, qui a fait des miracles, de voir qu'on écrit sur cette matière sans le citer.

C'est, selon lui, comme si, en parlant des grands capitaines, on oubliait le roi de Prusse. Je conseille donc à monsieur le professeur et à monsieur le proposant de rendre plus de justice à M. Needham, et de parler toujours de ses anguilles quand ils citeront les miracles de l'*Ancien* et du *Nouveau Testament*, et ceux de Grégoire Thaumaturge.

M. Needham est certainement un homme prodigieux ; il est plus propre que personne à faire des miracles ; car il ressemble aux apôtres avant qu'ils eussent reçu le Saint-Esprit. Dieu opère toujours les grandes choses par les mains des petits, et surtout des ignorants, pour mieux faire éclater sa sagesse.

Si M. Needham n'a pas su qu'on avait vu la lune s'arrêter sur Aïalon en plein midi, quand le soleil s'arrêta sur Gabaon, et s'il a dit des sottises, il n'en est que plus admirable. On voit qu'il raisonne précisément comme un homme inspiré. Dieu s'est toujours proportionné au génie de ceux qu'il fait parler. Amos, qui était un bouvier, s'explique

1. On la croit de M. le capitaine Durost.

2. Jean-Jacques Rousseau, qui, après avoir abdiqué à perpétuité son droit de cité dans la ville de Genève, en 1763, avait publié, l'année suivante, ses *Lettres écrites de la Montagne*, dont la seconde et la troisième traitent particulièrement des miracles. (ÉD.)

3. Ce professeur, qui a le mot pour rire, n'est autre que M. Claparède, auquel les trois premières lettres furent réellement adressées, et qui, étant homme d'esprit, entendit très-bien la plaisanterie, et n'eut garde de répondre aux questions du malin proposant. (ÉD.)

en bouvier; Matthieu[1], qui avait été commis de la douane, compare souvent le royaume des cieux à une bonne somme d'argent mise à usure; et quand M. Needham, pauvre d'esprit, s'abandonne aux impulsions de son génie, il dit des pauvretés. Tout est dans l'ordre.

J'ai peur que M. Needham n'outrage le Saint-Esprit, et ne trahisse sa vocation, quand il consulte nos maîtres en Israël, sur ce qu'il doit dire au proposant : c'est se défier de son inspiration divine, que demander conseil à des hommes; il peut me répondre que c'est par humilité, et que Moïse demandait le chemin aux fils de Jéthro[2], quoiqu'il fût conduit par un nuage et par la colonne de feu. M. Needham n'a pas, à la vérité, la colonne de feu; mais il a certainement le nuage : d'ailleurs, à qui demander le chemin quand on voyage dans les espaces imaginaires?

Qu'il s'en tienne à ses anguilles, puisqu'il est leur camarade en tant qu'elles rampent, s'il ne l'est pas en tant qu'elles frétillent. Que surtout l'envie de se transfigurer en serpent ne lui prenne plus; qu'il ne pense pas qu'il soit en droit de siffler parce qu'on le siffle, et de mordre au talon ceux qui peuvent lui écraser la tête. Qu'enfin il laisse la lune s'arrêter sur Aïalon, et qu'il ne se mêle plus d'aboyer à la lune.

LETTRE VII. — *De M. Covelle.*

Quand j'ai vu la guerre déclarée au sujet des miracles, j'ai voulu m'en mêler, et j'en ai plus de droit que personne, car j'ai fait moi-même un très-grand miracle; c'en est un assurément que d'échapper à la main de certaines gens, et d'abolir un usage impertinent établi depuis deux siècles[3].

J'ai toujours pensé que les abus, quels qu'ils soient, ne doivent jamais jouir du droit de prescription. Une tyrannie d'un jour, et une tyrannie de deux mille ans, doivent également être détruites chez un peuple libre.

Rempli de ces idées patriotiques, j'ai donc voulu savoir de quoi on disputait dans ma ville; j'ai appris qu'un Irlandais papiste et prêtre s'avisait de vouloir faire parler de lui :

Gens ratione furens et mentem pasta chimæris.

Je n'y ai pas fait d'abord beaucoup d'attention; mais quand j'ai su que ce papiste prenait le parti des noces de Cana, j'ai été entièrement de son avis : ce miracle me plaît fort; nous voudrions, l'Irlandais et moi, qu'il arrivât tous les jours.

A l'égard du diable qui entra dans le corps de deux mille cochons[4], et qui les noya dans un lac, cela passe la raillerie, surtout s'ils étaient engraissés. Un bon cochon gras vaut environ dix écus patagons[5]; cela faisait vingt mille écus de perte pour le marchand.

1. XXV, 27. (ÉD.) — 2. *Nombres*, X, 31. (ÉD.) — 3. Voy. les lettres suivantes.
4. Matthieu, VIII, 32; Marc, V, 13. (ÉD.)
5. Les Espagnols appellent *patacon* ou *pataca* une monnaie d'argent du poids

Pour peu qu'on fît aujourd'hui une centaine de miracles dans ce goût-là, nos rues basses n'auraient qu'à fermer leurs boutiques. Ce maudit papiste irlandais est tout propre à nous ruiner. Les miracles ne coûtent rien à qui n'a rien à perdre. Il serait homme à nous faire avaler par les truites du lac Léman comme Jonas, s'il était aussi puissant en œuvres qu'il semble peu l'être en paroles.

Défions-nous, mes chers concitoyens, d'un papiste irlandais; je sais qu'il fait déjà des miracles très-dangereux. Il a imité celui de la transfiguration, car étant Irlandais il s'est déguisé en Génevois; étant prêtre, il s'est déguisé en homme; étant absurde, il a voulu qu'on le prît pour un raisonneur : j'ai eu la curiosité de le voir, et j'avoue que quand je lui ai parlé, j'ai cru à la conversation que Balaam eut jadis avec sa monture. Mon avis est qu'on le renvoie au trou de Saint-Patrice[1], dont il n'aurait jamais dû sortir. Il vient ici dire des injures à un proposant de mes parents. Je ne souffrirai pas cette insolence; il aura affaire à M. le capitaine et à moi. Ce méchant homme a fait tout ce qu'il a pu pour empêcher mon cousin le proposant d'être reçu dans la vénérable compagnie; et il a été cause, par sa transfiguration, que je me suis mis en colère contre un professeur orthodoxe qui aime la consubstantialité presque autant que moi. Il ne faut quelquefois qu'un brouillon absurde pour mettre mal ensemble deux hommes de mérite, et deux braves chrétiens tels que M. le professeur et moi avons l'honneur de l'être.

Après tout, si mon cousin le proposant est refusé par la vénérable compagnie, ce grand seigneur allemand qu'il a voulu convertir lui offre une place de déiste dans sa maison, avec trois cents écus de gages. Notre Irlandais, avec ses anguilles et ses brochures, n'en gagne pas peut-être davantage. Qu'il soit prêtre, ou athée, ou déiste, ou papiste, qu'il transfigure ou non de la farine en anguilles, ou des anguilles en farine, peu m'importe ; mais, parbleu ! je lui apprendrai à être poli.

LETTRE VIII. — *Écrite par le proposant.*

Nous soupâmes hier ensemble, M. le capitaine Durôst, M. Covelle, M. le pasteur Perdrau, et moi; la conversation roula toujours sur les miracles entre ces savants hommes. « Ventre-Servet ! dit le capitaine un peu échauffé, il n'y a qu'un sot qui puisse croire certains miracles, et qu'un fripon qui veuille les faire croire. » M. Covelle prit ce discours pour une démonstration, et M. le pasteur Perdrau, qui est fort doux, insinua modestement au capitaine qu'il croyait aux miracles ; « Aussi, monsieur, lui répondit le capitaine, je vous tiens pour un fort honnête homme; mais dites-moi, je vous en prie, ce que vous entendez par miracle.

d'une once; et c'est de *patacon* que nous avons fait *patagon*, qui équivalait à environ trois de nos livres tournois. Au surplus, Voltaire n'emploie ce mot que par une allusion moqueuse au Patagon que Needham fait parler dans la parodie qu'on lit un peu plus tard en abrégé. (ÉD.)

1. Le trou Saint-Patrice est très-fameux en Irlande; c'est par là que ces messieurs disent qu'on descend en enfer.

— Cela est tout simple, dit le pasteur, c'est un dérangement des lois de la nature entière en faveur de quelques personnes de mérite que Dieu a voulu distinguer. Par exemple, Josuah, homme juste et très-clément, entend dire qu'il y a une petite ville nommée Jéricho, et aussitôt il forme le projet louable de la détruire de fond en comble, et de tuer tout, jusqu'aux enfants à la mamelle, pour l'édification du prochain. Il y avait une petite rivière à passer pour arriver devant cette superbe bourgade; la rivière n'a que quarante pieds de large, elle est guéable en cent endroits; rien n'eût été si facile et si ordinaire que de la traverser : on aurait eu de l'eau à peine jusqu'à la ceinture; ou si on n'eût pas voulu se mouiller, il suffisait de quelques planches de sapin.

« Mais pour gratifier Josuah, pour empêcher qu'il ne se mouille, et pour encourager son peuple chéri qui sera bientôt esclave, le Seigneur change les lois mathématiques du mouvement, et la nature des fluides; l'eau du Jourdain remonte vers sa source[1], et la sainte horde judaïque a le plaisir de passer le ruisseau à pied sec.

« Il en est de même quand le Seigneur veut faire sentir sa puissance aux Philistins ou Phéniciens; c'était une chose trop ordinaire que de leur donner une mauvaise récolte; il est bien plus beau d'envoyer trois cents renards au paillard Samson, qui les attache par la queue[2], et qui leur met le feu au derrière, moyennant quoi les moissons phéniciennes sont brûlées. Le Seigneur change aujourd'hui de la farine en anguilles entre les mains du prêtre papiste Needham.

« Ainsi vous voyez que dans tous les temps le Seigneur opère des choses extraordinaires en faveur de ses serviteurs; et c'est ce qui fait que votre fille est muette. »

M. Covelle prit alors la parole, et dit : « Vous avez expliqué merveilleusement des choses merveilleuses, et je ne les entends pas plus que vous. Mais le grand point est que personne ne touche à nos prérogatives. Faites tant de miracles qu'il vous plaira, pourvu que je vive libre et heureux. Je crains toujours ce prêtre papiste qui est ici; il cabale sûrement contre notre liberté, et il y a là anguille sous roche. »

Le capitaine prit feu à ce discours, et jura que si les choses étaient ainsi, ce papiste n'en serait pas quitte pour ses deux oreilles, quelque longues qu'elles fussent. Pour moi, je gardais le silence, comme il convient à un proposant devant un pasteur en pied. Ce digne ministre, qui sait un peu de mathématiques, reprit la parole, et s'exprima en ces termes :

« Ne craignez rien de M. Needham, il est trop mal informé des affaires du monde; vous savez qu'il ignore l'aventure de la lune et d'Aïalon. » Alors il tira son étui de sa poche, et nous fit sur le papier une très-belle figure; il traça une tangente sur l'orbite de la lune, et tira des rayons visuels de la terre aux autres planètes. M. Covelle ouvrait

1. *Josué*, chap. III. (ÉD.) — 2. *Juges*, XV, 4. (ÉD.)

de grands yeux; il demanda cette figure pour la montrer aux savants de son cercle.

« Vous voyez bien, disait le ministre, que si la lune perd son mouvement de gravitation, elle doit suivre cette tangente, et que si elle perd son mouvement de projectile, elle doit tomber suivant cette autre ligne. — Oui, » dit M. Covelle. Le capitaine s'attacha aux rayons visuels, et nous conçûmes le miracle dans toute sa beauté. Nous fûmes tous d'accord, il ne fut plus question de miracles, et notre souper fut le plus gai du monde.

Nous allions nous séparer, lorsqu'un ancien auditeur de nos amis entra tout effaré, et nous apprit que le prêtre aux anguilles est un jésuite. « C'est une chose avérée, dit-il, et on en a les preuves. — Quoi! m'écriai-je, un jésuite transfiguré parmi nous, et précepteur d'un jeune homme! cela est dangereux de bien des façons : il faut en avertir dès demain M. le premier syndic.

— Lui jésuite! dit le capitaine, cela ne se peut pas, il est trop absurde [1]. — Vous vous trompez, répliqua l'auditeur; sachez que les armées de moines sont comme celle où vous avez servi; elles sont composées de principaux officiers qui sont dans le secret de la compagnie, et de soldats imbéciles qui marchent sans savoir où, et qui se battent sans savoir pourquoi. Le grand nombre en tout genre est celui des ignorants, conduits par quelques gens habiles; et tous les moines ressemblent aux sujets du Vieux de la montagne; mais vous savez, Dieu merci, que les jésuites ne sont plus à craindre.

— N'importe, dit le capitaine, il faut chasser celui-ci, ne fût-ce que pour le scandale qu'il donne, et pour l'ennui qu'il cause. »

Pour moi, je demandai sa grâce, attendu qu'il m'avait dit de grosses injures sans que j'eusse l'honneur de le connaître.

M. le ministre Perdrau fut de mon avis, aussi bien que M. Covelle; je partis le lendemain pour aller auprès de ce bon seigneur allemand dont je suis l'aumônier, et chez qui je n'entendrai plus parler de ces billevesées.

1. Figurez-vous, mes chers concitoyens, que ce jésuite Needham a fait une parodie de la troisième lettre humble et soumise que j'écrivais si respectueusement à mon sérieux maître R..... : c'est assurément une chose bien louable de défendre notre sainte religion chrétienne par une parodie! Il est beau que ce soit un jésuite à qui nous en ayons l'obligation. C'est un ennemi qui vient à notre secours, en attendant que nous nous battions contre lui; il a orné cette parodie d'un avis préliminaire, dans lequel il dit :

« Ceux qui n'ont pas vu l'original sur lequel cette parodie est formée, comprendront facilement que je n'ai touché en rien à la forme, aux idées, pas même aux mots, etc. »

Comprenez-vous, mes chers concitoyens, qu'on puisse juger si l'auteur bouffon d'une parodie a copié l'original exactement sans qu'on ait vu cet original? N'est-ce pas à un nouveau miracle que ce jésuite suppose dans ses lecteurs? Vous voyez qu'il y a des jésuites naïfs.

N. B. Saint Patrick est le patron du jésuite Needham. Le premier miracle que fit saint Patrick fut d'échauffer un four avec de la neige. Needham raisonne aussi conséquemment que le bonhomme saint Patrick.

Parodie de la troisième lettre du proposant, par le sieur Needham, irlandais, prêtre, jésuite, transformateur de farine en anguilles.

Il fait parler un Patagon dans cette parodie; et le Patagon raisonne comme Needham.

P. S. Cette parodie ne fut imprimée qu'après le débit de la huitième lettre. Nous avons fidèlement suivi l'ordre des temps dans la nouvelle édition de ces choses merveilleuses [1].

ÉPIGRAPHE. — ***Expedit vobis neminem videri bonum; quasi aliena virtus exprobratio delictorum vestrorum sit, etc.*** (Tacite.)

N. B. Applique-toi ces paroles, mon cher Needham.

Avis préliminaire du jésuite Needham [2]. — Ceux qui n'ont pas vu l'original sur lequel cette parodie est formée, comprendront facilement qu'on n'a touché en rien à la forme, ni aux idées, etc [3]..... Bientôt le monde, dénué en grande partie de ces sublimes vérités, verra clairement à qui appartient la ***veste ensanglantée*** [4], et la nature corrompue, se trouvant libre de tout frein, etc....

Monsieur, je vous prie de venir à mon secours à la ***Terra del Fuego***, contre un géant patagon d'une taille énorme [5]..... Votre morale consiste à croire que ***je dois vous faire du bien***, et ma nature me pousse à vous écerveler pour en faire mon repas, etc [6]..... Caractacus alla longtemps après combattre ces mêmes Romains [7]..... Il semble que vos princes et vos législateurs, en assassinant la société par leur morale [8]..... Les pré-

1. Comme cette parodie est excessivement ennuyeuse, nous n'en rapportons que des extraits, afin que le lecteur ne soit pas priv dées notes de M. le proposant. (*Éd. de Kehl.*)

2. L'*Avis préliminaire*, dont on ne rapporte que les passages nécessaires, est réellement de Needham. (Éd.)

3. Et comment veux-tu que ceux qui n'ont pas vu l'original jugent si ta copie est ressemblante? (*Note de M. le proposant.*)

4. A quoi vient ta veste? où as-tu vu que le *proposant ait proposé* de délivrer les hommes de tout frein? (*Id.*)

5. Ce n'est pas la peine de faire beaucoup de remarques sur cette parodie, qui n'est qu'un travestissement insipide. (*Id.*)

6. Oui, mais ce pauvre Needham, dans sa malheureuse parodie, ne voit pas qu'il détruit la morale que Dieu a gravée dans le cœur de tous les hommes. Il fait parler son sot Patagon contre la société, la loi naturelle et la vertu, au lieu que M. le comte avait pris le parti de la vertu, de la loi naturelle, de la société, et par conséquent de Dieu même, et n'avait parlé que contre des impertinences scolastiques, qui sont l'objet du mépris de tous les honnêtes gens. (*Id.*)

7. Il est plaisant de faire citer l'*Histoire romaine* à un Patagon. (*Id.*)

8. Si tout cela valait la peine d'être réfuté, on dirait que Needham le Patagon a grand tort d'imputer à la morale tous les crimes faits contre la morale; mais que M. le comte a eu très-grande raison d'imputer aux dogmes et au détestable esprit théologique toutes les horreurs que les dogmes et les querelles scolastiques ont fait commettre.

On ferait voir combien il est ridicule de comparer la raison universelle, qui inspire toutes les vertus, à des dogmes particuliers dont il n'a jamais résulté que du mal.

On pourrait dire encore qu'une parodie est un écho qui ne peut parler de lui-même, qui ne fait que répeter, et qui répète mal. (*Id.*)

tendus droits de guerre, les fermiers généraux, les rapines[1].... Quand on écrit poliment contre la religion, on y répond de même[2].... *Risu inepto nihil ineptius*[3].

LETTRE IX. — *Attribuée au jésuite des anguilles; ou galimatias dans le style du prêtre Needham.*

C'est le sieur Needham qui parle :

Tous les petits garçons de la ville frétillent autour de moi, et me demandent des miracles; je leur dis : « Race d'anguilles[4], vous n'en aurez point d'autres que ceux de mon père saint Ignace, et de mon patron saint Patrice. » J'apprends que les impies se moquent de mon patron et de moi, dans la vénérable compagnie, au consistoire, et chez les repasseuses; cela ne m'ébranle point, *et contra sic argumentor*.

Monsieur le proposant croit tourner mon saint Patrice en ridicule, parce qu'il chauffait un four avec de la neige; il n'y a certainement qu'un damné d'hérétique comme lui qui puisse insulter ainsi aux prodiges que le Seigneur a toujours opérés par ses élus; qu'il lise ma dissertation sur ce miracle, imprimée dans le *Journal chrétien*, il verra qu'il est très-possible que de la neige chauffe un four, quoique la chose soit miraculeuse.

Saint Patrice, par exemple, ne pouvait-il pas faire bouillir la neige avant de l'employer? On me répondra qu'alors il n'y a plus de neige, que c'est seulement de l'eau chaude, et que si on attendait pour avoir du pain que le four chauffât de cette façon, on courrait risque de mourir de faim. D'accord; mais c'est en cela précisément que le miracle consiste.

On prétend que je me suis transfiguré en laïque et en Génevois, et que, par cette métamorphose, j'ai prétendu avilir le miracle de la transfiguration sur le Thabor. A Dieu ne plaise! j'ai une trop haute opinion de ce miracle et de moi-même, et je veux enseigner à monsieur le proposant ce que c'est que ce miracle dont il parle avec une légèreté qu'on ne me reprochera jamais.

La transfiguration est sans doute ce que nous avons de plus respectable après la transsubstantiation. J'ose même dire que c'est de la transfiguration que dépend notre salut : car si un pécheur, un faiseur de parodies, ne se transfigure pas en homme de bien, il est perdu; et voici comme je le prouve :

Jésus se transfigura sur une haute montagne; les uns disent que

1. Il est comique que ce Patagon connaisse les fermiers généraux de France. Il n'est pas moins comique qu'il en parle à un Irlandais, comme s'il y en avait en Irlande. (*Note de M. le proposant.*)

2. Je te dirai donc poliment que celui qui écrit que les animaux viennent sans germe écrit contre Dieu. (*Note de M. Couture.*)

3. *Sed risu conveniente nihil dulcius.* (*Note de M. Claparède.*)

4. *Progenies viperarum*..., Matthieu, III, 7; XII, 34-39; et XVI, 4. Voltaire traduit ici librement *vipera* par *anguille*, se souvenant sans doute de l'*anguilla longæ cognata colubræ*, dont parle Juvénal, sat. V, liv. I. (ÉD.)

c'est sur le mont Hermon, les autres sur le Thabor. Ses habits parurent tout blancs, et son visage très-resplendissant; donc il faut qu'un homme qui fait des prodiges ait un large visage, haut en couleur, et un bel habit tout blanc; ce qu'il fallait démontrer.

Le proposant ne convient pas de cette vérité, et il dit qu'on peut être honnête homme avec un habit brun un peu sale. Il a ses raisons pour penser ainsi; mais quand il s'agit du salut, il faut y regarder de près.

Je poursuis donc, et je dis qu'il est vrai que l'habit ne fait pas le moine; mais, comme je l'ai prouvé ci-dessus, l'habit est la figure de l'âme. Le vin de Cana était rouge, et les habits de la transfiguration blancs : or, le blanc signifiant la candeur, et le rouge étant la couleur du zèle, il est clair que si vous unissez ensemble ces deux couleurs, vous avez un rouge tirant sur le jaune; donc les miracles sont très-possibles, donc ils sont non-seulement possibles, mais ils sont très-réels; donc M. Covelle a tort. Saint Denis emportant sa tête entre ses bras était habillé de blanc, puisqu'il avait son surplis; or, le sang de sa tête et de son cou étant rouge, vous sentez bien qu'il n'y a rien à me répliquer.

Je sais que les prétendus esprits forts, les soi-disant philosophes ont d'autres opinions. Ils demandent à quoi servit la transfiguration sur le Thabor ou sur le mont Hermon, quel bien il en revint à l'empire romain, et ce que firent Moïse et Élie sur cette montagne. D'abord je répondrai qu'Élie n'était pas mort, et qu'il pouvait aller où il voulait; ensuite je dirai qu'il est clair que Moïse ressuscita pour venir faire conversation, comme je l'ai prouvé ci-dessus, et qu'il remourut ensuite, comme je le prouve ci-dessous.

Ce n'est pas tout, il faut approfondir la chose : je dis premièrement que le blé ergoté étant visiblement doué d'une âme sensitive....

Comme j'en étais à cette phrase, M. R..., professeur en théologie, entra chez moi avec un air consterné. Je lui demandai le sujet de son embarras; il m'avoua qu'il cherchait depuis quatre ans si le vin des noces de Cana était blanc ou rouge, qu'il avait bu très-souvent de l'un et de l'autre pour décider de cette grande question, et qu'il n'avait pu en venir à bout. Je lui conseillai de lire saint Jérôme, *de vino rubro et albo;* saint Chrysostome, *de vineis*, et Johannem de Bracmardo[1], *super pintas*. Il me dit qu'il les avait tous lus, et qu'il était plus embarrassé que jamais; ce qui arrive à presque tous les savants. Je lui répliquai que la chose était décidée par le concile d'Éphèse, session 14. Il me promit de le lire, et fut tout épouvanté de mon savoir. « Mais comment faites-vous, dit-il, quand vous chantez la grand'messe en Irlande, et que le vin vous manque? » Je lui répondis : « Je fais alors du punch, auquel je mêle un peu de cochenille : ainsi je me fais du vin rouge, et l'on n'a rien à me reprocher. »

1. Rabelais, liv. Ier, chap. XVIII et XIX, nomme *Janotus de Bragmardo*. C'est à l'imitation du chapitre VII du livre II, où est la liste des livres de la bibliothèque de Saint-Victor, que Voltaire a composé les titres des trois livres qu'il cite ici. (*Note de M. Beuchot.*)

Je puis dire que M. le professeur R.... fut extrêmement content de mon invention, et qu'il me donna des éloges que mon extrême modestie m'empêche de transcrire ici.

L'estime qu'il me témoigna, et celle que je sentis par conséquent pour lui, établirent bientôt entre nous la confiance. Il me demanda amicalement combien de miracles avait faits saint François Xavier. Je lui avouai ingénument que les écrivains de sa vie en avaient un peu augmenté le nombre pour suivre la méthode des premiers siècles, et qu'après un long examen je n'en avais avéré que deux cent dix-sept. « C'est bien peu, me dit-il, quand on est au Japon. » Je le fis convenir qu'il est bon de se borner, et que, dans l'âge pervers où nous vivons, il ne faut pas donner à rire à la foule des incrédules. Après quoi je lui demandai à mon tour s'il ne faisait pas des miracles quelquefois dans son tripot; il eut la bonne foi de me dire que non; et en cela il avouait, sans le savoir, la supériorité de ma secte sur la sienne.

« Nous en ferions tout comme les autres, me dit-il, si nous avions affaire à des sots; mais notre peuple est instruit et malin; il laisse passer les anciens miracles qu'il a trouvés tout établis. Si nous nous mêlions d'en faire pour notre compte, si nous nous avisions, par exemple, d'exorciser des possédés, on croirait que nous le sommes; si nous chassions les diables, on nous chasserait avec eux. »

Je sentis par cette réponse qu'il déguisait son impuissance sous l'air de la circonspection; en effet, il n'y a que les catholiques qui fassent des miracles. Tout le monde convient que les plus authentiques se font en Irlande. Je laisse à d'autres le soin de parler des miens. On a déjà rendu justice à mes anguilles, à la profondeur de mes raisonnements, et à mon style. Cela me suffit, et je ne crois pas qu'il soit nécessaire d'en dire davantage.

Avertissement[1]. — M. Covelle avait peu étudié, comme il nous l'apprend lui-même dans une de ses lettres. Son génie se développa par l'amour; il fit un enfant à Mlle Ferbot[2], l'une de nos plus agréables citoyennes; la chose était secrète. Le consistoire la rendit charitablement publique; il fut obligé de comparaître. Le prédicant, qui présidait[3], lui ordonna de se mettre à genoux; c'était un abus établi depuis longtemps. M. Covelle répondit qu'il ne se mettait à genoux que devant Dieu : le modérateur lui dit que des princes avaient subi cette pénitence. « Je sais, répliqua-t-il, que cette infamie a commencé à Louis le Débonnaire; sachez qu'elle finira à Robert Covelle[4]. »

1. Cet Avertissement, de Voltaire, fut ajouté par lui en 1765. (ÉD.)

2. Catherine Ferbot, la Briséis d'Achille Covelle, et fille d'un meunier, a été immortalisée aussi par Voltaire dans son poëme de *La Guerre civile de Genève*. La vingtième lettre lui est adressée. (ÉD.)

3. Jean-Jacques Vernet, l'un des interlocuteurs d'un des *Dialogues chrétiens*. (ÉD.)

4. Le beau, le blond Covelle, citoyen de Genève, où il était horloger, ayant intenté, en outre, aux ministres du saint Evangile un procès qu'il gagna, le bruit de son héroïque résistance à la tyrannie des prêtres retentit bien vite au château de Ferney, et c'en fut assez pour que Voltaire, joignant le plaisant au grave, voulût lui donner une fête. Lorsque Covelle arriva à Ferney, dit Grimm

Cette aventure le détermina à s'instruire; il devint savant en peu de temps, et il se distingua par plusieurs lettres en faveur de monsieur le proposant, son ami, contre le jésuite Needham.

LETTRE X. — *Par M. Covelle, citoyen de Genève, à M. V***, pasteur de campagne.*

MONSIEUR, Nous croyons vous et moi fermement à tous les miracles; nous croyons que les paroles qui ont évidemment un sens déterminé, ont évidemment un autre sens. Par exemple : « Mon père est plus grand que moi [1], » signifie sans aucune contestation : « Je suis aussi grand que mon père; » et c'est là un miracle de paroles. Quand Paul, devenu convertisseur, de persécuteur qu'il était, dit, dans son *Épître aux Romains* [2], c'est-à-dire à quelques Juifs qui vendaient des guenilles à Rome : « Le don de Dieu s'est répandu sur nous par la grâce donnée à un seul homme, qui est Jésus, » cela veut dire sans difficulté : « Le don de Dieu s'est répandu sur nous par la grâce donnée à un seul Dieu, qui est Jésus. »

Il n'y a qu'à s'entendre : nous avons, comme on sait, cent passages qu'il faut absolument expliquer dans un sens contraire. Ce miracle toujours subsistant, d'entendre tout le contraire de ce qu'on lit et de ce qu'on dit, est une des plus fortes preuves de notre sainte religion.

Il y a un miracle encore plus grand, c'est de ne se pas entendre soi-même. C'est ainsi qu'en ont usé Athanase, Cyrille, et plusieurs autres Pères. C'est un des miracles opérés par le R. P. Needham, à la grande édification des fidèles, *cum devotione et cachinno.*

Je conseille à ce jésuite Needham d'aller faire un tour à Gabaon et Aïalon, pour voir comment le soleil et la lune s'y prennent pour s'arrêter sur ces deux villages. Je laisse monsieur le proposant gagner ses trois cents écus patagons par an chez son seigneur allemand, et je m'adresse à vous comme à un jeune curé de village fait pour jouer un grand rôle dans la ville.

Vous avez une jolie femme, et je n'en ai point. J'ai pris le parti, en honnête homme, de faire un enfant à Mlle Ferbot; c'est un grand péché, je l'avoue.

Jésus, égal ou inégal à son père, est extrêmement courroucé, quand un Génevois fait un enfant à une fille; et certainement il jetterait la ville dans le lac, si on commettait souvent cette énormité contraire à toutes les lois de la nature; aussi j'en ai demandé pardon à Jésus:

en sa *Correspondance* (novembre 1768), on sonna le tocsin du château, on ouvrit les deux battants devant lui; on le reçut avec tous les honneurs dus au courage, et, pour comble de distinction, on tira un feu d'artifice. Voltaire, pendant tout le temps que dura cette fête, ayant, en grande cérémonie, appelé Covelle monsieur le *fornicateur*, ses gens, qui s'imaginèrent sérieusement que cette facétieuse qualification était le titre d'une charge de la république de Genève, ne l'annonçaient plus autrement que *monsieur le fornicateur Covelle.* (*Note de Clogenson.*)

1. Jean, XIV, 28. (ÉD.) — 2. V, 15. (ÉD.)

mais vous vouliez que je vous demandasse aussi pardon, comme si vous étiez consubstantiel à Jésus, et comme si votre village était consubstantiel à Genève.

En vérité, mon cher pasteur, vous êtes allé trop loin; vous êtes trop jeune et trop aimable pour juger les filles. Souffrez que j'aie l'honneur de vous dire ce que c'est qu'un ministre, non d'État, mais du saint Évangile.

C'est un homme vêtu de noir à qui nous donnons des gages pour prêcher, pour exhorter, et pour faire quelques autres fonctions. Vous croyez, parce que nous vous avons appelés pasteurs, que nous ne sommes que des brebis. Les choses ne sont pas tout à fait ainsi. Souvenez-vous que Christ dit expressément à ses disciples : « Il n'y aura parmi vous ni premier ni dernier[1]. »

Nous avons au fond autant de droit que vous de parler en public pour édifier nos frères, et de rompre le pain avec eux. Si, quand les sociétés chrétiennes se sont augmentées, nous jugeâmes à propos de commettre certaines personnes pour baptiser, prêcher, communier nos fidèles, et avoir soin de tenir propre le lieu de l'assemblée, ce n'est pas que nous ne puissions fort bien prendre ce soin nous-mêmes. Je donne des gages à un homme pour faire paître mon troupeau, mais cela ne m'ôte pas le droit de le mener paître moi-même, et d'envoyer paître le berger si j'en suis mécontent.

On vous a imposé les mains, j'en suis bien aise : mais qu'a-t-on fait, s'il vous plaît, par cette cérémonie ? Vous a-t-on donné plus d'esprit que vous n'en aviez ? ceux qui vous ont reçu ministre du saint Évangile vous ont-ils donné autre chose qu'une déclaration que vous ne savez point l'hébreu, que vous savez un peu de grec, que vous avez lu Matthieu, Luc, Marc et Jean, et que vous pouvez parler une demi-heure de suite ? Or, certainement plusieurs de nos citoyens sont dans ce cas, et j'écoute quelquefois M. Deluc[2] une heure entière, quoiqu'il ne sache pas mieux l'hébreu que vous.

Vous voulûtes me faire mettre à genoux, et vous me le conseillâtes par une lettre. Vous sûtes alors que je ne me mets à genoux que devant Dieu, et vous apprîtes que les pasteurs ne sont point magistrats. Nous savons très-bien distinguer l'empire et le sacerdoce. L'empire est à nous, et le sacerdoce dépend tellement de l'empire, qu'on vous présente à nous quand on vous a nommé à une cure de la ville. Nous pouvons vous accepter ou vous rejeter; donc nous sommes vos souverains. Prêchez, et nous jugerons de votre doctrine; écrivez, et nous jugerons de votre style; faites des miracles, et nous jugerons de votre savoir-faire. Je vous l'ai déjà dit, le temps n'est plus où les laïques n'osaient penser; et il n'est plus permis de nous donner du gland quand nous nous sommes procuré du pain.

Les gens d'Église, dans tous les pays, sont un peu fâchés que les

1. Matthieu, XIX, 30; XX, 16; Marc, X, 31; Luc, XIII, 30. (ÉD.)
2. François Deluc, né en 1696, et mort en 1780. J. J. Rousseau dit de lui : « C'est le plus honnête et le plus ennuyeux des hommes. » (ÉD.)

hommes aient des yeux; ils voudraient être à la tête d'une société d'aveugles; mais sachez qu'il est plus honorable d'être approuvé par des hommes qui raisonnent, que de dominer sur des gens qui ne pensent pas.

Il y a deux choses importantes dont on ne parle jamais dans le pays des esclaves, et dont tous les citoyens doivent s'entretenir dans les pays libres. L'une est le gouvernement, l'autre la religion. Le marchand, l'artisan, doivent se mettre en état de n'être trompés ni sur l'un ni sur l'autre de ces objets. La tyrannie ridicule qu'on a voulu exercer sur moi n'a servi qu'à me faire mieux connaître mes droits d'homme et de chrétien. Tous ceux qui pensent comme moi (et ils sont en très-grand nombre) soutiendront jusqu'au dernier soupir ces droits inviolables; et, comme me disait fort bien hier une lingère de mon quartier, *Fari quæ sentiat*[1], est le privilége d'un homme libre. Croyez-moi, messieurs, ménagez les citoyens, bourgeois, natifs et habitants, si vous voulez conserver un peu de crédit; car, selon saint Flaccus Horatius, dans sa quatrième Épître aux Galates, celui qui exige plus qu'on ne lui doit perd bientôt ce qui lui est dû, ou deû, etc., etc

LETTRE XI. — *Écrite par le proposant à M. Covelle.*

MONSIEUR, Je bénis la Providence qui m'a conduit chez M. le comte de Hiss-Priest-Craft[2] dont j'ai l'honneur d'être le chapelain. Non-seulement il a eu la bonté de me faire payer d'avance cent écus patagons pour les quatre premiers mois de mon exercice, mais je suis chauffé, éclairé, blanchi, nourri, rasé, porté, habillé. Je doute fort que le lévite qui desservait la chapelle de la veuve Michas l'idolâtre eût une condition aussi bonne que la mienne. Il est vrai que Mme Michas lui donnait une soutane et un manteau noir par année, et qu'il avait bouche à cour; mais il n'avait que dix petits écus de gage, ce qui n'approche pas de mes appointements.

Son Excellence me traite d'ailleurs avec beaucoup de bonté; il commence à prendre en moi un peu de confiance, et je ne désespère pas de le convertir sur le chapitre des miracles, pourvu que ce malheureux jésuite Needham ne s'en mêle pas, car Son Excellence a une répugnance invincible pour les jésuites, pour les absurdités, et pour les anguilles; c'est à cela près le meilleur homme du monde; et si jamais vous venez dans son petit État, vous verrez combien sa conduite est édifiante, et avec quelle sincérité il adore le Dieu de tous les êtres et de tous les temps.

Il est, de plus, fort savant. Il a ordonné à un Juif, qui est son bibliothécaire, de lui faire une belle collection des anciens fragments de Sanchoniathon, de Bérose, de Manéthon, de Chérémon, des anciens hymnes d'Orphée, d'Ocellus-Lucanus, de Timée de Locres, et de tous ces anciens monuments peu consultés par les modernes.

Il me faisait lire hier Flavius Josèphe, cet historien juif qui écrivait

1. Horace, I, épître IV, 9. (ÉD.) — 2. *Juges*, XVII. (ÉD.)

sous Vespasien; Josèphe, parent de la reine Mariamne, femme d'Hérode; Josèphe, dont le père avait vécu du temps de Jésus; Josèphe, qui a le malheur de ne parler d'aucun des faits qui se passèrent alors en Galilée à la vue de tout l'univers. Nous remarquâmes tous deux quelles peines se donne ce Juif, et en combien de manières il se replie pour faire valoir sa nation. Il fouille dans tous les auteurs égyptiens pour trouver quelque preuve que Moïse a été connu en Égypte; il déterre enfin deux historiens récents, qui ont écrit après la traduction qu'on appelle des Septante; c'est Manéthon et Chérémon. Ils disent un mot de Moïse, mais ils ne parlent d'aucun de ses prodiges.

Que Manéthon et Chérémon eussent dit peu de chose d'un Juif qu'ils regardaient avec mépris, cela était fort naturel, en cas que l'histoire de Moïse eût été fabuleuse; mais qu'en parlant de Moïse ils n'aient rien dit des dix plaies d'Égypte et du passage miraculeux de la mer Rouge, c'est ce qui est incompréhensible. C'est comme si, en écrivant l'histoire de Genève, que vous avez commencée avec autant d'éloquence que de vérité, vous ne disiez rien de l'escalade[1] ni de la mort de M. F.... mon parent[2].

L'omission même des miracles de Moïse est quelque chose de bien plus extraordinaire dans une histoire égyptienne, que l'omission de deux faits très-naturels dans l'histoire d'une ville. L'assaut de miracles que fit Moïse avec les sorciers du roi d'Égypte ne devait pas surtout être passé sous silence par les historiens d'une nation aussi célèbre pour les sortiléges que l'étaient les Égyptiens.

On me dira peut-être que ces Égyptiens étaient si honteux d'avoir été vaincus en fait de diablerie, qu'ils aimèrent mieux n'en point parler du tout que d'avouer leur défaite. Mais encore une fois, monsieur, cela n'est pas dans la nature. Les Français avouent qu'ils ont été battus à Crécy, à Poitiers; les Athéniens avouent que Lacédémone les vainquit. Les Romains ne dissimulent pas la perte des batailles de Cannes et de Trasimène.

De plus, les magiciens de Pharaon ne furent vaincus que sur un seul article. Moïse fit naître des poux, et c'est là le seul miracle que les sorciers de Sa Majesté ne purent faire. Or, il était très-aisé à un historien habile, ou de passer sous silence le miracle des poux, ou même de le tourner à l'avantage de sa nation. Il pouvait dire que les Juifs, qui ont toujours été fripiers, se connaissaient mieux en poux que les autres peuples. On pouvait ajouter que les Egyptiens, qui étaient des gens fort propres, avaient toujours négligé la théorie des poux dans la multitude de leurs connaissances.

Enfin, il n'était pas possible que Chérémon et Manéthon eussent

1. Elle eut lieu dans la nuit du 22 décembre 1602; et les Génevois, réveillés à propos, repoussèrent vigoureusement le gouverneur de Savoie, d'Albigny, lieutenant de Charles-Emmanuel Ier, qui avait essayé de réunir Genève à ses États. (ÉD.)

2. *Ni de la médiation*, édition de 1765. — Le M. F..., dont il s'agit ici, mourut sans doute pendant d'autres troubles que ceux de 1765, dans lesquels Voltaire se fit *médiateur*, comme il le dit dans sa lettre du 27 novembre 1765, à d'Argental. (ÉD.)

oublié qu'un ange avait coupé le cou un matin à tous les fils aînés des maisons d'Égypte.

De très-illustres savants ont cru, comme vous savez, monsieur, qu'il y avait alors en Égypte douze cent mille familles; cela fait douze cent mille jeunes gens égorgés dans une nuit. Cette aventure valait bien la peine d'être rapportée.

Je suppose, par exemple, qu'un jésuite savoyard, envoyé de Dieu, eût assassiné tous les premiers-nés de Genève dans leur lit; en bonne foi, y aurait-il un seul de nos annalistes qui oubliât cette boucherie exécrable? et les écrivains savoyards seraient-ils les seuls qui transmettraient à la postérité un événement si divin?

La probité, monsieur, ne me permet pas de nier la force de ces arguments. Je suis persuadé qu'il est d'un malhonnête homme de traiter avec un mépris apparent les raisons de ses adversaires, quand on en sent toute la puissance dans le fond de son cœur; c'est mentir aux autres et à soi-même. Ainsi, quand nous avons examiné ensemble les miracles de l'antiquité, nous n'avons ni déguisé ni méprisé les raisons de ceux qui les nient, et n'avons opposé, en bons chrétiens, que la foi aux arguments. La foi consiste à croire ce que l'entendement ne saurait croire; et c'est en cela qu'est le mérite.

Mais, monsieur, en étant persuadés, par la foi, des choses qui paraissaient absurdes à notre intelligence, c'est-à-dire, en croyant ce que nous ne croyons pas, gardons-nous de faire ce sacrifice de notre raison dans la conduite de la vie.

Il y a eu des gens qui ont dit autrefois : « Vous croyez des choses incompréhensibles, contradictoires, impossibles, parce que nous vous l'avons ordonné; faites donc des choses injustes parce que nous vous l'ordonnons. » Ces gens-là raisonnaient à merveille. Certainement qui est en droit de vous rendre absurde, est en droit de vous rendre injuste. Si vous n'opposez point aux ordres de croire l'impossible, l'intelligence que Dieu a mise dans votre esprit, vous ne devez point opposer aux ordres de mal faire, la justice que Dieu a mise dans votre cœur. Une faculté de votre âme étant une fois tyrannisée, toutes les autres facultés doivent l'être également. Et c'est là ce qui a produit tous les crimes religieux dont la terre a été inondée.

Dans toutes les guerres civiles que les dogmes ont allumées, dans tous les tribunaux des inquisitions, et toutes les fois qu'on a cru expédient d'assassiner des particuliers ou des princes d'une secte différente de la nôtre, on s'est toujours servi de ces paroles de l'Évangile : « Je ne suis pas venu apporter la paix[1], mais le glaive; je suis venu diviser le fils et le père, la fille et la mère, etc. »

Il fallait avoir recours alors à ce miracle dont je vous ai déjà parlé[2], qui consiste à entendre le contraire de ce qui est écrit. Certainement ces paroles veulent dire : « Je suis venu réunir le fils et le père, la fille et la mère; » car si nous entendions ce passage à la lettre, nous

1. Matthieu, x, 34, 35. (Éd.) — 2. Dixième lettre. p. 221. (Éd.)

serions obligés, en conscience, de faire de ce monde un théâtre de parricides.

De même, lorsqu'il est dit que Jésus sécha le figuier vert, cela veut dire qu'il fit reverdir un figuier sec; car ce dernier miracle est utile, et le premier est pernicieux.

Croyons aussi que quand le grand serviteur de Dieu, Josuah, arrêta le soleil qui ne marche pas, et la lune qui marche, ce ne fut point pour achever de massacrer en plein midi de pauvres citoyens qu'il venait voler, mais pour avoir le temps de secourir ces malheureux, ou de faire quelque bonne action.

C'est ainsi, monsieur, que la lettre tue, et que l'esprit vivifie[1].

En un mot, que votre religion soit toujours de la morale saine dans la théorie, et de la bienfaisance dans la pratique.

Recommandez ces maximes à nos chers concitoyens; qu'ils sachent que l'erreur ne mène jamais à la vertu; qu'ils fassent usage de leurs lumières, qu'ils s'éclairent les uns les autres, qu'ils ne craignent point de dire la vérité dans tous leurs cercles, dans toutes leurs assemblées. La société humaine a été trop longtemps semblable à un grand jeu de bassette, où des fripons volent des dupes, tandis que d'honnêtes gens discrets n'osent avertir les perdants qu'on les trompe.

Plus mes compatriotes chercheront la vérité, plus ils aimeront leur liberté. La même force d'esprit qui nous conduit au vrai, nous rend bons citoyens. Qu'est-ce en effet que d'être libres? c'est raisonner juste, c'est connaître les droits de l'homme; et quand on les connaît bien, on les défend de même.

Remarquez que les nations les plus esclaves ont toujours été le plus dépourvues de lumières. Adieu, monsieur; je vous recommande la vérité, la liberté, et la vertu, trois seules choses pour lesquelles on doive aimer la vie.

LETTRE XII. — *Du proposant à M. Covelle, citoyen de Genève.*

Mon cher monsieur Covelle, si Son Excellence M. le comte n'est pas persuadé de l'authenticité de nos miracles, en récompense Mme la comtesse avait une foi qui était bien consolante. J'ai eu l'agrément de lire quelquefois saint Matthieu avec elle, quand monseigneur lisait Cicéron, Virgile, Épictète, Horace ou Marc-Antonin dans son cabinet. Nous en étions un jour à ces paroles du chapitre XVII :

« Je vous dis, en vérité, que quand vous aurez de la foi gros comme un grain de moutarde, vous direz à une montagne : *Range-toi de là*, et aussitôt la montagne se transportera de sa place. »

Ces paroles excitèrent la curiosité et le zèle de madame. « Voilà une belle occasion, me dit-elle, de convertir monsieur mon mari; nous avons ici près une montagne qui nous cache la plus belle vue du monde; vous avez de la foi plus qu'il n'y en a dans toute la moutarde de Dijon qui est dans mon office; j'ai beaucoup de foi aussi : disons un mot à

1. *II Corinth.*, III, 6. (ÉD.)

la montagne, et sûrement nous aurons le plaisir de la voir se promener par les airs. J'ai lu dans l'histoire de saint Dunstan, qui est un fameux saint du pays de Needham, qu'il fit venir un jour une montagne d'Islande en Basse-Bretagne, lui donna sa bénédiction, et la renvoya chez elle. Je ne doute pas que vous n'en fassiez autant que saint Dunstan, vous qui êtes réformé. »

Je m'excusai longtemps sur mon peu de crédit auprès du ciel et des montagnes. « Si M. Claparède, professeur en théologie, était ici, lui dis-je, il ne manquerait pas sans doute de faire ce que vous proposez; il y a même tel syndic qui en un besoin serait capable de vous donner ce divertissement; mais songez, madame, que je ne suis qu'un pauvre proposant, un jeune chapelain qui n'a fait encore aucun miracle et qui doit se défier de ses forces.

— Il y a commencement à tout, me répliqua Mme la comtesse, et je veux absolument que vous me transportiez ma montagne. » Je me défendis longtemps; cela lui donna un peu de dépit. « Vous faites, me dit-elle, comme les gens qui ont une belle voix, et qui refusent de chanter quand on les en prie. » Je répondis que j'étais enrhumé, et que je ne pouvais chanter. Enfin, elle me dit en colère que j'avais d'assez gros gages pour être complaisant, et pour faire des miracles quand une femme de qualité m'en demandait. Je lui représentai encore, avec soumission, mon peu d'adresse dans cet art.

« Comment, dit-elle, Jean-Jacques Rousseau, qui n'est qu'un misérable laïque, se vante dans ses lettres imprimées d'avoir fait des miracles à Venise, et vous ne m'en ferez pas, vous qui avez la dignité de mon chapelain, et à qui je donne le double des appointements que Jean-Jacques touchait de M. de Montaigu, son maître, ambassadeur de France? »

Enfin je me rendis; nous priâmes la montagne, l'un et l'autre avec dévotion, de vouloir bien marcher. Elle n'en fit rien. Le rouge monta au visage de madame; elle est très-altière, et veut fortement ce qu'elle veut. « Il se pourrait faire, me dit-elle, qu'on dût entendre, selon vos principes, le contraire de ce qu'on lit dans le texte; il est dit qu'avec un peu de moutarde de foi on transportera une montagne; cela signifie, peut-être, qu'avec une montagne de foi on transportera un peu de moutarde. » Elle ordonna sur-le-champ à son maître d'hôtel d'en faire venir un pot. Pour moi la moutarde me montait au nez; je fis ce que je pus pour empêcher madame de faire cette expérience de physique; elle n'en démordit point, et fut attrapée à sa moutarde comme elle l'avait été à sa montagne.

Tandis que nous faisions cette opération, arriva M. le comte, qui fut assez surpris de voir un pot de moutarde à terre entre Mme la comtesse et moi. Elle lui apprit de quoi il était question. M. le comte, avec un ton moitié sérieux, moitié railleur, lui dit que les miracles avaient cessé depuis la réforme; qu'on n'en avait plus besoin, et qu'un miracle aujourd'hui est de la moutarde après dîner.

Ce mot seul dérangea toute la dévotion de Mme la comtesse. Il ne faut quelquefois qu'une plaisanterie pour décider de la manière dont on pensera le reste de sa vie.

Mme la comtesse, depuis ce moment-là, crut aussi peu aux miracles modernes que son mari ; de sorte que je me trouve aujourd'hui le seul homme du château qui ait le sens commun, c'est-à-dire qui croie aux miracles.

Leurs Excellences m'accablent tous les jours de railleries. Je joue à peu près le même rôle que l'aumônier du feu roi Auguste[1], qui était le seul catholique de la Saxe.

Je me renferme autant que je peux dans la morale; mais cette morale ne laisse pas de m'embarrasser. Je vous confie, mon cher ami, que je suis amoureux de la fille du maître d'hôtel, qui est beaucoup plus jolie que Mlle Ferbot et que la veuve anabaptiste qui épousa Jean Chauvin ou Calvin. Mais comme je suis absolument sans bien, je doute fort que monsieur le maître veuille m'accorder sa fille.

Jugez où en est réduit un jeune proposant de vingt-quatre ans, frais et vigoureux. M. le ministre Formey, qui est, sans contredit, le premier homme que nous ayons aujourd'hui dans l'Église et dans la littérature, écrivit, il y a plusieurs années, un excellent livre sur la continence des proposants, qu'il appelle un miracle continuel.

Il imagina dans ce livre d'établir un b..... pour ces jeunes prédicateurs; il en rédigea les lois qui sont fort sages : surtout il ne veut pas qu'un profane soit jamais reçu dans cette maison ; mais c'est précisément cette loi qui a fait manquer l'établissement. Les laïques, qui sont toujours jaloux de nous, s'y sont vivement opposés.

Vous croyez peut-être, mon cher Covelle, que je ne parle pas sérieusement; je vous jure que le livre existe, que je l'ai lu, et que M. Formey est trop honnête homme, et trop craignant Dieu, pour le désavouer. Son idée est très-raisonnable ; car enfin il faut, ou ressembler au bonhomme Onan, ou trouver une demoiselle Ferbot, ou se marier, ou faire un enfant à la fille d'un maître d'hôtel, ce qui m'exposerait à être chassé de la maison de M. le comte.

Je vous confie mon embarras ; j'espère qu'étant du métier vous m'aiderez de vos bons conseils.

Je fus hier obligé de prêcher sur la chasteté : le diable m'avait bercé toute la nuit : la fille du maître d'hôtel se trouvait tout juste vis-à-vis de moi ; elle rougissait, et moi aussi ; je balbutiai beaucoup ; Mme la comtesse s'aperçut de mon trouble ; jugez de la situation où je suis. Cette fille passe actuellement sous ma fenêtre ; la plume me tombe des mains.... ma vue se trouble.... Ah ! bonsoir.... mon cher.... Covelle.

THÉRO,
proposant et chapelain de S. E. Mgr le comte
de Hiss-Priest-Craft.

LETTRE XIII. — *Adressée par M. Covelle à ses chers concitoyens.*

MESSIEURS, Les occasions développent l'esprit des hommes. J'avais pu exercer ma faculté de penser avant que je me visse obligé de soutenir les droits de l'humanité contre ceux dont l'orgueil exigeait de moi

1. Auguste III, mort le 5 octobre 1763. (ÉD.)

une bassesse. Ce qu'a dit un de nos concitoyens sur les miracles m'a ouvert les yeux. J'ai conclu qu'il est fort peu important pour le bien de la société, pour les mœurs, pour la vertu, de savoir ou d'ignorer qu'un figuier a été séché, parce qu'il n'avait pas porté de figues sur la fin de l'hiver; nos devoirs de citoyens, d'hommes libres, de pères, de mères, de fils, de frères, n'en doivent pas moins être remplis, quand même on n'aurait transmis aucun miracle jusqu'à nous.

Supposons un moment, mes chers compatriotes, que jamais Moïse ne passa par la mer Rouge à pied sec pour aller mourir lui et les siens dans un désert affreux; supposons que la lune ne s'est jamais arrêtée sur Aïalon, et le soleil sur Gabaon, en plein midi, pour donner à Josuah, fils de Nun, le temps de massacrer avec plus de loisir quelques misérables fuyards qu'une pluie céleste de grosses pierres avait déjà assommés; supposons qu'une ânesse et qu'un serpent n'aient jamais parlé, et que tous les animaux n'aient pu se nourrir un an dans l'arche : de bonne foi, en serons-nous moins gens de bien? aurons-nous une autre morale, et d'autres principes d'honneur et de vertu? le monde n'ira-t-il pas comme il est toujours allé? Quel peut donc être le but de ceux qui nous enseignent des choses que leur bon sens et le nôtre désavouent? dans quel esprit peuvent-ils nous tromper? Ce n'est pas certainement pour nous rendre plus vertueux, ce n'est pas pour nous faire aimer davantage notre chère liberté; car l'abrutissement de l'esprit n'a jamais fait d'honnêtes gens, et il est horrible et insensé de prétendre que plus nous serons sots, plus nous deviendrons de dignes citoyens.

On n'a jamais fait croire des sottises aux hommes que pour les soumettre. La fureur de dominer est de toutes les maladies de l'esprit humain la plus terrible; mais ce ne peut être aujourd'hui que dans un violent transport au cerveau, que des hommes vêtus de noir puissent prétendre nous rendre imbéciles pour nous gouverner. Cela est bon pour les sauvages du Paraguai qui obéissent en esclaves aux jésuites; mais il faut en user autrement avec nous. Nous devons donc être jaloux des droits de notre raison comme de ceux de notre liberté; car plus nous serons des êtres raisonnables, plus nous serons des êtres libres. Prenez-y bien garde, mes chers compatriotes, citoyens, bourgeois, natifs et habitants, il faut qu'on ne nous trompe, ni sur notre religion, ni sur notre gouvernement. Le droit de dire et d'imprimer ce que nous pensons est le droit de tout homme libre[1], dont on ne saurait le priver sans exercer la tyrannie la plus odieuse. Ce privilége nous est aussi essentiel que celui de nommer nos auditeurs et nos syndics, d'imposer des tributs, de décider de la guerre et de la paix; et il serait plaisant que ceux en qui réside la souveraineté ne pussent pas dire leur avis par écrit.

Nous savons bien qu'on peut abuser de l'impression comme on peut

1. Comment un peuple peut-il se dire libre quand il ne lui est pas permis de penser par écrit? — C'est ce que Voltaire écrivait, le 16 octobre 1765, à Damilaville, au sujet de la tyrannie que la magistrature génevoise prétendait exercer alors contre les citoyens. (*Note de Clogenson.*)

abuser de la parole: mais quoi! nous privera-t-on d'une chose si légitime, sous prétexte qu'on en peut faire un mauvais usage? j'aimerais autant qu'on nous défendît de boire, dans la crainte que quelqu'un ne s'enivre.

Conservons toujours les bienséances, mais donnons un libre essor à nos pensées. Soutenons la liberté de la presse, c'est la base de toutes les autres libertés, c'est par là qu'on s'éclaire mutuellement. Chaque citoyen peut parler par écrit à la nation, et chaque lecteur examine à loisir, et sans passion, ce que ce compatriote lui dit par la voie de la presse. Nos cercles peuvent quelquefois être tumultueux: ce n'est que dans le recueillement du cabinet qu'on peut bien juger. C'est par là que la nation anglaise est devenue une nation véritablement libre. Elle ne le serait pas, si elle n'était pas éclairée; et elle ne serait point éclairée, si chaque citoyen n'avait pas chez elle le droit d'imprimer ce qu'il veut. Je ne prétends point comparer Genève à la Grande-Bretagne: je sais que nous n'avons qu'un très-petit territoire, peu proportionné, peut-être, à notre courage; mais enfin notre petitesse doit-elle nous dépouiller de nos droits? et parce que nous ne sommes que vingt-quatre mille êtres pensants, faudra-t-il que nous renoncions à penser?

Un judicieux tailleur de mes amis disait ces jours passés, dans une nombreuse compagnie, qu'un des inconvénients attachés à la nature humaine, est que chacun veut élever sa profession au-dessus de toutes les autres. Il se plaignait surtout de la vanité des barbiers, qui prennent le pas sur les tailleurs, parce qu'ils ont autrefois tiré du sang dans quelques occasions: « Mais les barbiers, disait-il, ont grand tort de se préférer à nous; car c'est nous qui les habillons, et nous pouvons fort bien nous raser sans eux. »

Voilà précisément, mes chers concitoyens, le cas où nous sommes avec les prêtres. Il est très-clair qu'on peut se passer d'eux à toute force, puisque toute la Pensylvanie s'en passe. Il n'y a point de prêtres à Philadelphie; aussi est-elle la ville des frères: elle est plus peuplée que la nôtre, et plus heureuse. Supposons pour un moment que tous les prédicants de notre ville soient malades d'indigestion dimanche prochain, en chanterons-nous moins les louanges de Dieu? notre musique en sera-t-elle moins mauvaise? ne remplirons-nous pas toutes les fonctions de ces messieurs le plus aisément du monde? et s'il faut prêcher, n'avons-nous pas chez nous des babillards qui parlent dans nos cercles un quart d'heure de suite sans rien dire, et qui sont insupportables?

Pourquoi donc tant faire le fier quand on est prêtre? encore passe si ces messieurs faisaient des miracles; s'ils rajeunissaient M. Abauzit; s'ils guérissaient M. Bonnel de sa surdité; s'ils donnaient un bon déjeuner à toute la ville avec cinq pains et trois poissons; s'ils délivraient des esprits malins M. G.... et M. F.... qui ont certainement le diable au corps, nous serions fort contents d'eux, et ils auraient une haute considération: mais ils se bornent à vouloir être les maîtres, et c'est pour cela qu'ils ne le seront point.

Ils font ce qu'ils peuvent pour ruiner notre commerce de pensées, et pour réduire nos pauvres imprimeurs à l'hôpital. Ils s'y prennent en deux manières: ils font imprimer leurs ouvrages, et ils tâchent d'empêcher que nous n'imprimions les nôtres. Ne pouvant nous faire brûler nous-mêmes, comme Servet et Antoine, ils cabalent continuellement pour faire brûler nos livres instructifs et édifiants; et ils trouvent quelques têtes à perruques qui sont taillées pour les croire. Mes frères, que tous ces vains efforts ne nous empêchent jamais de pousser le commerce. Vivons libres, soutenons nos droits, et buvons du meilleur.

LETTRE XIV. — *A M. Covelle, citoyen de Genève, par M. Baudinet.*

MONSIEUR, vos lettres sur les miracles, que vous avez eu la bonté de m'envoyer, m'ont bien fait rire. Je n'aime l'érudition que quand elle est un peu égayée. Je me plais fort aux miracles: j'y crois comme vous et comme tous les gens raisonnables. Pourquoi un serpent, une ânesse, n'auraient-ils pas parlé? les chevaux d'Achille n'ont-ils pas parlé grec mieux que nos professeurs d'aujourd'hui? les vaches du mont Olympe ne dirent-elles pas autrefois leur avis fort éloquemment? et *parler comme une vache espagnole*, n'est-il pas un ancien proverbe? les chênes de Dodone avaient une très-belle voix, et rendaient des oracles. Tout parle dans la nature. Je sens bien, monsieur, qu'un bon déjeuner fourni à quatre ou cinq mille hommes avec trois truites et cinq pains mollets, et des cruches d'eau changées en bouteilles de vin d'Engaddi, ou de vin de Bourgogne, vous plaisent encore plus, et à moi aussi, que des bêtes qui parlent ou qui écrivent.

Je veux croire aux miracles que M. Rousseau a faits à Venise; mais j'avoue que je crois plus fermement à ceux de notre comte de Neuchâtel. Résister à la moitié de l'Europe et à quatre armées d'environ cent mille hommes chacune; remporter, dans l'espace d'un mois, deux victoires signalées[1]; forcer ses ennemis à faire la paix; jouir de sa gloire en philosophe: voilà de vrais miracles; et si, après cela, il noyait deux mille cochons d'un seul mot, j'aurais de la peine à l'en estimer davantage.

Je me flatte que votre consistoire a renoncé au magnifique dessein de faire mettre à genoux vos citoyens devant lui. S'il avait réussi dans cette prétention, bientôt vos prêtres exigeraient qu'on leur baisât les pieds comme au pape. Vous savez qu'ils ressemblent aux amants, qui prennent de grandes libertés quand on leur en a passé de petites.

Nous avons eu aussi à Neuchâtel nos tracasseries sacerdotales. C'est le sort de l'Église, parce que l'Église est composée d'hommes. Depuis que Pierre et Paul se querellèrent, la paix n'a jamais habité chez les chrétiens. Je souhaite qu'elle règne à Genève avec la liberté; mais elle a été sur le point de partir de Neuchâtel

1. Les victoires de Rosbach et Lissa, remportées par le roi de Prusse. (ÉD.)

Je sais bien qu'on ne peut nous reprocher d'avoir versé le sang comme les partisans d'Athanas et ceux d'Arius, ni de nous être assommés avec des massues, comme les Africains, disciples de Donat, évêque de Tunis, qui combattirent contre le parti d'Augustin, évêque d'Hippone, manichéen devenu chrétien, et baptisé avec son bâtard Déodatus. Nous n'avons point imité les fureurs de saint Cyrille contre ceux qui appelaient Marie *mère* de Jésus, et non pas *mère* de Dieu.

Nous n'avons point imité la rage des chrétiens qui, oubliant que tous les Pères de l'Église avaient été platoniciens, allèrent dans Alexandrie, en 415, saisir la belle Hypatie dans sa chaire, où elle enseignait la philosophie de Platon, la traînèrent par les cheveux dans la place publique, et la massacrèrent sans que sa jeunesse, sa beauté, sa vertu, leur inspirassent le moindre remords; car ils étaient conduits par un théologien[1] qui tenait contre Platon pour Aristote.

Nous n'avons point eu de ces guerres civiles qui ont désolé l'Europe dans ces vingt-sept schismes sanglants, formés par de saints prétendants à la chaire de saint Pierre, au titre de vicaires de Dieu, et au droit d'être infaillibles. Nous n'avons point renouvelé les horreurs incroyables des XVIe et XVIIe siècles, de ces temps abominables où sept ou huit arguments de théologie changèrent les hommes en bêtes féroces, comme autrefois la théologienne Circé changea des Grecs en animaux avec des paroles.

Nos querelles, monsieur, n'ont été que ridicules. Les esprits de nos prédicants commencèrent à s'échauffer, il y a quatre ans, au sujet d'un pauvre diable de pasteur de campagne, nommé Petit-Pierre, bonhomme qui entendait parfaitement la Trinité, et qui savait au juste comment le Saint-Esprit procède, mais qui errait *toto cœlo* sur le chapitre de l'enfer.

Ce Petit-Pierre concevait très-bien comment il y avait au jardin d'Éden un arbre qui donnait la connaissance du bien et du mal, comment Adam et Ève vécurent environ neuf cents ans pour en avoir mangé; mais il ne digérait pas que nous fussions brûlés à jamais pour cette affaire. C'était un homme de bonne composition; il voulait bien que les descendants d'Adam, tant blancs que noirs, rouges ou cendrés, barbus ou imberbes, fussent damnés pendant sept ou huit cent mille ans; cela lui paraissait juste : mais pour l'éternité, il n'en pouvait convenir; il trouvait, par le calcul intégral, qu'il était impossible, *data fluente*, que la faute momentanée d'un être fini fût châtiée par une peine infinie, parce que le fini est zéro par rapport à l'infini.

A cela nos prédicants répondaient que les Chaldéens, qui avaient inventé l'enfer, les Égyptiens, qui l'avaient adopté, les Grecs et les Romains, qui l'avaient embelli (tandis que les Juifs l'ignoraient absolument), étaient tous convenus que l'enfer est éternel. Ils lui citaient le sixième livre de Virgile[2], et même le Dante. M. Petit-Pierre se pourvut aussi de quelques autorités; on eut recours à la manière d'ar-

1. Saint Cyrille. (ÉD.) — 2. Vers 616-617. (ÉD.)

guer dans Rabelais[1]. La dispute s'échauffa; notre auguste souverain fit ce qu'il put pour l'apaiser[2]; mais enfin M. Petit-Pierre fut contraint d'aller faire son salut en Angleterre, et notre monarque eut la bonté d'écrire que, puisque nos prêtres voulaient absolument être damnés dans toute l'éternité, il trouvait très-bon qu'ils le fussent. J'y consens aussi de tout mon cœur, et grand bien leur fasse.

Cette querelle étant apaisée, M. Jean-Jacques Rousseau, citoyen du village de Couvé dans la province de Motier-Travers, ou Moutier-Travers, en a essuyé une autre qui a été poussée jusqu'à des coups de pierres. On a voulu le lapider comme saint Étienne, quoiqu'il ne soit ni saint ni diacre; et l'on prétend que M. de Montmolin, curé de Moutier-Travers, gardait les manteaux.

Voici, monsieur, le sujet de la noise. Lorsque M. Jean-Jacques Rousseau, désespérant de se réconcilier avec les hommes, voulut se réconcilier avec Dieu dans Moutier-Travers, il demanda notre communion huguenote au pasteur Montmolin, qui lui accorda la permission de manger Jésus-Christ par la foi, au mois de septembre 1761[3], avec les autres élus du village. Vous savez comme on mange par la foi; la chose se passa le mieux du monde. M. Jean-Jacques Rousseau avoue qu'il pleura de joie : j'en pleure aussi; et tout le monde fut extrêmement édifié.

Il faut convenir que M. Rousseau, qui avait trouvé la musique de Rameau et de Mondonville fort mauvaise à Paris, ne fut pas tout à fait content de la nôtre. Nous chantons les dix commandements de Dieu sur l'air de *Réveillez-vous, belle endormie*. Cet air est simple et naturel; mais je ne puis savoir mauvais gré à M. Rousseau d'avoir dit si modestement à M. le pasteur Montmolin, qu'il fallait un peu presser la mesure de cette ariette, qu'en effet nous chantons trop lentement. Le pasteur, qui se pique de goût, fut très-offensé, et s'en plaignit peut-être avec trop d'amertume.

La querelle devint plus sérieuse par des lettres que plusieurs ministres du saint Évangile de Genève écrivirent au ministre du saint Évangile de Moutier-Travers, contre M. Jean-Jacques Rousseau. Ils lui envoyèrent quelques brochures qu'ils avaient lâchées charitablement contre leur ancien concitoyen, et ils reprochèrent au pasteur d'avoir donné la communion à un homme qui, dans sa jeunesse, avait eu des entretiens avec un vicaire savoyard.

Vous savez comment M. de Montmolin, encouragé et illuminé par les prédicants de Genève, voulut excommunier M. Rousseau dans le village de Moutier-Travers. M. Rousseau prétendait qu'un entretien avec un vicaire n'était pas une raison pour être privé de la manducation spirituelle; qu'on n'avait jamais excommunié Théodore de Bèze, qui

1. Panurge et Thaumaste, XIXe chapitre de *Pantagruel*, livre II, arguent c'est-à-dire argumentent par signes; mais il s'agit ici de gesticulations plus expressives et plus théologiques. (ÉD.)

2. Il y eut deux rescrits de Frédéric à ce sujet, l'un du 18 octobre 1760, et l'autre du 14 avril 1761. (ÉD.)

3. C'est-à-dire à la fin d'auguste 1762. Voy., dans les *Œuvres de J. J. Rousseau*, sa lettre du 31 août 1762. (ÉD.)

avait eu des entretiens beaucoup plus privés avec le jeune Candide, pour lequel il avait fait des vers [1] qui ne valent pas ceux d'Anacréon pour Bathylle; qu'en un mot, étant malade, et pouvant mourir de mort subite, il voulait absolument être admis à la manducation de notre pays.

Il implora la protection de milord maréchal [2], qui a pour cette manducation un très-grand zèle; sa faveur lui valut celle du roi. Sa Majesté, informée du désir ardent que M. Jean-Jacques Rousseau avait de communier, et sachant que non-seulement M. Rousseau croyait fermement tous les miracles, mais encore qu'il en avait fait à Venise, le mit sous sa sauve-garde royale; sauve-garde rarement efficace, depuis que l'empereur Sigismond, ayant protégé Jean Hus, le laissa rôtir par le pieux concile de Constance.

Notre gouvernement de Neuchâtel, plus sage, plus humain, et plus respectueux que ce beau concile, se conforma pleinement à l'autorité du souverain; il rendit, le 1er mai 1765, un arrêt par lequel il fut défendu « de molester, d'inquiéter, d'aggredir de fait ou de paroles » le sieur Rousseau, son vicaire savoyard, et son pupille Émile; lequel pupille était devenu un excellent menuisier, fort utile à la communauté de Moutier-Travers.

M. de Montmolin, son diacre, et quelques autres dévots, tinrent peu de compte des ordres du roi et de l'arrêt du conseil; ils répondirent qu'il vaut mieux obéir à Dieu qu'aux hommes [3], et que si le conseil d'État a ses lois, l'Église a les siennes. En conséquence, on ameuta tous les petits garçons de la paroisse, qui, pour obéir à Dieu de préférence au roi, coururent après Rousseau, le huèrent et le sifflèrent à peu près de la manière qu'on pratique à Paris envers un auteur dont la pièce est tombée.

Ils firent plus : à peine Rousseau fut-il rentré dans sa petite maison, la nuit du 6 au 7 septembre; à peine était-il couché avec sa servante, c'est-à-dire M. Rousseau dans son lit, et sa servante dans le sien, que voilà une grêle de pierres qui tombe sur sa maison, comme il en tomba une sur les Amorrhéens devers Aïalon, Gabaon, et Bethoron, immédiatement avant que le soleil s'arrêtât; on cassa toutes ses vitres, et on enfonça ses deux portes; il s'en fallut peu qu'une de ces pierres n'atteignît à la tempe M. Jean-Jacques, n'entamât le muscle temporal et l'orbiculaire, ne passât jusqu'au zygomatique, et, en pressant le tissu médullaire du cerveau, n'envoyât le patient débiter des paradoxes dans l'autre monde, ce qui aurait été regardé comme un miracle évident par tous les prédicants.

M. d'Assoucy ne se sauva pas plus vite de Montpellier que M. Rousseau ne se sauva de Moutier-Travers.

1. Les vers de Th. de Bèze sont intitulés : *Ad fibulam Candidæ*. Sa maîtresse vraie ou supposée était donc du sexe féminin. (*Note de M. Beuchot.*)
2. George Keith, ami de Frédéric, qui l'avait nommé gouverneur de Neuchâtel; mort en philosophe et en homme de bien quelques jours seulement avant Voltaire, le 25 mai 1778. (*Note de M. Clogenson.*)
3. *Actes*, v, 29. (Ed.)

Trouvez bon, monsieur, que je finisse ici ma lettre; la poste me presse, j'achèverai par le premier ordinaire.

J'ai l'honneur d'être, monsieur, votre très-humble et très-obéissant serviteur, BEAUDINET.

LETTRE XV. — *De M. de Montmolin, prêtre, à M. Needham, prêtre.*

A Boveresse, 24 décembre, l'an du salut 1765.

MONSIEUR, Rapport que « je suis d'un caractère très-respectable[1], » étant prédicant de Travers et de Boveresse *a Bovibus*, qui sont des armes parlantes, je vous fais ces lignes pour vous dire que, malgré l'opposition de nos deux sectes, la conformité de notre style m'autorise à user avec vous de la loi du talion.

Vous êtes prêtre papiste, je suis prêtre calviniste; vous m'avez ennuyé, et je vais vous le rendre.

Je vous dirai donc, monsieur, que Jean-Jacques ayant fait des miracles à Neuchâtel, je procédai bravement à l'excommunier; mais comme M. Jean-Jacques a un goût extrême pour la communion, il voulut absolument en tâter.

Il avait d'abord communié dans la ville de Genève, où vous êtes, sous les deux espèces du pain levé; ensuite il alla communier, avec du pain azyme, sans boire, chez les Savoyards, qui sont tous de profonds théologiens; puis il revint à Genève communier avec pain et vin, puis il alla en France où il eut le malheur de ne point communier du tout, et il fut près de mourir d'inanition. Enfin il me demanda la sainte cène, ou souper du matin, d'une manière si pressante, que je pris le parti de lui jeter des pierres pour l'écarter de ma table; il avait beau me dire, comme le diable dans l'Évangile : « Mon cher monsieur de Montmolin, dites que ces pierres se changent en pains[2]; » je lui répondis : « Méchant, souviens-toi que Jehovah fit pleuvoir des pierres sur les Amorrhéens[3] dans le chemin de Bethoron, et les tua tous avant d'arrêter le soleil et la lune pour les retuer, et David tua Goliath à coups de pierres, et les petits garçons et les petites filles jetaient des pierres à Diogène, et tu en auras ta part. » Ainsi dit, ainsi fait; je le fis lapider par tous les petits garçons du village, comme M. Covelle et Mlle Ferbot vous l'ont conté.

Des impies, dont le nombre se multiplie tous les jours, ont écrit que je gardais les manteaux comme Paul l'apôtre[4]. Voyez la malice! il est prouvé qu'il n'y a d'autre manteau que le mien à Boveresse et chez les gens de Travers. Ce manteau n'est pas assurément celui d'Élisée[5], car il avait un esprit double; et vous et moi, monsieur, nous en avons un très-simple. Je ne voulus pas, après cet exploit, commander au soleil de s'arrêter sur la vallée de Travers, et à la lune sur Boveresse, parce qu'il était nuit, et qu'il n'y avait point de lune ce jour-là.

1. Page 5 de l'information présentée au public par le professeur de Montmolin.
2. Matth., IV, 3; Luc, IV, 3. (ÉD.) — 3. Josué, X, 11, 12. (ÉD.)
4. *Actes*, VII, 57. (ÉD.) — 5. *IV Rois*, II, 9. (ÉD.)

Or, vous saurez, monsieur, que Jean-Jacques ayant été lapidé, M. du Peyrou[1], citoyen de Neuchâtel, a jeté des pierres dans mon jardin; il s'est avisé d'écrire que la lapidation n'est plus en usage dans la nouvelle loi, que cette cérémonie n'a été connue que des Juifs, et que par conséquent j'ai eu tort, moi, prêtre de la loi nouvelle, de faire jeter des pierres à Jean-Jacques, qui est de la loi naturelle. Figurez-vous, monsieur, vous qui êtes un bon philosophe, combien ce raisonnement est ridicule.

M. du Peyrou a été élevé en Amérique; vous voyez bien qu'il ne peut être instruit des usages de l'Europe. Je compte bien le faire lapider lui-même à la première occasion, pour lui apprendre son catéchisme. Je vous prie de me mander si la lapidation n'est pas très-commune en Irlande, car je ne veux rien faire sans avoir de grandes autorités.

Il n'est pas, monsieur, que vous n'ayez jeté quelques pierres en votre vie à des mécréants, quand vous en avez rencontré; mandez-moi, je vous prie, ce qui en est arrivé, et si cela les a convertis.

Je me suis fait donner une déclaration par mon troupeau, comme quoi j'étais honnête homme. Mais au diable, si on a dit un mot de pierres, ni de cailloux, dans cette attestation de vie et de mœurs; cela me fait une vraie peine, et est une pierre de scandale[2]: car enfin, monsieur, l'Église de Jésus-Christ est fondée sur la pierre[3]; ce n'est que parce que Simon Barjone était surnommé Pierre, que les papes ont chassé autrefois un empereur de Rome à coups de pierres; pour moi, je suis tout pétrifié, depuis qu'on m'a pris à partie, et qu'on m'a forcé d'écrire des lettres qui sont la pierre de touche de mon génie.

Je sais qu'il est dit dans la *Genèse*[4] que Deucalion et Pyrrha firent des enfants en se troussant et en jetant des pierres entre leurs jambes, et que j'aurais pu m'excuser en citant ce passage de l'Écriture; mais on m'a répondu que quand M. Jean-Jacques et sa servante se troussent, ils n'en usent point ainsi, et que je ne gagnerais rien à cette évasion.

On m'a dit que depuis ce temps-là Jean-Jacques a ramassé toutes les pierres qu'il a rencontrées dans son chemin, pour les jeter au nez des magistrats de Genève; mais, par les dernières lettres, j'apprends que ces pierres se changeront en pelotes de neige, et que tout s'adoucira par la haute prudence du petit et grand conseil, des citoyens et bourgeois.

S'il y a quelque chose de nouveau sur les anguilles et sur les miracles, je vous prie de m'en faire part.

On dit qu'on commence à penser dans les rues hautes et dans les rues basses; cela me fait frissonner: nous autres prêtres, nous n'aimons

1. Pierre-Alexandre du Peyrou, Américain, mais devenu bourgeois de Neuchâtel où il mourut en 1794, était un des plus sincères amis du sublime et défiant Rousseau. (*Note de M. Clogenson.*)

2. *Rom.*, IX, 33; Isaïe, VIII, 14. (Éd.) — 3. Matth., XVI, 18. (Éd.)

4. Ce mot désigne ici les *Métamorphoses* d'Ovide. (*Note de M. Beuchot.*)

pas que l'on pense; malheur aux esprits qui s'éclairent! honneur et gloire aux pauvres d'esprit! Réunissons-nous tous deux, monsieur, contre tous ceux qui font usage de leur raison; après quoi nous nous battrons pour les absurdités réciproques qui nous divisent.

Tâchez d'observer avec votre microscope l'étoile des trois rois qui va paraître; j'observerai de mon côté; je baise les mains au bœuf et à l'âne. Soyez toujours la pierre angulaire de l'Église d'Irlande, comme moi de Boveresse.

Je suis le plus particulièrement du monde, monsieur, votre très-humble et très-obéissant serviteur, MONTMOLIN.

LETTRE XVI. — *Par M. Beaudinet, citoyen de Neuchâtel, à M. Covelle, citoyen de Genève.*

MONSIEUR, le 9 septembre au matin, je rencontrai dans Neuchâtel M. le pasteur Montmolin. Je ne pus m'empêcher de lui marquer ma surprise de la lapidation de Moutier-Travers. Il me répondit que c'était son droit, et que les prêtres devaient punir les pécheurs. Pierre, dit-il, fit mourir d'apoplexie Ananiah et Saphirah[1], qui n'avaient d'autre crime que de n'avoir pas apporté à ses pieds jusqu'à la dernière obole de leur bien. Il est clair que depuis ce temps-là les prêtres ont droit de vie et de mort sur les laïques; et c'est en vertu de ce privilége divin que nous avons été longtemps tout-puissants dans le comté de Neuchâtel, en Écosse, à Genève, et dans plusieurs autres pays.

Je me recueillis un moment, de peur de me mettre trop en colère, et je lui parlai ainsi :

« Je sais, monsieur, que vous vous êtes arrogé chez nous, dans le siècle passé, le droit de commuer les peines décernées par le conseil, et d'imposer des amendes pécuniaires; mais, en 1695, ces abus intolérables furent abolis par le gouvernement. Vos pareils ont eu la hardiesse de prendre longtemps le pas sur le conseil d'État de Genève; ils entraient au conseil sans se faire annoncer, sans demander permission; ils dictaient des lois : on a réprimé ces excès; mais on ne vous a pas encore renfermés dans vos justes bornes.

« Pensez-vous donc que nous ayons secoué le joug des évêques de Rome pour nous en donner un plus pesant?

Les meurtres, les empoisonnements, les parricides d'Alexandre VI, l'ambition guerrière et turbulente de Jules II, les débauches et les rapines de Léon X nous révoltèrent : nous brisâmes l'idole; mais nous n'avons pas prétendu en adorer une nouvelle.

« For priests of all religions are the same. »

« Eh! qui êtes-vous donc, vous autres prédicants à manteau? Qu'avez-vous par-dessus les laïques? Les apôtres, Jésus même, n'étaient-ils pas laïques? Jésus forma-t-il jamais un nouvel ordre dans l'État? Vous a-t-il envoyés à l'exclusion de tous les autres chrétiens? Montrez-nous

1. *Actes*, chap. v. (ÉD.)

quelle suite de prêtres, ordonnés par les apôtres, a transmis le Saint-Esprit jusqu'à vous, de cervelle en cervelle, depuis Jérusalem jusqu'à Neuchâtel. De qui descendez-vous? du cardeur de laine Jean Leclerc, brûlé à Metz; de Jean Chauvin[1], qui, s'étant dérobé au bûcher, fit jeter Michel Servet dans les flammes, autrefois allumées pour lui-même; de Viret, imprimeur à Rouen; de Farel, de Bèze, de Crespin[2], qui, n'étant point prêtres, n'avaient été ordonnés par personne; ils ne purent vous donner le Saint-Esprit qu'ils n'avaient pas, et vous n'auriez été que des bâtards, si le vœu des nations, si la sanction des gouvernements, ne vous avaient légitimés.

« Vous êtes ministres comme nous sommes assesseurs, lieutenants, baillis, trésoriers. Nous n'avons plus ces titres quand nous n'avons plus ces emplois. Un ministre est amovible comme nous : il ne lui reste rien de son caractère quand il change d'état.

« Pensez-vous de bonne foi que les langues de feu[3] qui descendirent du ciel sur la tête des disciples soient venues depuis le XVIe siècle se reposer sur la vôtre? Des nations sages et hardies foulèrent alors aux pieds quelques-unes des superstitions dont la terre était infectée : les magistrats vous remirent le soin de prêcher les peuples; mais ils ne prétendirent pas qu'une chaire fût un tribunal de justice.

« Vous n'avez, vous ne devez avoir aucune juridiction, non pas même en fait de dogmes. Nous savons ce qu'il convient d'enseigner et de taire : c'est à nous à vous le prescrire; c'est à vous d'obéir au gouvernement. Il n'appartient qu'à la nation assemblée, ou à celui qui la représente, de confier un ministère, quel qu'il puisse être, à qui bon lui semble. Telle est la loi dans le vaste empire de Russie, telle est la loi en Angleterre; et c'est le seul moyen d'arrêter vos disputes, aussi interminables que ridicules.

« Les Grecs et les Romains ne permirent jamais aux colléges des prêtres de proclamer des articles de foi. Ces peuples sages sentirent quels maux apportaient des décisions théologiques. Ils fermèrent cette source de discorde, qui n'a jailli que parmi nous, qui a coulé avec notre sang, et qui a inondé l'Europe.

« Tout gouvernement qui laisse du pouvoir aux prêtres est insensé; il doit nécessairement périr; et s'il n'est pas détruit, il ne doit sa conservation qu'aux laïques éclairés qui combattent en sa faveur.

« Mais quoi! n'ayant aucun pouvoir, vous en chercheriez en soulevant la populace contre un citoyen! Ce ne serait pas là un abus, ce serait un délit que le magistrat punirait sévèrement. Sachez que nous ouvrons les yeux à Neuchâtel comme ailleurs; sachez que nous commençons à distinguer la religion du fanatisme, le culte de Dieu du despotisme presbytéral, et que nous ne prétendons plus être menés avec un licou, par des gens à qui nous donnons des gages. » Je me servis, monsieur, de vos propres paroles.

1. Calvin. (ÉD.)
2. Jean Crespin ou Crispin naquit à Arras, et mourut imprimeur à Genève en 1572. (ÉD.)
3. *Actes*, II, 3. (ÉD.)

Je ne raillais point alors; je ne plaisantais point. Il y a des choses dont on ne doit que rire; il y en a contre lesquelles il faut s'élever avec force. Moquez-vous tant qu'il vous plaira de saint Justin qui a vu la statue de sel en laquelle la femme de Loth fut changée, et des cellules des Septante, prétendus interprètes des livres juifs. Riez des miracles de saint Pacôme, que le diable tentait lorsqu'il allait à la selle, et de ceux de saint Grégoire Thaumaturge, qui se changea un jour en arbre. Ne faites nul scrupule, en adorant Dieu et en servant le prochain, de vous moquer des superstitions qui avilissent la nature humaine : riez des sottises; mais éclatez contre la persécution. L'esprit persécuteur est l'ennemi de tous les hommes; il mène droit à l'établissement de l'inquisition, comme le larcin conduit à être voleur de grand chemin. Un voleur ne vous ôte que votre argent; mais un inquisiteur veut vous ravir jusqu'à vos pensées : il fouille dans votre âme; il veut y trouver de quoi faire brûler votre corps. J'ai lu ces jours passés, dans un livre nouveau [1], qu'il y a un enfer, qu'il est sur la terre, et que ce sont les persécuteurs théologaux qui en sont les diables.

J'ai l'honneur d'être, monsieur, votre très-humble et très-obéissant serviteur,

BEAUDINET.

LETTRE XVII. — *Du proposant à M. Covelle.*

MONSIEUR, hier M. le jésuite irlandais Needham, en allant aux eaux de Spa, vint faire sa cour à Son Excellence, qui le retint à dîner. Admirez, je vous prie, la politesse de monseigneur et de madame : il y avait un pâté d'anguilles délicieux, ils ordonnèrent qu'on ne le servît point, parce que, depuis quelque temps, M. Needham se trouve un peu mal toutes les fois qu'on parle d'anguilles. Cette attention me charma. Voilà ce dont un cuistre, tel que j'ai pensé l'être, ne se serait jamais avisé. Voilà ce que je n'ai jamais lu dans certain catéchisme [2], où il n'est pas plus question de la politesse que de la Trinité.

Nous nous mîmes à table après avoir baisé la robe de Mme la comtesse, selon l'usage. M. Needham parla beaucoup de vous; il fit votre éloge; car si la diversité de vos religions vous divise, la conformité de vos mérites vous réunit. Vous savez qu'à dîner la conversation change toujours d'objet; on parla de Mlle Clairon [3], de la loterie, de la compagnie des Indes de France, des Anglais, et de l'Amérique. M. le comte daigna nous lire une grande lettre qu'il avait reçue de Boston; en voici le précis.

« Nous conclûmes dernièrement la paix avec la nation des Savanois. Une des conditions était qu'ils nous rendraient de jeunes garçons anglais, et de jeunes filles qu'ils avaient pris il y a quelques années; ces enfants ne voulaient pas revenir auprès de nous. Ils ne pouvaient se détacher de leurs chefs savanois. Enfin le chef des tribus nous ramena hier ces captifs tous parés de belles plumes, et nous tint ce discours :

1. *Le Catéchisme de l'honnête homme.* (ÉD.)
2. *Catéchisme familier*, par Vernet. (ÉD.)
3. Elle avait quitté le théâtre en avril 1765. (ÉD.)

« Voici vos fils et vos filles que nous vous ramenons; nous en avions « fait les nôtres; nous les adoptâmes dès que nous en fûmes les maî« tres. Nous vous rendons votre chair et votre sang; traitez-les avec la « même tendresse que nous les avons traités; ayez pour eux de l'in« dulgence, quand vous verrez qu'ils ont oublié parmi nous vos mœurs « et vos usages. Puisse le grand génie qui préside au monde nous ac« corder la consolation de les embrasser, quand nous viendrons sur vos « terres jouir de la paix qui nous rend tous frères! etc. »

Cette lettre nous attendrit tous. M. Needham s'étonna que tant d'humanité pût animer le cœur des sauvages. « Pourquoi les appelez-vous sauvages? dit M. le comte. Ce sont des peuples libres qui vivent en société, qui pratiquent la justice, qui adorent le grand Esprit comme moi. Sont-ils sauvages parce que leurs maisons, leurs habits, leur langage, leur cuisine, ne ressemblent pas aux nôtres?

— Ah, monseigneur! dit Needham, vous voyez bien qu'ils sont sauvages, puisqu'ils ne sont pas chrétiens, et qu'il est impossible qu'ils aient tenu un discours si chrétien sans un miracle. Je suis persuadé que ce chef des Savanois était quelque jésuite irlandais déguisé, qui leur a porté les lumières de la foi. La nature humaine elle seule n'est pas capable de tant de bonté sans le secours d'un missionnaire. Ou c'était un jésuite qui parlait, ou Dieu, par un miracle spécial, a illuminé tout d'un coup ces barbares. Comment pourraient-ils avoir de la vertu, puisqu'ils ne sont pas de ma religion? »

Mme la comtesse sentit bien à quel homme on avait affaire; elle mordit ses belles lèvres pour étouffer un éclat de rire; et regardant M. Needham avec bonté, elle lui demanda des éclaircissements. « Ne plaignez-vous pas, dit-elle, toute cette Amérique, qui a été si longtemps damnée, ainsi que la Chine, la Perse, les Indes, la Grande-Tartarie, l'Afrique, l'Arabie, et tant d'autres pays?

— Hélas! oui, madame; mais remarquez que tous ces peuples n'ont été livrés au diable de père en fils que jusqu'au temps où il est venu chez eux de nos missionnaires. Les Espagnols, par exemple, n'exterminèrent la moitié des Américains que pour nous donner le moyen de sauver l'autre par nos miracles; encore n'avons-nous pu parvenir à instruire tout au plus qu'un homme sur mille; mais c'est beaucoup, vu le petit nombre des élus. Les Américains avaient tous péché en Adam, ainsi on ne leur devait rien; et quand nous en sauvons un, c'est par pure grâce.

— Vraiment, mon cher monsieur Needham, ils vous sont bien obligés; mais comment les Africains, les Hurons, et les Savanois, étaient-ils damnés en Adam? Comment des peuples noirs et avec de la laine sur la tête, et des peuples sans barbe, peuvent-ils avoir un père blanc, barbu et chevelu? et comment les hommes s'y prirent-ils après le déluge pour aller par mer dans l'Amérique?

— Eh! madame, n'avaient-ils pas l'arche? ne leur était-il pas aussi aisé de s'embarquer dans ce vaisseau qu'il l'avait été à Noé d'y rassembler tous les animaux d'Amérique, et de les nourrir pendant un an, avec tous ceux de l'Asie, de l'Afrique, et de l'Europe?

fait tous les jours de ces petites difficultés-là; mais nous y répondons d'une manière victorieuse, qui est sentie par tous les gens d'esprit. L'objection que les Américains n'ont point de barbe, et que les nègres n'ont point de cheveux, tombe en poussière : ne voyez-vous pas, madame, que c'est un miracle perpétuel? il en est de ces nations ainsi que des Juifs; ils puent tous comme des boucs, et cependant Abraham, leur père, ne puait point; les races peuvent changer en punition de quelque crime. Il est sûr qu'en Afrique les peuples de Congo et de la Guinée n'ont une membrane noire sous la peau, et que leur tête n'est garnie de laine noire, que parce que le patriarche Cham avait vu son père sans culotte en Asie.

— Ce que vous dites est très-judicieux et très-vraisemblable, dit M. le comte; cependant je ne voudrais pas répondre qu'Abraham sentît si bon que vous le dites; il voyageait à pied avec sa jeune épouse de soixante-et-quinze ans, dans des pays fort chauds, et je doute qu'ils eussent une grande provision d'eau de lavande; mais cette question est un peu étrangère au beau discours de mes chers Savanois. Êtes-vous bien sûr que ce soit un prêtre irlandais qui leur ait dicté ce discours vertueux et attendrissant qui m'a charmé?

— Très-sûr, monseigneur; je suis qualifié pour être instruit de toutes ces choses, comme je l'ai dit dans un écrit qui a été fort goûté des hérétiques même. Saint Augustin déclare expressément qu'il est impossible que des païens aient la moindre vertu. « Leurs bonnes « actions, dit-il, ne sont que des péchés splendides, *splendida pec« cata;* » de là il est démontré que Scipion l'Africain n'était au fond qu'un petit-maître débauché; Caton d'Utique, un voluptueux amolli dans le plaisir; Marc-Antonin, Épictète, des fripons.

— Voilà une puissante démonstration, et furieusement consolante pour le genre humain, répondit avec douceur M. le comte; vos honnêtes gens ne sont pas de la trempe des faux sages de l'antiquité. Certes, mon cher Needham, quand vous autres Irlandais égorgeâtes, sous Charles Ier, quatre-vingt mille protestants dont pourtant le nombre se réduit à quarante mille tout au plus par les derniers calculs, vous mîtes la charité chrétienne dans tout son jour.

— Vous y êtes, monseigneur; les élus ne doivent jamais ménager les réprouvés. Voyez les Cananéens; ils étaient sous l'anathème : Dieu commande aux Juifs de les massacrer tous sans distinction ni de sexe ni d'âge; et pour les aider dans cette opération sainte et sacramentale, il fait remonter le grand fleuve du Jourdain vers sa source, tomber les murs au son de la trompette, arrêter le soleil (et même la lune, que j'avais oubliée dans mon savant écrit); aucun meurtre n'a été exécuté par les Israélites, aucune perfidie n'a été commise sans être justifiée par des miracles.

« Jésus même ne dit-il pas dans l'Évangile qu'il est venu apporter le glaive et non la paix [1], qu'il est venu diviser le père, le fils, la mère, et la fille? Quand nous tuâmes tant d'hérétiques, ce n'étaient ni nos

1. Matth., X, 34, 5. (Éd.)

enfants ni nos femmes dont nous versions le sang; nous n'avons pas encore atteint la précision de la loi. Les mœurs se sont bien corrompues depuis ces heureux temps. On se borne aujourd'hui à de petites persécutions qui en vérité ne valent pas la peine qu'on en parle. Cependant les persécutés de notre temps crient comme s'ils étaient sur le gril de saint Laurent ou sur la croix de saint André. Les mœurs dégénèrent, la mollesse s'insinue, on s'en aperçoit tous les jours. Je ne vois plus de ces persécutions vigoureuses, si agréables au Seigneur; il n'y a plus de religion !

« Des coquins se bornent insolemment à l'adoration d'un Dieu auteur de tous les êtres, Dieu unique, Dieu incommunicable, Dieu juste, Dieu rémunérateur et vengeur, Dieu qui a imprimé dans nos cœurs sa loi naturelle et sainte; Dieu de Platon et de Newton, Dieu d'Épictète, et de ceux qui ont protégé la famille de Calas contre huit juges bons catholiques. Ils adorent ce Dieu avec amour, ils chérissent les hommes, ils sont bienfaisants : quelle absurdité et quelle horreur !

— Ah ! cela fait bondir le cœur, interrompit Mme la comtesse. »

L'anguillard applaudi continua ainsi :

« J'eus une violente dispute ces jours passés avec un scélérat qui, au lieu d'assister à ma messe, s'était amusé à secourir une pauvre famille affligée, et l'avait tirée de l'état le plus déplorable. Je voulus le faire rentrer en lui-même; je lui parlai de la *Genèse* et de Moïse. Ne voilà-t-il pas cet abominable homme qui me cite Newton, et qui me demande si la *Genèse* n'a pas été écrite du temps des rois juifs ? Le beau sujet de son doute était que dans le XXXVIe chapitre, verset 31, ceux qui lisent la *Genèse* attentivement (desquels le nombre est très-petit) trouvent ces paroles :

« Voici les rois qui ont régné en la terre d'Édom avant que les en-« fants d'Israël eussent des rois. »

« Cet impudent osa me dire : « Est-il probable que Moïse eût ainsi « supposé qu'il y avait des rois israélites de son temps ? il n'y en eut, à « compter juste, que sept cents ans après lui. N'est-ce pas comme si « on faisait dire à Polybe : *Voici les consuls qui furent à la tête du sé-« nat avant qu'il y eût des empereurs romains?* N'est-ce pas comme si « on faisait dire à Grégoire de Tours : *Voici quels furent les rois des « Gaules avant que la maison d'Autriche fût sur le trône?* — Eh ! « bête brute, lui répondis-je, ne voyez-vous pas que c'est une prophé-« tie, que c'est là le miracle, et que Moïse a parlé des rois d'Israël « comme perçant dans l'avenir ; car enfin le nom d'Israël est chaldéen, « il ne fut adopté des Juifs que bien des siècles après Moïse; donc Moïse « écrivit le *Pentateuque*, donc tout ce qui n'était pas Juif a été damné « jusqu'à Tibère ; donc la rédemption ayant été universelle, toute la « terre, excepté nous, est damnée. »

« Le monstre ne fut pas encore terrassé; il osa me dire que, selon les meilleurs théologiens, il n'importe pas que ce soit Moïse ou un autre qui ait écrit le *Pentateuque*, pourvu que l'auteur soit inspiré, qu'il est impossible qu'il ait assigné quarante-huit villes aux Lévites dans un temps où les Hébreux n'en avaient pas une, et dans un pays où il n'y en avait pas six; qu'il est impossible qu'il ait parlé du devoir des rois dans un temps où il n'y avait point de rois, qu'il est impossible qu'il ait contredit grossièrement la géographie et la chronologie, lesquelles se trouvent assez justes si le livre a été écrit à Jérusalem, et qui sont erronées si le livre est supposé écrit par Moïse au delà du Jourdain.

« Je convins du fait; mais je lui prouvai qu'il était un impie, parce qu'il était du sentiment de Leclerc et de Newton. Je démontrai qu'il était probable que le déluge était arrivé en 1656, comme dit l'hébreu, et en 2262, comme disent les Septante, et encore en 2309, selon le texte samaritain. Enfin, mêlant la politesse aux raisons, je le convertis. »

Ainsi parla Needham; on battit des mains à ce discours, on se récria, on nagea dans la joie, on but à sa santé. « La belle chose disait-on, que la théologie! comme elle apprend à raisonner juste! comme elle adoucit les mœurs! comme elle est utile au monde! »

Notre joie fut cependant un peu troublée par l'abus que M. Needham fit de son triomphe. Il s'adressa à moi; il me reprocha les variations de l'Église protestante. Je ne pus m'empêcher de récriminer. « Je conviens, lui dis-je, que nous avons changé onze ou douze fois de doctrine; mais vous autres papistes, vous en avez changé plus de cinquante fois, depuis le premier concile de Nicée jusqu'au concile de Trente. — C'est le caractère de la vérité, s'écria-t-il; elle se montre parmi nous sous cinquante faces différentes; mais chez vous autres hérétiques, l'erreur n'a pu se produire qu'avec onze ou douze visages. Voyez quelle est notre prodigieuse supériorité. »

Nous étions au fruit, et tous de fort bonne humeur, lorsqu'un baron allemand fit plusieurs questions au savant; il demanda, entre autres choses, si c'était le diable qui avait emporté Jésus-Christ sur le toit du temple et sur la montagne, ou si c'était Jésus qui avait emporté le diable. « C'est bien le diable, dit Needham; ne voyez-vous pas que si le maître avait emporté le valet, il n'y aurait là aucun miracle; au lieu que quand le valet emporte le maître, quand le diable emporte Dieu, c'est là la chose la plus miraculeuse qui ait jamais été faite? Non-seulement il transporta Dieu sur une montagne de Judée d'où l'on découvre, comme vous savez, tous les royaumes, mais il proposa à Dieu de l'adorer. C'est là le comble, c'est là ce qui doit ravir en admiration! Lisez sur cet article dom Calmet; c'est le plus parfait des commentateurs, l'ennemi le plus sincère de notre misérable raison humaine. Il parle de cette affaire comme de ses vampires. Lisez dom Calmet, vous dis-je, et vous profiterez beaucoup. »

Il y avait là un Anglais qui n'avait encore ni parlé ni ri; il mesura d'un coup d'œil la figure du petit Needham avec un air d'étonnement et de mépris, mêlé d'un peu de colère, et lui dit en anglais :

Do you come from Bedlam, you booby[1]? »

1. Venez-vous de Bedlam, vous, nigaud? (Éd.)

Ces terribles mots confondirent le pauvre prêtre. On eut pitié de lui; on quitta la table.

Adieu, monsieur, je me marie dans huit jours, et je vous prie à la noce.

Extrait du Projet des notes instructives, véridiques, *théologiques*, *historiques et critiques*, *sur certaines brochures polémiques du temps*, *adressées aux dignes éditeurs des doctes ouvrages du proposant.*

« 'T was granted, tho', he had much wit, etc.[1] » (Hudib.)

Cela s'explique ainsi en grec[2] avec bien plus d'énergie et de précision qu'en anglais, etc. :

Λέγουσιν αἱ γυναῖκες
Ἀνακρέων γέρων εἶ. (Anacr.)

Ce grand homme qui dirige la plume savante du proposant; celui, dit-on, qui protége l'innocence opprimée contre huit juges *bons catholiques*, avec le secours et l'approbation de tous les *mauvais catholiques*, etc.[3]

Saint Paul, aussi bien que l'Évangile, affirme expressément « que chacun sera jugé dans la vie future par la loi qu'il connaît[4], selon le poids et la mesure de ses talents, et non par la loi qu'il ne connaît pas.... »

Anguillard, sobriquet très-plaisant inventé par le proposant pour exprimer un observateur microscopique des polypes, anguilles et autres animalcules aquatiques. Mais est-elle aussi également une bonne plaisanterie ou une bévue, quand, pour turlupiner un Grégoire Thaumaturge, au lieu de dire que son bâton, planté en terre, s'était changé en arbrisseau, on avance que, selon la légende, le saint lui-même s'est métamorphosé en arbre[5]?... Tu ne te sauveras jamais du ridicule

1. Ces vers anglais veulent dire que M. Covelle le père n'a point d'esprit. Ah! monsieur Needham, est-ce de l'esprit qu'il faut dans des matières si graves? voilà la manie du siècle. Vous ne songez qu'à être un bon plaisant; vous sacrifiez tout à une raillerie. Ce n'est pas ainsi qu'en use M. Covelle, quand il défend la religion contre vos anguilles. Il ne cherche point l'esprit, il se contente d'avoir raison, et il vous cède le mérite de l'éloquence et des grâces.

2. Les vers grecs que Needham cite signifient que le père de M. Covelle, qui a travaillé avec monsieur son fils aux lettres précédentes, est un vieillard de quatre-vingt-deux ans qui radote. Fi! monsieur Needham, qu'il est vilain de reprocher à un pauvre homme son âge!

3. Comment, petit misérable, vous faites entendre qu'il n'y a que de mauvais catholiques qui aient justifié Jean Calas, rétabli sa mémoire, et déclaré sa famille innocente! je vous ferai donner le fouet en place publique.

(Cette note est d'un maître des requêtes qui, en passant par la ville de Genève, lut ce rogaton chez Mlle Noblet, et écrivit ces mots en marge.)

4. Oui, mais hors de l'Église, point de salut. Hem! et tous les enfants morts sans baptême damnés, selon saint Augustin, dans sa lettre CCXV. Hem!

5. Mon pauvre anguillard, vous êtes un ignorant, vous falsifiez toujours la sainte Écriture et l'*Histoire ecclésiastique*. Lisez Grégoire de Nysse, lisez ses propres paroles traduites par Fleury, liv. IV. Voici ce que vous y verrez : « Les persécuteurs suivirent Grégoire en grand nombre, et ayant appris le

dont ton adversaire te couvre aux yeux de toutes les *ravaudeuses* de Genève [1]....

Extrait d'une description exacte[2] *des établissements en Amérique*[3]....
Voilà les saints de notre docte, humain et doux proposant [4]....

LETTRE XVIII. — *De M. Beaudinet à M. Covelle.*

A Neuchâtel, ce 1er décembre, l'an du salut 1765.

Mon cher monsieur Covelle, je vous félicite de n'avoir point été lapidé comme notre ami Jean-Jacques. Vous êtes sorti de toutes vos épreuves; votre nom passera à la dernière postérité avec celui de vos ancêtres qui se signalèrent pour leur patrie le jour de l'escalade; mais vous l'emportez sur eux autant que la philosophie du siècle présent l'emporte sur la superstition du siècle passé. Le Covelle de l'escalade ne tua qu'un Savoyard, et vous avez résisté à cinquante prêtres. Mlle Ferbot en est toute glorieuse; c'est le plus beau triomphe qu'on ait jamais remporté. Le grand empereur Henri IV attendit trois jours, pieds nus et en chemise, que le prêtre Grégoire VII daignât lui permettre de se mettre à genoux devant lui. Henri IV, roi de France, plus grand encore, se fit donner le fouet par le pénitencier du prêtre Clément VIII, sur les fesses de deux cardinaux ses ambassadeurs; et vous, mon cher Covelle, plus courageux et plus heureux que ces deux héros, vous n'avez point indignement fléchi le genou devant des hommes pécheurs.

Mais tremblez que vos prêtres ne reviennent à la charge : ils ne démordent jamais de leurs prétentions. Un prêtre qui ne gouverne point se croit déshonoré. Ils se joignent dans mon pays, tantôt aux magis-

lieu où il s'était caché, les uns gardaient le passage de la vallée, les autres cherchaient par toute la montagne. Grégoire dit à son diacre de se mettre en prières avec lui, et d'avoir confiance en Dieu. Il commença lui-même à prier, se tenant debout, les mains étendues, et regardant le ciel fixement. Les païens, ayant couru par toute la montagne, et visité toutes les roches et toutes les cavernes, revinrent dans le vallon, et dirent qu'ils n'avaient rien trouvé que deux arbres assez proches l'un de l'autre. Quand ils se furent retirés, celui qui leur avait servi de guide y alla, et trouva l'évêque et son diacre immobiles en oraison, au même lieu où les autres disaient avoir vu ces arbres. »

Vous voyez bien que ce n'est pas le bâton de Grégoire qui a été changé en arbre, que c'est Grégoire lui-même avec son diacre.

Vous seriez bien plus enchanté, si vous saviez que Grégoire le Thaumaturge écrivit un jour au diable, à qui la lettre fut exactement rendue. Lisez l'*Histoire ecclésiastique*, vous, dis-je, pour vous *qualifier* dans votre métier. (*Note de M. le professeur Croquet.*)

1. Les dames de Genève ravaudeuses ! M. Needham est fort poli ! (*Cette remarque est de Mlle Noblet.*)

2. Qui t'a dit que cette description est exacte ? dans quel bourbier as-tu puisé ces horreurs ? crois-tu bien défendre ta cause en calomniant la nature humaine ? (*Note de M. du Peyrou, qui connaît mieux l'Amérique que toi.*)

3. A la suite du *Projet de notes*, etc., Needham avait mis un morceau de quelques pages sous le titre d'*Extrait d'une description exacte*, etc., où l'on décrit la conduite barbare des sauvages envers leurs prisonniers. (*Note de M. Beuchot.*)

4. Avis à Needham. Mon ami, on te dira, pour la dernière fois, que tes pareils crient toujours à la religion lorsqu'ils la déshonorent et qu'ils la défigurent. Le proposant, et M. du Peyrou, et M. Covelle, et M. Beaudinet, ne sont pas ennuyeux comme toi, mais ils sont meilleurs chrétiens. (*Note de M. Covelle.*

trats, tantôt aux citoyens; ils les divisent pour en être les maîtres : les vôtres sont puissants en œuvres et en paroles. Si Jean-Jacques Rousseau a fait des miracles, ils en font aussi. Ils s'associent avec le savant jésuite irlandais Needham; ils viendront à vous doucement, couverts d'une peau d'anguille; mais ce seront, au fond, de vrais serpents plus dangereux que celui d'Ève; car celui-ci fit manger de l'arbre de vie, et les vôtres vous feront mourir de faim en vous persécutant. Voici ce que je vous conseille, faites-vous prêtre pour les combattre avec des armes égales.

Dès que vous serez prêtre, vous recevrez l'esprit comme eux; vous pourrez alors devenir prophète, comme de Serres [1] et Jurieu l'ont été.

S'il vous tombe sous la main quelque Servet et quelque Antoine, vous les ferez brûler saintement, en criant contre l'inquisition des papistes. Si quelqu'un du consistoire n'est pas de votre avis, vous serez en droit de lui donner un bon soufflet, comme le prophète Sédékia en donna un au prophète Michée en lui disant : « Devine comment l'esprit de Dieu a passé par ma main pour aller sur ta joue [2]. »

Si le jésuite Needham vous reproche d'être hérétique, vous lui répondrez que la moitié des prophètes du Seigneur était native de Samarie, qui était le centre de l'hérésie, la mère du schisme, la Genève de l'ancienne loi.

Quand quelque infidèle vous parlera de vos amours avec Mlle Ferbot, vous citerez Osée, qui, non-seulement eut trois enfants d'une fille de joie, nommée Gomer, par ordre exprès du Seigneur [3], mais qui ensuite reçut un nouvel ordre exprès du Seigneur de coucher avec une femme adultère moyennant quinze francs courant et un quarteron et demi d'orge. Il restera à discuter quelle était la plus jolie de Mlle Gomer ou de Mlle Ferbot. Priez M. Huber de la peindre, et sûrement Mlle Ferbot aura l'avantage.

Si vous aspirez à de nouvelles bonnes fortunes, allez tout nu dans les rues de Genève, comme Jérémie dans les rues de Jérusalem, ce vous sera gloire devant les filles : elles prendront ce temps pour danser aussi toutes nues autour de vous; afin de se conformer aux idées de Jean-Jacques dans son beau roman d'*Héloïse*, elles vous donneront des baisers âcres. Rien ne sera plus édifiant.

Quand vous aurez atteint une honorable vieillesse dans votre poste important, vous deviendrez chauve. Si alors quelques enfants d'un conseiller ou d'un procureur-général vous appellent tête blanche, soit sur le chemin de Chesne, soit sur la voie de Carouge, vous ne manquerez de faire descendre de la montagne de Salève deux gros ours [4]; et vous aurez la satisfaction de voir dévorer les enfants de vos magistrats; ce qui doit être une sainte consolation pour tout véritable prêtre.

Enfin, je me flatte que vous serez transporté au ciel dans un char

1. Jean de Serres, frère puîné du célèbre agronome Olivier de Serres. (ÉD.)
2. *Rois*, liv. III, chap. XXII, 24. — 3. Premier et troisième chapitres d'Osée.
4. *IV*, *Rois*, 2, 24. (ÉD.)

de feu tiré par quatre chevaux de feu, selon l'usage. Si la chose n'arrive pas, on dira du moins qu'elle est arrivée, et cela revient absolument au même pour la postérité.

Faites-vous donc prêtre, *si vis esse aliquid*. En attendant contribuez par vos lumières, par votre éloquence, et par l'ascendant que vous avez sur les esprits, à calmer les petites dissensions qui s'élèvent dans votre patrie, et à conserver sa précieuse liberté, le plus noble et le plus précieux des biens, comme dit Cicéron.

J'oubliais de vous dire qu'on nous demandait hier pourquoi en certains pays, comme par exemple en Irlande, on se moquait souvent des prêtres, et qu'on respectait toujours les magistrats : « C'est, répondit M. du Peyrou, qu'on aime les lois et qu'on rit des contes. »

J'ai l'honneur d'être cordialement, monsieur, votre très-humble et très-obéissant serviteur, BEAUDINET.

LETTRE XIX. — *De M. Covelle à M. Needham le prêtre.*

Vous savez, monsieur, que, dans le dernier souper que nous fîmes ensemble avec Mlle Ferbot, je vous avertis qu'on vous accusait de quelques petites impiétés. Je suis fâché que vous donniez sur vous cette prise; je vais bientôt me faire prêtre, comme M. Beaudinet me l'a conseillé. Vous sentez bien qu'alors mon premier devoir sera de vous poursuivre. Épargnez-moi ce chagrin; et si vous avez le malheur de n'être pas orthodoxe, c'est-à-dire si vous n'êtes pas de mon avis, n'offensez pas au moins les oreilles pieuses par des expressions libertines.

Comment a-t-il pu vous échapper, monsieur, de dire qu'il y a des fautes de copiste dans le *Pentateuque*[1] ? C'est parler contre votre conscience, c'est justifier l'opinion où est tout l'univers que vous êtes jésuite. Vous sentez bien qu'un livre divinement inspiré a dû être divinement copié. Si vous avouez que les scribes ont fait vingt fautes, vous avouez qu'ils en ont pu faire vingt mille. Vous donnez à entendre que l'esprit divin abandonna ce livre sacré aux erreurs des hommes; par conséquent vous le soumettez à la critique comme les livres ordinaires; ce n'est plus, selon vous, un ouvrage respectable; vous détruisez le fondement de notre foi.

Croyez-moi, monsieur; qui veut la fin veut les moyens. Si Dieu a parlé dans ce livre, il n'a pas souffert qu'aucun homme pût le faire parler autrement qu'il ne s'est exprimé.

Vous traitez ceux qui examinent l'ancien *Testament* « de don Quichottes qui se battent contre des moulins à vent. » Ah! monsieur, l'Écriture sainte un moulin à vent! quelle comparaison! quelle expression! Mlle Ferbot, qui est fille d'un meunier, et qui s'intéresse vivement aux moulins et à la vérité, en a été toute scandalisée. De plus, mon cher Needham, de quoi vous mêlez-vous? on vous l'a déjà

1. Page 2 de votre admirable *Projet de notes instructives, véridiques, théologiques, critiques, comiques et soporifiques*, pour lesquelles vous êtes qualifié.

dit; ne voyez-vous pas que tout ceci est une querelle politique entre Jean-Jacques Rousseau, M. Beaudinet, et moi, d'une part, et le consistoire de Neuchâtel, de l'autre? Au lieu d'apaiser cette querelle, vous attaquez la chronologie de la *Bible.* Voici ce que vous dites dans votre brochure :

« La *Vulgate* fixe le déluge [1] à l'année du monde 1656, les Septante en 2262, et le *Pentateuque* samaritain en 2309. »

De là vous concluez que de ces trois exemplaires de l'*Ancien Testament*, il y en a deux qui sont visiblement erronés; vous affectez de douter du troisième; vous jetez une incertitude scandaleuse sur l'histoire du déluge; et parce qu'il ne tombe que trente pouces d'eau tout au plus sur un canton dans les années les plus excessivement pluvieuses, vous paraissez en conclure que le globe n'a pu être couvert tout entier de vingt mille pieds d'eau en hauteur.

Eh! monsieur, oubliez-vous les cataractes? oubliez-vous que les eaux supérieures avaient été séparées des eaux inférieures? et devez-vous nier le déluge, parce qu'étant qualifié, comme vous le dites, pour concilier le texte hébreu, le texte des Septante, et le samaritain, vous n'avez pu en venir à bout, ce qui est pourtant la chose du monde la plus aisée?

Vous doutez, dites-vous, que le déluge ait été universel, et que tous les animaux de l'Amérique aient pu venir dans l'arche. Vous ne pouvez comprendre que huit personnes aient pu donner, pendant une année entière, à la prodigieuse quantité d'animaux renfermés dans cette arche, les différentes nourritures qui leur sont propres. N'êtes-vous pas honteux de jeter de pareils scrupules dans les âmes faibles? et ne savez-vous pas de quoi huit personnes entendues sont capables dans un ménage?

Vous voilà encore bien embarrassé à compter les années depuis que Moïse parla à Pharaon jusqu'aux fondements du temple jetés par Salomon. Vous trouvez, en supputant juste, entre ces deux événements, cinq cent trente-cinq années; et vous êtes effarouché que le texte dise qu'il n'y eut que quatre cent quatre-vingts ans depuis l'ambassade de Moïse vers Pharaon jusqu'à l'année où Salomon jeta les fondements du temple.

Vous remarquez qu'Esdras compte quarante-deux mille trois cent quarante et un Israélites revenus de la captivité, et que par son propre compte il ne s'en trouve que vingt-neuf mille huit cent dix-neuf.

Vous souvenez-vous, monsieur, que Mlle Ferbot vous demanda, en soupant, quel âge avait Dina, fille de Jacob, lorsqu'elle fut violée par l'aimable prince des Sichemites? « Seize ans, répondîtes-vous, d'après le calcul du judicieux dom Calmet. » Mlle Ferbot, qui calcule à merveille, se leva de table, prit une plume et de l'encre, fit le compte en deux minutes, et vous prouva que Dina n'avait pas six ans. Vous répondîtes qu'elle était fort avancée pour son âge; mais, monsieur, il

1. Page 2.

fallait démontrer qu'elle avait seize ans, sans quoi vous ruinez toute l'histoire des patriarches.

Car, monsieur, si Dina n'avait que six ans quand elle fut violée, Ruben n'en pouvait avoir que treize, et Siméon douze, quand ils passèrent tous les Sichemites au fil de l'épée après les avoir circoncis. Croyez-vous vous tirer d'affaire en disant que, dans la race de Jacob, *la valeur* des filles et des garçons *n'attend pas le nombre des années* ?

M. le proposant Théro, qui au fond est un bon chrétien, quoiqu'il n'aime pas Athanase, trouve fort mauvais que vous disiez que toute cette ancienne chronologie est erronée ainsi que les autres calculs. Seriez-vous un malin, monsieur Needham ? Saint Luc[1] dit qu'Auguste fit un dénombrement de toute la terre, et que Cyrénius était gouverneur de Syrie, quand Jésus vint au monde ; et là-dessus vous vous écriez qu'il y a un vice de clerc dans ce passage, que jamais Auguste ne fit un dénombrement de l'empire, qu'aucun auteur n'en parle, qu'aucune médaille ne l'atteste, que Cyrénius ne fut gouverneur que dix ans après la naissance de Jésus. Oui, monsieur, cela est vrai ; mais ce n'est pas à vous de le dire.

Laissez là votre chronologie et vos calculs ; ne supputez plus si David amassa, dans le petit pays de la Judée, un milliard ou onze cents millions de livres sterling en argent comptant ; et si Saül avait trois cent soixante mille hommes de troupes en campagne, et Salomon quatre cent quarante mille chevaux : cela est absolument étranger à la morale, à la vertu, à l'amour de la patrie, qui sont notre unique affaire.

Vous prétendez qu'il y a erreur dans les copies des Évangiles, parce que Matthieu fait enfuir la sainte famille en Égypte, et que Luc la fait rester à Bethléem ; parce que Jean fait prêcher Jésus trois ans, et les autres seulement trois mois ; parce que Matthieu et les autres ne s'accordent ni sur le jour de la mort, ni sur les apparitions, ni sur un grand nombre d'autres faits. Ah ! monsieur Needham, ne cesserez-vous point d'éplucher ce qu'il vous faut respecter ? Ne voyez-vous pas que ces livres furent écrits en différents temps et en différents pays, qu'ils ne commencèrent à être connus que sous Trajan, et que s'il y a des fautes dans le détail, il faut les excuser charitablement, et ne les pas étaler aux yeux des fidèles comme vous faites ?

Cessez, je vous en prie, de calomnier mes chers Savanois ; ne dites plus que de si bonnes gens sont des anthropophages. Ne concluez point, de ce que les Juifs ont autrefois mangé des hommes[2], que les Savanois en mangent aussi. C'est comme si vous disiez qu'ils ont trente-deux mille pucelles dans un de leurs villages, parce que Moïse trouva trente-deux mille pucelles dans un village madianite.

N'appelez point les dames de Genève, qui se moquent de vous, *des ravaudeuses*[3] ; il ne faut jamais insulter les dames, cela est d'un

1. Chap. II, verset 1. (Éd.) — 2. Ézéchiel, XXXIX, 20. (Éd.)
3. Page 9 des *Notes instructives*, véridiques, *théologiques* et soporifiques de mon cher ami Needham.

homme mal appris. Si les dames se moquent de vous, il faut entendre raillerie, et les remercier de la peine qu'elles daignent prendre. Songez que les dames font la moitié du genre humain, que les railleurs composent l'autre moitié, et qu'il ne vous restera que vos anguilles; ce qui est une faible ressource pour établir le papisme à Genève, comme on vous en accuse.

Voyez quelle contradiction il y aurait à vouloir détruire l'Écriture sainte d'une main, et introduire le papisme de l'autre. Vous me dites que ce monde n'est qu'un amas de contradictions; que notre ami Jean-Jacques s'est toujours contredit; qu'il a écrit contre la comédie en faisant des comédies; qu'il a tourné les miracles de Jésus en ridicule, et qu'il a fait des miracles à Venise; que tantôt il a justifié certains prêtres contre l'*Encyclopédie*, et que tantôt il les a vilipendés; qu'il a dédié une brochure à sa chère république de Genève, et qu'après il a imprimé que ses chers magistrats sont des tyrans, et le conseil des Deux cents une assemblée de dupes; qu'il a fait l'éloge du prêtre Montmolin, a pleuré de joie en communiant de la main du prêtre Montmolin, a juré au prêtre Montmolin d'écrire contre l'auteur *De l'Esprit*, qui avait été son bienfaiteur, et qu'il s'est fait ensuite lapider dans une querelle avec ledit prêtre Montmolin. Hélas! monsieur, vous avez raison en cela. Les lois se contredisent souvent. Les maris et les femmes passent leur vie à se contredire. Les conciles se sont contredits. Augustin a contredit Jérôme; Paul a contredit Pierre; Calvin a contredit Luther, qui a contredit Zwingle, qui a contredit Œcolampade, etc. Il n'y a personne qui n'ait éprouvé des contradictions chez ses parents et dans son propre cœur.

Je vais vous donner un bon secret pour ne vous contredire jamais: c'est de ne rien dire du tout.

J'apprends que vous prétendez n'avoir rien dit de tout ce que je vous reproche dans cette lettre, et votre raison est que vous ne savez pas un mot de toutes ces choses. J'avoue que vous n'en savez rien, mais c'est précisément pour cela que vous en avez parlé.

Je serai toujours, sans me contredire, votre bon ami,

COVELLE.

LETTRE XX. — *De M. Beaudinet à Mlle Ferbot.*

MADEMOISELLE, s'il est vrai que vous vous soyez prise de goût pour l'agréable M. Needham, comme le bruit en est grand dans toute la Suisse, et par conséquent dans tout l'univers, vous vous intéresserez vivement au triste événement qu'il a essuyé, et que je vais vous raconter avec ma candeur ordinaire.

Vous savez que M. Needham, prêtre papiste, était allé en Souabe, chez Leurs Excellences M. le comte et Mme la comtesse de Hiss-Priest-Craft, dans l'espérance de les attirer à sa secte. Il passa imprudemment, et pour son malheur, par la ville de Neuchâtel. Le bruit se répandit aussitôt qu'un jésuite déguisé était arrivé parmi nous; le consistoire s'assembla. Le modérateur avertit la compagnie que ce jésuite avait répandu à Genève plusieurs écrits scandaleux, comme parodies, notes théologiques, etc.

que personne ne connaissait, dans lesquels écrits il osait avancer qu'il y a nombre d'erreurs de copistes dans les saintes Écritures.

M. le modérateur fit habilement remarquer qu'en retranchant le mot copiste, il en résultait, selon le sieur Needham, que les saintes Écritures sont pleines d'erreurs. Il dénonça aussi plusieurs propositions téméraires, malsonnantes, offensives des oreilles pieuses, hérétiques, sentant l'hérésie.

Le consistoire, vivement alarmé, somma Needham de comparaître. Je fus présent à l'interrogatoire.

On lui demanda d'abord s'il était prêtre papiste. Il avoua hardiment qu'il l'était, qu'il célébrait sa synaxe tous les dimanches, qu'il faisait l'*hocus pocus* avec une dextérité merveilleuse; il se vanta de faire Théon, et même des milliers de Théoi; de quoi toute l'assemblée frémit.

M. le modérateur l'adjura, au nom du Dieu vivant, de dire nettement et sans équivoque s'il était jésuite ou non. A ce mot d'équivoque il pâlit, il rougit, il se recueillit un moment, et répondit en balbutiant: « Je ne suis pas ce que vous croyez que je suis. » Malheureusement, en disant ces paroles, il laissa tomber de sa poche une lettre du général de Rome, dont l'adresse était : « Al reverendo, reverendo padre Needham, della Società di Giesù. » Étant ainsi convaincu d'avoir menti au Saint-Esprit et au consistoire, il fut envoyé en prison. L'on continua le lendemain son interrogatoire, dont voici le précis :

Enquis s'il avait dit que la généalogie qui se trouve dans Matthieu est contraire à celle qui est dans Luc, a répondu que oui, et que c'était là le miracle. Enquis comment il accordait ces deux généalogies, il dit qu'il n'en savait rien.

Enquis s'il avait dit méchamment et proditoirement que, selon Matthieu, la sainte famille s'était enfuie en Égypte, et que, selon Luc, elle ne bougea de Bethléem, jusqu'à ce qu'elle alla à Nazareth en Galilée, il a répondu qu'il l'avait dit ainsi.

Et sur ce qu'on lui demanda comment on conciliait ces contrariétés apparentes, il répondit que par Nazareth il fallait entendre l'Égypte, et par l'Égypte Nazareth.

Enquis pourquoi il avait écrit que, selon Jean, notre divin Sauveur avait vécu trois ans trois mois depuis son baptême, et que, selon les autres, il n'avait vécu que trois mois, il a répondu qu'il fallait prendre trois mois pour trois ans.

Interrogé comment il avait expliqué l'apparition et l'ascension en Galilée, selon Matthieu, et selon Luc à Jérusalem et en Béthanie, a répondu que ce n'était pas une chose importante, et qu'on peut fort bien monter au ciel de deux endroits à la fois.

A lui remontré qu'il était un imbécile, a répondu qu'il était *qualifié* pour la théologie; sur quoi M. le modérateur lui repartit fort pertinemment : « Maître Needham, bien est-il vrai que les théologiens sont parfois gens absurdes; mais on peut raisonner comme un coq-d'Inde, et se conduire avec prudence de serpent[1]. »

1. Matthieu, x, 16. (Éd.)

Je vous épargne, mademoiselle, le grand nombre de questions qu'on lui fit, et que vous entendriez aussi peu que toutes les saintes femmes de votre caractère.

Quand il eut signé son interrogatoire, on procéda au jugement. Il fut condamné tout d'une voix à faire amende honorable, une anguille à la main, et ensuite à être lapidé hors la porte de la ville, selon la coutume.

Comme on lui lisait sa sentence, arriva M. du Peyrou, homme de bien, qui, n'étant pas prêtre, fait beaucoup de bonnes œuvres. Il représenta au consistoire que la sentence était un peu rude, que M. Needham était étranger, et qu'une justice si sévère pourrait empêcher désormais les Anglais de venir dans la belle ville de Neuchâtel. Le consistoire soutint la légitimité de sa sentence par plusieurs saints exemples. Il représenta que les Cananéens étaient étrangers aux Israélites, et que cependant ils furent tous mis à mort; que le roi Églon était étranger au pieux Aod, et que cependant Aod lui enfonça dans le ventre un grand couteau avec le manche; que Michel Servet, étant Espagnol, était étranger à Jehan Chauvin, né en Picardie, et que cependant Jehan Chauvin le fit brûler pour l'amour de Dieu, avec des fagots verts, afin de savourer le doux plaisir de lui voir expier ses péchés plus longtemps, ce qui est un vrai passe-temps de prêtre.

Ces raisons étaient fortes, elles n'ébranlèrent pourtant pas M. du Peyrou. Il trouva une ancienne loi portée du temps de la duchesse de Longueville, par laquelle il n'est loyal au consistoire de lapider personne sans la permission du gouverneur. Malheureusement le gouverneur n'y était pas; on eut recours à M. son lieutenant; on lui expliqua l'affaire. Le consistoire prétendait que la loi en question n'était que de calvinistes à calvinistes, non pas de calvinistes à papistes; il ajoutait, avec assez de vraisemblance, qu'on doit y regarder de près quand il s'agit de lapider un homme de notre secte, mais que pour un homme d'une secte différente, il n'y a aucune difficulté; qu'il était expédient que quelqu'un mourût pour le peuple [1], et qu'on était trop heureux que le sort tombât sur un jésuite. « Oh bien! dit le lieutenant, lapidez-le donc; mais que ce soit le plus absurde de vous tous qui jette la première pierre. »

A ces mots, ces messieurs se regardèrent tous avec un air de politesse qui me charma. Chacun voulait céder la place d'honneur à son confrère; l'un disait : « Monsieur le modérateur, c'est à vous de commencer; » l'autre : « Monsieur le professeur en théologie, l'honneur vous appartient : » les prédicants de la campagne déféraient pour la première fois aux prédicants de la ville et ceux-ci aux pasteurs de la campagne.

Pendant ces compliments, M. du Peyrou fit évader le patient; vous le reverrez bientôt. Ne m'oubliez pas, je vous prie, quand vous souperez entre lui et M. Covelle mon bon ami.

J'ai l'honneur d'être avec respect, mademoiselle, votre très-humble et très-obéissant serviteur, BEAUDINET.

1. *Expedit unum hominem mori pro populo.* Jean, XVIII, 14. (ÉD.)

N. B. J'apprends, mademoiselle, que vous renoncez à M. Covelle, le digne appui du calvinisme, et à M. Needham, le digne pilier du papisme; on dit que vous épousez un jeune homme fort riche et de beaucoup d'esprit. Je vous prie de me mander de quelle religion il est : cela est très-important.

Conclusion. — Voilà le recueil complet de tout ce qu'on a écrit depuis peu sur les miracles. L'éditeur[1], pénétré d'une foi vive, n'a pas craint de rapporter toutes les objections, qui se réduisent en poussière devant nos vérités sublimes. Si M. Needham est un ignorant, cela ne fait aucun tort à ces vérités. Il y a même lieu d'espérer que M. le comte de Hiss-Priest-Craft, et Mme la comtesse, se convertiront; que M. Jean-Jacques rentrera au giron; que M. le proposant Théro ne proposera plus de difficultés; que M. Covelle et Mlle Ferbot continueront toujours d'édifier le monde chrétien, et qu'enfin M. Beaudinet ne contestera plus aux vénérables compagnies de Moutier-Travers et de Boveresse le doit d'excommunier, condamner, anathématiser qui bon leur semblera; ce droit étant divinement attaché à leur divin ministère. Nous espérons même que non-seulement ces savants hommes feront des miracles, mais qu'ils feront pendre tous ceux qui ne les croiront pas. Amen!

LES ANCIENS ET LES MODERNES,

OU

LA TOILETTE DE MADAME DE POMPADOUR[2].

(1765.)

MADAME DE POMPADOUR. — Quelle est donc cette dame au nez aquilin, aux grands yeux noirs, à la taille si haute et si noble, à la mine si fière et en même temps si coquette, qui entre à ma toilette sans se faire annoncer, et qui fait la révérence en religieuse?

TULLIA. — Je suis Tullia, née à Rome, il y a environ dix-huit cents ans; je fais la révérence à la romaine, et non à la française : je suis venue je ne sais d'où pour voir votre pays, votre personne, et votre toilette.

MADAME DE POMPADOUR. — Ah! madame, faites-moi l'honneur de vous asseoir. Un fauteuil à Mme Tullia.

TULLIA. — Qui? moi, madame, que je m'asseye sur cette espèce de

1. Voltaire lui-même. (ÉD.)

2. La scène se passe en 1753, année de la reprise de *Castor et Pollux*; mais l'ouvrage est de quelques années plus tard. Il n'est pas à croire qu'il ait été composé du vivant de Mme de Pompadour, qui mourut le 14 avril 1764. Catherine II, dont Voltaire fait l'éloge, ne monta sur le trône de Russie qu'en juillet 1762. *Les anciens et les modernes* sont dans le troisième volume des *Nouveaux Mélanges*, daté de 1765, et qui ne parut qu'à la fin de cette année, comme on le voit par la lettre à Damilaville, du 6 janvier 1766. (*Note de M. Beuchot.*)

petit trône incommode, pour que mes jambes pendent à terre, et deviennent toutes rouges!

MADAME DE POMPADOUR. — Comment vous asseyez-vous donc, madame?

TULLIA. — Sur un bon lit, madame.

MADAME DE POMPADOUR. — Ah! j'entends, vous voulez dire sur un bon canapé. En voilà un sur lequel vous pouvez vous étendre fort à votre aise.

TULLIA. — J'aime à voir que les Françaises sont aussi bien meublées que nous.

MADAME DE POMPADOUR. — Ah! ah! madame, vous n'avez point de bas, vos jambes sont nues! vraiment elles sont ornées d'un ruban fort joli, en forme de brodequin.

TULLIA. — Nous ne connaissons point les bas; c'est une invention agréable et commode que je préfère à nos brodequins.

MADAME DE POMPADOUR. — Dieu me pardonne! madame, je crois que vous n'avez point de chemise!

TULLIA. — Non, madame, nous n'en portions point de notre temps.

MADAME DE POMPADOUR. — Et dans quel temps viviez-vous, madame?

TULLIA. — Du temps de Sylla, de Pompée, de César, de Caton, de Catilina, de Cicéron, dont j'ai l'honneur d'être la fille; de ce Cicéron qu'un de vos protégés [1] a fait parler en vers barbares. J'allai hier à la Comédie de Paris; on y jouait *Catilina* et tous les personnages de mon temps; je n'en reconnus pas un. Mon père m'exhortait à faire des avances à Catilina, je fus bien surprise. Mais, madame, il me semble que vous avez là de beaux miroirs, votre chambre en est pleine. Nos miroirs n'étaient pas la sixième partie des vôtres. Sont-ils d'acier?

MADAME DE POMPADOUR. — Non, madame; ils sont faits avec du sable, et rien n'est si commun parmi nous.

TULLIA. — Voilà un bel art; j'avoue que cet art nous manquait. Ah! le joli tableau que vous avez là!

MADAME DE POMPADOUR. — Ce n'est point un tableau, c'est une estampe, cela n'est fait qu'avec du noir de fumée; on en tire cent copies en un jour, et ce secret éternise les tableaux que le temps consume.

TULLIA. — Ce secret est admirable : nos Romains n'ont jamais eu rien de pareil.

UN SAVANT, *qui assistait à la toilette, prit alors la parole, et dit à Tullia en tirant un livre de sa poche.* — Vous serez bien plus étonnée, madame, quand vous saurez que ce livre n'est point écrit à la main, qu'il est imprimé à peu près comme ces estampes, et que cette invention éternise aussi les ouvrages de l'esprit.

(Le savant présenta son livre à Tullia; c'était un recueil de vers pour Mme la marquise : Tullia en lut une page, admira les caractères, et dit à l'auteur :)

TULLIA. — Monsieur, l'impression est une belle chose; et si elle peut immortaliser de pareils vers, cela me paraît le plus grand effort de

1. Crébillon, auteur de *Catilina*, etc., etc. (Ed.)

l'art. Mais n'auriez-vous pas du moins employé cette invention à imprimer les ouvrages de mon père?

LE SAVANT. — Oui, madame; mais on ne les lit plus. J'en suis fâché pour monsieur votre père; mais aujourd'hui nous ne connaissons guère que son nom.

(Alors on apporta du chocolat, du thé, du café, des glaces. Tullia fut étonnée de voir en été de la crème et des groseilles gelées. On lui dit que ces boissons figées avaient été composées en six minutes par le moyen du salpêtre dont on les avait entourées, et que c'était avec du mouvement qu'on avait produit cette fixation et ce froid glaçant. Elle demeura interdite d'admiration. La noirceur du chocolat et du café lui inspira quelque dégoût; elle demanda comment ces liqueurs étaient extraites des plantes du pays. Un DUC et pair qui se trouva là lui répondit :)

Les fruits dont ces boissons sont composées viennent d'un autre monde, et du fond de l'Arabie.

TULLIA. — Pour l'Arabie, je la connais, mais je n'avais jamais entendu parler de ce que vous appelez café; et pour l'autre monde, je ne connais que celui d'où je viens; je vous assure qu'il n'y a point de chocolat dans ce monde-là.

M. LE DUC. — Le monde dont on vous parle, madame, est un continent nommé l'Amérique, presque aussi grand que l'Asie, l'Europe, et l'Afrique ensemble, et dont on a des nouvelles beaucoup plus certaines que de celui d'où vous venez.

TULLIA. — Comment! nous qui nous appelions *les maîtres de l'univers*, nous n'en aurions donc possédé que la moitié! cela est humiliant.

LE SAVANT, *piqué de ce que Mme Tullia avait trouvé ses vers mauvais, lui répliqua brusquement :* — Vos Romains, qui se vantaient d'être les maîtres de l'univers, n'en avaient pas conquis la vingtième partie. Nous avons à présent au bout de l'Europe un empire qui est plus vaste lui seul que l'empire romain[1]; encore est-il gouverné par une femme[2] qui a plus d'esprit que vous, qui est plus belle que vous, et qui porte des chemises. Si elle lisait mes vers, je suis sûr qu'elle les trouverait bons.

(Mme la marquise fit taire le savant, qui manquait de respect à une dame romaine, à la fille de Cicéron. M. le duc expliqua comment on avait découvert l'Amérique; et, tirant sa montre, à laquelle pendait galamment une petite boussole, il lui fit voir que c'était avec une aiguille qu'on était arrivé dans un autre hémisphère. La surprise de la Romaine redoublait à chaque mot qu'on lui disait et à chaque chose qu'elle voyait; elle s'écria enfin :)

TULLIA. — Je commence à craindre que les modernes ne l'emportent sur les anciens; j'étais venue pour m'en éclaircir, et je sens que je vais rapporter de tristes nouvelles à mon père.

Voici ce que lui répondit M. LE DUC : — Consolez-vous, madame; nul homme n'approche parmi nous de votre illustre père, pas même l'auteur de la *Gazette ecclésiastique*, ou celui du *Journal chrétien*; nul homme n'approche de César, avec qui vous avez vécu, ni de vos

1. La Russie. (ÉD.) — 2. Catherine II. (ÉD.)

Scipions qui l'avaient précédé. Il se peut que la nature forme aujourd'hui, comme autrefois, de ces âmes sublimes; mais ce sont de beaux germes qui ne viennent point à maturité dans un mauvais terrain.

Il n'en est pas de même des arts et des sciences; le temps et d'heureux hasards les ont perfectionnés. Il nous est plus aisé, par exemple, d'avoir des Sophocles et des Euripides que des personnages semblables à monsieur votre père, parce que nous avons des théâtres, et que nous ne pouvons avoir de tribune aux harangues. Vous avez sifflé la tragédie de *Catilina*[1]; mais quand vous verrez jouer *Phèdre*, vous conviendrez peut-être que le rôle de Phèdre, dans Racine, est prodigieusement supérieur au modèle que vous connaissez dans Euripide. J'espère que vous conviendrez que notre Molière l'emporte sur votre Térence. J'aurai l'honneur, si vous le permettez, de vous donner la main à l'Opéra, et vous serez étonnée d'entendre chanter en parties. C'est encore là un art qui vous était inconnu.

Voici, madame, une petite lunette; ayez la bonté d'appliquer votre œil à ce verre, regardez cette maison qui est à une lieue.

TULLIA. — Par les dieux immortels, cette maison est au bout de ma lunette, et beaucoup plus grande qu'elle ne paraissait!

M. LE DUC. — Eh bien! madame, c'est avec ce joujou que nous avons vu de nouveaux cieux, comme c'est avec une aiguille que nous avons connu un nouvel hémisphère. Voyez-vous cet autre instrument verni dans lequel il y a un petit tuyau de verre proprement enchâssé? c'est cette bagatelle qui nous a fait découvrir la quantité juste de la pesanteur de l'air

Enfin, après bien des tâtonnements, il est venu un homme[2] qui a découvert le premier ressort de la nature, la cause de la pesanteur, et qui a démontré que les astres pèsent sur la terre, et la terre sur les astres. Il a parfilé la lumière du soleil, comme nos dames parfilent une étoffe d'or.

TULLIA. — Qu'est-ce que parfiler, monsieur?

M. LE DUC. — Madame, l'équivalent de ce mot ne se trouve pas dans les oraisons de Cicéron. C'est effiler une étoffe, la détisser fil à fil, et en séparer l'or; c'est ce que Newton a fait des rayons du soleil; les astres lui ont été soumis, et un nommé Locke en a fait autant de l'entendement humain.

TULLIA. — Vous en savez beaucoup pour un duc et pair; vous me paraissez plus savant que ce savant qui veut que je trouve ses vers bons, et vous êtes beaucoup plus poli que lui.

M. LE DUC. — Madame, c'est que j'ai été mieux élevé; mais pour ma science, elle est très-commune; les jeunes gens, en sortant des écoles, en savent plus que tous vos philosophes de l'antiquité. C'est dommage seulement que nous ayons, dans notre Europe, substitué une demi-douzaine de jargons très-imparfaits à la belle langue latine dont votre père fit un si admirable usage; mais avec des instruments grossiers

1. Le *Catilina* de Crébillon fut joué le 21 décembre 1748, et eut une vingtaine de représentations. (ÉD.)

2. Newton. (ÉD.)

nous n'avons pas laissé de faire de très-bons ouvrages, même dans les belles-lettres.

TULLIA. — Il faut que les nations qui ont succédé à l'empire romain aient toujours vécu dans une paix profonde, et qu'il y ait eu une suite continue de grands hommes depuis mon père jusqu'à vous, pour qu'on ait pu inventer tant d'arts nouveaux, et que l'on soit parvenu à connaître si bien le ciel et la terre?

M. LE DUC. — Point du tout, madame; nous sommes des barbares qui sommes venus presque tous de la Scythie détruire votre empire, et les arts, et les sciences. Nous avons vécu sept à huit cents ans comme des sauvages; et, pour comble de barbarie, nous avons été inondés d'une espèce d'hommes, nommés *les moines*, qui ont abruti, dans l'Europe, le genre humain que vous aviez éclairé et subjugué. Ce qui vous étonnera, c'est que, dans les derniers siècles de cette barbarie, c'est parmi ces moines mêmes, parmi ces ennemis de la raison, que la nature a suscité des hommes utiles. Les uns ont inventé l'art de secourir la vue affaiblie par l'âge[1]; les autres ont pétri du salpêtre avec du charbon[2], et cela nous a valu des instruments de guerre avec lesquels nous aurions exterminé les Scipions, Alexandre, et César, et la phalange macédonienne, et toutes vos légions : ce n'est pas que nous soyons plus grands capitaines que les Scipions, les Alexandre, et les César, mais c'est que nous avons de meilleures armes.

TULLIA. — Je vois toujours en vous la politesse d'un grand seigneur avec l'érudition d'un homme d'État; vous auriez été digne d'être sénateur romain.

M. LE DUC. — Ah! madame, vous êtes bien plus digne d'être à la tête de notre cour.

MADAME DE POMPADOUR. — Madame aurait été trop dangereuse pour moi.

TULLIA. — Consultez vos beaux miroirs faits avec du sable, et vous verrez que vous n'aurez rien à craindre. Eh bien! monsieur, vous disiez donc le plus poliment du monde que vous en savez beaucoup plus que nous?

M. LE DUC. — Je disais, madame, que les derniers siècles sont toujours plus instruits que les premiers, à moins qu'il n'y ait eu quelque révolution générale qui ait absolument détruit tous les monuments de l'antiquité. Nous avons eu des révolutions horribles, mais passagères; et dans ces orages on a été assez heureux pour conserver les ouvrages de votre père, et ceux de quelques autres grands hommes; ainsi le feu sacré n'a jamais été totalement éteint, et il a produit à la fin une lumière presque universelle. Nous sifflons les scolastiques barbares qui ont régné longtemps parmi nous; mais nous respectons Cicéron et tous les anciens qui nous ont appris à penser. Si nous avons d'autres lois de

1. Alexandre Spina, religieux du couvent de Sainte-Catherine de Pise, de l'ordre de Saint-Dominique. (*Note de M. Beuchot.*)

2. Berthold Schwartz, moine de l'ordre de Saint-François, originaire de Fribourg en Allemagne, inventeur, en Occident, de la poudre à canon, selon les uns; d'autres font honneur de cette découverte à Roger Bacon. (*Id.*)

physique que celles de votre temps, nous n'avons point d'autre règle d'éloquence, et voilà peut-être de quoi terminer la querelle entre les anciens et les modernes.

(Toute la compagnie fut de l'avis de M. le duc. On alla ensuite à l'opéra de *Castor et Pollux*[1]. Tullia fut très-contente des paroles et de la musique, *quoi qu'on die*. Elle avoua qu'un tel spectacle valait mieux qu'un combat de gladiateurs.)

SOPHRONIME ET ADÉLOS

TRADUIT DE MAXIME DE MADAURE.

(1766.)

NOTICE SUR MAXIME DE MADAURE.

Il y a plusieurs hommes célèbres du nom de Maximus, que nous abrégeons toujours par celui de Maxime; je ne parle pas des empereurs et des consuls romains, ni même des évêques de ce nom; je parle de quelques philosophes qui sont encore estimés pour avoir laissé quelques pensées par écrit.

Il y en a un qui, dans nos dictionnaires, est toujours appelé Maxime le magicien, ainsi qu'on nomme encore le curé Gaufridi, *Gaufridi le sorcier;* comme s'il y avait en effet des sorciers et des magiciens, car les noms donnés à la chose subsistent toujours, quand la chose même est reconnue fausse.

Ce philosophe était le favori de l'empereur Julien, et c'est ce qui lui fit une si méchante réputation parmi nous.

Maxime de Tyr, dont l'empereur Marc Aurèle fut le disciple, obtint de nous un peu plus de grâce. Il n'est point qualifié de sorcier; et il a eu Daniel Heinsius pour commentateur.

Le troisième Maxime, dont il s'agit ici, était un Africain né à Madaure, dans le pays qui est aujourd'hui celui d'Alger. Il vivait dans le commencement de la destruction de l'empire romain. Madaure, ville considérable par son commerce, l'était encore plus par les lettres; elle avait vu naître Apulée et Maxime. Saint Augustin, contemporain de Maxime, né dans la petite ville de Tagaste, fut élevé dans Madaure; et Maxime et lui furent toujours amis, malgré la différence de leurs opinions; car Maxime resta toujours attaché à l'antique religion de Numa, et Augustin quitta le manichéisme pour notre sainte religion, dont il fut, comme on le sait, une des plus grandes lumières.

C'est une remarque bien triste, et qu'on a faite souvent sans doute, que cette partie de l'Afrique qui produisit autrefois tant de grands hommes, et qui fut probablement, depuis Atlas, la première école de

1. Paroles de Gentil Bernard; musique de Rameau. (Éd.)

philosophie, ne soit aujourd'hui connue que par ses corsaires. Mais ces révolutions ne sont que trop communes; témoin la Thrace, qui produisit autrefois Orphée et Aristote; témoin la Grèce entière, témoin Rome elle-même.

Nous avons encore des monuments de la correspondance qui subsista toujours entre le disert Augustin, de Tagaste, et le platonicien Maxime, de Madaure. On nous a conservé les lettres de l'un et de l'autre. Voici la fameuse lettre de Maxime sur l'existence de Dieu, avec la réponse de saint Augustin, toutes deux traduites par Dubois[1], de Port-Royal, précepteur du dernier duc de Guise.

Lettre de Maxime de Madaure à Augustin. — « Or qu'il y ait un Dieu souverain qui soit sans commencement, et qui, sans avoir rien engendré de semblable à lui, soit néanmoins le père et le fondateur de toutes choses, quel homme est assez grossier, assez stupide pour en douter? C'est celui dont nous adorons sous des noms divers l'éternelle puissance, répandue dans toutes les parties du monde.... Ainsi, honorant séparément, par diverses sortes de cultes, ce qui est comme ses divers membres, nous l'adorons tout entier.... Qu'ils vous conservent, ces dieux *subalternes*, sous les noms desquels et par lesquels, tout autant de mortels que nous sommes sur la terre, nous adorons *le père commun des dieux et des hommes*, par différentes sortes de cultes, à la vérité, mais qui s'accordent tous dans leur variété même, et ne tendent qu'à la même fin! »

Réponse d'Augustin. — « Il y a dans votre place publique deux statues de Mars, nu dans l'une et armé dans l'autre, et tout auprès la figure d'un homme qui, avec trois doigts qu'il avance vers Mars, tient en bride cette divinité dangereuse à toute la ville.... Sur ce que vous me dites que de pareils dieux sont des membres du seul véritable Dieu, je vous avertis, avec toute la liberté que vous me donnez, de ne pas tomber dans de pareils sacriléges. Car ce seul Dieu dont vous parlez est sans doute celui qui est reconnu de tout le monde, et sur lequel les ignorants conviennent avec les savants, comme quelques anciens ont dit. Or, direz-vous que celui dont la force, pour ne pas dire la cruauté, est réprimée par un homme mort, soit un membre de celui-là? Il me serait aisé de vous pousser sur ce sujet, car vous voyez bien ce qu'on pourrait dire sur cela; mais je me retiens, de peur que vous ne disiez que ce sont les armes de la rhétorique que j'emploie contre vous, plutôt que celles de la vérité. »

Venons maintenant au fameux ouvrage de ce Maxime.

DIALOGUE.

ADÉLOS. — Vos sages conseils, Sophronime, ne m'ont pas rassuré encore. Parvenu à l'âge de quatre-vingt-six années, vous croyez être plus près du terme que moi qui en ai soixante et quinze; vous avez

1. Philippe Goibaud Dubois, mort en 1694. Il avait commencé par être maître de danse, avant de traduire saint Augustin. (ÉD.)

rassemblé toutes vos forces pour combattre l'ennemi qui s'avance; mais je vous avoue que je n'ai pu me forcer à regarder la mort avec ces yeux indifférents dont on dit que tant de sages la contemplent.

SOPHRONIME. — Il y a peut-être dans l'étalage de cette indifférence un faste de vertu qui ne convient pas au sage. Je ne veux point qu'on affecte de mépriser la mort; je veux qu'on s'y résigne; nous le devons, puisque tout corps organisé, animaux pensants, animaux sentants, végétaux, métaux même, tout est formé pour la destruction. La grande loi est de savoir souffrir ce qui est inévitable.

ADÉLOS. — C'est précisément ce qui fait ma douleur. Je sais trop qu'il faut périr. J'ai la faiblesse de me croire heureux en considérant ma fortune, ma santé, mes richesses, mes dignités, mes amis, ma femme, mes enfants. Je ne puis songer sans affliction qu'il me faut bientôt quitter tout cela pour jamais. J'ai cherché des éclaircissements et des consolations dans tous les livres, je n'y ai trouvé que de vaines paroles.

J'ai poussé la curiosité jusqu'à lire un certain livre qu'on dit chaldéen et qui s'appelle *le Coheleth*.

L'auteur me dit : « Que m'importe d'avoir appris quelque chose, si je meurs tout ainsi que l'insensé et l'ignorant[1]? — La mémoire du sage et celle du fou périssent également[2]. — Le trépas des hommes est le même que celui des bêtes; leur condition est la même; l'un expire comme l'autre, après avoir respiré de même[3]. L'homme n'a rien de plus que la bête. — Tout est vanité. — Tous se précipitent dans le même abîme. — Tous sont produits de terre, tous retournent à la terre. — Et qui me dira si le souffle de l'homme s'exhale dans l'air, et si celui de la bête descend plus bas ? »

Le même instructeur, après m'avoir accablé de ces images désespérantes, m'invite à me réjouir[4], à boire, à goûter les voluptés de l'amour, à me complaire dans mes œuvres. Mais lui-même, en me consolant, est aussi affligé que moi. Il regarde la mort comme un anéantissement affreux. Il déclare qu'un chien vivant[5] vaut mieux qu'un lion mort. « Les vivants, dit-il, ont le malheur de savoir qu'ils mourront, et les morts ne savent rien, ne sentent rien, ne connaissent rien, n'ont rien à prétendre. Leur mémoire est donc un éternel oubli. »

Que conclut-il sur-le-champ de ces idées funèbres? « Allez donc, dit-il, mangez votre pain avec allégresse[6], buvez votre vin avec joie. »

Pour moi, je vous avoue qu'après de tels discours je suis prêt à tremper mon pain dans mes larmes, et que mon vin m'est d'une insupportable amertume.

SOPHRONIME. — Quoi! parce que dans un livre oriental il se trouve quelques passages où l'on vous dit que les morts n'ont point de sentiment, vous vous livrez à présent à des sentiments douloureux! vous souffrez actuellement de ce qu'un jour vous ne souffrirez plus du tout!

1. *Ecclésiaste* ou *Coheleth*, attribué à Salomon, II, 15. (ÉD.) — 2. *Id.*, 16. (ÉD.)
3. *Id*, 19-21. (ÉD.) — 4. *Id.*, V, 7. (ÉD.) — 5. *Id.*, IX, 4, 5. (ÉD.)
6. *Id.*, IX, 7. (ÉD.)

ADÉLOS. — Vous m'allez dire qu'il y a là de la contradiction; je le sens bien, mais je n'en suis pas moins affligé. Si on me dit qu'on va briser une statue faite avec le plus grand art, qu'on va réduire en cendres un palais magnifique, vous me permettez d'être sensible à cette destruction; et vous ne voulez pas que je plaigne la destruction de l'homme, le chef-d'œuvre de la nature?

SOPHRONIME. — Je veux, mon cher ami, que vous vous souveniez avec moi des *Tusculanes* de Cicéron, dans lesquelles ce grand homme vous prouve avec tant d'éloquence que la mort n'est point un mal.

ADÉLOS. — Il me le dit, mais peut-être avec plus d'éloquence que de preuves. Il s'est moqué des fables de l'Achéron et du Cerbère, mais il y a peut-être substitué d'autres fables. Il usait de la liberté de sa secte académique, qui permet de soutenir le pour et le contre : tantôt c'est Platon qui croit l'immortalité de l'âme; tantôt c'est Dicéarque qui la suppose mortelle. S'il me console un peu par l'harmonie de ses paroles, ses raisonnements me laissent dans une triste incertitude. Il dit, comme tous les physiciens qui me semblent si mal instruits, que l'air et le feu montent en droite ligne à la région céleste; « et de là, dit-il, il est clair que les âmes, au sortir des corps, montent au ciel, soit qu'elles soient des animaux respirant l'air, soit qu'elles soient composées de feu[1]. »

Cela ne paraît pas si clair. D'ailleurs Cicéron aurait-il voulu que l'âme de Catilina et celles des trois abominables triumvirs eussent monté au ciel en droite ligne?

J'avoue à Cicéron que ce qui n'est point n'est pas malheureux; que le néant ne peut ni se réjouir ni se plaindre; que je n'avais pas besoin d'une *Tusculane* pour apprendre des choses si triviales et si inutiles. On sait bien sans lui que les enfers inventés, soit par Orphée, soit par Hermès, soit par d'autres, sont des chimères absurdes. J'aurais désiré que le plus grand orateur, le premier philosophe de Rome, m'eût appris bien nettement s'il y a des âmes, ce qu'elles sont, pour quoi elles sont faites, ce qu'elles deviennent. Hélas! sur ces grands et éternels objets de la curiosité humaine, Cicéron n'en sait pas plus que le dernier sacristain d'Isis ou de la déesse de Syrie.

Cher Sophronime, je me rejette entre vos bras; ayez pitié de ma faiblesse. Faites-moi un petit résumé de ce que vous me disiez ces jours passés sur tous ces objets de doute.

SOPHRONIME. — Mon ami, j'ai toujours suivi la méthode de l'éclectisme; j'ai pris dans toutes les sectes ce qui m'a paru le plus vraisemblable. Je me suis interrogé moi-même de bonne foi : je vais encore vous parler de même, tandis qu'il me reste assez de force pour rassembler mes idées qui vont bientôt s'évanouir.

1. « Perspicuum debet esse animos, quum e corpore excesserint, sive illi sint « animales spirabiles, sive ignei, sublime ferri. » — La traduction donnée ici par Voltaire m'a obligé de laisser la citation telle qu'il l'avait faite. Voici le texte de Cicéron : « Perspicuum debet esse animos, quum e corpore excesserint, « sive illi sint animales, id est spirabiles, sive ignei, sublime ferri. » *Tuscul.*, I, 17. (*Note de M. Beuchot.*)

1° J'ai toujours, avec Platon et Cicéron, reconnu dans la nature un pouvoir suprême, aussi intelligent que puissant, qui a disposé l'univers tel que nous le voyons. Je n'ai jamais pu penser avec Épicure que le hasard, qui n'est rien, ait pu tout faire. Comme j'ai vu toute la nature soumise à des lois constantes, j'ai reconnu un législateur, et comme tous les astres se meuvent selon des règles d'une mathématique éternelle, j'ai reconnu avec Platon l'éternel Géomètre.

2° De là descendant à ses ouvrages, et rentrant dans moi-même, j'ai dit : « Il est impossible que dans aucun des mondes infinis qui remplissent l'univers, il y ait un seul être qui se dérobe aux lois éternelles; car celui qui a tout formé doit être maître de tout. Les astres obéissent; le minéral, le végétal, l'animal, l'homme, obéissent donc de même.

3° Je ne connais le secret ni de la formation, ni de la végétation, ni de l'instinct animal, ni de l'instinct et de la pensée de l'homme. Tous ces ressorts sont si déliés qu'ils échappent à ma vue faible et grossière. Je dois donc penser qu'ils sont dirigés par les lois du Fabricateur éternel.

4° Il a donné aux hommes organisation, sentiment et intelligence; aux animaux, organisation, sentiment, et ce que nous appelons instinct; aux végétaux, organisation seule. Sa puissance agit donc continuellement sur ces trois règnes.

5° Toutes les substances de ces trois règnes périssent les unes après les autres. Il en est qui durent des siècles, d'autres qui vivent un jour; et nous ne savons pas si les soleils qu'il a formés ne seront pas à la fin détruits comme nous.

6° Ici vous me demanderez si je pense que nos âmes périront aussi comme tout ce qui végète, ou si elles passeront dans d'autres corps, ou si elles revêtiront un jour le même, ou si elles s'envoleront dans d'autres mondes.

A cela je vous répondrai qu'il ne m'est pas donné de savoir l'avenir; qu'il ne m'est pas même donné de savoir ce que c'est qu'une âme. Je sais certainement que le pouvoir suprême qui régit la nature a donné à mon individu la faculté de sentir, de penser, et d'expliquer mes pensées. Et quand on me demande si après ma mort ces facultés subsisteront, je suis presque tenté d'abord de demander à mon tour si le chant du rossignol subsiste quand l'oiseau a été dévoré par un aigle.

Convenons d'abord avec tous les bons philosophes que nous n'avons rien par nous-mêmes. Si nous regardons un objet, si nous entendons un corps sonore, il n'y a rien dans ces corps ni dans nous qui puisse produire immédiatement ces sensations. Par conséquent il n'est rien, ni dans nous, ni autour de nous, qui puisse produire immédiatement nos pensées; car point de pensées dans l'homme avant la sensation : « Nihil est in intellectu quod non prius fuerit in sensu. » Donc c'est Dieu qui nous fait toujours sentir et penser; donc c'est Dieu qui agit sans cesse sur nous, de quelque manière incompréhensible qu'il agisse. Nous sommes dans ses mains comme tout le reste de la nature.

Un astre ne peut pas dire : « Je tourne par ma propre force. » Un homme ne doit pas dire : « Je sens et je pense par mon propre pouvoir.

Étant donc les instruments périssables d'une puissance éternelle, jugez vous-même si l'instrument peut jouer encore quand il n'existe plus, et si ce ne serait pas une contradiction évidente. Jugez surtout si, en admettant un formateur souverain, on peut admettre des êtres qui lui résistent.

ADÉLOS. — J'ai toujours été frappé de cette grande idée. Je ne connais point de système plus respectueux envers Dieu. Mais il me semble que si c'est révérer en Dieu sa toute-puissance, c'est lui ôter sa justice, et c'est ravir à l'homme sa liberté. Car si Dieu fait tout, s'il est tout, il ne peut ni récompenser ni punir les simples instruments de ses décrets absolus; et si l'homme n'est que ce simple instrument, il n'est pas libre.

Je pourrais me dire que, dans votre système qui fait Dieu si grand et l'homme si petit, l'Être éternel sera regardé par quelques esprits comme un fabricateur qui a fait nécessairement des ouvrages nécessairement sujets à la destruction; il ne sera plus aux yeux de bien des philosophes qu'une force secrète répandue dans la nature; nous retomberons peut-être dans le matérialisme de Straton en voulant l'éviter.

SOPHRONIME. — J'ai craint longtemps, comme vous, ces conséquences dangereuses, et c'est ce qui m'a empêché d'enseigner mes principes ouvertement dans mes écoles : mais je crois qu'on peut aisément se tirer de ce labyrinthe. Je ne dis pas cela pour le vain plaisir de disputer et pour n'être pas vaincu en paroles. Je ne suis pas comme ce rhéteur[1] d'une secte nouvelle, qui avoue dans un de ses écrits que, s'il répond à une difficulté métaphysique insoluble, « ce n'est pas qu'il ait rien de solide à dire, mais c'est qu'il faut bien dire quelque chose. »

J'ose donc dire d'abord qu'il ne faut pas accuser Dieu d'injustice parce que les enfers des Égyptiens, d'Orphée et d'Homère, n'existent pas, et que les trois gueules de Cerbère, les trois Furies, les trois Parques, les mauvais démons, la roue d'Ixion, le vautour de Prométhée, sont des chimères absurdes. Les charlatans sacrés qui inventèrent ces horribles fadaises pour se faire craindre, et qui ne soutinrent leur religion que par des bourreaux, sont aujourd'hui regardés par les sages comme la lie du genre humain; ils sont aussi méprisés que leurs fables.

Il y a certes une punition plus vraie, plus inévitable dans ce monde pour les scélérats. Et quelle est-elle ? c'est le remords, qui ne manque jamais, et la vengeance humaine, laquelle manque rarement. J'ai connu des hommes bien méchants, bien atroces, je n'en ai jamais vu un seul heureux.

Je ne ferai pas ici la longue énumération de leurs peines, de leurs horribles ressouvenirs, de leurs terreurs continuelles, de la défiance

1. Saint Augustin. (ÉD

où ils étaient de leurs domestiques, de leurs femmes, de leurs enfants. Cicéron avait bien raison de dire : « Ce sont là les vrais Cerbères, les vraies Furies, leurs fouets et leurs flambeaux. »

Si le crime est ainsi puni, la vertu est récompensée, non par des champs Élysées où le corps se promène insipidement quand il n'est plus; mais pendant sa vie, par le sentiment intérieur d'avoir fait son devoir, par la paix du cœur, par l'applaudissement des peuples, l'amitié des gens de bien. C'est l'opinion de Cicéron, c'est celle de Caton, de Marc-Aurèle, d'Épictète, c'est la mienne. Ce n'est pas que ces hommes prétendent que la vertu rende parfaitement heureux. Cicéron avoue qu'un tel bonheur ne saurait être toujours pur, parce que rien ne peut l'être sur la terre. Mais remercions le Maître de la nature humaine d'avoir mis à côté de la vertu la mesure de félicité dont cette nature est susceptible.

Quant à la liberté de l'homme, que la toute-puissante et toute agissante nature de l'Être universel semblerait détruire, je m'en tiens à une seule assertion. La liberté n'est autre chose que le pouvoir de faire ce qu'on veut : or ce pouvoir ne peut jamais être celui de contredire les lois éternelles, établies par le grand Être. Il ne peut être que celui de les exercer, de les accomplir. Celui qui tend un arc, qui tire à lui la corde, et qui pousse la flèche, ne fait qu'exécuter les lois immuables du mouvement. Dieu soutient et dirige également la main de César qui tue ses compatriotes à Pharsale, et la main de César qui signe le pardon des vaincus. Celui qui se jette au fond d'une rivière pour sauver un homme noyé et pour le rendre à la vie, obéit aux décrets et aux règles irrésistibles. Celui qui égorge et qui dépouille un voyageur leur obéit malheureusement de même. Dieu n'arrête pas le mouvement du monde entier pour prévenir la mort d'un homme sujet à la mort. Dieu même, Dieu ne peut être libre d'une autre façon; sa liberté ne peut être que le pouvoir d'exécuter éternellement son éternelle volonté. Sa volonté ne peut avoir à choisir avec indifférence entre le bien et le mal, puisqu'il n'y a point de bien ni de mal pour lui. S'il ne faisait pas le bien nécessairement par une volonté nécessairement déterminée à ce bien, il le ferait sans raison, sans cause; ce qui serait absurde.

J'ai l'audace de croire qu'il en est ainsi des vérités éternelles de mathématique par rapport à l'homme. Nous ne pouvons les nier dès que nous les apercevons dans toute leur clarté; et c'est en cela que Dieu nous fit à son image; ce n'est pas en nous pétrissant de fange délayée, comme on dit que fit Prométhée.

. . . . *Mixtam fluvialibus undis*,
Finxit in effigiem moderantum cuncta deorum.

Ovid., *Metam*. I, 82-83.

Certes ce n'est pas par le visage que nous ressemblons à Dieu, représenté si ridiculement par la fabuleuse antiquité avec tous nos membres et toutes nos passions; c'est par l'amour et la connaissance de la vérité que nous avons quelque faible participation de son être, comme une étincelle a quelque chose de semblable au soleil, et une goutte d'eau tient quelque chose du vaste Océan.

J'aime donc la vérité quand Dieu me la fait connaître; je l'aime lui qui en est la source, je m'anéantis devant lui qui m'a fait si voisin du néant. Résignons-nous ensemble, mon cher ami, à ses lois universelles et irrévocables, et disons en mourant, comme Épictète :

« O Dieu ! je n'ai jamais accusé votre providence. J'ai été malade, parce que vous l'avez voulu, et je l'ai voulu de même; j'ai été pauvre, parce que vous l'avez voulu, et j'ai été content de ma pauvreté; j'ai été dans la bassesse, parce que vous l'avez voulu, et je n'ai jamais désiré de m'élever.

« Vous voulez que je sorte de ce spectacle magnifique, j'en sors; et je vous rends mille très-humbles grâces de ce que vous avez daigné m'y admettre pour me faire voir tous vos ouvrages, et pour étaler à mes yeux l'ordre avec lequel vous gouvernez cet univers. »

LETTRE PASTORALE

A M. L'ARCHEVÊQUE D'AUCH, J. F. DE MONTILLET.

(1766.)

Il parut sous votre nom, monsieur, en 1764, une *Instruction pastorale*, qui n'est malheureusement qu'un libelle diffamatoire. On s'élève, dans cet ouvrage, contre le *Recueil des assertions*[1], consacré par le parlement de Paris : on y regarde les jésuites comme des martyrs, et les parlements comme des persécuteurs[2]; on y accuse d'injustice l'édit du roi qui bannit irrévocablement les jésuites du royaume. Cette *Instruction pastorale* a été brûlée par la main du bourreau. Le roi fait réprimer les attentats à son autorité; les parlements savent les punir; mais les citoyens qui sont attaqués avec tant d'insolence dans ce libelle, n'ont d'autre ressource que celle de confondre les calomnies. Vous avez osé insulter des hommes vertueux que vous n'êtes pas à portée de connaître; vous avez surtout indignement outragé un citoyen qui demeure à cent cinquante lieues de vous : vous dites à vos diocésains d'Auch que ce citoyen, officier du roi, et membre d'un corps à qui vous devez du respect[3], est un vagabond et un fugitif du royaume, tandis qu'il réside depuis quinze années dans ses terres, où il répand plus de bienfaits que vous ne faites dans votre diocèse, quoique vous soyez plus riche que lui. Vous le traitiez de mercenaire dans le temps même qu'il

1. *Extrait des assertions dangereuses et pernicieuses en tout genre que les soi-disant jésuites ont, dans tous les temps et persévéramment, soutenues, enseignées et publiées, etc.*, 1762; 4 vol. in-12. (ÉD.)

2. *Nos Pères vous avaient appris à respecter les jésuites*, etc., p. 34 et suiv. du mandement de M. d'Auch.

3. Pages 12, 13 et 14 du libelle.

donnait des secours généreux à votre neveu, dont les terres sont voisines des siennes : ainsi vous couronnez vos calomnies par la lâcheté et par l'ingratitude. Si c'est un jésuite qui est l'auteur de votre brochure, comme on le croit, vous êtes bien à plaindre de l'avoir signée; si c'est vous qui l'avez faite, ce qu'on ne croit pas, vous êtes plus à plaindre encore. Vous savez tout ce que vos parents et tout ce que des hommes d'honneur vous ont écrit sur le scandale que vous avez donné, qui déshonorerait à jamais l'épiscopat, et qui le rendrait méprisable, s'il pouvait l'être. On a épuisé toutes les voies de l'honnêteté pour vous faire rentrer en vous-même. Il ne reste plus à une famille considérable, si insolemment outragée, qu'à dénoncer au public l'auteur du libelle, comme un scélérat dont on dédaigne de se venger, mais qu'on doit faire connaître. On ne veut pas soupçonner que vous ayez pu composer ce tissu d'infamies, dans lequel il y a quelque ombre d'érudition; mais, quel que soit son abominable auteur, on ne lui répond qu'en servant la religion qu'il déshonore, en continuant à faire du bien, et en priant Dieu qu'il convertisse une âme si perverse et si lâche, s'il est possible pourtant qu'un calomniateur se convertisse.

PETIT COMMENTAIRE

SUR L'ÉLOGE DU DAUPHIN DE FRANCE[1] COMPOSÉ PAR M. THOMAS.

(1766.)

Je viens de lire, dans l'éloquent discours de M. Thomas, ces paroles remarquables :

« Le dauphin lisait avec plaisir ces livres où la douce humanité lui peignait tous les hommes, et même ceux qui s'égarent, comme un peuple de frères. Aurait-il donc été lui-même ou persécuteur ou cruel? aurait-il adopté la férocité de ceux qui comptent l'erreur parmi les crimes, et veulent tourmenter pour instruire? *Ah!* dit-il plus d'une fois, *ne persécutons point.* »

Ces mots ont pénétré dans mon cœur; je me suis écrié : « Quel sera le malheureux qui osera être persécuteur, quand l'héritier d'un grand royaume a déclaré qu'il ne faut pas l'être? » Ce prince savait que la persécution n'a jamais produit que du mal; il avait lu beaucoup : la philosophie avait percé jusqu'à lui. Le plus grand bonheur d'un État monarchique est que le prince soit éclairé. Henri IV ne l'était point par les livres; car excepté Montaigne, qui n'a rien d'arrêté, et qui n'apprend qu'à douter, il n'y avait alors que de misérables livres de controverse, indignes d'être lus par un roi. Mais Henri IV était instruit par l'adversité, par l'expérience de la vie privée et de la vie publique, enfin par ses propres lumières. Ayant été persécuté, il ne fut point

1. Fils de Louis XV. (Ed.)

persécuteur. Il était plus philosophe qu'il ne pensait, au milieu du tumulte des armes, des factions du royaume, des intrigues de la cour, et de la rage de deux sectes ennemies. Louis XIII ne lut rien, ne sut rien, et ne vit rien; il laissa persécuter.

Louis XIV avait un grand sens, un amour de la gloire qui le portait au bien, un esprit juste, un cœur noble; mais le cardinal Mazarin ne cultiva point un si beau caractère. Il méritait d'être instruit, il fut ignorant; ses confesseurs enfin le subjuguèrent : il persécuta, il fit du mal. Quoi! les Saci, les Arnauld, et tant d'autres grands hommes emprisonnés, exilés, bannis! et pourquoi? parce qu'ils ne pensaient pas comme deux jésuites[1] de la cour; et enfin son royaume en feu pour une bulle! Il le faut avouer, le fanatisme et la friponnerie demandèrent la bulle, l'ignorance l'accepta, l'opiniâtreté la combattit. Rien de tout cela ne serait arrivé sous un prince en état d'apprécier ce que vaut une grâce efficace, une grâce suffisante, et même encore une versatile.

Je ne suis pas étonné qu'autrefois le cardinal de Lorraine ait persécuté des gens assez malavisés pour vouloir ramener les choses à la première institution de l'Église : le cardinal aurait perdu sept évêchés, et de très-grosses abbayes dont il était en possession. Voilà une très-bonne raison de poursuivre ceux qui ne sont pas de notre avis. Personne, assurément, ne mérite mieux d'être excommunié que ceux qui veulent nous ôter nos rentes. Il n'y a pas d'autre sujet de guerre chez les hommes; chacun défend son bien autant qu'il le peut.

Mais que dans le sein de la paix il s'élève des guerres intestines pour des billevesées incompréhensibles de pure métaphysique; qu'on[2] ait sous Louis XIII, en 1624, défendu, sous peine de galères, de penser autrement qu'Aristote; qu'on[3] ait anathématisé les idées innées de Descartes, pour les admettre ensuite; que de plus d'une question digne de Rabelais on ait fait une question d'État, cela est barbare et absurde.

On a demandé souvent pourquoi, depuis Romulus jusqu'au temps où les papes ont été puissants, jamais les Romains n'ont persécuté un seul philosophe pour ses opinions. On ne peut répondre autre chose sinon que les Romains étaient sages.

Cicéron était très-puissant. Il dit dans une de ses lettres : « Voyez à qui vous voulez que je fasse tomber les Gaules en partage. » Il était très-attaché à la secte des académiciens; mais on ne voit pas qu'il lui soit jamais tombé dans la tête de faire exiler un stoïcien, d'exclure des charges un épicurien, de molester un pythagoricien.

Et toi, malheureux Jurieu, fugitif de ton village, tu voulus opprimer le fugitif Bayle dans son asile et dans le tien; tu laissas en paix Spinosa, dont tu n'étais point jaloux; mais tu voulais accabler ce respectable Bayle qui écrasait ta petite réputation par sa renommée éclatante.

Le descendant et l'héritier de trente rois a dit : *Ne persécutons point;*

1. Le Tellier et Doucin. (Éd.) — 2. Le parlement de Paris. (Éd.)
3. La Sorbonne. (Éd.)

et un bourgeois d'une ville ignorée, un habitué de paroisse, un moine dirait : *Persécutons !*

Ravir aux hommes la liberté de penser ! juste ciel ! Tyrans fanatiques, commencez donc par nous couper les mains qui peuvent écrire, arrachez-nous la langue qui parle contre vous, arrachez-nous l'âme, qui n'a pour vous que des sentiments d'horreur.

Il y a des pays où la superstition, également lâche et barbare, abrutit l'espèce humaine : il y en a d'autres où l'esprit de l'homme jouit de tous ses droits. Entre ces deux extrémités, l'une céleste, l'autre infernale, il est un peuple mitoyen chez qui la philosophie est tantôt accueillie et tantôt proscrite ; chez qui Rabelais a été imprimé avec privilége, mais qui a laissé mourir le grand Arnauld de faim dans un village étranger ; un peuple qui a vécu dans des ténèbres épaisses depuis le temps de ses druides jusqu'au temps où quelques rayons de lumière tombèrent sur lui de la tête de Descartes. Depuis ce temps, le jour lui est venu d'Angleterre. Mais croira-t-on bien que Locke était à peine connu de ce peuple il y a environ trente ans ? Croira-t-on bien que, lorsqu'on lui fit connaître la sagesse de ce grand homme, des ignorants en place opprimèrent violemment celui [1] qui apporta le premier ces vérités de l'île des philosophes dans le pays des frivolités ?

Si on a poursuivi ceux qui éclairaient les âmes, on a poussé la manie jusqu'à s'élever contre ceux qui sauvaient les corps. En vain il est démontré que l'inoculation peut conserver la vie à vingt-cinq mille personnes par année dans un grand royaume ; il n'a pas tenu aux ennemis de la nature humaine qu'on n'ait traité ses bienfaiteurs d'empoisonneurs publics. Si on avait eu le malheur de les écouter, que serait-il arrivé ? les peuples voisins auraient conclu que la nation était sans raison et sans courage.

Heureusement les persécutions sont passagères : elles sont personnelles, elles dépendent du caprice de trois ou quatre énergumènes qui voient toujours ce que les autres ne verraient pas si on ne corrompait point leur entendement : ils cabalent, ils ameutent, on crie quelque temps ; ensuite on est étonné d'avoir crié, et puis on oublie tout.

Un homme [2] ose dire, non-seulement après tous les physiciens, mais après tous les hommes, que si la Providence ne nous avait pas accordé des mains, il n'y aurait sur la terre ni artistes ni arts. Un vinaigrier [3], devenu maître d'école, dénonce cette proposition comme impie : il prétend que l'auteur attribue tout à nos mains, et rien à notre intelligence. Un singe n'oserait intenter une telle accusation dans le pays des singes ; cette accusation réussit chez les hommes. L'auteur est persécuté avec fureur ; au bout de trois mois on n'y pense plus. Il en est de la plupart des livres philosophiques comme des contes de La Fontaine ; on com-

1. Voltaire, dans ses *Lettres philosophiques.* (ÉD.)
2. Helvétius, *De l'Esprit*, discours I, chap. I. (ÉD.)
3. Abraham-Joseph de Chaumeix, né à Orléans, mort à Moscou, au commencement du XIXe siècle, est auteur des *Préjugés légitimes contre l'Encyclopédie*, etc., 1758, 8 vol. in-12. Les deux derniers contiennent la critique du livre *De l'Esprit.* (*Note de M. Beuchot.*)

mença par les brûler, on a fini par les représenter à l'Opéra-Comique. Pourquoi en permet-on les représentations? c'est qu'on s'est aperçu enfin qu'il n'y avait là que de quoi rire. Pourquoi le même livre qu'on a proscrit reste-t-il paisiblement entre les mains des lecteurs? c'est qu'on s'est aperçu que ce livre n'a troublé en rien la société; qu'aucune pensée abstraite, ni même aucune plaisanterie, n'a ôté à aucun citoyen la moindre prérogative; qu'il n'a point fait renchérir les denrées; que les moines mendiants n'en ont pas moins rempli leur besace; que le train du monde n'a changé en rien, et que le livre n'a servi précisément qu'à occuper le loisir de quelques lecteurs.

En vérité, quand on persécute, c'est pour le plaisir de persécuter.

Passons de l'oppression passagère que la philosophie a essuyée mille fois parmi nous, à l'oppression théologique qui est plus durable. Dès les premiers siècles on dispute, les deux partis contraires s'anathématisent. Qui a raison des deux? c'est le plus fort. Des conciles combattent contre des conciles, jusqu'à ce qu'enfin l'autorité et le temps décident. Alors les deux partis réunis persécutent un troisième parti qui s'élève, et celui-ci en opprime un quatrième. On ne sait que trop que le sang a coulé pendant quinze cents ans pour ces disputes; mais ce qu'on ne sait pas assez, c'est que, si on n'avait jamais persécuté, il n'y aurait jamais eu de guerre de religion.

Répétons donc mille fois avec un dauphin tant regretté : *Ne persécutons personne.*

LE PRÉSIDENT DE THOU

JUSTIFIÉ CONTRE LES ACCUSATIONS DE M. DE BURI,

AUTEUR D'UNE VIE DE HENRI IV.

(1766.)

Tout homme de lettres, tout bon Français, doit être étonné et affligé de voir notre illustre président de Thou indignement traité dans la préface que M. de Buri a mise au-devant de son *Histoire de la vie de Henri IV.* Voici comme il s'exprime sur un des plus grands hommes que nous ayons jamais eus dans la magistrature et dans les lettres :

« L'histoire, dit-il, ne doit point être un recueil de bons mots et d'épigrammes, encore moins de satires et de médisances, auxquels se livrent les historiens qui veulent donner de l'esprit, et le font souvent aux dépens de la vérité. Nous avons beaucoup d'écrivains qui ont acquis leur principale réputation par le mal qu'ils ont affecté de dire des princes et des particuliers; tels sont entre autres de Thou et Mézerai, écrivains recherchés par les médisances qu'ils ont répandues dans leurs ouvrages, parce que beaucoup de personnes s'imaginent que ce sont des actes de vérité. »

Il faudrait au moins savoir parler sa langue, lorsqu'on ose censurer si durement un historien qui a écrit aussi purement que le président de Thou dans une langue étrangère. On ne dit point *donner de l'esprit* tout court; on dit donner de l'esprit à ceux que l'on fait parler, et pour cela il faut en avoir. Cette expression, *donner de l'esprit*, n'est pas française. On ne dit point *des actes de vérité*, comme on dit des actes de foi, de charité, de justice.

« La plupart des auteurs, continue-t-il, ont voulu imiter Tacite, dont le style a gâté beaucoup d'historiens par la malignité de ses réflexions, qui n'ont rien de naturel ni d'innocent. »

Il aurait dû voir que le style n'a rien de commun avec la malignité des réflexions. On peut avoir un bon ou mauvais style, soit qu'on fasse une satire, soit qu'on fasse un panégyrique. Et *une malignité qui n'a rien d'innocent* est assurément une phrase qui n'a rien de spirituel.

Est-il permis à un homme qui écrit ainsi de reprocher à M. de Thou du *pédantisme*? Il le condamne surtout parce qu'il a écrit en latin. Ne sait-il pas que, du temps de M. de Thou, le latin était encore la langue universelle des savants? Le français n'était pas formé; il fallait écrire en latin pour être lu de toutes les nations.

Une telle préface révolte tout honnête homme; et lorsqu'on voit ensuite l'auteur parler de lui-même, en commençant la *Vie de Henri IV*, et dire qu'il a déjà donné au public la *Vie de Philippe de Macédoine*, on voit que ce *pédant* de Thou, qui peut-être était en droit, par son rang et son mérite, d'oser parler de lui dans son admirable histoire, n'a pourtant point eu un *pédantisme* si déplacé.

Le sieur de Buri ne devait ni se citer ainsi lui-même, ni insulter un grand homme, mais il devait mieux écrire.

« Son courage, dit-il (en parlant de Henri IV), était presque au-dessus de l'humanité. Il est toujours sorti des occasions périlleuses victorieux et avec avantage. »

Le terme d'*humanité* fait ici une équivoque qui n'est pas permise, et quand on sort victorieux d'une action périlleuse, apparemment qu'on en sort aussi avec *avantage*. Ce n'est pas là le style du *pédant* de Thou.

Je ne remarque ces fautes dans le début de cette histoire, que pour faire voir combien il est indécent à un homme qui écrit si mal de se déchaîner contre le plus éloquent de nos historiens. Je ne parlerai point des fautes de langage qui sont en trop grand nombre dans cet ouvrage; je passe à des objets plus importants.

L'auteur remonte jusqu'à la mort de François Ier, et dit que ce monarque laissa dans son trésor quatre millions d'espèces. Je ne veux point trop blâmer ici l'usage où sont tant d'auteurs de répéter ce qu d'autres ont dit; mais il faut au moins s'expliquer d'une manière intelligible. Quatre millions d'espèces ne signifient rien. Le *pédant* de Thou nous apprend que François Ier laissa quatre cent mille écus d'or, outre le quart des revenus dont le recouvrement n'était pas encore fait, ce qui ne compose point quatre millions d'espèces, mais seize cent mille livres numériques, à quatre livres l'écu d'or.

Venant ensuite à la paix de Cateau-Cambrésis faite avec Philippe II, l'auteur dit « qu'on rendit les conquêtes de part et d'autre, excepté

Metz, Toul, et Verdun. » On croirait, par cet énoncé, que Henri II avait pris Metz, Toul, et Verdun sur Philippe; mais il les avait prises sur l'Allemagne, et il n'en fut point du tout question dans le traité de Cateau-Cambrésis.

Il est bien étrange que, dans la *Vie de Henri IV*, on parle des batailles de Jarnac, de Moncontour, et de la Saint-Barthélemy, avant de parler de la naissance de ce prince, de son éducation, et de la part qu'il eut à tous ces événements; et il est encore plus étrange que l'auteur en revenant sur ses pas, et en parlant de la Saint-Barthélemy, ne nomme aucun de ceux qui étaient alors auprès de Henri de Navarre, et qui se cachèrent jusque sous le lit de la princesse Marguerite sa femme. Il ne parle point de ceux qui furent égorgés entre ses bras. La réticence sur des faits si intéressants n'est point pardonnable.

Il est encore plus répréhensible de ne pas dire que Henri IV, étant gardé à vue après la Saint-Barthélemy, changea de religion. C'est un fait si important, et le nom de *relaps* qu'on lui donna depuis suscita contre lui tant d'ennemis, et fut pour eux un prétexte si spécieux, qu'il est impossible de se faire une idée nette des traverses qu'il essuya, quand on omet ce qui en a été le principe; c'est pécher contre la principale loi de l'histoire. Il est vrai que, quarante pages après, il dit un mot qui suppose cette abjuration de Henri IV; mais un mot qui n'est pas à sa place ne suffit pas :

> *Ut jam nunc dicat jam nunc debentia dici.*
>
> Hor., *de Arte poet.*

Je passe bien des fautes de cette espèce pour arriver à la mort du prince Henri de Condé en 1588. On ne trouve que cinq ou six lignes sur ce fatal événement. Henri IV, alors roi de Navarre, n'était qu'à quelques lieues de Saint-Jean-d'Angely, où le prince Henri de Condé était mort. Les lettres qu'il écrivit sur cette mort sont un des plus précieux monuments de l'histoire; elles sont connues, elles sont authentiques : je les transcrirais ici si elles n'étaient pas imprimées dans le tome XVIII de cette édition, page 157 et suivantes.

Ce sont là des monuments précieux, absolument nécessaires à un historien qui doit s'instruire avant que d'instruire le public. Ce n'est pas la peine de répéter des faits rebattus, et de transcrire sans choix les mémoires composés par les secrétaires du duc de Sulli, et trop corrigés par l'abbé de L'Écluse. Qui n'a rien de nouveau à dire doit se taire, ou du moins se faire pardonner son inutilité par son éloquence.

Il faut surtout, quand on répète, ne se pas tromper : l'exactitude doit venir au secours de la stérilité.

L'auteur s'exprime ainsi sur le prince palatin Casimir, qui vint plusieurs fois faire la guerre en France : « On donna au prince Casimir, pour le renvoyer dans ses États, une satisfaction tant en argent qu'en présents. »

Ce prince Casimir ne put être renvoyé dans ses États, car il n'en avait point; il était le quatrième fils de Frédéric III, électeur palatin; mais c'était un prince entreprenant et courageux, qui offrait ses services à tous les partis qui désolaient alors la France. Le roi Henri III lui avait donné une compagnie de cent hommes d'armes, le duché d'Étampes, et des pensions. Voilà le prince que M. de Buri nous donne pour un souverain, dans une histoire où il veut réformer tous ceux qui ont écrit avant lui.

On sait que le pape Sixte-Quint eut l'insolence d'envoyer, en 1589, un monitoire par lequel il ordonnait au roi de se rendre à Rome dans trente jours pour se justifier de la mort du cardinal de Guise; l'auteur dit « que le roi fut cité à comparoir dans trente jours à Rome. »

Il semble par cette expression que Sixte-Quint ait écrit ce monitoire en français, et qu'il se soit servi du langage de notre barreau. Il était écrit en latin selon l'usage de Rome. L'auteur devait se servir du mot de *comparaître* pour lever cette équivoque.

L'auteur, après l'assassinat de Henri III par le jacobin Jacques Clément, ne devait pas omettre l'arrêt que porta en personne Henri IV contre le cadavre du moine, et l'interrogation faite par le grand prévôt de l'hôtel au procureur général La Guesle, qui avait introduit cet assassin. Lorsqu'on fait une *Histoire de Henri IV* en quatre volumes, un fait aussi singulier ne doit pas être passé sous silence. Nous avons encore le procès criminel fait au cadavre. Il commence par le passeport donné à Jacques Clément par le comte de Brienne de la maison de Luxembourg, et signé *Charles de Luxembourg*, du 29 juillet 1589, et plus bas, par mondit seigneur, *de Geoffre*.

Les interrogatoires et confrontations sont signés, *François du Plessis*, seigneur de Richelieu, grand prévôt de l'hôtel; *de La Guesle*, *du Mont*, *Monciries*, gentilhomme ordinaire de la chambre; d'*Aupou*, idem; *Roger de Bellegarde*, premier gentilhomme de la chambre et grand écuyer; *Savari de Bonrepos*, gentilhomme ordinaire; *Antoine Portail*, valet de chambre et chirurgien du roi. L'arrêt, signé *Henri*, et plus bas, *Ruzé*, le 2 août 1589, est conçu en ces termes :

« Le roi étant en son conseil, après avoir ouï le rapport fait par le sieur de Richelieu, chevalier de ses ordres, conseiller en son conseil d'État, prévôt de son hôtel, et grand prévôt de France, du procès fait au corps mort de feu Jacques Clément, jacobin, pour raison de l'assassinat commis en la personne de feu bonne mémoire Henri de Valois, naguère roi de France et de Pologne : Sa Majesté, de l'avis de son dit conseil, a ordonné et ordonne que le corps dudit Clément soit tiré à quatre chevaux; ce fait, ledit corps brûlé et mis en cendres, jeté à la rivière, à ce qu'il n'en soit à l'avenir aucune mémoire. Fait à Saint-Cloud, sadite Majesté y étant. »

Un homme qui fait une histoire de Henri IV après de Thou, Mézerai, Daniel et tant d'autres, doit au moins puiser quelque chose de nouveau dans les sources. Et ce n'est pas la peine d'écrire quand on ne fait que répéter, et tronquer, sans ordre et sans liaison, des faits connus de tout le monde.

Ce qui fait peine encore dans cette histoire, c'est que les événements n'y sont presque jamais à leur place. On y parle souvent de faits dont on n'a précédemment donné aucune idée; le lecteur ne sait point où il en est; il se trouve continuellement égaré; en voici un exemple.

En parlant de la mort du duc d'Anjou, dernier fils du roi Henri II, l'auteur s'exprime ainsi : « Le bruit courut qu'il avait été empoisonné; mais la véritable cause de sa mort fut le chagrin qu'il avait conçu du mauvais succès de ses entreprises, et, en dernier lieu, de celle d'Anvers. »

Mais par qui et pourquoi aurait-il été empoisonné? Quelles étaient ses entreprises? quelle était celle d'Anvers? c'est ce que l'auteur ne dit pas; et c'est sur quoi de Thou et Mézerai, que l'auteur méprise si fort, donnent de grandes lumières.

« Le légat voyant une armée victorieuse près de Paris. » Quel était ce légat? il était important de le savoir; l'auteur n'en dit qu'un seul mot dans le premier tome. Il devait dire que Sixte-Quint envoya en France le cardinal Cajetan avec le jésuite Bellarmin et Panigarole, et que tous trois étaient vendus à Philippe II; qu'il arriva à Lyon le 9 novembre 1589; que Henri IV, en le déclarant son ennemi, et en protestant de nullité contre toutes ses entreprises, eut la générosité et la prudence de le faire recevoir avec honneur dans toutes les villes qui lui obéissaient. Il fallait surtout dire que ce légat, dont le duc de Mayenne se défiait autant que Henri IV, cabalait alors, c'est-à-dire, en 1590, pour faire donner le royaume de France à l'infante Claire-Eugénie.

Les états de la Ligue, tenus en 1593, furent l'époque la plus célèbre et la plus critique qu'on eût vue en France depuis les temps de Philippe de Valois et de Charles VI. Il s'agissait non-seulement d'abolir la loi salique, comme sous le règne de Philippe, mais de placer une fille sur le trône, et même une fille étrangère. Philippe II promettait cinquante mille hommes pour soutenir l'élection de l'infante Claire-Eugénie, qui devait épouser le fils du duc de Guise le Balafré, tué à Blois.

Le duc de Mayenne, qui avait alors dans Paris la puissance d'un roi de France, sans en avoir le titre, allait perdre tout le fruit de la guerre civile, et devenir le premier sujet de son neveu dont il était jaloux.

Henri IV, sans argent et presque sans armée, ayant contre lui les catholiques, et environné de factions, n'aurait pu résister, probablement, aux trésors et aux armes de Philippe II, le plus puissant monarque de l'Europe. Le duc de Mayenne sauva la France en ne consultant que ses propres intérêts et sa jalousie contre le jeune duc de Guise. Il était trop roi dans Paris pour ne pas empêcher qu'on lui donnât un roi. Maître du parlement de la Ligue siégeant à Paris, il est très-vraisemblable qu'il engagea sous main ce parlement à rompre les mesures des Espagnols, à protester contre l'élection d'une infante, à soutenir la loi salique. Ce fut principalement ce qui déconcerta les États.

Le président de Thou ne descend pas sans doute jusqu'à rapporter ces harangues basses et ridicules de la *Satire Ménippée*, au lieu de rapporter la substance de ce qui fut en effet proposé. Il est trop grave, trop sage, trop instruit, pour dire que la *Satire Ménippée ouvrit les yeux à beaucoup de personnes*, et contribua *à faire rentrer* dans leur devoir une partie de ceux qui s'en étaient écartés.

C'est bien mal connaître les hommes que de prétendre qu'une satire empêche des hommes d'État de poursuivre leurs entreprises

Il est très-certain que la *Satire Ménippée* ne parut point pendant la tenue des états; elle ne fut connue qu'en 1594, plusieurs mois après l'abjuration du roi. La première édition fut commencée sur la fin de l'année 1593, et ne fut achevée que quand le roi fut entré dans Paris. Cela est incontestable, puisque tout l'ouvrage ne fut achevé et ne put l'être qu'en 1594; car il y est parlé de plusieurs faits qui ne se passèrent que longtemps après la dissolution des états, comme l'aventure du conseiller d'Amour, celle de M. Vitri, du bannissement de d'Aubrai, et du meurtre de Saint-Pol.

M. de Buri croit s'appuyer de l'*Abrégé chronologique* du président Hénault, qui dit que la *Satire Ménippée* ne fut guère moins utile à Henri IV que la bataille d'Ivri; mais il ajoute *peut-être*, et il fait très-bien.

Ce qui réellement porta le dernier coup aux états, et ce qui mit Henri IV sur son trône, ce fut le parti qu'il prit d'abjurer; et c'était en effet le seul parti qui restât à sa politique. Le mot si célèbre de ce monarque : *Ventre-saint-gris*, *Paris vaut bien une messe*, est une plaisanterie si connue, et en même temps si innocente, surtout dans un temps où la liberté des expressions était extrême, que l'auteur n'a aucune raison de nier cette saillie de Henri IV. Il faudrait, pour être en droit de la nier, rapporter quelque autorité contraire; il n'en produit ni n'en peut produire aucune.

La fameuse lettre de Henri à Gabrielle d'Estrées, conservée à la bibliothèque du roi, est un monument qui confond assez la critique de M. de Buri. Ces mots : « C'est demain que je fais le saut périlleux; ces gens-ci vont me faire haïr Saint-Denis autant que vous haïssez Monceaux, etc., » sont plus forts que ceux-ci : « Paris vaut bien une messe; » et son apologie auprès de la reine Élisabeth achève de mettre dans tout son jour le véritable motif de ce grand événement.

Il se fait apparemment un mérite de copier ici le jésuite Daniel, qui dit qu'au temps des conférences de Surène, « Henri IV était déjà catholique dans le cœur. » Mais comment pouvait-il être catholique dans le cœur en ce temps-là, puisque pendant le siége de Paris, qui précéda de très-peu ces conférences, le comte de Soissons l'étant venu assurer qu'il serait reçu dans la ville s'il se faisait catholique, il lui répondit deux fois « qu'il ne changerait jamais de religion. » Ce fait est attesté dans plusieurs mémoires, et surtout dans le *Discours des choses plus notables arrivées au siége de Paris, et la défense de cette ville par monseigneur le duc de Nemours contre le roi de Navarre*. N'est-il pas bien évident que Henri IV ne voulut pas changer tant qu'il espéra de se rendre maître de la ville; et qu'il changea enfin lorsque le duc de Parme eut fait lever le siége? Il faut avouer que le duc de Parme fut son véritable convertisseur. La vérité doit l'emporter sur les subterfuges du jésuite Daniel.

M. de Buri ne se trompe pas en disant que « le cardinal Tolet fut celui auquel Henri eut le plus d'obligation de l'absolution du pape. » C'est sans doute à son épée et à la dextérité du cardinal d'Ossat que ce héros en eut toute l'obligation, et non pas à un jésuite espagnol qui servit fort peu dans cette affaire, et qui n'employa son faible crédit que dans la vue d'obtenir le rappel des jésuites, chassés alors de France par arrêt du parlement. Car l'absolution inutile et arrachée au pape Clément VIII est du 17 septembre 1595, et le bannissement des jésuites est du 29 décembre 1594.

Remarquez que je dis absolution inutile, parce que Henri IV avait été absous par les évêques de son royaume; parce qu'il était absous par Dieu même; parce que la prétention du pape que Henri ne pouvait être légitime possesseur de son royaume que sous le bon plaisir ultramontain, était la prétention la plus absurde et la plus attentatoire à tous les droits d'un souverain, et à tous ceux des nations.

N'est-on pas un peu révolté quand on voit que M. de Buri ne parle pas seulement de la clause qui fut insérée un mois entier dans l'absolution donnée par le pape Clément VIII : « Nous réhabilitons Henri dans sa royauté ? »

Certes ce ne fut pas le cardinal Tolet qui fit rayer cette formule criminelle, digne tout au plus de Grégoire VII ou de Boniface VIII, et dont la seule lecture nous saisit d'indignation. « Nous réhabilitons Henri dans sa royauté ! » Quoi ! un évêque de Rome se croit en droit de donner et d'ôter les royaumes ! et l'Europe entière n'a pas puni ces attentats ! et un écrivain qui donne la *Vie de Henri IV* les supprime !

M. de Buri dit que les écrivains huguenots rapportaient par dérision « que Henri s'était soumis à recevoir des coups de fouet par procureur. » Ce ne sont point les huguenots qui ont parlé ainsi les premiers; c'est Mézerai lui-même, dont voici les paroles : « Les politiques reprochèrent au cardinal Duperron que, pour mériter la faveur du pape, il avait soumis son roi à recevoir des coups de bâton par procureur. »

Duperron pouvait épargner au roi cette cérémonie, mais il voulait être cardinal. Les évêques de France qui avaient reçu l'abjuration du roi n'avaient eu garde de proposer cette espèce de pénitence, qui aurait été regardée, dans un temps plus heureux, comme un crime de lèse-majesté; à plus forte raison un évêque de Rome n'avait pas le droit de faire cette insulte à un roi de France.

Une chose plus importante est le parricide commis par Jean Châtel, pour lequel les jésuites avaient été chassés.

« La maison du père de Châtel fut rasée, et le prix des démolitions fut employé à la construction, sur le terrain où elle était située, d'une pyramide à quatre faces, sur lesquelles on grava le précis de l'arrêt du parlement, avec plusieurs inscriptions à la louange du roi, et sur le danger qu'il avait couru. Cette affaire des jésuites pensa causer au roi de grands embarras à Rome. »

Premièrement il n'est pas vrai que la pyramide érigée par arrêt du parlement ne contînt que des louanges pour le roi et des inscriptions sur son danger, comme l'auteur l'insinue; on grava, sur le côté qui regardait l'orient, ces propres mots :

Pulso tota Gallia hominum genere novæ ac maleficæ superstitionis, qui rempublicam turbabant, quorum instinctu piacularis adolescens dirum facinus instituerat.

« On a chassé de toute la France ce genre d'hommes d'une superstition nouvelle et pernicieuse, perturbateurs du royaume, pour avoir induit un jeune homme à commettre un parricide par pénitence. »

Ce mot *pénitence* répond précisément à *piacularis*, et devient par là un des plus singuliers monuments qui puissent servir à l'histoire de l'esprit humain.

On ne sort point d'étonnement de voir que l'auteur appelle le parricide commis contre Henri IV, *cette affaire de jésuites*. C'est assurément une singulière affaire.

Je passe enfin au grand et terrible événement qui priva la France du meilleur de ses rois, et qui changea la face de l'Europe. Je ne vois pas sur quoi M. de Buri rapporte que dès que Concini, depuis maréchal d'Ancre, sut la mort de Henri IV, il « se présenta à la porte du cabinet de la reine, l'entr'ouvrit, avança la tête, et dit *è ammazzato*, la referma, et se retira. »

On sent la valeur de ces paroles et les affreuses conséquences d'un pareil discours. Entr'ouvrir la porte, dire simplement : *Il est tué*, et le dire à la reine, à la femme du mort; prononcer, dis-je : *Il est tué*, sans prononcer le nom du roi, comme si le pronom *il* avait été un terme convenu entre eux; refermer la porte sur-le-champ, comme pour aller pourvoir aux suites de l'assassinat; quelles conséquences, quels crimes n'en résultent-ils pas ?

Quand on allègue une accusation si terrible, il faut dire d'où on la tient, examiner si l'auteur est croyable, peser exactement toutes les circonstances; sans quoi l'on se rend coupable d'une prodigieuse témérité. Cette anecdote ne se trouve ni dans de Thou, ni dans Mézerai, ni dans aucun des mémoires du temps un peu connus. Si elle était vraie, elle prouverait trop sans doute.

On se souviendra longtemps dans une province de France du supplice d'un homme en place, qui fut convaincu d'un assassinat sur une parole à peu près semblable qu'il avait dite devant témoins. Il venait de tuer le mari d'une femme dont il était amoureux. Cette femme était alors au spectacle; il va dans sa loge immédiatement après avoir fait le coup, et lui dit en l'abordant : *Il dort.* Ce seul mot conduisit les juges à la conviction du crime.

Quoi ! l'auteur ose accuser M. de Thou de témérité, de malignité ! et lui-même, sans aucune raison, sans aucune autorité, intente une accusation qui fait frémir !

Je dois dire un mot de la prétendue paix universelle à laquelle Henri IV, dit-on, voulait parvenir par la guerre, dont l'événement est toujours incertain.

S'il y avait eu la moindre apparence au prétendu projet de Henri IV, de partager l'Europe en quinze dominations, et d'établir un tribunal perpétuel, on en trouverait quelques traces dans les Mémoires de Villeroi, dans ceux de tant d'autres hommes d'État, dans les archives d'Angleterre, de Venise, dans celles des princes protestants si attachés à Henri IV, et si intéressés à cette balance générale. Il ne se trouve aucun monument de ce dessein. Ce silence universel doit produire un doute raisonnable.

Il n'est pas naturel que M. de Villeroi, qui eut la confiance de Henri IV, ignorât un projet si extraordinaire qui regardait uniquement son département. Les secrétaires qui compilèrent les *Économies politiques* attribuées au duc de Sulli, lorsqu'il était âgé de quatre-vingts ans, sont les seuls qui parlent de cette étrange idée.

Je vais examiner une chose non moins étrange; c'est la comparaison de Henri IV avec Philippe, roi de Macédoine.

Si le judicieux de Thou avait voulu comparer Henri avec quelque autre monarque, il aurait choisi un roi de France. On aurait pu trouver un peu de ressemblance entre lui et Charles VII. Tous deux eurent une guerre civile à soutenir. Tous deux virent l'étranger dans la capitale. Les Anglais y bravèrent quelque temps Charles VII, et les Espagnols Henri IV : ils regagnèrent l'un et l'autre leur royaume pied à pied, par les armes et par les négociations. Tous deux au milieu de la guerre eurent des maîtresses.

Le parallèle est assez frappant, et il est tout à l'honneur de Henri IV, qui, par son courage, son application et sa sagesse dans le gouvernement, l'emporte sur Charles au jugement de tout le monde.

Pourquoi donc choisir le père d'Alexandre pour le comparer au père de Louis XIII? Ce qui fonde cette comparaison chez M. de Buri, c'est que Philippe s'empara de la couronne de Macédoine au préjudice d'Amyntas son neveu, dont il était tuteur, et que Henri était héritier légitime;

Qu'Épaminondas présida à l'éducation de Philippe, et que Florent Chrétien fut précepteur de Henri IV;

Que Philippe construisit des flottes, et que Henri n'en eut jamais;

Que Philippe trouva des mines d'or dans la Thrace, et que Henri IV n'en trouva pas chez lui;

Que Philippe fut tellement couvert de blessures qu'il en devint borgne et boiteux, et que Henri IV conserva heureusement ses yeux et ses jambes;

Que Démosthène excita les Athéniens contre le roi de Macédoine, et que des curés prêchèrent dans Paris contre le roi de France.

Il est vrai que ce parallèle est relevé par les louanges de Salomon, du roi d'Angleterre d'aujourd'hui, du roi de Danemark, et de l'impératrice reine de Hongrie; ce qui fera sans doute débiter son livre dans toute l'Europe. Une telle sagesse manqua au président de Thou.

Finissons par les prétendus bons mots dont la tradition populaire défigure le caractère de Henri IV.

Qu'un paysan qui avait les cheveux blancs et la barbe noire ait répondu au roi que *ses cheveux étaient de vingt ans plus vieux que sa barbe*, c'est un bon mot de paysan, et non pas du roi. Ce conte est imprimé dans des facéties italiennes plus de dix ans avant la naissance de Henri IV, et la plupart de ces facéties ont fait le tour de l'Europe.

Qu'un autre paysan ait apporté au roi du fromage de lait de bœuf, c'est une insipidité bien indigne de l'histoire; et ce n'est pas Henri IV qui l'a dite.

Mais qu'il eût fait battre de verges sept ou huit praticiens assemblés dans un cabaret pour leurs affaires, et que Henri ait exercé sur eux cette indigne vengeance, parce que ces bourgeois n'avaient pas voulu partager leur dîner avec un homme qu'ils ne connaissaient pas; c'eût été une action tyrannique, infâme, non-seulement indigne d'un grand roi, mais d'un homme bien élevé. C'est L'Estoile qui rapporte cette sottise sur un ouï-dire. L'Estoile ramassait mille contes frivoles débités par la populace de Paris. Mais, si une pareille action avait la moindre lueur de vraisemblance, elle déshonorerait la mémoire de Henri IV à jamais; et cette mémoire si chère deviendrait odieuse. Le bon sens et le bon goût consistent à choisir, dans les anecdotes de la vie des grands hommes, ce qui est vraisemblable et ce qui est digne de la postérité.

Le grave et judicieux de Thou ne s'est jamais écarté de ce devoir d'un historien.

Si M. de Buri a cru rendre son ouvrage recommandable en décriant un homme tel que de Thou, il s'est bien trompé. Il n'a pas su qu'il y avait encore dans Paris des hommes alliés à cette illustre famille qui prendraient la défense du meilleur de nos historiens, et qui ne souffriraient pas qu'on attaquât en mauvais français une histoire chère à la nation et écrite dans le latin le plus pur.

LETTRE CURIEUSE

DE M. ROBERT COVELLE, CÉLÈBRE CITOYEN DE GENÈVE, A LA LOUANGE DE M. VERNET, PROFESSEUR EN THÉOLOGIE DANS LADITE VILLE.

(1766.)

Il y a quelque temps que le vénérable M. Vernet, digne professeur en théologie, nous fit l'honneur de nous consulter, M. Muller, M. le capitaine Durost et moi, sur un livre de sa façon, qu'il voulait, disait-il, mettre en lumière. Nous lûmes son ouvrage, et ensuite nous nous assemblâmes chez Mlle Ferbot, qui reçoit très-poliment les gens de lettres; Mlle Levasseur[1] s'y trouva; et quand nous fûmes assemblés, M. Vernet vint recueillir nos avis.

Il est bon que je fasse ici connaître tous les personnages. M. Muller est un gentilhomme anglais très-instruit, qui dit tout ce qu'il pense avec franchise; le capitaine joint à la même sincérité une nuance de

1. Marie-Thérèse Levasseur, née à Orléans en 1721, devenue, en 1768, l'épouse de J. J. Rousseau, morte au Plessis-Belleville le 17 juillet 1801. (Éd.)

cynisme qui est excusé par la bonté de son caractère : Mlle Ferbot a l'esprit fin et délicat, et joint aux grâces d'une femme qui a fait l'amour la solidité d'une personne qui ne le fait plus : Mlle Levasseur est la gouvernante de M. Jean-Jacques Rousseau; c'est une philosophe très-décidée. Elle fut légèrement lapidée avec son maître à Motiers-Travers, sur la réquisition du vénérable M. de Montmolin, et se retira depuis à Genève comme une martyre de la philosophie; elle y cultive les belles-lettres avec Mlle Ferbot et moi, et est toujours tendrement attachée à M. Rousseau.

Pour le vénérable Vernet, tout le monde le connaît assez dans cette ville.

Son manuscrit était intitulé : *Lettres critiques*, etc., troisième édition. Nous lui dîmes tous d'une voix que nous étions fort aises de voir enfin un manuscrit qui lui appartînt; mais que, pour qu'il y eût une troisième édition, il fallait qu'il y en eût eu deux auparavant. Il nous répondit qu'à la vérité on n'avait jamais imprimé son livre, mais qu'il en avait paru deux feuilles l'une après l'autre; que personne ne s'en souvenait, et que, pour éveiller l'attention du public, il prétendait mettre *troisième édition* à sa brochure, parce qu'en effet deux feuilles imprimées et son manuscrit sont trois. « Je ne vous conseille pas de calculer ainsi, lui dit M. Muller; on vous accusera, plus que jamais, de quelque méprise sur le nombre trois. — Vraiment, dit Mlle Ferbot, du temps que j'avais un amant, s'il avait deux fois manqué au rendez-vous, et qu'enfin il eût réparé une seule fois sa faute, je n'aurais pas souffert qu'il eût appelé sa tentative troisième édition; je ne puis approuver la fausseté ni en amour ni en livres. »

M. Vernet ne se rendit pas; mais il demanda de quel titre on lui conseillait de décorer son ouvrage. « Ma foi, lui dit le capitaine, je l'intitulerais *Fatras de Vernet*. Quel pot-pourri avez-vous fait là ? n'avons-nous pas assez de livres inutiles? Tout ce que vous dites de vous-même sur Rome est faux; le peu qu'il y a de vrai a été ressassé mille fois; on vous reprochera d'être ignorant et plagiaire. J'aime mon prochain, vous m'avez ennuyé, je ne veux pas qu'il s'ennuie : croyez-moi, pour mettre votre livre en lumière, jetez-le au feu; c'est le parti que je prendrais à votre place. Vous prenez bien mal votre temps pour écrire contre les catholiques, vous qui êtes encore sujet du roi de France; et on vous trouvera fort impertinent de faire une sortie contre des spectacles honnêtes que des médiateurs plénipotentiaires daignent introduire dans Genève. »

M. Muller entra dans de plus grands détails. « Mon cher Vernet, lui dit-il, votre ouvrage est un recueil de lettres que vous feignez d'écrire à un pair d'Angleterre : cette mascarade est usée, vous deviez plutôt écrire à vos pairs les vénérables; et il serait encore mieux de ne rien écrire du tout; à quoi bon vos invectives contre M. d'Alembert, contre M. Hume, mon compatriote, contre tous les auteurs d'un dictionnaire immense et utile, rempli d'articles excellents en tout genre, contre l'auteur de *la Henriade*, et contre M. Rousseau ? Votre dessein a-t-il été d'imiter ce fou qui attaquait ce qu'il y a de plus célèbre, *ut magnis inimicitiis claresceret* [1]? Et à l'égard de M. Rousseau, n'est-ce pas assez qu'il soit malheureux pour que vous ne l'insultiez point? ne savez vous pas que *res est sacra miser* [2], qu'un infortuné est un homme sacré et que rien n'est plus lâche que de déchirer les blessures d'un homme qui souffre ?

— Comment! s'écria alors Mlle Levasseur; comment! monsieur Vernet vous attaquez mon maître! c'est que vous avez ouï dire qu'il était dans une île [3] : si mon maître était dans le continent, vous n'oseriez paraître devant lui; vous êtes un poltron qui menacez de loin votre vainqueur; je vais l'en instruire; je vous réponds qu'il vous apprendra à vivre. »

Je pris alors la parole; je remontrai combien il était indécent au sieur Vernet de mal parler de l'*Essai sur les mœurs*, etc., lui qui avait écrit vingt lettres à l'auteur pour obtenir d'en être l'éditeur. « Moi, dit-il, moi avoir voulu jamais imprimer cet ouvrage! — Oui, vous, lui répliquai-je; vous aviez fait votre marché avec un libraire pour corriger les feuilles; vous ne vous déchaînez aujourd'hui que parce que vous avez été refusé; et cela n'est pas vénérable. »

Vernet pâlit : il avait la tête penchée sur le côté gauche, il la pencha sur le côté droit, et dit qu'il n'avait jamais voulu imprimer l'*Essai sur les mœurs*, etc.; qu'il n'avait jamais écrit de lettres à ce sujet, et qu'il était prêt à en faire serment.

Mlle Ferbot, qui a la conscience timorée, se leva alors; elle courut chercher les fatales lettres de Vernet, que l'auteur de l'*Essai* m'avait confiées et que j'avais mises en dépôt chez elle : « Tenez, monsieur, dit la belle Ferbot au col tors [4]; tenez, reconnaissez-vous votre écriture? Voici une lettre de votre propre main, du 9 février 1754, dans laquelle, après avoir parlé d'une édition très-incorrecte déjà faite d'une petite partie de ce grand ouvrage, vous vous exprimez ainsi :

« Il me semble, monsieur, que ce serait l'occasion de reprendre une « pensée que vous aviez eue, qui est de m'adresser votre *Essai sur l'Histoire*; je le ferai imprimer correctement et à votre gré. Cela se pour« rait faire avec tout le secret que vous désireriez, etc. »

« Voici une autre lettre par laquelle il est évident que vous-même vous avez été l'éditeur de la première édition fautive de ce même livre que vous vouliez imprimer encore.

« Il est arrivé que j'ai été trop tard à corriger le premier tome, et « pour le second même, me trouvant d'ailleurs fort occupé, je ne fis que « les premières corrections, etc. »

« Cela n'est pas trop français, et il y a quelque apparence que M. de

1. Tacite, *Hist.*, II, 53. (ÉD.) — 2. Sénèque, épigr. IV, vers 9. (ÉD.)

3. Rousseau, après avoir quitté le Val-de-Travers, était allé en Angleterre, où il demeura depuis le commencement de 1766 jusqu'au 22 mai de l'année suivante. (ÉD.)

4. Il y a une grande dispute parmi les savants sur cette phrase : *dit la belle Ferbot au col tors*. On demande si c'est la belle Ferbot qui a le col tors, comme on dit Junon aux yeux de bœuf, Vénus aux belles fesses; ou si c'est le professeur qui a le col tors : il est évident que c'est le professeur, par la notoriété publique.

Voltaire ne fut pas assez content de votre style pour se servir de vous, mais enfin vous voilà, monsieur, bien convaincu que vous avez été son éditeur.

« Vous dirai-je encore quelque chose de plus fort ? c'est vous qui fîtes la préface. La preuve en est dans la lettre de l'imprimeur Claude Philibert, du 15 avril 1754. « Vous avez vu, monsieur, la préface de « M. Vernet ; elle suffit, ce me semble, pour me disculper. »

« Enfin, lorsque vous apprîtes que MM. Cramer se disposaient à imprimer cette même histoire, vous écrivîtes à M. de Voltaire en ces mots : « Voici encore de nos libraires qui mettent la faucille dans notre « moisson, c'est que la moisson est bonne ; et la denrée se débitera si « bien, qu'aucun libraire n'en souffrira de préjudice. Quant à vous, mon- « sieur, il n'y a que de l'honneur à voir vos ouvrages si répandus, etc. »

« Je vous demande à présent, vénérable homme, comment le petit dépit de n'avoir pas été choisi par M. de Voltaire pour son éditeur et pour son correcteur d'imprimerie a pu vous porter non-seulement à écrire deux volumes d'injures contre lui et contre MM. d'Alembert et Hume, si estimés dans l'Europe, mais à faire toutes les manœuvres dont vous vous êtes rendu coupable depuis plusieurs années ? Pensez-vous que si l'auteur de *la Henriade* a négligé de vous punir, et s'il vous a oublié dans la foule, il vous oubliera toujours ?

— Oh ! dit Vernet, je n'ai rien à craindre ; il me méprise trop pour me répondre. — Ne vous y fiez pas, répliqua Mlle Ferbot ; on écrase quelquefois ce qu'on dédaigne : il n'a jamais attaqué personne, mais il est dangereux quand on l'attaque. Et on m'a parlé d'un certain poëme sur l'*hypocrisie*....

— Parbleu, dit alors le capitaine, votre procédé n'est pas d'un honnête homme ; vous allez tomber dans la plus triste situation où un professeur puisse se mettre en se déshonorant ; brûlez votre ouvrage, vous dis-je, comme tout le monde vous le conseille ; respectez M. d'Alembert et M. Hume, dont vous n'êtes pas digne de parler. Songez-vous bien ce que c'est qu'un professeur de théologie qui dit des injures sous un nom supposé, qui se loue sous un nom supposé et qui avertit qu'ayant assuré autrefois que la révolution n'était qu'*utile*, il va imprimer bientôt qu'elle est *nécessaire* ? Votre ouvrage est un libelle ; vous mettez tous les intéressés en droit de vous couvrir d'opprobre ; vous vous préparez une confusion qui vous accablera pour le reste de votre vie. »

Nous joignîmes tous nos prières aux remontrances de M. le capitaine. Le vénérable nous promit de supprimer son libelle. Le lendemain il courut le faire imprimer ; et, pour comble de malheur, sa conduite est connue sans que son livre puisse l'être, etc., etc.

DÉCLARATION.

(1766.)

Le caractère d'un libelle est d'être imprimé sans permission des supérieurs et sous un titre supposé. Or le sieur Vernet a fait imprimer, sans permission et clandestinement, à Genève, sous le titre de *Copenhague*, un recueil de lettres ennuyeuses à un prétendu milord : donc le livre dudit Vernet porte le caractère d'un libelle.

Ledit Vernet, dans son recueil, s'élève contre Rome et contre la France, quoiqu'il soit encore réputé sujet du roi de France, étant petit-fils d'un réfugié, et quoique les bienséances exigent qu'on n'insulte point Rome.

Ledit Vernet se déchaîne contre les spectacles dans le temps qu'ils sont protégés par les seigneurs médiateurs et permis par le conseil de Genève, et cela pour rendre les seigneurs médiateurs suspects et le conseil odieux : donc ledit Vernet a fait un libelle très-répréhensible.

Ledit Vernet outrage dans cet ouvrage et nomme insolemment des personnes de considération qui ne lui ont jamais donné le moindre sujet de plainte : donc son libelle est punissable.

Ledit Vernet dit que « le luxe autrefois avait un certain air de noblesse qui exerçait les grands talents, et qu'aujourd'hui le luxe est colifichet et volatil; qu'on se pique à Paris de montrer un génie imaginatif et pittoresque, etc. » Tout est écrit dans ce goût : donc le sieur Vernet a fait un libelle ridicule.

Ledit Vernet se répand en invectives infâmes contre un ouvrage qu'il a fait imprimer lui-même d'une manière subreptice et scandaleuse : donc ledit Vernet se condamne lui-même dans son libelle.

Brocard, à Dijon, et les frères Périsse, à Lyon, ont imprimé une feuille où l'on se moque dudit libelle; mais je me réserve en temps et lieu d'en faire une justice exemplaire, comme d'un ouvrage de ténèbres sottement écrit contre ma patrie, contre ma religion et contre mes amis.

Fait au château de Ferney, le 5 juillet 1766.

RELATION

DE LA MORT

DU CHEVALIER DE LA BARRE,

PAR M. CASSEN, AVOCAT AU CONSEIL DU ROI [1],
A M. LE MARQUIS DE BECCARIA [2].

(1766.)

Il semble, monsieur, que toutes les fois qu'un génie bienfaisant cherche à rendre service au genre humain, un démon funeste s'élève aussitôt pour détruire l'ouvrage de la raison.

A peine eûtes-vous instruit l'Europe par votre excellent livre sur les délits et les peines, qu'un homme, qui se dit jurisconsulte, écrivit contre vous en France. Vous aviez soutenu la cause de l'humanité, et

1. Par Voltaire. (Éd.)

2. *Avertissement des Éditeurs de Kehl sur cette relation et l'opuscule de Voltaire intitulé* : LE CRI DU SANG INNOCENT. — Nous nous permettrons quelques réflexions sur l'horrible événement d'Abbeville, qui, sans les courageuses réclamations de M. de Voltaire et de quelques hommes de lettres, eût couvert d'opprobre la nation française aux yeux de tous ceux des peuples de l'Europe qui ont secoué le joug des superstitions monacales.

Il n'existe point en France de loi qui prononce la peine de mort contre aucune des actions imputées au chevalier de La Barre.

L'édit de Louis XIV contre les blasphémateurs ne décerne la peine d'avoir la langue coupée qu'après un nombre de récidives qui est presque moralement impossible : il ajoute que, « quant aux blasphèmes énormes qui, selon la théologie, appartiennent au genre de l'infidélité, » les juges pourront punir même de mort.

1° Cette permission de tuer un homme n'en donne pas le droit ; et un juge qui, autorisé par la loi à punir d'une moindre peine, prononce la peine de mort, est un assassin et un barbare.

2° C'est un principe de toutes les législations qu'un délit doit être constaté : or il n'est point constaté au procès qu'aucun des prétendus blasphèmes du chevalier de La Barre appartienne, *suivant la théologie*, *au genre de l'infidélité*. Il fallait une décision de la Sorbonne, puisqu'il est question dans l'édit de prononcer *suivant la théologie*, comme il faut un procès-verbal de médecins dans les circonstances où il faut prononcer *suivant la médecine*.

Quant au *bris d'images*, en supposant que le chevalier de La Barre en fût convaincu, il ne devait pas être puni de mort. Une seule loi prononce cette peine : c'est un édit de pacification donné par le chancelier de L'Hospital, sous Charles IX, et révoqué bientôt après. En jugeant de l'esprit de cette loi par les circonstances où elle a été faite, par l'esprit qui l'a dictée, par les intentions bien connues du magistrat humain et éclairé qui l'a rédigée, on voit que son unique but était de prévenir les querelles sanglantes que le zèle imprudent de quelque protestant aurait pu allumer entre son parti et celui des partisans de l'Église romaine. La durée de cette loi devait-elle s'étendre au delà des troubles qui pouvaient en excuser la dureté et l'injustice ? C'est à peu près comme si on punissait de mort un homme qui est sorti d'une ville sans permission, parce que, cette ville étant assiégée il y a deux cents ans, on a défendu d'en sortir sous peine de mort, et que la loi n'a point été abrogée.

D'ailleurs la loi porte, « et autres actes scandaleux et séditieux, » et non pas,

il fut l'avocat de la barbarie. C'est peut-être ce qui a préparé la catastrophe du jeune chevalier de La Barre, âgé de dix-neuf ans, et du fils du président d'Étallonde, qui n'en avait pas encore dix-huit.

Avant que je vous raconte, monsieur, cette horrible aventure qui a indigné l'Europe entière (excepté peut-être quelques fanatiques ennemis de la nature humaine), permettez-moi de poser ici deux principes que vous trouverez incontestables.

1° Quand une nation est encore assez plongée dans la barbarie pour faire subir aux accusés le supplice de la torture, c'est-à-dire pour leur faire souffrir mille morts au lieu d'une, sans savoir s'ils sont innocents ou coupables, il est clair au moins qu'on ne doit point exercer cette énorme fureur contre un accusé quand il convient de son crime, et qu'on n'a plus besoin d'aucune preuve.

2° Il est aussi absurde que cruel de punir les violations des usages reçus dans un pays, les délits commis contre l'opinion régnante, et qui n'ont opéré aucun mal physique, du même supplice dont on punit les parricides et les empoisonneurs.

Si ces deux règles ne sont pas démontrées, il n'y a plus de lois, il n'y a plus de raison sur la terre; les hommes sont abandonnés à la

scandaleux *ou* séditieux : donc, pour qu'un homme soit dans le cas de la loi, il faut que le scandale qu'il donne soit aggravé par un acte séditieux, qui est un véritable crime. Ce n'est pas le scandale que le vertueux L'Hospital punit par cette loi, c'est un acte séditieux qui était alors une suite nécessaire de ce scandale. Ainsi, lorsque l'on punit dans un temps de guerre une action très-légitime en elle-même, ce n'est pas cette action qu'on punit, mais la trahison qui dans ce moment est inséparable de cette action.

Il est donc trop vrai que le chevalier de La Barre a péri sur un échafaud parce que les juges n'ont pas entendu la différence d'une particule disjonctive à une particule conjonctive.

La maxime de Zoroastre : *Dans le doute, abstiens-toi*, doit être la loi de tous les juges : ils doivent, pour condamner, exiger que la loi qui prononce la peine soit d'une évidence qui ne permette pas le doute ; comme ils ne doivent prononcer sur le fait qu'après des preuves claires et concluantes.

Le dernier délit imputé au chevalier de La Barre, celui de bris d'images, n'était pas prouvé : l'arrêt prononce *véhémentement suspecté*. Mais si on entend ces mots dans leur sens naturel, tout arrêt qui les renferme ordonne un véritable assassinat ; ce ne sont pas les gens soupçonnés d'un crime, mais ceux qui en sont convaincus, que la société a droit de punir. Dira-t-on que ces mots *véhémentement suspecté* indiquent une véritable preuve, mais moindre que celle qui fait prononcer que l'accusé est atteint et convaincu ? Cette explication indiquerait un système de jurisprudence bien barbare ; et si on ajoutait qu'on punit un homme, moitié pour une action dont il est convaincu, moitié pour celle dont on dit qu'il est véhémentement suspecté, ce serait une confusion d'idées bien plus barbare encore.

Observons de plus que dans ce procès criminel, non-seulement les juges ont interprété la loi, usage qui peut être regardé comme dangereux, mais qu'ils ont donné à cette interprétation secrète un effet rétroactif, en l'appliquant à un crime commis antérieurement, ce qui est contraire à tous les principes du droit public ; que la question de l'interprétation de la loi n'a pas été jugée séparément de la question sur le fait ; qu'enfin cette interprétation d'une loi dans le sens de la rigueur pouvait, suivant cette manière de procéder, être décidée par une pluralité de deux voix, et l'a été réellement d'un cinquième. Et l'on s'étonnerait encore qu'indépendamment de toute idée de tolérance, de philosophie, d'humanité, de droit naturel, un tel jugement ait soulevé tous les hommes éclairés d'un bout de l'Europe à l'autre !

plus capricieuse tyrannie, et leur sort est fort au-dessous de celui des bêtes.

Ces deux principes établis, je viens, monsieur, à la funeste histoire que je vous ai promise.

Il y avait dans Abbeville, petite cité de Picardie, une abbesse, fille d'un conseiller d'État très-estimé; c'est une dame aimable, de mœurs très-régulières, d'une humeur douce et enjouée, bienfaisante, et sage sans superstition.

Un habitant d'Abbeville, nommé Belleval, âgé de soixante ans, vivait avec elle dans une grande intimité, parce qu'il était chargé de quelques affaires du couvent : il est lieutenant d'une espèce de petit tribunal qu'on appelle *l'élection*, si on peut donner le nom de tribunal à une compagnie de bourgeois uniquement préposés pour régler l'assise de l'impôt appelé *la taille*. Cet homme devint amoureux de l'abbesse, qui ne le repoussa d'abord qu'avec sa douceur ordinaire, mais qui fut ensuite obligée de marquer son aversion et son mépris pour ses importunités trop redoublées.

Elle fit venir chez elle, dans ce temps-là, en 1764, le chevalier de La Barre, son neveu, petit-fils d'un lieutenant général des armées, mais dont le père avait dissipé une fortune de plus de quarante mille livres de rentes : elle prit soin de ce jeune homme comme de son fils, et elle était prête de lui faire obtenir une compagnie de cavalerie; il fut logé dans l'extérieur du couvent, et madame sa tante lui donnait souvent à souper, ainsi qu'à quelques jeunes gens de ses amis. Le sieur Belleval, exclu de ces soupers, se vengea en suscitant à l'abbesse quelques affaires d'intérêt.

Le jeune La Barre prit vivement le parti de sa tante, et parla à cet homme avec une hauteur qui le révolta entièrement. Belleval résolut de se venger; il sut que le chevalier de La Barre et le jeune d'Etallonde, fils du président de l'élection, avaient passé depuis peu devant une procession sans ôter leur chapeau : c'était au mois de juillet 1765. Il chercha dès ce moment à faire regarder cet oubli momentané des bienséances comme une insulte préméditée faite à la religion. Tandis qu'il ourdissait secrètement cette trame, il arriva malheureusement que, le 9 août de la même année, on s'aperçut que le crucifix de bois, posé sur le pont neuf d'Abbeville, était endommagé, et l'on soupçonna que des soldats ivres avaient commis cette insolence impie.

Je ne puis m'empêcher, monsieur, de remarquer ici qu'il est peut être indécent et dangereux d'exposer sur un pont ce qui doit être révéré dans un temple catholique; les voitures publiques peuvent aisément le briser ou le renverser par terre. Des ivrognes peuvent l'insulter au sortir d'un cabaret, sans savoir même quels excès ils commettent. Il faut remarquer encore que ces ouvrages grossiers, ces crucifix de grand chemin, ces images de la vierge Marie, ces enfants Jésus qu'on voit dans des niches de plâtre au coin des rues de plusieurs villes, ne sont pas un objet d'adoration tels qu'ils le sont dans nos églises; cela est si vrai qu'il est permis de passer devant ces images sans les saluer. Ce sont des monuments d'une piété mal éclairée; et, au jugement d tous les hommes sensés, ce qui est saint ne doit être que dans un lieu saint.

Malheureusement l'évêque d'Amiens, étant aussi évêque d'Abbeville, donna à cette aventure une célébrité et une importance qu'elle ne méritait pas. Il fit lancer des monitoires; il vint faire une procession solennelle auprès de ce crucifix, et on ne parla dans Abbeville que de sacriléges pendant une année entière. On disait qu'il se formait une nouvelle secte qui brisait tous les crucifix, qui jetait par terre toutes les hosties et les perçait à coups de couteau. On assurait qu'elles avaient répandu beaucoup de sang. Il y eut des femmes qui crurent en avoir été témoins. On renouvela tous les contes calomnieux répandus contre les Juifs dans tant de villes de l'Europe. Vous connaissez, monsieur, à quel excès la populace porte la crédulité et le fanatisme toujours encouragé par les moines.

Le sieur Belleval, voyant les esprits échauffés, confondit malicieusement ensemble l'aventure du crucifix et celle de la procession, qui n'avaient aucune connexité. Il rechercha toute la vie du chevalier de La Barre; il fit venir chez lui valets, servantes, manœuvres; il leur dit d'un ton d'inspiré qu'ils étaient obligés, en vertu des monitoires, de révéler tout ce qu'ils avaient pu apprendre à la charge de ce jeune homme; ils répondirent tous qu'ils n'avaient jamais entendu dire que le chevalier de La Barre eût la moindre part à l'endommagement du crucifix.

On ne découvrit aucun indice touchant cette mutilation, et même alors il parut fort douteux que le crucifix eût été mutilé exprès. On commença à croire (ce qui était assez vraisemblable) que quelque charrette chargée de bois avait causé cet accident.

« Mais, dit Belleval à ceux qu'il voulait faire parler, si vous n'êtes pas sûrs que le chevalier de La Barre ait mutilé un crucifix en passant sur le pont, vous savez au moins que cette année, au mois de juillet, il a passé dans une rue avec deux de ses amis à trente pas d'une procession sans ôter son chapeau. Vous avez ouï dire qu'il a chanté une fois des chansons libertines; vous êtes obligé de l'accuser sous peine de péché mortel. »

Après les avoir ainsi intimidés, il alla lui-même chez le premier juge de la sénéchaussée d'Abbeville. Il y déposa contre son ennemi, il força ce juge à entendre les dénonciateurs.

La procédure une fois commencée, il y eut une foule de délations. Chacun disait ce qu'il avait vu ou cru voir, ce qu'il avait entendu ou cru entendre. Mais quel fut, monsieur, l'étonnement de Belleval, lorsque les témoins qu'il avait suscités lui-même contre le chevalier de La Barre dénoncèrent son propre fils comme un des principaux complices des impiétés secrètes qu'on cherchait à mettre au grand jour ! Belleval fut frappé comme d'un coup de foudre; il fit incontinent évader son fils; mais, ce que vous croirez à peine, il n'en poursuivit pas avec moins de chaleur cet affreux procès.

Voici, monsieur, quelles sont les charges.

Le 13 août 1765, six témoins déposent qu'ils ont vu passer trois jeunes gens à trente pas d'une procession, que les sieurs de La Barre et d'Étallonde avaient leur chapeau sur la tête, et le sieur Moinel le chapeau sous le bras.

Dans une addition d'information, une Élisabeth Lacrivel dépose avoir entendu dire à un de ses cousins que ce cousin avait entendu dire au chevalier de La Barre qu'il n'avait pas ôté son chapeau.

Le 26 septembre, une femme du peuple, nommée Ursule Gondalier, dépose qu'elle a entendu dire que le chevalier de La Barre, voyant une image de saint Nicolas en plâtre chez la sœur Marie, tourière du couvent, il demanda à cette tourière si elle avait acheté cette image pour avoir celle d'un homme chez elle.

Le nommé Bauvalet dépose que le chevalier de La Barre a proféré un mot impie en parlant de la vierge Marie.

Claude, dit Sélincourt, témoin unique, dépose que l'accusé lui a dit que les commandements de Dieu ont été faits par des prêtres; mais à la confrontation, l'accusé soutient que Sélincourt est un calomniateur, et qu'il n'a été question que des commandements de l'Église.

Le nommé Héquet, témoin unique, dépose que l'accusé lui a dit ne pouvoir comprendre comment on avait adoré un dieu de pâte. L'accusé, dans la confrontation, soutient qu'il a parlé des Égyptiens.

Nicolas Lavallée dépose qu'il a entendu chanter au chevalier de La Barre deux chansons libertines de corps de garde. L'accusé avoue qu'un jour, étant ivre, il les a chantées avec le sieur d'Étallonde sans savoir ce qu'il disait; que dans cette chanson, on appelle, à la vérité, sainte Marie-Magdeleine putain, mais qu'avant sa conversion elle avait mené une vie débordée : il est convenu d'avoir récité l'*Ode à Priape* du sieur Piron.

Le nommé Héquet dépose encore, dans une addition, qu'il a vu le chevalier de La Barre faire une petite génuflexion devant les livres intitulés : *Thérèse philosophe*, *la Tourière des carmélites*, et *le Portier des chartreux*. Il ne désigne aucun autre livre; mais au récolement et à la confrontation, il dit qu'il n'est pas sûr que ce fût le chevalier de La Barre qui fit ces génuflexions.

Le nommé Lacour dépose qu'il a entendu dire à l'accusé, *au nom du c..*, au lieu de dire, *au nom du père*, etc. Le chevalier, dans son interrogatoire sur la sellette, a nié ce fait.

Le nommé Pétignot dépose qu'il a entendu l'accusé réciter les litanies du *c..* telles à peu près qu'on les trouve dans Rabelais, et que je n'ose rapporter ici. L'accusé le nie dans son interrogatoire sur la sellette : il avoue qu'il a en effet prononcé *c..*, mais il nie tout le reste.

Voilà, monsieur, toutes les accusations portées contre le chevalier de La Barre, le sieur Moinel, le sieur d'Étallonde, Jean-François Douville de Maillefeu, et le fils du nommé Belleval, auteur de toute cette tragédie.

Il est constaté qu'il n'y avait eu aucun scandale public, puisque La Barre et Moinel ne furent arrêtés que sur des monitoires lancés à l'occasion de la mutilation du crucifix, mutilation scandaleuse et publique, dont ils ne furent chargés par aucun témoin. On rechercha toutes les actions de leur vie, leurs conversations secrètes, des paroles échappées un an auparavant; on accumula des choses qui n'avaient aucun rapport ensemble, et en cela même la procédure fut très-vicieuse.

Sans ces monitoires et sans les mouvements violents que se donna Belleval, il n'y aurait jamais eu de la part de ces enfants infortunés ni scandale ni procès criminel; le scandale public n'a été que dans le procès même.

Le monitoire d'Abbeville fit précisément le même effet que celui de Toulouse contre les Calas; il troubla les cervelles et les consciences Les témoins, excités par Belleval, comme ceux de Toulouse l'avaient été par le capitoul David, rappelèrent, dans leur mémoire, des faits, des discours vagues, dont il n'était guère possible qu'on pût se rappeler exactement les circonstances ou favorables ou aggravantes.

Il faut avouer, monsieur, que s'il y a quelques cas où un monitoire est nécessaire, il y en a beaucoup d'autres où il est très-dangereux. Il invite les gens de la lie du peuple à porter des accusations contre les personnes élevées au-dessus d'eux, dont ils sont toujours jaloux. C'est alors un ordre intimé par l'Église de faire le métier infâme de délateur. Vous êtes menacés de l'enfer, si vous ne mettez pas votre prochain en péril de sa vie.

Il n'y a peut-être rien de plus illégal dans les tribunaux de l'inquisition; et une grande preuve de l'illégalité de ces monitoires, c'est qu'ils n'émanent point directement des magistrats, c'est le pouvoir ecclésiastique qui les décerne. Chose étrange qu'un ecclésiastique, qui ne peut juger à mort, mette ainsi dans la main des juges le glaive qu'il lui est défendu de porter!

Il n'y eut d'interrogés que le chevalier et le sieur Moinel, enfant d'environ quinze ans. Moinel, tout intimidé, et entendant prononcer au juge le mot d'attentat contre la religion, fut si hors de lui qu'il se jeta à genoux, et fit une confession générale comme s'il eût été devant un prêtre. Le chevalier de La Barre, plus instruit, et d'un esprit plus ferme, répondit toujours avec beaucoup de raison, et disculpa Moinel, dont il avait pitié. Cette conduite, qu'il eut jusqu'au dernier moment, prouve qu'il avait une belle âme. Cette preuve aurait dû être comptée pour beaucoup aux yeux de juges intelligents, et ne lui servit de rien.

Dans ce procès, monsieur, qui a eu des suites si affreuses, vous ne voyez que des indécences, et pas une action noire; vous n'y trouvez pas un seul de ces délits qui sont des crimes chez toutes les nations, point de meurtre, point de brigandage, point de violence, point de lâcheté; rien de ce qu'on reproche à ces enfants ne serait même un délit dans les autres communions chrétiennes. Je suppose que le chevalier de La Barre et M. d'Étallonde aient dit que l'on ne doit pas adorer un dieu de pâte, c'est précisément et mot à mot ce que disent tous ceux de la religion réformée.

Le chancelier d'Angleterre prononcerait ces mots en plein parlement sans qu'ils fussent relevés par personne. Lorsque milord Lockhart était ambassadeur à Paris, un habitué de paroisse porta furtivement l'eucharistie dans son hôtel à un domestique malade qui était catholique; milord Lockhart qui le sut, chassa l'habitué de sa maison; il dit au cardinal Mazarin qu'il ne souffrirait pas cette insulte. Il traita en propres termes l'eucharistie de dieu de pâte et d'idolâtrie. Le cardinal Mazarin lui fit des excuses.

Le grand archevêque Tillotson, le meilleur prédicateur de l'Europe, et presque le seul qui n'ait point déshonoré l'éloquence par de fades lieux communs, ou par de vaines phrases fleuries, comme Cheminais, ou par de faux raisonnements, comme Bourdaloue; l'archevêque Tillotson, dis-je, parle précisément de notre eucharistie comme le chevalier de La Barre. Les mêmes paroles respectées dans milord Lockhart à Paris, et dans la bouche de milord Tillotson à Londres, ne peuvent donc être en France qu'un délit local, un délit de lieu et de temps, un mépris de l'opinion vulgaire, un discours échappé au hasard devant une ou deux personnes. N'est-ce pas le comble de la cruauté de punir ces discours secrets du même supplice dont on punirait celui qui aurait empoisonné son père et sa mère, et qui aurait mis le feu aux quatre coins de sa ville?

Remarquez, monsieur, je vous en supplie, combien on a deux poids et deux mesures. Vous trouverez dans la vingt-quatrième Lettre persane de M. de Montesquieu, président à mortier du parlement de Bordeaux, de l'Académie française, ces propres paroles : « Ce magicien s'appelle le pape; tantôt il fait croire que trois ne font qu'un, que le pain qu'on mange n'est pas du pain, et que le vin qu'on boit n'est pas du vin; et mille autres choses de cette espèce. »

M. de Fontenelle s'était exprimé de la même manière dans sa relation de Rome et de Genève sous le nom de *Méro* et d'*Énegu*. Il y avait dix mille fois plus de scandale dans ces paroles de MM. de Fontenelle et de Montesquieu, exposées, par la lecture, aux yeux de dix mille personnes, qu'il n'y en avait dans deux ou trois mots échappés au chevalier de La Barre devant un seul témoin, paroles perdues dont il ne restait aucune trace. Les discours secrets doivent être regardés comme des pensées; c'est un axiome dont la plus détestable barbarie doit convenir.

Je vous dirai plus, monsieur; il n'y a point en France de loi expresse qui condamne à mort pour des blasphèmes. L'ordonnance de 1666 prescrit une amende pour la première fois, le double pour la seconde, etc., et le pilori pour la sixième récidive.

Cependant les juges d'Abbeville, par une ignorance et une cruauté inconcevables, condamnèrent le jeune d'Étallonde, âgé de dix-huit ans, 1° à souffrir le supplice de l'amputation de la langue jusqu'à la racine, ce qui s'exécute de manière que si le patient ne présente pas la langue lui-même, on la lui tire avec des tenailles de fer, et on la lui arrache.

2° On devait lui couper la main droite à la porte de la principale église.

3° Ensuite il devait être conduit dans un tombereau à la place du marché, être attaché à un poteau avec une chaîne de fer, et être brûlé à petit feu. Le sieur d'Étallonde avait heureusement épargné, par la fuite, à ses juges l'horreur de cette exécution.

Le chevalier de La Barre étant entre leurs mains, ils eurent l'humanité d'adoucir la sentence, en ordonnant qu'il serait décapité avant d'être jeté dans les flammes; mais s'ils diminuèrent le supplice d'un côté, ils l'augmentèrent de l'autre, en le condamnant à subir la question ordinaire et extraordinaire, pour lui faire déclarer ses complices; comme si des extravagances de jeune homme, des paroles emportées dont il ne reste pas le moindre vestige, étaient un crime d'État, une conspiration. Cette étonnante sentence fut rendue le 28 février de cette année 1766.

La jurisprudence de France est dans un si grand chaos, et conséquemment l'ignorance des juges est si grande, que ceux qui portèrent cette sentence se fondèrent sur une déclaration de Louis XIV, émanée en 1682, à l'occasion des prétendus sortiléges et des empoisonnements réels commis par la Voisin, la Vigoureux, et les deux prêtres nommés Vigoureux et Le Sage. Cette ordonnance de 1682 prescrit à la vérité la peine de mort pour *le sacrilége joint à la superstition;* mais il n'est question, dans cette loi, que de magie et de sortilége, c'est-à-dire de ceux qui, en abusant de la crédulité du peuple, et en se disant magiciens, sont à la fois profanateurs et empoisonneurs. Voilà la lettre et l'esprit de la loi; il s'agit, dans cette loi, de faits criminels pernicieux à la société, et non pas de vaines paroles, d'imprudences, de légèretés, de sottises commises sans aucun dessein prémédité, sans aucun complot, sans même aucun scandale public.

Les juges de la ville d'Abbeville péchaient donc visiblement contre la loi autant que contre l'humanité, en condamnant à des supplices aussi épouvantables que recherchés un gentilhomme et un fils d'une très-honnête famille, tous deux dans un âge où l'on ne pouvait regarder leur étourderie que comme un égarement, qu'une année de prison aurait corrigé. Il y avait même si peu de corps de délit, que les juges, dans leur sentence, se servent de ces termes vagues et ridicules employés par le petit peuple, « pour avoir chanté des chansons abominables et exécrables contre la vierge Marie, les saints et saintes. ». Remarquez, monsieur, qu'ils n'avaient chanté ces « chansons abominables et exécrables contre les saints et saintes » que devant un seul témoin qu'ils pouvaient récuser légalement. Ces épithètes sont-elles de la dignité de la magistrature? Une ancienne chanson de table n'est, après tout, qu'une chanson. C'est le sang humain légèrement répandu, c'est la torture, c'est le supplice de la langue arrachée, de la main coupée, du corps jeté dans les flammes, qui est *abominable et exécrable*.

La sénéchaussée d'Abbeville ressortit au parlement de Paris. Le chevalier de La Barre y fut transféré, son procès y fut instruit. Dix[1] des plus célèbres avocats de Paris signèrent une consultation par laquelle

1. Il n'y en avait que huit : Voltaire les nomme dans *Le cri du sang innocent*. (ÉD.)

ils démontrèrent l'illégalité des procédures, et l'indulgence qu'on doit à des enfants mineurs qui ne sont accusés ni d'un complot, ni d'un crime réfléchi ; le procureur général[1], versé dans la jurisprudence, conclut à casser la sentence d'Abbeville : il y avait vingt-cinq juges, dix acquiescèrent aux conclusions du procureur général ; mais des circonstances singulières, que je ne puis mettre par écrit, obligèrent les quinze autres à confirmer cette sentence étonnante, le 4 juin 1766.

Est-il possible, monsieur, que, dans une société qui n'est pas sauvage, cinq voix de plus sur vingt-cinq suffisent pour arracher la vie à un accusé, et très-souvent à un innocent? Il faudrait dans un tel cas de l'unanimité; il faudrait au moins que les trois quarts des voix fussent pour la mort ; encore, en ce dernier cas, le quart des juges qui mitigerait l'arrêt devrait, dans l'opinion des cœurs bien faits, l'emporter sur les trois quarts de ces bourgeois cruels, qui se jouent impunément de la vie de leurs concitoyens, sans que la société en retire le moindre avantage.

La France entière regarda ce jugement avec horreur. Le chevalier de La Barre fut renvoyé à Abbeville pour y être exécuté. On fit prendre aux archers qui le conduisaient des chemins détournés[2] : on craignait que le chevalier de La Barre ne fût délivré sur la route par ses amis; mais c'était ce qu'on devait souhaiter plutôt que craindre.

Enfin, le premier juillet de cette année, se fit dans Abbeville cette exécution trop mémorable : cet enfant fut d'abord appliqué à la torture. Voici quel est ce genre de tourment.

Les jambes du patient sont serrées entre des ais ; on enfonce des coins de fer ou de bois entre les ais et les genoux, les os en sont brisés. Le chevalier s'évanouit, mais il revint bientôt à lui, à l'aide de quelques liqueurs spiritueuses, et déclara, sans se plaindre, qu'il n'avait point de complices.

On lui donna pour confesseur et pour assistant un dominicain[3], ami de sa tante l'abbesse, avec lequel il avait souvent soupé dans le couvent. Ce bon homme pleurait, et le chevalier le consolait. On leur servit à dîner. Le dominicain ne pouvait manger. « Prenons un peu de nourriture, lui dit le chevalier; vous aurez besoin de force autant que moi pour soutenir le spectacle que je vais donner[4]. »

Le spectacle en effet était terrible : on avait envoyé de Paris cinq bourreaux pour cette exécution. Je ne puis dire en effet si on lui coupa la langue et la main[5]. Tout ce que je sais par les lettres d'Abbeville,

1. C'était Guillaume-François-Louis Joly de Fleury, frère d'Omer de Fleury. (Éd.)

2. On le fit passer par Rouen. Il était dans une chaise de poste, au milieu de deux exempts, et escorté de plusieurs archers, déguisés en courriers. (Éd.)

3. Le P. Bosquier. (Éd.)

4. *Prenons du café*, dit le chevalier de La Barre après le dîner le plus paisible, quelques heures avant son exécution, *il ne m'empêchera pas de dormir*. Voyez lettre à d'Alembert, 16 juillet 1766. (*Note de M. Beuchot.*)

5. L'arrêt du parlement portait seulement qu'on lui couperait la langue, c'est-à-dire qu'on la percerait avec un fer rouge. Le chevalier de La Barre s'y étant refusé, les bourreaux ne furent pas assez impitoyables pour le vouloir exécuter à la lettre ; ils en simulèrent l'action. (*Id.*)

c'est qu'il monta sur l'échafaud avec un courage tranquille, sans plainte, sans colère, et sans ostentation : tout ce qu'il dit au religieux qui l'assistait se réduit à ces paroles : « Je ne croyais pas qu'on pût faire mourir un jeune gentilhomme pour si peu de chose. »

Il serait devenu certainement un excellent officier : il étudiait la guerre par principes ; il avait fait des remarques sur quelques ouvrages du roi de Prusse et du maréchal de Saxe, les deux plus grands généraux de l'Europe.

Lorsque la nouvelle de sa mort fut reçue à Paris, le nonce dit publiquement qu'il n'aurait point été traité ainsi à Rome, et que s'il avait avoué ses fautes à l'inquisition d'Espagne ou de Portugal, il n'eût été condamné qu'à une pénitence de quelques années[1].

Je laisse, monsieur[2], à votre humanité et à votre sagesse le soin de faire des réflexions sur un événement si affreux, si étrange, et devant lequel tout ce qu'on nous conte des prétendus supplices des premiers chrétiens doit disparaître. Dites-moi quel est le plus coupable, ou un enfant qui chante deux chansons réputées impies dans sa seule secte, et innocentes dans tout le reste de la terre, ou un juge qui ameute ses confrères pour faire périr cet enfant indiscret par une mort affreuse.

Le sage et éloquent marquis de Vauvenargues a dit[3] : « Ce qui n'offense pas la société n'est pas du ressort de la justice. » Cette vérité doit être la base de tous les codes criminels : or certainement le chevalier de La Barre n'avait pas nui à la société en disant une parole impru-

1. Les parents, les amis du chevalier de La Barre s'étaient intéressés à lui. On raconte même que le parlement avait différé de six jours à signer son arrêt, espérant que le condamné aurait sa grâce : mais Louis XV fut inflexible. Ce monarque, disait-on dans le temps, répondit que lorsqu'il avait paru souhaiter que son parlement cessât de faire le procès à Damiens, ce parlement lui avait fait des remontrances ; et qu'à plus forte raison le coupable de lèse-majesté divine ne devait pas être traité plus favorablement que le coupable de lèse-majesté humaine. (*Note de M. Beuchot.*)

2. Lorsque cette lettre faisait partie des *Questions sur l'Encyclopédie*, elle se terminait ainsi :

« Je vous prie, monsieur, de vouloir bien me communiquer vos pensées sur cet événement.

« Chaque siècle voit de ces catastrophes qui effrayent la nature ; les circonstances ne sont jamais les mêmes ; ce qui eût été regardé avec indulgence il y a quarante ans peut attirer une mort affreuse quarante ans après. Le cardinal de Retz prend séance au parlement de Paris avec un poignard qui déborde quatre doigts hors de sa soutane ; et cela ne produit qu'un bon mot. Des frondeurs jettent par terre le saint sacrement qu'on portait à un malade, domestique du cardinal Mazarin, et chassent les prêtres à coups de plat d'épée ; et on n'y prend pas garde. Ce même Mazarin, ce premier ministre revêtu du sacerdoce, honoré du cardinalat, est proscrit sans être entendu ; son sang est proclamé à cinquante mille écus. On vend ses livres pour payer sa tête dans le temps même qu'il conclut la paix de Munster, et qu'il rend le repos à l'Europe ; mais on n'en fait que rire, et cette proscription ne produit que des chansons.

« *Altri tempi, altre cure* ; ajoutons, *d'autres temps, d'autres malheurs*, et ces malheurs s'oublieront pour faire place à d'autres. Soumettons-nous à la Providence, qui nous éprouve, tantôt par des calamités publiques, tantôt par des désastres particuliers. Souhaitons des lois plus sensées, des ministres des lois plus sages, plus éclairés, plus humains. »

3. N° 164 de ses *Réflexions et maximes*. (Éd.)

dente à un valet, à une tourière, en chantant une chanson. C'étaient des imprudences secrètes dont on ne se souvenait plus; c'étaient des légèretés d'enfant oubliées depuis plus d'une année, et qui ne furent tirées de leur obscurité que par le moyen d'un monitoire qui les fit révéler; monitoire fulminé pour un autre objet, monitoire qui forma des délateurs, monitoire tyrannique, fait pour troubler la paix de toutes les familles.

Il est si vrai qu'il ne faut pas traiter un jeune homme imprudent comme un scélérat consommé dans le crime, que le jeune M. d'Étallonde, condamné par les mêmes juges à une mort encore plus horrible, a été accueilli par le roi de Prusse, et mis au nombre de ses officiers; il est regardé par tout le régiment comme un excellent sujet : qui sait si un jour il ne viendra pas se venger de l'affront qu'on lui a fait dans sa patrie?

L'exécution du chevalier de La Barre consterna tellement tout Abbeville, et jeta dans les esprits une telle horreur, que l'on n'osa pas poursuivre le procès des autres accusés.

Vous vous étonnez sans doute, monsieur, qu'il se passe tant de scènes si tragiques dans un pays qui se vante de la douceur de ses mœurs, et où les étrangers mêmes venaient en foule chercher les agréments de la société. Mais je ne vous cacherai point que s'il y a toujours un certain nombre d'esprits indulgents et aimables, il reste encore dans plusieurs autres un ancien caractère de barbarie que rien n'a pu effacer. Vous retrouverez encore ce même esprit qui fit mettre à prix la tête d'un cardinal premier ministre, et qui conduisait l'archevêque de Paris, un poignard à la main, dans le sanctuaire de la justice. Certainement la religion était plus outragée par ces deux actions que par les étourderies du chevalier de La Barre; mais voilà comme va le monde :

Ille crucem sceleris pretium tulit, hic diadema.
Juven., *Sat.* XIII, v. 105.

Quelques juges ont dit que, dans les circonstances présentes, la religion avait besoin de ce funeste exemple. Ils se sont bien trompés; rien ne lui a fait plus de tort. On ne subjugue pas ainsi les esprits; on les indigne et on les révolte.

J'ai entendu dire malheureusement à plusieurs personnes qu'elles ne pouvaient s'empêcher de détester une secte qui ne se soutenait que par des bourreaux. Ces discours publics et répétés m'ont fait frémir plus d'une fois.

On a voulu faire périr par un supplice réservé aux empoisonneurs et aux parricides, des enfants accusés d'avoir chanté d'anciennes chansons blasphématoires, et cela même a fait prononcer plus de cent mille blasphèmes. Vous ne sauriez croire, monsieur, combien cet événement rend notre religion catholique romaine exécrable à tous les étrangers. Les juges disent que la politique les a forcés à en user ainsi. Quelle politique imbécile et barbare! Ah! monsieur, quel crime horrible contre la justice, de prononcer un jugement par politique, surtout un jugement de mort! et encore de quelle mort!

L'attendrissement et l'horreur qui me saisissent ne me permettent pas d'en dire davantage.

J'ai l'honneur d'être, etc.

DÉCLARATION.

On m'a communiqué une nouvelle apologie manuscrite du sieur Vernet, professeur. Je ne sais si c'est la cinquième ou la sixième dudit sieur, car il fait fort souvent son apologie. Il dit, page 18, « que, quand on fait un marché à tant la feuille, on est obligé de le tenir. » J'ignore s'il a tenu ses marchés à tant la feuille : c'est une affaire qui ne me regarde pas. Il assure, page 31, qu'un libelle de sa façon, en deux volumes, imprimé sans permission à Genève, sous le nom de *Copenhague*, n'est point un *fatras*. *Lisez mon livre*, dit-il; cet ordre est bien rigoureux.

Je suis fâché que toute son apologie roule sur un mensonge très-grossier. Il feint que ses lettres, écrites à Colmar, roulent sur une édition des *Annales de l'Empire*, et non sur une édition de l'*Histoire générale*, dont il voulait s'emparer au préjudice de MM. les frères Cramer. Je lui déclare qu'il en a menti, et qu'il ne m'a jamais écrit à Colmar que pour me prier de lui confier l'édition de l'*Histoire générale*. On n'a qu'à venir dans mon château vérifier ses lettres.

Pages 6 et 7, il prétend qu'il avait seulement consenti à être mon correcteur d'imprimerie, et qu'il ne l'avait jamais demandé.

Il en a encore menti; car si, dix ans auparavant, je lui avais parlé le premier de faire imprimer mes œuvres à Genève, et de le gratifier de cette édition, ce qui n'est pas vrai, cela n'empêche point du tout qu'il ne m'ait écrit à Colmar, en 1754, pour me supplier de permettre qu'il fût mon éditeur à Genève. Il dit, page 26, que je voulus le consulter, ne le connaissant pas, et que je changeai d'avis dès que je le connus : cela est vrai.

Fait à Ferney, 23 août 1766.

AVIS AU PUBLIC

SUR LES PARRICIDES IMPUTÉS AUX CALAS ET AUX SIRVEN.

(1766.)

Voilà donc en France deux accusations de parricides pour cause de religion dans la même année, et deux familles juridiquement immolées par le fanatisme ! Le même préjugé qui étendait Calas sur la roue, à Toulouse, traînait à la potence la famille entière de Sirven, dans une juridiction de la même province : et le même défenseur de l'innocence,

M. Élie de Beaumont, avocat au parlement de Paris, qui a justifié les Calas, vient de justifier les Sirven par un mémoire signé de plusieurs avocats; mémoire qui démontre que le jugement contre les Sirven est encore plus absurde que l'arrêt contre les Calas.

Voici en peu de mots le fait, dont le récit servira d'instruction pour les étrangers qui n'auront pu lire encore le factum de l'éloquent M. de Beaumont.

En 1761, dans le temps même que la famille protestante des Calas était dans les fers, accusée d'avoir assassiné Marc-Antoine Calas, qu'on supposait vouloir embrasser la religion catholique, il arriva qu'une fille du sieur Paul Sirven[1], commissaire à terrier du pays de Castres, fut présentée à l'évêque de Castres par une femme qui gouverne sa maison. L'évêque, apprenant que cette fille était d'une famille calviniste, la fait enfermer à Castres, dans une espèce de couvent qu'on appelle *la maison des régentes*. On instruit à coups de fouet cette jeune fille dans la religion catholique, on la meurtrit de coups, elle devient folle, elle sort de sa prison; et, quelque temps après, elle va se jeter dans un puits, au milieu de la campagne, loin de la maison de son père, vers un village nommé *Mazamet*[2]. Aussitôt le juge du village raisonne ainsi : « On va rouer, à Toulouse, Calas, et brûler sa femme, qui sans doute ont pendu leur fils de peur qu'il n'allât à la messe : je dois donc, à l'exemple de mes supérieurs, en faire autant des Sirven, qui sans doute ont noyé leur fille pour la même cause. Il est vrai que je n'ai aucune preuve que le père, la mère et les deux sœurs de cette fille l'aient assassinée; mais j'entends dire qu'il n'y a pas plus de preuves contre les Calas, ainsi je ne risque rien. Peut-être c'en serait trop pour un juge de village de rouer et de brûler; j'aurai au moins le plaisir de pendre toute une famille huguenote, et je serai payé de mes vacations sur leurs biens confisqués. » Pour plus de sûreté, ce fanatique imbécile fait visiter le cadavre par un médecin aussi savant en physique que le juge en jurisprudence. Le médecin, tout étonné de ne point trouver l'estomac de la fille rempli d'eau, et ne sachant pas qu'il est impossible que l'eau entre dans un corps dont l'air ne peut sortir, conclut que la fille a été assommée, et ensuite jetée dans le puits[3]. Un dévot du voisinage assure que toutes les familles protestantes sont dans cet usage. Enfin, après bien des procédures aussi irrégulières que les raisonnements étaient absurdes, le juge décrète de prise de corps le père, la mère, les sœurs de la décédée. A cette nouvelle Sirven assemble ses amis; tous sont certains de son inno-

1. Ce fut le 6 mars 1760 qu'on enleva la seconde des trois filles de Sirven, âgée alors de vingt-deux ans : elle s'appelait Élisabeth, et était née en 1737. (*Note de M. Beuchot.*)

2. Voltaire avait écrit Mazaret; mais le nom du village est Mazamet : voy. *Histoire du pays castrois*, par Marturé, t. II, p. 310. (*Id.*)

3. Sirven avait établi sa famille à Saint-Alby, et était allé se fixer au château d'Aiguefonde, pour faire le terrier de M. d'Espérandieu. Élisabeth, rendue folle, disparait de la maison qu'elle habite auprès de sa mère et de ses deux sœurs, et vingt jours après, le 4 janvier 1762, on la trouve noyée dans le puits des communaux de Saint-Alby. (*Id.*)

cence; mais l'aventure des Calas remplissait toute la province de terreur : ils conseillent à Sirven de ne point s'exposer à la démence du fanatisme : il fuit avec sa femme et ses filles; c'était dans une saison rigoureuse. Cette troupe d'infortunés est dans la nécessité de traverser à pied des montagnes couvertes de neige; une des filles de Sirven, mariée depuis un an, accouche sans secours dans le chemin, au milieu des glaces. Il faut que, toute mourante qu'elle est, elle emporte son enfant mourant dans ses bras. Enfin, une des premières nouvelles que cette famille apprend quand elle est en lieu de sûreté, c'est que le père et la mère sont condamnés au dernier supplice, et que les deux sœurs, déclarées également coupables, sont bannies à perpétuité[1]; que leur bien est confisqué; et qu'il ne leur reste plus rien au monde que l'opprobre et la misère.

C'est ce qu'on peut voir plus au long dans le chef-d'œuvre de M. de Beaumont, avec les preuves complètes de la plus pure innocence et de la plus détestable injustice.

La Providence, qui a permis que les premières tentatives qui ont produit la justification de Calas mort sur la roue, en Languedoc, vinssent du fond des montagnes et des déserts voisins de la Suisse, a voulu encore que la vengeance des Sirven vînt des mêmes solitudes. Les enfants de Calas s'y réfugièrent; la famille de Sirven y chercha un asile dans le même temps. Les hommes compatissants et vraiment religieux qui ont eu la consolation de servir ces deux familles infortunées, et qui les premiers ont respecté leurs désastres et leur vertu, ne purent alors faire présenter des requêtes pour les Sirven comme pour les Calas, parce que le procès criminel contre les Sirven s'instruisit plus lentement, et dura plus longtemps. Et puis comment une famille errante, à quatre cents milles de sa patrie, pouvait-elle recouvrer les pièces nécessaires à sa justification? Que pouvaient un père accablé, une femme mourante, et qui en effet est morte de sa douleur, et deux filles aussi malheureuses que le père et la mère? Il fallait demander juridiquement la copie de leur procès; des formes peut-être nécessaires, mais dont l'effet est souvent d'opprimer l'innocent et le pauvre, ne le permettaient pas. Leurs parents intimidés n'osaient même leur écrire; tout ce que cette famille put apprendre dans un pays étranger, c'est qu'elle avait été condamnée au supplice dans sa patrie. Si on savait combien il a fallu de soins et de peines pour arracher enfin quelques preuves juridiques en leur faveur, on en serait effrayé. Par quelle fatalité est-il si aisé d'opprimer, et si difficile de secourir?

On n'a pu employer pour les Sirven les mêmes formes de justice dont on s'est servi pour les Calas, parce que les Calas avaient été condamnés par un parlement, et les Sirven ne l'ont été que par des juges subalternes, dont la sentence ressortit à ce même parlement. Nous ne répéterons rien ici de ce qu'a dit l'éloquent et généreux M. de Beau-

1. La condamnation prononcée, le 29 mars 1764, par le juge haut justicier de Mazamet, qui avait appelé deux juges de deux petites justices de canton, condamnait les deux filles Sirven au bannissement, *après avoir assisté à l'exécution de leurs père et mère*. (*Note de M. Beuchot.*)

mont; mais, ayant considéré combien ces deux aventures sont étroitement unies à l'intérêt du genre humain, nous avons cru qu'il est du même intérêt d'attaquer dans sa source le fanatisme qui les a produites. Il ne s'agit que de deux familles obscures; mais, quand la créature la plus ignorée meurt de la même contagion qui a longtemps désolé la terre, elle avertit le monde entier que ce poison subsiste encore. Tous les hommes doivent se tenir sur leurs gardes; et *s'il est quelques médecins*, il doivent chercher les remèdes qui peuvent détruire les principes de la mortalité universelle.

Il se peut encore que les formes de la jurisprudence ne permettent pas que la requête de Sirven soit admise au conseil du roi de France, mais elle l'est par le public; ce juge de tous les juges a prononcé. C'est donc à lui que nous nous adressons; c'est d'après lui que nous allons parler.

Exemples du fanatisme en général. — Le genre humain a toujours été livré aux erreurs : toutes n'ont pas été meurtrières. On a pu ignorer que notre globe tourne autour du soleil; on a pu croire aux diseurs de bonne aventure, aux revenants; on a pu croire que les oiseaux annoncent l'avenir; qu'on enchante les serpents; que l'on peut faire naître des animaux bigarrés, en présentant aux mères des objets diversement colorés; on a pu se persuader que dans le décours de la lune la moelle des os diminue; que les graines doivent pourrir pour germer[1], etc. Ces inepties au moins n'ont produit ni persécutions, ni discordes, ni meurtres.

Il est d'autres démences qui ont troublé la terre, d'autres folies qui l'ont inondée de sang. On ne sait point assez, par exemple, combien de misérables ont été livrés aux bourreaux par des juges ignorants, qui les condamnèrent aux flammes tranquillement et sans scrupule sur une accusation de sorcellerie. Il n'y a point eu de tribunal dans l'Europe chrétienne qui ne se soit souillé très-souvent par de tels assassinats juridiques pendant quinze siècles entiers; et quand je dirai que parmi les chrétiens il y a eu plus de cent mille victimes de cette jurisprudence idiote et barbare, et que la plupart étaient des femmes et des filles innocentes, je ne dirai pas encore assez.

Les bibliothèques sont remplies de livres concernant la jurisprudence de la sorcellerie; toutes les décisions de ces juges y sont fondées sur l'exemple des magiciens de Pharaon, de la pythonisse d'Endor, des possédés dont il est parlé dans l'Évangile, et des apôtres envoyés expressément pour chasser les diables des corps des possédés. Personne n'osait seulement alléguer, par pitié pour le genre humain, que Dieu a pu permettre autrefois les possessions et les sortiléges, et ne les permettre plus aujourd'hui : cette distinction aurait paru criminelle; on voulait absolument des victimes. Le christianisme fut toujours souillé de cette absurde barbarie; tous les Pères de l'Église crurent à la magie; plus de cinquante conciles prononcèrent anathème contre ceux

1. Première épître de saint Paul aux Corinthiens, XV, 36. (ÉD.)

qui faisaient entrer le diable dans le corps des hommes par la vertu de leurs paroles. L'erreur universelle était sacrée; les hommes d'État qui pouvaient détromper les peuples n'y pensèrent pas; ils étaient trop entraînés par le torrent des affaires; ils craignaient le pouvoir du préjugé; ils voyaient que ce fanatisme était né du sein de la religion même; ils n'osaient frapper ce fils dénaturé, de peur de blesser la mère : ils aimèrent mieux s'exposer à être eux-mêmes les esclaves de l'erreur populaire que la combattre.

Les princes, les rois, ont payé chèrement la faute qu'ils ont faite d'encourager la superstition du vulgaire. Ne fit-on pas croire au peuple de Paris que le roi Henri III employait les sortiléges dans ses dévotions ? et ne se servit-on pas longtemps d'opérations magiques pour lui ôter une malheureuse vie que le couteau d'un jacobin[1] trancha plus sûrement que n'eût fait tout l'enfer évoqué par des conjurations ?

Des fourbes ne voulurent-ils pas conduire à Rome Marthe Brossier la possédée, pour accuser Henri IV, au nom du diable, de n'être pas bon catholique? Chaque année, dans ces temps à demi sauvages, auxquels nous touchons, était marquée par de semblables aventures. Tout ce qui restait de la Ligue à Paris ne publia-t-il pas que le diable avait tordu le cou à la belle Gabrielle d'Estrées ?

On ne devrait pas, dit-on, reproduire aujourd'hui ces histoires si honteuses pour la nature humaine; et moi je dis qu'il en faut parler mille fois; qu'il faut les rendre sans cesse présentes à l'esprit des hommes. Il faut répéter que le malheureux prêtre Urbain Grandier fut condamné aux flammes par des juges ignorants et vendus à un ministre sanguinaire. L'innocence de Grandier était évidente; mais des religieuses assuraient qu'il les avait ensorcelées, et c'en était assez. On oubliait Dieu pour ne parler que du diable. Il arrivait nécessairement que les prêtres ayant fait un article de foi du commerce des hommes avec le diable, et les juges regardant ce prétendu crime comme aussi réel et aussi commun que le larcin, il se trouva parmi nous plus de sorciers que de voleurs.

Une mauvaise jurisprudence multiple les crimes. — Ce furent donc nos rituels et notre jurisprudence, fondée sur les décrets de Gratien, qui formèrent en effet des magiciens. Le peuple imbécile disait : « Nos prêtres excommunient, exorcisent ceux qui ont fait des pactes avec le diable; nos juges les font brûler : il est donc très-certain qu'on peut faire des marchés avec le diable : or, si ces marchés sont secrets, si Belzébuth nous tient parole, nous serons enrichis en une seule nuit; il ne nous en coûtera que d'aller au sabbat; la crainte d'être découverts ne doit pas l'emporter sur l'espérance des biens infinis que le diable peut nous faire. D'ailleurs Belzébuth, plus puissant que nos juges, nous peut secourir contre eux. » Ainsi raisonnaient ces misérables; et plus les juges fanatiques allumaient de bûchers, plus il se trouvait d'idiots qui les affrontaient.

1. Jacques Clément. (ÉD.)

Mais il y avait encore plus d'accusateurs que de criminels. Une fille devenait-elle grosse sans que l'on connût son amant, c'était le diable qui lui avait fait un enfant. Quelques laboureurs s'étaient-ils procuré par leur travail une récolte plus abondante que celle de leurs voisins, c'est qu'ils étaient sorciers : l'inquisition les brûlait, et vendait leur bien à son profit. Le pape déléguait dans toute l'Allemagne et ailleurs des juges qui livraient les victimes au bras séculier; de sorte que les laïques ne furent très-longtemps que les archers et les bourreaux des prêtres. Il en est encore ainsi en Espagne et en Portugal.

Plus une province était ignorante et grossière, plus l'empire du diable était reconnu. Nous avons un recueil des arrêts rendus en Franche-Comté contre les sorciers, fait en 1607, par un grand juge de Saint-Claude, nommé Boguet, et approuvé par plusieurs évêques. On mettrait aujourd'hui dans l'hôpital des fous un homme qui écrirait un pareil ouvrage; mais alors tous les autres juges étaient aussi cruellement insensés que lui. Chaque province eut un pareil registre. Enfin, lorsque la philosophie a commencé à éclairer un peu les hommes, on a cessé de poursuivre les sorciers, et ils ont disparu de la terre.

Des parricides. — J'ose dire qu'il en est ainsi des parricides. Que les juges du Languedoc cessent de croire légèrement que tout père de famille protestant commence par assassiner ses enfants dès qu'il soupçonne qu'ils ont quelque penchant pour la créance romaine, et alors il n'y aura plus de procès de parricides. Ce crime est encore plus rare en effet que celui de faire un pacte avec le diable; car il se peut que des femmes imbéciles, à qui leur curé aura fait accroire dans son prône qu'on peut aller coucher avec un bouc au sabbat, conçoivent par ce prône même l'envie d'aller au sabbat, et d'y coucher avec un bouc. Il est dans la nature que, s'étant frottées d'onguent, elles rêvent pendant la nuit qu'elles ont eu les faveurs du diable; mais il n'est pas dans la nature que les pères et les mères égorgent leurs enfants pour plaire à Dieu; et cependant si l'on continuait à soupçonner qu'il est ordinaire aux protestants d'assassiner leurs enfants de peur qu'ils ne se fassent catholiques, on leur rendrait enfin la religion catholique si odieuse, qu'on pourrait venir à bout d'étouffer la nature dans quelques malheureux pères fanatiques, et leur donner la tentation de commettre le crime qu'on suppose si légèrement.

Un auteur italien rapporte qu'en Calabre un moine italien s'avisa d'aller prêcher de village en village contre la bestialité, et en fit des peintures si vives, qu'il se trouva, trois mois après, plus de cinquante femmes accusées de cette horreur.

La tolérance peut seule rendre la société supportable. — C'est une passion bien terrible que cet orgueil qui veut forcer les hommes à penser comme nous; mais n'est-ce pas une extrême folie de croire les ramener à nos dogmes en les révoltant continuellement par les calomnies les plus atroces, en les persécutant, en les traînant aux galères, à la potence, sur la roue et dans les flammes?

Un prêtre irlandais a écrit depuis peu, dans une brochure à la vérité ignorée; mais enfin il a écrit et il a entendu dire à d'autres, que nous venons cent ans trop tard pour élever notre voix contre l'intolérance, que la barbarie a fait place à la douceur, qu'il n'est plus temps de se plaindre. Je répondrai à ceux qui parlent ainsi : Voyez ce qui se passe sous vos yeux, et si vous avez un cœur humain, vous joindrez votre compassion à la nôtre. On a pendu en France huit malheureux prédicants, depuis l'année 1745. Les billets de confession ont excité mille troubles; et enfin un malheureux fanatique de la lie du peuple, ayant assassiné son roi, en 1757, a répondu devant le parlement, à son premier interrogatoire [1], qu'il avait commis ce parricide par principe de religion; et il a ajouté ces mots funestes : « Qui n'est bon que pour soi n'est bon à rien. » De qui les tenait-il? qui faisait parler ainsi un cuistre de collége, un misérable valet [2]? Il a soutenu à la torture, non-seulement que son assassinat était « une œuvre méritoire [3], mais qu'il l'avait entendu dire à tous les prêtres dans la grand'salle du palais, où l'on rend la justice. »

La contagion du fanatisme subsiste donc encore. Ce poison est si peu détruit, qu'un prêtre du pays [4] des Calas et des Sirven a fait imprimer, il y a quelques années, l'apologie de la Saint-Barthélemy. Un autre [5] a publié la justification des meurtriers du curé Urbain Grandier; et quand le traité aussi utile qu'humain de la tolérance a paru en France, on n'a pas osé en permettre le débit publiquement. Ce traité a fait à la vérité quelque bien; il a dissipé quelques préjugés; il a inspiré de l'horreur pour les persécutions et pour le fanatisme; mais, dans ce tableau des barbaries religieuses, l'auteur a omis bien des traits qui auraient rendu le tableau plus terrible, et l'instruction plus frappante.

On a reproché à l'auteur d'avoir été un peu trop loin, lorsque, pour montrer combien la persécution est détestable et insensée, il introduit un parent de Ravaillac, proposant au jésuite Le Tellier d'empoisonner tous les jansénistes. Cette fiction pourrait en effet paraître trop outrée à quiconque ne sait pas jusqu'où peut aller la folle rage du fanatisme On sera bien surpris quand on apprendra que ce qui est une fiction dans le *Traité de la Tolérance* est une vérité historique.

On voit en effet dans l'*Histoire de la réformation de Suisse*, que pour prévenir le grand changement qui était près d'éclater, des prêtres subornèrent à Genève, en 1536, une servante pour empoisonner trois principaux auteurs de la réforme, et que le poison n'ayant pas été assez fort, ils en mirent un plus violent dans le pain et le vin de la communion publique, afin d'exterminer en un seul matin tous les nouveaux réformés, et de faire triompher l'Église de Dieu [6].

L'auteur du *Traité de la tolérance* n'a point parlé des supplices horribles dans lesquels on a fait périr tant de malheureux aux vallées du Piémont. Il a passé sous silence le massacre de six cents habitants de

1. Page 131 du Procès de Damiens. — 2. Page 135. — 3. Page 405.
4. L'abbé de Caveyrac. — 5. L'abbé de la Ménardaye.
6. Ruchat, t. I, p. 2, 4, 5, 6 et 7; Roset, t. III, p. 13; Savion, t. III, p. 126; Ms. Chouet, p. 26, avec les preuves du procès.

la Valteline, hommes, femmes, enfants, que les catholiques égorgèrent un dimanche, au mois de septembre 1620. Je ne dirai pas que ce fut avec l'aveu et avec le secours de l'archevêque de Milan, Charles Borromée, dont on a fait un saint. Quelques écrivains passionnés ont assuré ce fait, que je suis très-loin de croire, mais je dis qu'il n'y a guère dans l'Europe de ville et de bourg où le sang n'ait coulé pour des querelles de religion; je dis que l'espèce humaine en a sensiblement diminué, parce qu'on massacrait les femmes et les filles aussi bien que les hommes; je dis que l'Europe serait plus peuplée d'un tiers, s'il n'y avait point eu d'arguments théologiques. Je dis enfin que, loin d'oublier ces temps abominables, il faut les remettre fréquemment sous nos yeux, pour en inspirer une horreur éternelle, et que c'est à notre siècle à faire amende honorable, par la tolérance, pour ce long amas de crimes que l'intolérance a fait commettre pendant seize siècles de barbarie.

Qu'on ne dise donc point qu'il ne reste plus de traces du fanatisme affreux de l'intolérantisme; elles sont encore partout, elles sont dans les pays mêmes qui passent pour les plus humains. Les prédicants luthériens et calvinistes, s'ils étaient les maîtres, seraient peut-être aussi impitoyables, aussi durs, aussi insolents, qu'ils reprochent à leurs antagonistes de l'être. La loi barbare qu'aucun catholique ne peut demeurer plus de trois jours dans certains pays protestants, n'est point encore révoquée. Un Italien, un Français, un Autrichien ne peut posséder une maison, un arpent de terre, dans leur territoire, tandis qu'au moins on permet en France qu'un citoyen inconnu de Genève ou de Schaffouse achète des terres seigneuriales. Si un Français, au contraire, voulait acheter un domaine dans les républiques protestantes dont je parle, et si le gouvernement fermait sagement les yeux, il y a encore des âmes de boue qui s'élèveraient contre cette humanité tolérante.

De ce qui fomente principalement l'intolérance, la haine et l'injustice. — Un des grands aliments de l'intolérance, et de la haine des citoyens contre leurs compatriotes, est ce malheureux usage de perpétuer les divisions par des monuments et par des fêtes. Telle est la procession annuelle de Toulouse, dans laquelle on remercie Dieu solennellement de quatre mille meurtres. Elle a été défendue par plusieurs ordonnances de nos rois, et n'a point encore été abolie. On insulte dévotement, chaque année, la religion et le trône par cette cérémonie barbare; l'insulte redouble à la fin du siècle avec la solennité. Ce sont là les jeux séculaires de Toulouse; elle demande alors une indulgence plénière au pape en faveur de la procession. Elle a besoin sans doute d'indulgence; mais on n'en mérite pas quand on éternise le fanatisme.

La dernière cérémonie séculaire se fit en 1762, au temps même où l'on fit expirer Calas sur la roue. On remerciait Dieu d'un côté et de l'autre on massacrait l'innocence. La postérité pourra-t-elle croire à quel excès se porte, de nos jours la superstition dans cette malheureuse solennité?

D'abord les savetiers, en habit de cérémonie, portent la tête du premier évêque de Toulouse, prince du Péloponèse, qui siégeait incontestablement à Toulouse avant la mort de Jésus-Christ. Ensuite viennent les couvreurs, chargés des os de tous les enfants qu'Hérode fit égorger, il y a dix-sept cent soixante et six ans; et, quoique ces enfants aient été enterrés à Éphèse, comme les onze mille vierges à Cologne, au vu et au su de tout le monde, ils n'en sont pas moins enchâssés à Toulouse.

Les fripiers étalent un morceau de la robe de la Vierge.

Les reliques de saint Pierre et de saint Paul sont portées par les frères tailleurs.

Trente corps morts paraissent ensuite dans cette marche. Plût à Dieu qu'on s'en tînt à ces spectacles! La piété trompée n'en est pas moins piété. Le sot peuple peut à toute force remplir ses devoirs (surtout quand la police est exacte), quoiqu'il porte en procession les os des quatorze mille enfants tués par l'ordre sensé d'Hérode dans Bethléem. Mais tant de corps morts, qui ne servent en ce jour qu'à renouveler la mémoire de quatre mille citoyens égorgés en 1562, ne peuvent faire sur les cerveaux des vivants qu'une impression funeste. Ajoutez que les pénitents blancs et noirs, marchant à cette procession avec un masque de drap sur le visage, ressemblent à des revenants qui augmentent l'horreur de cette fête lugubre. On en sort la tête remplie de fantômes, le cœur saisi de l'esprit de fanatisme, et rempli de fiel contre ses frères que cette procession outrage. C'est ainsi qu'on sortait autrefois de la chambre des méditations chez les jésuites : l'imagination s'enflamme à ces objets, l'âme devient atroce et implacable.

Malheureux humains! ayez des fêtes qui adoucissent les mœurs, qui portent à la clémence, à la douceur, à la charité. Célébrez la journée de Fontenoi, où tous les ennemis blessés furent portés avec les nôtres dans les mêmes maisons, dans les mêmes hôpitaux, où ils furent traités, soignés avec le même empressement.

Célébrez la générosité des Anglais, qui firent une souscription en faveur de nos prisonniers dans la dernière guerre.

Célébrez les bienfaits dont Louis XV a comblé la famille Calas, et que cette fête soit une éternelle réparation de l'injustice!

Célébrez les institutions bienfaisantes et utiles des Invalides, des demoiselles de Saint-Cyr, des gentilshommes de l'École militaire. Que vos fêtes soient les commémorations des actions vertueuses, et non de la haine, de la discorde, de l'abrutissement, du meurtre, et du carnage!

Causes étranges de l'intolérance. — Je suppose qu'on raconte toutes ces choses à un Chinois, à un Indien de bon sens, et qu'il ait la patience de les écouter; je suppose qu'il veuille s'informer pourquoi on a tant persécuté en Europe, pourquoi des haines si invétérées éclatent encore, d'où sont partis tant d'anathèmes réciproques, tant d'instructions pastorales qui ne sont que des libelles diffamatoires, tant de lettres de cachet qui sous Louis XIV ont rempli les prisons et les déserts, il faudra bien qu'on lui réponde. On lui dira donc en rougissant : « Les uns croient à la grâce versatile, les autres à la grâce efficace. On dit dans Avignon que Jésus est mort pour tous; et dans un faubourg de Paris, qu'il est mort pour plusieurs. Là on assure que le mariage est le signe visible d'une chose invisible; ici on prétend qu'il n'y a rien d'invisible dans cette union. Il y a des villes où les apparences de la matière peuvent subsister sans que la matière apparente existe, et où un corps peut être en mille endroits différents; il y a d'autres villes où l'on croit la matière pénétrable; et pour comble enfin, il y a dans ces villes de grands édifices où l'on enseigne une chose, et d'autres édifices où il faut croire une chose toute contraire. On a une différente manière d'argumenter, selon que l'on porte une robe blanche, grise ou noire, ou selon qu'on est affublé d'un manteau ou d'une chasuble. Ce sont là les raisons de cette intolérance réciproque qui rend éternellement ennemis les sujets d'un même État, et, par un renversement d'esprit inconcevable, on laisse subsister ces semences de discorde. »

Certainement l'Indien ou le Chinois ne pourra comprendre qu'on se soit persécuté, égorgé si longtemps pour de telles raisons. Il pensera d'abord que cet horrible acharnement ne peut avoir d'autre source que dans des principes de morale entièrement opposés. Il sera bien surpris quand il apprendra que nous avons tous la même morale, la même qu'on professa de tout temps à la Chine et dans les Indes, la même qui a gouverné tous les peuples. Qu'il devra nous plaindre alors et nous mépriser, en voyant que cette morale uniforme et éternelle n'a pu ni nous réunir ni nous adoucir, et que les subtilités scolastiques ont fait des monstres de ceux qui, en s'attachant simplement à cette morale, auraient été des frères !

Tout ce que je dis ici à l'occasion des Calas et des Sirven, on aurait dû le dire pendant quinze cents années, depuis les querelles d'Athanase et d'Arius, que l'empereur Constantin traita d'abord d'insensées, jusqu'à celles du jésuite Le Tellier et du janséniste Quesnel, et des billets de confession. Non, il n'y a pas une seule dispute théologique qui n'ait eu des suites funestes. On en compilerait vingt volumes; mais je veux finir par celle des cordeliers et des jacobins, qui prépara la réformation de la puissante république de Berne. C'est, de mille histoires de cette nature, la plus horrible, la plus sacrilége, et en même temps la plus avérée.

Digression sur les sacriléges qui amenèrent la réformation de Berne. — On sait assez que les cordeliers ou franciscains, et les jacobins ou dominicains, se détestaient réciproquement depuis leur fondation. Ils étaient divisés sur plusieurs points de théologie, autant que sur l'intérêt de leur besace. Leur principale querelle roulait sur l'état de Marie avant qu'elle fût née. Les frères cordeliers assuraient que Marie n'avait pas péché dans le ventre de sa mère; les frères jacobins le niaient. Il n'y eut jamais peut-être de question plus ridicule; et ce fut cela même qui rendit ces deux ordres de moines irréconciliables.

Un cordelier, prêchant à Francfort, en 1503, sur l'immaculée conception de Marie, vit entrer dans l'église un dominicain, nommé Vigam : *Sainte Vierge*, s'écria-t-il, *je te remercie de n'avoir pas permis que je fusse d'une secte qui te déshonore, toi et ton fils!* Vigam lui répondit qu'il en avait menti : le cordelier descendit de sa chaire un crucifix de fer à la main ; il en frappa si rudement le jacobin Vigam, qu'il le laissa presque pour mort sur la place, après quoi il acheva son sermon sur la Vierge.

Les jacobins s'assemblèrent en chapitre pour se venger; et, dans l'espérance d'humilier davantage les cordeliers, ils résolurent de faire des miracles. Après plusieurs essais infructueux, ils trouvèrent enfin une occasion favorable dans Berne.

Un de leurs moines confessait un jeune tailleur imbécile, nommé Jetzer, très-dévot d'ailleurs à la vierge Marie et à sainte Barbe. Cet idiot leur parut un excellent sujet à miracle. Son confesseur lui persuada que la Vierge et sainte Barbe lui ordonnaient expressément de se faire jacobin, et de donner tout son argent au couvent. Jetzer obéit; il prit l'habit. Quand on eut bien éprouvé sa vocation, quatre jacobins, dont les noms sont au procès, se déguisèrent plusieurs fois, comme ils purent, l'un en ange, l'autre en âme du purgatoire, un troisième en vierge Marie et le quatrième en sainte Barbe.

Le résultat de toutes ces apparitions, qui seraient trop ennuyeuses à décrire, fut qu'enfin la Vierge lui avoua qu'elle était née dans le péché originel; qu'elle aurait été damnée, si son fils, qui n'était pas encore au monde, n'avait pas eu l'attention de la régénérer immédiatement après qu'elle fut née; que les cordeliers étaient des impies qui offensaient grièvement son fils, en prétendant que sa mère avait été conçue sans péché mortel, et qu'elle le chargeait d'annoncer cette nouvelle à tous les serviteurs de Dieu et de Marie dans Berne.

Jetzer n'y manqua pas. Marie, pour le remercier, lui apparut encore, accompagnée de deux anges robustes et vigoureux; elle lui dit qu'elle venait lui imprimer les saints stigmates de son fils pour preuve de sa mission et pour sa récompense. Les deux anges le lièrent; la Vierge lui enfonça des clous dans les pieds et dans les mains. Le lendemain on exposa publiquement sur l'autel frère Jetzer, tout sanglant des faveurs célestes qu'il avait reçues. Les dévotes vinrent en foule baiser ses plaies. Il fit autant de miracles qu'il voulut; mais les apparitions continuant toujours, Jetzer reconnut enfin la voix du sous-prieur sous le masque qui le cachait; il cria, il menaça de tout révéler; il suivit le sous-prieur jusque dans sa cellule; il y trouva son confesseur, sainte Barbe, et les deux anges qui buvaient avec des filles.

Les moines découverts n'avaient plus d'autre parti à prendre que celui de l'empoisonner : ils saupoudrèrent une hostie de sublimé corrosif; Jetzer la trouva d'un si mauvais goût qu'il ne put l'avaler; il s'enfuit hors de l'église, en criant aux empoisonneurs et aux sacriléges. Le procès dura deux ans; il fallut plaider devant l'évêque de Lausanne, car il n'était pas permis alors à des séculiers d'oser juger des moines. L'évêque prit le parti des dominicains; il jugea que les apparitions étaient véritables, et que le pauvre Jetzer était un imposteur; il eut même la barbarie de faire mettre cet innocent à la torture; mais les dominicains ayant ensuite eu l'imprudence de le dégrader, et de lui ôter un habit d'un ordre si saint, Jetzer étant redevenu séculier par cette manœuvre, le conseil de Berne s'assura de sa personne, reçut ses dépositions, et vérifia ce long tissu de crimes; il fallut faire venir des juges ecclésiastiques de Rome; il les força, par l'évidence de la vérité, à livrer les coupables au bras séculier; ils furent brûlés le 31 mai 1509, à la porte de Marsilli. Tout le procès est encore dans les archives de Berne, et il a été imprimé plusieurs fois.

Des suites de l'esprit de parti et du fanatisme. — Si une simple dispute de moines a pu produire de si étranges abominations, ne soyons point étonnés de la foule de crimes que l'esprit de parti a fait naître entre tant de sectes rivales : craignons toujours les excès où conduit le fanatisme. Qu'on laisse ce monstre en liberté, qu'on cesse de couper ses griffes et de briser ses dents, que la raison si souvent persécutée se taise, on verra les mêmes horreurs qu'aux siècles passés; le germe subsiste; si vous ne l'étouffez pas, il couvrira la terre.

Jugez donc enfin, lecteurs sages, lequel vaut le mieux, d'adorer Dieu avec simplicité, de remplir tous les devoirs de la société sans agiter des questions aussi funestes qu'incompréhensibles, et d'être justes et bienfaisants sans être d'aucune faction, que de vous livrer à des opinions fantastiques, qui conduisent les âmes faibles à un enthousiasme destructeur et aux plus détestables atrocités.

Je ne crois point m'être écarté de mon sujet en rapportant tous ces exemples, en recommandant aux hommes la religion qui les unit, et non pas celle qui les divise; la religion qui n'est d'aucun parti, qui forme des citoyens vertueux, et non d'imbéciles scolastiques; la religion qui tolère, et non celle qui persécute; la religion qui dit que toute la loi consiste à aimer Dieu et son prochain, et non celle qui fait de Dieu un tyran, et de son prochain un amas de victimes.

Ne faisons point ressembler la religion à ces nymphes de la fable, qui s'accouplèrent avec des animaux, et qui enfantèrent des monstres.

Ce sont les moines surtout qui ont perverti les hommes. Le sage et profond Leibnitz l'a prouvé évidemment. Il a fait voir que le xe siècle, qu'on appelle le *siècle de fer*, était bien moins barbare que le XIIIe et les suivants où naquirent ces multitudes de gueux qui firent vœu de vivre aux dépens des laïques, et de tourmenter les laïques. Ennemis du genre humain, ennemis les uns des autres et d'eux-mêmes, incapables de connaître les douceurs de la société, il fallait bien qu'ils la haïssent. Ils déploient entre eux une dureté dont chacun d'eux gémit, et que chacun d'eux redouble. Tout moine secoue la chaîne qu'il s'est donnée, en frappe son confrère, et en est frappé à son tour. Malheureux dans leurs sacrés repaires, ils voudraient rendre malheureux les autres hommes. Leurs cloîtres sont le séjour du repentir, de la discorde, et de la haine. Leur juridiction secrète est celle de Maroc et d'Alger. Ils enterrent pour la vie dans des cachots ceux de leurs frères qui peuvent les accuser. Enfin, ils ont inventé l'inquisition.

Je sais que dans la multitude de ces misérables qui infectent la moitié de l'Europe, et que la séduction, l'ignorance, la pauvreté, ont précipités dans des cloîtres à l'âge de quinze ans, il s'est trouvé des hommes d'un rare mérite, qui se sont élevés au-dessus de leur état, et qui ont rendu service à leur patrie; mais j'ose assurer que tous les grands hommes dont le mérite a percé du cloître dans le monde, ont tous été persécutés par leurs confrères. Tout savant, tout homme de génie y essuie plus de dégoûts, plus de traits de l'envie, qu'il n'en aurait éprouvé dans le monde. L'ignorant et le fanatique, qui soutiennent les intérêts de la besace, y ont plus de considération que n'en aurait le plus grand génie de l'Europe; l'horreur qui règne dans ces cavernes paraît rarement aux yeux des séculiers, et quand elle éclate, c'est par des crimes qui étonnent. On a vu, au mois de mai de cette année, huit de ces malheureux qu'on nomme *capucins* accusés d'avoir égorgé leur supérieur dans Paris.

Cependant, par une fatalité étrange, des pères, des mères, des filles, disent à genoux tous leurs secrets à ces hommes, le rebut de la nature, qui, tout souillés de crimes, se vantent de remettre les péchés des hommes, au nom du Dieu qu'ils font de leurs propres mains.

Combien de fois ont-ils inspiré à ceux qu'ils appellent leurs *pénitents* toute l'atrocité de leur caractère! C'est par eux que sont fomentées principalement ces haines religieuses qui rendent la vie si amère. Les juges qui ont condamné les Calas et les Sirven se confessent à des moines : ils ont donné deux moines à Calas pour l'accompagner au supplice. Ces deux hommes, moins barbares que leurs confrères, avouèrent d'abord que Calas, en expirant sur la roue, avait invoqué Dieu avec la résignation de l'innocence : mais, quand nous leur avons demandé une attestation de ce fait, ils l'ont refusée; ils ont craint d'être punis par leurs supérieurs pour avoir dit la vérité.

Enfin qui le croirait? après le jugement solennel rendu en faveur des Calas, il s'est trouvé un jésuite irlandais qui, dans la plus insipide des brochures [1], a osé dire que les défenseurs des Calas, et les maîtres des requêtes qui ont rendu justice à leur innocence, étaient des ennemis de la religion.

Les catholiques répondent à tous ces reproches que les protestants en méritent d'aussi violents. Les meurtres de Servet et de Barneveldt, disent-ils, valent bien ceux du conseiller Dubourg. On peut opposer la mort de Charles Ier à celle de Henri III. Les sombres fureurs des presbytériens d'Angleterre, la rage des cannibales des Cévennes, ont égalé les horreurs de la Saint-Barthélemy.

Comparez les sectes, comparez les temps, vous trouverez partout, depuis seize cents années, une mesure à peu près égale d'absurdités et d'horreurs, partout des races d'aveugles se déchirant les uns les autres

1. Cette brochure inconnue, dont M. de Voltaire a déjà parlé, est vraisemblablement quelque ouvrage du bon Needham, qui, se croyant un grand homme, parce qu'il avait regardé du sperme et du jus de mouton par le trou de son microscope, s'était mis à dire son avis à tort et à travers sur l'autre monde et sur celui-ci. (*Éd. de Kehl.*)

dans la nuit qui les environne. Quel livre de controverse n'a pas été écrit avec le fiel? et quel dogme théologique n'a pas fait répandre du sang? C'était la suite nécessaire de ces terribles paroles : « Quiconque n'écoute pas l'Église soit regardé comme un païen et un publicain[1]. » Chaque parti prétendait être l'Église; chaque parti a donc dit toujours : « Nous abhorrons les commis de la douane; il nous est enjoint de traiter quiconque n'est pas de notre avis comme les contrebandiers traitent les commis de la douane quand ils sont les plus forts. » Ainsi partout le premier dogme a été celui de la haine.

Lorsque le roi de Prusse entra pour la première fois dans la Silésie[2], une bourgade protestante, jalouse d'un village catholique, vint demander humblement au roi la permission de tout tuer dans ce village. Le roi répondit aux députés : « Si ce village venait me demander la permission de vous égorger, trouveriez-vous bon que je la lui accordasse? — O gracieuse Majesté! répliquèrent les députés, cela est bien différent, nous sommes la véritable Église. »

Remèdes contre la rage des âmes. — La rage du préjugé qui nous porte à croire coupables tous ceux qui ne sont pas de notre avis, la rage de la superstition, de la persécution, de l'inquisition, est une maladie épidémique qui a régné en divers temps, comme la peste; voici les préservatifs reconnus pour les plus salutaires. Faites-vous rendre compte d'abord des lois romaines jusqu'à Théodose, vous ne trouverez pas un seul édit pour mettre à la torture, ou crucifier, ou rouer ceux qui ne sont accusés que de penser différemment de vous, et qui ne troublent point la société par des actions de désobéissance, et par des insultes au culte public autorisé par les lois civiles. Cette première réflexion adoucira un peu les symptômes de la rage.

Rassemblez plusieurs passages de Cicéron, et commencez par celui-ci : *Superstitio instat et urget, et quocumque te verteris, persequitur*, etc.[3] : « Si vous laissez entrer chez vous la superstition, elle vous poursuivra partout; elle ne vous laissera point de relâche. » Cette précaution sera très-utile contre la maladie qu'il faut traiter.

N'oubliez pas Sénèque, qui, dans sa xcv^e^ épître, s'exprime ainsi : « Voulez-vous avoir Dieu propice? soyez justes : on l'honore assez quand on l'imite : » *Vis Deos propitiare? bonus esto; satis illos coluit quisquis imitatus est.*

Quand vous aurez choisi de quoi faire une provision de ces remèdes antiques qui sont innombrables, passez ensuite au bon évêque Synésius, qui dit à ceux qui voulaient le consacrer : « Je vous avertis que je ne veux ni tromper ni forcer la conscience de personne; je souffrirai que chacun demeure paisiblement dans son opinion, et je demeurerai dans les miennes. Je n'enseignerai rien de ce que je ne crois pas. Si vous voulez me consacrer à ces conditions, j'y consens; sinon, je renonce à l'évêché. »

1. Matthieu, XVIII, 17. (ÉD.) — 2. En décembre 1740. (ÉD.)
3. Cic., *De Divinatione*, II, 72.

Descendez aux modernes; prenez des préservatifs dans l'archevêque Tillotson, le plus sage et le plus éloquent prédicateur de l'Europe.

« Toutes les sectes, dit-il [1], s'échauffent avec d'autant plus de fureur, que les objets de leur emportement sont moins raisonnables. » « All « sects are commonly most hot and furious for those things for which « there is least reason. »

« Il vaudrait mieux, dit-il ailleurs, être sans révélation; il vaudrait mieux s'abandonner aux sages principes de la nature, qui inspirent la douceur, l'humanité, la paix, et qui font le bonheur de la société, que d'être guidé par une religion qui porte dans les âmes une fureur si sauvage. » « Better it were that there were no reveal'd religion; and « that human nature were left to the conduct of its own principles mild « and merciful and conducive to the happiness of society, than to be « acted by a religion which inspires men with so wild a fury. » Remarquez bien ces paroles mémorables : elles ne veulent pas dire que la raison humaine est préférable à la révélation; elles signifient que s'il n'y avait point de milieu entre la raison et l'abus d'une révélation qui ne ferait que des fanatiques, il vaudrait cent fois mieux se livrer à la nature qu'à une religion tyrannique et persécutrice.

Je vous recommande encore ces vers que j'ai lus dans un ouvrage qui est à la fois très-pieux et très-philosophique :

A la religion discrètement fidèle,
Sois doux, compatissant, sage, indulgent comme elle,
Et sans noyer autrui songe à gagner le port :
La clémence a raison, et la colère a tort.
Dans nos jours passagers de peines, de misères,
Enfants du même Dieu, vivons du moins en frères,
Aidons-nous l'un et l'autre à porter nos fardeaux.
Nous marchons tous courbés sous le poids de nos maux;
Mille ennemis cruels assiégent notre vie,
Toujours par nous maudite, et toujours si chérie;
Notre cœur égaré, sans guide et sans appui,
Est brûlé de désirs, ou glacé par l'ennui.
Nul de nous n'a vécu sans connaître les larmes.
De la société les secourables charmes
Consolent nos douleurs au moins quelques instants;
Remède encor trop faible à des maux si constants.
Ah! n'empoisonnons pas la douceur qui nous reste.
Je crois voir des forçats dans un cachot funeste,
Se pouvant secourir, l'un sur l'autre acharnés,
Combattre avec les fers dont ils sont enchaînés [2].

Quand vous aurez nourri votre esprit de cent passages pareils, faites encore mieux; mettez-vous au régime de penser par vous-même. Examinez ce qui vous revient de vouloir dominer sur les consciences. Vous

1. Sixième sermon. — 2. *Poëme sur la loi naturelle*, part. III. (Éd.)

serez suivi de quelques imbéciles, et vous serez en horreur à tous les esprits raisonnables. Si vous êtes persuadé, vous êtes un tyran d'exiger que les autres soient persuadés comme vous : si vous ne croyez pas, vous êtes un monstre d'enseigner ce que vous méprisez, et de persécuter ceux mêmes dont vous partagez les opinions. En un mot, la tolérance mutuelle est l'unique remède aux erreurs qui pervertissent l'esprit des hommes d'un bout de l'univers à l'autre.

Le genre humain est semblable à une foule de voyageurs qui se trouvent dans un vaisseau; ceux-là sont à la poupe, d'autres à la proue, plusieurs à fond de cale, et dans la sentine. Le vaisseau fait eau de tous côtés, l'orage est continuel : misérables passagers qui serons tous engloutis! faut-il qu'au lieu de nous porter les uns aux autres les secours nécessaires qui adouciraient le passage, nous rendions notre navigation affreuse! Mais celui-ci est nestorien, cet autre est juif; en voilà un qui croit à un Picard[1], un autre à un natif d'Islèbe[2]; ici est une famille d'ignicoles, là sont des musulmans, à quatre pas voilà des anabaptistes. Hé! qu'importent leurs sectes? Il faut qu'ils travaillent tous à calfater le vaisseau, et que chacun, en assurant la vie de son voisin pour quelques moments, assure la sienne; mais ils se querellent, et ils périssent.

Conclusion. — Après avoir montré aux lecteurs cette chaîne de superstitions qui s'étend de siècle en siècle jusqu'à nos jours, nous implorons les âmes nobles et compatissantes, faites pour servir d'exemple aux autres; nous les conjurons de daigner se mettre à la tête de ceux qui ont entrepris de justifier et de secourir la famille des Sirven. L'aventure effroyable des Calas, à laquelle l'Europe s'est intéressée, n'aura point épuisé la compassion des cœurs sensibles; et puisque la plus horrible injustice s'est multipliée, la pitié vertueuse redoublera.

On doit dire, à la louange de notre siècle et à celle de la philosophie, que les Calas n'ont reçu les secours qui ont réparé leur malheur que des personnes instruites et sages qui foulent le fanatisme à leurs pieds. Pas un de ceux qu'on appelle *dévots*, je le dis avec douleur, n'a essuyé leurs larmes, ni rempli leur bourse. Il n'y a que les esprits raisonnables qui pensent noblement; des têtes couronnées, des âmes dignes de leur rang, ont donné à cette occasion de grands exemples; leurs noms seront marqués dans les fastes de la philosophie, qui consiste dans l'horreur de la superstition, et dans cette charité universelle que Cicéron recommande, *charitas humani generis*[3]; charité dont la théologie s'est approprié le nom, comme s'il n'appartient qu'à elle, mais dont elle a proscrit trop souvent la réalité; charité, amour du genre humain, vertu inconnue aux trompeurs, aux pédants qui argumentent, aux fanatiques qui persécutent.

1. Calvin, né à Noyon. (Éd.) — 2. Luther, né à Eisleben en Saxe. (Éd.)
3. Cicéron n'a pas employé cette expression. (Éd.)

COMMENTAIRE

SUR

LE LIVRE DES DÉLITS ET DES PEINES,

PAR UN AVOCAT DE PROVINCE.

(1766.)

I. *Occasion de ce commentaire.* — J'étais plein de la lecture du petit livre *Des délits et des peines*[1], qui est en morale ce que sont en médecine le peu de remèdes dont nos maux pourraient être soulagés. Je me flattais que cet ouvrage adoucirait ce qui reste de barbare dans la jurisprudence de tant de nations; j'espérais quelque réforme dans le genre humain, lorsqu'on m'apprit qu'on venait de pendre, dans une province, une fille de dix-huit ans, belle et bien faite, qui avait des talents utiles, et qui était d'une très-honnête famille.

Elle était coupable de s'être laissé faire un enfant; elle l'était encore davantage d'avoir abandonné son fruit. Cette fille infortunée, fuyant la maison paternelle, est surprise des douleurs de l'enfantement; elle est délivrée seule et sans secours auprès d'une fontaine. La honte, qui est dans le sexe une passion violente, lui donna assez de force pour revenir à la maison de son père, et pour y cacher son état. Elle laisse son enfant exposé, on le trouve mort le lendemain; la mère est découverte, condamnée à la potence, et exécutée.

La première faute de cette fille, ou doit être renfermée dans le secret de sa famille, ou ne mérite que la protection des lois, parce que c'est au séducteur à réparer le mal qu'il a fait, parce que la faiblesse a droit à l'indulgence, parce que tout parle en faveur d'une fille dont la grossesse cachée la met souvent en danger de mort; que cette grossesse connue flétrit sa réputation, et que la difficulté d'élever son enfant est encore un grand malheur de plus.

La seconde faute est plus criminelle : elle abandonne le fruit de sa faiblesse, et l'expose à périr.

Mais parce qu'un enfant est mort, faut-il absolument faire mourir la mère? Elle ne l'avait pas tué; elle se flattait que quelque passant prendrait pitié de cette créature innocente; elle pouvait même être dans le dessein d'aller retrouver son enfant, et de lui faire donner les secours nécessaires. Ce sentiment est si naturel qu'on doit le présumer dans le cœur d'une mère. La loi est positive contre la fille dans la province dont je parle; mais cette loi n'est-elle pas injuste, inhumaine, et pernicieuse? injuste, parce qu'elle n'a pas distingué entre celle qui

1. Le livre *Des délits et des peines*, composé en italien par le marquis de Beccaria, fut, dès 1766, traduit en français par l'abbé Morellet. (Éd.)

tue son enfant et celle qui l'abandonne; inhumaine, en ce qu'elle fait périr cruellement une infortunée à qui on ne peut reprocher que sa faiblesse et son empressement à cacher son malheur; pernicieuse, en ce qu'elle ravit à la société une citoyenne qui devait donner des sujets à l'État dans une province où l'on se plaint de la dépopulation.

La charité n'a point encore établi dans ce pays des maisons secourables, où les enfants exposés soient nourris. Là où la charité manque, la loi est toujours cruelle. Il valait bien mieux prévenir ces malheurs, qui sont assez ordinaires, que se borner à les punir. La véritable jurisprudence est d'empêcher les délits, et non de donner la mort à un sexe faible, quand il est évident que sa faute n'a pas été accompagnée de malice, et qu'elle a coûté à son cœur.

Assurez, autant que vous le pourrez, une ressource à quiconque sera tenté de mal faire, et vous aurez moins à punir.

II. *Des supplices.* — Ce malheur et cette loi si dure, dont j'ai été sensiblement frappé, m'ont fait jeter les yeux sur le code criminel des nations. L'auteur humain *Des délits et des peines* n'a que trop raison de se plaindre que la punition soit trop souvent au-dessus du crime, et quelquefois pernicieuse à l'État, dont elle doit faire l'avantage.

Les supplices recherchés dans lesquels on voit que l'esprit humain s'est épuisé à rendre la mort affreuse semblent plutôt inventés par la tyrannie que par la justice.

Le supplice de la roue fut introduit en Allemagne dans les temps d'anarchie, où ceux qui s'emparaient des droits régaliens voulaient épouvanter, par l'appareil d'un tourment inouï, quiconque oserait attenter contre eux. En Angleterre on ouvrait le ventre d'un homme atteint de haute trahison, on lui arrachait le cœur, on lui en battait les joues, et le cœur était jeté dans les flammes. Mais quel était souvent ce crime de haute trahison? c'était, dans les guerres civiles, d'avoir été fidèle à un roi malheureux, et quelquefois de s'être expliqué sur le droit douteux du vainqueur. Enfin les mœurs s'adoucirent; il est vrai qu'on a continué d'arracher le cœur, mais c'est toujours après la mort du condamné. L'appareil est affreux, mais la mort est douce, si elle peut l'être.

III. *Des peines contre les hérétiques.* — Ce fut surtout la tyrannie qui la première décerna la peine de mort contre ceux qui différaient de l'Église dominante dans quelques dogmes. Aucun empereur chrétien n'avait imaginé, avant le tyran Maxime, de condamner un homme au supplice uniquement pour des points de controverse. Il est bien vrai que ce furent deux évêques espagnols qui poursuivirent la mort des priscillianistes auprès de Maxime; mais il n'est pas moins vrai que ce tyran voulait plaire au parti dominant en versant le sang des hérétiques. La barbarie et la justice lui étaient également indifférentes. Jaloux de Théodose, Espagnol comme lui, il se flattait de lui enlever l'empire d'Orient, comme il avait déjà envahi celui d'Occident. Théodose était haï pour ses cruautés; mais il avait su gagner tous les chefs de la religion. Maxime voulait déployer le même zèle, et attacher les évêques espagnols à sa faction. Il flattait également l'ancienne religion et la nouvelle; c'était un homme aussi fourbe qu'inhumain, comme tous ceux qui dans ce temps-là prétendirent ou parvinrent à l'empire. Cette vaste partie du monde était gouvernée comme l'est Alger aujourd'hui. La milice faisait et défaisait les empereurs; elle les choisissait très-souvent parmi les nations réputées barbares. Théodose lui opposait alors d'autres barbares de la Scythie. Ce fut lui qui remplit les armées de Goths, et qui éleva Alaric, le vainqueur de Rome. Dans cette confusion horrible, c'était donc à qui fortifierait le plus son parti par tous les moyens possibles.

Maxime venait de faire assassiner à Lyon l'empereur Gratien, collègue de Théodose; il méditait la perte de Valentinien II, nommé successeur de Gratien à Rome dans son enfance. Il assemblait à Trèves une puissante armée, composée de Gaulois et d'Allemands. Il faisait lever des troupes en Espagne, lorsque deux évêques espagnols, Idacio et Ithacus ou Itacius [1], qui avaient alors beaucoup de crédit, vinrent lui demander le sang de Priscillien et de tous ses adhérents, qui disaient que les âmes sont des émanations de Dieu, que la Trinité ne contient point trois hypostases, et qui, de plus, poussaient le sacrilége jusqu'à jeûner le dimanche. Maxime, moitié païen, moitié chrétien, sentit bientôt toute l'énormité de ces crimes. Les saints évêques Idacio et Itacius obtinrent qu'on donnât d'abord la question à Priscillien et à ses complices avant qu'on les fît mourir : ils y furent présents, afin que tout se passât dans l'ordre, et s'en retournèrent en bénissant Dieu, et en plaçant Maxime, le défenseur de la foi, au rang des saints. Mais Maxime ayant été défait par Théodose, et ensuite assassiné aux pieds de son vainqueur, il ne fut point canonisé.

Il faut remarquer que saint Martin, évêque de Tours, véritablement homme de bien, sollicita la grâce de Priscillien; mais les évêques l'accusèrent lui-même d'être hérétique, et il s'en retourna à Tours, de peur qu'on ne lui fît donner la question à Trèves.

Quant à Priscillien, il eut la consolation, après avoir été pendu, qu'il fut honoré de sa secte comme un martyr. On célébra sa fête, et on le fêterait encore s'il y avait des priscillianistes.

Cet exemple fit frémir toute l'Église, mais bientôt après il fut imité et surpassé. On avait fait périr des priscillianistes par le glaive, par la corde et par la pendaison. Une jeune dame de qualité, soupçonnée d'avoir jeûné le dimanche, n'avait été que lapidée dans Bordeaux [2]. Ces supplices parurent trop légers; on prouva que Dieu exigeait que les hérétiques fussent brûlés à petit feu. La raison péremptoire qu'on en donnait, c'était que Dieu les punit ainsi dans l'autre monde, et que tout prince, tout lieutenant du prince, enfin le moindre magistrat, est l'image de Dieu dans ce monde-ci.

Ce fut sur ce principe qu'on brûla partout des sorciers qui étaient visiblement sous l'empire du diable, et les hétérodoxes qu'on croyait encore plus criminels et plus dangereux que les sorciers.

1. Saint Jérôme, *De viris illustribus*, cap. CXXI. (ÉD.)
2. Voy. l'*Histoire de l'Église*.

On ne sait pas bien précisément quelle était l'hérésie des chanoines que le roi Robert, fils de Hugues, et Constance sa femme, allèrent faire brûler en leur présence à Orléans, en 1022. Comment le saurait-on ? il n'y avait alors qu'un très-petit nombre de clercs et de moines qui eussent l'usage de l'écriture. Tout ce qui est constaté, c'est que Robert et sa femme rassasièrent leurs yeux de ce spectacle abominable. L'un des sectaires avait été le confesseur de Constance ; cette reine ne crut pas pouvoir mieux réparer le malheur de s'être confessée à un hérétique, qu'en le voyant dévorer par les flammes.

L'habitude devient loi ; et depuis ce temps jusqu'à nos jours, c'est-à-dire pendant plus de sept cents années, on a brûlé ceux qui ont été ou qui ont paru être souillés du crime d'une opinion erronée.

IV. *De l'extirpation des hérésies.* — Il faut, ce me semble, distinguer dans une hérésie l'opinion et la faction. Dès les premiers temps du christianisme, les opinions furent partagées. Les chrétiens d'Alexandrie ne pensaient pas, sur plusieurs points, comme ceux d'Antioche. Les Achaïens étaient opposés aux Asiatiques. Cette diversité a duré dans tous les temps, et durera vraisemblablement toujours. Jésus-Christ, qui pouvait réunir tous ses fidèles dans le même sentiment, ne l'a pas fait; il est donc à présumer qu'il ne l'a pas voulu, et que son dessein était d'exercer toutes ses Églises à l'indulgence et à la charité en leur permettant des systèmes différents, qui tous se réunissaient à le reconnaître pour leur chef et leur maître. Toutes ces sectes, longtemps tolérées par les empereurs, ou cachées à leurs yeux, ne pouvaient se persécuter et se proscrire les unes les autres, puisqu'elles étaient également soumises aux magistrats romains ; elles ne pouvaient que disputer. Quand les magistrats les poursuivirent, elles réclamèrent toutes également le droit de la nature ; elles dirent : « Laissez-nous adorer Dieu en paix ; ne nous ravissez pas la liberté que vous accordez aux juifs. » Toutes les sectes aujourd'hui peuvent tenir le même discours à ceux qui les oppriment. Elles peuvent dire aux peuples qui ont donné des priviléges aux juifs : « Traitez-nous comme vous traitez ces enfants de Jacob; laissez-nous prier Dieu, comme eux, selon notre conscience; notre opinion ne fait pas plus de tort à votre État que n'en fait le judaïsme. Vous tolérez les ennemis de Jésus-Christ : tolérez-nous donc, nous qui adorons Jésus-Christ, et qui ne différons de vous que sur des subtilités de théologie ; ne vous privez pas vous-mêmes de sujets utiles. Il vous importe qu'ils travaillent à vos manufactures, à votre marine, à la culture de vos terres; et il ne vous importe point qu'ils aient quelques autres articles de foi que vous. C'est de leurs bras que vous avez besoin, et non de leur catéchisme. »

La faction est une chose toute différente. Il arrive toujours, et nécessairement, qu'une secte persécutée dégénère en faction. Les opprimés se réunissent et s'encouragent. Ils ont plus d'industrie pour fortifier leur parti que la secte dominante n'en a pour l'exterminer. Il faut, ou qu'ils soient écrasés, ou qu'ils écrasent. C'est ce qui arriva après la persécution excitée en 303 par le césar Galérius, les deux dernières années de l'empire de Dioclétien. Les chrétiens, ayant été favorisés par Dioclétien pendant dix-huit années entières, étaient devenus trop nombreux et trop riches pour être exterminés : ils se donnèrent à Constance Chlore; ils combattirent pour Constantin son fils, et il y eut une révolution entière dans l'empire.

On peut comparer les petites choses aux grandes, quand c'est le même esprit qui les dirige. Une pareille révolution est arrivée en Hollande, en Écosse, en Suisse. Quand Ferdinand et Isabelle chassèrent d'Espagne les Juifs, qui y étaient établis, non-seulement avant la maison régnante, mais avant les Maures et les Goths, et même avant les Carthaginois, les Juifs auraient fait une révolution en Espagne, s'ils avaient été aussi guerriers que riches, et s'ils avaient pu s'entendre avec les Arabes.

En un mot, jamais secte n'a changé le gouvernement que quand le désespoir lui a fourni des armes. Mahomet lui-même n'a réussi que pour avoir été chassé de la Mecque, et parce qu'on y avait mis sa tête à prix.

Voulez-vous donc empêcher qu'une secte ne bouleverse un État, usez de tolérance : imitez la sage conduite que tiennent aujourd'hui l'Allemagne, l'Angleterre, la Hollande. Il n'y a d'autre parti à prendre en politique, avec une secte nouvelle, que de faire mourir sans pitié les chefs et les adhérents, hommes, femmes, enfants, sans en excepter un seul, ou de les tolérer quand la secte est nombreuse. Le premier parti est d'un monstre, le second est d'un sage.

Enchaînez à l'État tous les sujets de l'État par leur intérêt; que le quaker et le Turc trouvent leur avantage à vivre sous vos lois. La religion est de Dieu à l'homme; la loi civile est de vous à vos peuples.

V. *Des profanations.* — Louis IX, roi de France, placé par ses vertus au rang des saints, fit d'abord une loi contre les blasphémateurs. Il les condamnait à un supplice nouveau; on leur perçait la langue avec un fer ardent. C'était une espèce de talion; le membre qui avait péché en souffrait la peine. Mais il était fort difficile de décider ce qui est un blasphème. Il échappe dans la colère, ou dans la joie, ou dans la simple conversation, des expressions qui ne sont, à proprement parler, que des explétives, comme le *sela* et le *vah* des Hébreux; le *pol* et l'*ædepol* des Latins; et comme le *per deos immortales* dont on se servait à tout propos, sans faire réellement un serment par les dieux immortels.

Ces mots qu'on appelle *jurements*, *blasphèmes*, sont communément des termes vagues qu'on interprète arbitrairement. La loi qui les punit semble prise de celle des Juifs, qui dit : « Tu ne prendras point le nom de Dieu en vain[1]. » Les plus habiles interprètes croient que cette loi défend le parjure; et ils ont d'autant plus raison, que le mot *shavé*, qu'on a traduit par *en vain*, signifie proprement le parjure. Or

1. *Exode*, xx, 7. (Éd.)

quel rapport le parjure peut-il avoir avec ces mots qu'on adoucit par *cadédis*, *sangbleu*, *ventrebleu*, *corbleu* ?

Les Juifs juraient par la vie de Dieu : *Vivit Dominus*. C'était une formule ordinaire. Il n'était donc défendu que de mentir au nom du Dieu qu'on attestait.

Philippe Auguste, en 1181, avait condamné les nobles de son domaine qui prononceraient *têtebleu*, *ventrebleu*, *corbleu*, *sangbleu*, à payer une amende, et les roturiers à être noyés. La première partie de cette ordonnance parut puérile ; la seconde était abominable. C'était outrager la nature que de noyer des citoyens pour la même faute que les nobles expiaient par deux ou trois sous de ce temps-là. Aussi cette étrange loi resta sans exécution, comme tant d'autres, surtout quand le roi fut excommunié, et son royaume mis en interdit par le pape Célestin III.

Saint Louis, transporté de zèle, ordonna indifféremment qu'on perçât la langue, ou qu'on coupât la lèvre supérieure à quiconque aurait prononcé ces termes indécents. Il en coûta la langue à un gros bourgeois de Paris qui s'en plaignit au pape Innocent IV. Ce pontife remontra fortement au roi que la peine était trop forte pour le délit. Le roi s'abstint désormais de cette sévérité. Il eût été heureux pour la société humaine que les papes n'eussent jamais affecté d'autre supériorité sur les rois.

L'ordonnance de Louis XIV, de l'année 1666, statue :

« Que ceux qui seront convaincus d'avoir juré et blasphémé le saint nom de Dieu, de sa très-sainte mère ou de ses saints, seront condamnés, pour la première fois, à une amende ; pour la seconde, tierce et quatrième fois, à une amende double, triple et quadruple ; pour la cinquième fois, au carcan ; pour la sixième fois, au pilori, et auront la lèvre supérieure coupée ; et la septième fois auront la langue coupée tout juste. »

Cette loi paraît sage et humaine ; elle n'inflige une peine cruelle qu'après six rechutes qui ne sont pas présumables.

Mais pour des profanations plus grandes qu'on appelle *sacriléges*, nos collections de jurisprudence criminelle, dont il ne faut pas prendre les décisions pour des lois, ne parlent que du vol fait dans les églises ; et aucune loi positive ne prononce même la peine du feu : elles ne s'expliquent pas sur les impiétés publiques, soit qu'elles n'aient pas prévu de telles démences, soit qu'il fût trop difficile de les spécifier. Il est donc réservé à la prudence des juges de punir ce délit. Cependant la justice ne doit rien avoir d'arbitraire.

Dans un cas aussi rare, que doivent faire les juges ? consulter l'âge des délinquants, la nature de leur faute, le degré de leur méchanceté, de leur scandale, de leur obstination, le besoin que le public peut avoir ou n'avoir pas d'une punition terrible. « Pro qualitate personæ, proque « rei conditione et temporis et ætatis et sexus, vel severius vel clemen- « tius statuendum. [1] » Si la loi n'ordonne point expressément la mort

1. Titre XIII, *Ad legem Juliam*.

pour ce délit, quel juge se croira obligé de la prononcer? S'il faut une peine, si la loi se tait, le juge doit, sans difficulté, prononcer la peine la plus douce, parce qu'il est homme.

Les profanations sacriléges ne sont jamais commises que par de jeunes débauchés : les punirez-vous aussi sévèrement que s'ils avaient tué leurs frères? Leur âge plaide en leur faveur : ils ne peuvent disposer de leurs biens, parce qu'ils ne sont point supposés avoir assez de maturité dans l'esprit pour voir les conséquences d'un mauvais marché; ils n'en ont donc pas eu assez pour voir la conséquence de leur emportement impie.

Traiterez-vous un jeune dissolu qui, dans son aveuglement, aura profané une image sacré, sans la voler, comme vous avez traité la Brinvilliers qui avait empoisonné son père et sa famille? Il n'y a point de loi expresse contre ce malheureux; et vous en feriez une pour le livrer au plus grand supplice! Il mérite un châtiment exemplaire; mais mérite-t-il des tourments qui effrayent la nature, et une mort épouvantable?

Il a offensé Dieu; oui, sans doute, et très-gravement. Usez-en avec lui comme Dieu même. S'il fait pénitence, Dieu lui pardonne. Imposez-lui une pénitence forte, et pardonnez-lui.

Votre illustre Montesquieu a dit : « Il faut honorer la Divinité, et non la venger[1]. » Pesons ces paroles : elles ne signifient pas qu'on doive abandonner le maintien de l'ordre public; elles signifient, comme le dit le judicieux auteur des *Délits et des peines*, qu'il est absurde qu'un insecte croie venger l'Être suprême. Ni un juge de village, ni un juge de ville, ne sont des Moïse et des Josué.

VI. *Indulgence des Romains sur ces objets.* — D'un bout de l'Europe à l'autre, le sujet de la conversation des honnêtes gens instruits roule souvent sur cette différence prodigieuse entre les lois romaines, et tant d'usages barbares qui leur ont succédé, comme les immondices d'une ville superbe qui couvrent ses ruines.

Certes le sénat romain avait un aussi profond respect que nous pour le Dieu suprême; et autant pour les deux immortels et secondaires, dépendants de leur maître éternel, que nous en montrons pour nos saints.

Ab Jove principium....

Virg., Ecl. III, 12.

était la formule ordinaire. Pline, dans le panégyrique du bon Trajan[2], commence par attester que les Romains ne manquèrent jamais d'invoquer Dieu en commençant leurs affaires ou leurs discours. Cicéron, Tite Live, l'attestent. Nul peuple ne fut plus religieux; mais aussi il était trop sage et trop grand pour descendre à punir de vains discours

1. *Esprit des Lois*, XII, IV. (Éd.)

2. « Bene ac sapienter, patres conscripti, majores instituerunt, ut rerum « agendarum, ita dicendi initium a precationibus capere, etc. » (Pline le Jeune, *Panégyrique de Trajan*, chap. I.

ou des opinions philosophiques. Il était incapable d'infliger des supplices barbares à ceux qui doutaient des augures, comme Cicéron, augure lui-même, en doutait; ni à ceux qui disaient en plein sénat, comme César, que les dieux ne punissent point les hommes après la mort.

On a cent fois remarqué que le sénat permit que sur le théâtre de Rome le chœur chantât dans *la Troade :*

« Il n'est rien après le trépas, et le trépas n'est rien. Tu demandes en quel lieu sont les morts? au même lieu où ils étaient avant de naître. »

S'il y eut jamais des profanations, en voilà sans doute; et depuis Ennius jusqu'à Ausone tout est profanation, malgré le respect pour le culte. Pourquoi donc le sénat romain ne les réprimait-il pas? c'est qu'elles n'influaient en rien sur le gouvernement de l'État; c'est qu'elles ne troublèrent aucune institution, aucune cérémonie religieuse. Les Romains n'en eurent pas moins une excellente police, et ils n'en furent pas moins les maîtres absolus de la plus belle partie du monde jusqu'à Théodose II.

La maxime du sénat, comme on l'a dit ailleurs[1], était DEORUM OFFENSÆ DIIS CURÆ : « Les offenses contre les dieux ne regardent que les dieux. » Les sénateurs étant à la tête de la religion, par l'institution la plus sage, n'avaient point à craindre qu'un collége de prêtres les forçât à servir sa vengeance, sous prétexte de venger le ciel. Ils ne disaient point : « Déchirons les impies, de peur de passer pour impies nous-mêmes; prouvons aux prêtres que nous sommes aussi religieux qu'eux, en étant cruels. »

Notre religion est plus sainte que celle des anciens Romains. L'impiété, parmi nous, est un plus grand crime que chez eux. Dieu la punira; c'est aux hommes à punir ce qu'il y a de criminel dans le désordre public que cette impiété a causé. Or, si dans une impiété il ne s'est pas volé un mouchoir, si personne n'a reçu la moindre injure, si les rites religieux n'ont pas été troublés, punirons-nous (il faut le dire encore) cette impiété comme un parricide? La maréchale d'Ancre avait fait tuer un coq blanc dans la pleine lune; fallait-il pour cela brûler la maréchale d'Ancre?

Est modus in rebus, sunt certi denique fines.

HOR., liv. I, sat. I, 108.

Ne scutica dignum horribili sectere flagello.

HOR., liv. I, sat. III, 119.

VII. *Du crime de la prédication, et d'Antoine.* — Un prédicant calviniste qui vient prêcher secrètement ses ouailles dans certaines provinces est puni de mort s'il est découvert[2], et ceux qui lui ont donné à souper et à coucher sont envoyés aux galères perpétuelles.

Dans d'autres pays un jésuite qui vient prêcher est pendu. Est-ce

1. *Traité de la Tolerance,* chap. VIII. (ÉD.)
2. Edit de 1724, et édits antérieurs.

Dieu qu'on a voulu venger en faisant pendre ce prédicant et ce jésuite? S'est-on des deux côtés appuyé sur cette loi de l'Évangile[1] : « Quiconque n'écoute point l'assemblée soit traité comme un païen et comme un receveur des deniers publics? » Mais l'Évangile n'ordonna pas qu'on tuât ce païen et ce receveur.

S'est-on fondé sur ces paroles du *Deutéronome*[2] : « S'il s'élève un prophète.... et que ce qu'il a prédit arrive,... et qu'il vous dise : « Suivons « des dieux étrangers;... » et si votre frère, ou votre fils, ou votre chère femme, ou l'ami de votre cœur vous dit : « Allons, servons des dieux étrangers,... » tuez-le aussitôt; frappez le premier, et tout le peuple après vous. » Mais ni ce jésuite ni ce calviniste ne vous ont dit : « Allons, suivons des dieux étrangers. »

Le conseiller Dubourg, le chanoine Jehan Chauvin, dit Calvin, le médecin espagnol Servet, le Calabrais Gentilis, servaient le même Dieu. Cependant le président Minard fit pendre le conseiller Dubourg; et les amis de Dubourg firent assassiner Minard; et Jehan Calvin fit brûler le médecin Servet à petit feu, et eut la consolation de contribuer beaucoup à faire trancher la tête au Calabrais Gentilis; et les successeurs de Jehan Calvin firent brûler Antoine. Est-ce la raison, la piété, la justice, qui ont commis tous ces meurtres?

L'histoire d'Antoine est une des plus singulières dont le souvenir se soit conservé dans les annales de la démence. Voici ce que j'en ai lu dans un manuscrit très-curieux, et qui est rapporté en partie par Jacob Spon. Antoine était né à Brieu[3] en Lorraine, de père et de mère catholiques, et avait étudié à Pont-à-Mousson chez les jésuites. Le *prédicant* Ferri[4] l'engagea dans la religion protestante à Metz. Étant retourné à Nanci, on lui fit son procès comme à un hérétique; et si un ami ne l'avait fait sauver, il allait périr par la corde. Réfugié à Sedan, on le soupçonna d'être papiste, et on voulut l'assassiner.

Voyant par quelle étrange fatalité sa vie n'était en sûreté ni chez les protestants ni chez les catholiques, il alla se faire juif à Venise. Il se persuada très-sincèrement, et il soutint jusqu'au dernier moment de sa vie, que la religion juive était la seule véritable, et que, puisqu'elle l'avait été autrefois, elle devait l'être toujours. Les juifs ne le circoncirent point, de peur de se faire des affaires avec le magistrat; mais il n'en fut pas moins juif intérieurement. Il n'en fit point profession ouverte; et même, étant allé à Genève, en qualité de prédicant, il y fut premier régent du collége, et enfin il devint ce qu'on appelle ministre.

Le combat perpétuel qui s'excitait dans son cœur entre la secte de Calvin, qu'il était obligé de prêcher, et la religion mosaïque à laquelle seule il croyait, le rendit longtemps malade. Il tomba dans une mélancolie et dans une maladie cruelle; troublé par ses douleurs, il s'écria qu'il était juif. Des ministres vinrent le visiter, et tâchèrent de le faire

1. Matthieu, XVIII, 17. (ÉD.) — 2. Chap. XIII.
3. C'est Briey et non Brieu. (ÉD.)
4. Paul Ferri, ministre de la religion protestante, né en 1591, mort en 1669. (ÉD.)

rentrer en lui-même ; il leur répondit qu'il n'adorait que le Dieu d'Israël, qu'il était impossible que Dieu changeât, que Dieu ne pouvait avoir donné lui-même et gravé de sa main une loi pour l'abolir. Il parla contre le christianisme ; ensuite il se dédit ; il écrivit une profession de foi pour échapper à la condamnation ; mais après l'avoir écrite, la malheureuse persuasion où il était ne lui permit pas de la signer. Le conseil de la ville assembla les prédicants, pour savoir ce qu'il devait faire de cet infortuné. Le petit nombre de ces prêtres opina qu'on devait avoir pitié de lui, qu'il fallait plutôt tâcher de guérir sa maladie du cerveau que la punir. Le plus grand nombre décida qu'il méritait d'être brûlé, et il le fut. Cette aventure est de 1632[1]. Il faut cent ans de raison et de vertu pour expier un pareil jugement[2].

VIII. *Histoire de Simon Morin.* — La fin tragique de Simon Morin n'effraye pas moins que celle d'Antoine. Ce fut au milieu des fêtes d'une cour brillante, parmi les amours et les plaisirs, ce fut même dans le temps de la plus grande licence, que ce malheureux fut brûlé à Paris, en 1663. C'était un insensé qui croyait avoir eu des visions, et qui poussa la folie jusqu'à se croire envoyé de Dieu, et à se dire incorporé à Jésus-Christ.

Le parlement le condamna très-sagement à être enfermé aux Petites-Maisons. Ce qui est extrêmement singulier, c'est qu'il y avait alors dans le même hôpital un autre fou qui se disait le Père éternel, de qui même la démence a passé en proverbe. Simon Morin fut si frappé de la folie de son compagnon qu'il reconnut la sienne. Il parut rentrer pour quelque temps dans son bon sens ; il exposa son repentir aux magistrats ; et, malheureusement pour lui, il obtint son élargissement.

Quelque temps après il retomba dans ses accès ; il dogmatisa. Sa mauvaise destinée voulut qu'il fît connaissance avec Saint-Sorlin Desmarest, qui fut pendant plusieurs mois son ami, mais qui bientôt, par jalousie de métier, devint son plus cruel persécuteur.

Ce Desmarest n'était pas moins visionnaire que Morin : ses premières inepties furent, à la vérité, innocentes ; c'étaient les tragi-comédies d'*Érigone* et de *Mirame*, imprimées avec une traduction des psaumes ; c'étaient le roman d'*Ariane* et le poëme de *Clovis* à côté de l'office de la Vierge mis en vers, c'étaient des poésies dithyrambiques enrichies d'invectives contre Homère et Virgile. De cette espèce de folie, il passa à une autre plus sérieuse ; on le vit s'acharner contre Port-Royal ; et après avoir avoué qu'il avait engagé des femmes dans l'athéisme, il s'érigea en prophète. Il prétendit que Dieu lui avait donné, de sa main, la clef du trésor de l'*Apocalypse ;* qu'avec cette clef il ferait une réforme de tout le genre humain, et qu'il allait commander une armée de cent quarante mille hommes contre les jansénistes.

Rien n'eût été plus raisonnable et plus juste que de le mettre dans la même loge que Simon Morin : mais pourra-t-on s'imaginer qu'il trouva beaucoup de crédit auprès du jésuite Annat, confesseur du roi?

1. Jacob Spon, p. 500 ; et Gui Vances.
2. Nicolas-Antoine fut condamné et exécuté le 20 avril 1632. (Éd.)

Il lui persuada que ce pauvre Simon Morin établissait une secte presque aussi dangereuse que le jansénisme même. Enfin, ayant porté l'infamie jusqu'à se rendre délateur, il obtint du lieutenant criminel un décret de prise de corps contre son malheureux rival. Osera-t-on le dire ? Simon Morin fut condamné à être brûlé vif.

Lorsqu'on allait le conduire au supplice, on trouva dans un de ses bas un papier dans lequel il demandait pardon à Dieu de toutes ses erreurs : cela devait le sauver ; mais la sentence était confirmée, il fut exécuté sans miséricorde.

De telles aventures font dresser les cheveux. Et dans quel pays n'a-t-on pas vu des événements aussi déplorables ? Les hommes oublient partout qu'ils sont frères, et ils se persécutent jusqu'à la mort. Il faut se flatter, pour la consolation du genre humain, que ces temps horribles ne reviendront plus.

IX. *Des sorciers.* — En 1749, on brûla une femme dans l'évêché de Wurtzbourg, convaincue d'être sorcière. C'est un grand phénomène dans le siècle où nous sommes. Mais est-il possible que des peuples qui se vantaient d'être réformés, et de fouler aux pieds les superstitions, qui pensaient enfin avoir perfectionné leur raison, aient pourtant cru aux sortilèges, aient fait brûler de pauvres femmes accusées d'être sorcières, et cela plus de cent années après la prétendue réforme de leur raison ?

Dans l'année 1652, une paysanne du petit territoire de Genève, nommée Michelle Chaudron, rencontra le diable en sortant de la ville. Le diable lui donna un baiser, reçut son hommage, et imprima sur sa lèvre supérieure et à son téton droit la marque qu'il a coutume d'appliquer à toutes les personnes qu'il reconnaît pour ses favorites. Ce sceau du diable est un petit seing qui rend la peau insensible, comme l'affirment tous les jurisconsultes démonographes de ce temps-là.

Le diable ordonna à Michelle Chaudron d'ensorceler deux filles. Elle obéit à son seigneur ponctuellement. Les parents des filles l'accusèrent juridiquement de diablerie. Les filles furent interrogées et confrontées avec la coupable ; elles attestèrent qu'elles sentaient continuellement une fourmilière dans certaines parties de leur corps, et qu'elles étaient possédées. On appela les médecins, ou du moins ceux qui passaient alors pour médecins. Ils visitèrent les filles. Ils cherchèrent sur le corps de Michelle le sceau du diable, que le procès-verbal appelle les *marques sataniques*. Ils y enfoncèrent une longue aiguille, ce qui était déjà une torture douloureuse. Il en sortit du sang, et Michelle fit connaître, par ses cris, que les marques sataniques ne rendent point insensible. Les juges ne voyant point de preuve complète que Michelle Chaudron fût sorcière, lui firent donner la question, qui produit infailliblement ces preuves : cette malheureuse, cédant à la violence des tourments, confessa enfin tout ce qu'on voulut.

Les médecins cherchèrent encore la marque satanique. Ils la trouvèrent à un petit seing noir sur une de ses cuisses. Ils y enfoncèrent l'aiguille. Les tourments de la question avaient été si horribles, que cette pauvre créature expirante sentit à peine l'aiguille : elle ne cria point ; ainsi le crime fut avéré. Mais comme les mœurs commençaient à s'adoucir, elle ne fut brûlée qu'après avoir été pendue et étranglée.

Tous les tribunaux de l'Europe chrétienne retentissaient alors de pareils arrêts. Les bûchers étaient allumés partout pour les sorciers, comme pour les hérétiques. Ce qu'on reprochait le plus aux Turcs, c'était de n'avoir ni sorciers ni possédés parmi eux. On regardait cette privation de possédés comme une marque infaillible de la fausseté d'une religion.

Un homme zélé pour le bien public, pour l'humanité, pour la vraie religion, a publié, dans un de ses écrits en faveur de l'innocence, que les tribunaux chrétiens ont condamné à la mort plus de cent mille prétendus sorciers. Si on joint à ces massacres juridiques le nombre infiniment supérieur d'hérétiques immolés, cette partie du monde ne paraîtra qu'un vaste échafaud couvert de bourreaux et de victimes, entouré de juges, de sbires, et de spectateurs.

X. *De la peine de mort.* — On a dit il y a longtemps qu'un homme pendu n'est bon à rien, et que les supplices inventés pour le bien de la société doivent être utiles à cette société. Il est évident que vingt voleurs vigoureux, condamnés à travailler aux ouvrages publics toute leur vie, servent l'État par leur supplice, et que leur mort ne fait de bien qu'au bourreau que l'on paye pour tuer les hommes en public. Rarement les voleurs sont-ils punis de mort en Angleterre; on les transporte dans les colonies. Il en est de même dans les vastes États de la Russie : on n'a exécuté aucun criminel sous l'empire de l'autocratrice Élisabeth. Catherine II, qui lui a succédé, avec un génie très-supérieur, suit la même maxime. Les crimes ne se sont point multipliés par cette humanité, et il arrive presque toujours que les coupables relégués en Sibérie y deviennent gens de bien. On remarque la même chose dans les colonies anglaises. Ce changement heureux nous étonne; mais rien n'est plus naturel. Ces condamnés sont forcés à un travail continuel pour vivre. Les occasions du vice leur manquent : ils se marient, ils peuplent. Forcez les hommes au travail, vous les rendrez honnêtes gens. On sait assez que ce n'est pas à la campagne que se commettent les grands crimes, excepté peut-être quand il y a trop de fêtes, qui forcent l'homme à l'oisiveté, et le conduisent à la débauche.

On ne condamnait un citoyen romain à mourir que pour des crimes qui intéressaient le salut de l'État. Nos maîtres, nos premiers législateurs, ont respecté le sang de leurs compatriotes; nous prodiguons celui des nôtres.

On a longtemps agité cette question délicate et funeste, s'il est permis aux juges de punir de mort quand la loi ne prononce pas expressément le dernier supplice. Cette difficulté fut solennellement débattue devant l'empereur Henri VI. Il jugea [1] et décida qu'aucun juge ne peut avoir ce droit.

Il y a des affaires criminelles, ou si imprévues, ou si compliquées,

1. Bodin, *De Republica*, lib. III, cap. v.

ou accompagnées de circonstances si bizarres, que la loi elle-même a été forcée dans plus d'un pays d'abandonner ces cas singuliers à la prudence des juges [1]. Mais s'il se trouve en effet une cause dans laquelle la loi permette de faire mourir un accusé qu'elle n'a pas condamné, il se trouvera mille causes dans lesquelles l'humanité, plus forte que la loi, doit épargner la vie de ceux que la loi elle-même a dévoués à la mort.

L'épée de la justice est entre nos mains; mais nous devons plus souvent l'émousser que la rendre plus tranchante. On la porte dans son fourreau devant les rois, c'est pour nous avertir de la tirer rarement.

On a vu des juges qui aimaient à faire couler le sang; tel était Jeffreys, en Angleterre; tel était, en France, un homme à qui l'on donna le surnom de *coupe-tête* [2]. De tels hommes n'étaient pas nés pour la magistrature; la nature les fit pour être bourreaux.

XI. *De l'exécution des arrêts.* — Faut-il aller au bout de la terre? faut-il recourir aux lois de la Chine, pour voir combien le sang des hommes doit être ménagé? Il y a plus de quatre mille ans que les tribunaux de cet empire existent, et il y a aussi plus de quatre mille ans qu'on n'exécute pas un villageois à l'extrémité de l'empire sans envoyer son procès à l'empereur, qui le fait examiner trois fois par un de ses tribunaux; après quoi il signe l'arrêt de mort, ou le changement de peine, ou de grâce entière [3].

Ne cherchons pas des exemples si loin, l'Europe en est pleine. Aucun criminel, en Angleterre, n'est mis à mort que le roi n'ait signé la sentence : il en est ainsi en Allemagne et dans presque tout le Nord. Tel était autrefois l'usage de la France, tel il doit être chez toutes les nations policées. La cabale, le préjugé, l'ignorance peuvent dicter des sentences loin du trône. Ces petites intrigues ignorées à la cour ne peuvent faire impression sur elle : les grands objets l'environnent. Le

1. Il y aura toujours beaucoup moins d'inconvénient à laisser un crime impuni, qu'à condamner à une peine capitale sans y être autorisé par une loi expresse. On ôte à la punition le seul caractère qui puisse la rendre légitime, celui d'être infligée pour le crime, et non décernée contre un tel coupable en particulier. Une loi qui permet à un juge de punir de mort lui assure l'impunité s'il use de cette permission, mais elle ne le disculpe point du crime de meurtre. Comment d'ailleurs imaginer qu'un crime grave soit tellement nuisible à la société, que l'existence du coupable soit dangereuse, et que cependant ce crime puisse échapper à un législateur attentif, qu'il soit difficile de le prévoir ou de le bien déterminer? (*Éd. de Kehl.*)

2. M. de Machault, père de M. Machault d'Arnouville, intendant du Hainaut, puis contrôleur-général des finances, et ensuite ministre de la marine, disgracié en 1757. (Éd.)

3. L'auteur de l'*Esprit des Lois*, qui a semé tant de belles vérités dans son ouvrage, paraît s'être cruellement trompé, quand, pour étayer son principe que le sentiment vague de l'honneur est le fondement des monarchies, et que la vertu est le fondement des républiques, il dit des Chinois (VIII, XXI) : « J'ignore ce que c'est que cet honneur chez des peuples à qui l'on ne fait rien faire qu'à coups de bâton. » Certainement, de ce qu'on écarte la populace avec le pantsé, et de ce qu'on donne des coups de pantsé aux gueux insolents et fripons, il ne s'ensuit pas que la Chine ne soit gouvernée par des tribunaux qui veillent les uns sur les autres, et que ce ne soit une excellente forme de gouvernement.

conseil suprême est plus accoutumé aux affaires, et plus au-dessus du préjugé; l'habitude de voir tout en grand l'a rendu moins ignorant et plus sage; il voit mieux qu'une justice subalterne de province si le corps de l'État a besoin ou non d'exemples sévères. Enfin, quand la justice inférieure a jugé sur la lettre de la loi, qui peut être rigoureuse, le conseil mitige l'arrêt suivant l'esprit de toute loi qui est de n'immoler les hommes que dans une nécessité évidente.

XII. *De la question.* — Tous les hommes étant exposés aux attentats de la violence ou de la perfidie, détestent les crimes dont ils peuvent être les victimes. Tous se réunissent à vouloir la punition des principaux coupables et de leurs complices; et tous cependant, par une pitié que Dieu a mise dans nos cœurs, s'élèvent contre les tortures qu'on fait souffrir aux accusés dont on veut arracher l'aveu. La loi ne les a pas encore condamnés, et on leur inflige, dans l'incertitude où l'on est de leur crime, un supplice beaucoup plus affreux que la mort qu'on leur donne, quand on est certain qu'ils la méritent. Quoi! j'ignore encore si tu es coupable, et il faudra que je te tourmente pour m'éclairer; et si tu es innocent, je n'expierai point envers toi ces mille morts que je t'ai fait souffrir, au lieu d'une seule que je te préparais! Chacun frissonne à cette idée. Je ne dirai point ici que saint Augustin s'élève contre la question dans sa *Cité de Dieu.* Je ne dirai point qu'à Rome on ne la faisait subir qu'aux esclaves; et que cependant Quintilien, se souvenant que les esclaves sont hommes, réprouve cette barbarie.

Quand il n'y aurait qu'une nation sur la terre qui eût aboli l'usage de la torture, s'il n'y a pas plus de crimes chez cette nation que chez une autre, si d'ailleurs elle est plus éclairée, plus florissante depuis cette abolition, son exemple suffit au reste du monde entier. Que l'Angleterre seule instruise les autres peuples; mais elle n'est pas la seule : la torture est proscrite dans d'autres royaumes, et avec succès. Tout est donc décidé. Des peuples qui se piquent d'être polis ne se piqueront-ils pas d'être humains? s'obstineront-ils dans une pratique inhumaine, sur le seul prétexte qu'elle est d'usage? Réservez au moins cette cruauté pour des scélérats avérés qui auront assassiné un père de famille ou le père de la patrie[1]; recherchez leurs complices : mais qu'une jeune personne qui aura commis quelques fautes qui ne laissent aucune trace après elles subisse la même torture qu'un parricide, n'est-ce pas une barbarie inutile? J'ai honte d'avoir parlé sur ce sujet après ce qu'en a dit l'auteur des *Délits et des peines*. Je dois me borner à souhaiter qu'on relise souvent l'ouvrage de cet amateur de l'humanité.

XIII. — *De quelques tribunaux de sang.* — Croirait-on qu'il y ait eu autrefois un tribunal suprême plus horrible que l'inquisition, et que

1. C'est une bien grande concession que cette réserve; mais avant de la reprocher à Voltaire, il faut se reporter au temps où il écrivait, et qui n'était pas ce que, grâces à lui, sur beaucoup de points, est devenu le nôtre. Il n'y avait que neuf ans que Damiens avait donné à Louis XV un coup de canif. (*Note de M. Beuchot.*)

ce tribunal ait été établi par Charlemagne? C'était le jugement de Vestphalie, autrement appelé *la cour vémique*. La sévérité ou plutôt la cruauté de cette cour allait jusqu'à punir de mort tout Saxon qui avait rompu le jeune en carême. La même loi fut établie en Flandre et en Franche-Comté au commencement du XVIIe siècle.

Les archives d'un petit coin de pays appelé Saint-Claude, dans les plus affreux rochers de la comté de Bourgogne, conservent la sentence et le procès-verbal d'exécution d'un pauvre gentilhomme, nommé Claude Guillon, auquel on trancha la tête le 28 juillet 1629. Il était réduit à la misère, et pressé d'une faim dévorante. Il mangea, un jour maigre, un morceau d'un cheval qu'on avait tué dans un pré voisin. Voilà son crime. Il fut condamné comme un sacrilége. S'il eût été riche, et qu'il se fût fait servir à souper pour deux cents écus de marée, en laissant mourir de faim les pauvres, il aurait été regardé comme un homme qui remplissait tous ses devoirs.

Voici le prononcé de la sentence du juge :

« Nous, après avoir vu toutes les pièces du procès et ouï l'avis des docteurs en droit, déclarons ledit Claude Guillon dûment atteint et convaincu d'avoir emporté de la viande d'un cheval tué dans le pré de cette ville, d'avoir fait cuire ladite viande le 31 mars, jour de samedi, et d'en avoir mangé, etc. »

Quels docteurs que ces docteurs en droit qui donnèrent leur avis! Est-ce chez les Topinambous et chez les Hottentots que ces aventures sont arrivées? La cour vémique était bien plus horrible; elle déléguait secrètement des commissaires qui allaient, sans être connus, dans toutes les villes d'Allemagne, prenaient des informations sans les dénoncer aux accusés, les jugeaient sans les entendre; et souvent, quand ils manquaient de bourreaux, le plus jeune des juges en faisait l'office, et pendait lui-même[1] le condamné. Il fallut, pour se soustraire aux assassinats de cette chambre, obtenir des lettres d'exemption, des sauvegardes des empereurs; encore furent-elles souvent inutiles. Cette cour de meurtriers ne fut pleinement dissoute que par Maximilien Ier; elle aurait dû l'être dans le sang des juges; le tribunal des dix à Venise était, en comparaison, un institut de miséricorde.

Que penser de ces horreurs et de tant d'autres? Est-ce assez de gémir sur la nature humaine? Il y eut des cas où il fallut la venger.

XIV. — *De la différence des lois politiques et des lois naturelles.* — J'appelle *lois naturelles* celles que la nature indique dans tous les temps à tous les hommes pour le maintien de cette justice que la nature, quoi qu'on en dise, a gravée dans nos cœurs. Partout le vol, la violence, l'homicide, l'ingratitude envers les parents bienfaiteurs, le parjure commis pour nuire et non pour secourir un innocent, la conspiration contre sa patrie, sont des délits évidents, plus ou moins sévèrement réprimés, mais toujours justement.

1. Voy. l'excellent *Abrégé chronologique de l'histoire d'Allemagne et du droit public*, sous l'année 803. — Ce livre est de Fr. Pfeffel. (Éd.)

J'appelle *lois politiques* ces lois faites selon le besoin présent, soit pour affermir la puissance, soit pour prévenir des malheurs.

On craint que l'ennemi ne reçoive des nouvelles d'une ville : on ferme les portes, on défend de s'échapper par les remparts, sous peine de mort.

On redoute une secte nouvelle, qui, se parant en public de son obéissance aux souverains, cabale en secret pour se soustraire à cette obéissance; qui prêche que tous les hommes sont égaux, pour les soumettre également à ses nouveaux rites; qui enfin, sous prétexte qu'il vaut mieux obéir à Dieu qu'aux hommes [1], et que la secte dominante est chargée de superstitions et de cérémonies ridicules, veut détruire ce qui est consacré par l'État : on statue la peine de mort contre ceux qui, en dogmatisant publiquement en faveur de cette secte, peuvent porter le peuple à la révolte.

Deux ambitieux disputent un trône, le plus fort l'emporte : il décerne peine de mort contre les partisans du plus faible. Les juges deviennent les instruments de la vengeance du nouveau souverain, et les appuis de son autorité. Quiconque était en relation, sous Hugues Capet, avec Charles de Lorraine, risquait d'être condamné à la mort, s'il n'était puissant.

Lorsque Richard III, meurtrier de ses deux neveux, eut été reconnu roi d'Angleterre, le grand jury fit écarteler le chevalier Guillaume Colingbourne [2], coupable d'avoir écrit à un ami du comte de Richemond, qui levait alors des troupes, et qui régna depuis sous le nom de Henri VII; on trouva deux lignes de sa main qui étaient d'un ridicule grossier : elles suffirent pour faire périr ce chevalier par un affreux supplice. Les histoires sont pleines de pareils exemples de justice.

Le droit de représailles est encore une de ces lois reçues des nations. Votre ennemi a fait pendre un de vos braves capitaines qui a tenu quelque temps dans un petit château ruiné contre une armée entière; un de ses capitaines tombe entre vos mains; c'est un homme vertueux que vous estimez et que vous aimez; vous le pendez par représailles. C'est la loi, dites-vous : c'est-à-dire que si votre ennemi s'est souillé d'un crime énorme, il faut que vous en commettiez un autre!

Toutes ces lois d'une politique sanguinaire n'ont qu'un temps, et l'on voit que ce ne sont pas de véritables lois, puisqu'elles sont passagères. Elles ressemblent à la nécessité où l'on s'est trouvé quelquefois, dans une extrême famine, de manger des hommes : on ne les mange plus dès qu'on a du pain.

XV. *Du crime de haute trahison. De Titus Oates, et de la mort d'Auguste de Thou.* — On appelle *haute trahison* un attentat contre la patrie ou contre le souverain qui la représente. Il est regardé comme un parricide; donc on ne doit pas l'étendre jusqu'aux délits qui n'approchent pas du parricide : car si vous traitez de haute trahison un vol

1. *Actes des Apôtres*, v, 29. (Éd.) — 2. En 1483. (Éd.)

dans une maison de l'État, une concussion, ou même des paroles séditieuses, vous diminuez l'horreur que le crime de haute trahison ou de lèse-majesté doit inspirer.

Il ne faut pas qu'il y ait rien d'arbitraire dans l'idée qu'on se forme des grands crimes. Si vous mettez un vol fait à un père par son fils, une imprécation d'un fils contre son père, dans le rang des parricides, vous brisez les liens de l'amour filial. Le fils ne regardera plus son père que comme un maître terrible. Tout ce qui est outré dans les lois tend à la destruction des lois.

Dans les crimes ordinaires, la loi d'Angleterre est favorable à l'accusé; mais dans celui de haute trahison, elle lui est contraire. L'ex-jésuite Titus Oates, ayant été juridiquement interrogé dans la chambre des communes, et ayant assuré par serment qu'il n'avait plus rien à dire, accusa cependant ensuite le secrétaire du duc d'York, depuis Jacques II, et plusieurs autres personnes, de haute trahison, et sa délation fut reçue : il jura d'abord devant le conseil du roi qu'il n'avait point vu ce secrétaire; et ensuite il jura qu'il l'avait vu. Malgré ces illégalités et ces contradictions, le secrétaire fut exécuté.

Ce même Oates et un autre témoin déposèrent que cinquante jésuites avaient comploté d'assassiner le roi Charles II, et qu'ils avaient vu des commissions du P. Oliva, général des jésuites, pour les officiers qui devaient commander une armée de rebelles. Ces deux témoins suffirent pour faire arracher le cœur à plusieurs accusés, et leur en battre les joues. Mais, en bonne foi, est-ce assez de deux témoins pour faire périr ceux qu'ils veulent perdre ? Il faut au moins que ces deux délateurs ne soient pas des fripons avérés; il faut encore qu'ils ne déposent pas des choses improbables.

Il est bien évident que si les deux plus intègres magistrats du royaume accusaient un homme d'avoir conspiré avec le muphti pour circoncire tout le conseil d'État, le parlement, la chambre des comptes, l'archevêque et la Sorbonne, en vain ces deux magistrats jureraient qu'ils ont vu les lettres du muphti; on croirait plutôt qu'ils sont devenus fous, qu'on n'aurait de foi à leur déposition. Il était tout aussi extravagant de supposer que le général des jésuites levait une armée en Angleterre, qu'il le serait de croire que le muphti envoie circoncire la cour de France. Cependant on eut le malheur de croire Titus Oates, afin qu'il n'y eût aucune sorte de folie atroce qui ne fût entrée dans la tête des hommes.

Les lois d'Angleterre ne regardent pas comme coupables d'une conspiration ceux qui en sont instruits et qui ne la révèlent pas : elles ont supposé que le délateur est aussi infâme que le conspirateur est coupable. En France, ceux qui savent une conspiration et ne la dénoncent pas sont punis de mort. Louis XI, contre lequel on conspirait souvent, porta cette loi terrible. Un Louis XII, un Henri IV ne l'eût jamais imaginée.

Cette loi non-seulement force un homme de bien à être délateur d'un crime qu'il pourrait prévenir par de sages conseils et par sa fermeté, mais elle l'expose encore à être puni comme calomniateur, parce qu'il est très-aisé que les conjurés prennent tellement leurs mesures qu'il ne puisse les convaincre.

Ce fut précisément le cas du respectable François-Auguste de Thou, conseiller d'État, fils du seul bon historien dont la France pouvait se vanter, égal à Guichardin par ses lumières, et supérieur peut-être par son impartialité.

La conspiration était tramée beaucoup plus contre le cardinal de Richelieu que contre Louis XIII. Il ne s'agissait point de livrer la France à des ennemis; car le frère du roi, principal auteur de ce complot, ne pouvait avoir pour but de livrer un royaume dont il se regardait encore comme l'héritier présomptif, ne voyant entre le trône et lui qu'un frère aîné mourant et deux enfants au berceau.

De Thou n'était coupable ni devant Dieu ni devant les hommes. Un des agents de Monsieur, frère unique du roi, du duc de Bouillon, prince souverain de Sedan, et du grand écuyer d'Effiat Cinq-Mars, avait communiqué de bouche le plan du complot au conseiller d'État. Celui-ci alla trouver le grand écuyer Cinq-Mars, et fit ce qu'il put pour le détourner de cette entreprise; il lui en remontra les difficultés. S'il eût alors dénoncé les conspirateurs, il n'avait aucune preuve contre eux; il eût été accablé par la dénégation de l'héritier présomptif de la couronne, par celle d'un prince souverain, par celle du favori du roi, enfin par l'exécration publique. Il s'exposait à être puni comme un lâche calomniateur.

Le chancelier Séguier même en convint en confrontant de Thou avec le grand écuyer. Ce fut dans cette confrontation que de Thou dit à Cinq-Mars ces propres paroles mentionnées au procès-verbal : « Souvenez-vous, monsieur, qu'il ne s'est point passé de journée que je ne vous aie parlé de ce traité pour vous en dissuader. » Cinq-Mars reconnut cette vérité. De Thou méritait donc une récompense plutôt que la mort au tribunal de l'équité humaine. Il méritait au moins que le cardinal de Richelieu l'épargnât; mais l'humanité n'était pas sa vertu. C'est bien ici le cas de quelque chose de plus que *summum jus, summa injuria*. L'arrêt de mort de cet homme de bien porte : « Pour avoir eu connaissance et participation desdites conspirations : » il ne dit point pour ne les avoir pas révélées. Il semble que le crime soit d'être instruit d'un crime, et qu'on soit digne de mort pour avoir des yeux et des oreilles.

Tout ce qu'on peut dire peut-être d'un tel arrêt, c'est qu'il ne fut pas rendu par justice, mais par des commissaires[1]. La lettre de la loi meurtrière était précise. C'est non-seulement aux jurisconsultes, mais à tous les hommes, de prononcer si l'esprit de la loi ne fut pas perverti. C'est une triste contradiction qu'un petit nombre d'hommes fasse périr comme criminel celui que toute une nation juge innocent et digne d'estime.

XVI. *De la révélation par la confession.* — Jaurigni et Balthazar Gérard, assassins du prince d'Orange Guillaume Ier, le dominicain

1. C'est le mot d'un moine de Marcoussis à François Ier. (Éd.)

Jacques Clément, Châtel, Ravaillac, et tous les autres parricides de ce temps-là, se confessèrent avant de commettre leurs crimes. Le fanatisme, dans ces siècles déplorables, était parvenu à un tel excès, que la confession n'était qu'un engagement de plus à consommer leur scélératesse; elle devenait sacrée, par cette raison que la confession est un sacrement.

Strada dit lui-même que Jaurigni « non ante facinus aggredi sustinuit, quam expiatam noxis animam apud dominicanum sacerdotem « cœlesti pane firmaverit. » « Jaurigni n'osa entreprendre cette action, sans avoir fortifié par le pain céleste son âme purgée par la confession aux pieds d'un dominicain. »

On voit dans l'interrogatoire de Ravaillac, que ce malheureux, sortant des feuillants, et voulant entrer chez les jésuites, s'était adressé au jésuite d'Aubigni; qu'après lui avoir parlé de plusieurs apparitions qu'il avait eues, il montra à ce jésuite un couteau sur la lame duquel un cœur et une croix étaient gravés, et qu'il dit ces propres mots au jésuite : « Ce cœur indique que le cœur du roi doit être porté à faire la guerre aux huguenots. »

Peut-être si d'Aubigni avait eu assez de zèle et de prudence pour faire instruire le roi de ces paroles, peut-être s'il avait dépeint l'homme qui les avait prononcées, le meilleur des rois n'aurait pas été assassiné.

Le vingtième auguste ou août, l'an 1610, trois mois après la mort de Henri IV, dont les blessures saignaient dans le cœur de tous les Français, l'avocat général Servin, dont la mémoire est encore illustre, requit qu'on fît signer aux jésuites les quatre articles suivants :

1° Que le concile est au-dessus du pape;

2° Que le pape ne peut priver le roi d'aucun de ses droits par l'excommunication;

3° Que les ecclésiastiques sont entièrement soumis au roi comme les autres;

4° Qu'un prêtre qui sait par la confession une conspiration contre le roi et l'État doit la révéler aux magistrats.

Le 22 le parlement rendit un arrêt par lequel il défendait aux jésuites d'enseigner la jeunesse avant d'avoir signé ces quatre articles : mais la cour de Rome était alors si puissante, et celle de France si faible, que cet arrêt fut inutile.

Un fait qui mérite d'être observé, c'est que cette même cour de Rome, qui ne voulait pas qu'on révélât la confession quand il s'agissait de la vie des souverains, obligeait les confesseurs à dénoncer aux inquisiteurs ceux que leurs pénitentes accusaient en confession de les avoir séduites, et d'avoir abusé d'elles. Paul IV, Pie IV, Clément VIII, Grégoire XV [1], ordonnèrent ces révélations. C'était un piége bien embarrassant pour les confesseurs et pour les pénitentes. C'était faire d'un sacrement un greffe de délations et même de sacriléges; car, par les

1. La constitution de Grégoire XV est du 30 août 1622. Voy. les *Mémoires ecclésiastiques* du jésuite d'Avrigny, si mieux n'aimez consulter le Bullaire.

anciens canons, et surtout par le concile de Latran tenu sous Innocent III, tout prêtre qui révèle une confession, de quelque nature que ce puisse être, doit être interdit et condamné à une prison perpétuelle.

Mais il y a bien pis; voilà quatre papes, aux seizième et dix-septième siècles, qui ordonnent la révélation d'un péché d'impureté, et qui ne permettent pas celle d'un parricide. Une femme avoue ou suppose dans le sacrement, devant un carme, qu'un cordelier l'a séduite : le carme doit dénoncer le cordelier. Un assassin fanatique, croyant servir Dieu en tuant son prince, vient consulter un confesseur sur ce cas de conscience : le confesseur devient sacrilége s'il sauve la vie à son souverain.

Cette contradiction absurde et horrible est une suite malheureuse de l'opposition continuelle qui règne depuis tant de siècles entre les lois ecclésiastiques et les lois civiles. Le citoyen se trouve pressé dans cent occasions entre le sacrilége et le crime de haute trahison; et les règles du bien et du mal sont ensevelies dans un chaos dont on ne les a pas encore tirées.

La confession de ses fautes a été autorisée de tout temps chez presque toutes les nations. On s'accusait dans les mystères d'Orphée, d'Isis, de Cérès, de Samothrace. Les Juifs faisaient l'aveu de leurs péchés le jour de l'expiation solennelle, et ils sont encore dans cet usage. Un pénitent choisit son confesseur, qui devient son pénitent à son tour; et chacun l'un après l'autre reçoit de son compagnon trente-neuf coups de fouet pendant qu'il récite trois fois la formule de confession, qui ne consiste qu'en treize mots, et qui, par conséquent, n'articule rien de particulier.

Aucune de ces confessions n'entra jamais dans les détails, aucune ne servit de prétexte à ces consultations secrètes que des pénitents fanatiques ont faites quelquefois pour avoir droit de pécher impunément, méthode pernicieuse qui corrompt une institution salutaire. La confession, qui était le plus grand frein des crimes, est souvent devenue, dans des temps de séduction et de trouble, un encouragement au crime même; et c'est probablement pour toutes ces raisons que tant de sociétés chrétiennes ont aboli une pratique sainte qui leur a paru aussi dangereuse qu'utile.

XVII. *De la fausse monnaie.* — Le crime de faire de la fausse monnaie est regardé comme haute trahison au second chef, et avec justice; c'est trahir l'État que voler tous les particuliers de l'État. On demande si un négociant qui fait venir des lingots d'Amérique, et qui les convertit chez lui en bonne monnaie, est coupable de haute trahison, et s'il mérite la mort. Dans presque tous les royaumes on les condamne au dernier supplice; il n'a pourtant volé personne : au contraire, il a fait le bien de l'État en lui procurant une plus grande circulation d'espèces. Mais il s'est arrogé le droit du souverain, il le vole en s'attribuant le petit bénéfice que le roi fait sur les monnaies. Il a fabriqué de bonnes espèces, mais il expose ses imitateurs à la tentation d'en faire de mauvaises. C'est beaucoup que la mort. J'ai connu un jurisconsulte qui voulait qu'on condamnât ce coupable, comme un homme habile et utile, à travailler à la monnaie du roi, les fers aux pieds.

XVIII. *Du vol domestique.* — Dans les pays où un petit vol domestique est puni par la mort, ce châtiment disproportionné n'est-il pas très-dangereux à la société? n'est-il pas une invitation même au larcin? car s'il arrive qu'un maître livre son serviteur à la justice pour un vol léger, et qu'on ôte la vie à ce malheureux, tout le voisinage a ce maître en horreur; on sent alors que la nature est en contradiction avec la loi, et que par conséquent la loi ne vaut rien.

Qu'arrive-t-il donc? Les maîtres volés, ne voulant pas se couvrir d'opprobre, se contentent de chasser leurs domestiques, qui vont voler ailleurs, et qui s'accoutument au brigandage. La peine de mort étant la même pour un petit larcin que pour un vol considérable, il est évident qu'ils chercheront à voler beaucoup. Ils pourront même devenir assassins quand ils croiront que c'est un moyen de n'être pas découverts.

Mais si la peine est proportionnée au délit, si le voleur domestique est condamné à travailler aux ouvrages publics, alors le maître le dénoncera sans scrupule; il n'y aura plus de honte attachée à la dénonciation; le vol sera moins fréquent. Tout prouve cette grande vérité, qu'une loi rigoureuse produit quelquefois les crimes.

XIX. *Du suicide.* — Le fameux Duverger de Hauranne, abbé de Saint-Cyran, regardé comme le fondateur de Port-Royal, écrivit, vers l'an 1608, un traité sur le suicide[1], qui est devenu un des livres les plus rares de l'Europe.

Le *Décalogue*, dit-il, ordonne de ne point tuer. L'homicide de soi-même ne semble pas moins compris dans ce précepte que le meurtre du prochain. Or, s'il est des cas où il est permis de tuer son prochain, il est aussi des cas où il est permis de se tuer soi-même; on ne doit attenter sur sa vie qu'après avoir consulté la raison.

L'autorité publique, qui tient la place de Dieu, peut disposer de notre vie. La raison de l'homme peut aussi tenir lieu de la raison de Dieu; c'est un rayon de la lumière éternelle[2].

1. Il fut imprimé in-12 à Paris, chez Toussaint Dubray, en 1609, avec privilége du roi: il doit être dans la bibliothèque de Sa Majesté.

2. Voici le texte de l'abbé de Saint-Cyran:

« Au commandement que Dieu a donné de ne tuer point, n'est pas moins compris le meurtre de soi-même que celui du prochain. C'est pourquoi il a été couché en ces mots généraux sans aucune modification, pour y comprendre toute sorte d'homicide. Or est-il que, nonobstant cette défense et sans y contrevenir, il arrive des circonstances qui donnent droit et pouvoir à l'homme de tuer son prochain. Il en pourra donc arriver d'autres qui lui donneront pouvoir de se tuer soi-même, sans enfreindre le même commandement.... Ce n'est donc pas de nous-mêmes, ni de notre propre autorité, que nous agirons contre nous-mêmes; et puisque cela se doit faire honnêtement et avec une action de vertu, ce sera par l'aveu et comme par l'entérinement de la raison. Et tout ainsi que la chose publique tient la place de Dieu quand elle dispose de notre vie, la raison de l'homme en cet endroit tiendra le lieu de la raison de Dieu; et comme l'homme n'a l'être qu'en vertu de l'être de Dieu, elle aura le pouvoir de ce faire pour ce que Dieu le lui aura donné; et Dieu le lui aura donné pour

Saint-Cyran étend beaucoup cet argument, qu'on peut prendre pour un pur sophisme; mais quand il vient à l'explication et aux détails, il est plus difficile de lui répondre. On peut, dit-il, se tuer pour le bien de son prince, pour celui de sa patrie, pour celui de ses parents[1].

On ne voit pas en effet qu'on puisse condamner les Codrus et les Curtius. Il n'y a point de souverain qui osât punir la famille d'un homme qui se serait dévoué pour lui; que dis-je? il n'en est point qui osât ne la pas récompenser. Saint Thomas, avant Saint-Cyran, avait dit la même chose. Mais on n'a besoin ni de Thomas, ni de Bonaventure, ni de Hauranne, pour savoir qu'un homme qui meurt pour sa patrie est digne de nos éloges.

L'abbé de Saint-Cyran conclut qu'il est permis de faire pour soi-même ce qu'il est beau de faire pour un autre. On sait assez tout ce qui est allégué dans Plutarque, dans Sénèque, dans Montaigne et dans cent autres philosophes en faveur du suicide. C'est un lieu commun épuisé. Je ne prétends point ici faire l'apologie d'une action que les lois condamnent; mais ni l'*Ancien Testament* ni le *Nouveau* n'ont jamais défendu à l'homme de sortir de la vie quand il ne peut plus la supporter. Aucune loi romaine n'a condamné le meurtre de soi-même. Au contraire, voici la loi de l'empereur Marc-Antonin, qui ne fut jamais révoquée:

« [2] Si votre père ou votre frère, n'étant prévenu d'aucun crime, se tue ou pour se soustraire aux douleurs, ou par ennui de la vie, ou par désespoir, ou par démence, que son testament soit valable, ou que ses héritiers succèdent par *intestat*. »

Malgré cette loi humaine de nos maîtres, nous traînons encore sur la claie, nous traversons d'un pieu le cadavre d'un homme qui est mort volontairement; nous rendons sa mémoire infâme; nous déshonorons sa famille autant qu'il est en nous; nous punissons le fils d'avoir perdu son père, et la veuve d'être privée de son mari. On confisque même le bien du mort; ce qui est en effet ravir le patrimoine des vivants auxquels il appartient. Cette coutume, comme plusieurs autres, est dérivée de notre droit canon, qui prive de la sépulture ceux qui meurent d'une mort volontaire. On conclut de là qu'on ne peut hériter d'un homme qui est censé n'avoir point d'héritage au ciel. Le droit canon, au titre *De pœnitentia*, assure que Judas commit un plus grand péché en s'étranglant qu'en vendant notre Seigneur Jésus-Christ.

ce qu'il lui a déjà donné un rayon de la lumière éternelle, afin de juger de l'état de ses actions. » Pages 8, 9, 16 et 17 du volume intitulé: *Question royalle et sa décision*, Paris, Toussaint Dubray, 1609, in-12, avec privilège du roi (*Note de M. Beuchot.*)

1. Voici encore le texte de Saint-Cyran:

« Je dis que l'homme y sera obligé pour le bien du prince et de la chose publique, pour divertir par sa mort les maux qu'il prévoit assurément devoir fondre sur elle s'il continuait de vivre.... Mais, pour montrer encore, outre ce que j'en ai déjà dit, l'obligation du père envers les enfants, comme à l'opposite de celle des enfants envers les pères, je crois que, sous les empereurs Néron et Tibère, ils étaient obligés de se tuer pour le bien de leur famille et de leurs enfants, etc. » *Idem*, pages 18, 19, 29, 30. (*Note de M. Beuchot.*)

2. Leg. 1, Cod. lib. IX, tit. L. *De bonis eorum qui sibi mortem*, etc.

XX. *D'une espèce de mutilation.* — On trouve dans le Digeste une loi d'Adrien[1] qui prononce peine de mort contre les médecins qui font des eunuques, soit en leur arrachant les testicules, soit en les froissant. On confisquait aussi par cette loi les biens de ceux qui se faisaient ainsi mutiler. On aurait pu punir Origène, qui se soumit à cette opération, ayant interprété rigoureusement ce passage de saint Matthieu : « Il en est qui se sont châtrés eux-mêmes pour le royaume des cieux. »

Les choses changèrent sous les empereurs suivants, qui adoptèrent le luxe asiatique, et surtout dans le bas empire de Constantinople, où l'on vit des eunuques devenir patriarches et commander des armées.

Aujourd'hui, à Rome, l'usage est qu'on châtre les enfants pour les rendre dignes d'être musiciens du pape, de sorte que *castrato* et *musico del papa* sont devenus synonymes. Il n'y a pas longtemps qu'on voyait à Naples en gros caractères, au-dessus de la porte de certains barbiers : *Qui si castrano maravigliosamente i putti.*

XXI. *De la confiscation attachée à tous les délits dont on a parlé.* — C'est une maxime reçue au barreau : « Qui confisque le corps confisque les biens ; » maxime en vigueur dans les pays où la coutume tient lieu de loi. Ainsi, comme nous venons de le dire, on y fait mourir de faim les enfants de ceux qui ont terminé volontairement leurs tristes jours, comme les enfants des meurtriers. Ainsi une famille entière est punie dans tous les cas pour la faute d'un seul homme.

Ainsi lorsqu'un père de famille aura été condamné aux galères perpétuelles par une sentence arbitraire[2], soit pour avoir donné retraite chez soi à un prédicant, soit pour avoir écouté son sermon dans quelque caverne ou dans quelque désert, la femme et les enfants sont réduits à mendier leur pain.

Cette jurisprudence, qui consiste à ravir la nourriture aux orphelins, et à donner à un homme le bien d'autrui, fut inconnue dans tout le temps de la république romaine. Sylla l'introduisit dans ses proscriptions. Il faut avouer qu'une rapine inventée par Sylla n'était pas un exemple à suivre. Aussi cette loi, qui semblait n'être dictée que par l'inhumanité et l'avarice, ne fut suivie ni par César, ni par le bon empereur Trajan, ni par les Antonins, dont toutes les nations prononcent encore le nom avec respect et avec amour. Enfin, sous Justinien, la confiscation n'eut lieu que pour le crime de lèse-majesté.

Il semble que, dans les temps de l'anarchie féodale, les princes et les seigneurs des terres, étant très-peu riches, cherchassent à augmenter leur trésor par les condamnations de leurs sujets, et qu'on voulût leur faire un revenu du crime. Les lois, chez eux, étant arbitraires, et la jurisprudence romaine ignorée, les coutumes ou bizarres ou cruelles prévalurent. Mais aujourd'hui que la puissance des souverains est fondée

1. Leg. 4, § 2, lib. XLVIII, tit. VIII. *Ad legem Corneliam de sicariis.*
2. Voy. l'édit de 1724, 14 mai, publié à la sollicitation du cardinal de Fleury, revu par lui.

sur des richesses immenses et assurées, leur trésor n'a pas besoin de s'enfler des faibles débris d'une famille malheureuse; ils sont abandonnés pour l'ordinaire au premier qui les demande. Mais est-ce à un citoyen à s'engraisser des restes du sang d'un autre citoyen?

La confiscation n'est point admise dans les pays où le droit romain est établi, excepté le ressort du parlement de Toulouse. Elle ne l'est point dans quelques pays coutumiers, comme le Bourbonnais, le Berri, le Maine, le Poitou, la Bretagne, où au moins elle respecte les immeubles. Elle était établie autrefois à Calais, et les Anglais l'abolirent lorsqu'ils en furent les maîtres. Il est assez étrange que les habitants de la capitale vivent sous une loi plus rigoureuse que ceux des petites villes : tant il est vrai que la jurisprudence a été souvent établie au hasard, sans régularité, sans uniformité, comme on bâtit des chaumières dans un village.

Qui croirait que, l'an 1673, dans le beau siècle de la France, l'avocat-général Omer Talon ait parlé ainsi en plein parlement, au sujet d'une demoiselle de Canillac[1]?

« Au chapitre XIII du *Deutéronome*, Dieu dit : « Si tu te rencontres « dans une ville et dans un lieu où règne l'idolâtrie, mets tout au fil de « l'épée, sans exception d'âge, de sexe, ni de condition. Rassemble « dans les places publiques toutes les dépouilles de la ville; brûle-la « tout entière avec ses dépouilles, et qu'il ne reste qu'un monceau de « cendres de ce lieu d'abomination. En un mot, fais-en un sacrifice « au Seigneur, et qu'il ne demeure rien en tes mains des biens de cet « anathème. »

« Ainsi, dans le crime de lèse-majesté, le roi était maître des biens, et les enfants en étaient privés. Le procès ayant été fait à Naboth, *quia maledixerat regi*, le roi Achab se mit en possession de son héritage. David étant averti que Miphiboseth s'était engagé dans la rébellion, donna tous ses biens à Siba qui lui en apporta la nouvelle : *Tua sint omnia quæ fuerunt Miphiboseth*[2]. »

Il s'agit de savoir qui héritera des biens de Mlle de Canillac, biens autrefois confisqués sur son père, abandonnés par le roi à un garde du trésor royal, et donnés ensuite par le garde du trésor royal à la testatrice. Et c'est sur ce procès d'une fille d'Auvergne qu'un avocat-général s'en rapporte à Achab, roi d'une partie de la Palestine, qui confisqua la vigne de Naboth après avoir assassiné le propriétaire par le poignard de la justice; action abominable qui est passée en proverbe pour inspirer aux hommes l'horreur de l'usurpation. Assurément la vigne de Naboth n'avait aucun rapport avec l'héritage de Mlle de Canillac. Le meurtre et la confiscation des biens de Miphiboseth, petit-fils du roi Saül, et fils de Jonathas, ami et protecteur de David, n'ont pas une plus grande affinité avec le testament de cette demoiselle.

C'est avec cette pédanterie, avec cette démence de citations étrangères au sujet, avec cette ignorance des premiers principes de la nature humaine, avec ces préjugés mal conçus et mal appliqués, que la

1. *Journal du palais*, t. I, p. 444. — 2. *II Rois*, XVI, 4. (ÉD.)

jurisprudence a été traitée par des hommes qui ont eu de la réputation dans leur sphère. On laisse aux lecteurs à se dire ce qu'il est superflu qu'on leur dise.

XXII. *De la procédure criminelle et de quelques autres formes.* — Si un jour des lois humaines adoucissent en France quelques usages trop rigoureux, sans pourtant donner des facilités au crime, il est à croire qu'on réformera aussi la procédure dans les articles où les rédacteurs ont paru se livrer à un zèle trop sévère. L'ordonnance criminelle, en plusieurs points, semble n'avoir été dirigée qu'à la perte des accusés. C'est la seule loi qui soit uniforme dans tout le royaume; ne devrait-elle pas être aussi favorable à l'innocent que terrible au coupable? En Angleterre, un simple emprisonnement fait mal à propos est réparé par le ministre qui l'a ordonné; mais en France, l'innocent qui a été plongé dans les cachots, qui a été appliqué à la torture, n'a nulle consolation à espérer, nul dommage à répéter contre personne; il reste flétri pour jamais dans la société. L'innocent flétri! et pourquoi? parce qu'il a été disloqué! il ne devrait exciter que la pitié et le respect. La recherche des crimes exige des rigueurs : c'est une guerre que la justice humaine fait à la méchanceté; mais il y a de la générosité et de la compassion jusque dans la guerre. Le brave est compatissant; faudrait-il que l'homme de loi fût barbare?

Comparons seulement ici, en quelques points, la procédure criminelle des Romains avec la nôtre.

Chez les Romains, les témoins étaient entendus publiquement, en présence de l'accusé, qui pouvait leur répondre, les interroger lui-même, ou leur mettre en tête un avocat. Cette procédure était noble et franche, elle respirait la magnanimité romaine.

Chez nous tout se fait secrètement. Un seul juge, avec son greffier, entend chaque témoin l'un après l'autre. Cette pratique, établie par François Ier, fut autorisée par les commissaires qui rédigèrent l'ordonnance de Louis XIV, en 1670. Une méprise seule en fut la cause.

On s'était imaginé, en lisant le code *de testibus*, que ces mots[1], *testes intrare judicii secretum*, signifiaient que les témoins étaient interrogés en secret. Mais *secretum* signifie ici le cabinet du juge. *Intrare secretum*, pour dire parler secrètement, ne serait pas latin. Ce fut un solécisme qui fit cette partie de notre jurisprudence.

Les déposants sont, pour l'ordinaire, des gens de la lie du peuple, et à qui le juge, enfermé avec eux, peut faire dire tout ce qu'il voudra. Ces témoins sont entendus une seconde fois, toujours en secret, ce qui s'appelle *récolement*. Et si, après ce récolement, ils se rétractent dans leurs dépositions, ou s'ils les changent dans des circonstances essentielles, ils sont punis comme faux témoins. De sorte que lorsqu'un homme d'un esprit simple, et ne sachant pas s'exprimer, mais ayant le cœur droit, et se souvenant qu'il en a dit trop ou trop peu, qu'il a mal entendu le juge, ou que le juge l'a mal entendu, révoque ce qu'il a

1. Voy. Bornier, titre VI, article II, *Des informations*.

dit par un principe de justice, il est puni comme un scélérat, et il est forcé souvent de soutenir un faux témoignage, par la seule crainte d'être traité en faux témoin.

En fuyant, il s'expose à être condamné, soit que le crime ait été prouvé, soit qu'il ne l'ait pas été. Quelques jurisconsultes, à la vérité, ont assuré que le contumax ne devait pas être condamné, si le crime n'était pas clairement prouvé ; mais d'autres jurisconsultes, moins éclairés, et peut-être plus suivis, ont eu une opinion contraire ; ils ont osé dire que la fuite de l'accusé était une preuve du crime; que le mépris qu'il marquait pour la justice, en refusant de comparaître, méritait le même châtiment que s'il était convaincu. Ainsi, suivant la secte des jurisconsultes que le juge aura embrassée, l'innocent sera absous ou condamné.

C'est un grand abus dans la jurisprudence française, que l'on prenne souvent pour loi les rêveries et les erreurs, quelquefois cruelles, d'hommes sans aveu qui ont donné leurs sentiments pour des lois.

Sous le règne de Louis XIV on a fait deux ordonnances qui sont uniformes dans tout le royaume. Dans la première[1], qui a pour objet la procédure civile, il est défendu aux juges de condamner, en matière civile, sur défaut, quand la demande n'est pas prouvée; mais dans la seconde[2], qui règle la procédure criminelle, il n'est point dit que, faute de preuves, l'accusé sera renvoyé. Chose étrange! la loi dit qu'un homme à qui on demande quelque argent ne sera condamné par défaut qu'au cas que la dette soit avérée; mais s'il est question de la vie, c'est une controverse au barreau, de savoir si l'on doit condamner le contumax quand le crime n'est pas prouvé; et la loi ne résout pas la difficulté.

Quand l'accusé a pris la fuite, vous commencez par saisir et annoter tous ses biens; vous n'attendez pas seulement que la procédure soi achevée. Vous n'avez encore aucune preuve, vous ne savez pas encore s'il est innocent ou coupable, et vous commencez par lui faire des frais immenses!

C'est une peine, dites-vous, dont vous punissez sa désobéissance au décret de prise de corps. Mais l'extrême rigueur de votre pratique criminelle ne le force-t-elle pas à cette désobéissance?

Un homme est-il accusé d'un crime, vous l'enfermez d'abord dans un cachot affreux; vous ne lui permettez communication avec personne; vous le chargez de fers, comme si vous l'aviez déjà jugé coupable. Les témoins qui déposent contre lui sont entendus secrètement; il ne les voit qu'un moment à la confrontation; avant d'entendre leurs dépositions, il doit alléguer les moyens de reproches qu'il a contre eux; il faut les circonstancier; il faut qu'il nomme au même instant toutes les personnes qui peuvent appuyer ces moyens; il n'est plus admis aux reproches après la lecture des dépositions. S'il montre aux témoins, ou qu'ils ont exagéré les faits, ou qu'ils en ont omis d'autres, ou qu'ils se sont trompés sur des détails, la crainte du supplice les fera

1. De 1667. (Éd.) — 2. De 1670. (Éd.)

persister dans leur parjure. Si des circonstances que l'accusé aura énoncées dans son interrogatoire sont rapportées différemment par des témoins, c'en sera assez à des juges, ou ignorants, ou prévenus, pour condamner un innocent.

Quel est l'homme que cette procédure n'épouvante pas? quel est l'homme juste qui puisse être sûr de n'y pas succomber? O juges! voulez-vous que l'innocent accusé ne s'enfuie pas? facilitez-lui les moyens de se défendre.

La loi semble obliger le magistrat à se conduire envers l'accusé plutôt en ennemi qu'en juge. Ce juge est le maître d'ordonner[1] la confrontation du prévenu avec le témoin, ou de l'omettre. Comment une chose aussi nécessaire que la confrontation peut-elle être arbitraire?

L'usage semble en ce point contraire à la loi, qui est équivoque; il y a toujours confrontation, mais le juge ne confronte pas toujours tous les témoins; il omet souvent ceux qui ne lui semblent pas faire une charge considérable: cependant tel témoin qui n'a rien dit contre l'accusé dans l'information peut déposer en sa faveur à la confrontation. Le témoin peut avoir oublié des circonstances favorables au prévenu; le juge même peut n'avoir pas senti d'abord la valeur de ces circonstances, et ne les avoir pas rédigées. Il est donc très-important que l'on confronte tous les témoins avec le prévenu, et qu'en ce point la confrontation ne soit pas arbitraire.

S'il s'agit d'un crime, le prévenu ne peut avoir d'avocat; alors il prend le parti de la fuite: c'est ce que toutes les maximes du barreau lui conseillent; mais, en fuyant, il peut être condamné, soit que le crime ait été prouvé, soit qu'il ne l'ait pas été. Ainsi donc un homme à qui l'on demande quelque argent n'est condamné par défaut qu'au cas que la dette soit avérée; mais s'il est question de sa vie, on peut le condamner par défaut quand le crime n'est pas constaté. Quoi donc! la loi aurait fait plus de cas de l'argent que de la vie? O juges! consultez le pieux Antonin et le bon Trajan; ils défendent que les absents soient condamnés[1].

Quoi! votre loi permet qu'un concussionnaire, un banqueroutier frauduleux ait recours au ministère d'un avocat; et très-souvent un homme d'honneur est privé de ce secours! S'il peut se trouver une seule occasion où un innocent serait justifié par le ministère d'un avocat, n'est-il pas clair que la loi qui l'en prive est injuste?

Le premier président de Lamoignon disait contre cette loi, que « l'avocat ou conseil qu'on avait accoutumé de donner aux accusés n'est point un privilége accordé par les ordonnances ni par les lois: c'est une liberté acquise par le droit naturel, qui est plus ancien que toutes les lois humaines. La nature enseigne à tout homme qu'il doit avoir recours aux lumières des autres quand il n'en a pas assez pour se con-

1. *Et, si besoin est, confrontez*, dit l'ordonnance de 1670, titre XV, article premier.

2. *Digest.*, loi I, lib. XLIX, tit. XVII, *de Requirendis vel absentibus damnandis*; et loi V, lib. XLVIII, tit. XIX, *de Pœnis*.

duire, et emprunter du secours quand il ne se sent pas assez fort pour se défendre. Nos ordonnances ont retranché aux accusés tant d'avantages, qu'il est bien juste de leur conserver ce qui leur reste, et principalement l'avocat qui en fait la partie la plus essentielle. Que si l'on veut comparer notre procédure à celle des Romains et des autres nations, on trouvera qu'il n'y en a point de si rigoureuse que celle que l'on observe en France, particulièrement depuis l'ordonnance de 1539[1]. »

Cette procédure est bien plus rigoureuse depuis l'ordonnance de 1670. Elle eût été plus douce, si le plus grand nombre des commissaires eût pensé comme M. de Lamoignon.

Le parlement de Toulouse a un usage bien singulier dans les preuves par témoins. On admet ailleurs des demi-preuves, qui au fond ne sont que des doutes; car on sait qu'il n'y a point de demi-vérités : mais à Toulouse on admet des quarts et des huitièmes de preuves. On y peut regarder, par exemple, un ouï-dire comme un quart, un autre ouï-dire plus vague comme un huitième; de sorte que huit rumeurs qui ne sont qu'un écho d'un bruit mal fondé peuvent devenir une preuve complète, et c'est à peu près sur ce principe que Jean Calas fut condamné à la roue. Les lois romaines exigeaient des preuves *luce meridiana clariores.*

XXIII. *Idée de quelque réforme.* — La magistrature est si respectable, que le seul pays[2] de la terre où elle est vénale fait des vœux pour être délivré de cet usage. On souhaite que le jurisconsulte puisse parvenir par son mérite à rendre la justice qu'il a défendue par ses veilles, par sa voix et par ses écrits. Peut-être alors on verrait naître, par d'heureux travaux, une jurisprudence régulière et uniforme.

Jugera-t-on toujours différemment la même cause en province et dans la capitale ? Faut-il que le même homme ait raison en Bretagne, et tort en Languedoc ? Que dis-je ? il y a autant de jurisprudences que de villes; et dans le même parlement la maxime d'une chambre n'est pas celle de la chambre voisine[3].

Quelle prodigieuse contrariété entre les lois du même royaume ! A Paris, un homme qui a été domicilié dans la ville un an et un jour est réputé bourgeois. En Franche-Comté, un homme libre qui a demeuré un an et un jour dans une maison mainmortable devient esclave; ses collatéraux n'hériteraient pas de ce qu'il aurait acquis ailleurs; et ses propres enfants sont réduits à la mendicité, s'ils ont passé un an loin de la maison où le père est mort. La province est nommée franche, mais quelle franchise !

Quand on veut poser des limites entre l'autorité civile et les usages ecclésiastiques, quelles disputes interminables ! où sont ces limites ? Qui conciliera les éternelles contradictions du fisc et de la jurisprudence ? Enfin, pourquoi, dans certains pays, les arrêts ne sont-ils jamais motivés ? Y aurait-il quelque honte à rendre raison de son juge-

1. *Procès verbal de l'ordonnance*, p. 163. — 2. La France. (ÉD.)
3. Voy. sur cela le président Bouhier.

ment? Pourquoi ceux qui jugent au nom du souverain ne présentent-ils pas au souverain leurs arrêts de mort avant qu'on les exécute?

De quelque côté qu'on jette les yeux, on trouve la contrariété, la dureté, l'incertitude, l'arbitraire. Nous cherchons dans ce siècle à tout perfectionner; cherchons donc à perfectionner les lois dont nos vies et nos fortunes dépendent.

APPEL AU PUBLIC

CONTRE UN RECUEIL DE PRÉTENDUES LETTRES DE M. DE VOLTAIRE.

(1766.)

Le devoir des journalistes ne se borne pas à rendre un hommage public aux grands hommes qui illustrent ce siècle; ils doivent encore s'élever contre l'imposture, qui cherche à déprimer les talents les plus marqués, ou tout au moins à troubler le repos philosophique des hommes les plus célèbres. M. de Voltaire est souvent dans ce cas; les pièces que nous allons mettre sous les yeux du public vont le faire sentir mieux que tout ce que nous pourrions dire, et nous commencerons par l'avertissement suivant :

LETTRES DE M. DE VOLTAIRE À SES AMIS DU PARNASSE, AVEC NOTES HISTORIQUES ET CRITIQUES. A GENÈVE[1], 1766.

Avertissement de l'Éditeur. — « Malgré les protestations de M. de Voltaire contre les premières *Lettres secrètes* qui furent publiées l'an passé, en voici de nouvelles qu'il désavouera probablement aussi, mais qui portent avec elles les preuves de leur authenticité. Toutes ou presque toutes les personnes à qui elles sont adressées, ainsi que celles dont il est parlé, vivent encore. Ce qui rend ces lettres d'autant plus intéressantes, c'est qu'ayant été écrites depuis 1760 jusqu'à la fin de 1765, elles contiennent quantité d'anecdotes curieuses de ce temps, des discussions littéraires, historiques et philosophiques, etc. Elles n'ont donc pas besoin d'une autre recommandation que le nom de leur illustre auteur. *Tolle, lege, et vale.* »

Qui ne croirait, après avoir lu cet avertissement, que l'éditeur a eu entre les mains les originaux du peu de lettres qu'il a pu ramasser de M. de Voltaire; et que du moins il n'a pas joint à la malhonnêteté de les imprimer sans le consentement de l'auteur, l'infidélité de les altérer et de les empoisonner?

Certificat de M. Damilaville. — « Au mois de mai[2] 1765, M. de Voltaire m'écrivit une lettre aussi touchante que sublime, sur les malheurs des Calas et des Sirven.

1. Ces *Lettres* n'ont point été imprimées à Genève, mais à Amsterdam.
2. Lisez *mars*. (ÉD.)

« Cette lettre fut imprimée, et généralement regardée comme ce qui avait été écrit de plus beau sur ce sujet.

« Un homme, je ne sais quel, s'avise, au mépris de l'honnêteté publique, d'imprimer en Hollande un recueil qu'il intitule : *Lettres de M. de Voltaire à ses amis du Parnasse, avec des notes historiques et critiques*, qu'on nommerait à plus juste titre, du moins pour la plupart, indécentes et calomnieuses.

« Cet homme, qui ne me connaît point, m'appelle M. Damoureux; il insère sous ce nom, dans son recueil, la lettre que M. de Voltaire m'a adressée; et, comme s'il ne lui suffisait pas d'être calomnieux, il se rend faussaire.

« Il intercale dans cette lettre un paragraphe entier de sa façon, et dit, dans une de ses notes : que c'est un long passage que le censeur n'a pas voulu laisser dans la première édition faite à Paris; qu'il l'a restitué d'autant plus volontiers, qu'il achève de peindre M. de Voltaire.

« Ce paragraphe commence à la fin de la page 181 du Recueil, par ces mots : *Ce fou triste*, et finit au bas de la page 182 par ceux-ci, *dans les sublimes forêts de la Suisse philosophe*.

« Il est superflu d'ajouter que ce passage ne contient pas un mot qui soit de M. de Voltaire; il suffit de le lire pour être convaincu qu'il est impossible qu'il l'ait écrit, et que jamais il n'a fait partie de la lettre dans laquelle on a osé l'ajouter. L'incohérence des choses, celle du style et des pensées, le prouvent assez [1]; mais je l'atteste à quiconque en pourrait douter, et je m'engage à en prouver l'interpolation et la fausseté par le manuscrit original de cette lettre, que je déclare avoir entre mes mains. Fait à Paris, le 17 septembre 1766.

« DAMILAVILLE. »

Certificat de M. Deodati de Tovazzi. — « Monsieur, il n'est que trop vrai; dans tous les temps des imposteurs ont cherché, par de noires calomnies, à obscurcir les réputations les plus brillantes.

« Supérieur à la plupart des hommes par la beauté du génie, les talents, et l'étendue des connaissances, vous avez été plus exposé qu'un autre aux traits de l'envie; mais cette supériorité même vous en a fait triompher. Votre siècle applaudit à votre mérite, et la postérité souscrira aux justes éloges que vous recevez.

« Pour confondre l'imposture dont vous vous plaignez, et qui attaque en même temps un seigneur si estimable par son zèle patriotique et son amour pour le roi, le moyen le plus sûr est, je crois, de vous envoyer la lettre que vous me fîtes l'honneur de m'écrire, en date du 24 janvier 1761, telle que je la fis imprimer alors à la suite de ma *Dissertation sur la langue italienne*, avec ma réponse, et de certifier qu'elle est en tout conforme à l'original. Vous trouverez ce certificat signé de ma main au bas de cette lettre imprimée que je vous envoie; vous en ferez tel usage que vous voudrez. Si ce moyen ne suffisait pas,

1. On lit dans ces interpolations ces paroles : « Plusieurs dames de la cour sont d'agréables commères qui aiment Jean-Jacques comme leur toutou. »

je vous prie de m'en envoyer un autre, je l'emploierai avec ardeur, ne désirant rien tant que de vous prouver mon zèle, et de me conformer à vos intentions.

« A Paris, ce 21 septembre 1766.

« DEODATI DE TOVAZZI. »

Certificat de M. le duc de La Vallière. — « Quand j'aurais moins d'amitié pour vous, monsieur, le respect qu'on doit à la vérité me forcerait de lui rendre hommage, en déclarant, le plus authentiquement qu'il est possible, que la lettre que vous m'avez adressée, et qui commence par ces mots : *Votre procédé est de l'ancienne chevalerie*, est falsifiée en beaucoup d'endroits dans le Recueil où elle est imprimée.

« Mon indignation est d'autant plus juste, qu'on vous fait dire du mal de gens que vous avez toujours aimés, et qu'on vous y donne un caractère qui certainement a toujours été fort éloigné de votre façon de penser; c'est une justice que je vous dois, et que je suis peut-être plus à portée de vous rendre que personne par la liaison que j'ai eue avec vous pendant votre séjour à Paris, et par la correspondance que j'ai été charmé d'entretenir depuis que vous en êtes parti. J'ajouterai encore que j'ai trouvé la même infidélité dans la lettre de M. Deodati, qui est indignement altérée dans cette collection.

« Vous ferez, monsieur, de ma lettre l'usage que vous voudrez; je serai enchanté de faire un aveu public et de l'estime que m'inspire la supériorité de vos talents, et de la juste indignation que me causent de pareilles falsifications.

« A Paris, le 1er novembre 1766.

« Le duc de LA VALLIÈRE. »

Autre certificat. — « La lettre à milord Littleton est entièrement défigurée [1].

« L'*Épître* en vers *à Sophie* n'est pas de M. de Voltaire; elle est de M. Dorat, et est imprimée dans ses Œuvres.

« La lettre de M. Gouju ne peut être de M. de Voltaire; il n'a jamais eu la moindre correspondance avec M. de Lyoncy [2].

« La lettre que j'écrivis moi-même [3] à M. La Douze est aussi corrompue que toutes les autres; et j'atteste que je n'ai jamais écrit ces mots impertinents : *Une jolie femme très-riche*, *très-dévote*, etc.; cette addition est une imposture.

« Mme la marquise du Deffand peut certifier que la lettre XXVIe, qui lui est adressée dans ce Recueil, est falsifiée entièrement; et moi, qui l'ai écrite sous la dictée de M. de Voltaire, dans le temps qu'il était

1. Elle a été écrite en anglais; on en donnait une traduction inexacte. (*Note de M. Beuchot.*)

2. Il est vrai que Voltaire n'était pas en correspondance avec Lyoncy; mais c'est sous le nom de Charles Gouju qu'il composa, en 1761, cette lettre. (*Id.*)

3. La lettre une fois lancée dans le public sous le nom du secrétaire de Voltaire, Wagnière a dû s'en dire l'auteur. Mais cette pièce est de Voltaire lui-même. Le passage dont il se plaint, et que j'ai conservé en note, peut être une interpolation : mais le *P. S.*, tel qu'il est dans les *Lettres aux amis du Parnasse*, et que j'ai mis en note, paraît être de Voltaire. (*Id.*)

privé de la vue par des fluxions, je l'atteste, et je donne un démenti à l'éditeur.

« A l'égard des notes dont l'éditeur a chargé ce Recueil, il y traite les magistrats de Genève de juges infâmes, page 122. C'est à eux à en demander le châtiment. Je fais mon devoir en manifestant l'horreur et le mépris que doivent inspirer de pareilles manœuvres.

« A Genève, le 1er novembre 1766.

« WAGNIÈRE. »

Ces témoignages sont assez convaincants pour qu'on soit en droit de réclamer la justice du public.

Le même éditeur commence son recueil par trois lettres qu'il n'attribue pas expressément à M. de Voltaire, mais dont il semble charger feu M. de Montesquieu. Ces trois lettres sont supposées être écrites à un Anglais nommé le chevalier de Bruan, qui n'a jamais existé. « Souvenez-vous, dit-il, de Cromwell; l'argent suffit pour corrompre le parlement. » M. de Montesquieu n'a pu dire une telle sottise. Il savait bien que Cromwell n'avait pas corrompu le parlement par argent, et qu'il l'avait subjugué par le fanatisme et par l'épée.

Voici les paroles que l'éditeur prête à M. de Montesquieu à la fin de la troisième lettre :

« Il est presque impossible, mon cher Philinte, qu'il y ait un grand homme parmi nos rois, puisqu'ils sont abrutis, dès le berceau, par une foule de scélérats qui les environnent. »

Jamais ni le président de Montesquieu, ni M. de Voltaire, n'ont écrit au cher Philinte; ce qui est véritablement impossible, c'est qu'ils se soient servis de ces expressions grossières contre les Montausier, les Beauvilliers, les Bossuet, et les Fénelon, chargés de l'éducation des enfants de France.

On ne sait ce qui est plus condamnable, ou l'audace de cet emportement ridicule, ou l'imputation de cet emportement à l'auteur de l'*Esprit des lois* et à celui du *Siècle de Louis XIV*.

C'est ainsi qu'en 1753 un faussaire[1] fit une édition furtive du *Siècle de Louis XIV*, dans laquelle il inséra les injures les plus scandaleuses contre ce monarque et contre toute sa cour, avec les plus horribles mensonges.

Cette nouvelle méthode de défigurer les ouvrages les plus connus, et de les remplir de venin pour les mieux vendre, a commencé par l'abbé Desfontaines, qui fit une édition de la *Henriade*, in-12, à Évreux, dans laquelle il glissa ces deux vers avec plusieurs autres dans le même goût :

Et malgré les Perrault, et malgré les Houdart,
On verra le bon goût fleurir de toute part.

On imprima, il y a quelques années, sous le nom de M. de Voltaire,

1. La Beaumelle. (Éd.)

un ouvrage assez connu, où l'on a forgé plus de trois cents vers, tels que ceux-ci :

Il eût mieux fait, certes, le pauvre sire,
De se gaudir avec sa Margoton, etc....

Voilà les traits les plus honnêtes de tous ceux qu'on osa mettre sur le compte d'un homme qui ne passe pas pour écrire de ce style. Ces vers sont assez dignes de la prose qu'on lui attribue, et ressemblent fort au toutou.

Ainsi, pendant qu'il consacrait toute sa vie à la retraite, à l'étude, et aux arts, on s'est servi de son nom pour décrier ces mêmes arts. Et quiconque a voulu procurer du débit à un ouvrage, n'a pas manqué de le vendre sous ce nom trop connu.

Il n'y a point d'homme de lettres un peu au fait de la librairie, qui ne sache que le *Dictionnaire philosophique* est de plusieurs mains; et on en a des preuves authentiques. Cependant des calomniateurs se sont acharnés à l'attribuer à l'auteur de la *Henriade;* et de pareilles calomnies se renouvellent tous les jours.

On doit répéter ici qu'il ne faut jamais répondre aux critiques sur des objets de goût; mais il faut confondre le mensonge. M. de Voltaire a rempli son devoir, quand il a réprimé l'insolence de celui qui prétendait avoir été reçu dans son château, près de Lausanne, et avoir appris ses sentiments de sa propre bouche. Il a dû dire que jamais il n'avait eu de château près de Lausanne; que jamais il n'avait vu cet abbé Guyon, qui disait l'avoir vu si souvent dans ce prétendu château.

Il a dû réfuter de même les mensonges historiques d'un nommé Nonotte, ex-jésuite, auteur d'un traité en faveur de l'usure, qui n'a pas même pu trouver d'imprimeur, et qui, dans deux volumes intitulés *les Erreurs*, n'a débité, en effet, que des erreurs avec autant de malignité que d'ignorance.

Il faut écraser quelquefois les serpents qui rongent la lime, parce qu'ils peuvent mordre celui qui la tient. Le petit serpent[1], qui a osé attaquer M. d'Alembert, M. Hume, et tant d'autres hommes considérables, dans des *Lettres* à un prétendu lord, mériterait la même correction si on pouvait lire son ouvrage.

Mais, en général, on doit dire que l'art de l'imprimerie, si nécessaire aux nations policées, n'a jamais été si indignement prostitué; des faussaires s'en emparent, et des marchands libraires de Hollande vendent la calomnie dans leurs boutiques à deux sous la feuille. On n'a d'autre ressource contre ces indignités que de les faire connaître.

J'ajoute aux déclarations ci-dessus, que ce recueil de mes prétendues lettres, et un autre recueil qu'on vient de faire à Avignon, en deux volumes, ne sont qu'un tissu d'impostures. De telles éditions sont

1. Vernet. (Éd.)

un véritable crime de faux, et je m'étonne qu'il y ait un seul gouvernement dans le monde qui tolère une licence si coupable.

VOLTAIRE,
Gentilhomme ordinaire de la chambre du roi,
l'un des quarante de l'Académie française.

DU GOUVERNEMENT
ET
DE LA DIVINITÉ D'AUGUSTE.

(1766.)

Ceux qui aiment l'histoire sont bien aises de savoir à quel titre un bourgeois de Velletri gouverna un empire qui s'étendait du mont Taurus au mont Atlas, et de l'Euphrate à l'Océan occidental. Ce ne fut point comme dictateur perpétuel, ce titre avait été trop funeste à Jules César. Auguste ne le porta que onze jours. La crainte de périr comme son prédécesseur, et les conseils d'Agrippa, lui firent prendre d'autres mesures. Il accumula insensiblement sur sa tête toutes les dignités de la république. Treize consulats, le tribunat renouvelé en sa faveur de dix ans en dix ans, le nom de prince du sénat, celui d'empereur, qui d'abord ne signifiait que général d'armée, mais auquel il sut donner une dénomination plus étendue, ce sont là les titres qui semblèrent légitimer sa puissance. Le sénat ne perdit rien de ses honneurs; il conserva même toujours de très-grands droits. Auguste partagea avec lui toutes les provinces de l'empire; mais il retint pour lui les principales : enfin, maître de l'argent et des troupes, il fut en effet souverain.

Ce qu'il y eut de plus étrange, c'est que Jules César ayant été mis au rang des dieux après sa mort, Auguste fut dieu de son vivant. Il est vrai qu'il n'était pas tout à fait dieu à Rome, mais il l'était dans les provinces. Il y avait des temples et des prêtres. L'abbaye d'Ainay, à Lyon, était un beau temple d'Auguste. Horace lui dit :

Jurandasque tuum per nomen ponimus aras.

Cela veut dire qu'il y avait, chez les Romains même, d'assez bons courtisans pour avoir dans leurs maisons de petits autels qu'ils dédiaient à Auguste. Il fut donc en effet canonisé de son vivant; et le nom de dieu devint le titre, ou le sobriquet, de tous les empereurs vivants. Caligula se fit dieu sans difficulté; il se fit adorer dans le temple de Castor et de Pollux. Sa statue était posée entre ces deux gémeaux; on lui immolait des paons, des faisans, des poules de Numidie, jusqu'à ce qu'enfin on l'immola lui-même. Néron eut le nom de dieu avant qu'il fût condamné par le sénat à mourir par le supplice des esclaves.

Ne nous imaginons pas que ce nom de dieu signifiait, chez ces monstres, ce qu'il signifie parmi nous; le blasphème ne pouvait être porté jusque-là. *Divus* voulait dire précisément *Sanctus*. De la liste des proscriptions, et de l'épigramme ordurière contre Fulvie, il y a loin jusqu'à la divinité. Il y eut onze conspirations contre ce dieu, si l'on compte la prétendue conjuration de Cinna : mais aucune ne réussit; et de tous ces misérables qui usurpèrent les honneurs divins, Auguste fut sans doute le plus fortuné. Il fut véritablement celui par lequel la république romaine périt; car César n'avait été dictateur que dix mois, et Auguste régna plus de quarante années. Ce fut dans cet espace de temps que les mœurs changèrent avec le gouvernement. Les armées, composées autrefois de légions romaines et des peuples d'Italie, furent, dans la suite, formées de tous les peuples barbares. Elles mirent sur le trône des empereurs de leurs pays.

Dès le troisième siècle il s'éleva trente tyrans presque à la fois, dont les uns étaient de la Transylvanie, les autres des Gaules, d'Angleterre, ou d'Allemagne. Dioclétien était le fils d'un esclave de Dalmatie. Maximien Hercule était un villageois de Sirmik. Théodose était d'Espagne, qui n'était pas alors un pays fort policé.

On sait assez comment l'empire romain fut enfin détruit, comment les Turcs en ont subjugué la moitié, et comment le nom de l'autre moitié subsiste encore sur les rives du Danube chez les Marcomans. Mais la plus singulière de toutes les révolutions, et le plus étonnant de tous les spectacles, c'est de voir par qui le Capitole est habité aujourd'hui.

DES

CONSPIRATIONS CONTRE LES PEUPLES,

OU DES PROSCRIPTIONS.

(1766.)

Conspirations ou proscriptions juives. — L'histoire est pleine de conspirations contre les tyrans; mais nous ne parlerons ici que de conspirations des tyrans contre les peuples. Si l'on remonte à la plus haute antiquité parmi nous; si l'on ose chercher les premiers exemples des proscriptions dans l'histoire des Juifs; si nous séparons ce qui peut appartenir aux passions humaines de ce que nous devons révérer dans les décrets éternels; si nous ne considérons que l'effet terrible d'une cause divine, nous trouverons d'abord une proscription de vingt-trois mille Juifs après l'idolâtrie d'un veau d'or[1]; une de vingt-quatre mille pour punir l'Israélite qu'on avait surpris dans les bras d'une Madianite[2]; une de quarante-deux mille hommes de la tribu d'Éphraïm,

1. *Exode*, XXXII, 28. (Éd.) — 2. *Nombres*, XXV, 9 (Éd.)

égorgés à un gué du Jourdain[1]. C'était une vraie proscription; car ceux de Galaad, qui exerçaient la vengeance de Jephté contre les Éphraïmites, voulaient connaître et démêler leurs victimes en leur faisant prononcer l'un après l'autre le mot *shibolet* au passage de la rivière; et ceux qui disaient *sibolet*, selon la prononciation éphraïmite, étaient reconnus et tués sur-le-champ. Mais il faut considérer que cette tribu d'Éphraïm ayant osé s'opposer à Jephté, choisi par Dieu même pour être le chef de son peuple, méritait sans doute un tel châtiment.

C'est pour cette raison que nous ne regardons point comme une injustice l'extermination entière des peuples du Canaan; ils s'étaient sans doute attiré cette punition par leurs crimes; ce fut le Dieu vengeur des crimes qui les poursuivit; les Juifs n'étaient que les bourreaux.

Celle de Mithridate. — De telles proscriptions, commandées par la Divinité mêne, ne doivent pas sans doute être imitées par les hommes; aussi le genre humain ne vit point de pareils massacres jusqu'à Mithridate. Rome ne lui avait pas encore déclaré la guerre, lorsqu'il ordonna qu'on assassinât tous les Romains qui se trouvaient dans l'Asie Mineure. Plutarque fait monter le nombre des victimes à cent cinquante mille[1]; Appien le réduit à quatre-vingt mille[2].

Plutarque n'est guère croyable, et Appien probablement exagère. Il n'est pas vraisemblable que tant de citoyens romains demeurassent dans l'Asie Mineure, où ils avaient alors peu d'établissements. Mais quand ce nombre serait réduit à la moitié, Mithridate n'en serait pas moins abominable. Tous les historiens conviennent que le massacre fut général, et que ni les femmes ni les enfants ne furent épargnés.

Celles de Sylla, de Marius, et des Triumvirs. — Mais, environ dans ce temps-là même, Sylla et Marius exercèrent sur leurs compatriotes la même fureur qu'ils éprouvaient en Asie. Marius commença les proscriptions, et Sylla le surpassa. La raison humaine est confondue quand elle veut juger les Romains. On ne conçoit pas comment un peuple chez qui tout était à l'enchère, et dont la moitié égorgeait l'autre, put être dans ce temps-là même le vainqueur de tous les rois. Il y eut une horrible anarchie depuis les proscriptions de Sylla jusqu'à la bataille d'Actium; et ce fut pourtant alors que Rome conquit les Gaules, l'Espagne, l'Égypte, la Syrie, toute l'Asie Mineure, et la Grèce.

Comment expliquerons-nous ce nombre prodigieux de déclamations qui nous restent sur la décadence de Rome dans ces temps sanguinaires et illustres? Tout est perdu, disent vingt auteurs latins; « Rome tombe par ses propres forces, le luxe a vengé l'univers[4]. » Tout cela ne veut dire autre chose, sinon que la liberté publique n'existait plus;

1. *Juges*, XII, 6. (Éd.) — 2. Plutarch., *Sylla*, XXIV. (Éd.)
3. Appien, qui rend compte des massacres exécutés en vertu des ordres de Mithridate (*Appiani Alexandrini Romanarum historiarum*, Amst., 1670, p. 317), ne fait pas le dénombrement des victimes. Voltaire a probablement été induit en erreur par Rollin (*Histoire Ancienne*, liv. XXIII, article Ier). (*Note de M. Beuchot.*)
4. Horace, *Épodes*, XVI, 2; Juvénal, VI, 292-293

mais la puissance subsistait; elle était entre les mains de cinq ou six généraux d'armée; et le citoyen romain, qui avait jusque-là vaincu pour lui-même, ne combattait plus que pour quelques usurpateurs.

La dernière proscription fut celle d'Antoine, d'Octave, et de Lépide; elle ne fut pas plus sanguinaire que celle de Sylla.

Quelque horrible que fût le règne des Caligula et des Néron, on ne voit point de proscriptions sous leur empire; il n'y en eut point dans les guerres des Galba, des Othon, des Vitellius.

Celle des Juifs sous Trajan. — Les Juifs seuls renouvelèrent ce crime sous Trajan. Ce prince humain les traitait avec bonté. Il y en avait un très-grand nombre dans l'Égypte et dans la province de Cyrène. La moitié de l'île de Chypre était peuplée de Juifs. Un nommé André, qui se donna pour un messie, pour un libérateur des Juifs, ranima leur exécrable enthousiasme qui paraissait assoupi. Il leur persuada qu'ils seraient agréables au Seigneur, et qu'ils rentreraient tous enfin victorieux dans Jérusalem, s'ils exterminaient tous les infidèles dans les lieux où ils avaient le plus de synagogues. Les Juifs, séduits par cet homme, massacrèrent, dit-on, plus de deux cent vingt mille personnes dans la Cyrénaïque et dans Chypre. Dion[1] et Eusèbe[2] disent que, non contents de les tuer, ils mangeaient leur chair, se faisaient une ceinture de leurs intestins, et se frottaient le visage de leur sang. Si cela est ainsi, ce fut, de toutes les conspirations contre le genre humain, dans notre continent, la plus inhumaine et la plus épouvantable; et elle dut l'être, puisque la superstition en était le principe. Ils furent punis, mais moins qu'ils ne le méritaient, puisqu'ils subsistent encore.

Celle de Théodose. — Je ne vois aucune conspiration pareille dans l'histoire du monde, jusqu'au temps de Théodose, qui proscrivit les habitants de Thessalonique, non pas dans un mouvement de colère, comme des menteurs mercenaires l'écrivent si souvent, mais après six mois des plus mûres réflexions. Il mit dans cette fureur méditée un artifice et une lâcheté qui la rendaient encore plus horrible. Les jeux publics furent annoncés par son ordre, les habitants invités : les courses commencèrent : au milieu de ces réjouissances, ses soldats égorgèrent sept à huit mille habitants; quelques auteurs disent quinze mille. Cette proscription fut incomparablement plus sanguinaire et plus inhumaine que celle des triumvirs; ils n'avaient compris que leurs ennemis dans leurs listes; mais Théodose ordonna que tout pérît sans distinction. Les triumvirs se contentèrent de taxer les veuves et les filles des proscrits. Théodose fit massacrer les femmes et les enfants, et cela dans la plus profonde paix, et lorsqu'il était au comble de sa puissance. Il est vrai qu'il expia ce crime; il fut quelque temps sans aller à la messe.

1. Ou plutôt Xiphilin, dans l'*Abrégé de Dion Cassius*. (Ed.)
2. *Histoire de l'Eglise*, IV, 2. (Ed.)

Celle de l'impératrice Théodora. — Une conspiration beaucoup plus sanglante encore que toutes les précédentes fut celle d'une impératrice Théodora, au milieu du IXe siècle. Cette femme superstitieuse et cruelle, veuve du cruel Théophile, et tutrice de l'infâme Michel, gouverna quelques années Constantinople. Elle donna ordre qu'on tuât tous les machinéens dans ses États. Fleury, dans son *Histoire ecclésiastique*[1], avoue qu'il en périt « environ cent mille. » Il s'en sauva quarante mille qui se réfugièrent dans les États du calife, et qui, devenus les plus implacables comme les plus justes ennemis de l'empire grec, contribuèrent à sa ruine. Rien ne fut plus semblable à notre Saint-Barthélemy, dans laquelle on voulut détruire les protestants, et qui les rendit furieux.

Celle des croisés contre les Juifs. — Cette rage des conspirations contre un peuple entier sembla s'assoupir jusqu'au temps des croisades. Une horde de croisés dans la première expédition de Pierre-l'Ermite, ayant pris son chemin par l'Allemagne, fit vœu d'égorger tous les juifs qu'ils rencontreraient sur leur route. Ils allèrent à Spire, à Vorms, à Cologne, à Mayence, à Francfort; ils fendirent le ventre aux hommes, aux femmes, aux enfants de la nation juive qui tombèrent entre leurs mains, et cherchèrent dans leurs entrailles l'or qu'on supposait que ces malheureux avaient avalé.

Cette action des croisés ressemblait parfaitement à celle des Juifs de Chypre et de Cyrène, et fut peut-être encore plus affreuse, parce que l'avarice se joignait au fanatisme. Les Juifs alors furent traités comme ils se vantent d'avoir traité autrefois des nations entières; mais, selon la remarque de Suarez : « ils avaient égorgé leurs voisins par une piété bien entendue, et les croisés les massacrèrent par une piété mal entendue. » Il y a au moins de la piété dans ces meurtres, et cela est bien consolant !

Celle des croisades contre les Albigeois. — La conspiration contre les Albigeois fut de la même espèce et eut une atrocité de plus; c'est qu'elle fut contre des compatriotes, et qu'elle dura plus longtemps. Suarez aurait dû regarder cette proscription comme la plus édifiante de toutes, puisque de saints inquisiteurs condamnèrent aux flammes tous les habitants de Béziers, de Carcassonne, de Lavaur, et de cent bourgs considérables; presque tous les citoyens furent brûlés en effet, ou pendus, ou égorgés.

Les vêpres siciliennes. — S'il est quelque nuance entre les grands crimes, peut-être la journée des vêpres siciliennes est la moins exécrable de toutes, quoiqu'elle le soit excessivement. L'opinion la plus probable est que ce massacre ne fut point prémédité. Il est vrai que Jean de Procida, émissaire du roi d'Aragon, préparait dès lors une révolution à Naples et en Sicile; mais il paraît que ce fut un mouvement subit dans le peuple animé contre les Provençaux, qui le déchaîna

1. Liv. XLVIII, 25. (Éd.)

tout d'un coup, et qui fit couler tant de sang. Le roi Charles d'Anjou, frère de saint Louis, s'était rendu odieux par le meurtre de Conradin et du duc d'Autriche, deux jeunes héros et deux grands princes dignes de son estime, qu'il fit condamner comme des voleurs. Les Provençaux qui vexaient la Sicile étaient détestés. L'un d'eux fit violence à une femme le lendemain de Pâques; on s'attroupa, on s'émut, on sonna le tocsin, on cria : « Meurent les tyrans ! » tout ce qu'on rencontra de Provençaux fut massacré; les innocents périrent avec les coupables.

Les Templiers. — Je mets sans difficulté au rang des conjurations contre une société entière le supplice des templiers. Cette barbarie fut d'autant plus atroce, qu'elle fut commise avec l'appareil de la justice. Ce n'était point une de ces fureurs que la vengeance soudaine ou la nécessité de se défendre semble justifier : c'était un projet réfléchi d'exterminer tout un ordre trop fier et trop riche. Je pense bien que, dans cet ordre, il y avait de jeunes débauchés qui méritaient quelque correction; mais je ne croirai jamais qu'un grand maître et tant de chevaliers, parmi lesquels on comptait des princes, tous vénérables par leur âge et par leurs services, fussent coupables des bassesses absurdes et inutiles dont on les accusait. Je ne croirai jamais qu'un ordre entier de religieux ait renoncé en Europe à la religion chrétienne, pour laquelle il combattait en Asie, en Afrique, et pour laquelle même encore plusieurs d'entre eux gémissaient dans les fers des Turcs et des Arabes, aimant mieux mourir dans les cachots que de renier leur religion.

Enfin je crois sans difficulté à plus de quatre-vingts chevaliers, qui, en mourant, prennent Dieu à témoin de leur innocence. N'hésitons point à mettre leur proscription au rang des funestes effets d'un temps d'ignorance et de barbarie.

Massacres dans le Nouveau-Monde. — Dans ce recensement de tant d'horreurs, mettons surtout les douze millions d'hommes détruits dans le vaste continent du Nouveau-Monde. Cette proscription est à l'égard de toutes les autres ce que serait l'incendie de la moitié de la terre à celui de quelques villages.

Jamais ce malheureux globe n'éprouva une dévastation plus horrible et plus générale, et jamais crime ne fut mieux prouvé. Las Casas, évêque de Chiapa dans la Nouvelle-Espagne, ayant parcouru pendant plus de trente années les îles et la terre ferme découvertes avant qu'il fût évêque, et depuis qu'il eut cette dignité, témoin oculaire de ces trente années de destruction, vint enfin en Espagne, dans sa vieillesse, se jeter aux pieds de Charles-Quint et du prince Philippe son fils, et fit entendre ses plaintes, qu'on n'avait pas écoutées jusqu'alors. Il présenta sa requête au nom d'un hémisphère entier : elle fut imprimée à Valladolid. La cause de plus de cinquante nations proscrites, dont il ne subsistait que de faibles restes, fut solennellement plaidée devant l'empereur. Las Casas dit que ces peuples détruits étaient d'une espèce douce, faible et innocente, incapable de nuire et de résister, et que la plupart ne connaissaient pas plus les vêtements et les armes que nos animaux domestiques. « J'ai parcouru, dit-il, toutes les petites îles Lucaies, et je n'y ai trouvé que onze habitants, reste de cinq cent mille. »

Il compte ensuite plus de deux millions d'hommes détruits dans Cuba et dans Hispaniola, et enfin plus de dix millions dans le continent. Il ne dit pas : « J'ai ouï dire qu'on a exercé ces énormités incroyables, » il dit : « Je les ai vues : j'ai vu cinq caciques brûlés pour s'être enfuis avec leurs sujets; j'ai vu ces créatures innocentes massacrées par milliers; enfin, de mon temps, on a détruit plus de douze millions d'hommes dans l'Amérique. »

On ne lui contesta pas cette étrange dépopulation, quelque incroyable qu'elle paraisse. Le docteur Sepulvéda, qui plaidait contre lui, s'attacha seulement à prouver que tous ces Indiens méritaient la mort, parce qu'ils étaient coupables du péché contre nature, et qu'ils étaient anthropophages.

« Je prends Dieu à témoin, répond le digne évêque Las Casas, que vous calomniez ces innocents après les avoir égorgés. Non, ce n'était point parmi eux que régnait la pédérastie, et que l'horreur de manger de la chair humaine s'était introduite; il se peut que dans quelques contrées de l'Amérique que je ne connais pas, comme au Brésil, ou dans quelques îles, on ait pratiqué ces abominations de l'Europe; mais ni à Cuba, ni à la Jamaïque, ni dans Hispaniola[1], ni dans aucune île que j'ai parcourue, ni au Pérou, ni au Mexique, où est mon évêché, je n'ai jamais entendu parler de ces crimes, et j'en ai fait les enquêtes les plus exactes. C'est vous qui êtes plus cruels que les anthropophages; car je vous ai vus dresser des chiens énormes pour aller à la chasse des hommes comme on va à celle des bêtes fauves. Je vous ai vus donner vos semblables à dévorer à vos chiens. J'ai entendu des Espagnols dire à leurs camarades : « Prête-moi une longe d'Indien pour le déjeuner de mes dogues, je t'en rendrai demain un quartier. » C'est enfin chez vous seuls que j'ai vu de la chair humaine étalée dans vos boucheries, soit pour vos dogues, soit pour vous-mêmes. Tout cela, continue-t-il, est prouvé aux procès, et je jure, par le grand Dieu qui m'écoute, que rien n'est plus véritable. »

Enfin Las Casas obtint de Charles-Quint des lois qui arrêtèrent le carnage réputé jusqu'alors légitime, attendu que c'étaient des chrétiens qui massacraient des infidèles.

Conspiration contre Mérindol. — La proscription juridique des habitants de Mérindol et de Cabrières, sous François Ier, en 1546, n'est à la vérité qu'une étincelle en comparaison de cet incendie universel de la moitié de l'Amérique. Il périt dans ce petit pays environ cinq à six mille personnes des deux sexes et de tout âge. Mais cinq mille citoyens surpassent en proportion, dans un canton si petit, le nombre de douze millions dans la vaste étendue des îles de l'Amérique, dans le Mexique, et dans le Pérou. Ajoutez surtout que les désastres de notre patrie nous touchent plus que ceux d'un autre hémisphère.

1. Aujourd'hui Saint-Domingue ou Haïti. (ÉD.)

Ce fut la seule proscription revêtue des formes de la justice ordinaire; car les templiers furent condamnés par des commissaires que le pape avait nommés, et c'est en cela que le massacre de Mérindol porte un caractère plus affreux que les autres. Le crime est plus grand quand il est commis par ceux qui sont établis pour réprimer les crimes et pour protéger l'innocence.

Un avocat général du parlement d'Aix, nommé Guérin, fut le premier auteur de cette boucherie. « C'était, dit l'historien César Nostradamus, un homme noir ainsi de corps que d'âme, autant froid orateur que persécuteur ardent et calomniateur effronté. » Il commença par dénoncer, en 1540, dix-neuf personnes au hasard comme hérétiques. Il y avait alors un violent parti dans le parlement d'Aix, qu'on appelait les *brûleurs*. Le président d'Oppède était à la tête de ce parti. Les dix-neuf accusés furent condamnés à mort sans être entendus; et, dans ce nombre, il se trouva quatre femmes et cinq enfants qui s'enfuirent dans des cavernes.

Il y avait alors, à la honte de la nation, un inquisiteur de la foi en Provence; il se nommait frère Jean de Rome. Ce malheureux, accompagné de satellites, allait souvent dans Mérindol et dans les villages d'alentour; il entrait inopinément et de nuit dans les maisons où il était averti qu'il y avait un peu d'argent; il déclarait le père, la mère et les enfants hérétiques, leur donnait la question, prenait l'argent, et violait les filles. Vous trouverez une partie des crimes de ce scélérat dans le fameux plaidoyer d'Aubri, et vous remarquerez qu'il ne fut puni que par la prison.

Ce fut cet inquisiteur qui, n'ayant pu entrer chez les dix-neuf accusés, les avait fait dénoncer au parlement par l'avocat général Guérin, quoiqu'il prétendît être le seul juge du crime d'hérésie. Guérin et lui soutinrent que dix-huit villages étaient infectés de cette peste. Les dix-neuf citoyens échappés devaient, selon eux, faire révolter tout le canton. Le président d'Oppède, trompé par une information frauduleuse de Guérin, demanda au roi des troupes pour appuyer la recherche et la punition des dix-neuf prétendus coupables. François Ier, trompé à son tour, accorda enfin les troupes. Le vice-légat d'Avignon y joignit quelques soldats. Enfin, en 1544, d'Oppède et Guérin à leur tête mirent le feu à tous les villages; tout fut tué; et Aubri rapporte dans son plaidoyer que plusieurs soldats assouvirent leur brutalité sur les femmes et sur les filles expirantes qui palpitaient encore. C'est ainsi qu'on servait la religion.

Quiconque a lu l'histoire sait assez qu'on fit justice; que le parlement de Paris fit pendre l'avocat général, et que le président d'Oppède échappa au supplice qu'il avait mérité. Cette grande cause fut plaidée pendant cinquante audiences. On a encore les plaidoyers; ils sont curieux. D'Oppède et Guérin alléguaient pour leur justification tous les passages de l'*Écriture* où il est dit :

« Frappez les habitants par le glaive, détruisez tout jusqu'aux animaux[1].

« Tuez le vieillard, l'homme, la femme, et l'enfant à la mamelle[1].

« Tuez l'homme, la femme, l'enfant sevré, l'enfant qui tette, le bœuf, la brebis, le chameau et l'âne[2]. »

Ils alléguaient encore les ordres et les exemples donnés par l'Église contre les hérétiques. Ces exemples et ces ordres n'empêchèrent pas que Guérin ne fût pendu. C'est la seule proscription de cette espèce qui ait été punie par les lois, après avoir été faite à l'abri de ces lois mêmes.

Conspiration de la Saint-Barthélemy. — Il n'y eut que vingt-huit ans d'intervalle entre les massacres de Mérindol et la journée de la Saint-Barthélemy. Cette journée fait encore dresser les cheveux à la tête de tous les Français, excepté ceux d'un abbé[3] qui a osé imprimer, en 1758, une espèce d'apologie de cet événement exécrable. C'est ainsi que quelques esprits bizarres ont eu le caprice de faire l'apologie du diable. « Ce ne fut, dit-il, qu'une affaire de proscription. » Voilà une étrange excuse ! Il semble qu'une affaire de proscription soit une chose d'usage, comme on dit une affaire de barreau, une affaire d'intérêt, une affaire de calcul, une affaire d'Église.

Il faut que l'esprit humain soit bien susceptible de tous les travers pour qu'il se trouve, au bout de près de deux cents ans, un homme qui, de sang-froid, entreprend de justifier ce que l'Europe entière abhorre. L'archevêque Péréfixe prétend qu'il périt cent mille Français dans cette conspiration religieuse. Le duc de Sulli n'en compte que soixante et dix mille. Monsieur l'abbé abuse du martyrologe des calvinistes, lequel n'a pu tout compter, pour affirmer qu'il n'y eut que quinze mille victimes. Eh ! monsieur l'abbé, ne serait-ce rien que quinze mille personnes égorgées en pleine paix par leurs concitoyens? Le nombre des morts ajoute sans doute beaucoup à la calamité d'une nation, mais rien à l'atrocité du crime. Vous prétendez, homme charitable, que la religion n'eut aucune part à ce petit mouvement populaire. Oubliez-vous le tableau que le pape Grégoire XIII fit placer dans le Vatican, et au bas duquel était écrit : *Pontifex Colignii necem probat*? Oubliez-vous sa procession solennelle de l'église Saint-Pierre à l'église Saint-Louis, le *Te Deum* qu'il fit chanter, les médailles qu'il fit frapper pour perpétuer la mémoire de l'heureux carnage de la Saint-Barthélemy? Vous n'avez peut-être pas vu ces médailles; j'en ai vu entre les mains de M. l'abbé de Rothelin. Le pape Grégoire y est représenté d'un côté, et de l'autre c'est un ange qui tient une croix dans la main gauche, et une épée dans la droite. En voilà-t-il assez, je ne dis pas pour vous convaincre, mais pour vous confondre ?

Conspiration d'Irlande. — La conjuration des Irlandais catholiques contre les protestants, sous Charles Ier, en 1641, est une fidèle imitation de la Saint-Barthélemy. Des historiens anglais contemporains, tels que le chancelier Clarendon et un chevalier Jean Temple, assurent

1. Josué, chap. VI, 21. — 2. *I Rois*, chap. XV, 5. — 3. Caveirac. (ÉD.)

qu'il y eut cent cinquante mille hommes de massacrés. Le parlement d'Angleterre, dans sa déclaration du 25 juillet 1643, en compte quatre-vingt mille : mais M. Brooke, qui paraît très-instruit, crie à l'injustice dans un petit livre que j'ai entre les mains. Il dit qu'on se plaint à tort ; et il semble prouver assez bien qu'il n'y eut que quarante mille citoyens d'immolés à la religion, en y comprenant les femmes et les enfants.

Conspiration dans les vallées du Piémont. — J'omets ici un grand nombre de proscriptions particulières. Les petits désastres ne se comptent point dans les calamités générales; mais je ne dois point passer sous silence la proscription des habitants des vallées du Piémont en 1655.

C'est une chose assez remarquable dans l'histoire que ces hommes, presque inconnus au reste du monde, aient persévéré constamment, de temps immémorial, dans des usages qui avaient changé partout ailleurs. Il en est de ces usages comme de la langue : une infinité de termes antiques se conservent dans des cantons éloignés, tandis que les capitales et les grandes villes varient dans leur langage de siècle en siècle.

Voilà pourquoi l'ancien roman que l'on parlait du temps de Charlemagne subsiste encore dans le patois du pays de Vaud, qui a conservé le nom de *Pays roman*. On trouve des vestiges de ce langage dans toutes les vallées des Alpes et des Pyrénées. Les peuples voisins de Turin, qui habitaient les cavernes vaudoises, gardèrent l'habillement, la langue, et presque tous les rites du temps de Charlemagne.

On sait assez que, dans le huitième et dans le neuvième siècle, la partie septentrionale de l'Occident ne connaissait point le culte des images; et une bonne raison, c'est qu'il n'y avait ni peintres ni sculpteurs : rien même n'était encore décidé sur certaines questions délicates que l'ignorance ne permettait pas d'approfondir. Quand ces points de controverse furent arrêtés et réglés ailleurs, les habitants des vallées l'ignorèrent; et, étant ignorés eux-mêmes des autres hommes, ils restèrent dans leur ancienne croyance; mais enfin ils furent au rang des hérétiques, et poursuivis comme tels.

Dès l'année 1487, le pape Innocent VIII envoya dans le Piémont un légat nommé *Albertus de Capitoneis*, archidiacre de Crémone, prêcher une croisade contre eux. La teneur de la bulle du pape est singulière. Il recommande aux inquisiteurs, à tous les ecclésiastiques, et à tous les moines, « de prendre unanimement les armes contre les Vaudois, de les écraser comme des aspics, et de les exterminer saintement. » *In hæreticos armis insurgant, eosque, velut aspides venenosas, conculcent, et ad tam sanctam exterminationem adhibeant omnes conatus.*

La même bulle octroie à chaque fidèle le droit de « s'emparer de tous les meubles et immeubles des hérétiques sans forme de procès. » *Bona quæcumque mobilia et immobilia quibuscumque licite occupandi*, etc.

Et, par la même autorité, elle déclare que tous les magistrats qui ne prêteront pas main-forte seront privés de leurs dignités : *Seculares honoribus, titulis, feudis, privilegiis privandi.*

Les Vaudois, ayant été vivement persécutés en vertu de cette bulle, se crurent des martyrs. Ainsi leur nombre augmenta prodigieusement. Enfin la bulle d'Innocent VIII fut mise en exécution à la lettre en 1655. Le marquis de Pianesse entra le 15 avril dans ces vallées avec deux régiments, ayant des capucins à leur tête. On marcha de caverne en caverne, et tout ce qu'on rencontra fut massacré. On pendait les femmes nues à des arbres, on les arrosait du sang de leurs enfants, et on emplissait leur matrice de poudre à laquelle on mettait le feu.

Il faut faire entrer sans doute dans ce triste catalogue les massacres des Cévennes et du Vivarais, qui durèrent pendant dix ans au commencement de ce siècle. Ce fut en effet un mélange continuel de proscriptions et de guerres civiles. Les combats, les assassinats, et les mains des bourreaux ont fait périr près de cent mille de nos compatriotes, dont dix mille ont expiré sur la roue, ou par la corde, ou dans les flammes, si on en croit tous les historiens contemporains des deux partis.

Est-ce l'histoire des serpents et des tigres que je viens de faire? non, c'est celle des hommes. Les tigres et les serpents ne traitent point ainsi leur espèce. C'est pourtant dans le siècle de Cicéron, de Pollion, d'Atticus, de Varius, de Tibulle, de Virgile, d'Horace, qu'Auguste fit ses proscriptions. Les philosophes de Thou et Montaigne, le chancelier de l'Hospital, vivaient du temps de la Saint-Barthélemy : et les massacres des Cévennes sont du siècle le plus florissant de la monarchie française. Jamais les esprits ne furent plus cultivés, les talents en plus grand nombre, la politesse plus générale. Quel contraste, quel chaos, quelles horribles inconséquences, composent ce malheureux monde! On parle des pestes, des tremblements de terre, des embrasements, des déluges qui ont désolé le globe; heureux, dit-on, ceux qui n'ont pas vécu dans le temps de ces bouleversements! Disons plutôt : Heureux ceux qui n'ont pas vu les crimes que je retrace! Comment s'est-il trouvé des barbares pour les ordonner, et tant d'autres barbares pour les exécuter? Comment y a-t-il encore des inquisiteurs et des familiers de l'inquisition?

Un homme modéré, humain, né avec un caractère doux, ne conçoit pas plus qu'il y ait eu parmi les hommes des bêtes féroces ainsi altérées de carnage, qu'il ne conçoit des métamorphoses de tourterelles en vautours; mais il comprend encore moins que ces monstres aient trouvé à point nommé une multitude d'exécuteurs. Si des officiers et des soldats courent au combat sur un ordre de leurs maîtres, cela est dans l'ordre de la nature; mais que, sans examen, ils aillent assassiner de sang-froid un peuple sans défense, c'est ce qu'on n'oserait pas imaginer des furies même de l'enfer. Ce tableau soulève tellement le cœur de ceux qui se pénètrent de ce qu'ils lisent, que, pour peu qu'on soit enclin à la tristesse, on est fâché d'être né, on est indigné d'être homme.

La seule chose qui puisse consoler, c'est que de telles abominations n'ont été commises que de loin à loin : n'en voilà qu'environ vingt exemples principaux dans l'espace de près de quatre mille années. Je sais que les guerres continuelles qui ont désolé la terre sont des fléaux encore plus destructeurs par leur nombre et par leur durée; mais enfin, comme je l'ai déjà dit, le péril étant égal des deux côtés dans la guerre, ce tableau révolte bien moins que celui des proscriptions, qui ont été toutes faites avec lâcheté, puisqu'elles ont été faites sans danger, et que les Sylla et les Auguste n'ont été au fond que des assassins qui ont attendu des passants au coin d'un bois, et qui ont profité des dépouilles.

La guerre paraît l'état naturel de l'homme. Toutes les sociétés connues ont été en guerre, hormis les brames, et primitifs, que nous appelons Quakers, et quelques autres petits peuples. Mais il faut avouer que très-peu de sociétés se sont rendues coupables de ces assassinats publics appelés *proscriptions*. Il n'y en a aucun exemple dans la haute antiquité, excepté chez les Juifs. Le seul roi de l'Orient qui se soit livré à ce crime est Mithridate; et depuis Auguste il n'y a eu de proscription dans notre hémisphère que chez les chrétiens, qui occupent une très-petite partie du globe. Si cette rage avait saisi souvent le genre humain, il n'y aurait plus d'hommes sur la terre, elle ne serait habitée que par des animaux, qui sont sans contredit beaucoup moins méchants que nous. C'est à la philosophie, qui fait aujourd'hui tant de progrès, d'adoucir les mœurs des hommes; c'est à notre siècle de réparer les crimes des siècles passés. Il est certain que, quand l'esprit de tolérance sera établi, on ne pourra plus dire :

Ætas parentum pejor avis tulit
Nos ne quiores, mox daturos
Progeniem vitiosiorem.

Hor., lib. III, od. VI, 46.

On dira plutôt, mais en meilleurs vers que ceux-ci :

Nos aïeux ont été des monstres exécrables[1],
Nos pères ont été méchants;
On voit aujourd'hui leurs enfants,
Étant plus éclairés, devenir plus traitables.

Mais, pour oser dire que nous sommes meilleurs que nos ancêtres, il faudrait que, nous trouvant dans les mêmes circonstances qu'eux, nous nous abstinssions avec horreur des cruautés dont ils ont été coupables; et il n'est pas démontré que nous fussions plus humains en pareil cas. La philosophie ne pénètre pas toujours chez les grands qui ordonnent, et encore moins chez les hordes des petits, qui exécutent. Elle n'est le partage que des hommes placés dans la médiocrité, également éloignés de l'ambition qui opprime, et de la basse férocité qui est à ses gages.

1. Ces vers sont de Voltaire. (Ed.)

Il est vrai qu'il n'est plus de nos jours de persécutions générales; mais on voit quelquefois de cruelles atrocités. La société, la politesse, la raison, inspirent des mœurs douces; cependant quelques hommes ont cru que la barbarie était un de leurs devoirs. On les a vus abuser de leurs misérables emplois, si souvent humiliés, jusqu'à se jouer de la vie de leurs semblables en colorant leur inhumanité du nom de justice; ils ont été sanguinaires sans nécessité, ce qui n'est pas même le caractère des animaux carnassiers. Toute dureté qui n'est pas nécessaire est un outrage au genre humain. Les cannibales se vengent, mais ils ne font pas expirer dans d'horribles supplices un compatriote qui n'a été qu'imprudent.

Puissent ces réflexions satisfaire les âmes sensibles, et adoucir les autres!

NOTES

SUR LA LETTRE DE M. DE VOLTAIRE A M. HUME,

PAR M. L....

PAGE 4. ***Intimement persuadé qu'on doit lui élever une statue***[1]. — M. de Voltaire aurait dû citer le passage où Jean-Jacques dit qu'il lui faut une statue. C'est à la page 127 de sa lettre à M. l'archevêque de Paris, imprimée à Amsterdam chez Marc-Michel Rey, en 1763. Voici les propres paroles :

« Oui, je ne crains point de le dire, s'il existait en Europe un seul gouvernement vraiment éclairé, un gouvernement dont les vues fussent vraiment utiles et saines, il m'eût rendu des honneurs publics, il m'eût élevé des statues. »

Ainsi M. de Voltaire se trompe en disant que Jean-Jacques croit que la moitié de l'univers est occupée à lui dresser des statues. M. Jean-Jacques semble dire positivement le contraire; car il prétend qu'il n'y a qu'un gouvernement éclairé qui doive le faire sculpter en marbre ou en bronze; et comme il dit du mal de tous les gouvernements à tort et à travers, on voit bien que, s'il est sculpté, ce doit être dans la posture où l'on ne voit que la tête et les mains d'un homme, dans la machine de bois élevée au milieu du marché de Londres.

P. 5. ***Aux protecteurs qu'il avait alors à Paris.*** — Jean-Jacques Rousseau fut accueilli à Paris avec quelque bonté; mais il se brouilla bientôt avec presque tous ceux auxquels il avait obligation. On sait comment il sortit de la maison qu'un fermier général et madame sa femme[2] lui avaient accordée au village de Montmorency, maison dans

1. Les pages citées sont celles de l'édition de 1766, du *Docteur Pansophe*. Il est facile de retrouver les passages dans toutes les éditions. (ED.)
2. Mme d'Épinay. (ED.)

laquelle il était nourri, chauffé, éclairé à leurs dépens, et où l'on avait la délicatesse de lui laisser ignorer tant de bienfaits, ou du moins on lui fournissait le prétexte de feindre de l'ignorer.

Il s'attira tellement la haine de toutes les honnêtes gens, qu'il est obligé de l'avouer dans sa lettre à M. l'archevêque de Paris (page 3). « Je me suis vu, dit-il, dans la même année, recherché, fêté même à la cour, puis insulté, menacé, détesté, maudit. Les soirs on m'attendait pour m'assassiner dans les rues, les matins on m'annonçait une lettre de cachet. »

On demande comment il se pourrait faire qu'il fût généralement maudit, détesté, sans avoir fait du moins quelque chose de détestable.

P. 6. *Qui venait de donner à Paris un grave opéra et une comédie.* — Cette comédie dont on parle est intitulée *l'Amant de soi-même.* Elle fut sifflée. Il eut le courage et la modestie de la faire imprimer. Voici comme il parle dans sa préface : « Il est vrai qu'on pourra dire un jour : « Cet ennemi si déclaré des sciences et des arts fit pourtant et publia des pièces de théâtre; et ce discours sera, je l'avoue, une satire très-amère, non de moi, mais de mon siècle. » L'opéra fut mieux reçu. On a dit à Lyon que le musicien Gautier était l'auteur de la musique qu'on avait trouvée dans ses papiers, et qui fut ajustée ensuite par Jean-Jacques aux paroles. Cet opéra était dans le goût des opéras-comiques. Au reste, c'est aux amis et aux parents du feu sieur Gautier, à dire si cette musique est de lui, ce qui importe fort peu.

P. 9. *Le prédicant de Moutiers-Travers, homme d'un esprit fin et délicat.* — On a très-mal instruit M. de Voltaire, si on lui a dit que M. de Montmolin se piquait de finesse et de délicatesse; c'est un homme très-simple et très-uni, à qui l'on n'a reproché que de s'être laissé séduire trop longtemps par Rousseau.

Non-seulement la déclaration de Jean-Jacques Rousseau contre le livre *De l'Esprit*[1], et contre ses amis, est entre les mains de M. de Montmolin, mais elle est imprimée dans un écrit de M. de Montmolin, intitulé : *Réfutation d'un Libelle*, page 90. Ce trait de Jean-Jacques n'est pas seulement d'un hypocrite qui se moque de ce qu'il y a de plus sacré, ce n'est pas seulement le délire d'un extravagant qui a changé trois fois de secte, et qui avait fait abjuration de la religion catholique à Genève, pour aller vivre en France; c'est une basse ingratitude mêlée d'une envie secrète contre M. Helvétius, l'un de ses bienfaiteurs; c'est une calomnie infâme : car jamais M. Helvétius n'enseigna le matérialisme; il se déclara hautement contre cette opinion; il désavoua comme le grand Fénelon, archevêque de Cambray, tout ce qu'on avait trouvé de répréhensible dans son ouvrage. Il se rétracta avec la simplicité d'une âme respectable, il força ses persécuteurs à l'estimer. C'était une atrocité abominable au sieur Jean-Jacques de rouvrir des plaies qui saignaient encore, et de se rendre l'accusateur d'un homme

1. Par Helvétius. (ÉD.)

qui avait eu pour lui les plus grandes bontés. Peut-il s'étonner après cela d'avoir été *détesté et maudit ?*

P. 10. *Les petits garçons et les petites filles lui jetèrent des pierres.* — Il est vrai qu'on jeta quelques pierres à Jean-Jacques Rousseau et à la nommée Le Vasseur qu'il traîne partout avec lui, et qui était apparemment la confidente de Mme de Volmar. Cela pouvait avoir causé du scandale à Moutiers-Travers, et avoir été l'occasion de cette grêle de pierres, qui n'a pourtant pas été considérable, et dont aucune n'atteignit le sieur Jean-Jacques ni la Le Vasseur. Il est naturel que l'extrême laideur de cette créature, et la figure grotesque de Jean-Jacques déguisé en Arménien, aient induit ces petits garçons à faire des huées et à jeter quelques cailloux : mais il est faux que Jean-Jacques ait couru le moindre danger.

La requête que le sieur Jean-Jacques Rousseau présenta pour être enfermé ne fut point adressée précisément à Leurs Excellences du conseil de Berne, mais à monsieur le bailli, gouverneur de l'île de Saint-Pierre, où Jean-Jacques était alors caché; il prie ce magistrat d'obtenir pour lui cette grâce. Il aurait été en effet très à plaindre d'être réduit à cette extrémité, si ses fureurs orgueilleuses et extravagantes ne l'avaient pas rendu indigne de toute pitié.

La condamnation des *Lettres de la montagne*, qualifiées de *calomnies atroces* par les seigneurs plénipotentiaires, est du 25 juillet 1766.

Ces *Lettres de la montagne* sont un ouvrage encore plus insensé, s'il est possible, que la profession de foi qu'il signa entre les mains de M. de Montmolin. L'objet de ces lettres est d'animer une partie des citoyens de sa patrie contre l'autre. Mais, dans les cinq premières lettres, il ne parle que d'un roman qu'il a fait, intitulé *Émile.* Il n'est occupé qu'à justifier son roman; il ne parle que de lui-même, et après avoir dit à l'archevêque de Paris qu'il est le seul auteur qui ait jamais dit la vérité, et qu'on lui doit des statues, il dit aux bourgeois de Genève, page 136 : « Qu'il a fait des miracles tout comme Notre Seigneur, qu'il n'a tenu qu'à lui d'être prophète. »

Il appelle Cicéron *un rhéteur*, page 108. Ainsi le bonhomme se croyant plus grand orateur que Cicéron, et plus puissant en œuvres que Jésus-Christ, il n'est pas étonnant qu'on lui ait proposé de bon bouillon et des herbes rafraîchissantes.

Ces *Lettres de la montagne* sont d'ailleurs d'un mortel ennui pour quiconque n'est pas au fait des discussions de Genève. Elles sont assez mal écrites.

Le petit nombre de gens qui se sont intéressés quelque temps à ces querelles passagères, sait que le sieur Jean-Jacques Rousseau a fait un roman sur l'éducation. L'auteur de ce roman d'*Émile* a oublié que, pour bien élever un jeune homme, il faudrait avoir été soi-même honnêtement élevé.

Ce livre est une compilation indigeste de passages tirés de Plutarque, de Montaigne, de Saint-Évremont, du dictionnaire encyclopédique, et de trente autres auteurs. Il s'est trouvé un pédant qui s'est donné la peine de faire un gros recueil, non-seulement de tous les passages que Rousseau a copiés, mais encore de ceux qui n'ont qu'une très-légère ressemblance avec les siens. Il a intitulé ce livre : *Les Plagiats de Jean-Jacques Rousseau;* il est imprimé à Paris chez Durand[1]. On convient que ce livre est fait avec beaucoup de mauvaise foi et de grossièreté, comme la plupart des livres de pure critique. L'auteur s'acharne sans goût et sans esprit contre des choses très-innocentes, et on l'a comparé à un chien affamé qui aboie aux passants en rongeant les os de Rousseau : aussi cet ouvrage a-t-il eu le sort de tous ceux de son espèce, d'être anéanti à sa naissance. Il est d'un homme assez méprisé dans la littérature. Mais, quoique cette critique soit mauvaise, le livre de Rousseau n'en est pas meilleur.

La chose dont il est le moins parlé dans l'ouvrage de Rousseau sur l'éducation, c'est l'éducation même. Il y fait l'éloge des sauvages, il y fait la satire de tous ceux qui servent la société. Il suppose qu'il est chargé de former un jeune seigneur; et, au lieu de s'y prendre comme on fait dans l'école militaire, qui est le plus beau monument du règne de Louis XV, il fait apprendre le métier de menuisier à son pupille, et voici comme il justifie cette belle institution :

« Que des coquins, dit-il, mènent les grandes affaires, peu vous importe; vous entrez dans la première boutique du métier que vous avez appris : « Maître, j'ai besoin d'ouvrage. — Compagnon, mettez-« vous là, travaillez; » avant que l'heure du dîner soit venue, vous aurez gagné votre dîner. »

Ce n'est point ainsi, ce me semble, que s'exprimait le grand Fénelon, et ce n'est point ainsi que Mentor élevait son Télémaque. M. Jean-Jacques veut que son élève soit ignorant jusqu'à l'âge de quinze ans, et qu'il sache raboter au lieu d'apprendre la géométrie, l'histoire, la tactique et les belles-lettres.

Son élève demande à sa mère *comment on fait les enfants;* la mère répond que *c'est en pissant douloureusement;* et Jean-Jacques trouve cette réponse sublime.

L'auteur sentit dans le fond de son cœur que cet ouvrage pourrait ennuyer. Que fit-il pour le rendre un peu piquant? Il feignit d'avoir un gentilhomme chrétien à élever; il ajoute à son livre un volume entier contre le christianisme, volume rempli de contradictions, selon l'usage de l'auteur. Il raconte à son jeune homme, que lui Jean-Jacques s'enfuit autrefois de la boutique de ses parents, qu'il alla en Savoie se faire catholique pour avoir du pain; qu'il eut le bonheur d'être reçu dans un hôpital; qu'il contracta dès lors la noble habitude de se brouiller avec ses bienfaiteurs; qu'il s'enfuit de cet hospice, qu'il alla demander l'aumône à un vicaire de village, et que ce vicaire lui apprit que le christianisme est ridicule. Voici comme il fait parler ce prêtre :

« L'idée de création confond. Qu'un être que je ne conçois pas donne

1. L'auteur des *Plagiats de J. J. Rousseau sur l'éducation*, 1765, in-12, est le bénédictin Jean-Joseph Cajot, né à Verdun en 1726, mort en 1779. (Ed.)

l'existence à d'autres êtres, cela n'est qu'obscur et incompréhensible; mais que l'être et le néant se convertissent l'un dans l'autre, c'est une claire absurdité. »

Après un tel galimatias il compile tout ce qu'on a dit contre notre religion. Il pille les Herbert, les Bolingbroke, les Shaftesbury, les Bayle, les Boulainvilliers, les d'Argens, les Freret, les Boulanger, les Collins, les Wolston, les Maillet, les Meslier, les Tilladet, les La Métrie, les Dumarsais, et même Spinosa.

Voilà ce qui a donné quelque vogue à ce livre, et quelques protecteurs à l'auteur. Il s'est trouvé même des personnes assez simples pour croire que ce livre est bien écrit. Si cela est, le *Télémaque* l'est donc bien mal. Il n'y a guère de pages, dans le roman d'*Émile*, où l'on ne trouve des fautes contre la langue : le style est tantôt bas et tantôt violent. Les injures qu'il prodigue aux rois, aux ministres, aux riches, ont pu séduire des lecteurs cyniques qui ont pris de l'audace pour de l'éloquence, et une basse envie pour de l'esprit philosophique.

Il est vrai qu'il y a dans le discours du vicaire savoyard une douzaine de pages éloquentes; mais en général, si ce style décousu, inégal, confus et sans harmonie prenait le dessus, c'en serait fait de la littérature française.

M. de Voltaire se trompe sur la date des lettres de Rousseau, écrites de Venise à M. du Theil. Il y en a trois, du 8, du 15 août et du 24 octobre 1744, et non pas 1743. Elles sont encore plus humiliantes que M. de Voltaire ne le dit, et la troisième finit par une délation ménagée artificieusement contre M. le comte de Montaigu son maître; cela n'est pas philosophe.

M. du Theil n'honora point Rousseau d'une réponse; plusieurs personnes parmi nous ont vu l'original de ces lettres écrites et signées de la main de Rousseau.

Extrait des lettres du sieur Jean-Jacques Rousseau, employé dans la maison de M. le comte de Montaigu, écrites en l'an 1744, à M. du Theil, premier commis des affaires étrangères. Ces lettres ont été conservées par hasard chez les héritiers de M. du Theil.

Première lettre du 8 août, reçue le 23. — « J'ose porter jusqu'à vous mes justes et très-respectueuses plaintes contre un ambassadeur du roi et contre un maître dont j'ai mangé le pain.... Il y a quatorze mois que je suis entré chez M. le comte de Montaigu en qualité de secrétaire[1].... Monsieur l'ambassadeur.... voulut avant-hier me faire mon compte.... Son Excellence, ne pouvant m'obliger à consentir à passer ce compte comme elle le voulait, me proposa en termes très-nets d'y souscrire, ou de sauter par la fenêtre, etc.... Il m'ordonna, en me voyant sortir, de vider son palais, et de n'y jamais remettre les pieds.... Pardonnez, monsieur, la liberté que je prends d'implorer votre protection contre les traitements que monsieur l'ambassadeur exerce sur

1. Il n'était que sous-secrétaire.

le plus zélé et le plus fidèle domestique qu'il aura jamais.... Je sais, monsieur, combien de préjugés sont contre moi; je sais que dans les démêlés entre le maître et le domestique, c'est toujours ce dernier qui a tort.... Votre générosité et mon bon droit sont mes seuls protecteurs....

« J'ai l'honneur d'être avec un profond respect, monsieur, votre très-humble et très-obéissant serviteur.

« A Venise, le 8 août 1744. »

Autre lettre, du 15 *août, reçue le* 29. — « MONSIEUR, depuis la lettre que j'eus l'honneur de vous écrire le 8 de ce mois, monsieur l'ambassadeur m'a menacé de me faire périr sous le bâton : il m'a envoyé sept ou huit fois son gentilhomme avec le solde du compte, m'intimant l'ordre de partir sur-le-champ de Venise, sous peine d'être assommé de coups de bâton matin et soir. »

La troisième lettre est du 11 *octobre* 1744, *reçue au vieux Brisach le* 16, *et datée de Paris à l'hôtel d'Orléans, rue du Chantre, près le Palais-Royal.*

Elle dit à peu près les mêmes choses; il ajoute seulement : « J'implore votre protection et quelques marques de votre bonté, qui me réhabilitent aux yeux du public. »

Il s'imaginait dès lors que le public avait les yeux fixés sur lui. Toutes ces lettres sont signées *Rousseau* avec paraphe. Il ne paraît pas qu'on trouvât ses plaintes bien fondées; et Jean-Jacques Rousseau, pour se réhabiliter, alla chercher ailleurs des maîtres qui lui donnassent des gages. Il faut avouer que voilà un plaisant secrétaire d'ambassade; il a reçu de grands honneurs, et sa vanité est tout à fait bien placée!

La nouvelle *Julie* ou la *Nouvelle Héloïse* est un roman en six volumes, imprimé à Amsterdam chez Marc-Michel Rey, en 1761.

Ce roman est un recueil de lettres que s'écrivent deux amants suisses, à l'imitation des romans anglais de *Paméla* et de *Clarice*. Mais l'imitation est si mauvaise, que ce roman est aujourd'hui entièrement oublié. Il n'y a ni exposition, ni nœud, ni dénoûment, ni aventures intéressantes, ni raison, ni esprit. C'est un précepteur lâche et insolent qui fait un enfant à sa pupille, et qui en reçoit de l'argent; qui veut se battre contre un pair d'Angleterre, et qui en reçoit l'aumône. La pupille, grosse du précepteur, épouse un Russe dans un village de Suisse; et, pour se tirer d'affaire, elle accouche d'un faux germe.

Comme les auteurs se peignent assez dans leurs ouvrages, le précepteur va fréquenter à Paris les mauvais lieux. C'est de ces honnêtes retraites qu'il insulte les dames de la cour; c'est de là qu'il écrit à sa Julie des invectives contre la musique de Rameau, et qu'il dit que ses airs « ressemblent à la course d'une oie grasse, ou à une vache qui galope. »

Le héros de ce roman moral prononce devant sa chaste Suissesse de ces mots trop usités par la canaille; et sa maîtresse lui dit qu'elle a entendu quelquefois ces paroles dans la bouche des portefaix. Il peint noblement des valets qui « polissonnent dans une cour. » Il dit « que les âmes humaines veulent être accouplées; qu'on mesure à Paris ses maximes à la toise, que les dîners de Paris ne diffèrent pas beaucoup des tables d'auberge. » Ce n'était pas sur ce ton que Mme de La Fayette écrivait la *Princesse de Clèves* et *Zaïde*.

Jean-Jacques conseille ailleurs au dauphin de France, au prince de Galles, et à l'archiduc, d'épouser la fille du bourreau si elle est belle et honnête, car c'est toujours l'honnêteté qui dirige Jean-Jacques.

Ce qu'on peut remarquer dans ce roman, c'est le commencement de la préface. « Il faut, dit l'auteur, des spectacles dans les grandes villes, et des romans aux peuples corrompus. J'ai vu les mœurs de mon temps, et j'ai publié ces lettres. »

Il est assez étrange qu'un homme qui s'avoue publiquement un corrupteur ait voulu faire ensuite le législateur; mais il instruit les hommes comme il dirige les filles.

Ce maître fou quitta, en 1762, les lieux honnêtes où il allait penser à Julie avec des officiers suisses, pour enseigner à l'Europe les *Principes du droit politique ou Contrat social*, qu'on a nommé *le Contrat insocial*. C'est un ouvrage obscur, mal digéré, plein de contradictions et d'erreurs. Les satires mêmes, dont il fourmille, n'ont pu lui donner de la vogue. Il a beau dire (page 163) que ceux qui parviennent dans les monarchies ne « sont le plus souvent que de petits brouillons, de petits fripons, de petits intrigants, à qui les petits talents, qui font parvenir aux grandes places, ne servent qu'à montrer leur ineptie aussitôt qu'ils y sont parvenus.... »

On est si accoutumé à ces lieux communs d'impertinences, qu'ils n'ont pas fait la plus légère sensation. Ce style insolent et violent qu'on a voulu mettre à la mode, n'est plus de mode; on commence à revenir à la raison; on sent enfin que la sagesse et la décence doivent conduire la plume de tout écrivain qui veut mériter l'approbation des honnêtes gens. *Sapere est et principium et fons.*

Il est dit dans cet ouvrage « qu'il n'y a qu'un pays dans l'Europe capable de législation, et que ce pays est l'île de Corse (page 110). » C'est là qu'il est dit que les Tartares « subjugueront bientôt infailliblement la Russie, l'Allemagne et la France (page 96). » C'est là qu'il est dit « que le peuple anglais pense être libre, mais qu'il est esclave, et qu'il le mérite bien (p. 214). »

Il n'a pas apparemment envie d'aller chercher un asile à Venise. Il dit (page 248) que la noblesse y est peuple, que c'est une multitude de Barnabotes; que la bourgeoisie de Genève représente exactement le patriciat vénitien, et que les paysans de Genève représentent les sujets de terre ferme. Il ignore que parmi les sujets de terre ferme, à Padoue, à Vicence, à Vérone, à Brescia, à Bergame, à Crême, etc., il y a mille familles de la plus ancienne noblesse.

Ainsi, en insultant toutes les nations, toutes les conditions de la vie, tous les arts qu'il a voulu lui-même cultiver, et tous les hommes avec lesquels il a vécu, cet écrivain s'est flatté d'usurper, par une insolence cynique, une réputation qu'on n'acquiert jamais que par le génie. Il a calomnié les philosophes qui l'avaient reçu, protégé et instruit; ingrat envers ses maîtres, envers ses amis, envers ses bienfaiteurs, recevant l'aumône d'un bourgeois inconnu, parce qu'il croit qu'on n'en saura rien, et la refusant de la main d'un prince, parce qu'il croit qu'on le saura : il s'est imaginé que ses bizarreries lui feraient un nom.

Il appelle M. Tronchin *jongleur*, dans sa lettre à M. Hume, tandis que lui-même pousse le charlatanisme jusqu'à s'habiller à l'orientale à Paris et en Angleterre, pour attirer sur lui les regards de la populace qui le dédaigne.

Il parle de mœurs et de décence, et de la sainte vertu. Cela s'accorde mal avec les suites des récréations philosophiques qu'il prenait dans ces lieux honnêtes où il oubliait la suissesse russe, Mme de Volmar. Celui qu'il traite de *jongleur* lui a fourni le chirurgien dont la main, tout habile qu'elle est, n'a pas plus guéri son corps par ses opérations gratuites, que les remontrances de ses amis n'ont pu guérir son cœur.

Il a mis le trouble dans sa patrie avant d'en sortir, comme un incendiaire qui s'enfuit après avoir allumé la mèche. Celui-là, certes, a eu raison, qui a dit que Jean-Jacques descendait en droite ligne du barbet de Diogène accouplé avec une des couleuvres de la Discorde.

On n'aurait pas reproché à d'autres sans doute ces opprobres ou connus ou secrets, dont on est forcé de montrer ici la turpitude. Il y a des faiblesses et des humiliations qu'on doit laisser dans les ténèbres, quand les affligés restent dans une obscurité modeste, quand ils ne lèvent point une tête audacieuse, quand ils ne distillent point le fiel et l'outrage. Mais c'est ici un procès personnel qui exclut tous les égards; et puisqu'il est permis à un Diogène subalterne et manqué, d'appeler jongleur le premier médecin de Mgr le duc d'Orléans, un médecin qui a été son ami, qui l'a visité, traité, qui a été au rang de ses bienfaiteurs; il est permis à un ami de M. Tronchin de faire voir ce que c'est que le personnage qui ose l'insulter. On peut, sur le fumier où il est couché, et où il grince les dents contre le genre humain, lui jeter du pain s'il en a besoin; mais il a fallu le faire connaître, et mettre ceux qui peuvent le nourrir à l'abri de ses morsures.

Finissons par faire sentir qu'un charlatan qui a lassé la pitié de ses bienfaiteurs et l'indignation publique n'a pu déshonorer que lui-même, et non pas la littérature.

DÉCLARATION DE L'ÉDITEUR[1]. — *Ces remarques sont d'un magistrat. — La lettre au docteur Pansophe n'est point de M. de Voltaire. Voici son désaveu :*

Je n'ai jamais écrit la Lettre au docteur Pansophe. Je m'en ferais honneur si elle était de moi. J'ai dû écrire celle que j'ai adressée à

1. L'éditeur de 1766. (ÉD.)

M. Hume, comme M. Walpole et d'Alembert ont dû écrire de leur côté. Je méprise comme eux Rousseau. Les faits que j'ai cités sont vrais, et j'ai fait mon devoir en les citant. Je me suis trompé sur les dates. L'auteur des remarques a raison en tout. Il n'y a jamais que l'agresseur et que l'imposteur qui aient tort; et dans les affaires qui intéressent la société, ceux qui confondent les offenseurs avec les offensés n'ont pas raison.

Fait au château de Ferney en Bourgogne, le 1er décembre 1766.

VOLTAIRE[1].

1. Il parut, en novembre 1766, une brochure in-12 de 44 pages, intitulée *le docteur Pansophe ou Lettres de M. de Voltaire*, et contenant : 1° la lettre de Voltaire à M. Hume, qu'on trouvera dans la *Correspondance* à sa date du 24 octobre 1766; 2° *Lettre de M. de Voltaire au docteur Jean-Jacques Pansophe*, qui est attribuée à Coger, à Voltaire, à Bordes, et que je crois de ce dernier. Feu Decroix semble être d'un autre avis, et je n'affirme pas qu'il ait tort.

Ce fut après qu'on publia des *Notes sur la lettre de M. de Voltaire à M. Hume, par M. L.* Je crois ces *Notes* de Voltaire lui-même, et voici pourquoi : 1° le *Mercure* de 1767, janvier, tome XI, p. 79-80, en les annonçant, dit : « Ces notes ne sont pas plus favorables à M. Rousseau que le texte même, et nous les croyons de la même main; » 2° (page 76) on y trouve ces paroles : « Pour bien élever un jeune homme, il faudrait avoir été soi-même honnêtement élevé, » paroles dont Voltaire s'est déjà servi presque textuellement dans le *Sentiment des citoyens*; 3° on y retrouve aussi ces mots : « de bons bouillons avec des potions rafraîchissantes, » qui sont textuellement dans la lettre du 24 octobre; 4° ces notes ne contredisent en rien la lettre. Elles en sont le complément, l'explication, le développement. L'initiale L, sous laquelle on les donne, pourrait les faire attribuer à Linguet; mais Linguet a décrié Cicéron, dont l'auteur des *Notes* prend la défense; 5° Wagnière n'a fait aucune remarque sur l'article des *Mémoires secrets* où il est fait mention des *Notes*; « et son silence, dit feu Decroix (*Mémoires sur Voltaire*, I, 252), semble confirmer plutôt que détruire l'opinion que ces notes sont de Voltaire lui-même. »

Il paraîtra peut-être singulier, au premier coup d'œil, qu'on imprime les *Notes* ailleurs qu'au bas de la lettre qu'elles concernent. Mais il a semblé que ce serait ôter à ces *Notes* leur importance que de les donner autrement disposées que dans l'origine. Ce n'est d'ailleurs qu'en les reproduisant en corps d'ouvrage qu'on pouvait placer convenablement les réflexions et pièces qui les suivent. (*Note de M. Beuchot.*)

LE PHILOSOPHE IGNORANT.[1]

(1766.)

Première question. — Qui es-tu? d'où viens-tu? que fais-tu? que deviendras-tu? C'est une question qu'on doit faire à tous les êtres de l'univers, mais à laquelle nul ne nous répond. Je demande aux plantes quelle vertu les fait croître, et comment le même terrain produit des fruits si divers. Ces êtres insensibles et muets, quoique enrichis d'une faculté divine, me laissent à mon ignorance et à mes vaines conjectures.

J'interroge cette foule d'animaux différents, qui tous ont le mouvement et le communiquent, qui jouissent des mêmes sensations que moi, qui ont une mesure d'idées et de mémoire avec toutes les passions. Ils savent encore moins que moi ce qu'ils sont, pourquoi ils sont, et ce qu'ils deviennent.

Je soupçonne, j'ai même lieu de croire que les planètes qui roulent autour des soleils innombrables qui remplissent l'espace, sont peuplées d'êtres sensibles et pensants; mais une barrière éternelle nous sépare, et aucun de ces habitants des autres globes ne s'est communiqué à nous.

Monsieur le prieur, dans le *Spectacle de la nature*, a dit à monsieur le chevalier que les astres étaient faits pour la terre, et la terre, ainsi que les animaux, pour l'homme. Mais comme le petit globe de la terre roule avec les autres planètes autour du soleil; comme les mouvements réguliers et proportionnels des astres peuvent éternellement subsister sans qu'il y ait des hommes; comme il y a sur notre petite planète infiniment plus d'animaux que de mes semblables, j'ai pensé que monsieur le prieur avait un peu trop d'amour-propre en se flattant que tout avait été fait pour lui; j'ai vu que l'homme, pendant sa vie, est dévoré par tous les animaux s'il est sans défense, et que tous le dévorent encore après sa mort. Ainsi j'ai eu de la peine à concevoir que monsieur le prieur et monsieur le chevalier fussent les rois de la nature. Esclave de tout ce qui m'environne, au lieu d'être roi, resserré dans un point, et entouré de l'immensité, je commence par me chercher moi-même.

II. *Notre faiblesse.* — Je suis un faible animal; je n'ai en naissant ni force, ni connaissance, ni instinct; je ne peux même me traîner à

1. Il existe plusieurs éditions de cet ouvrage sous la date de 1766, contenant aussi quelques autres pièces : 1° *Petite digression*, qui, depuis les éditions de Kehl, est classée dans les romans sous ce titre : *Les aveugles juges des couleurs*, 2° *Aventure indienne*; 3° *Petit commentaire de l'ignorant sur l'éloge du dauphin*; 4° *Supplément au philosophe ignorant : André Destouches à Siam*. Une édition de 1766, qui ne contient pas ce dernier morceau, a, au verso du frontispice, cette singulière note imprimée :

« Par A... de V...e, gentilhomme jouissant de cent mille livres de rentes, « connaissant toutes choses, et ne faisant que radoter depuis quelques « années : eh ! public, recevez ces dernières paroles avec indulgence. »

(Beuchot.)

la mamelle de ma mère, comme font tous les quadrupèdes; je n'acquiers quelques idées que comme j'acquiers un peu de force, quand mes organes commencent à se développer. Cette force augmente en moi jusqu'au temps où, ne pouvant plus s'accroître, elle diminue chaque jour. Ce pouvoir de concevoir des idées s'augmente de même jusqu'à son terme, et ensuite s'évanouit insensiblement par degrés.

Quelle est cette mécanique qui accroît de moment en moment les forces de mes membres jusqu'à la borne prescrite? Je l'ignore; et ceux qui ont passsé leur vie à chercher cette cause n'en savent pas plus que moi.

Quel est cet autre pouvoir qui fait entrer des images dans mon cerveau, qui les conserve dans ma mémoire? Ceux qui sont payés pour le savoir l'ont inutilement cherché; nous sommes tous dans la même ignorance des premiers principes où nous étions dans notre berceau.

III. *Comment puis-je penser?* — Les livres faits depuis deux mille ans m'ont-ils appris quelque chose? Il nous vient quelquefois des envies de savoir comment nous pensons, quoiqu'il nous prenne rarement l'envie de savoir comment nous digérons, comment nous marchons. J'ai interrogé ma raison; je lui ai demandé ce qu'elle est : cette question l'a toujours confondue.

J'ai essayé de découvrir par elle si les mêmes ressorts qui me font digérer, qui me font marcher, sont ceux par lesquels j'ai des idées. Je n'ai jamais pu concevoir comment et pourquoi ces idées s'enfuyaient quand la faim faisait languir mon corps, et comment elles renaissaient quand j'avais mangé.

J'ai vu une si grande différence entre des pensées et la nourriture, sans laquelle je ne penserais point, que j'ai cru qu'il y avait en moi une substance qui raisonnait, et une autre substance qui digérait. Cependant, en cherchant toujours à me prouver que nous sommes deux, j'ai senti grossièrement que je suis un seul; et cette contradiction m'a toujours fait une extrême peine.

J'ai demandé à quelques-uns de mes semblables, qui cultivent la terre, notre mère commune, avec beaucoup d'industrie, s'ils sentaient qu'ils étaient deux, s'ils avaient découvert par leur philosophie qu'ils possédaient en eux une substance immortelle, et cependant formée de rien, existante sans étendue, agissant sur leurs nerfs sans y toucher, envoyée expressément dans le ventre de leur mère six semaines après leur conception; ils ont cru que je voulais rire, et ont continué à labourer leurs champs sans me répondre.

IV. *M'est-il nécessaire de savoir?* — Voyant donc qu'un nombre prodigieux d'hommes n'avait pas seulement la moindre idée des difficultés qui m'inquiètent et ne se doutait pas de ce qu'on dit dans les écoles, de l'être en général, de la matière, de l'esprit, etc.; voyant même qu'ils se moquaient souvent de ce que je voulais le savoir, j'ai soupçonné qu'il n'était point du tout nécessaire que nous le sussions. J'ai pensé que la nature a donné à chaque être la portion qui lui convient; et j'ai cru que les choses auxquelles nous ne pouvions atteindre ne sont pas notre partage. Mais, malgré ce désespoir, je ne laisse pas de désirer d'être instruit, et ma curiosité trompée est toujours insatiable.

V. *Aristote, Descartes, et Gassendi.* — Aristote commence par dire que l'incrédulité est la source de la sagesse; Descartes a délayé cette pensée, et tous deux m'ont appris à ne rien croire de ce qu'ils me disent. Ce Descartes, surtout, après avoir fait semblant de douter, parle d'un ton si affirmatif de ce qu'il n'entend point; il est si sûr de son fait quand il se trompe grossièrement en physique; il a bâti un monde si imaginaire; ses tourbillons et ses trois éléments sont d'un si prodigieux ridicule, que je dois me défier de tout ce qu'il me dit sur l'âme, après qu'il m'a tant trompé sur les corps. Qu'on fasse son éloge, à la bonne heure, pourvu qu'on ne fasse pas celui de ses romans philosophiques, méprisés aujourd'hui pour jamais dans toute l'Europe.

Il croit ou il feint de croire que nous naissons avec des pensées métaphysiques. J'aimerais autant dire qu'Homère naquit avec l'*Iliade* dans la tête. Il est bien vrai qu'Homère, en naissant, avait un cerveau tellement construit, qu'ayant ensuite acquis des idées poétiques, tantôt belles, tantôt incohérentes, tantôt exagérées, il en composa enfin l'*Iliade*. Nous apportons, en naissant, le germe de tout ce qui se développe en nous; mais nous n'avons pas réellement plus d'idées innées que Raphaël et Michel-Ange n'apportèrent, en naissant, de pinceaux et de couleurs.

Descartes, pour tâcher d'accorder les parties éparses de ses chimères, supposa que l'homme pense toujours; j'aimerais autant imaginer que les oiseaux ne cessent jamais de voler, ni les chiens de courir, parce que ceux-ci ont la faculté de courir, et ceux-là de voler.

Pour peu que l'on consulte son expérience et celle du genre humain, on est bien convaincu du contraire. Il n'y a personne d'assez fou pour croire fermement qu'il ait pensé toute sa vie, le jour et la nuit sans interruption, depuis qu'il était fœtus jusqu'à sa dernière maladie. La ressource de ceux qui ont voulu défendre ce roman a été de dire qu'on pensait toujours, mais qu'on ne s'en apercevait pas. Il vaudrait autant dire qu'on boit, qu'on mange, et qu'on court à cheval sans le savoir. Si vous ne vous apercevez pas que vous avez des idées, comment pouvez-vous affirmer que vous en avez? Gassendi se moqua comme il le devait de ce système extravagant. Savez-vous ce qui en arriva? on prit Gassendi et Descartes pour des athées, parce qu'ils raisonnaient.

VI. *Les bêtes.* — De ce que les hommes étaient supposés avoir continuellement des idées, des perceptions, des conceptions, il suivait naturellement que les bêtes en avaient toujours aussi; car il est incontestable qu'un chien de chasse a l'idée de son maître auquel il obéit, et du gibier qu'il lui rapporte. Il est évident qu'il a de la mémoire, et qu'il combine quelques idées. Ainsi donc, si la pensée de l'homme était aussi l'essence de son âme, la pensée du chien était aussi l'essence de la sienne, et si l'homme avait toujours des idées, il fallait bien que les animaux en eussent toujours. Pour trancher cette difficulté, le fabricateur des tourbillons et de la matière cannelée osa dire que les bêtes étaient de pures machines qui cherchaient à manger sans avoir appétit, qui avaient toujours les organes du sentiment pour n'éprouver jamais la moindre sensation, qui criaient sans douleur, qui témoignaient leur plaisir sans joie, qui possédaient un cerveau pour n'y pas recevoir l'idée la plus légère, et qui étaient ainsi une contradiction perpétuelle de la nature.

Ce système était aussi ridicule que l'autre; mais, au lieu d'en faire voir l'extravagance, on le traita d'impie; on prétendit que ce système répugnait à l'Écriture sainte, qui dit, dans la Genèse[1], que « Dieu a fait un pacte avec les animaux, et qu'il leur redemandera le sang des hommes qu'ils auront mordus et mangés; » ce qui suppose manifestement dans les bêtes l'intelligence, la connaissance du bien et du mal.

VII. *L'expérience.* — Ne mêlons jamais l'Écriture sainte dans nos disputes philosophiques; ce sont des choses trop hétérogènes, et qui n'ont aucun rapport. Il ne s'agit ici que d'examiner ce que nous pouvons savoir par nous-mêmes, et cela se réduit à bien peu de chose. Il faut avoir renoncé au sens commun pour ne pas convenir que nous ne savons rien au monde que par l'expérience; et certainement si nous ne parvenons que par l'expérience, et par une suite de tâtonnements et de longues réflexions, à nous donner quelques idées faibles et légères du corps, de l'espace, du temps, de l'infini, de Dieu même, ce n'est pas la peine que l'auteur de la nature mette ces idées dans la cervelle de tous les fœtus, afin qu'il n'y ait ensuite qu'un très-petit nombre d'hommes qui en fassent usage.

Nous sommes tous, sur les objets de notre science, comme les amants ignorants Daphnis et Chloé, dont Longus nous a dépeint les amours et les vaines tentatives. Il leur fallut beaucoup de temps pour deviner comment ils pouvaient satisfaire leurs désirs, parce que l'expérience leur manquait. La même chose arriva à l'empereur Léopold et au fils de Louis XIV; il fallut les instruire. S'ils avaient eu des idées innées, il est à croire que la nature ne leur eût pas refusé la principale et la seule nécessaire à la conservation de l'espèce humaine.

VIII. *Substance.* — Ne pouvant avoir aucune notion que par expérience, il est impossible que nous puissions jamais savoir ce que c'est que la matière. Nous touchons, nous voyons les propriétés de cette substance; mais ce mot même *substance, ce qui est dessous*, nous avertit assez que ce dessous nous sera inconnu à jamais : quelque chose que nous découvrions de ses apparences, il restera toujours ce dessous à découvrir. Par la même raison, nous ne saurons jamais par nous-mêmes ce que c'est qu'esprit. C'est un mot qui originairement signifie *souffle*, et dont nous nous sommes servis pour tâcher d'exprimer vaguement et grossièrement ce qui nous donne des pensées. Mais quand même, par un prodige qui n'est pas à supposer, nous aurions quelque légère idée de la substance de cet esprit, nous ne serions pas plus

1 IX, 5. (ÉD.)

avancés; nous ne pourrions jamais deviner comment cette substance reçoit des sentiments et des pensées. Nous savons bien que nous avons un peu d'intelligence, mais comment l'avons-nous? c'est le secret de la nature, elle ne l'a dit à nul mortel.

IX. *Bornes étroites.* — Notre intelligence est très-bornée, ainsi que la force de notre corps. Il y a des hommes beaucoup plus robustes que les autres; il y a aussi des Hercules en fait de pensées; mais au fond cette supériorité est fort peu de chose. L'un soulèvera dix fois plus de matière que moi; l'autre pourra faire de tête, et sans papier, une division de quinze chiffres, tandis que je ne pourrai en diviser que trois ou quatre avec une extrême peine; c'est à quoi se réduira cette force tant vantée : mais elle trouvera bien vite sa borne; et c'est pourquoi, dans les jeux de combinaison, nul homme, après s'y être formé par toute son application et par un long usage, ne parvient jamais, quelque effort qu'il fasse, au delà du degré qu'il a pu atteindre; il a frappé à la borne de son intelligence. Il faut absolument que cela soit ainsi, sans quoi nous irions, de degré en degré, jusqu'à l'infini.

X. *Découvertes impossibles.*— Dans ce cercle étroit où nous sommes renfermés, voyons donc ce que nous sommes condamnés à ignorer, et ce que nous pouvons un peu connaître. Nous avons déjà vu [1] qu'aucun premier ressort, aucun premier principe ne peut être saisi par nous.

Pourquoi mon bras obéit-il à ma volonté? nous sommes si accoutumés à ce phénomène incompréhensible, que très-peu y font attention; et quand nous voulons rechercher la cause d'un effet si commun, nous trouvons qu'il y a réellement l'infini entre notre volonté et l'obéissance de notre membre, c'est-à-dire qu'il n'y a nulle proportion de l'une à l'autre, nulle raison, nulle apparence de cause; et nous sentons que nous y penserions une éternité sans pouvoir imaginer la moindre lueur de vraisemblance.

XI. *Désespoir fondé.* — Ainsi arrêtés dès le premier pas, et nous repliant vainement sur nous-mêmes, nous sommes effrayés de nous chercher toujours, et de ne nous trouver jamais. Nul de nos sens n'est explicable.

Nous savons bien à peu près, avec le secours des triangles, qu'il y a environ trente millions de nos grandes lieues géométriques de la terre au soleil; mais qu'est-ce que le soleil? et pourquoi tourne-t-il sur son axe? et pourquoi en un sens plutôt qu'en un autre? et pourquoi Saturne et nous tournons-nous autour de cet astre plutôt d'occident en orient que d'orient en occident? Non-seulement nous ne satisferons jamais à cette question, mais nous n'entreverrons jamais la moindre possibilité d'en imaginer seulement une cause physique. Pourquoi? c'est que le nœud de cette difficulté est dans le premier principe des choses.

Il en est de ce qui agit au dedans de nous comme de ce qui agit dans

1. Question II, p. 1. (Éd.)

les espaces immenses de la nature. Il y a dans l'arrangement des astres et dans la conformation d'un ciron et de l'homme, un premier principe dont l'accès doit nécessairement nous être interdit. Car si nous pouvions connaître notre premier ressort, nous en serions les maîtres, nous serions des dieux. Éclaircissons cette idée, et voyons si elle est vraie.

Supposons que nous trouvions en effet la cause de nos sensations, de nos pensées, de nos mouvements, comme nous avons seulement découvert dans les astres la raison des éclipses et des différentes phases de la lune et de Vénus; il est clair que nous prédirions alors nos sensations, nos pensées et nos désirs résultants de ces sensations, comme nous prédisons les phases et les éclipses. Connaissant donc ce qui devrait se passer demain dans notre intérieur, nous verrions clairement, par le jeu de cette machine, de quelle manière ou agréable ou funeste nous devrions être affectés. Nous avons une volonté qui dirige, ainsi qu'on en convient, nos mouvements intérieurs en plusieurs circonstances. Par exemple, je me sens disposé à la colère, ma réflexion et ma volonté en répriment les accès naissants. Je verrais, si je connaissais mes premiers principes, toutes les affections auxquelles je suis disposé pour demain, toute la suite des idées qui m'attendent; je pourrais avoir sur cette suite d'idées et de sentiments la même puissance que j'exerce quelquefois sur les sentiments et sur les pensées actuelles que je détourne et que je réprime. Je me trouverais précisément dans le cas de tout homme qui peut retarder et accélérer à son gré le mouvement d'une horloge, celui d'un vaisseau, celui de toute machine connue.

Dans cette supposition, étant le maître des idées qui me sont destinées demain, je le serais pour le jour suivant, je le serais pour le reste de ma vie; je pourrais donc être toujours tout-puissant sur moi-même, je serais le dieu de moi-même [1]. Je sens assez que cet état est incompatible avec ma nature; il est donc impossible que je puisse rien connaître du premier principe qui me fait penser et agir.

XII. *Faiblesse des hommes.* — Ce qui est impossible à ma nature si faible, si bornée, et qui est d'une durée si courte, est-il impossible dans d'autres globes, dans d'autres espèces d'êtres? Y a-t-il des intelligences supérieures, maîtresses de toutes leurs idées, qui pensent et

1. Ce raisonnement nous paraît sujet à plusieurs difficultés. 1° Ce pouvoir, si l'homme venait à l'acquérir, changerait en quelque sorte sa nature; mais ce n'est pas une raison pour être sûr qu'il ne peut l'acquérir. 2° On pourrait connaître la cause de toutes nos sensations, de tous nos sentiments, et cependant n'avoir point le pouvoir, soit de détourner les impressions des objets extérieurs, soit d'empêcher les effets qui peuvent résulter d'une distraction, d'un mauvais calcul. 3° Il y a un grand nombre de degrés entre notre ignorance actuelle et cette connaissance parfaite de notre nature; l'esprit humain pourrait parcourir les différents degrés de cette échelle sans jamais parvenir au dernier; mais chaque degré ajouterait à nos connaissances réelles, et ces connaissances pourraient être utiles. Il en serait de la métaphysique comme des mathématiques, dont jamais nous n'épuiserons aucune partie, même en y faisant dans chaque siècle un grand nombre de découvertes utiles. (*Ed. de Kehl.*)

qui sentent tout ce qu'elles veulent? Je n'en sais rien; je ne connais que ma faiblesse, je n'ai aucune notion de la force des autres.

XIII. *Suis-je libre?* — Ne sortons point encore du cercle de notre existence; continuons à nous examiner nous-mêmes autant que nous le pouvons. Je me souviens qu'un jour, avant que j'eusse fait toutes les questions précédentes, un raisonneur voulut me faire raisonner. Il me demanda si j'étais libre; je lui répondis que je n'étais point en prison, que j'avais la clef de ma chambre, que j'étais parfaitement libre. « Ce n'est pas cela que je vous demande, me répondit-il; croyez-vous que votre volonté ait la liberté de vouloir ou de ne vouloir pas vous jeter par la fenêtre? pensez-vous, avec l'ange de l'école, que le libre arbitre soit une puissance appétitive, et que le libre arbitre se perde par le péché? » Je regardai mon homme fixement, pour tâcher de lire dans ses yeux s'il n'avait pas l'esprit égaré; et je lui répondis que je n'entendais rien à son galimatias.

Cependant cette question sur la liberté de l'homme m'intéressa vivement; je lus des *Scolastiques*, je fus comme eux dans les ténèbres; je lus Locke, et j'aperçus des traits de lumière; je lus le *Traité de Collins*, qui me parut Locke perfectionné; et je n'ai jamais rien lu depuis qui m'ait donné un nouveau degré de connaissance. Voici ce que ma faible raison a conçu, aidée de ces deux grands hommes, les seuls, à mon avis, qui se soient entendus eux-mêmes en écrivant sur cette matière, et les seuls qui se soient fait entendre aux autres.

Il n'y a rien sans cause. Un effet sans cause n'est qu'une parole absurde. Toutes les fois que je veux, ce ne peut être qu'en vertu de mon jugement bon ou mauvais; ce jugement est nécessaire, donc ma volonté l'est aussi. En effet, il serait bien singulier que toute la nature, tous les astres obéissent à des lois éternelles, et qu'il y eût un petit animal haut de cinq pieds qui, au mépris de ces lois, pût agir toujours comme il lui plairait au seul gré de son caprice. Il agirait au hasard, et on sait que le hasard n'est rien. Nous avons inventé ce mot pour exprimer l'effet connu de toute cause inconnue.

Mes idées entrent nécessairement dans mon cerveau; comment ma volonté, qui en dépend, serait-elle à la fois nécessitée, et absolument libre? Je sens en mille occasions que cette volonté ne peut rien; ainsi, quand la maladie m'accable, quand la passion me transporte, quand mon jugement ne peut atteindre aux objets qu'on me présente, etc. Je dois donc penser que les lois de la nature étant toujours les mêmes, ma volonté n'est pas plus libre dans les choses qui me paraissent les plus indifférentes que dans celles où je me sens soumis à une force invincible.

Être véritablement libre, c'est pouvoir. Quand je peux faire ce que je veux, voilà ma liberté; mais je veux nécessairement ce que je veux; autrement je voudrais sans raison, sans cause, ce qui est impossible. Ma liberté consiste à marcher quand je veux marcher et que je n'ai point la goutte.

Ma liberté consiste à ne point faire une mauvaise action quand mon esprit se la représente nécessairement mauvaise; à subjuguer une passion quand mon esprit m'en fait sentir le danger, et que l'horreur de cette action combat puissamment mon désir. Nous pouvons réprimer nos passions, comme je l'ai déjà annoncé (nombre XI), mais alors nous ne sommes pas plus libres en réprimant nos désirs qu'en nous laissant entraîner à nos penchants; car, dans l'un et l'autre cas, nous suivons irrésistiblement notre dernière idée, et cette dernière idée est nécessaire; donc je fais nécessairement ce qu'elle me dicte. Il est étrange que les hommes ne soient pas contents de cette mesure de liberté, c'est-à-dire du pouvoir qu'ils ont reçu de la nature de faire en plusieurs cas ce qu'ils veulent; les astres ne l'ont pas: nous la possédons, et notre orgueil nous fait croire quelquefois que nous en possédons encore plus. Nous nous figurons que nous avons le don incompréhensible et absurde de vouloir, sans autre raison, sans autre motif que celui de vouloir. (Voyez le nombre XXIX.)

Non, je ne puis pardonner au docteur Clarke d'avoir combattu avec mauvaise foi ces vérités dont il sentait la force, et qui semblaient s'accommoder mal avec ses systèmes. Non, il n'est pas permis à un philosophe tel que lui d'avoir attaqué Collins en sophiste, et d'avoir détourné l'état de la question, en reprochant à Collins d'appeler l'homme *un agent nécessaire*. Agent ou patient, qu'importe? agent quand il se meut volontairement, patient quand il reçoit des idées. Qu'est-ce que le nom fait à la chose? L'homme est en tout un être dépendant, comme la nature entière est dépendante, et il ne peut être excepté des autres êtres.

Le prédicateur, dans Samuel Clarke, a étouffé le philosophe; il distingue la nécessité physique et la nécessité morale. Et qu'est-ce qu'une nécessité morale? Il vous paraît vraisemblable qu'une reine d'Angleterre qu'on couronne et que l'on sacre dans une église, ne se dépouillera pas de ses habits royaux pour s'étendre toute nue sur l'autel, quoiqu'on raconte une pareille aventure d'une reine de Congo. Vous appelez cela *une nécessité morale* dans une reine de nos climats; mais c'est au fond une nécessité physique, éternelle, liée à la constitution des choses. Il est aussi sûr que cette reine ne fera pas cette folie, qu'il est sûr qu'elle mourra un jour. La nécessité morale n'est qu'un mot, tout ce qui se fait est absolument nécessaire. Il n'y a point de milieu entre la nécessité et le hasard; et vous savez qu'il n'y a point de hasard; donc tout ce qui arrive est nécessaire.

Pour embarrasser la chose davantage, on a imaginé de distinguer encore entre nécessité et contrainte; mais, au fond, la contrainte est-elle autre chose qu'une nécessité dont on s'aperçoit? et la nécessité n'est-elle pas une contrainte dont on ne s'aperçoit point? Archimède est également nécessité à rester dans sa chambre quand on l'y enferme, et quand il est si fortement occupé d'un problème qu'il ne reçoit pas l'idée de sortir.

Ducunt volentem fata, nolentem trahunt[1].

1. Ce vers est souvent cité comme étant dans la tragédie d'*Hercules furens*;

L'ignorant qui pense ainsi n'a pas toujours pensé de même[1], mais il est enfin contraint de se rendre.

XIV. *Tout est-il éternel?* — Asservi à des lois éternelles comme tous les globes qui remplissent l'espace, comme les éléments, les animaux, les plantes, je jette des regards étonnés sur tout ce qui m'environne; je cherche quel est mon auteur, et celui de cette machine immense dont je suis à peine une roue imperceptible.

Je ne suis pas venu de rien, car la substance de mon père, et de ma mère qui m'a porté neuf mois dans sa matrice, est quelque chose. Il m'est évident que le germe qui m'a produit n'a pu être produit de rien; car comment le néant produirait-il l'existence? Je me sens subjugué par cette maxime de toute l'antiquité : « Rien ne vient du néant, rien ne peut retourner au néant[1]. » Cet axiome porte en lui une force si terrible, qu'il enchaîne tout mon entendement sans que je puisse me débattre contre lui. Aucun philosophe ne s'en est écarté; aucun législateur, quel qu'il soit, ne l'a contesté. Le *Cahut* des Phéniciens, le *Chaos* des Grecs, le *Tohu bohu* des Chaldéens et des Hébreux, tout nous atteste qu'on a toujours cru l'éternité de la matière. Ma raison, trompée par cette idée si ancienne et si générale, me dit : Il faut bien que la matière soit éternelle, puisqu'elle existe; si elle était hier, elle était auparavant. Je n'aperçois aucune vraisemblance qu'elle ait commencé à être, aucune cause pour laquelle elle n'ait pas été, aucune cause pour laquelle elle ait reçu l'existence dans un temps plutôt que dans un autre. Je cède donc à cette conviction, soit fondée soit erronée, et je me range du parti du monde entier, jusqu'à ce qu'ayant avancé dans mes recherches, je trouve une lumière supérieure[2] au jugement de tous les hommes, qui me force à me rétracter malgré moi.

Mais si, comme tant de philosophes de l'antiquité l'ont pensé, l'Être éternel a toujours agi, que deviendront le *Cahut* et l'*Ereb* des Phéniciens, le *Tohu bohu* des Chaldéens, le *Chaos* d'Hésiode? Il restera dans les fables. Le *Chaos* est impossible aux yeux de la raison, car il est impossible que l'intelligence étant éternelle, il y ait jamais eu quelque chose d'opposé aux lois de l'intelligence; or le *Chaos* est précisément l'opposé de toutes les lois de la nature. Entrez dans la caverne la plus horrible des Alpes, sous ces débris de rochers, de glace, de sable, d'eaux, de cristaux, de minéraux informes, tout y obéit à la gravitation et aux lois de l'hydrostatique. Le *Chaos* n'a jamais été que dans nos têtes, et n'a servi qu'à faire composer de beaux vers à Hésiode et à Ovide.

Si notre sainte Écriture a dit que le *Chaos*[3] existait, si le *Tohu bohu* a été adopté par elle, nous le croyons sans doute, et avec la foi la plus

il n'est pourtant dans aucune des tragédies de Sénèque. On le trouve dans l'épitre CVII de Sénèque le philosophe. (*Note de M. Beuchot.*)

1. Voy. le *Traité de métaphysique*, ouvrage écrit plus de quarante ans avant celui-ci. (*Ed. de Kehl.*)

2. La révélation. (ÉD.) — 3. Luc, XVI, 26. (ÉD.)

vive. Nous ne parlons ici que suivant les lueurs trompeuses de notre raison. Nous nous sommes bornés, comme nous l'avons dit[1], à voir ce que nous pouvons soupçonner par nous-mêmes. Nous sommes des enfants qui essayons de faire quelques pas sans lisières : nous marchons, nous tombons, et la foi nous relève.

XV. *Intelligence.* — Mais en apercevant l'ordre, l'artifice prodigieux, les lois mécaniques et géométriques qui règnent dans l'univers, les moyens, les fins innombrables de toutes choses, je suis saisi d'admiration et de respect. Je juge incontinent que si les ouvrages des hommes, les miens même, me forcent à reconnaître en nous une intelligence, je dois en reconnaître une bien supérieurement agissante dans la multitude de tant d'ouvrages. J'admets cette intelligence suprême sans craindre que jamais on puisse me faire changer d'opinion. Rien n'ébranle en moi cet axiome : « Tout ouvrage démontre un ouvrier[2]. »

XVI. *Éternité.* — Cette intelligence est-elle éternelle? sans doute; car soit que j'aie admis ou rejeté l'éternité de la matière, je ne peux rejeter l'existence éternelle de son artisan suprême; il est évident que, s'il existe aujourd'hui, il a existé toujours.

XVII. *Incompréhensibilité.* — Je n'ai fait encore que deux ou trois pas dans cette vaste carrière; je veux savoir si cette intelligence divine est quelque chose d'absolument distinct de l'univers, à peu près comme le sculpteur est distingué de la statue, ou si cette âme du monde est unie au monde, et le pénètre, à peu près encore comme ce que j'appelle *mon âme* est uni à moi, et selon cette idée de l'antiquité si bien exprimée dans Virgile :

Mens agitat molem, et magno se corpore miscet.
Æn., lib. VI, v. 727.

Et dans Lucain :

Jupiter est quodcumque vides, quocumque moveris.
Lib. IX, v. 580.

Je me vois arrêté tout à coup dans ma vaine curiosité. Misérable mortel, si je ne puis sonder ma propre intelligence, si je ne puis savoir

1. Question VII, p. 4. (ÉD.)

2. La preuve de l'existence de Dieu, tirée de l'observation des phénomènes de l'univers, dont l'ordre et les lois constantes semblent indiquer une unité de dessein, et par conséquent une cause unique et intelligente, est la seule à laquelle M. de Voltaire se soit arrêté, et la seule qui puisse être admise par un philosophe libre des préjugés et du galimatias des écoles. L'ouvrage intitulé : *Du principe d'action* (voy. ci-après), contient une exposition de cette preuve à la fois plus frappante et plus simple que celles qui ont été données par des philosophes qu'on a crus profonds parce qu'ils étaient obscurs, et éloquents parce qu'ils étaient exagérateurs. On pourrait demander maintenant quelle est pour nous, par l'état actuel de nos connaissances sur les lois de l'univers, la probabilité que ces lois forment un système un et régulier, et ensuite la probabilité que ce système régulier est l'effet d'une volonté intelligente. Cette question est plus difficile qu'elle ne paraît au premier coup d'œil. (*Éd. de Kehl.*)

ce qui m'anime, comment connaîtrai-je l'intelligence ineffable qui préside visiblement à la matière entière? Il y en a une, tout me le démontre; mais où est la boussole qui me conduira vers sa demeure éternelle et ignorée?

XVIII. *Infini.* — Cette intelligence est-elle infinie en puissance et en immensité, comme elle est incontestablement infinie en durée? je n'en puis rien savoir par moi-même. Elle existe, donc elle a toujours existé, cela est clair. Mais quelle idée puis-je avoir d'une puissance infinie? Comment puis-je concevoir un infini actuellement existant? comment puis-je imaginer que l'intelligence suprême est dans le vide? Il n'en est pas de l'infini en étendue comme de l'infini en durée. Une durée infinie s'est écoulée au moment que je parle, cela est sûr; je ne puis rien ajouter à cette durée passée, mais je peux toujours ajouter à l'espace que je conçois, comme je peux ajouter aux nombres que je conçois. L'infini en nombre et en étendue est hors de la sphère de mon entendement. Quelque chose qu'on me dise, rien ne m'éclaire dans cet abîme. Je sens heureusement que mes difficultés et mon ignorance ne peuvent préjudicier à la morale; on aura beau ne pas concevoir, ni l'immensité de l'espace remplie, ni la puissance infinie qui a tout fait, et qui cependant peut encore faire; cela ne servira qu'à prouver de plus en plus la faiblesse de notre entendement; et cette faiblesse ne nous rendra que plus soumis à l'Être éternel dont nous sommes l'ouvrage.

XIX. *Ma dépendance.* — Nous sommes son ouvrage. Voilà une vérité intéressante pour nous; car de savoir par la philosophie en quel temps il fit l'homme, ce qu'il faisait auparavant; s'il est dans la matière, s'il est dans le vide, s'il est dans un point, s'il agit toujours ou non, s'il agit partout, s'il agit hors de lui ou dans lui; ce sont des recherches qui redoublent en moi le sentiment de mon ignorance profonde.

Je vois même qu'à peine il y a eu une douzaine d'hommes en Europe qui aient écrit sur ces choses abstraites avec un peu de méthode; et quand je supposerais qu'ils ont parlé d'une manière intelligible, qu'en résultera-t-il? Nous avons déjà reconnu (*question* IV) que les choses que si peu de personnes peuvent se flatter d'entendre sont inutiles au reste du genre humain[1]. Nous sommes certainement l'ouvrage

1. Cette opinion est-elle bien certaine? l'expérience n'a-t-elle point prouvé que des vérités très-difficiles à entendre peuvent être utiles? Les tables de la lune, celles des satellites de Jupiter, guident nos vaisseaux sur les mers, sauvent la vie des matelots; et elles sont formées d'après des théories qui ne sont connues que d'un petit nombre de savants. D'ailleurs dans les sciences qui tiennent à la morale, à la politique, les mêmes connaissances, qui d'abord sont le partage de quelques philosophes, ne peuvent-elles point être mises à la portée de tous les hommes qui ont reçu quelque éducation, qui ont cultivé leur esprit, et devenir par là d'une utilité générale, puisque ce sont ces mêmes hommes qui gouvernent le peuple, et qui influent sur les opinions? Cette maxime est une de ces opinions où nous entraîne l'idée très-naturelle, mais peut-être très-fausse, que notre bien-être a été un des motifs de l'ordre qui règne dans le système général des êtres. Il ne faut pas confondre ces causes finales dont nous nous faisons l'objet, avec les causes finales plus étendues, que l'observation des phénomènes

de Dieu, c'est là ce qu'il m'est utile de savoir; aussi la preuve en est-elle palpable. Tout est moyen et fin dans mon corps; tout est ressort, poulie, force mouvante, machine hydraulique, équilibre de liqueurs, laboratoire de chimie. Il est donc arrangé par une intelligence (*quest.* xv). Ce n'est pas l'intelligence de mes parents à qui je dois cet arrangement, car assurément ils ne savaient ce qu'ils faisaient quand ils m'ont mis au monde; ils n'étaient que les aveugles instruments de cet éternel fabricateur qui anime le ver de terre, et qui fait tourner le soleil sur son axe.

XX. *Éternité encore.* — Né d'un germe venu d'un autre germe, y a-t-il eu une succession continuelle, un développement sans fin de ces germes, et toute la nature a-t-elle toujours existé par une suite nécessaire de cet Être suprême qui existait de lui-même? Si je n'en croyais que mon faible entendement, je dirais : Il me paraît que la nature a toujours été animée. Je ne puis concevoir que la cause qui agit continuellement et visiblement sur elle, pouvant agir dans tous les temps, n'ait pas agi toujours. Une éternité d'oisiveté dans l'être agissant et nécessaire, me semble incompatible. Je suis porté à croire que le monde est toujours émané de cette cause primitive et nécessaire, comme la lumière émane du soleil. Par quel enchaînement d'idées me vois-je toujours entraîné à croire éternelles les œuvres de l'Être éternel? Ma conception, toute pusillanime qu'elle est, a la force d'atteindre à l'être nécessaire existant par lui-même, et n'a pas la force de concevoir le néant. L'existence d'un seul atome me semble prouver l'éternité de l'existence; mais rien ne me prouve le néant. Quoi! il y aurait eu le *rien* dans l'espace où est aujourd'hui quelque chose? Cela me paraît incompréhensible. Je ne puis admettre ce *rien*, à moins que la révélation ne vienne fixer mes idées qui s'emportent au delà des temps.

Je sais bien qu'une succession infinie d'êtres qui n'auraient point d'origine, est aussi absurde; Samuel Clarke le démontre assez[1]; mais il n'entreprend pas seulement d'affirmer que Dieu n'ait pas tenu cette chaîne de toute éternité; il n'ose pas dire qu'il ait été si longtemps impossible à l'être éternellement actif de déployer son action. Il est évident qu'il l'a pu; et s'il l'a pu, qui sera assez hardi pour me dire qu'il ne l'a pas fait? La révélation seule, encore une fois, peut m'apprendre le contraire : mais nous n'en sommes pas encore à cette révé-

peut nous faire soupçonner et nous indiquer avec plus ou moins de probabilité. Les premières appartiennent à la rhétorique, les autres à la philosophie. M. de Voltaire a souvent combattu cette même manière de raisonner. (*Ed. de Kehl.*)

1. Il ne peut être question ici que d'une impossibilité métaphysique. Or, pourquoi cette suite de phénomènes qui se succèdent indéfiniment suivant une certaine loi, et qui, à partir de chaque instant, forment une chaîne indéfinie dans le passé comme dans l'avenir, serait-elle impossible à concevoir? N'avons-nous pas l'idée claire d'un corps se mouvant dans une courbe infinie, d'une série de termes s'étendant indéfiniment dans les deux sens à quelque terme qu'on la prenne? Cette succession indéfinie de phénomènes ne peut donc effrayer un homme familiarisé avec les idées mathématiques. (*Ed. de Kehl.*)

lation qui écrase toute philosophie, à cette lumière devant qui toute lumière s'évanouit.

XXI. *Ma dépendance encore.* — Cet Être éternel, cette cause universelle me donne mes idées; car ce ne sont pas les objets qui me les donnent. Une matière brute ne peut envoyer des pensées dans ma tête; mes pensées ne viennent pas de moi, car elles arrivent malgré moi, et souvent s'enfuient de même. On sait assez qu'il n'y a nulle ressemblance, nul rapport entre les objets et nos idées et nos sensations. Certes il y avait quelque chose de sublime dans ce Malebranche, qui osait prétendre que nous voyons tout dans Dieu même : mais n'y avait-il rien de sublime dans les stoïciens, qui pensaient que c'est Dieu qui agit en nous, et que nous possédons un rayon de sa substance? Entre le rêve de Malebranche et le rêve des stoïciens, où est la réalité? Je retombe (*quest.* II) dans l'ignorance, qui est l'apanage de ma nature; et j'adore le Dieu par qui je pense, sans savoir comment je pense.

XXII. *Nouvelle question.* — Convaincu par mon peu de raison qu'il y a un être nécessaire, éternel, intelligent, de qui je reçois mes idées, sans pouvoir deviner ni le comment, ni le pourquoi, je demande ce que c'est que cet être, s'il a la forme des espèces intelligentes et agissantes supérieures à la mienne dans d'autres globes? J'ai déjà dit que je n'en savais rien (*quest.* I). Néanmoins, je ne puis affirmer que cela soit impossible; car j'aperçois des planètes très-supérieures à la mienne en étendue, entourées de plus de satellites que la terre. Il n'est point du tout contre la vraisemblance qu'elles soient peuplées d'intelligences très-supérieures à moi, et de corps plus robustes, plus agiles, et plus durables. Mais leur existence n'ayant nul rapport à la mienne, je laisse aux poëtes de l'antiquité le soin de faire descendre Vénus de son prétendu troisième ciel, et Mars du cinquième; je ne dois rechercher que l'action de l'être nécessaire sur moi-même.

XXIII. *Un seul artisan suprême.* — Une grande partie des hommes, voyant le mal physique et le mal moral répandus sur ce globe, imagina deux êtres puissants, dont l'un produisait tout le bien, et l'autre tout le mal. S'ils existaient, ils seraient nécessaires; ils seraient éternels, indépendants, ils occuperaient tout l'espace; ils existeraient donc dans le même lieu; ils se pénétreraient donc l'un l'autre, cela est absurde. L'idée de ces deux puissances ennemies ne peut tirer son origine que des exemples qui nous frappent sur la terre; nous y voyons des hommes doux et des hommes féroces, des animaux utiles et des animaux nuisibles, de bons maîtres et des tyrans. On imagina ainsi deux pouvoirs contraires qui présidaient à la nature; ce n'est qu'un roman asiatique. Il y a dans toute la nature une unité de dessein manifeste; les lois du mouvement et de la pesanteur sont inévitables; il est impossible que deux artisans suprêmes, entièrement contraires l'un à l'autre, aient suivi les mêmes lois. Cela seul, à mon avis, renverse le système manichéen, et l'on n'a pas besoin de gros volumes pour le combattre.

Il est donc une puissance unique, éternelle, à qui tout est lié, de qui tout dépend, mais dont la nature m'est incompréhensible. Saint Thomas nous dit « que Dieu est un pur acte, une forme, qui n'a ni genre, ni prédicat; qu'il est la nature et le suppôt, qu'il existe essentiellement, participativement, et nuncupativement. » Lorsque les dominicains furent les maîtres de l'inquisition, ils auraient fait brûler un homme qui aurait nié ces belles choses; je ne les aurais pas niées, mais je ne les aurais pas entendues.

On me dit que Dieu est simple; j'avoue humblement que je n'entends pas la valeur de ce mot davantage. Il est vrai que je ne lui attribuerai pas des parties grossières que je puisse séparer; mais je ne puis concevoir que le principe et le maître de tout ce qui est dans l'étendue ne soit pas dans l'étendue. La simplicité, rigoureusement parlant, me paraît trop semblable au non-être. L'extrême faiblesse de mon intelligence n'a point d'instrument assez fin pour saisir cette simplicité. Le point mathématique est simple, me dira-t-on; mais le point mathématique n'existe pas réellement.

On dit encore qu'une idée est simple, mais je n'entends pas cela davantage. Je vois un cheval, j'en ai l'idée, mais je n'ai vu en lui qu'un assemblage de choses. Je vois une couleur, j'ai l'idée de couleur; mais cette couleur est étendue. Je prononce les noms abstraits de *couleur en général*, de *vice*, de *vertu*, de *vérité en général*; mais c'est que j'ai eu connaissance de choses colorées, de choses qui m'ont paru vertueuses ou vicieuses, vraies ou fausses; j'exprime tout cela par un mot, mais je n'ai point de connaissance claire de la simplicité; je ne sais pas plus ce que c'est que je ne sais ce que c'est qu'un infini en nombres actuellement existant.

Déjà convaincu que, ne connaissant pas ce que je suis, je ne puis connaître ce qu'est mon auteur, mon ignorance m'accable à chaque instant, et je me console en réfléchissant sans cesse qu'il n'importe pas que je sache si mon maître est ou non dans l'étendue, pourvu que je ne fasse rien contre la conscience qu'il m'a donnée. De tous les systèmes que les hommes ont inventés sur la Divinité, quel sera donc celui que j'embrasserai? aucun, sinon celui de l'adorer.

XXIV. *Spinosa.* — Après m'être plongé avec Thalès dans l'eau dont il faisait son propre principe, après m'être roussi auprès du feu d'Empédocle, après avoir couru dans le vide en ligne droite avec les atomes d'Épicure, supputé des nombres avec Pythagore, et avoir entendu sa musique; après avoir rendu mes devoirs aux androgynes de Platon, et ayant passé par toutes les régions de la métaphysique et de la folie, j'ai voulu enfin connaître le système de Spinosa.

Il n'est pas absolument nouveau; il est imité de quelques anciens philosophes grecs, et même de quelques Juifs; mais Spinosa n'a fait ce qu'aucun philosophe grec, encore moins aucun Juif, a fait; il a employé une méthode géométrique imposante, pour se rendre un compte net de ses idées : voyons s'il ne s'est pas égaré méthodiquement avec le fil qui le conduit.

Il établit d'abord une vérité incontestable et lumineuse : Il y a quelque chose, donc il existe éternellement un être nécessaire. Ce principe est si vrai que le profond Samuel Clarke s'en est servi pour prouver l'existence de Dieu.

Cet être doit se trouver partout où est l'existence ; car qui le bornerait?

Cet être nécessaire est donc tout ce qui existe ; il n'y a donc réellement qu'une seule substance dans l'univers.

Cette substance n'en peut créer une autre ; car, puisqu'elle remplit tout, où mettre une substance nouvelle, et comment créer quelque chose du néant? comment créer l'étendue sans la placer dans l'étendue même, laquelle existe nécessairement?

Il y a dans le monde la pensée et la matière ; la substance nécessaire que nous appelons Dieu est donc la preuve de la matière. Toute pensée et toute matière est donc comprise dans l'immensité de Dieu : il ne peut y avoir rien hors de lui ; il ne peut agir que dans lui ; il comprend tout, il est tout.

Ainsi tout ce que nous appelons *substances différentes* n'est en effet que l'universalité des différents attributs de l'Être suprême, qui pense dans le cerveau des hommes, éclaire dans la lumière, se meut sur les vents, éclate dans le tonnerre, parcourt l'espace dans tous les astres, et vit dans toute la nature.

Il n'est point, comme un vil roi de la terre, confiné dans son palais, séparé de ses sujets ; il est intimement uni à eux ; ils sont des parties nécessaires de lui-même ; s'il en était distingué, il ne serait plus l'être nécessaire, il ne serait plus universel, il ne remplirait point tous les lieux, il serait un être à part comme un autre.

Quoique toutes les modalités changeantes dans l'univers soient l'effet de ses attributs, cependant, selon Spinosa, il n'a point de parties ; car, dit-il, l'infini n'en a point de proprement dites ; s'il en avait, on pourrait en ajouter d'autres, et alors il ne serait plus infini. Enfin Spinosa prononce qu'il faut aimer ce Dieu nécessaire, infini, éternel ; et voici ses propres paroles, page 45 de l'édition de 1731 :

« A l'égard de l'amour de Dieu, loin que cette idée le puisse affaiblir, j'estime qu'aucune autre n'est plus propre à l'augmenter, puisqu'elle me fait connaître que Dieu est intime à mon être, qu'il me donne l'existence de toutes mes propriétés, mais qu'il me les donne libéralement, sans reproche, sans intérêt, sans m'assujettir à autre chose qu'à ma propre nature. Elle bannit la crainte, l'inquiétude, la défiance, et tous les défauts d'un amour vulgaire ou intéressé. Elle me fait sentir que c'est un bien que je ne puis perdre, et que je possède d'autant mieux que je le connais et que je l'aime. »

Ces idées séduisirent beaucoup de lecteurs ; il y en eut même qui, ayant d'abord écrit contre lui, se rangèrent à son opinion.

On reprocha au savant Bayle d'avoir attaqué durement Spinosa sans l'entendre : durement, j'en conviens ; injustement, je ne le crois pas. Il serait étrange que Bayle ne l'eût pas entendu. Il découvrit aisément l'endroit faible de ce château enchanté ; il vit qu'en effet Spinosa compose son Dieu de parties, quoiqu'il soit réduit à s'en dédire, effrayé de son propre système. Bayle vit combien il est insensé de faire Dieu astre et citrouille, pensée et fumier, battant et battu. Il vit que cette fable est fort au-dessous de celle de Protée. Peut-être Bayle devait-il s'en tenir au mot de *modalités* et non pas de *parties*, puisque c'est ce mot de *modalités* que Spinosa emploie toujours. Mais il est également impertinent, si je ne me trompe, que l'excrément d'un animal soit une modalité ou une partie de l'Être suprême.

Il ne combattit point, il est vrai, les raisons par lesquelles Spinosa soutient l'impossibilité de la création : mais c'est que la création proprement dite est un objet de foi et non pas de philosophie; c'est que cette opinion n'est nullement particulière à Spinosa; c'est que toute l'antiquité avait pensé comme lui. Il n'attaque que l'idée absurde d'un Dieu simple composé de parties, d'un Dieu qui se mange et qui se digère lui-même, qui aime et qui hait la même chose en même temps, etc. Spinosa se sert toujours du mot Dieu, Bayle le prend par ses propres paroles.

Mais, au fond, Spinosa ne reconnaît point de Dieu; il n'a probablement employé cette expression, il n'a dit qu'il faut servir et aimer Dieu que pour ne point effaroucher le genre humain. Il paraît athée dans toute la force de ce terme; il n'est point athée comme Épicure, qui reconnaissait les dieux inutiles et oisifs; il ne l'est point comme la plupart des Grecs et des Romains, qui se moquaient des dieux du vulgaire : il l'est parce qu'il ne reconnaît nulle Providence, parce qu'il n'admet que l'éternité, l'immensité, et la nécessité des choses; il l'est comme Straton, comme Diagoras; il ne doute pas comme Pyrrhon, il affirme; et qu'affirme-t-il? qu'il n'y a qu'une seule substance, qu'il ne peut y en avoir deux, que cette substance est étendue et pensante; et c'est ce que n'ont jamais dit les philosophes grecs et asiatiques qui ont admis une âme universelle.

Il ne parle en aucun endroit de son livre des desseins marqués qui se manifestent dans tous les êtres. Il n'examine point si les yeux sont faits pour voir, les oreilles pour entendre, les pieds pour marcher, les ailes pour voler; il ne considère ni les lois du mouvement dans les animaux et dans les plantes, ni leur structure adaptée à ces lois, ni la profonde mathématique qui gouverne le cours des astres : il craint d'apercevoir que tout ce qui existe atteste une Providence divine; il ne remonte point des effets à leur cause; mais, se mettant tout d'un coup à la tête de l'origine des choses, il bâtit son roman, comme Descartes a construit le sien, sur une supposition. Il supposait le plein avec Descartes, quoiqu'il soit démontré, en rigueur, que tout mouvement est impossible dans le plein. C'est là principalement ce qui lui fit regarder l'univers comme une seule substance. Il a été la dupe de son esprit géométrique. Comment Spinosa, ne pouvant douter que l'intelligence et la matière existent, n'a-t-il pas examiné au moins si la Providence n'a pas tout arrangé? comment n'a-t-il pas jeté un coup d'œil sur ces ressorts, sur ces moyens dont chacun a son but, et recherché s'ils prouvent un artisan suprême? Il fallait qu'il fût ou un physicien bien ignorant ou un sophiste gonflé d'un orgueil bien stupide, pour ne pas reconnaître une Providence toutes les fois qu'il respirait ou qu'il sentait son cœur battre; car cette respiration et ce mouvement du cœur sont des effets d'une machine si industrieusement compliquée, arrangée avec un art si puissant, dépendante de tant de ressorts concourant tous au même but, qu'il est impossible de l'imiter, et impossible à un homme de bon sens de ne la pas admirer.

Les spinosistes modernes répondent : « Ne vous effarouchez pas des conséquences que vous nous imputez; nous trouvons comme vous une suite d'effets admirables dans les corps organisés et dans toute la nature. La cause éternelle est dans l'intelligence éternelle que nous admettons, et qui, avec la matière, constitue l'universalité des choses qui est Dieu. Il n'y a qu'une seule substance qui agit par la même modalité de sa pensée sur sa modalité de la matière, et qui constitue ainsi l'univers qui ne fait qu'un tout inséparable. »

On réplique à cette réponse : « Comment pouvez-vous nous prouver que la pensée qui fait mouvoir les astres, qui anime l'homme, qui fait tout, soit une modalité, et que les déjections d'un crapaud et d'un ver soient une autre modalité de ce même être souverain ? Oseriez-vous dire qu'un si étrange principe vous est démontré? ne couvrez-vous pas votre ignorance par des mots que vous n'entendez point? Bayle a très-bien démêlé les sophismes de votre maître dans les détours et dans les obscurités du style prétendu géométrique, et réellement très-confus de ce maître. Je vous renvoie à lui; des philosophes ne doivent pas récuser Bayle. »

Quoi qu'il en soit, je remarquerai de Spinosa qu'il se trompait de très-bonne foi. Il me semble qu'il n'écartait de son système les idées qui pouvaient lui nuire, que parce qu'il était trop plein des siennes; il suivait sa route sans regarder rien de ce qui pouvait la traverser, et c'est ce qui nous arrive trop souvent. Il y a plus, il renversait tous les principes de la morale, en étant lui-même d'une vertu rigide : sobre jusqu'à ne boire qu'une pinte de vin en un mois; désintéressé jusqu'à remettre aux héritiers de l'infortuné Jean de Witt une pension de deux cents florins que lui faisait ce grand homme; généreux jusqu'à donner son bien; toujours patient dans ses maux et dans sa pauvreté, toujours uniforme dans sa conduite.

Bayle, qui l'a si maltraité, avait à peu près le même caractère. L'un et l'autre ont cherché la vérité toute leur vie par des routes différentes. Spinosa fait un système spécieux en quelques points, et bien erroné dans le fond. Bayle a combattu tous les systèmes : qu'est-il arrivé des écrits de l'un et de l'autre? Ils ont occupé l'oisiveté de quelques lecteurs; c'est à quoi tous les écrits se réduisent; et depuis Thalès jusqu'aux professeurs de nos universités, et jusqu'aux plus chimériques raisonneurs, et jusqu'à leurs plagiaires, aucun philosophe n'a influé seulement sur les mœurs de la rue où il demeurait. Pourquoi? parce que les hommes se conduisent par la coutume et non par la métaphysique. Un seul homme éloquent, habile, et accrédité, pourra beaucoup sur les hommes; cent philosophes n'y pourront rien s'ils ne sont que philosophes

XXV. *Absurdités.* — Voilà bien des voyages dans des terres inconnues; ce n'est rien encore. Je me trouve comme un homme qui, ayant erré sur l'Océan, et apercevant les îles Maldives dont la mer Indienne est semée, veut les visiter toutes. Mon grand voyage ne m'a rien valu; voyons si je ferai quelque gain dans l'observation de ces petites îles, qui ne semblent servir qu'à embarrasser la route.

Il y a une centaine de cours de philosophie où l'on m'explique des choses dont personne ne peut avoir la moindre notion. Celui-ci veut me faire comprendre la Trinité par la physique; il me dit qu'elle ressemble aux trois dimensions de la matière. Je le laisse dire, et je passe vite. Celui-là prétend me faire toucher au doigt la transsubstantiation, en me montrant, par les lois du mouvement, comment un accident peut exister sans sujet, et comment un même corps peut être en deux endroits à la fois. Je me bouche les oreilles, et je passe plus vite encore.

Pascal, Blaise Pascal lui-même, l'auteur des *Lettres provinciales*, profère ces paroles : « Croyez-vous qu'il soit impossible que Dieu soit infini et sans parties? Je veux donc vous faire voir une chose indivisible et infinie; c'est un point, se mouvant partout d'une vitesse infinie, car il est en tous lieux, tout entier dans chaque endroit. »

Un point mathématique qui se meut! juste ciel! un point qui n'existe que dans la tête du géomètre, qui est partout et en même temps, et qui a une vitesse infinie, comme si la vitesse infinie actuelle pouvait exister! Chaque mot est une folie, et c'est un grand homme qui a dit ces folies!

« Votre âme est simple, incorporelle, intangible, me dit cet autre; et comme aucun corps ne peut la toucher, je vais vous prouver par la physique d'Albert le Grand qu'elle sera brûlée physiquement si vous n'êtes pas de mon avis; et voici comme je vous le prouve *a priori*, en fortifiant Albert par les syllogismes d'Abelli. » Je lui réponds que je n'entends pas son *a priori;* que je trouve son compliment très-dur; que la révélation, dont il ne s'agit pas entre nous, peut seule m'apprendre une chose incompréhensible; que je lui permets de n'être pas de mon avis, sans lui faire aucune menace; et je m'éloigne de lui, de peur qu'il ne me joue un mauvais tour; car cet homme me paraît bien méchant.

Une foule de sophistes de tout pays et de toutes sectes m'accable d'arguments inintelligibles sur la nature des choses, sur la mienne, sur mon état passé, présent et futur. Si on leur parle de manger et de boire, de vêtement, de logement, de denrées nécessaires, de l'argent avec lequel on se les procure, tous s'entendent à merveille; s'il y a quelques pistoles à gagner, chacun d'eux s'empresse, personne ne se trompe d'un denier; et quand il s'agit de tout notre être, ils n'ont pas une idée nette; le sens commun les abandonne. De là je reviens à ma première conclusion (*quest.* IV), que ce qui ne peut être d'un usage universel, ce qui n'est pas à la portée du commun des hommes, ce qui n'est pas entendu par ceux qui ont le plus exercé leur faculté de penser, n'est pas nécessaire au genre humain.

XXVI. *Du meilleur des mondes.* — En courant de tous côtés pour m'instruire, je rencontrai des disciples de Platon. « Venez avec nous, me dit l'un d'eux; vous êtes dans le meilleur des mondes; nous avons bien surpassé notre maître. Il n'y avait de son temps que cinq mondes possibles, parce qu'il n'y a que cinq corps réguliers; mais actuellement qu'il y a une infinité d'univers possibles, Dieu a choisi le meilleur; venez, et vous vous en trouverez bien. » Je lui répondis humblement : « Les mondes que Dieu pouvait créer étaient ou meilleurs, ou parfaitement égaux, ou pires; il ne pouvait prendre le pire : ceux qui étaient égaux, supposez qu'il y en eût, ne valaient pas la préférence; ils étaient entièrement les mêmes : on n'a pu choisir entre eux : prendre l'un c'est prendre l'autre. Il était donc impossible qu'il ne prît pas le meilleur. Mais comment les autres étaient-ils possibles, quand il était impossible qu'ils existassent? »

Il me fit de très-belles distinctions, assurant toujours, sans s'entendre, que ce monde-ci est le meilleur de tous les mondes réellement impossibles. Mais me sentant alors tourmenté de la pierre, et souffrant des douleurs insupportables, les citoyens du meilleur des mondes me conduisirent à l'hôpital voisin. Chemin faisant, deux de ces bienheureux habitants furent enlevés par des créatures, leurs semblables : on les chargea de fers, l'un pour quelques dettes, l'autre sur un simple soupçon. Je ne sais pas si je fus conduit dans le meilleur des hôpitaux possibles; mais je fus entassé avec deux ou trois mille misérables qui souffraient comme moi. Il y avait là plusieurs défenseurs de la patrie qui m'apprirent qu'ils avaient été trépanés et disséqués vivants, qu'on leur avait coupé des bras, des jambes, et que plusieurs milliers de leurs généreux compatriotes avaient été massacrés dans l'une des trente batailles données dans la dernière guerre, qui est environ la cent millième guerre depuis que nous connaissons des guerres. On voyait aussi, dans cette maison, environ mille personnes des deux sexes, qui ressemblaient à des spectres hideux, et qu'on frottait d'un certain métal, parce qu'ils avaient suivi la loi de la nature, et parce que la nature avait, je ne sais comment, pris la précaution d'empoisonner en eux la source de la vie. Je remerciai mes deux conducteurs.

Quand on m'eut plongé un fer bien tranchant dans la vessie, et qu'on eut tiré quelques pierres de cette carrière; quand je fus guéri, et qu'il ne me resta plus que quelques incommodités douloureuses pour le reste de mes jours, je fis mes représentations à mes guides, je pris la liberté de leur dire qu'il y avait du bon dans ce monde, puisqu'on m'avait tiré quatre cailloux du sein de mes entrailles déchirées; mais que j'aurais encore mieux aimé que les vessies eussent été des lanternes, que non pas qu'elles fussent des carrières. Je leur parlai des calamités et des crimes innombrables qui couvrent cet excellent monde. Le plus intrépide d'entre eux, qui était un Allemand[1], mon compatriote, m'apprit que tout cela n'est qu'une bagatelle.

1. Leibnitz. (Éd.)

« Ce fut, dit-il, une grande faveur du ciel envers le genre humain, que Tarquin violât Lucrèce, et que Lucrèce se poignardât : parce qu'on chassa les tyrans, et que le viol, le suicide, et la guerre, établirent une république qui fit le bonheur des peuples conquis. » J'eus peine à convenir de ce bonheur. Je ne conçus pas d'abord quelle était la félicité des Gaulois et des Espagnols, dont on dit que César fit périr trois millions. Les dévastations et les rapines me parurent aussi quelque chose de désagréable; mais le défenseur de l'optimisme n'en démordit point; il me disait toujours comme le geôlier de don Carlos : *Paix, paix, c'est pour votre bien.* Enfin, étant poussé à bout, il me dit qu'il ne fallait pas prendre garde à ce globule de la terre, où tout va de travers, mais que dans l'étoile de Sirius, dans Orion, dans l'œil du Taureau, et ailleurs, tout est parfait. « Allons-y donc, » lui dis-je.

Un petit théologien me tira alors par le bras; il me confia que ces gens-là étaient des rêveurs, qu'il n'était point du tout nécessaire qu'il y eût du mal sur la terre, qu'elle avait été formée exprès pour qu'il n'y eût jamais que du bien. « Et pour vous le prouver, sachez, me dit-il, que les choses se passèrent ainsi autrefois pendant dix ou douze jours. — Hélas! lui répondis-je, c'est bien dommage, mon révérend père, que cela n'ait pas continué. »

XXVII. *Des monades, etc.* — Le même Allemand se ressaisit alors de moi; il m'endoctrina, m'apprit clairement ce que c'est que mon âme. « Tout est composé de monades dans la nature; votre âme est une monade; et comme elle a des rapports avec toutes les autres monades du monde, elle a nécessairement des idées de tout ce qui s'y passe; ces idées sont confuses, ce qui est très-utile; et votre monade, ainsi que la mienne, est un miroir concentré de cet univers.

« Mais ne croyez pas que vous agissiez en conséquence de vos pensées. Il y a une harmonie préétablie entre la monade de votre âme et toutes les monades de votre corps, de façon que, quand votre âme a une idée, votre corps a une action, sans que l'une soit la suite de l'autre. Ce sont deux pendules qui vont ensemble; ou, si vous voulez, cela ressemble à un homme qui prêche tandis qu'un autre fait les gestes. Vous concevez aisément qu'il faut que cela soit ainsi dans le meilleur des mondes. Car[1].... »

XXVIII. *Des formes plastiques.* — Comme je ne comprenais rien du tout à ces admirables idées, un Anglais, nommé Cudworth, s'aperçut de mon ignorance, à mes yeux fixes, à mon embarras, à ma tête baissée. « Ces idées, me dit-il, vous semblent profondes parce qu'elles sont

1. Ce qu'on appelle le système des monades est, à plusieurs égards, la manière la plus simple de concevoir une grande partie des phénomènes que nous présente l'observation des êtres sensibles et intelligents. En supposant, en effet, à tous les êtres une égale capacité d'avoir des idées, en faisant dépendre toute la différence entre eux de leurs rapports avec les autres objets, on conçoit très-bien comment il peut se produire à chaque instant un grand nombre d'êtres nouveaux, ayant la conscience distincte du *moi*; comment ce sentiment peut cesser d'exister sans que rien soit anéanti, se réveiller après avoir été suspendu pendant des intervalles plus ou moins longs, etc., etc. (*Ed. de Kehl.*)

creuses. Je vais vous apprendre nettement comment la nature agit. Premièrement, il y a la nature en général, ensuite il y a des natures plastiques qui forment tous les animaux et toutes les plantes; vous entendez bien? — Pas un mot, monsieur. — Continuons donc.

« Une nature plastique n'est pas une faculté du corps, c'est une substance immatérielle qui agit sans savoir ce qu'elle fait, qui est entièrement aveugle, qui ne sent, ni ne raisonne, ni ne végète; mais la tulipe a sa forme plastique qui la fait végéter; le chien a sa forme plastique qui le fait aller à la chasse, et l'homme a la sienne qui le fait raisonner. Ces formes sont les agents immédiats de la Divinité, il n'y a point de ministres plus fidèles au monde; car elles donnent tout, et ne retiennent rien pour elles. Vous voyez bien que ce sont là les vrais principes des choses, et que les natures plastiques valent bien l'harmonie préétablie et les monades, qui sont les miroirs concentrés de l'univers. » Je lui avouai que l'un valait bien l'autre.

XXIX. *De Locke.* — Après tant de courses malheureuses, fatigué, harassé, honteux d'avoir cherché tant de vérités, et d'avoir trouvé tant de chimères, je suis revenu à Locke, comme l'enfant prodigue qui retourne chez son père; je me suis rejeté entre les bras d'un homme modeste, qui ne feint jamais de savoir ce qu'il ne sait pas; qui, à la vérité, ne possède pas des richesses immenses, mais dont les fonds sont bien assurés, et qui jouit du bien le plus solide sans aucune ostentation. Il me confirme dans l'opinion que j'ai toujours eue, que rien n'entre dans notre entendement que par nos sens.

Qu'il n'y a point de notions innées.

Que nous ne pouvons avoir l'idée ni d'un espace infini, ni d'un nombre infini.

Que je ne pense pas toujours, et que par conséquent la pensée n'est pas l'essence, mais l'action de mon entendement[1].

Que je suis libre quand je peux faire ce que je veux.

Que cette liberté ne peut consister dans ma volonté, puisque, lorsque je demeure volontairement dans ma chambre, dont la porte est fermée, et dont je n'ai pas la clef, je n'ai pas la liberté d'en sortir; puisque je souffre quand je veux ne pas souffrir; puisque très-souvent je ne peux rappeler mes idées quand je veux les rappeler.

Qu'il est donc absurde au fond de dire, *la volonté est libre*, puisqu'il est absurde de dire, *je veux vouloir cette chose*; car c'est précisément comme si on disait, *je désire de la désirer, je crains de la craindre*. qu'enfin la volonté n'est pas plus libre qu'elle n'est bleue ou carrée. (Voyez la *quest.* XIII.)

1. Il n'est pas prouvé que nous ne sentions rien dans le sommeil le plus profond; il est même très-vraisemblable que nous avons alors des sensations, trop faibles, à la vérité, pour exciter l'attention ou rester dans la mémoire, trop mal ordonnées pour former un système suivi, ou qui puisse se raccorder à celui des idées que nous avons dans l'état de veille. Autrement il faudrait dire que l'attention nous fait sentir ou ne pas sentir les impressions que nous recevons des objets, ce qui serait peut-être encore plus difficile à concevoir. (*Ed. de Kehl.*)

Que je ne puis vouloir qu'en conséquence des idées reçues dans mon cerveau; que je suis nécessité à me déterminer en conséquence de ces idées, puisque, sans cela, je me déterminerais sans raison, et qu'il y aurait un effet sans cause.

Que je ne puis avoir une idée positive de l'infini, puisque je suis très-fini.

Que je ne puis connaître aucune substance, parce que je ne puis avoir d'idées que de leurs qualités, et que mille qualités d'une chose ne peuvent me faire connaître la nature intime de cette chose, qui peut avoir cent mille autres qualités ignorées.

Que je ne suis la même personne qu'autant que j'ai de la mémoire, et le sentiment de ma mémoire; car n'ayant pas la moindre partie du corps qui m'appartenait dans mon enfance, et n'ayant pas le moindre souvenir des idées qui m'ont affecté à cet âge, il est clair que je ne suis pas plus ce même enfant que je ne suis Confucius ou Zoroastre. Je suis réputé la même personne par ceux qui m'ont vu croître, et qui ont toujours demeuré avec moi; mais je n'ai en aucune façon la même existence; je ne suis plus l'ancien moi-même; je suis une nouvelle identité, et de là quelles singulières conséquences!

Qu'enfin, conformément à la profonde ignorance dont je me suis convaincu sur les principes des choses, il est impossible que je puisse connaître quelles sont les substances auxquelles Dieu daigne accorder le don de sentir et de penser. En effet, y a-t-il des substances dont l'essence soit de penser, qui pensent toujours, et qui pensent par elles-mêmes? En ce cas ces substances, quelles qu'elles soient, sont des dieux; car elles n'ont nul besoin de l'Être éternel et formateur, puisqu'elles ont leurs essences sans lui, puisqu'elles pensent sans lui.

Secondement, si l'Être éternel a fait le don de sentir et de penser à des êtres, il leur a donné ce qui ne leur appartenait pas essentiellement; il a donc pu donner cette faculté à tout être, quel qu'il soit.

Troisièmement, nous ne connaissons aucun être à fond; donc il est impossible que nous sachions si un être est incapable ou non de recevoir le sentiment et la pensée. Les mots de *matière* et d'*esprit* ne sont que des mots; nous n'avons nulle notion complète de ces deux choses; donc au fond il y a autant de témérité à dire qu'un corps organisé par Dieu même ne peut recevoir la pensée de Dieu même, qu'il serait ridicule de dire que l'esprit ne peut penser.

Quatrièmement, je suppose qu'il y ait des substances purement spirituelles qui n'aient jamais eu l'idée de la matière et du mouvement, seront-elles bien reçues à nier que la matière et le mouvement puissent exister?

Je suppose que la savante congrégation qui condamna Galilée comme impie et comme absurde, pour avoir démontré le mouvement de la terre autour du soleil, eût eu quelque connaissance des idées du chancelier Bacon, qui proposait d'examiner si l'attraction est donnée à la matière; je suppose que le rapporteur de ce tribunal eût remontré à ces graves personnages qu'il y avait des gens assez fous en Angleterre pour soupçonner que Dieu pouvait donner à toute la matière, depuis Saturne jusqu'à notre petit tas de boue, une tendance vers un centre, une attraction, une gravitation, laquelle serait absolument indépendante de toute impulsion, puisque l'impulsion donnée par un fluide en mouvement agit en raison des surfaces, et que cette gravitation agit en raison des solides. Ne voyez-vous pas ces juges de la raison humaine, et de Dieu même, dicter aussitôt leurs arrêts, anathématiser cette gravitation que Newton a démontrée depuis; prononcer que cela est impossible à Dieu, et déclarer que la gravitation vers un centre est un blasphème? Je suis coupable, ce me semble, de la même témérité, quand j'ose assurer que Dieu ne peut faire sentir et penser un être organisé quelconque.

Cinquièmement, je ne puis douter que Dieu n'ait accordé des sensations, de la mémoire, et par conséquent des idées, à la matière organisée dans les animaux[1]. Pourquoi donc nierai-je qu'il puisse faire le même présent à d'autres animaux? On l'a déjà dit, la difficulté consiste moins à savoir si la matière organisée peut penser, qu'à savoir comment un être, quel qu'il soit, pense.

La pensée a quelque chose de divin; oui, sans doute, et c'est pour cela que je ne saurai jamais ce que c'est que l'être pensant. Le principe du mouvement est divin, et je ne saurai jamais la cause de ce mouvement dont tous mes membres exécutent les lois.

L'enfant d'Aristote, étant en nourrice, attirait dans sa bouche le téton qu'il suçait, en formant précisément avec sa langue, qu'il retirait, une machine pneumatique, en pompant l'air, en formant du vide, tandis que son père ne savait rien de tout cela, et disait au hasard que la nature abhorre le vide.

L'enfant d'Hippocrate, à l'âge de quatre ans, prouvait la circulation du sang en passant son doigt sur sa main, et Hippocrate ne savait pas que le sang circulât.

Nous sommes ces enfants, tous tant que nous sommes; nous opérons des choses admirables, et aucun des philosophes ne sait comment elles s'opèrent.

Sixièmement, voilà les raisons, ou plutôt les doutes que me fournit ma faculté intellectuelle sur l'assertion modeste de Locke. Je ne dis point, encore une fois, que c'est la matière qui pense en nous; je dis avec lui qu'il ne nous appartient pas de prononcer qu'il soit impossible à Dieu de faire penser la matière, qu'il est absurde de le prononcer, et que ce n'est pas à des vers de terre à borner la puissance de l'Être suprême.

Septièmement, j'ajoute que cette question est absolument étrangère à la morale, parce que, soit que la matière puisse penser ou non, quiconque pense doit être juste, parce que l'atome à qui Dieu aura donné la pensée peut mériter ou démériter, être puni ou récompensé, et durer éternellement, aussi bien que l'être inconnu appelé autrefois *souf-*

1. Les mêmes preuves qui établiraient l'immatérialité de l'âme humaine, serviraient à prouver avec la même force l'immatérialité de l'âme des animaux. Aussi cette raison ne peut être apportée que contre les philosophes qui croient que l'âme humaine et celle des animaux sont d'une nature essentiellement différente. (*Ed. de Kehl.*)

fle et aujourd'hui *esprit*, dont nous avons encore moins de notion que d'un atome.

Je sais bien que ceux qui ont cru que l'être nommé *souffle* pouvait seul être susceptible de sentir et de penser, ont persécuté ceux qui ont pris le parti du sage Locke, et qui n'ont pas osé borner la puissance de Dieu à n'animer que ce souffle. Mais quand l'univers entier croyait que l'âme était un corps léger, un souffle, une substance de feu, aurait-on bien fait de persécuter ceux qui sont venus nous apprendre que l'âme est immatérielle? Tous les Pères de l'Église, qui ont cru l'âme un corps délié, auraient-ils eu raison de persécuter les autres Pères qui ont apporté aux hommes l'idée de l'immatérialité parfaite? Non, sans doute; car le persécuteur est abominable; donc ceux qui admettent l'immatérialité parfaite sans la comprendre, ont dû tolérer ceux qui la rejetaient parce qu'ils ne la comprenaient pas. Ceux qui ont refusé à Dieu le pouvoir d'animer l'être inconnu appelé *matière*, ont dû tolérer aussi ceux qui n'ont pas osé dépouiller Dieu de ce pouvoir, car il est bien malhonnête de se haïr pour des syllogismes.

XXX. *Qu'ai-je appris jusqu'à présent?* — J'ai donc compté avec Locke et avec moi-même, et je me suis trouvé possesseur de quatre ou cinq vérités, dégagé d'une centaine d'erreurs, et chargé d'une immense quantité de doutes. Je me suis dit ensuite à moi-même : « Ce peu de vérités que j'ai acquises par ma raison sera entre mes mains un bien stérile, si je n'y puis trouver quelque principe de morale. Il est beau à un aussi chétif animal que l'homme de s'être élevé à la connaissance du maître de la nature; mais cela ne me servira pas plus que la science de l'algèbre, si je n'en tire quelque règle pour la conduite de ma vie. »

XXXI. *Y a-t-il une morale?* — Plus j'ai vu des hommes différents par le climat, les mœurs, le langage, les lois, le culte, et par la mesure de leur intelligence, et plus j'ai remarqué qu'ils ont tous le même fond de morale; ils ont tous une notion grossière du juste et de l'injuste, sans savoir un mot de théologie; ils ont tous acquis cette même notion dans l'âge où la raison se déploie, comme ils ont tous acquis naturellement l'art de soulever des fardeaux avec des bâtons, et de passer un ruisseau sur un morceau de bois, sans avoir appris les mathématiques.

Il m'a donc paru que cette idée du juste et de l'injuste leur était nécessaire, puisque tous s'accordaient en ce point dès qu'ils pouvaient agir et raisonner. L'intelligence suprême qui nous a formés a donc voulu qu'il y eût de la justice sur la terre, pour que nous puissions y vivre un certain temps. Il me semble que n'ayant ni instinct pour nous nourrir comme les animaux, ni armes naturelles comme eux, et végétant plusieurs années dans l'imbécillité d'une enfance exposée à tous les dangers, le peu qui serait resté d'hommes échappés aux dents des bêtes féroces, à la faim, à la misère, se seraient occupés à se disputer quelque nourriture et quelques peaux de bêtes, et qu'ils se seraient bientôt détruits comme les enfants du dragon de Cadmus, sitôt qu'ils auraient pu se servir de quelque arme. Du moins il n'y aurait eu aucune société, si les hommes n'avaient conçu l'idée de quelque justice, qui est le lien de toute société.

Comment l'Égyptien qui élevait des pyramides et des obélisques, et le Scythe errant qui ne connaissait pas même les cabanes, auraient-ils eu les mêmes notions fondamentales du juste et de l'injuste, si Dieu n'avait donné de tout temps à l'un et à l'autre cette raison qui, en se développant, leur fait apercevoir les mêmes principes nécessaires, ainsi qu'il leur a donné des organes qui, lorsqu'ils ont atteint le degré de leur énergie, perpétuent nécessairement et de la même façon la race du Scythe et de l'Égyptien? Je vois une horde barbare[1], ignorante, superstitieuse, un peuple sanguinaire et usurier, qui n'avait pas même de terme dans son jargon pour signifier la géométrie et l'astronomie : cependant ce peuple a les mêmes lois fondamentales que le sage Chaldéen qui a connu les routes des astres, et que le Phénicien plus savant encore, qui s'est servi de la connaissance des astres pour aller fonder des colonies aux bornes de l'hémisphère où l'Océan se confond avec la Méditerranée. Tous ces peuples assurent qu'il faut respecter son père et sa mère; que le parjure, la calomnie, l'homicide, sont abominables. Ils tirent donc tous les mêmes conséquences du même principe de leur raison développée.

XXXII. *Utilité réelle. Notion de la justice.* — La notion de quelque chose de juste me semble si naturelle, si universellement acquise par tous les hommes, qu'elle est indépendante de toute loi, de tout pacte, de toute religion. Que je redemande à un Turc, à un Guèbre, à un Malabare, l'argent que je lui ai prêté pour se nourrir et pour se vêtir, il ne lui tombera jamais dans la tête de me répondre : « Attendez que je sache si Mahomet, Zoroastre ou Brama ordonnent que je vous rende votre argent. » Il conviendra qu'il est juste qu'il me paye, et s'il n'en fait rien, c'est que sa pauvreté ou son avarice l'emporteront sur la justice qu'il reconnaît.

Je mets en fait qu'il n'y a aucun peuple chez lequel il soit juste, beau, convenable, honnête, de refuser la nourriture à son père et à sa mère quand on peut leur en donner; que nulle peuplade n'a jamais pu regarder la calomnie comme une bonne action, non pas même une compagnie de bigots fanatiques.

L'idée de justice me paraît tellement une vérité du premier ordre, à laquelle tout l'univers donne son assentiment, que les plus grands crimes qui affligent la société humaine sont tous commis sous un faux prétexte de justice. Le plus grand des crimes, du moins le plus destructif, et par conséquent le plus opposé au but de la nature, est la guerre; mais il n'y a aucun agresseur qui ne colore ce forfait du prétexte de la justice.

Les déprédateurs romains faisaient déclarer toutes leurs invasions justes par des prêtres nommés *feciales*. Tout brigand qui se trouve à

1. Le peuple juif. (ÉD.)

la tête d'une armée commence ses fureurs par un manifeste, et implore le dieu des armées.

Les petits voleurs eux-mêmes, quand ils sont associés, se gardent bien de dire : « Allons voler, allons arracher à la veuve et à l'orphelin leur nourriture ; » ils disent : « Soyons justes, allons reprendre notre bien des mains des riches qui s'en sont emparés. » Ils ont entre eux un dictionnaire qu'on a même imprimé dès le XVIe siècle; et dans ce vocabulaire qu'ils appellent *argot*, les mots de *vol*, *larcin*, *rapine*, ne se trouvent point; ils se servent des termes qui répondent à *gagner*, *reprendre*.

Le mot d'injustice ne se prononce jamais dans un conseil d'État, où l'on propose le meurtre le plus injuste; les conspirateurs, même les plus sanguinaires, n'ont jamais dit : « Commettons un crime. » Ils ont tous dit : « Vengeons la patrie des crimes du tyran; punissons ce qui nous paraît une injustice. » En un mot, flatteurs lâches, ministres barbares, conspirateurs odieux, voleurs plongés dans l'iniquité, tous rendent hommage, malgré eux, à la vertu même qu'ils foulent aux pieds.

J'ai toujours été étonné que, chez les Français, qui sont éclairés et polis, on ait souffert sur le théâtre ces maximes aussi affreuses que fausses, qui se trouvent dans la première scène de *Pompée*, et qui sont beaucoup plus outrées que celles de Lucain dont elles sont imitées :

> La justice et le droit sont d vaines idées....
> Le droit des rois consiste à ne rien épargner.

Et on met ces abominables paroles dans la bouche de Photin, ministre du jeune Ptolémée. Mais c'est précisément parce qu'il est ministre qu'il devait dire tout le contraire; il devait représenter la mort de Pompée comme un malheur nécessaire et juste.

Je crois donc que les idées du juste et de l'injuste sont aussi claires, aussi universelles, que les idées de santé et de maladie, de vérité et de fausseté, de convenance et de disconvenance. Les limites du juste et de l'injuste sont très-difficiles à poser; comme l'état mitoyen entre la santé et la maladie, entre ce qui est convenance et la disconvenance des choses, entre le faux et le vrai, est difficile à marquer. Ce sont des nuances qui se mêlent, mais les couleurs tranchantes frappent tous les yeux. Par exemple, tous les hommes avouent qu'on doit rendre ce qu'on nous a prêté : mais si je sais certainement que celui à qui je dois deux millions s'en servira pour asservir ma patrie, dois-je lui rendre cette arme funeste ? Voilà où les sentiments se partagent : mais en général je dois observer mon serment quand il n'en résulte aucun mal; c'est de quoi personne n'a jamais douté[1].

1. L'idée de la justice, du droit, se forme nécessairement de la même manière dans tous les êtres sensibles, capables de combinaisons nécessaires pour acquérir ces idées. Elles seront donc uniformes. Ensuite il peut arriver que certains êtres raisonnent mal d'après ces idées, les altèrent en y mêlant des idées accessoires, etc comme ces mêmes êtres peuvent se tromper sur d'autres objets

XXXIII. *Consentement universel est-il preuve de vérité?* — On peut m'objecter que le consentement des hommes de tous les temps et de tous les pays n'est pas une preuve de la vérité. Tous les peuples ont cru à la magie, aux sortiléges, aux démoniaques, aux apparitions, aux influences des astres, à cent autres sottises pareilles : ne pourrait-il pas en être ainsi du juste et de l'injuste?

Il me semble que non. Premièrement, il est faux que tous les hommes aient cru à ces chimères. Elles étaient, à la vérité, l'aliment de l'imbécillité du vulgaire, et il y a le vulgaire des grands et le vulgaire du peuple; mais une multitude de sages s'en est toujours moquée; ce grand nombre de sages, au contraire, a toujours admis le juste et l'injuste, tout autant, et même encore plus que le peuple.

La croyance aux sorciers, aux démoniaques, etc., est bien éloignée d'être nécessaire au genre humain; la croyance à la justice est d'une nécessité absolue : donc elle est un développement de la raison donnée de Dieu; et l'idée des sorciers et des possédés, etc., est au contraire un pervertissement de cette même raison.

XXXIV. *Contre Locke.* — Locke, qui m'instruit, et qui m'apprend à me défier de moi-même, ne se trompe-t-il pas quelquefois comme moi-même? Il veut prouver la fausseté des idées innées; mais n'ajoute-t-il pas une bien mauvaise raison à de fort bonnes? Il avoue qu'il n'est pas juste de faire bouillir son prochain dans une chaudière et de le manger. Il dit que cependant il y a eu des nations d'anthropophages, et que ces êtres pensants n'auraient pas mangé des hommes s'ils avaient eu les idées du juste et de l'injuste, que je suppose nécessaires à l'espèce humaine. (Voyez *la question* XXXVI.)

Sans entrer ici dans la question s'il y a eu en effet des nations d'anthropophages, sans examiner les relations du voyageur Dampierre, qui a parcouru toute l'Amérique, et qui n'y en a jamais vu, mais qui au contraire a été reçu chez tous les sauvages avec la plus grande humanité, voici ce que je réponds :

Des vainqueurs ont mangé leurs esclaves pris à la guerre; ils ont cru faire une action très-juste; ils ont cru avoir sur eux droit de vie et de mort; et comme ils avaient peu de bons mets pour leur table, ils ont cru qu'il leur était permis de se nourrir du fruit de leur victoire. Ils ont été en cela plus justes que les triomphateurs romains, qui faisaient étrangler sans aucun fruit les princes esclaves qu'ils avaient enchaînés à leur char de triomphe. Les Romains et les sauvages avaient

mais puisque tout être raisonnant juste sera conduit aux mêmes idées en morale comme en géométrie, il n'en est pas moins vrai que ces idées ne sont point arbitraires, mais certaines et invariables. Elles sont en effet la suite nécessaire des propriétés des êtres sensibles et capables de raisonner; elles dérivent de leur nature; en sorte qu'il suffit de supposer l'existence de ces êtres pour que ces propositions fondées sur ces notions soient vraies; comme il suffit de supposer l'existence d'un cercle pour établir la vérité des propositions qui en développent les différentes propriétés. Ainsi la réalité des propositions morales, leur vérité, relativement à l'état des êtres réels, des hommes, dépend uniquement de cette vérité de fait : Les hommes sont des êtres sensibles et intelligents. (*Ed. de Kehl.*)

une très-fausse idée de la justice, je l'avoue; mais enfin les uns et les autres croyaient agir justement; et cela est si vrai, que les mêmes sauvages, quand ils avaient admis leurs captifs dans leur société, les regardaient comme leurs enfants; et que ces mêmes anciens Romains ont donné mille exemples de justice admirables.

XXXV. *Contre Locke.* — Je conviens, avec le sage Locke, qu'il n'y a point de notion innée; point de principe de pratique inné; c'est une vérité si constante, qu'il est évident que les enfants auraient tous une notion claire de Dieu s'ils étaient nés avec cette idée, et que tous les hommes s'accorderaient dans cette même notion, accord que l'on n'a jamais vu. Il n'est pas moins évident que nous ne naissons point avec des principes développés de morale, puisqu'on ne voit pas comment une nation entière pourrait rejeter un principe de morale qui serait gravé dans le cœur de chaque individu de cette nation.

Je suppose que nous soyons tous nés avec le principe moral bien développé, qu'il ne faut persécuter personne pour sa manière de penser; comment des peuples entiers auraient-ils été persécuteurs? Je suppose que chaque homme porte en soi la loi évidente qui ordonne qu'on soit fidèle à son serment; comment tous ces hommes réunis en corps auront-ils statué qu'il ne faut pas garder sa parole à des hérétiques? Je répète encore qu'au lieu de ces idées innées chimériques, Dieu nous a donné une raison qui se fortifie avec l'âge, et qui nous apprend à tous, quand nous sommes attentifs, sans passion, sans préjugé, qu'il y a un Dieu, et qu'il faut être juste; mais je ne puis accorder à Locke les conséquences qu'il en tire. Il semble trop approcher du système de Hobbes, dont il est pourtant très-éloigné.

Voici ses paroles, au premier livre de *l'Entendement humain* : « Considérez une ville prise d'assaut, et voyez s'il paraît dans le cœur des soldats animés au carnage et au butin, quelque égard pour la vertu, quelque principe de morale, quelques remords de toutes les injustices qu'ils commettent. » Non, ils n'ont point de remords; et pourquoi? c'est qu'ils croient agir justement. Aucun d'eux n'a supposé injuste la cause du prince pour lequel il va combattre: ils hasardent leur vie pour cette cause; ils tiennent le marché qu'ils ont fait: ils pouvaient être tués à l'assaut; donc ils croient être en droit de tuer; ils pouvaient être dépouillés; donc ils pensent qu'ils peuvent dépouiller. Ajoutez qu'ils sont dans l'enivrement de la fureur, qui ne raisonne pas; et, pour vous prouver qu'ils n'ont point rejeté l'idée du juste et de l'honnête, proposez à ces mêmes soldats beaucoup plus d'argent que le pillage de la ville ne peut leur en procurer, de plus belles filles que celles qu'ils ont violées, pourvu seulement qu'au lieu d'égorger, dans leur fureur, trois ou quatre mille ennemis qui font encore résistance, et qui peuvent les tuer, ils aillent égorger leur roi, son chancelier, ses secrétaires d'État, et son grand aumônier : vous ne trouverez pas un de ces soldats qui ne rejette vos offres avec horreur. Vous ne leur proposez cependant que six meurtres au lieu de quatre mille, et vous leur présentez une récompense très-forte. Pourquoi vous refusent-ils? c'est qu'ils croient juste de tuer quatre mille ennemis, et que le meurtre de leur souverain, auquel ils ont fait serment, leur paraît abominable.

Locke continue; et, pour mieux prouver qu'aucune règle de pratique n'est innée, il parle des Mingréliens, qui se font un jeu, dit-il, d'enterrer leurs enfants tout vifs, et des Caraïbes, qui châtrent les leurs pour les mieux engraisser, afin de les manger.

On a déjà remarqué ailleurs que ce grand homme a été trop crédule en rapportant ces fables: Lambert, qui seul impute aux Mingréliens d'enterrer leurs enfants tout vifs pour leur plaisir, n'est pas un auteur assez accrédité.

Chardin, voyageur qui passe pour véridique, et qui a été rançonné en Mingrélie, parlerait de cette horrible coutume si elle existait; et ce ne serait pas assez qu'il le dît pour qu'on le crût; il faudrait que vingt voyageurs, de nations et de religions différentes, s'accordassent à confirmer un fait si étrange, pour qu'on en eût une certitude historique.

Il en est de même des femmes des îles Antilles, qui châtraient leurs enfants pour les manger; cela n'est pas dans la nature d'une mère.

Le cœur humain n'est point ainsi fait; châtrer des enfants est une opération très-délicate, très-dangereuse, qui, loin de les engraisser, les amaigrit au moins une année entière, et qui souvent les tue. Ce raffinement n'a jamais été en usage que chez des grands qui, pervertis par l'excès du luxe et par la jalousie, ont imaginé d'avoir des eunuques pour servir leurs femmes et leurs concubines. Il n'a été adopté en Italie, et à la chapelle du pape, que pour avoir des musiciens dont la voix fût plus belle que celle des femmes. Mais dans les îles Antilles il n'est guère à présumer que des sauvages aient inventé le raffinement de châtrer les petits garçons pour en faire un bon plat; et puis qu'auraient-ils fait de leurs petites filles?

Locke allègue encore des saints de la religion mahométane qui s'accouplent dévotement avec leurs ânesses, pour n'être point tentés de commettre la moindre fornication avec les femmes du pays. Il faut mettre ces contes avec celui du perroquet qui eut une si belle conversation en langue brasilienne avec le prince Maurice; conversation que Locke a la simplicité de rapporter, sans se douter que l'interprète du prince avait pu se moquer de lui. C'est ainsi que l'auteur de l'*Esprit des lois* s'amuse à citer de prétendues lois de Tunquin, de Bantam, de Borneo, de Formose, sur la foi de quelques voyageurs, ou menteurs ou mal instruits. Locke et lui sont deux grands hommes en qui cette simplicité ne me semble pas excusable.

XXXVI. *Nature partout la même.* — En abandonnant Locke en ce point, je dis avec le grand Newton: *Natura est semper sibi consona;* « la nature es toujours semblable à elle-même. » La loi de la gravitation qui agit sur un astre agit sur tous les astres, sur toute la matière: ainsi la loi fondamentale de la morale agit également sur toutes les nations bien connues. Il y a mille différences dans les interprétations de cette loi, en mille circonstances; mais le fond subsiste toujours le même; et ce fond est l'idée du juste et de l'injuste. On commet prodigieusement d'injustices dans les fureurs de ses passions, comme on perd sa raison dans l'ivresse : mais quand l'ivresse est passée, la raison revient; et c'est, à mon avis, l'unique cause qui fait subsister la société humaine, cause subordonnée au besoin que nous avons les uns des autres.

Comment donc avons-nous acquis l'idée de la justice? comme nous avons acquis celle de la prudence, de la vérité, de la convenance; par le sentiment et par la raison. Il est impossible que nous ne trouvions pas très-imprudente l'action d'un homme qui se jetterait dans le feu pour se faire admirer, et qui espérerait d'en réchapper. Il est impossible que nous ne trouvions pas très-injuste l'action d'un homme qui en tue un autre dans sa colère. La société n'est fondée que sur ces notions qu'on n'arrachera jamais de notre cœur; et c'est pourquoi toute société subsiste, à quelque superstition bizarre et horrible qu'elle se soit asservie.

Quel est l'âge où nous connaissons le juste et l'injuste? l'âge où nous connaissons que deux et deux font quatre.

XXXVII. *De Hobbes.* — Profond et bizarre philosophe; bon citoyen, esprit hardi, ennemi de Descartes, toi qui t'es trompé comme lui, toi dont les erreurs en physique sont grandes, et pardonnables parce que tu étais venu avant Newton, toi qui as dit des vérités qui ne compensent pas tes erreurs, toi qui le premier fis voir quelle est la chimère des idées innées; toi qui fus le précurseur de Locke en plusieurs choses, mais qui le fus aussi de Spinosa : c'est en vain que tu étonnes tes lecteurs en réussissant presque à leur prouver qu'il n'y a aucunes lois dans le monde que des lois de convention; qu'il n'y a de juste et d'injuste que ce qu'on est convenu d'appeler tel dans un pays. Si tu t'étais trouvé seul avec Cromwell dans une île déserte, et que Cromwell eût voulu te tuer pour avoir pris le parti de ton roi dans l'île d'Angleterre, cet attentat ne t'aurait-il pas paru aussi injuste dans ta nouvelle île qu'il te l'aurait paru dans ta patrie?

Tu dis que dans la loi de nature, « tous ayant droit à tout, chacun a droit sur la vie de son semblable. » Ne confonds-tu pas la puissance avec le droit? Penses-tu qu'en effet le pouvoir donne le droit, et qu'un fils robuste n'ait rien à se reprocher pour avoir assassiné son père languissant et décrépit? Quiconque étudie la morale doit commencer à réfuter ton livre dans son cœur, mais ton propre cœur te réfutait encore davantage; car tu fus vertueux ainsi que Spinosa, et il ne te manqua, comme à lui, que d'enseigner les vrais principes de la vertu que tu pratiquais, et que tu recommandais aux autres.

XXXVIII. *Morale universelle.* — La morale me paraît tellement universelle, tellement calculée par l'Être universel qui nous a formés, tellement destinée à servir de contre-poids à nos passions funestes, et à soulager les peines inévitables de cette courte vie, que depuis Zoroastre jusqu'au lord Shaftesbury, je vois tous les philosophes enseigner la même morale, quoiqu'ils aient tous des idées différentes sur les principes des choses. Nous avons vu que Hobbes, Spinosa, et Bayle lui-même, qui ont ou nié les premiers principes, ou qui en ont douté, ont cependant recommandé fortement la justice et toutes les vertus.

Chaque nation eut des rites religieux particuliers, et très-souvent d'absurdes et de révoltantes opinions en métaphysique, en théologie: mais s'agit-il de savoir s'il faut être juste, tout l'univers est d'accord, comme nous l'avons dit à la *question* XXXVI, et comme on ne peut trop le répéter.

XXXIX. *De Zoroastre.* — Je n'examine point en quel temps vivait Zoroastre, à qui les Perses donnèrent neuf mille ans d'antiquité, ainsi que Platon aux anciens Athéniens. Je vois seulement que ses préceptes de morale se sont conservés jusqu'à nos jours : ils sont traduits de l'ancienne langue des mages dans la langue vulgaire des Guèbres; et il paraît bien aux allégories puériles, aux observances ridicules, aux idées fantastiques dont ce recueil est rempli, que la religion de Zoroastre est de l'antiquité la plus haute. C'est là qu'on trouve le nom de *jardin* pour exprimer la récompense des justes : on y voit le mauvais principe sous le nom de Satan, que les Juifs adoptèrent aussi. On y trouve le monde formé en six saisons ou en six temps. Il y est ordonné de réciter un *Abunavar* et un *Ashim vuhu* pour ceux qui éternuent.

Mais enfin, dans ce recueil de cent portes ou préceptes tirés du livre du *Zend*, et où l'on rapporte même les propres paroles de l'ancien Zoroastre, quels devoirs moraux sont prescrits?

Celui d'aimer, de secourir son père et sa mère, de faire l'aumône aux pauvres, de ne jamais manquer à sa parole, de s'abstenir, quand on est dans le doute si l'action qu'on va faire est juste ou non. (*Porte* 30).

Je m'arrête à ce précepte, parce que nul législateur n'a jamais pu aller au delà; et je me confirme dans l'idée que plus Zoroastre établit de superstitions ridicules en fait de culte, plus la pureté de sa morale fait voir qu'il n'était pas en lui de la corrompre; que plus il s'abandonnait à l'erreur dans ses dogmes, plus il lui était impossible d'errer en enseignant la vertu.

XL. *Des brachmanes.* — Il est vraisemblable que les brames ou brachmanes existaient longtemps avant que les Chinois eussent leurs *cinq kings* : et ce qui fonde cette extrême probabilité, c'est qu'à la Chine les antiquités les plus recherchées sont indiennes, et que dans l'Inde il n'y a point d'antiquités chinoises.

Ces anciens brames étaient sans doute d'aussi mauvais métaphysiciens, d'aussi ridicules théologiens que les Chaldéens et les Perses, et toutes les nations qui sont à l'occident de la Chine. Mais quelle sublimité dans la morale! Selon eux la vie n'était qu'une mort de quelques années, après laquelle on vivrait avec la Divinité. Ils ne se bornaient pas à être justes envers les autres, mais ils étaient rigoureux envers eux-mêmes; le silence, l'abstinence, la contemplation, le renoncement à tous les plaisirs, étaient leurs principaux devoirs. Aussi tous les sages des autres nations allaient chez eux apprendre ce qu'on appelait *la sagesse*.

XLI. *De Confucius*. — Les Chinois n'eurent aucune superstition, aucun charlatanisme à se reprocher comme les autres peu les. Le gouvernement chinois montrait aux hommes, il y a fort au delà de quatre nille ans, et leur montre encore qu'on peut les régir sans les tromper; que ce n'est pas par le mensonge qu'on sert le Dieu de vérité; que la superstition est non-seulement inutile, mais nuisible à la religion. Jamais l'adoration de Dieu ne fut si pure et si sainte qu'à la Chine (*à la révélation près*). Je ne parle pas des sectes du peuple, je parle de la religion du prince, de celle de tous les tribunaux et de tout ce qui n'est pas populace. Quelle est la religion de tous les honnêtes gens à la Chine depuis tant de siècles? la voici : *Adorez le ciel, et soyez juste*. Aucun empereur n'en a eu d'autre.

On place souvent le grand Confutzée, que nous nommons Confucius, parmi les anciens législateurs, parmi les fondateurs de religions; c'est une grande inadvertance. Confutzée est très-moderne; il ne vivait que six cent cinquante ans avant notre ère. Jamais il n'institua aucun culte, aucun rite; jamais il ne se dit ni inspiré ni prophète; il ne fit que rassembler en un corps les anciennes lois de la morale.

Il invite les hommes à pardonner les injures et à ne se souvenir que des bienfaits.

A veiller sans cesse sur soi-même, à corriger aujourd'hui les autes d'hier.

A réprimer ses passions, et à cultiver l'amitié; à donner sans faste, et à ne recevoir que l'extrême nécessaire sans bassesse.

Il ne dit point qu'il ne faut pas faire à autrui ce que nous ne voulons pas qu'on fasse à nous-mêmes : ce n'est que défendre le mal : il fait plus, il recommande le bien : « Traite autrui comme tu veux qu'on te traite. »

Il enseigne non-seulement la modestie, mais encore l'humilité : il recommande toutes les vertus.

XLII. *Des philosophes grecs, et d'abord de Pythagore*. — Tous les philosophes grecs ont dit des sottises en physique et en métaphysique Tous sont excellents dans la morale; tous égalent Zoroastre, Confutzée, et les brachmanes. Lisez seulement les *Vers dorés* de Pythagore, c'est le précis de sa doctrine; il n'importe de quelle main ils soient Dites-moi si une seule vertu y est oubliée.

XLII. *De Zaleucus*. — Réunissez tous vos lieux communs, prédicateurs grecs, italiens, espagnols, allemands, français, etc.; qu'on distille toutes vos déclamations, en tirera-t-on un extrait qui soit plus pur que l'exorde des lois de Zaleucus?

« Maîtrisez votre âme, purifiez-la, écartez toute pensée criminelle. Croyez que Dieu ne peut être bien servi par les pervers, croyez qu'il ne ressemble pas aux faibles mortels, que les louanges et les présents séduisent : la vertu seule peut lui plaire. »

Voilà le précis de toute morale et de toute religion.

XLIV. *D'Épicure.* — Des pédants de collége, des petits-maîtres de séminaire ont cru, sur quelques plaisanteries d'Horace et de Pétrone, qu'Épicure avait enseigné la volupté par les préceptes et par l'exemple. Épicure fut toute sa vie un philosophe sage, tempérant et juste. Dès l'âge de douze à treize ans, il fut sage : car lorsque le grammairien qui l'instruisait lui récita ce vers d'Hésiode :

« Le chaos fut produit le premier de tous les êtres,

— Hé! qui le produisit, dit Épicure, puisqu'il était le premier ? — Je n'en sais rien, dit le grammairien ; il n'y a que les philosophes qui le sachent. — Je vais donc m'instruire chez eux », repartit l'enfant ; et depuis ce temps jusqu'à l'âge de soixante et douze ans il cultiva la philosophie. Son testament, que Diogène de Laërce nous a conservé tout entier, découvre une âme tranquille et juste ; il affranchit les esclaves qu'il croit avoir mérité cette grâce ; il recommande à ses exécuteurs testamentaires de donner la liberté à ceux qui s'en rendront dignes. Point d'ostentation, point d'injuste préférence ; c'est la dernière volonté d'un homme qui n'en a jamais eu que de raisonnables. Seul de tous les philosophes, il eut pour amis tous ses disciples, et sa secte fut la seule où l'on sut aimer, et qui ne se partagea point en plusieurs autres.

Il paraît, après avoir examiné sa doctrine et ce qu'on a écrit pour et contre lui, que tout se réduit à la dispute entre Malebranche et Arnauld. Malebranche avouait que le plaisir rend heureux, Arnauld le niait ; c'était une dispute de mots, comme tant d'autres disputes où la philosophie et la théologie apportent leur incertitude, chacune de son côté.

XLV. *Des stoïciens.* — Si les épicuriens rendirent la nature humaine aimable, les stoïciens la rendirent presque divine. Résignation à l'Être des êtres, ou plutôt élévation de l'âme jusqu'à cet Être ; mépris du plaisir, mépris même de la douleur, mépris de la vie et de la mort, inflexibilité dans la justice ; tel était le caractère des vrais stoïciens ; et tout ce qu'on a pu dire contre eux, c'est qu'ils décourageaient le reste des hommes.

Socrate, qui n'était pas de leur secte, fit voir qu'on pouvait pousser la vertu aussi loin qu'eux, sans être d'aucun parti ; et la mort de ce martyr de la Divinité est l'éternel opprobre d'Athènes, quoiqu'elle s'en soit repentie.

Le stoïcien Caton est, d'un autre côté, l'éternel honneur de Rome. Épictète, dans l'esclavage, est peut-être supérieur à Caton, en ce qu'il est toujours content de sa misère. « Je suis, dit-il, dans la place où la Providence a voulu que je fusse : m'en plaindre, c'est l'offenser. »

Dirai-je que l'empereur Antonin est encore au-dessus d'Épictète, parce qu'il triompha de plus de séductions, et qu'il était bien plus difficile à un empereur de ne se pas corrompre, qu'à un pauvre de ne pas murmurer? Lisez les Pensées de l'un et de l'autre, l'empereur et l'esclave vous paraîtront également grands.

Oserai-je parler ici de l'empereur Julien? Il erra sur le dogme, mais certes il n'erra pas sur la morale. En un mot, nul philosophe dans l'antiquité qui n'ait voulu rendre les hommes meilleurs.

Il y a eu des gens parmi nous qui ont dit que toutes les vertus de ces grands hommes n'étaient que des péchés illustres. Puisse la terre être couverte de tels coupables!

XLVI. *Philosophie est vertu.* — Il y eut des sophistes qui furent aux philosophes ce que les singes sont aux hommes. Lucien se moqua d'eux; on les méprisa : ils furent à peu près ce qu'ont été les moines mendiants dans les universités. Mais n'oublions jamais que tous les philosophes ont donné de grands exemples de vertu, et que les sophistes, et même les moines, ont tous respecté la vertu dans leurs écrits.

XLVII. *D'Ésope.* — Je placerai Ésope parmi ces grands hommes, et même à la tête de ces grands hommes, soit qu'il ait été le Pilpai des Indiens, ou l'ancien précurseur de Pilpai, ou le Lokman des Perses, ou le Hakym des Arabes, ou le Hakam des Phéniciens, il n'importe; je vois que ses fables ont été en vogue chez toutes les nations orientales, et que l'origine s'en perd dans une antiquité dont on ne peut sonder l'abîme. A quoi tendent ces fables aussi profondes qu'ingénues, ces apologues qui semblent visiblement écrits dans un temps où l'on ne doutait pas que les bêtes n'eussent un langage? Elles ont enseigné presque tout notre hémisphère. Ce ne sont point des recueils de sentences fastidieuses qui lassent plus qu'elles n'éclairent; c'est la vérité elle-même avec le charme de la fable. Tout ce qu'on a pu faire, c'est d'y ajouter des embellissements dans nos langues modernes. Cette ancienne sagesse est simple et nue dans le premier auteur. Les grâces naïves dont on l'a ornée en France n'en ont point caché le fond respectable. Que nous apprennent toutes ces fables? qu'il faut être juste.

XLVIII. *De la paix née de la philosophie.* — Puisque tous les philosophes avaient des dogmes différents, il est clair que le dogme et la vertu sont d'une nature entièrement hétérogène. Qu'ils crussent ou non que Téthys était la déesse de la mer, qu'ils fussent persuadés ou non de la guerre des géants et de l'âge d'or, de la boîte de Pandore, etc., ces doctrines n'avaient rien de commun avec la morale. C'est une chose admirable dans l'antiquité que la théogonie n'ait jamais troublé la paix des nations.

XLIX. *Autres questions.* — Ah! si nous pouvions imiter l'antiquité! si nous faisions enfin à l'égard des disputes théologiques ce que nous avons fait au bout de dix-sept siècles dans les belles-lettres!

Nous sommes revenus au goût de la saine antiquité, après avoir été plongés dans la barbarie de nos écoles. Jamais les Romains ne furent assez absurdes pour imaginer qu'on pût persécuter un homme parce qu'il croyait le vide ou le plein, parce qu'il prétendait que les accidents ne peuvent pas subsister sans sujet, parce qu'il expliquait en un sens un passage d'un auteur, qu'un autre entendait dans un sens contraire.

Nous avons recours tous les jours à la jurisprudence des Romains; et quand nous manquons de lois (ce qui nous arrive si souvent), nous allons consulter le *Code* et le *Digeste*. Pourquoi ne pas imiter nos maîtres dans leur sage tolérance?

Qu'importe à l'État qu'on soit du sentiment des réaux ou des nominaux; qu'on tienne pour Scot ou pour Thomas, pour Œcolampade ou pour Mélanchthon; qu'on soit du parti d'un évêque d'Ypres[1] qu'on n'a point lu, ou d'un moine espagnol[2] qu'on a moins lu encore? N'est-il pas clair que tout cela doit être aussi indifférent au véritable intérêt d'une nation, que de traduire bien ou mal un passage de Lycophron ou d'Hésiode?

L. *Autres questions.* — Je sais que les hommes sont quelquefois malades du cerveau. Nous avons eu un musicien[3] qui est mort fou, parce que sa musique n'avait pas paru assez bonne. Des gens ont cru avoir un nez de verre; mais s'il y en avait d'assez attaqués pour penser, par exemple, qu'ils ont toujours raison, y aurait-il assez d'ellébore pour une si étrange maladie?

Et si ces malades, pour soutenir qu'ils ont toujours raison, menaçaient du dernier supplice quiconque pense qu'ils peuvent avoir tort; s'ils établissaient des espions pour découvrir les réfractaires; s'ils décidaient qu'un père, sur le témoignage de son fils, une mère, sur celui de sa fille, doit périr dans les flammes, etc., ne faudrait-il pas lier ces gens-là, et les traiter comme ceux qui sont attaqués de la rage?

LI. *Ignorance.* — Vous me demandez à quoi bon tout ce sermon si l'homme n'est pas libre? D'abord je ne vous ai point dit que l'homme n'est pas libre; je vous ai dit[4] que sa liberté consiste dans son pouvoir d'agir, et non pas dans le pouvoir chimérique de *vouloir vouloir*. Ensuite je vous dirai que tout étant lié dans la nature, la Providence éternelle me prédestinait à écrire ces rêveries, et prédestinait cinq ou six lecteurs à en faire leur profit, et cinq à six autres à les dédaigner, et à les laisser dans la foule immense des écrits inutiles.

Si vous me dites que je ne vous ai rien appris, souvenez-vous que je me suis annoncé comme un ignorant.

LII. *Autres ignorances.*—Je suis si ignorant que je ne sais pas même les faits anciens dont on me berce; je crains toujours de me tromper de sept à huit cents années au moins quand je cherche en quel temps ont vécu ces antiques héros qu'on dit avoir exercé les premiers le vol et le brigandage dans une grande étendue de pays; et ces premiers

1. Jansénius. (Éd.) — 2. Molina. (Éd.)
3. Jean-Joseph Mouret, né à Avignon en 1682, mort à Charenton le 22 décembre 1738. (Éd.)
4. Question XIII, p. 7. (Éd.)

sages qui adorèrent des étoiles, ou des poissons, ou des serpents, ou des morts, ou des êtres fantastiques.

Quel est celui qui le premier imagina les six Gahambars, et le pont de Tshinavar, et le Dardaroth, et le lac de Karon? en quel temps vivaient le premier Bacchus, le premier Hercule, le premier Orphée?

Toute l'antiquité est si ténébreuse jusqu'à Thucydide et Xénophon, que je suis réduit à ne savoir presque pas un mot de ce qui s'est passé sur le globe que j'habite, avant le court espace d'environ trente siècles; et dans ces trente siècles, encore, que d'obscurités! que d'incertitudes! que de fables!

LIII. *Plus grande ignorance.* — Mon ignorance me pèse bien davantage, quand je vois que ni moi, ni mes compatriotes, nous ne savons absolument rien e notre patrie. Ma mère m'a dit que j'étais né sur les bords du Rhin, je le veux croire. J'ai demandé à mon ami, le savant Apèdeutés, natif de Courlande, s'il avait connaissance des anciens peuples du Nord ses voisins, et de son malheureux petit pays: il m'a répondu qu'il n'en avait pas plus de notions que les poissons de la mer Baltique.

Pour moi, tout ce que je sais de mon pays, c'est que César dit, il y a environ dix-huit cents ans, que nous étions des brigands, qui étions dans l'usage de sacrifier des hommes à je ne sais quels dieux pour obtenir d'eux quelque bonne proie, et que nous n'allions jamais en course qu'accompagnés de vieilles sorcières qui faisaient ces beaux sacrifices.

Tacite, un siècle après, dit quelques mots de nous, sans nous avoir jamais vus; il nous regarde comme les plus honnêtes gens du monde, en comparaison des Romains; car il assure que quand nous n'avions personne à voler, nous passions les jours et les nuits à nous enivrer de mauvaise bière dans nos cabanes.

Depuis ce temps de notre âge d'or, c'est un vide immense jusqu'à l'histoire de Charlemagne. Quand je suis arrivé à ces temps connus, je vois dans Goldast une charte de Charlemagne, datée d'Aix-la-Chapelle, dans laquelle ce savant empereur parle ainsi:

« Vous savez que, chassant un jour auprès de cette ville, je trouvai les thermes et le palais que Granus, frère de Néron et d'Agrippa, avait autrefois bâtis. »

Ce Granus et cet Agrippa, frères de Néron, me font voir que Charlemagne était aussi ignorant que moi, et cela soulage.

LIV. *Ignorance ridicule.* — L'histoire de l'Eglise de mon pays ressemble à celle de Granus, frère de Néron et d'Agrippa, et est bien plus merveilleuse. Ce sont de petits garçons ressuscités, des dragons pris avec une étole comme des lapins avec un lacet; des hosties qui saignent d'un coup de couteau qu'un juif leur donne; des saints qui courent après leurs têtes quand on les leur a coupées. Une des légendes les plus avérées dans notre histoire ecclésiastique d'Allemagne est celle du bienheureux Pierre de Luxembourg, qui, dans les deux années 1388 et 89, après sa mort, fit deux mille quatre cents miracles, et, les années suivantes, trois mille de compte fait, parmi lesquels on ne nomme pourtant que quarante-deux morts ressuscités.

Je m'informe si les autres États de l'Europe ont des histoires ecclésiastiques aussi merveilleuses et aussi authentiques. Je trouve partout la même sagesse et la même certitude.

LV. *Pis qu'ignorance.* — J'ai vu ensuite pour quelles sottises inintelligibles les hommes s'étaient chargés les uns les autres d'imprécations, s'étaient détestés, persécutés, égorgés, pendus, roués, et brûlés; et j'ai dit : « S'il y avait eu un sage dans ces abominables temps, il aurait donc fallu que ce sage vécût et mourût dans les déserts. »

LVI. *Commencement de la raison.* — Je vois qu'aujourd'hui, dans ce siècle qui est l'aurore de la raison, quelques têtes de cette hydre du fanatisme renaissent encore. Il paraît que leur poison est moins mortel, et leurs gueules moins dévorantes. Le sang n'a pas coulé pour la grâce versatile, comme il coula si longtemps pour les indulgences plénières qu'on vendait au marché; mais le monstre subsiste encore : quiconque recherchera la vérité risquera d'être persécuté. Faut-il rester oisif dans les ténèbres? ou faut-il allumer un flambeau auquel l'envie et la calomnie rallumeront leurs torches? Pour moi, je crois que la vérité ne doit pas plus se cacher devant ces monstres, que l'on ne doit s'abstenir de prendre de la nourriture dans la crainte d'être empoisonné.

ANDRÉ DESTOUCHES A SIAM.

(1766.)

André Destouches[1] était un musicien très-agréable dans le beau siècle de Louis XIV, avant que la musique eût été perfectionnée par Rameau, et gâtée par ceux qui préfèrent la difficulté surmontée au naturel et aux grâces.

Avant d'avoir exercé ses talents il avait été mousquetaire; il fit, en 1688, le voyage de Siam avec le jésuite Tachard, qui lui donna beaucoup de marques particulières de tendresse pour avoir un amusement sur le vaisseau; et Destouches parla toujours avec admiration du P. Tachard le reste de sa vie.

Il fit connaissance, à Siam, avec un premier commis du barcalon; ce premier commis s'appelait Croutef[2]; et il mit par écrit la plupart des questions qu'il avait faites à Croutef, avec les réponses de ce Siamois. Les voici telles qu'on les a trouvées dans ses papiers :

ANDRÉ DESTOUCHES. — Combien avez-vous de soldats?

1. André Destouches, né en 1672, mort en 1749. (ED.)
2. Barcalon est le titre du premier ministre à Siam. Le nom du premier commis paraît forgé par Voltaire. (ED.)

CROUTEF. — Quatre-vingt mille, fort médiocrement payés.

ANDRÉ DESTOUCHES. — Et de talapoins?

CROUTEF. — Cent vingt mille, tous fainéants et très-riches. Il est vrai que, dans la dernière guerre, nous avons été bien battus; mais, en récompense, nos talapoins ont fait très-grande chère, bâti de belles maisons, et entretenu de très-jolies filles.

ANDRÉ DESTOUCHES. — Il n'est rien de plus sage et de mieux avisé. Et vos finances, en quel état sont-elles?

CROUTEF. — En fort mauvais état. Nous avons pourtant quatre-vingt dix mille hommes employés pour les faire fleurir; et s'ils n'en ont pu venir à bout, ce n'est pas leur faute, car il n'y a aucun d'eux qui ne prenne honnêtement tout ce qu'il peut prendre, et qui ne dépouille les cultivateurs pour le bien de l'État.

ANDRÉ DESTOUCHES. — Bravo! Et votre jurisprudence est-elle aussi parfaite que tout le reste de votre administration?

CROUTEF. — Elle est bien supérieure; nous n'avons point de lois, mais nous avons cinq ou six mille volumes sur les lois. Nous nous conduisons d'ordinaire par des coutumes; car on sait qu'une coutume ayant été établie au hasard, est toujours ce qu'il y a de plus sage. Et de plus, chaque coutume ayant nécessairement changé dans chaque province, comme les habillements et les coiffures, les juges peuvent choisir à leur gré l'usage qui était en vogue il y a quatre siècles, ou celui qui régnait l'année passée; c'est une variété de législation que nos voisins ne cessent d'admirer; c'est une fortune assurée pour les praticiens, une ressource pour tous les plaideurs de mauvaise foi, et un agrément infini pour les juges, qui peuvent, en sûreté de conscience, décider les causes sans les entendre.

ANDRÉ DESTOUCHES. — Mais pour le criminel, vous avez du moins des lois constantes?

CROUTEF. — Dieu nous en préserve! nous pouvons condamner au bannissement, aux galères, à la potence, ou renvoyer hors de cour, selon que la fantaisie nous en prend. Nous nous plaignons quelquefois du pouvoir arbitraire de monsieur le barcalon; mais nous voulons que tous nos jugements soient arbitraires.

ANDRÉ DESTOUCHES. — Cela est juste. Et de la question, en usez-vous?

CROUTEF. — C'est notre plus grand plaisir; nous avons trouvé que c'est un secret infaillible pour sauver un coupable qui a les muscles vigoureux, les jarrets forts et souples, les bras nerveux, et les reins doubles; et nous rouons gaiement tous les innocents à qui la nature a donné des organes faibles. Voici comme nous nous y prenons avec une sagesse et une prudence merveilleuses. Comme il y a des demi-preuves, c'est-à-dire des demi-vérités, il est clair qu'il y a des demi-innocents et des demi-coupables. Nous commençons donc par leur donner une demi-mort, après quoi nous allons déjeuner; ensuite vient la mort tout entière, ce qui donne dans le monde une grande considération, qui est le revenu du prix de nos charges.

ANDRÉ DESTOUCHES. — Rien n'est plus prudent et plus humain, il faut en convenir. Apprenez-moi ce que deviennent les biens des condamnés.

CROUTEF. — Les enfants en sont privés : car vous savez que rien n'est plus équitable que de punir tous les descendants d'une faute de leur père.

ANDRÉ DESTOUCHES. — Oui, il y a longtemps que j'ai entendu parler de cette jurisprudence.

CROUTEF. — Les peuples de Lao, nos voisins, n'admettent ni la question, ni les peines arbitraires, ni les coutumes différentes, ni les horribles supplices qui sont parmi nous en usage; mais aussi nous les regardons comme des barbares qui n'ont aucune idée d'un bon gouvernement. Toute l'Asie convient que nous dansons beaucoup mieux qu'eux, et que par conséquent il est impossible qu'ils approchent de nous en jurisprudence, en commerce, en finances, et surtout dans l'art militaire.

ANDRÉ DESTOUCHES. — Dites-moi, je vous prie, par quels degrés on parvient dans Siam à la magistrature.

CROUTEF. — Par de l'argent comptant. Vous sentez qu'il serait impossible de bien juger, si on n'avait pas trente ou quarante mille pièces d'argent toutes prêtes. En vain on saurait par cœur toutes les coutumes, en vain on aurait plaidé cinq cents causes avec succès, en vain on aurait un esprit rempli de justesse et un cœur plein de justice; on ne peut parvenir à aucune magistrature sans argent. C'est encore ce qui nous distingue de tous les peuples de l'Asie, et surtout de ces barbares de Lao, qui ont la manie de récompenser tous les talents, et de ne vendre aucun emploi.

André Destouches, qui était un peu distrait, comme le sont tous les musiciens, répondit au Siamois que la plupart des airs qu'il venait de chanter lui paraissaient un peu discordants, et voulut s'informer à fond de la musique siamoise; mais Croutef, plein de son sujet, et passionné pour son pays, continua en ces termes : Il m'importe fort peu que nos voisins qui habitent par delà nos montagnes[1], aient de meilleure musique que nous, et de meilleurs tableaux, pourvu que nous ayons toujours des lois sages et humaines. C'est dans cette partie que nous excellons. Par exemple, il y a mille circonstances où, une fille étant accouchée d'un enfant mort, nous réparons la perte de l'enfant en faisant pendre la mère, moyennant quoi elle est manifestement hors d'état de faire une fausse couche.

Si un homme a volé adroitement trois ou quatre cent mille pièces d'or, nous le respectons, et nous allons dîner chez lui; mais si une pauvre servante s'approprie maladroitement trois ou quatre pièces de cuivre qui étaient dans la cassette de sa maîtresse, nous ne manquons pas de tuer cette servante en place publique : premièrement, de peur qu'elle ne se corrige; secondement, afin qu'elle ne puisse donner à l'État des enfants en grand nombre, parmi lesquels il s'en trouverait peut-être un ou deux qui pourraient voler trois ou quatre pièces de

1. Les Italiens. (Éd.)

cuivre, ou devenir de grands hommes; troisièmement, parce qu'il est juste de proportionner la peine au crime, et qu'il serait ridicule d'employer dans une maison de force, à des ouvrages utiles, une personne coupable d'un forfait si énorme.

Mais nous sommes encore plus justes, plus cléments, plus raisonnables, dans les châtiments que nous infligeons à ceux qui ont l'audace de se servir de leurs jambes pour aller où ils veulent. Nous traitons si bien nos guerriers qui nous vendent leur vie, nous leur donnons un si prodigieux salaire, ils ont une part si considérable à nos conquêtes, qu'ils sont sans doute les plus criminels de tous les hommes lorsque, s'étant enrôlés dans un moment d'ivresse, ils veulent s'en retourner chez leurs parents dans un moment de raison [1]. Nous leur faisons tirer à bout portant douze balles de plomb dans la tête pour les faire rester en place, après quoi ils deviennent infiniment utiles à leur patrie.

Je ne vous parle pas de la quantité innombrable d'excellentes institutions qui ne vont pas, à la vérité, jusqu'à verser le sang des hommes, mais qui rendent la vie si douce et si agréable qu'il est impossible que les coupables ne deviennent gens de bien. Un cultivateur n'a-t-il point payé à point nommé une taxe qui excédait ses facultés, nous vendons sa marmite et son lit pour le mettre en état de mieux cultiver la terre quand il sera débarrassé de son superflu.

ANDRÉ DESTOUCHES. — Voilà ce qui est tout à fait harmonieux, cela fait un beau concert.

CROUTEF. — Pour faire connaître notre profonde sagesse, sachez que notre base fondamentale consiste à reconnaître pour notre souverain, à plusieurs égards, un étranger tondu qui demeure à neuf cent mille pas de chez nous. Quand nous donnons nos plus belles terres à quelques-uns de nos talapoins, ce qui est très-prudent, il faut que ce talapoin siamois paye la première année de son revenu à ce tondu tartare, sans quoi il est clair que nous n'aurions point de récolte.

Mais où est le temps, l'heureux temps, où ce tondu faisait égorger une moitié de la nation par l'autre pour décider si *Sammonocodom* avait joué au cerf-volant ou au trou-madame; s'il s'était déguisé en éléphant ou en vache; s'il avait dormi trois cent quatre-vingt-dix jours [2] sur le côté droit ou sur le gauche ! Ces grandes questions, qui tiennent si essentiellement à la morale, agitaient alors tous les esprits : elles ébranlaient le monde; le sang coulait pour elles : on massacrait les femmes sur les corps de leurs maris; on écrasait leurs petits enfants sur la pierre [3] avec une dévotion, une onction, une componction angéliques. Malheur à nous, enfants dégénérés de nos pieux ancêtres, qui ne faisons plus de ces saints sacrifices! Mais au moins il nous reste grâces au ciel, quelques bonnes âmes qui les imiteraient si on le laissait faire.

ANDRÉ DESTOUCHES. — Dites-moi, je vous prie, monsieur, si vous

1. Louis XVI abolit la peine de mort pour désertion. (ÉD.)
2. Ezéchiel, IV 4. (ÉD.) — 3. Psaume CXXXVI, verset 9. (ÉD.)

divisez à Siam le ton majeur en deux comma et deux semi-comma, et si le progrès du son fondamental se fait par 1, 3, et 9.

CROUTEF. — Par Sammonocodom, vous vous moquez de moi. Vous n'avez point de tenue; vous m'avez interrogé sur la forme de notre gouvernement, et vous me parlez de musique.

ANDRÉ DESTOUCHES. — La musique tient à tout; elle était le fondement de toute la politique des Grecs. Mais pardon; puisque vous avez l'oreille dure, revenons à notre propos. Vous disiez donc que pour faire un accord parfait....

CROUTEF. — Je vous disais qu'autrefois le Tartare tondu prétendait disposer de tous les royaumes de l'Asie, ce qui était fort loin de l'accord parfait; mais il en résultait un grand bien; on était beaucoup plus dévot à Sammonocodom et à son éléphant que dans nos jours, où tout le monde se mêle de prétendre au sens commun avec une indiscrétion qui fait pitié. Cependant tout va; on se réjouit, on danse, on joue, on dîne, on soupe, on fait l'amour : cela fait frémir tous ceux qui ont de bonnes intentions.

ANDRÉ DESTOUCHES. — Et que voulez-vous de plus? il ne vous manque qu'une bonne musique. Quand vous l'aurez, vous pourrez hardiment vous dire la plus heureuse nation de la terre.

DÉCLARATION DE M. DE VOLTAIRE.

J'ai déjà déclaré que je ne suis point l'auteur de la *Lettre au docteur Pansophe*; que je voudrais l'avoir faite, et que si j'en étais l'auteur je l'avouerais hautement. J'ai écrit et j'ai dû écrire la lettre à M. Hume. J'ai dû repousser la calomnie à l'exemple de M. Hume et de M. d'Alembert; car, quoi qu'en dise M. Dorat, l'agresseur seul a tort; et le calomnié doit se défendre quand il s'agit de faits et de procédés. Je me suis défendu gaiement; et, lorsqu'on dit la vérité en riant, on ne fait pas rire de soi.

J'ai lu les notes que l'on a imprimées sur ma lettre à M. Hume. L'auteur des *Notes* me paraît trop sérieux : il peut savoir mieux que moi les dates des lettres de M. Dutheil : mais je sais mieux que lui qu'il ne faut pas s'appesantir sur les torts d'un homme qui s'est à la vérité rendu malheureux par sa faute, mais qui mérite du ménagement par son malheur même.

VOLTAIRE.

A Ferney, le 29 décembre 1766.

LETTRE

D'UN MEMBRE DU CONSEIL DE ZURICH

A M. D*** AVOCAT A BESANÇON.

(1766.)

Nous nous intéressons beaucoup, monsieur, dans notre république, à la triste aventure du sieur Fantet [1]. Il était presque le seul dont nous tirassions les livres qui ont illustré votre patrie, et qui forment l'esprit et les mœurs de notre jeunesse. Nous devons à Fantet les œuvres du chancelier d'Aguesseau et du président de Thou. C'est lui seul qui nous a fait connaître les *Essais de morale* de Nicole, les *Oraisons funèbres* de Bossuet, les *Sermons* de Massillon et ceux de Bourdaloue, ouvrages propres à toutes les religions; nous lui devons l'*Esprit des lois*, qui est encore un de ces livres qui peuvent instruire toutes les nations de l'Europe.

Je sais en mon particulier que le sieur Fantet joint à l'utilité de sa profession une probité qui doit le rendre cher à tous les honnêtes gens, et qu'il a employé au soulagement de ses parents le peu qu'il a pu gagner par une louable industrie.

Je ne suis point surpris qu'une cabale jalouse ait voulu le perdre. Je vois que votre parlement ne connaît que la justice, qu'il n'a acception de personne, et que, dans toute cette affaire, il n'a consulté que la raison et la loi. Il a voulu et il a dû examiner par lui-même si, dans la multitude des livres dont Fantet fait commerce, il ne s'en trouverait pas quelques-uns de dangereux, et qu'on ne doit pas mettre entre les mains de la jeunesse; c'est une affaire de police, une précaution très-sage des magistrats.

Quand on leur a proposé de jeter ce que vous appelez des monitoires, nous voyons qu'ils se sont conduits avec la même équité et la même impartialité, en refusant d'accorder cette procédure extraordinaire. Elle n'est faite que pour les grands crimes; elle est inconnue chez tous les peuples qui concilient la sévérité des lois avec la liberté du citoyen; elle ne sert qu'à répandre le trouble dans les consciences, et l'alarme dans les familles. C'est une inquisition réelle qui invite tous les citoyens à faire le métier infâme de délateur; c'est une arme sacrée qu'on met entre les mains de l'envie et de la calomnie pour frapper l'innocent en sûreté de conscience. Elle expose toutes les personnes faibles à se déshonorer, sous prétexte d'un motif de religion; elle est, en cette occasion, contraire à toutes les lois, puisqu'elle a pour but la réparation d'un délit, et que l'objet de ce monitoire serait d'établir un délit lorsqu'il n'y en a point.

Un monitoire, en ce cas, serait un ordre de chercher, au nom de

1. Fantet, libraire de Besançon, était poursuivi devant le parlement à cause de livres philosophiques saisis chez lui. (Ed.)

Dieu, à perdre un citoyen; ce serait insulter à la fois la loi et la religion, et les rendre toutes deux complices d'un crime infiniment plus grand que celui qu'on impute au sieur Fantet. Un monitoire, en un mot, est une espèce de proscription. Cette manière de procéder serait ici d'autant plus injuste que, de vos prêtres qui avaient accusé Fantet, les uns ont été confondus à la confrontation, les autres se sont rétractés. Un monitoire alors n'eût été qu'une permission accordée aux calomniateurs de chercher à calomnier encore, et d'employer la confession pour se venger. Voyez quel effet horrible ont produit les monitoires contre les Calas et les Sirven!

Votre parlement, en rejetant une voie si odieuse, et en procédant contre Fantet avec toute la sévérité de la loi, a rempli tous les devoirs de la justice, qui doit rechercher les coupables, et ne pas souhaiter qu'il y ait des coupables. Cette conduite lui attire les bénédictions de toutes les provinces voisines.

J'ai interrompu cette lettre, monsieur, pour lire en public les remontrances que votre parlement fait au roi sur cette affaire. Nous les regardons comme un monument d'équité et de sagesse, digne du corps qui les a rédigées, et du roi à qui elles sont adressées. Il nous semble que votre patrie sera toujours heureuse, quand vos souverains continueront de prêter une oreille attentive à ceux qui, en parlant pour le bien public, ne peuvent avoir d'autre intérêt que ce bien public même dont ils sont les ministres.

J'ai l'honneur d'être bien respectueusement, monsieur, etc., DESN.... *du conseil des deux cents.*

P. S. Nous avons admiré le factum en faveur de Fantet. Voilà, monsieur, le triomphe des avocats : faire servir l'éloquence à protéger, sans intérêt, l'innocent; couvrir de honte les délateurs; inspirer une juste horreur de ces cabales pernicieuses, qui n'ont de religion que pour haïr et pour nuire, qui font des choses sacrées l'instrument de leurs passions : c'est là sans doute le plus beau des ministères. C'est ainsi que M. de Beaumont défend à Paris l'innocence des Sirven après avoir si glorieusement combattu pour les Calas. De tels avocats méritent les couronnes qu'on donnait à ceux qui avaient sauvé des citoyens dans les batailles. Mais que méritent ceux qui les oppriment?

ANECDOTE SUR BÉLISAIRE [1]

(1767.)

« Je vous connais, vous êtes un scélérat. Vous voudriez que tous les hommes aimassent un Dieu, père de tous les hommes. Vous vous êtes imaginé, sur la parole de saint Ambroise, qu'un jeune Valentinien,

1. Par M. l'abbé Mauduit, qui prie qu'on ne le nomme pas.

qui n'avait pas été baptisé, n'en avait pas moins été sauvé. Vous avez eu l'insolence de croire, avec saint Jérôme, que plusieurs païens ont vécu saintement. Il est vrai que, tout damné que vous êtes, vous n'avez pas osé aller si loin que saint Jean Chrysostome, qui, dans une de ses homélies[1], dit que les préceptes de Jésus-Christ sont si légers que plusieurs ont été au delà par la seule raison : *Præcepta ejus adeo levia sunt, ut multi philosophica tantum ratione excesserint.*

« Vous avez même attiré à vous saint Augustin, sans songer combien de fois il s'est rétracté. On voit bien que vous êtes de son avis, quand il dit[2] : « Depuis le commencement du genre humain, tous ceux qui « ont cru en un seul Dieu, et qui ont entendu sa voix selon leur pouvoir, « qui ont vécu avec piété et justice selon les préceptes, en quelque en- « droit, et en quelque temps qu'ils aient vécu, ils ont été sans doute « sauvés par lui. »

« Mais ce qu'il y a de pis, déiste et athée que vous êtes, c'est qu'il semble que vous ayez copié mot pour mot saint Paul dans son épître aux Romains[3] : « Gloire, honneur, et gloire à quiconque fait le bien; « premièrement aux juifs, et puis aux gentils; car lorsque les gentils, « qui n'ont point la loi, font naturellement ce que la loi commande, « n'ayant point notre loi, ils sont leur loi à eux-mêmes. » Et après ces paroles, il reproche aux juifs de Rome l'usure, l'adultère et le sacrilége.

« Enfin, détestable enfant de Bélial, vous avez osé prononcer de vous-même ces paroles impies sous le nom de Bélisaire : « Ce qui m'attache « le plus à ma religion, c'est qu'elle me rend meilleur et plus humain. « S'il fallait qu'elle me rendît farouche, dur et impitoyable, je l'aban- « donnerais, et je dirais à Dieu, dans la fatale alternative d'être incré- « dule ou méchant : Je fais le choix qui t'offense le moins. » J'ai vu d'indignes femmes de bien, des militaires trop instruits, de vils magistrats qui ne connaissent que l'équité, des gens de lettres malheureusement plus remplis de goût et de sentiment que de théologie, admirer avec attendrissement tes sottes paroles, et tout ce qui les suit.

« Malheureux! vous apprendrez ce que c'est que de choquer l'opinion des licenciés de ma licence; vous, et tous vos damnés de philosophes, vous voudriez bien que Confucius et Socrate ne fussent pas éternellement en enfer; vous seriez fâchés que le primat d'Angleterre ne fût pas sauvé aussi bien que le primat des Gaules. Cette impiété mérite une punition exemplaire. Apprenez votre catéchisme. Sachez que nous damnons tout le monde, quand nous sommes sur les bancs; c'est là notre plaisir. Nous comptons environ six cents millions d'habitants sur la terre. A trois générations par siècle, cela fait environ deux milliards; et en ne comptant seulement que depuis quatre mille années, le calcul nous donne quatre-vingts milliards de damnés, sans compter tout ce qui l'a été auparavant, et tout ce qui doit l'être après. Il est

1. Troisième Homélie sur la première épître de saint Paul aux Corinthiens.
2. Dans sa quarante-neuvième épître : A DEO GRATIAS.
3. Chap. II, 10-14. (ED.)

vrai que, sur ces quatre-vingts milliards, il faut ôter deux ou trois mille élus, qui font le beau petit nombre ; mais c'est une bagatelle; et il est bien doux de pouvoir se dire en sortant de table : « Mes amis, « réjouissons-nous, nous avons au moins quatre-vingts milliards de nos « frères dont les âmes toutes spirituelles sont pour jamais à la broche, « en attendant qu'on retrouve leurs corps pour les faire rôtir avec elles. »

« Apprenez, monsieur le réprouvé, que votre grand Henri IV, que vous aimez tant, est damné pour avoir fait tout le bien dont il fut capable; et que Ravaillac, purgé par le sacrement de pénitence, jouit de la gloire éternelle; voilà la vraie religion. Où est le temps où je vous aurais fait cuire avec Jean Hus et Jérôme de Prague, avec Arnauld de Bresse, avec le conseiller Dubourg, et avec tous les infâmes qui n'étaient pas de notre avis dans ces siècles du bon sens où nous étions les maîtres de l'opinion des hommes, de leur bourse, et quelquefois de leur vie ? »

Qui proférait ces douces paroles? c'était un moine sortant de sa licence : à qui les adressait-il ? c'était à un académicien de la première Académie de France. Cette scène se passait chez un magistrat homme de lettres, que le licencié[1] était venu solliciter pour un procès, dans lequel il était accusé de simonie. Et dans quel temps se tenait cette conférence à laquelle j'assistai ? c'était après boire, car nous avions dîné avec le magistrat, et le moine avec les valets de chambre; et le moine était fort échauffé.

« Mon révérend père, lui dit l'académicien, pardonnez-moi, je suis un homme du monde qui n'ai jamais lu les ouvrages de vos docteurs. J'ai fait parler un vieux soldat romain comme aurait parlé notre Duguesclin, notre chevalier Bayard, ou notre Turenne. Vous savez qu'à nous autres gens du siècle il nous échappe bien des sottises; mais vous les corrigez ; et un mot d'un seul de vos bacheliers répare toutes nos fautes. Mais comme Bélisaire n'a pas dit un seul mot du bénéfice que vous demandez, et qu'il n'a point sollicité contre vous, j'espère que vous vous apaiserez, et que vous voudrez bien pardonner à un pauvre ignorant qui a fait le mal sans malice.

— A d'autres, dit le moine; vous êtes une troupe de coquins qui ne cessez de prêcher la bienfaisance, la douceur, l'indulgence, et qui poussez la méchanceté jusqu'à vouloir que Dieu soit bon. En vérité, nous ne vous passerons pas vos petites conspirations. Vous avez affaire au révérend P. Hayer, à l'abbé Dinouart et à moi, et nous verrons comment vous vous en tirerez. Nous savons bien que dans le siècle où la raison, que nous avions partout proscrite, commençait à renaître dans nos climats septentrionaux, ce fut Érasme qui renouvela cette erreur dangereuse; Érasme qui était tenté de dire : *Sancte Socrates, ora pro nobis;* Érasme à qui on éleva une statue. Le Vayer, le précepteur de Monsieur, et même de Louis XIV, recueillit tous ces blasphèmes dans son livre de *la Vertu des païens.* Il eut l'insolence d'imprimer que des marauds tels que Confucius, Socrate, Caton, Épictète,

1. Coger était licencié en théologie. (Ed.)

Titus, Trajan, les Antonins, Julien, avaient fait quelques actions vertueuses. Nous ne pûmes le brûler ni lui ni son livre, parce qu'il était conseiller d'État. Mais vous qui n'êtes qu'académicien, je vous réponds que vous ne serez pas épargné. »

Le magistrat prit alors la parole, et demanda grâce pour le coupable. « Point de grâce, dit le moine; l'Écriture le défend. *Orabat scelestus ille veniam quam non erat consecuturus*[1] : « le scélérat demandait un « pardon qu'il ne devait pas obtenir. » *Oportet aliquem mori pro populo*[2]. Toute l'Académie pense comme lui; il faut qu'il soit puni avec l'Académie.

— Ah! frère Triboulet, dit le magistrat (car Triboulet est le nom du docteur), ce que vous avancez là est bien chrétien, mais n'est pas tout à fait juste. Voudriez-vous que la Sorbonne entière répondît pour vous, comme le P. Bauni[3] se rendait pleige pour la bonne mère, et comme toute la Société de Jésus était pleige pour le P. Bauni? Il ne faut jamais accuser un corps des erreurs des particuliers. Voudriez-vous abolir aujourd'hui la Sorbonne, parce qu'un grand nombre de ses membres adhérèrent au plaidoyer du docteur Jean Petit, cordelier, en faveur de l'assassinat du duc d'Orléans? parce que trente-six docteurs de Sorbonne, avec frère Martin, inquisiteur pour la foi, condamnèrent la Pucelle d'Orléans à être brûlée vive pour avoir secouru son roi et sa patrie? parce que soixante et onze docteurs de Sorbonne déclarèrent Henri III déchu du trône? parce que quatre-vingts docteurs excommunièrent, au 1er novembre 1592, les bourgeois de Paris, qui avaient osé présenter requête pour l'admission de Henri IV dans sa capitale, et qu'ils défendirent qu'on priât Dieu pour ce *mauvais prince?* Voudriez-vous, frère Triboulet, être puni aujourd'hui du crime de vos pères? L'âme de quelqu'un de ces sages maîtres a-t-elle passé dans la vôtre *per modum traducis?* Un peu d'équité, frère. Si vous êtes coupable de simonie, comme votre partie adverse vous en accuse, la cour vous fera mettre au pilori : mais vous y serez seul, et les moines de votre couvent (puisqu'il y a encore des moines) ne seront pas condamnés avec vous. Chacun répond de ses faits; et, comme l'a dit un certain philosophe[4], il ne faut pas purger les petits-fils pour la maladie de leur grand-père. Chacun pour soi, et Dieu pour tous. Il n'y a que le loup qui dise à l'agneau :

Si ce n'est toi, c'est donc ton frère[5].

« Allez, respectez l'Académie, composée des premiers hommes de l'État et de la littérature. Laissez Bélisaire parler en brave soldat et en bon citoyen; n'insultez point un excellent écrivain; continuez à faire de

1. « Orabat autem hic scelestus Dominum a quo non esset misericordiam con- « secuturus. » *Mach.*, lib. II, IX, 13. (Éd.)
2. « Expedit unum hominem mori pro populo. » Jean, XVIII, 14. (Éd.)
3. Ce n'est point le P. Bauni, mais le P. Barry, qui se rendait pleige pour a sainte Vierge. (Éd.)
4. Voltaire lui-même. (Éd.) — 5. La Fontaine, *Fables*, I, 10. (Éd.)

mauvais livres et laissez-nous lire les bons. » Frère Triboulet sortit, la queue entre les jambes, et son adversaire resta la tête haute.

Quand le magistrat et le philosophe, ou plutôt quand les deux philosophes purent parler en liberté : « N'admirez-vous pas ce moine ? dit le magistrat; il y a quelques jours qu'il était entièrement de votre avis. Savez-vous pourquoi il a si cruellement changé ? c'est qu'il est blessé de votre réputation. — Hélas ! dit l'homme de lettres, tout le monde pense comme moi dans le fond de son cœur, et je n'ai fait que développer l'opinion générale. Il y a des pays où personne n'ose établir publiquement ce que tout le monde pense en secret. Il y en a d'autres où le secret n'est plus gardé. L'auguste impératrice de Russie vient d'établir la tolérance dans deux mille lieues de pays. Elle a écrit de sa propre main, *malheur aux persécuteurs !* Elle a fait grâce à l'évêque de Rostou, condamné par le synode pour avoir soutenu l'opinion des *deux puissances*, et pour n'avoir pas su que l'autorité ecclésiastique n'est qu'une autorité de persuasion; que c'est la puissance de la vérité, et non la puissance de la force. Elle permet qu'on lise les lettres qu'elle a écrites sur ce sujet important. — Comme les choses changent selon les temps ! dit le magistrat. — Conformons-nous aux temps, » dit l'homme de lettres.

LES

HONNÊTETÉS LITTÉRAIRES.

(1767.)

On a déjà dit qu'il est ridicule de défendre sa prose et ses vers, quand ce ne sont que des vers et de la prose; en fait d'ouvrages de goût, il faut faire, et ensuite se taire.

Térence se plaint, dans ses prologues [1], d'un vieux poëte qui suscitait des cabales contre lui, qui tâchait d'empêcher qu'on ne jouât ses pièces, ou de les faire siffler quand on les jouait. Térence avait tort, ou je me trompe. Il devait, comme l'a dit César [2], joindre plus de chaleur et plus de comique au naturel charmant et à l'élégance de ses ouvrages. C'était la meilleure façon de répondre à son adversaire.

Corneille disait de ses critiques : « S'ils me disent *pois*, je leur ré-

1. *Andrienne*, prolog. 6, 7. (Éd.)

2. « Tu quoque, tu in summis, o dimidiate Menander,
« Poneris, et merito, puri sermonis amator,
« Lenibus atque utinam scriptis adjuncta foret vis
« Comica, ut æquato virtus polleret honore
« Cum Græcis, neque in hac despectus parte jaceres !
« Unum hoc maceror et doleo tibi deesse, Terenti. »

Ces vers sont attribués à César, dans une *Vie de Térence*, qu'on attribue à Donat ou à Suétone. (Éd.)

pondrai *fèves.* » En conséquence, il fit contre le modeste Scudéri[1] ce rondeau un peu immodeste :

Qu'il fasse mieux ce jeune jouvencel,
A qui le ciel donne tant de martel,
Que d'entasser injure sur injure,
Rimer de rage une lourde imposture,
Et se cacher ainsi qu'un criminel.
Chacun connaît son jaloux naturel,
Le montre au doigt comme un fou solennel,
Et ne croit pas en sa bonne écriture
Qu'il fasse mieux.

Paris entier ayant vu son cartel,
L'envoie au diable, et sa muse au b.....
Moi j'ai pitié des peines qu'il endure;
Et comme ami je le prie et conjure,
S'il veut tenir un ouvrage immortel,
Qu'il fasse mieux.

Il eut ensuite le malheur de répondre à l'abbé d'Aubignac, prédicateur du roi, qui faisait des tragédies comme il prêchait, et qui, pour se consoler des sifflets dont on avait régalé sa *Zénobie*, se mit à dire des injures à l'auteur de *Cinna*. Corneille eût mieux fait de s'envelopper dans sa gloire et dans sa modestie, que de répondre *fèves* à l'abbé d'Aubignac, qui lui avait dit *pois*.

Racine, dans quelques-unes de ses préfaces, a fait sentir l'aiguillon à ses critiques; mais il était bien pardonnable d'être un peu fâché contre ceux qui envoyaient leurs laquais battre des mains à la *Phèdre* de Pradon, et qui retenaient les loges à la *Phèdre* de Racine pour les laisser vides, et pour faire accroire qu'elle était tombée. C'étaient là de grands protecteurs des lettres; c'étaient le duc Zoïle, le comte Bavius, et le marquis Mévius.

Molière s'y prit d'une autre façon. Cotin, Ménage, Boursault, l'avaient attaqué; il mit Boursault, Cotin et Ménage sur le théâtre.

La Fontaine, qui a tant embelli la vérité dans plusieurs de ses fables, fit de très-mauvais vers contre Furetière, qui le lui rendit bien. Il en fit de fort médiocres contre Lulli, qui n'avait pas voulu mettre en musique son détestable opéra de *Daphné*, et qui se moqua de son opéra et de sa satire. « J'aimerais mieux, dit-il, mettre en musique sa satire que son opéra. »

Rousseau le poëte fit quelques bons vers et beaucoup de mauvais contre les poëtes de son temps, qui le payèrent en même monnaie.

Pour les auteurs qui, dans les discours préliminaires de leurs tragédies ou comédies tombées dans un éternel oubli, entrent amicalement dans tous les détails de leurs pièces, vous prouvent que l'endroit le plus sifflé est le meilleur; que le rôle qui a le plus fait bâiller est le

1. Ce n'est pas contre Scudéri, mais contre Mairet qu'est le rondeau de Corneille. (Ed.)

plus intéressant; que leurs vers durs, hérissés de barbarismes et de solécismes, sont des vers dignes de Virgile et de Racine : ces messieurs sont utiles en un point; c'est qu'ils font voir jusqu'où l'amour-propre peut mener les hommes, et cela sert à la morale.

M. de Voltaire écrivit un jour : « *La Henriade* vous déplaît, ne la lisez point. *Zaïre*, *Brutus*, *Alzire*, *Mérope*, *Sémiramis*, *Mahomet*, *Tancrède*, vous ennuient, n'y allez pas. Le *Siècle de Louis XIV* vous paraît écrit d'un style ridicule, à la bonne heure : vous écrivez bien mieux, et j'en suis fort aise. Je vous jure que je ne serai jamais assez sot pour prendre le parti de ma manière d'écrire contre la vôtre.

« Mais si vous accusez de mauvaise foi et de mensonges imprimés un historien impartial, amateur de la vérité et des hommes; si vous imprimez et réimprimez vous-mêmes des mensonges, soit par la noble envie qui ronge votre belle âme, soit pour tirer dix écus d'un libraire, je tiens qu'alors il faut éclaircir les faits. Il est bon que le public soit instruit, il s'agit ici de son intérêt. J'ai fort bien fait de produire le certificat du roi Stanislas, qui atteste la vérité de tous les faits rapportés dans l'*Histoire de Charles XII*. Les aboyeurs folliculaires sont confondus alors, et le public est éclairé.

« Si votre zèle pour la vérité et pour les mœurs va jusqu'à la calomnie la plus atroce, jusqu'à certaines impostures capables de perdre un pauvre auteur auprès du gouvernement et du monarque, il est clair alors que c'est un procès criminel que vous lui faites, et que le malheureux sifflé, opprimé, que vous voudriez encore faire pendre, doit au moins défendre sa cause avec toute la circonspection possible. »

Je pense entièrement comme M. de Voltaire.

Il me semble d'ailleurs que, dans notre Europe occidentale, tout est procès par écrit. Les puissances ont-elles une querelle à démêler; elles plaident d'abord par-devant les gazetiers, qui les jugent en premier ressort, et ensuite elles appellent de ce tribunal à celui de l'artillerie.

Deux citoyens ont-ils un différend sur une clause d'un contrat ou d'un testament? on imprime des factums, et des dupliques, et des mémoires nouveaux. Nous avons des procès de quelques bourgeois plus volumineux que l'*Histoire* de Tacite et de Suétone. Dans ces énormes factums, et même à l'audience, le demandeur soutient que l'intimé est un homme de mauvaise foi, mauvaises mœurs, un chicaneur, un faussaire : l'intimé répond avec la même politesse. Le procès de Mlle La Cadière et du R. P. Girard contient sept gros volumes, et l'*Énéide* n'en contient qu'un petit.

Il est donc permis à un malheureux auteur de bagatelles de plaider par-devant trois ou quatre douzaines de gens oisifs qui se portent pour juges des bagatelles, et qui forment la bonne compagnie, pourvu que ce soit honnêtement, et surtout qu'on ne soit point ennuyeux; car si, dans ces querelles, l'agresseur a tort, l'ennuyeux l'a bien davantage.

J'ai lu autrefois une *Épître sur la calomnie*; j'en ignore l'auteur, et je ne sais si son style n'est pas un peu familier; mais les derniers vers m'ont paru faits pour le sujet que je traite :

Voici le point sur lequel je me fonde;
On entre en guerre en entrant dans le monde.
Homme privé, vous avez vos jaloux,
Rampants dans l'ombre, inconnus comme vous,
Obscurément tourmentant votre vie.
Homme public, c'est la publique envie
Qui contre vous lève son front altier.
Le coq jaloux se bat sur son fumier,
L'aigle dans l'air, le taureau dans la plaine.
Tel est l'état de la nature humaine.
La jalousie et tous ses noirs enfants
Sont au théâtre, au conclave, aux couvents.
Montez au ciel; trois déesses rivales
Y vont porter leur haine et leurs scandales;
Et le beau ciel de nous autres chrétiens
Tout comme l'autre eut aussi ses vauriens.
Ne voit-on pas chez cet atrabilaire
Qui d'Olivier fut un temps secrétaire[1],
Ange contre ange, Uriel et Nisroc,
Contre Ariоc, Asmodée et Moloc;
Couvrant de sang les célestes campagnes,
Lançant des rocs, ébranlant des montagnes,
De purs esprits qu'un fendant coupe en deux,
Et du canon tiré de près sur eux;
Et le Messie allant dans une armoire
Prendre sa lance, instrument de sa gloire?
Vous voyez bien que la guerre est partout.
Point de repos; cela me pousse à bout.
Hé quoi! toujours alerte, en sentinelle!
Que devient donc la paix universelle
Qu'un grand ministre en rêvant proposa,
Et qu'Irénée[2] aux sifflets exposa,
Et que Jean-Jacques orna de sa faconde,
Quand il faisait la guerre à tout le monde[3]?
[4]O Patouillet! O Nonotte et consorts!
O mes amis! la paix est chez les morts.
Chrétiennement mon cœur vous la souhaite.
Chez les vivants où trouver sa retraite?
Où fuir? que faire? à quel saint recourir?
Je n'en sais point, il faut savoir souffrir.

1. Milton, secrétaire d'Olivier Cromwell, et qui justifia le meurtre de Charles Ier, dans le plus plat libelle qu'on ait jamais écrit.
2. Irénée Castel de Saint-Pierre.
3. Jean-Jacques a fait aussi un très-mauvais ouvrage sur ce sujet.
4. Ce sont deux ex-jésuites, les plus insolents calomniateurs de leur profession, et il en sera question dans le cours de cet ouvrage.

Mais, dit-on, Bernard de Fontenelle, après avoir fait quelques épigrammes assez plates contre Nicolas Boileau et contre Racine, ne répondit rien au mauvais livre [1] du R. P. Balthus de la Société de Jésus, qui l'accusait d'athéisme pour avoir rédigé en bon français et avec grâce le livre latin [2] très-savant, mais un peu pesant, de Van Dale; c'est que les RR. PP. Lallemant et Doucin, de la Société de Jésus, firent dire à M. de Fontenelle, par M. l'abbé de Tilladet, que s'il répondait on le mettrait à la Bastille; c'est que, plus de vingt ans après, le R. P. Le Tellier persécuta Fontenelle, qu'il accusa d'avoir engagé Dumarsais à répondre [3]; c'est que Dumarsais était perdu sans le président de Maison, et Fontenelle sans M. d'Argenson, comme on l'a déjà dit ailleurs, et comme Fontenelle le fait entendre lui-même dans le bel éloge de M. d'Argenson le garde des sceaux [4].

Mais à présent que le R. P. Le Tellier ne distribue plus de lettres de cachet, je pose qu'il n'est pas absolument défendu à un barbouilleur de papier, soit mauvais poëte, soit plat prosateur, du nombre desquels j'ai l'honneur d'être, d'exposer les petites erreurs dans lesquelles des gens de bien sont depuis peu tombés, soit en inventant, soit en rapportant des calomnies absurdes, soit en falsifiant des écrits, soit en contrefaisant le style et jusqu'au nom de leurs confrères qu'ils ont voulu perdre; soit en les accusant d'hérésie, de déisme, d'athéisme, à propos d'une recherche d'anatomie, ou de quelques vers de cinq pieds, ou de quelque point de géographie. M. Jean-Georges Le Franc, évêque du Puy, dit, par exemple, dans une pastorale, à la page 6, « qu'on s'est armé contre le christianisme dans la grammaire. » On n'avait pas encore entendu dire que le substantif et l'adjectif, quand ils s'accordent en genre, en nombre et en cas, conduisent droit à nier l'existence de Dieu.

Je vais, pour l'édification du public, rassembler, preuves en main, quelques tours de passe-passe dans ce goût, qui ont illustré en dernier lieu la littérature. Ce petit morceau pourra être utile à ceux qui entrent dans la carrière heureuse des lettres. C'est un *compendium* de traits d'érudition, de droiture et de charité, qui me fut envoyé, il y a quelque temps, par un bon ami, sous le titre de *Nouvelles honnêtetés littéraires*.

Première honnêteté. — Il y a des sottises convenues qu'on réimprime tous les jours sans conséquence, et qui servent même à l'éducation de la jeunesse. La *Géographie* d'Hubner est mise entre les mains des en-

1. *Réponse à l'Histoire des oracles* de M. de Fontenelle; Strasbourg, 1707, in-8°. (ÉD.)

2. *Ant. Van Dale M. D. de Oraculis ethnicorum dissertationes duæ*; Amsterdam, 1683, in-12. (ÉD.)

3. Voy. la page 101 de l'excellent ouvrage intitulé : *La Destruction des Jésuites*, livre écrit du style des *Provinciales*, mais avec plus d'impartialité. Voici comme l'auteur très-instruit s'exprime : « Dans le même temps que Le Tellier persécutait les jansénistes, il déférait Fontenelle à Louis XIV comme un athée, pour avoir fait l'*Histoire des Oracles*. »

4. M. Jean-Georges Le Franc, évêque du Puy en Velay, a renouvelé cette accusation dans une pastorale qui ne vaut pas les pastorales de Fontenelle.

fants, depuis Moscou jusqu'à Strasbourg. On y trouve, dès la première page, que Jupiter se changea en taureau pour enlever Europe, treize cents ans avant Jésus-Christ, jour pour jour; mais que les habitants de l'Europe sont enfants de Japhet; qu'ils sont au nombre de trente millions, quoique la seule Allemagne possède environ ce nombre d'habitants. Il affirme ensuite qu'on ne peut trouver en Europe un terrain d'une lieue l'étendue qui ne soit habité, quoiqu'il y ait vingt lieues de pays dans les landes de Bordeaux où l'on ne trouve absolument personne; quoique dans les États du pape, depuis Orviette jusqu'à Terracine, il y ait beaucoup de terrains abandonnés, et quoiqu'il y ait des marécages immenses dans la Pologne, et des déserts dans la Russie, et par tout pays des landes.

Il est dit, dans ce livre, que le roi de France a toujours quarante mille Suisses à sa solde, quoiqu'il n'en ait environ que douze mille.

M. Hubner, en parlant de Marseille, dit que le château de Notre-Dame de la Garde est très-bien fortifié. Si M. Hubner avait ou vu Marseille, ou lu le *Voyage de Bachaumont et de Chapelle*, il aurait eu une connaissance plus exacte de Notre-Dame de la Garde.

Gouvernement commode et beau,
A qui suffit pour toute garde
Un Suisse avec sa hallebarde
Peint sur la porte du château.

M. Hubner assure qu'à Orange il parut une couronne d'or au ciel en plein midi, lorsque Guillaume, prince d'Orange, depuis roi d'Angleterre, reçut l'hommage des habitants de cette ville, « et que c'est pourquoi il eut toujours beaucoup de bienveillance pour elle. »

On cite ici le livre d'Hubner parmi cent autres, parce qu'on a été obligé par hasard d'en lire quelque chose, ainsi que du *Spectacle de la nature*[1], où il est dit que Moïse est un grand physicien; que la lumière arrive des étoiles sur la terre en sept minutes, et que le chien de monsieur le chevalier s'appelle Moufflar.

Ces inepties nombreuses ne font nul mal, ne portent préjudice à personne, et sont aisément rectifiées par les instituteurs qui instruisent la jeunesse. Mais qu'un historien anglais, dans les annales du siècle, assure que le dernier empereur de la maison d'Autriche, Charles VI, a été empoisonné par un de ses pages, lequel page s'est réfugié paisiblement à Milan; qu'il dise que le roi de France, à la bataille de Fontenoi, ne passa jamais l'Escaut, lorsqu'il est avéré qu'il était au delà du pont de Calonne à la vue des deux armées; qu'il dise que les Français empoisonnèrent les balles de leurs fusils en les mâchant, et en y mêlant des morceaux de verre; qu'il dise que le duc de Cumberland envoya au roi de France un coffre rempli de ces balles; que ces absurdes mensonges soient répétés encore dans d'autres livres : voilà, ce me semble, des honnêtetés qu'il est juste de relever, et que l'auteur du *Siècle de Louis XIV* n'a pas passées sous silence.

1. Ouvrage de l'abbé Pluche. (ÉD.)

Seconde honnêteté. — Après que *l'Espion turc*[1] eut voyagé en France sous Louis XIV, Dufresni fit voyager un Siamois[2]. Quand ce Siamois fut parti, le président de Montesquieu donna la place vacante à un Persan, qui avait beaucoup plus d'esprit que l'on n'en a à Siam et en Turquie.

Cet exemple encouragea un nouvel introducteur des ambassadeurs, qui, dans la guerre de 1741, fit les honneurs de la France à un *espion turc*[3], lequel se trouva le plus sot de tous.

Quand la paix fut faite, M. le chevalier Goudard fit les honneurs de presque toute l'Europe à un *espion chinois* qui résidait à Cologne, et qui parut en six petits volumes[4].

Il dit, page 17 du premier volume, que le roi de France est le roi des gueux[5]; que si l'univers était submergé, Paris serait l'arche où l'on trouverait en hommes et en femmes toutes sortes de bêtes.

Il assure[6] qu'une nation naïve et gaie qui *chambre ensemble* ne doit pas être de mauvaise humeur contre les femmes, et que les auteurs un peu polis ne les invectivent plus dans leurs ouvrages; cependant sa politesse ne l'empêche pas de les traiter fort mal.

Il dit[7] que le peuple de Lyon est d'un degré plus stupide que celui de Paris, et de deux degrés moins bon.

Passe encore, dira-t-on, que l'auteur, pour vendre son livre, attaque les rois, les ministres, les généraux et les gros bénéficiers : ou ils n'en savent rien, ou, s'ils en savent quelque chose, ils s'en moquent. Il est assez doux d'avoir ses courtisans dans son antichambre, tandis que les écrivains frondeurs sont dans la rue. Mais les pauvres gens de lettres qui n'ont point d'antichambre sont quelquefois fâchés de se voir calomniés par un lettré de la Chine, qui probablement n'a pas plus d'antichambre qu'eux.

Il y a surtout beaucoup de dames nommées par le lettré chinois, lequel proteste toujours de son respect pour le beau sexe. C'est un sûr moyen de vendre son livre. Les dames, à la vérité, ont de quoi se consoler; mais les malheureux auteurs vilipendés n'ont pas les mêmes ressources.

Troisième honnêteté. — Le gazetier ecclésiastique outrage pendant trente ans, une fois par semaine, les plus savants hommes de l'Europe, des prélats, des ministres, quelquefois le roi lui-même; mais le tout en citant l'Écriture sainte. Il meurt inconnu, ses ouvrages meurent aussi; et il a un successeur.

1. *L'Espion du Grand-Seigneur*, réimprimé sous le titre d'*Espion dans les cours des princes chrétiens*. L'auteur principal est J. P. Marana, né à Gênes, mort en 1693. (Ed.)

2. Les *Amusements sérieux et comiques* : l'auteur met ses observations dans la bouche d'un Siamois. (Ed.)

3. *L'Espion turc à Francfort pendant la diète et le couronnement de l'empereur, en 1741*, a été attribué à M. de Francheville (depuis éditeur du *Siècle de Louis XIV*), qui l'a désavoué. (*Note de M. Beuchot.*)

4. La première édition est de 1765. (Ed.)

5. Page 21. — 6. Pages 69 et 70. — 7. Page 89.

Quatrième honnêteté. — Un autre gazetier joue dans la littérature le même rôle que l'écrivain des nouvelles ecclésiastiques a joué dans l'Église de Dieu. C'est l'abbé Desfontaines, chassé pour ses mœurs de cette société de Jésus, chassé de France pour ses intrigues. Il met en vers des psaumes, et on ne lit point ses vers; il meurt de faim, et il déchire pour vivre tous ceux qui se font lire, et il le déclare; il est enfermé à Bicêtre, et il fait des feuilles à Bicêtre; enfin il a un successeur aussi : Ce successeur est l'Élisée de cet Élie, chassé comme lui des jésuites, mis à Bicêtre comme lui, passant de Bicêtre au For-l'Évêque et au Châtelet, couvert d'opprobres publics et secrets, osant écrire et n'osant se montrer. Le nom de Fréron est devenu une injure; et cependant il aura aussi un successeur dont les sots liront les feuilles en province pour se *former l'esprit et le cœur.*

Cinquième honnêteté. — L'abbé de Caveyrac, dans sa belle apologie de la révocation de l'édit de Nantes, et dans celle de la Saint-Barthélemy, traite comme des coquins environ douze cent mille personnes, qui vivent paisiblement en France sous le nom de nouveaux convertis. Il tombe ensuite sur les avocats; il déchire les gens de lettres; il calomnie le ministère. Il se ferait beaucoup d'amis, s'il n'avait pas trop peu de lecteurs.

Sixième honnêteté. — Un homme de province[2] sollicite une place dans un corps respectable d'une capitale, et l'obtient; et pour tout remercîment, il dit à ses confrères qu'eux, et tous ceux qui aspirent à l'être, sont des extravagants, des ennemis de l'État et de la religion, et même des gens sans goût, qui ne lisent point ses cantiques.

Mon correspondant ne me dit point dans quel pays s'est passée cette aventure. Je soupçonne que c'est en Amérique. Il ajoute que ce discours du récipiendaire produisit quelques mauvaises plaisanteries, qu'il faut pardonner aux intéressés. Heureux ceux qui, lorsqu'ils sont outragés, se contentent de rire! Vous savez, mon cher lecteur, que le public est alerte sur les fautes des gens de lettres, comme sur l'orgueil, l'avarice, et les petites paillardises qu'on a quelquefois reprochées aux moines. Plus un état exige de circonspection, plus les faiblesses sont remarquées; et si les moines ont fait vœu de chasteté, d'humilité et de pauvreté, les gens de lettres semblent avoir fait vœu de raison.

Septième honnêteté. — Lorsque le R. P. La Valette, *alias* Duclos, *alias* Lefèvre, eut fait sa première banqueroute, *ad majorem Societatis gloriam;* lorsque des imprimeurs huguenots eurent rafraîchi les premières pages d'une vieille édition du R. P. Busembaum, que l'on fit passer pour nouvelle, et qu'ils eurent ainsi jeté, sans le savoir, la première pierre qui a servi à lapider la société de Jésus; lorsque ces Pères écrivaient en faveur de leur corps tant de petits livres qu'on ne lit plus; lorsque quelques prélats, s'imaginant que la société de Jésus était immortelle et invulnérable, lui firent leur cour très-maladroitement par

1. Fréron. (ÉD.). — 2. J. J. Le Franc de Pompignan. (ÉD.)

quelques écrits; lorsque le bourreau brûla, selon son usage, une belle lettre du révérendissime père en Dieu Jean-Georges Le Franc, évêque du Puy en Velay, il y eut alors une inondation de brochures, et autant d'injures de part et d'autre qu'il y avait de jésuites en France....

La principale honnêteté fut entre les révérends pères dominicains et les révérends pères jésuites. Les jésuites, dans un écrit intitulé *Lettre d'un homme du monde à un théologien*, page 4, complimentèrent les jacobins sur leur frère Politien de Montepulciano, qui, dit-on, empoisonna avec une hostie le méchant empereur Henri VII; sur le bienheureux Jacques Clément, ainsi nommé par la Ligue; sur Edmond Bourgoin, son prieur; sur frères Pierre Argier et Ridicouse, roués tous deux à Paris.

Les jacobins répondirent à ce compliment par une longue énumération des martyrs de la société; et cette liste ne finissait point. Les deux partis appelèrent à leur secours saint Thomas d'Aquin. Il s'agissait de le bien entendre, et c'est là le grand effort de la théologie. Les uns et les autres convenaient des paroles. Ils avouaient que saint Thomas a dit, liv. II, quest. 42, art. 2 :

Que ceux qui délivrent la multitude d'un méchant roi sont très-louables;

Que le mauvais prince est le seul séditieux;

Qu'il y a des cas où celui qui le tue mérite récompense;

Que, selon le même saint Thomas d'Aquin, liv. II, quest. 12, un prince qui a apostasié n'a plus de droit sur ses sujets;

Que, s'il est excommunié, ses sujets sont *ipso facto* délivrés de leur serment de fidélité, *ejus subditi juramento fidelitatis liberati sunt;*

Que comme il est permis de résister aux larrons, il est permis de résister aux mauvais princes : *Ut sicut licet resistere latronibus, ita licet in tali casu resistere malis principibus*. Liv. II, quest. 69.

Tout cela se trouve, avec beaucoup d'autres choses également édifiantes, dans l'*Appel à la raison*, imprimé en 1762, sous le titre de Bruxelles.

On prétend que chez les jacobins, quand il meurt un docteur en théologie, on met une *somme* de saint Thomas dans sa bière. Des profanes ayant lu ces grandes questions dans saint Thomas d'Aquin, ont prétendu qu'il eût été à désirer, pour la tranquillité publique, que toutes les *Sommes* de ce bonhomme eussent été enterrées avec tous les jacobins. Mais ce sentiment me paraît un peu trop dur.

Après cette dispute, qui intéressa vivement dix ou douze lecteurs, il en survint une autre entre les mêmes combattants, au sujet du livre *De Matrimonio* du R. P. Sanchez, regardé en Espagne et par tous les jésuites du monde comme un Père de l'Église. Cette dispute se trouve à la page 262 du *Nouvel Appel à la raison*, et il faut avouer que la raison doit être bien étonnée qu'on soumette un pareil procès à son tribunal.

On y discute trois questions tout à fait intéressantes. La première, *quando vas innaturale usurpatur*. La seconde, *quando seminatio non est simultanea*. La troisième, *quando seminatio est extra vas*. Ma pudeur et mon grand respect pour les dames m'empêchent de traduire en français cette dispute théologique. J'ai prétendu me borner à faire voir combien les théologiens sont quelquefois honnêtes.

Huitième honnêteté. — Un homme d'un génie vaste, d'une érudition immense, d'un travail infatigable, et dont le nom perce dans l'Europe, du sein de la retraite la plus profonde [1], entreprend le plus grand et le plus difficile ouvrage dont la littérature ait jamais été honorée; le meilleur géomètre de la France [2] se joint à lui. Ce géomètre, qui unit à la délicatesse de Fontenelle la force que Fontenelle n'a pas, donne un plan de cette célèbre entreprise, et ce plan vaut lui seul une Encyclopédie. Un homme d'un nom illustre, qui s'est consacré aux lettres toute sa vie, physicien exact, métaphysicien profond, très-versé dans l'histoire et dans les autres genres [3], fait lui seul près d'un quart de cet ouvrage utile; des hommes savants, des hommes de génie s'y dévouent; d'anciens militaires, d'anciens magistrats, d'habiles médecins, des artistes même y travaillent avec succès, et tous dans la vue de laisser à l'Europe le dépôt des sciences et des arts, sans aucun intérêt, sans vain amour-propre. Ce n'est que malgré eux que le libraire a publié leurs noms. M. de Voltaire surtout avait prié que son nom ne parût point. Quelle a été la reconnaissance de certains hommes, soi-disant gens de lettres, pour une entreprise si avantageuse à eux-mêmes? celle de la décrier, de diffamer les auteurs, de les poursuivre, de les accuser d'irréligion et de lèse-majesté.

Neuvième honnêteté. — Maître Abraham Chaumeix (je ne sais qui c'est), ayant demandé à travailler à ce grand ouvrage, et ayant été éconduit, comme de raison, ne manqua pas de dénoncer juridiquement les auteurs. Il soupçonne que celui qui a principalement contribué à le faire refuser a composé l'article *Ame*, et que, puisqu'il est son ennemi, il est athée; il le dénonce donc juridiquement comme tel. Il se trouve que l'auteur de l'article est un bon docteur de Sorbonne très-pieux [4]. Il est très-étonné d'apprendre qu'il est accusé de nier l'existence de Dieu et celle de l'âme; et il conclut que si Abraham Chaumeix a une âme, elle est un peu dure et fort ignorante.

Abraham, pour se dépiquer, va se faire maître d'école à Moscou. Que son âme y repose en paix!

Dixième honnêteté. — Un gentilhomme de Bretagne, qui a fait des comédies charmantes [5], nous a donné des anecdotes très-curieuses sur la ville de Paris et sur l'histoire de France, imprimées avec privilége, et surtout avec celui de l'approbation publique; aussitôt les auteurs de je ne sais quelles feuilles [6] (car je ne lis point les feuilles) écrivent dans

1. Diderot. (Éd.) — 2. D'Alembert. (Éd.) — 3. Jaucourt. (Éd.)
4. L'abbé Yvon, docteur de Sorbonne, chanoine de Coutances, mort vers 1784. (Éd.)
5. Saint-Foix, auteur des *Essais sur Paris*. (Éd.)
6. Ce sont les auteurs du *Journal chrétien*. Or, ce journal n'étant pas bon, on a dit qu'il était mauvais chrétien.

ces feuilles, dédiées à la cour, à douze sous par mois, que l'auteur est incontestablement déiste ou athée, et qu'il est impossible que cela ne soit pas, puisqu'il a dit que Maugiron, Quélus et Saint-Mégrin, tués sous le règne de Henri III, furent enterrés dans l'église de Saint-Paul, et qu'on n'avait pas voulu inhumer une vieille femme dans la rue de l'Arbre-Sec avant qu'on eût vu son testament.

Le Breton, qui n'entend point raillerie, fait assigner au Châtelet les auteurs des feuilles, par-devant le lieutenant criminel, en réparation d'honneur et de conscience, au mois de juin 1763. Les folliculaires civilisent l'affaire, et sont forcés de demander pardon de leur incivilité.

Onzième honnêteté. — Un auteur[1], qui n'aimait pas ceux du grand et utile ouvrage dont on a déjà parlé, les prostitue sur le théâtre, et les introduit volant dans la poche. Ce n'est pas ainsi que Molière a peint Trissotin et Vadius. On me dira que des galériens du temps du roi Charles VII, condamnés pour crime de faux, ayant obtenu leur grâce de leur bon roi, lui volèrent tout son bagage, comme il est rapporté dans l'abbé Tritême[2], page 329[3]; mais on m'avouera que ceux qui font aujourd'hui honneur à la littérature française ne sont point des coupeurs de bourses, et que d'ailleurs ce trait n'est pas assez plaisant.

Douzième honnêteté. — Des folliculaires à la petite semaine ont imprimé que M. d'Alembert est un Rabzacès, un Philistin, un Amorrhéen, une bête puante; je ne sais pas précisément pourquoi; mais Rabzacès

1. Palissot, auteur de la comédie des *Philosophes*. (Éd.)

2. Tout est parti. La horde griffonnante,
Sous le drapeau du gazetier de Nante,
D'une main prompte et d'un zèle empressé
Pendant la nuit avait débarrassé
Notre bon roi de son leste équipage.
Ils prétendaient que pour de vrais guerriers,
Selon Platon, le luxe est peu d'usage.
Puis s'esquivant par de petits sentiers,
Au cabaret la proie ils partagèrent.
Là par écrit doctement ils couchèrent
Un beau traité bien moral, bien chrétien,
Sur le mépris des plaisirs et du bien.
On y prouva que les hommes sont frères,
Nés tous égaux, devant tous partager
Les dons de Dieu, les humaines misères,
Vivre en commun pour se mieux soulager.
Ce livre saint, mis depuis en lumière,
Fut enrichi d'un pieux commentaire
Pour diriger *et l'esprit et le cœur*,
Avec préface et l'avis au lecteur.

3. Cette indication de page est une plaisanterie de Voltaire, qui (dans sa *Pucelle*, chant XX) dit :

Ce n'est pas moi, c'est le sage Tritême,
Ce digne abbé qui vous parle lui-même.

Le passage rapporté par Voltaire lui-même, dans la note précédente, fait aujourd'hui partie du XVIIIe chant. Il n'était pas dans l'édition de 1762 de *la Pucelle*; mais il avait été publié, en 1764, dans le volume intitulé *Contes de Guillaume Vadé*. (*Note de M. Beuchat.*)

signifie grand échanson en syriaque. Or M. d'Alembert n'est pas un grand échanson, c'est même l'homme du monde qui verse le moins à boire. Il ne peut être à la fois Rabzacès, Syrien, Philistin ou Amorrhéen; il n'est ni bête ni puant; je sais seulement qu'il est un des plus grands géomètres, un des plus beaux esprits, et une des plus belles âmes de l'Europe; ce qu'on n'a jamais dit de Rabzacès.

Treizième honnêteté. — Les folliculaires ont eu d'aussi étranges honnêtetés pour M. de Montesquieu et pour M. de Buffon. On a écrit contre l'un des lettres du Pérou, qui n'ont pas dû être un Pérou pour l'auteur. On a prouvé à l'autre qu'il était déiste ou athée, cela est égal, parce qu'il avait loué les stoïciens; et on l'a prouvé tout comme le R. P. Hardouin, de la Société de Jésus, avait démontré que Pascal, Nicole, Arnauld et Malebranche n'ont jamais cru en Dieu.

Qui méprise Cotin n'estime point son roi,
Et n'a, selon Cotin, ni dieu, ni foi, ni loi.

Quatorzième honnêteté. — En voici une d'un goût nouveau : Jean-Jacques Rousseau, qui ne passe ni pour le plus judicieux, ni pour le plus conséquent des hommes, ni pour le plus modeste, ni pour le plus reconnaissant, est mené en Angleterre par un protecteur[1] qui épuise son crédit pour lui faire obtenir une pension *secrète* du roi. Jean-Jacques trouve la pension *secrète* un affront. Aussitôt il écrit une lettre[2], dans laquelle il sacrifie l'éloquence et le goût à son ressentiment contre son bienfaiteur. Il pousse trois arguments contre ce bienfaiteur, M. Hume, et à chaque argument il finit par ces mots : « Premier soufflet, second soufflet, troisième soufflet sur la joue de mon patron. » Ah! Jean-Jacques! trois soufflets pour une pension! c'est trop!

Tudieu, l'ami, sans nous rien dire,
Comme vous baillez des soufflets!

Amphitryon, acte I, scène II.

Un Génevois qui donne trois soufflets à un Écossais! cela fait trembler pour les suites. Si le roi d'Angleterre avait donné la pension, Sa Majesté aurait eu le quatrième soufflet. C'est un terrible homme que ce Jean-Jacques! il prétend, dans je ne sais quel roman intitulé *Héloïse* ou *Aloïsia*, s'être battu contre un seigneur anglais de la chambre haute, dont il reçut ensuite l'aumône. Il a fait, on le sait, des miracles à Venise; mais il ne fallait pas calomnier les gens de lettres à Paris. Il y a de ces gens de lettres qui n'attaquent jamais personne, mais qui font une guerre bien vive quand ils sont attaqués, et Dieu est toujours pour la bonne cause. Un des offensés s'amusa à le dessiner par les coups de crayon que voici :

Cet ennemi du genre humain,
Singe manqué de l'Arétin,
Qui se croit celui de Socrate;

1. Hume. (Éd.) — 2. La lettre de Rousseau est du 10 juillet 1766. (Éd.)

Ce charlatan trompeur et vain,
Changeant vingt fois son mithridate;
Ce basset hargneux et mutin,
Bâtard du chien de Diogène,
Mordant également la main
Ou qui le fesse, ou qui l'enchaîne,
Ou qui lui présente du pain.

Les honnêtetés de Jean-Jacques lui ont attiré, comme on le voit, de très-grandes honnêtetés. Il y a de la justice dans le monde; et, pour peu que vous soyez poli, vous trouvez à coup sûr des gens fort polis, qui ne sont pas en reste avec vous. Cela compose une société charmante.

Quinzième honnêteté. — Une honnêteté nouvelle, et dont on ne s'était pas encore avisé dans la littérature, c'est d'imprimer des lettres sous le nom d'un auteur connu, ou de falsifier celles qui ont couru dans le monde par la trop grande facilité de quelques amis, et d'insérer dans ces lettres les plus énormes platitudes avec les calomnies les plus insolentes. C'est ainsi qu'en dernier lieu on a imprimé à Amsterdam, sous le titre de Genève, de prétendues *Lettres secrètes* de l'auteur de *la Henriade;* lesquelles lettres, si elles étaient secrètes, ne devaient pas être publiques. Il y a surtout dans ces *Lettres secrètes* un correspondant nommé le comte de Bar-sur-Aube, qui est un homme sûr; mais, comme il n'y a jamais eu de comte de Bar-sur-Aube, on ne peut pas avoir grande foi à ces *Lettres secrètes.*

Ensuite le nommé Schneider, libraire d'Amsterdam, a débité, sous le nom de Genève, les *Lettres* du même homme *à ses amis du Parnasse :* c'est là le titre. Il se trouve que ces *amis du Parnasse* sont le roi de Pologne, le roi de Prusse, l'électeur palatin, le duc de Bouillon, etc. Outre la décence de ce titre, on fait dire, dans ces lettres, à l'auteur de *la Henriade* et du *Siècle de Louis XIV*, qu'à la cour de France *il y a d'agréables commères qui aiment Jean-Jacques Rousseau comme leur toutou.* On ajoute à ces gentillesses des notes infâmes contre des personnes respectables; et il y a surtout trois lettres à un chevalier de Bruan, qui n'a jamais existé, et qu'on appelle *mon cher Philinte.* L'éditeur doute si ces trois lettres sont de M. de Montesquieu ou de M. de Voltaire, quoique aucun de leurs laquais n'eût voulu les avoir écrites[1]. On a déjà dit ailleurs que ces bêtises se vendent à la foire de Leipsick, comme on vend du vin d'Orléans pour du vin de Pontac. Il est bon d'en avertir ceux qui ne sont pas gourmets.

1. Voici quelques lignes de la dernière à mon cher Philinte : « Il est impossible qu'il y ait un grand homme parmi nos rois, puisqu'ils sont abrutis et avilis dès le berceau par une foule de scélérats qui les environne, et qui les obsède jusqu'au tombeau. »

C'est ainsi qu'on parle des ducs de Montausier et de Beauvilliers, des Bossuet et des Fénelon, et de leurs successeurs; cela s'appelle écrire avec noblesse, et soutenir les droits de l'humanité. C'est là le style ferme de la nouvelle éloquence.

Seizième honnêteté. — Il est encore plus utile d'avertir ici que le style simple, sage et noble, orné mais non surchargé de fleurs, qui caractérisait les bons auteurs du siècle de Louis XIV, paraît aujourd'hui trop froid et trop rampant aux petits auteurs de nos jours; ils croient être éloquents, lorsqu'ils écrivent avec une violence effrénée; ils pensent être des Montesquieu, quand ils ont à tort et à travers insulté quelques cours et quelques ministres du fond de leurs greniers, et qu'ils ont entassé sans esprit injure sur injure; ils croient être des Tacite, lorsqu'ils ont lancé quelques solécismes audacieux à des hommes dont les valets de chambre dédaigneraient de leur parler; ils s'érigent en Catons et en Brutus la plume à la main. Les bons écrivains du siècle de Louis XIV ont eu de la force; aujourd'hui on cherche des contorsions.

Qui croirait qu'un gredin ait imprimé en 1752, dans un livre intitulé *Mes pensées*, les mots que voici, et qu'il croyait dans le vrai goût de Montesquieu?

« Une république qui ne serait formée que de scélérats du premier ordre produirait bientôt un peuple de sages, de conquérants et de héros. Une république fondée par Cartouche aurait eu de plus sages lois que la république de Solon.

« La mort de Charles Ier a fait plus de bien à l'Angleterre que n'en aurait fait le règne le plus glorieux de ce prince.

« Les forfaits de Cromwell sont si beaux, que l'enfant bien né n'entend point prononcer le nom de ce grand homme sans joindre les mains d'admiration. »

Ces pensées ont été pourtant réimprimées; et l'auteur, à la seconde édition, mettait au titre *septième édition*, pour encourager à lire son livre. Il le dédiait à son frère. Il signait Gonia Palaios. Gonia signifie *angle;* Palaios, *vieux*. Son nom en effet est L'Anglevieux. Il s'est fait appeler La Beaumelle. C'est lui qui a falsifié les *Lettres de Mme de Maintenon*, et qui a rempli les *Mémoires de Maintenon* de contes absurdes et des anecdotes les plus fausses.

Dix-septième honnêteté. — On connaît l'histoire du *Siècle de Louis XIV*. Tout impartial qu'est ce livre, il est consacré à la gloire de la nation française et à celle des arts, et c'est même parce qu'il est impartial qu'il affermit cette gloire. Il a été bien reçu chez tous les peuples de l'Europe, parce qu'on aime partout la vérité. Louis XV, qui a daigné le lire plus d'une fois, en a marqué publiquement sa satisfaction. Je ne parle pas du style, qui sans doute ne vaut rien; je parle des faits.

Ce même La Beaumelle, dont il a bien fallu déjà faire mention, ci-devant précepteur du fils d'un gentilhomme[1] qui a vendu Ferney à l'auteur du *Siècle de Louis XIV;* chassé de la maison de ce gentilhomme, réfugié en Danemark; chassé du Danemark, réfugié à Berlin; chassé de Berlin, réfugié à Gotha; chassé de Gotha, réfugié à Francfort : cet

1. Budé de Boisy. (Éd)

homme, dis-je, s'avise de faire à Francfort l'action du monde la plus honorable à la littérature.

Il vend pour dix-sept louis d'or, au libraire Esslinger, une édition du *Siècle de Louis XIV*, qu'il a soin de falsifier en plusieurs endroits importants, et qu'il enrichit de notes de sa main; dans ces notes, il outrage tous les généraux, tous les ministres, le roi même et la famille royale; mais c'est avec ce ton de supériorité et de fierté qui sied si bien à un homme de son état, consommé dans la connaissance de l'histoire.

Il dit très-savamment que les filles hériteraient aujourd'hui de la partie de la Navarre réunie à la couronne; il assure que le maréchal de Vauban n'était qu'un plagiaire; il décide que la Pologne ne peut produire un grand homme; il dit que les savants danois sont tous des ignorants, tous les gentilshommes des imbéciles, et il fait du brave comte de Plélo un portrait ridicule. Il ajoute qu'il ne se fit tuer à Dantzick que parce qu'il *s'ennuyait à périr à Copenhague*. Non content de tant d'insolences, qui ne pouvaient être lues que parce qu'elles étaient des insolences, il attaque la mémoire du maréchal de Villeroi; il rapporte à son sujet des contes de la populace; il s'égaye aux dépens du maréchal de Villars. Un La Beaumelle donner des ridicules au maréchal de Villars! Il outrage le marquis de Torci, le marquis de La Vrillière, deux ministres chers à la nation par leur probité. Il exhorte tous les auteurs à *sévir contre* M. Chamillart; ce sont ses termes.

Enfin il calomnie Louis XIV au point de dire qu'il empoisonna le marquis de Louvois; et, après cette criminelle démence, qui l'exposait aux châtiments les plus sévères, il vomit les mêmes calomnies contre le frère et le neveu de Louis XIV.

Qu'arrive-t-il d'un tel ouvrage? de jeunes provinciaux, de jeunes étrangers cherchent chez des libraires le *Siècle de Louis XIV*. Le libraire demande si on veut ce livre avec des notes savantes. L'acheteur répond qu'il veut sans doute l'ouvrage complet. On lui vend celui de La Beaumelle.

Les donneurs de conseils vous disent: « Méprisez cette infamie, l'auteur ne vaut pas la peine qu'on en parle. » Voilà un plaisant avis. C'est-à-dire qu'il faut laisser triompher l'imposture. Non, il faut la faire connaître. On punit très-souvent ce qu'on méprise; et même, à proprement parler, on ne punit que cela; car tout délit est honteux. Cependant cet honnête homme ayant osé se montrer à Paris, on s'est contenté de l'enfermer pendant quelque temps à Bicêtre, après quoi on l'a confiné dans son village près de Montpellier.

Ce La Beaumelle est le même qui a depuis fait imprimer des *Lettres* falsifiées de M. de Voltaire à Amsterdam, à Avignon, accompagnées de notes infâmes contre les premiers de l'État.

On a *toujours* du goût pour son premier métier[1].

On demande, après de pareils exemples, s'il ne vaut pas mille fois

1. *La Pucelle*, chant IX, vers 302. (ÉD.)

mieux être laquais dans une honnête maison que d'être le bel esprit des laquais; et on demande si l'auteur d'un petit poëme intitulé *Le pauvre Diable* n'a pas eu raison de dire :

J'estime plus ces honnêtes enfants
Qui de Savoie arrivent tous les ans,
Et dont la main légèrement essuie
Ces longs canaux engorgés par la suie,
J'estime plus celle qui dans un coin
Tricote en paix les bas dont j'ai besoin;
Le cordonnier qui vient de ma chaussure
Prendre à genoux la forme et la mesure,
Que le métier de tes obscurs Frérons.
Maître Abraham et ses vils compagnons
Sont une espèce encor plus odieuse.
Quant aux catins, j'en fais assez de cas,
Leur art est doux, et leur vie est joyeuse;
Si quelquefois leurs dangereux appas
A l'hôpital mènent un pauvre diable,
Un grand benêt qui fait l'homme agréable,
Je leur pardonne : il l'a bien mérité.

Je cite ces vers pour faire voir combien ce métier de petits barbouilleurs, de petits folliculaires, de petits calomniateurs, de petits falsificateurs du coin de la rue, est abominable; car pour celui des belles demoiselles qui ruinent un sot, je n'en fais pas tout à fait le même cas que l'auteur du *pauvre Diable* : on doit avoir de l'honnêteté pour elles sans doute, mais avec quelques restrictions.

Dix-huitième honnêteté. — Le fils d'un laquais de M. de Maucroix, lequel fils fut laquais aussi quelque temps, et qui servit souvent à boire à l'abbé d'Olivet, s'est élevé par son mérite; et nous sommes bien loin de lui reprocher son premier emploi dont ce mérite l'a tiré, puisque nous avons approuvé la maxime qu'il vaut mieux être le laquais d'un bel esprit que le bel esprit des laquais. Un jeune homme sans fortune sert fidèlement un bon maître; il s'instruit, il prend un état; il n'y a dans tout cela aucune indignité, rien dont la vertu et l'honneur doivent rougir. Le pape Adrien IV avait été mendiant; Sixte-Quint avait été gardeur de porcs. Quiconque s'élève a du moins cette espèce de mérite qui contribue à la fortune; et pourvu que vous ne soyez ni insolent, ni méchant, tout le monde honore en vous cette fortune qui est votre ouvrage.

Cet homme nommé d'Étrée, parce que son père était du village d'Étrée, ayant cultivé les belles-lettres au lieu de cultiver son jardin, fut d'abord folliculaire, ensuite faiseur d'almanachs, et il mit au jour l'*Année merveilleuse*, pour laquelle il fut incarcéré; puis il se fit prêtre, puis il se fit généalogiste; il travailla chez M. d'Hozier, et en sortit... je ne veux pas dire pourquoi : enfin il obtint un petit prieuré dans le fond d'une province M. le prieur alla se faire reconnaître dans sa seigneurie en 1763; et, comme il est généalogiste, il se fit passer mais avec circonspection, pour un neveu du cardinal d'Estrées. Il reçut en cette qualité une fête assez belle d'une dame qui a une terre dans le voisinage, et fut traité en homme qui devait être cardinal un jour.

Comme il n'y a point de maison dans son prieuré, il tenait sa cour dans un cabaret du voisinage. Il écrivit une lettre pleine de dignité et de bonté au seigneur de la paroisse, qui se mêle de prose et de vers tout comme l'abbé d'Étrée. Il avertissait ce voisin qu'un jeune homme de sa maison avait osé chasser sur les terres du prieuré, qui ont, je crois, cent toises d'étendue; qu'il accorderait volontiers le droit de chasse à la seule personne du voisin en qualité de littérateur, parce qu'il avait soixante et onze ans, et qu'il était à peu près aveugle; mais nul autre ne devait effaroucher le gibier de M. le prieur, qui n'a pas plus de gibier que de basse-cour. Le jeune homme qui avait imprudemment tiré à deux ou trois cents pas des terres de l'Église, était un gentilhomme qui ne crut point devoir de réparation. Autre lettre de M. le prieur au voisin; pas plus de réponse à cette seconde qu'à la première.

Mon homme part en méditant une noble vengeance. Il va en Picardie chez un seigneur à la généalogie duquel il travaillait. Un magistrat considérable du parlement de Paris était dans le voisinage. M. l'abbé d'Étrée accuse auprès de ce magistrat celui qui n'avait pu lui écrire une lettre,

> *D'avoir fait un gros livre*, un livre abominable,
> Un livre à mériter la dernière rigueur,
> Dont le fourbe a le front de *le* faire l'auteur.
>
> Voy. le *Misanthrope*, acte V[1].

Voilà M. le prieur qui triomphe, et qui écrit à un intendant de ses États: « Il est perdu, il ne s'en relèvera pas, son affaire est faite. » Il se trompa; mais on a lieu d'espérer qu'il réussira mieux une autre fois.

Pauvres gens de lettres, voyez ce que vous vous attirez, soit que vous écriviez, soit que vous n'écriviez pas. Il faut non-seulement faire son devoir, *taliter qualiter,* comme dit Rabelais, *et dire toujours du bien de monsieur le prieur;* mais il faut encore répondre aux lettres qu'il vous écrit. Cette négligence a ulcéré quelquefois plus d'un grand cœur; et vous voyez avec quelle noblesse un prieur se venge.

Dix-neuvième honnêteté. — L'auteur de l'*Histoire de Charles XII* l'avait publiée environ vingt ans avant que le P. Barre donnât son *Histoire d'Allemagne;* cependant le P. Barre jugea à propos de fondre dans son ouvrage presque tout *Charles XII*, batailles, siéges, discours, caractères, bons mots même. Quelques journalistes ayant entendu parler à quelques lecteurs de cette singulière ressemblance, ne

1. Voyez comme du temps de Molière on était aussi méchant que du nôtre.

songeant pas à la date des éditions, et n'ayant pas même lu le P. Barre, qu'on ne lit guère, ne doutèrent pas que M. de Voltaire n'eût volé le P. Barre, ou du moins feignirent de n'en pas douter, et appelèrent l'auteur de *Charles XII* plagiaire; mais c'est une bagatelle qui ne mérite pas d'être relevée. Ces petits mensonges sont le profit des folliculaires; il faut que tout le monde vive.

Vingtième honnêteté. — C'est encore un secret admirable que celui de déterrer un poëme manuscrit qu'on attribue à un auteur auquel on veut donner des marques de souvenir, et de remplir ce poëme de vers dignes du postillon, du cocher de Vertamon; d'y insérer des tirades contre Charlemagne et contre saint Louis; d'y introduire au XVe siècle Calvin et Luther, qui sont du XVIe; d'y glisser quelques vers contre les ministres d'État; et enfin de parler d'amour comme on en parle dans un corps de garde. Les éditeurs espèrent qu'ils vendront avantageusement ces beaux vers et libelles de taverne, et que l'auteur à qui ils les imputent sera infailliblement perdu à la cour.

> Les galants y voyaient double profit à faire:
> Leur bien premièrement, et puis le mal d'autrui.

Vous vous trompez, messieurs, on a plus de discernement à Versailles et à Paris que vous ne croyez; et ceux *quibus est equus et pater et res*, ne sont pas vos dupes. On n'imputera jamais à l'auteur d'*Alzire* ces vers :

> Chandos, suant et soufflant comme un bœuf,
> Cherche du doigt si Jeanne est une fille :
> « Au diable soit, dit-il, la sotte aiguille! »
> Bientôt le diable emporte l'étui neuf;
> Il veut encor secouer sa guenille....
> Chacun avait son trot et son allure,
> Chacun piquait à l'envi sa monture, etc.

On a pris la peine de faire environ trois cents vers dans ce goût, et de les attribuer à l'auteur de *la Henriade* : il y a des vers pour la bonne compagnie, il y en a pour la canaille, et cela est absolument égal pour quelques libraires de Hollande et d'Avignon.

Pour mieux connaître de quoi la basse littérature est capable, il faut savoir que les auteurs de ces gentillesses ayant manqué leur coup, firent à Liége une nouvelle édition du même ouvrage, dans lequel ils insérèrent les injures qu'ils crurent les plus piquantes contre Mme de Pompadour; ils lui en firent tenir un exemplaire qu'elle jeta au feu; ils lui écrivirent des lettres anonymes qu'elle renvoya à l'homme qu'ils voulaient perdre. C'est une grande ressource que celle des lettres anonymes, et fort usitée chez les âmes généreuses qui disent hardiment la vérité : les gueux de la littérature y sont fort sujets; et celui qui écrit ces mémoires instructifs conserve quatre-vingt-quatorze lettres anonymes qu'il a reçues de ces messieurs.

Vingt-unième honnêteté. — L'ex-révérend père ex-jésuite Nonotte, aussi amateur de la vérité que Varillas, ou Maimbourg, ou Caveyrac, etc., n'étant pas content apparemment de sa portion congrue, mais *suffisante*, qu'on donne aux ci-devant frères de la société de Jésus, se mit en tête, il y a quatre ans, de gagner quelque argent en vendant à un libraire d'Avignon, nommé Fez, une critique des *OEuvres de Voltaire*, ou attribuées à Voltaire.

Mais Nonotte, aimant mieux encore l'argent que la vérité, fit proposer à M. de Voltaire de lui vendre pour mille écus son édition, ne doutant pas que M. de Voltaire, craignant un aussi grand adversaire que Nonotte, ne se hâtât de se racheter par cette petite somme, après quoi Nonotte et consorts ne manqueraient pas de faire une nouvelle édition de leur libelle, corrigée et augmentée.

J'ai, par malheur pour le petit Nonotte, la lettre de Fez en original. Voici la copie mot pour mot :

« Monsieur, avant de mettre en vente un ouvrage qui vous est relatif, j'ai cru devoir décemment vous en donner avis. Le titre porte : *Erreurs de M. de Voltaire sur les faits historiques, dogmatiques*, etc., en deux volumes in-12, par un auteur anonyme. En conséquence, je prends la liberté de vous proposer un parti ; le voici. Je vous offre mon édition de quinze cents exemplaires à 2 livres en feuille, montant à 3000 livres. L'ouvrage est désiré universellement. Je vous l'offre, dis-je, cette édition, de bon cœur, et je ne la ferai paraître que je n'aie auparavant reçu quelque ordre de votre part.

« J'ai l'honneur d'être, avec le respect le plus profond, monsieur, votre très-humble et très-obéissant serviteur,

« FEZ, *imprimeur-libraire à Avignon.*

« Avignon, 30 avril 1762. »

M. de Voltaire, accoutumé à de pareilles propositions de la part des polissons de la littérature[1], fut trop équitable pour acheter une édition aussi considérable à si vil prix. Il fit au libraire Fez son compte net. Il lui fit voir combien Nonotte et Fez perdraient à ce beau marché. Cette lettre fut imprimée par ceux qui impriment tout : on dit qu'elle est plaisante ; je ne me connais pas en raillerie, je ne cherche ici que la simple vérité.

Vingt-deuxième honnêteté, fort ordinaire. — Je reviens à toi, mon cher Nonotte, et ex-compagnon de Jésus ; il faut montrer à quel point tu es honnête et charitable, combien tu connais la vérité, combien tu

1. On trouve dans les *Mélanges de Littérature* de M. de Voltaire une lettre semblable d'un nommé La Jonchère, et on y apprend aussi que les savants auteurs de l'*Histoire de la régence*, et de la *Vie du duc d'Orléans régent*, ont pris ce La Jonchère pour le trésorier général des guerres, à peu près comme de prétendus esprits fins prennent encore le jeune débauché obscur auteur du *Pétrone*, pour le consul Pétrone, l'imbécile et dégoûtant vieillard Trimalcion pour le jeune empereur Néron, la sotte et vilaine Fortunata pour la belle Poppea, et Encolpe pour Sénèque. *In omnibus rebus qui vult decipi decipiatur.*

l'aimes, et avec quel noble zèle tu te joins à un tas de gredins qui jettent de loin leurs ordures à ceux qui cultivent les lettres avec succès.

As-tu gagné par tes deux volumes les mille écus que tu voulais escamoter à M. de Voltaire par ton libraire Fez? Je t'en fais mon compliment; Garasse n'en savait pas tant que toi; et le contrat mohatra n'approche pas du marché que tu avais proposé. Mais, cher Nonotte, ce n'est pas assez de faire de bons marchés, il faut avoir raison quelquefois.

1° En attaquant un *Essai sur les mœurs et l'esprit des nations*, tu ne devais pas commencer par dire que Trajan, si connu par ses vertus, était un barbare et un persécuteur. Et sur quoi le trouves-tu cruel? parce qu'il ordonne qu'*on ne fasse pas de recherches des chrétiens, et qu'il permet qu'on les dénonce*.

Mais il était très-juste de dénoncer ceux qui, emportés par un zèle indiscret comme Polyeucte, auraient brisé les statues des temples, battu les prêtres, et troublé l'ordre public. Ces fanatiques étaient condamnés par les saints conciles. Un roi aussi bon que Trajan pourrait aujourd'hui, sans être cruel, punir légèrement le chrétien Nonotte, s'il était dénoncé comme calomniateur, s'il était convaincu d'avoir publié ses erreurs sous le nom des erreurs d'un autre; d'avoir mis le titre d'Amsterdam au mépris des ordonnances royales; et d'avoir méchamment et proditoirement médit de son prochain.

2° On t'a déjà dit que tu manquais de bonne foi quand tu reprochais à l'auteur de l'*Essai sur les mœurs*, etc., ces paroles que tu cites de lui: « L'ignorance chrétienne se représente d'ordinaire Dioclétien comme un ennemi armé sans cesse contre les fidèles. » On a averti, et on avertit encore, que ces mots *l'ignorance chrétienne*, ne sont dans aucune des éditions de cet ouvrage, pas même dans l'édition furtive de Jean Neaulme. Que dirais-tu, si tu trouvais dans un bon livre *l'ignorance de Nonotte?* mettrais-tu à la place *l'ignorance chrétienne de Nonotte?* Ne t'exposerais-tu pas aux soupçons qu'on aurait que ce Nonotte, ex-jésuite, est un fort mauvais chrétien, puisqu'il calomnie?

Tu réponds que ce sont des chrétiens mal instruits qui ont dit que Dioclétien avait toujours persécuté, et que par conséquent on peut appeler leur erreur une ignorance chrétienne.

Mon ami, voilà de ta part une ignorance un peu jésuitique. Tu fais là une plaisante distinction; tu allègues une direction d'intention fort comique; il fallait ne point corrompre le texte, avouer ton tort, et te taire.

3° Tu continues à canoniser l'action du centurion Marcel, qui jeta son ceinturon, son épée, sa baguette, à la tête de sa troupe, et qui déclara devant l'armée qu'il ne fallait pas servir son empereur. Mon ami, prends garde, le ministre de la guerre veut que le service se fasse; ton Marcel est de mauvais exemple. Sois bon chrétien, si tu peux: mais point de sédition, je t'en prie; souviens-toi de frère Guignard, et sois sage.

Tu loues encore le bon chrétien qui déchire l'édit de l'empereur. Nonotte, cela est fort. Prends garde à toi, te dis-je; le roi n'aime pas qu'on déchire ses édits, il le trouverait mauvais. Sais-tu bien que c'est un crime de lèse-majesté au second chef? Tu apportes pour raison que cet édit était injuste. Est-ce donc à ce chrétien à décider de la légitimité d'un arrêt du conseil? Où en serions-nous si chaque jésuite ou chaque janséniste prenait cette liberté?

4° Petit Nonotte, rabâcheras-tu toujours les contes de la légion thébaine, et du petit Romanus, né bègue, dont on ne put arrêter le caquet dès qu'on lui eut coupé la langue? Faut-il encore t'apprendre qu'il n'y a jamais eu de légion thébaine, que les empereurs romains n'avaient pas plus de légion égyptienne que de légion juive; que nous avons les noms de toutes les légions dans la notice de l'empire, et qu'il n'y est nullement question de Thébains; mais qu'il y avait d'ordinaire trois légions romaines en Égypte?

Faut-il te redire que les faits, les dates et les lieux déposent contre cette histoire digne de Rabelais? faut-il te répéter qu'on ne martyrise point six mille hommes armés dans une gorge de montagnes où il n'en peut tenir trois cents? Crois-moi, Nonotte, marions les six mille soldats thébains aux onze mille vierges, ce sera à peu près deux filles pour chacun; ils seront bien pourvus. Et à l'égard de la langue du petit Romanus, je te conseille de retirer la tienne, et pour cause.

5° Sois persuadé comme moi que David laissa en mourant vingt-cinq milliards d'argent comptant dans sa ville d'Hershalaïm, j'y consens; obtiens que ta portion congrue soit assignée sur ce trésor royal; cours après les trois cents renards que Samson attacha par la queue; dîne du poisson qui avala Jonas; sers de monture à Balaam, et parle; j'y consens encore: mais, par saint Ignace, ne fais pas le panégyrique d'Aod qui assassina le roi Églon, et de Samuel qui hacha en morceaux le roi Agag parce qu'il était trop gras; ce n'est pas là une raison. Vois-tu? j'aime les rois, je les respecte, je ne veux pas qu'on les mette en hachis, et les parlements pensent comme moi; entends-tu, Nonotte?

6° Tu trouves qu'on n'a pas assez tué d'Albigeois et de calvinistes; tu approuves le supplice de Jean Hus et de Jérôme de Prague, et celui d'Urbain Grandier, et tu ne dis rien de la mort édifiante du R. P. Malagrida, du R. P. Guignard, du R. P. Garnet, du R. P. Oldcorn, du R. P. Creton. Hé, mon ami, un peu de justice!

7° Ne t'enfonce plus dans la discussion de la donation de Pépin; doute, ami Nonotte, doute; et, jusqu'à ce qu'on t'ait montré l'original de la cession de Ravenne, doute, dis-je. Sais-tu bien que Ravenne en ce temps-là était une place plus considérable que Rome, un beau port de mer, et qu'on peut céder des domaines utiles en s'en réservant la propriété? Sais-tu bien qu'Anastase le bibliothécaire est le premier qui ait parlé de cette propriété? Croira-t-on de bonne foi que Charlemagne eût parlé, dans son testament, de Rome et de Ravenne comme de villes à lui appartenant, si le pape en avait été le maître absolu?

J'avoue que saint Pierre écrivit une belle lettre à Pépin du haut du ciel, et que le saint pape envoya la lettre au bon Pépin, qui en fut fort touché; j'avoue que le pape Étienne vint en France pour sacrer Pépin, qui ravissait la couronne à son maître, et qui s'était déjà fait sacrer par un autre saint; j'avoue que le pape Étienne, étant tombé malade à Saint-Denis, fut guéri par saint Pierre et par saint Paul, qui lui apparurent avec saint Denis, suivi d'un diacre et d'un sous-diacre; j'avoue même, avec l'abbé de Vertot, que le pape qui avait enfermé dans un couvent Carloman, frère de Pépin, dépouillé par ce bon Pépin, fut soupçonné d'avoir empoisonné ce Carloman, pour prévenir toute discussion entre les deux frères.

J'avoue encore qu'un autre pape trouva depuis, sur l'autel de la cathédrale de Ravenne, une lettre de Pépin qui donnait Ravenne au saint-siége; mais cela n'empêche pas que Charlemagne n'ait gouverné Ravenne et Rome. Les domaines que les archevêques ont dans Reims, dans Rouen, dans Lyon, n'empêchent pas que nos rois ne soient les souverains de Reims, de Rouen, et de Lyon.

Apprends que tous les bons publicistes d'Allemagne mettent aujourd'hui la donation de la souveraineté de l'exarchat par Pépin avec la donation de Constantin. Apprends que la méprise vient de ce que les premiers écrivains, aussi exacts que toi, ont confondu *patrimonium Petri et Pauli* avec *dominium imperiale*. Tu dois savoir, ex-jésuite Nonotte, ce que c'est qu'une équivoque.

8° Hé bien! parleras-tu encore des bigames et des trigames de la première race? Un jésuite ferme-t-il la bouche à un autre jésuite? suffira-t-il de Daniel pour confondre Nonotte? lis donc ton *Daniel*, quoiqu'il soit bien sec. Lis la page 110 du premier volume in-4°; lis, Nonotte, lis, et tu trouveras que le grand Théodebert épousa la belle Deuterie, quoique la belle Deuterie eût un mari, et que le grand Théodebert eût une femme, et que cette femme s'appelait Visigarde, et cette Visigarde était fille d'un roi des Lombards nommé Vacon, fort peu connu dans l'histoire; tu verras que Théodebert imitait en cette bigamerie ou bigamie son oncle Clotaire; et voici les propres mots de Daniel :

« Théodebert ne faisait en cela rien de pis que son oncle Clotaire, qui avait épousé la femme de Clodomir son frère, peu de temps après la mort de ce prince, quoiqu'il eût déjà une autre femme; et il en eut trois pendant quelque temps, dont deux étaient sœurs. »

Cela n'est pas trop bien écrit, et tu ne pourras approuver ce style, à moins que tu n'aimes ton prochain comme toi-même; mais, mon ami, si Daniel écrit mal, il dit au moins ici la vérité, et c'est la différence qui est entre vous deux

Je veux te conter une anecdote au sujet des bigames. Le lord Cowper, grand chancelier d'Agleterre, épousa deux femmes qui vécurent avec lui très-cordialement dans sa maison. Ce fut le meilleur ménage du monde. Ce bigame écrivit un petit livre sur la légitimité de ses deux mariages, et prouva son livre par les faits. M. de Voltaire s'était trompé en racontant cette bigamie; il avait pris le lord Cowper pour le lord Trevor. La famille Trevor l'a redressé avec une extrême politesse; ce n'est pas comme toi, Nonotte, qui te trompes très-impoliment.

9° Mais, mon cher Nonotte, quand tu as fait deux volumes de tes erreurs, que tu appelles les erreurs d'un autre, as-tu pensé qu'on perdrait son temps à répondre à toutes tes bévues? Le public s'amuserait-il beaucoup d'un gros livre intitulé *les Erreurs de Nonotte?* Je ne veux te présenter qu'un petit bouquet, mais j'ai peine à choisir les fleurs. Voici, en passant, quelques fleurs pour Nonotte.

« Il n'y a point, dis-tu, de couvent en France où les religieux aient deux cent mille livres de rente. » Il est vrai, les pauvres moines n'ont rien; mais les abbés réguliers et irréguliers de Cîteaux et de Clairvaux les ont, ces deux cent mille livres; et je te conseille d'être leur fermier, tu y gagneras plus qu'avec le libraire Fez. L'abbé de Cîteaux a commencé un bâtiment dont l'architecte m'a montré les devis; il monte à dix-sept cent mille livres. Nonotte! il y a là de quoi faire de bons marchés.

10° Sache que c'est M. Damilaville, connu des principaux gens de lettres de Paris, s'il ne l'est pas de Nonotte, qui, ayant été indigné de l'insolence et de l'absurdité de ton libelle intitulé *les Erreurs*, a daigné imprimer ce qu'il en pensait; c'est lui surtout qui a montré qu'il n'y a point de contradiction à dire que Cromwell fut quelque temps un fanatique, puis un politique profond, et enfin un grand homme; et qu'on peut dire la même chose de Mahomet. Sache que Cromwell rançonna, pilla, saccagea, pendant la guerre, et qu'il fit observer les lois pendant la paix; qu'il ne mit point de nouveaux impôts; « qu'il couvrit par les qualités d'un grand roi les crimes d'un usurpateur; » qu'il craignait avec très-grande raison d'être assassiné; et qu'après avoir pris toutes les précautions pour ne le pas être, il n'en mourut pas moins avec une fermeté connue de tout le monde. M. Damilaville a dit qu'il n'y a rien dans tout cela d'incompatible, et que Nonotte n'a pas le sens commun. A-t-il tort?

11° Que tu es ignorant dans les choses les plus connues! tu trouves mauvais que le véridique auteur de l'*Essai sur les mœurs*, etc., dise que le célèbre Guillaume de Nassau, fondateur de la république de Hollande, était comte de l'Empire au même titre que Philippe II était seigneur d'Anvers. Tu es tout étonné que ce fameux prince d'Orange soit mis en parallèle avec *la maesta del re don Phelippo el discreto*. Tu as raison; Philippe II n'était pas comparable à un héros. Ils étaient tous deux d'une famille impériale; ces deux maisons étaient également descendues de braves gentilshommes. Est-ce parce que l'assassin du défenseur de la liberté se confessa et communia avant d'exécuter son crime, que tu trouves Guillaume coupable? Est-ce parce que ce héros résista à toute la puissance d'un poltron hypocrite? est-ce parce qu'il rendit sept provinces libres que le petit Franc-Comtois Nonotte insulte à sa mémoire?

12° Que tu es ignorant! te dis-je. Tu ne sais pas que le bourg de Livron en Dauphiné était une ville du temps de la ligue; qu'elle fut détruite comme tant d'autres petites villes. Et quand on t'a prouvé qu'elle fut assiégée par Henri III en personne, que le maréchal de camp de Bellegarde conduisit le siége avec vingt-deux pièces de canon en 1574, tu réponds, avec une direction d'intention, « que tu voulais parler de l'état où est Livron aujourd'hui, et non de l'état où elle était alors. » Il s'agit bien de l'état où est Livron aujourd'hui ! et tu ajoutes savamment : « J'ai nommé le commandant Montbrun qui refusa de rendre la place. » Tu excuses ton ignorance par une nouvelle erreur; ce n'était pas Montbrun qui commandait dans cette ville; c'était de Roësses, comme le dit de Thou, liv. XLIX. Tu as tort quand tu critiques; tu as plus de tort quand tu dis des injures dignes de ton éducation; et tort encore peut-être quand tu espères qu'on ne te punira pas.

13° Avec quelle audace peux-tu dire que M. de Voltaire n'a jamais lu la taxe de la chancellerie de Rome? Viens dans sa bibliothèque, mon ami, les laquais te laisseront entrer pour cette fois-là, et même te feront sortir par la porte. Tu verras deux exemplaires de ce livre, qu'on ne te prêtera point.

14° Tu fais le savant, Nonotte ; tu dis, à propos de théologie, que l'amiral Drake a découvert la terre d'Yesso. Apprends que Drake n'alla jamais au Japon, encore moins à la terre d'Yesso; apprends qu'il mourut en 1596, en allant à Porto-Bello; apprends que ce fut quarante-huit ans après la mort de Drake que les Hollandais découvrirent les premiers cette terre d'Yesso, en 1644 ; apprends jusqu'au nom du capitaine Martin Jéritson, et de son vaisseau qui s'appelait *le Castrécom.* Crois-tu donner quelque crédit à la théologie en faisant le marin? Tu te trompes sur terre et sur mer; et tu t'applaudis de ton livre, parce que tes fautes sont en deux volumes !

15° Voyons si tu entends la théologie mieux que la marine. L'auteur de l'*Essai sur les mœurs*, etc., a dit que, selon saint Thomas d'Aquin, il était permis aux séculiers de confesser dans les cas urgents; que ce n'est pas tout à fait *un sacrement*, mais que c'est *comme sacrement.* Il a cité l'édition et la page de la *Somme* de saint Thomas; et là-dessus tu viens dire que tous les critiques conviennent que cette partie de la *Somme* de saint Thomas n'est pas de lui. Et moi je te dis qu'aucun vrai critique n'a pu te fournir cette défaite. Je te défie de montrer une seule *Somme* de Thomas d'Aquin où ce monument ne se trouve pas. La *Somme* était en telle vénération qu'on n'eût pas osé y coudre l'ouvrage d'un autre. Elle fut un des premiers livres qui sortirent des presses de Rome, dès l'an 1474; elle fut imprimée à Venise en 1484. Ce n'est que dans des éditions de Lyon qu'on commença à douter que la troisième partie de la *Somme* fût de lui. Mais il est aisé de reconnaître sa méthode et son style qui sont absolument les mêmes.

Au reste, Thomas ne fit que recueillir les opinions de son temps, et nous avons bien d'autres preuves que les laïques avaient le droit de s'entendre en confession les uns les autres; témoin le fameux passage de Joinville, dans lequel il rapporte qu'il confessa le connétable de Chypre. Un jésuite du moins devrait savoir ce que le jésuite Tolet a dit dans son livre de l'*Instruction sacerdotale*, livre I, chap. XVI : « Ni femme, ni laïque ne peut absoudre sans privilége. » *Nec femina, nec laicus absolvere possunt sine privilegio.* Le pape peut donc permettre aux filles de confesser les hommes; cela sera assez plaisant : tu réjouiras fort Besançon en confessant tes fredaines à la vieille fille que tu fréquentes et que tu endoctrines. Auras-tu l'absolution?

Je veux t'instruire en t'apprenant que cette ancienne coutume, cette dévotion de se confesser mutuellement, vient de la Syrie. Tu sauras donc, Nonotte, que les bons Juifs se confessaient quelquefois les uns aux autres. Le confesseur et le confessé, quand ils étaient bien pénitents, s'appliquaient tour à tour trente-neuf coups de lanières sur les épaules. Confesse-toi souvent, Nonotte; mais si tu t'adresses à un jacobin, ne va pas lui dire que la *Somme* de saint Thomas n'est pas de lui; on ne se bornerait pas à trente-neuf coups d'étrivières. Confesse ta fille, confesse-toi à elle, et elle te fessera plus doucement qu'un jacobin, comme Girard fessait La Cadière, *et vice versa*.

16° Il me prend envie de t'instruire sur l'*Histoire de la Pucelle d'Orléans*, car j'aime cette pucelle, et bien d'autres l'aiment aussi. Mais je te renvoie à une dissertation imprimée dans un ouvrage très-connu.

Apprends, Nonotte, comme il faut étudier l'histoire quand on ose en parler. Ne fais plus de Jeanne d'Arc une inspirée, mais une idiote hardie qui se croyait inspirée; une héroïne de village, à qui on fit jouer un grand rôle; une brave fille, que des inquisiteurs et des docteurs firent brûler avec la plus lâche cruauté. Corrige tes erreurs, et ne les mets plus sur le compte des autres. Souviens-toi du capucin qui, étant monté en chaire, dit à ses auditeurs : « Mes frères, mon dessein était de vous parler de l'immaculée conception; mais j'ai vu affiché à la porte de l'église, *Réflexions sur les défauts d'autrui*, par le R. P. de Villiers[1] de la Société de Jésus. Hé, mon ami! fais des réflexions sur les tiens. Je vous parlerai donc de l'humilité. »

Tu crèves de vanité, Nonotte : on t'a fait l'honneur de te répondre; mais pour t'inspirer un peu de modestie, sache que l'illustre Montesquieu daigna répondre à l'auteur des *Nouvelles ecclésiastiques*, à peu près comme le maréchal de La Feuillade battit une fois un fiacre qui lui barrait le chemin quand il allait en bonne fortune.

17° Oh, oh! Nonotte, tu veux brouiller l'auteur du *Siècle de Louis XIV* avec le clergé de France. Ceci passe la raillerie. « Il n'y a point, dis-tu à la page 224, d'hommes aussi méprisables que ceux qui forment ce corps nombreux. » Et, après avoir proféré ces abominables paroles, tu les imputes à l'auteur du *Siècle de Louis XIV*! Sens-tu bien tout ce que tu mérites, calomniateur Nonotte?

L'auteur du *Siècle de Louis XIV* a toujours révéré le clergé en citoyen; il l'a défendu contre les imputations de ceux qui disent au hasard qu'il a le tiers des revenus du royaume; il a prouvé, dans son chapitre xxxv, que toute l'Église gallicane, séculière et régulière, ne possède pas au delà de quatre-vingt-dix millions de revenus en fonds et en casuel. Il remarque que le clergé a secouru l'État d'environ quatre millions par an l'un dans l'autre. Il n'a perdu aucune occasion de rendre justice à ce corps.

On trouve au chapitre IV du *Traité de la tolérance*, ces paroles : « Le corps des évêques en France est presque tout composé de gens de

1. Depuis abbé de Villiers, assez mauvais poëte.

qualité, qui pensent et qui agissent avec une noblesse digne de leur naissance. » Est-ce là insulter les évêques de France comme tu les outrages ?

Insulte-t-il les évêques quand il parle de l'évêque de Marseille, dans une ode sur le fanatisme?

> Belzunce, pasteur vénérable,
> Sauvait son peuple périssant;
> Langeron, guerrier secourable,
> Bravait un trépas renaissant,
> Tandis que vos lâches cabales,
> Dans la mollesse et les scandales,
> Occupaient votre oisiveté
> De la dispute ridicule
> Et sur Quesnel et sur la bulle
> Qu'oubliera la postérité.

O ex-jésuite! c'était rendre justice au digne évêque de Marseille; il vous l'a rendue à vous, anciens confrères de Nonotte, à vous, Le Tellier, Lallemant et Doucin, qui faisiez attendre des évêques dans la salle basse, avec le frère Vadblé, tandis que vous fabriquiez la bulle qui vous a enfin exterminés.

O Nonotte! tu oses dire que l'auteur du *Siècle de Louis XIV* n'a jamais cherché qu'à tourner les papes en ridicule et à les rendre odieux.

Mais vois les éloges qu'il donne à la sagesse d'Adrien Ier; vois comme il justifie le pape Honorius, tant accusé d'hérésie; vois ce qu'il dit de Léon IV au tome Ier de l'*Essai sur les mœurs et sur l'esprit des nations*.

« Le pape Léon IV, prenant dans ce danger une autorité que les généraux de l'empereur Lothaire semblaient abandonner, se montra digne, en défendant Rome, d'y commander en souverain. Il avait employé les richesses de l'Église à réparer les murailles, à élever des tours, à tendre des chaînes sur le Tibre. Il arma les milices à ses dépens; engagea les habitants de Naples et de Gaëte à défendre les côtes et le port d'Ostie, sans manquer à la sage précaution de prendre d'eux des otages, sachant bien que ceux qui sont assez puissants pour nous secourir le sont assez pour nous nuire. Il visita lui-même tous les postes et reçut les Sarrasins à leur descente, non pas en équipage de guerrier, ainsi qu'en avait usé Goslin, évêque de Paris, dans une occasion encore plus pressante, mais comme un pontife qui exhortait un peuple chrétien, et comme un roi qui veillait à la sûreté de ses sujets. Il était né Romain. Le courage des premiers âges de la république revivait en lui dans un temps de lâcheté et de corruption, tel qu'un des beaux monuments de l'ancienne Rome qu'on trouve quelquefois dans les ruines de la nouvelle. »

Il a poussé l'amour de la vérité jusqu'à justifier la mémoire d'un Alexandre VI contre cette foule d'accusateurs qui prétendent que ce pape mourut du poison préparé par lui-même pour faire périr tous les cardinaux ses convives. Il n'a pas craint de heurter l'opinion publique, et de rayer un crime du nombre des crimes dont ce pontife fut convaincu. Il n'a jamais considéré, n'a chéri, n'a dit que le vrai; il l'a cherché cinquante ans, et tu ne l'as pas trouvé.

Tu es fâché que le pape Benoît XIV lui ait écrit des lettres agréables, et lui ait envoyé des médailles d'or et des agnus par douzaines! tu es fâché que son successeur[1] l'ait gratifié, par la protection et par les mains d'un grand ministre, de belles reliques pour orner l'église paroissiale qu'il a bâtie! Console-toi, Nonotte, et viens y servir la messe d'un de tes confrères qui est l'aumônier du château. Il est vrai que le maître ne marchera pas à la procession *derrière un jeune jésuite*, comme on a fait dans ce beau village de Montauban; il n'est pas de ce goût : mais enfin vous serez deux jésuites.

Sæpe premente deo fert deus alter opem.
Ovid., *Trist.*, lib. I, el. II, 1.

Enfin, Nonotte, tu emploies l'artillerie des Garasse et des Hardoin, *ultima ratio jesuitarum*, *et aliquando jansenistarum*. Tu traites d'athée l'adorateur le plus résigné de la Divinité; tu intentes cette accusation horrible contre l'auteur de la *Henriade*, poëme qui est le triomphe de la religion catholique; tu l'intentes contre l'auteur de *Zaïre* et d'*Alzire*, dont cette même religion est la base; contre celui qui, ayant adopté la nièce du grand Corneille, ne la reçut dans une de ses maisons, située sur le territoire de Genève, qu'à condition qu'elle aurait toutes les facilités d'exercer la religion catholique. Tu le sais, puisque tes complices, pour gagner quelque argent, ont fait imprimer la lettre où il est dit expressément que cette demoiselle aura sur le territoire des protestants tous les secours nécessaires pour l'exercice de sa religion. Tu ne songeais pas que tu donnais ainsi des armes contre toi et tes consorts.

C'est ainsi que les Nonotte, les Patouillet, et autres Welches, ont traité d'athées les principaux magistrats français et les plus éloquents : les Monclar, les Chauvelin, les La Chalotais, les Duché, les Castillon, et plusieurs autres. Mais aussi il faut considérer que ces messieurs leur ont fait plus de mal que M. de Voltaire.

Après l'exposé des bévues, des insolences, et des injures atroces prodiguées par Nonotte et par ses aides, quelques lecteurs seront bien aises de savoir quels sont les auteurs de ce libelle, et de tant d'autres libelles contre la magistrature de France. Voici la lettre d'un homme en place, écrite de Besançon le 9 janvier 1767; elle peut instruire.

« Jacques Nonotte, âgé de 54 ans[2], est né, à Besançon, d'un pauvre homme qui était fendeur de bois et crocheteur. Il paraît à son style et à ses injures qu'il n'a pas dégénéré. Sa mère était blanchisseuse. Le petit Jacques, ayant fait le métier de son père à la porte des jésuites, et ayant montré quelque disposition pour l'étude, fut recueilli

1. Clément XIII. (Éd.)
2. Il s'appelait Claude-François. Il avait cinquante-six ans. (Éd.)

par eux, et fut jésuite à l'âge de vingt ans. Il était placé à Avignon en 1759. Ce fut là qu'il commença à compiler, avec quelques-uns de ses confrères, son libelle contre l'*Essai sur les mœurs*, etc., et contre vous.

« L'imprimeur Fez en tira douze cents exemplaires. Le débit n'ayant pas répondu à leurs espérances, Fez se plaignit amèrement, et les jésuites furent obligés de prendre l'édition pour leur compte. Vous daignâtes, monsieur, vous abaisser à répondre à ce mauvais livre; cela le fit connaître, et a enhardi Nonotte et ses associés à en faire une seconde édition pleine d'injures les plus méprisables à la fois et les plus punissables. Le parti jésuitique a fait imprimer cette édition clandestine à Lyon, au mépris des ordonnances.

« Nonotte est actuellement toléré et ignoré dans notre ville. Il demeure à un troisième étage, et il gouverne despotiquement une vieille fille imbécile qui vous a écrit une lettre anonyme. Il dit qu'il s'occupe à un *Dictionnaire antiphilosophique* qui doit paraître cette année. Je crois en effet qu'il en fera un antiraisonnable. Vous voyez que les membres épars de la vipère coupée en morceaux ont encore du venin. Ce misérable est un excrément de collége qu'on ne décrassera jamais, etc. »

Nous conservons l'original de cette lettre.

Si Nonotte a ses censeurs, il a aussi des gens de bon goût pour partisans. M. de Voltaire a reçu une lettre datée de Hennebon en Bretagne, le 18 novembre 1766, signée *le chevalier Brûlé* : il a bien voulu nous la communiquer; la voici : elle est en beaux vers.

L'orgueil du philosophe avait bercé Voltaire
Dans la flatteuse idée, mais par trop téméraire,
De mériter un nom par-dessus tous les noms.
Le voilà bien déchu de sa présomption;
David avec sa fronde a terrassé Goliath.

Et puis qu'on dise qu'il n'y a plus de Welches en France. Le chevalier de Brûlé est apparemment un disciple de Nonotte. Les jésuites n'élevaient-ils pas bien la jeunesse?

Petite digression, qui contient une réflexion utile sur une partie des vingt-deux honnêtetés précédentes. — Quelle est la source de cette rage de tant de petits auteurs, ou ex-jésuites, ou convulsionnistes, ou précepteurs chassés, ou petits-collets sans bénéfices, ou prieurs, ou argumentant en théologie, ou travaillant pour la comédie, ou étalant une boutique de feuilles, ou vendant des mandements et des sermons? D'où vient qu'ils attaquent les premiers hommes de la littérature avec une fureur si folle? Pourquoi appellent-ils toujours les Pascal *Porte d'enfer;* les Nicole *Loup ravissant*, et les d'Alembert *Bête puante?* Pourquoi, lorsqu'un ouvrage réussit, crient-ils toujours à l'hérétique, au déiste, à l'athée? La prétention au bel esprit est la grande cause de cette maladie épidémique.

Ce n'est certainement pas pour rendre service à la religion catholique, apostolique et romaine, qu'ils crient partout que les premiers mathématiciens du siècle, les premiers philosophes, les plus grands poëtes et orateurs, les plus exacts historiens, les magistrats les plus consommés dans les lois, tous les officiers d'armée qui s'instruisent, ne croient pas à la religion catholique, apostolique et romaine, contre laquelle les portes de l'enfer ne prévaudront jamais. On sent bien que les portes de l'enfer prévaudraient, s'il était vrai que tout ce qu'il y a de plus éclairé dans l'Europe déteste en secret cette religion. Ces malheureux lui rendent donc un funeste service, en disant qu'elle a des ennemis dans tous ceux qui pensent.

Ils veulent eux-mêmes la décrier en cherchant des noms célèbres qui la décrient. Il est dit dans les *Erreurs de Nonotte*, renforcées par un autre homme de bien qui l'a aidé, page 118, « qu'à la vérité M. de Voltaire n'attaque point l'autorité des livres divins, qu'il montre même pour eux du respect; mais que cela n'empêche point qu'il ne s'en moque dans son cœur; » et de là il conclut que tout le monde en fait autant, et que lui Nonotte pourrait bien s'en moquer aussi avec une direction d'intention.

Ah! impie Nonotte! blasphémateur Nonotte! Prions Dieu, mes frères, pour sa conversion.

Ce qui damne principalement Nonotte, Patouillet et consorts, est précisément ce qui a traduit frère Berthier en purgatoire : c'est la rage du bel esprit. Croiriez-vous bien, mes frères, que Nonotte, dans son libelle théologique, trouve mauvais que l'auteur du *Siècle de Louis XIV* ait mis Quinault au rang des grands hommes? Nonotte trouve Quinault plat : quoi ! tu n'aimes pas l'auteur d'*Atys* et d'*Armide!* tant pis, Nonotte; cela prouve que tu as l'âme dure, et point d'oreille, ou trop d'oreille.

« Non sa quel che sia amor, non sa che vaglia
« La caritade, e quindi avvien che i Preti
« Sono sì ingordi, e sì crudel canaglia.

Arioste, *satire sur le mariage.*

Voici donc l'ex-révérend Nonotte qui, dans un livre dogmatique, pèse le mérite de Quinault dans sa balance. M. l'évêque du Puy en Velay adresse aux habitants du Puy en Velay une énorme pastorale, dans laquelle il leur parle de belles-lettres : *Soyez donc philosophes, mes chers frères*, dit-il aux chaudronniers du Velay, à la page 229. Mais remarquez qu'il ne leur parle ainsi, par l'organe de *Cortiat, secrétaire*, qu'après leur avoir parlé de Perrault, de La Motte, de l'abbé Terrasson, de Boindin; après avoir outragé la cendre de Fontenelle; après avoir cité Bacon, Galilée, Descartes, Malebranche, Leibnitz, Newton et Locke. La bonne compagnie du Puy en Velay a pris tous ces gens-là pour des Pères de l'Église. *Cortiat, secrétaire*, examine, page 23, si Boileau n'était qu'un versificateur et, page 77, si les corps gravitent vers un centre. Dans le mandement, sous le nom de J. F., archevêque d'Auch, on examine si un poëte doit se borner à un seul talent, ou en cultiver plusieurs.

Ah ! messieurs, *non erat his locus.* Vos troupeaux d'Auch et du Velay ne se mêlent ni de vers ni de philosophie; ils ne savent pas plus que vous ce que c'est qu'un poëte et qu'un orateur. Parlez le langage de vos brebis.

Vous voulez passer pour de beaux esprits, vous cessez d'être pasteurs; vous avertissez le monde de ne plus respecter votre caractère. On vous juge comme on jugeait La Motte et Terrasson dans un café. Voulez-vous être évêques, imitez saint Paul[1] : il ne parle ni d'Homère, ni de Lycophron : il ne discute point si Xénophon l'emporte sur Thucydide; il parle de la charité. *La charité*, dit-il, *est patiente;* êtes-vous patients? *elle est bénigne;* êtes-vous bénins? *elle est ambitieuse;* n'avez-vous point eu l'envie de vous élever par votre style? *elle n'est point méchante;* n'avez-vous mis ou laissé mettre aucune malignité dans vos pastorales?

Beaux pasteurs ! paissez vos ouailles en paix; et revenons à nos moutons, à nos honnêtetés littéraires.

Vingt-troisième honnêteté, des plus fortes. — Un ex-jésuite, nommé Patouillet (déjà célébré dans cette diatribe), homme doux et pacifique, décrété de prise de corps à Paris pour un libelle très-profond contre le parlement, se réfugie à Auch, chez l'archevêque, avec un de ses confrères. Tous deux fabriquent une pastorale en 1764, et séduisent l'archevêque jusqu'à lui faire signer de son nom J. F. cet écrit apostolique qui attaque tous les parlements du royaume; et voici surtout comme la pastorale s'explique sur eux, page 48 : « Ces ennemis des deux puissances mille fois abattus par leur concert, toujours relevés par de sourdes intrigues, toujours animés de la rage la plus noire, etc. » Il n'y a presque point de page où ces deux jésuites n'exhalent contre les parlements une rage qui paraît d'un noir plus foncé. Ce libelle diffamatoire a été condamné, à la vérité, à être brûlé par la main du bourreau; on a recherché les auteurs, mais ils ont échappé à la justice humaine.

Il faut savoir que ces deux faiseurs de pastorales s'étaient imaginé qu'un officier de la maison du roi[2], très-vieux et très-malade, retiré depuis treize ans dans ses terres, avait contribué du coin de son feu à la destruction des jésuites. La chose n'était pas fort vraisemblable, mais ils la crurent, et ils ne manquèrent pas de dire dans le mandement, selon l'usage ordinaire, que ce malin vieillard était déiste et athée; que c'était un *vagabond*, qui, à la vérité, ne sortait guère de son lit, mais que dans le fond il aimait à courir; que *c'était un vil mercenaire*, qui mariait plusieurs filles de son bien, mais qui avait gagné depuis douze ans quatre cent mille francs avec les éditeurs auxquels il a donné ses ouvrages, et avec les comédiens de Paris, auxquels il a abandonné le profit entier *mammonæ iniquitatis.*

Enfin M. J. F. d'Auch traita ce seigneur de plusieurs paroisses, qui sont assez loin de son diocèse, et très-bien gouvernées, comme le plus

1. *I Corinth.*, XIII, 4-5. (ÉD.) — 2. Voltaire lui-même (ÉD.)

vil des hommes, comme s'il était à ses yeux membre d'un parlement. Un parent de l'archevêque, auquel cet officier du roi daignait prêter de l'argent dans ce temps-là même, écrivit à M. d'Auch qu'il s'était laissé surprendre, qu'il se déshonorait, qu'il devait faire une réparation authentique; que lui, son parent, n'oserait plus paraître devant l'offensé : « Je ne suis pas en état, disait-il dans sa lettre, de lui rendre ce qu'il m'a si généreusement prêté. Payez-moi donc ce que vous me devez depuis si longtemps, afin que je sois en état de satisfaire à mon devoir. »

M. d'Auch fut si honteux de son procédé qu'il se tut. La famille nombreuse de l'offensé répondit à son silence par cette lettre, qui fut envoyée de Paris à M. d'Auch[1].

Réflexion morale. — C'est une chose digne de l'examen d'un sage que la fureur avec laquelle les jésuites ont combattu les jansénistes, et la même fureur que ces deux partis, ruinés l'un par l'autre, exhalent contre les gens de lettres. Ce sont des soldats réformés qui deviennent voleurs de grand chemin. Le jésuite chassé de son collége, le convulsionnaire échappé de son hôpital, errants chacun de leur côté, et ne pouvant plus se mordre, se jettent sur les passants.

Cette manie ne leur est pas particulière; c'est une maladie des écoles; c'est la vérole de la théologie. Les malheureux argumentants n'ont point de profession honnête. Un bon menuisier, un sculpteur, un tailleur, un horloger, sont utiles; ils nourrissent leur famille de leur art. Le père de Nonotte était un brave et renommé crocheteur de Besançon. Ne vaudrait-il pas mieux pour son fils scier du bois honnêtement que d'aller de libraire en libraire chercher quelque dupe qui imprime ses libelles? On avait besoin de Nonotte père, et point du tout de Nonotte fils. Dès qu'on s'est mêlé de controverse, on n'est plus bon à rien, on est forcé de croupir dans son ordure le reste de sa vie; et, pour peu qu'on trouve quelque vieille idiote qu'on ait séduite, on se croit un Chrysostome, un Ambroise, pendant que les petits garçons se moquent de vous dans la rue. O frère Nonotte! frère Pichon! frère Duplessis! votre temps est passé; vous ressemblez à de vieux acteurs chassés des chœurs de l'Opéra, qui vont fredonnant de vieux airs sur le Pont-Neuf pour obtenir quelque aumône. Croyez-moi, pauvres gens, un meilleur moyen pour obtenir du pain serait de ne plus chanter.

Vingt-quatrième honnêteté. — Des plus médiocres. — Un abbé de Guyon, qui a écrit une *Histoire du Bas-Empire* dans un style convenable au titre, dégoûté d'écrire l'histoire, se mit, il y a peu d'années, à faire un roman. Il alla, dit-il, dans un château qui n'existe point; il y fut très-bien reçu; accueil auquel il n'est point apparemment accoutumé. Le maître de la maison, qu'il n'a jamais vu, lui confia, immédiatement après le dîner, tous ses secrets. Il lui avoua que M. B. est un hérétique; M. C., un déiste; M. D., un socinien; M. F., un athée, et M. G., quelque chose de pis; et que, pour lui, seigneur du

1. Cette lettre se trouve citée ci-dessus; nous ne la reproduisons pas. (Éd.)

château, il avait l'honneur d'être l'antechrist, et qu'il lui offrait un drapeau dans ses troupes sous les ordres de messieurs Da, De, Di, Do, Du, ses capitaines. Il dit qu'il fit très-bonne chère chez l'antechrist; c'est en effet un des caractères de ce seigneur que nous attendons, et c'est par là en partie qu'il séduira les élus.

L'abbé Guyon parle ensuite de Louis XIV : il dit que ce monarque « n'allait à la guerre qu'accompagné de plusieurs cours brillantes; mais que son médaillon a deux faces : » il ajoute que, dans les dernières années de ce prince, il n'y a rien d'intéressant, « sinon les quatre-vingt mille livres de pension qu'obtint Mme de Maintenon à la mort de ce monarque. » Voilà la manière dont ledit Guyon veut qu'on écrive l'histoire. Laissons-le faire la fonction d'aumônier de l'antechrist, et n'en parlons plus.

Vingt-cinquième honnêteté.—Fort mince. — Cette vingt-cinquième honnêteté est celle d'un nommé Larnet, prédicant d'un village près de Carcassonne en Languedoc[1]. Ce prédicant a fait un libelle de *Lettres* en deux volumes, contre sept ou huit personnes qu'il ne connaît pas, dédié à un grand seigneur qu'il connaît encore moins. Ces écrivains de lettres ont toujours des correspondants, comme les poëtes ont des *Phyllis* et des *Amarantes* en l'air. Larnet commence par dire, page 50, que c'est le pape qui est l'antechrist. Oh ! accordez-vous donc, messieurs; car l'abbé Guyon assure qu'il a vu l'antechrist dans son château auprès de Lausanne. Or l'antechrist ne peut pas siéger à Lausanne et à Rome : il faut opter; il n'appartient pas à l'antechrist d'être en plusieurs lieux à la fois.

Le prédicant appelle à son secours le pauvre Michel Servet, qui assurait que l'antechrist siége à Rome. Si c'était le sentiment du sage Servet, il ne fallait donc pas que de sages prédicants le fissent brûler; mais,

Ami, Servet est mort, laissons en paix sa cendre.
Que m'importe qu'on grille ou Servet ou Larnet?

Tout cela m'est fort égal. Il est un peu ennuyeux, à ce qu'on dit, ce Larnet, prédicant de Carcassonne en Languedoc. Cependant il a quelques amis. M. Robert Covelle, qui joue, comme on sait, un grand rôle dans la littérature, lui est fort attaché. Dans le dernier voyage que M. Robert fit à Carcassonne, il dédia à son ami Larnet une petite pièce de poésie intitulée *Maître Guignard, ou de l'hypocrisie.* Cette épître n'est pas limée. M. Covelle est un homme de bonne compagnie, qui hait le travail, et qui peut dire avec Chapelle :

Tout bon fainéant du Marais
Fait des vers qui ne coûtent guère
Pour moi c'est ainsi que j'en fais;
Et si je les voulais mieux faire,
Je les ferais bien plus mauvais.

1. Vernet, auteur des *Lettres critiques d'un voyageur anglais.* (ÉD.)

Vingt-sixième honnêteté. — « Vous êtes un impudent, un menteur, un faussaire, un traître, qui imputez à des Anglais de mauvais vers que vous dites avoir traduits en français. Vous êtes le seul auteur de ces vers abominables; et, de plus, vous n'avez jamais entendu ni Locke ni Newton; car frère Berthier a dit que vous cherchiez la trisection de l'angle par la géométrie ordinaire. »

Ce sont à peu près les paroles des Nonotte, Patouillet, Guyon, etc., à ce pauvre vieillard qui est hors d'état de leur répondre. Je prends toujours son parti comme je le dois. La plupart des gens de lettres abandonnent leurs amis pillés et vexés; ils ressemblent à ces animaux qu'on dit amis de l'homme, et qui, quand ils voient un de leurs camarades mort de ses blessures dans un grand chemin, lèchent son sang, et passent sans se soucier du défunt. Je ne suis pas de ce caractère, je défends mon ami *unguibus et rostro*.

M. Middleton, à qui nous devons la vie de Cicéron, et des morceaux de littérature très-curieux, voyageant en France dans sa jeunesse, fit des vers charmants sur ce qu'il avait vu dans notre patrie; les voici d'après le recueil où ils sont imprimés. Ceux qui entendent l'anglais les liront sans doute avec plaisir.

« A nation here I pity and admire,
« Whom noblest sentiments of glory fire;
« Yet taught by custom's force, and bigot fear,
« To serve with pride, and boast the yoke they bear :
« Whose nobles born to cringe and to command,
« In courts a mean, in camps a gen'rous band;
« From priests and stock-jobbers content receive
« Those laws their dreaded arms to Europe give
« Whose people vain in want, in bondage blest;
« Tho' plunder'd, gay; industrious, tho' opprest;
« With happy follies rise above their fate;
« The jest and envy of a wiser state.

« Yet here the muses deign'd a while to sport
« In the short sun-shine of a fav'ring court;
« Here Boileau, strong in sense, and sharp in wit,
« Who *from* the ancients, like the ancients writ,
« Permission gain'd inferior vice to blame,
« By lying incense to his master's fame.

« With more delight those pleasing shades I view
« Where Condé from an envious court withdrew,
« Where sick of glory, faction, power and pride,
« Sure judge how empty all, who all had try'd;
« Beneath his palms, the wary chief repos'd,
« And life's great scene in quiet virtue clos'd. »

Voici comme M. de Voltaire, mon ami, traduit assez fidèlement tout cet excellent morceau, autant qu'une traduction en vers peut être fidèle :

Tel est l'esprit français; je l'admire et le plains.
Dans son abaissement quel excès de courage!
La tête sous le joug, les lauriers dans les mains,
Il chérit à la fois la gloire et l'esclavage.
Ses exploits et sa honte ont rempli l'univers[1].
Vainqueur dans les combats, enchaîné par ses maîtres,
Pillé par des traitants, aveuglé par des prêtres;
Dans la disette il chante, il danse avec ses fers.
Fier dans la servitude, heureux dans sa folie,
De l'Anglais libre et sage il est encor l'envie.

Les muses cependant ont habité ces bords,
Lorsqu'à leurs favoris prodiguant ses trésors,
Louis encourageait l'imitateur d'Horace;
Ce Boileau plein de sel encor plus que de grâce,
Courtisan satirique, ayant le double emploi
De censeur des Cotin, et de flatteur du roi.

Mais je t'aime encor mieux, ô respectable asile!
Chantilly, des héros séjour noble et tranquille,
Lieux où l'on vit Condé, fuyant de vains honneurs,
Lassé de factions, de gloire, et de grandeurs,
Caché sous ses lauriers, dérobant sa vieillesse
Aux dangers d'une cour infidèle et traîtresse,
Ayant éprouvé tout, dire avec vérité :
« Rien ne remplit le cœur, et tout est vanité. »

J'avoue que ces vers français peuvent n'avoir pas toute l'énergie anglaise. Hélas! c'est le sort des traducteurs en toute langue d'être au-dessous de leurs originaux.

J'avoue encore qu'il y a quelques vers de Middleton injurieux à la nation française. M. de Voltaire a souvent repoussé toutes ces injures modestement, selon sa coutume.

En voilà assez pour ce qui regarde les vers. Quant à la trisection de l'angle, cela pourrait ennuyer les dames, dont il faut toujours ménager la délicatesse.

S'il se passe quelques nouvelles honnêtetés dans la turbulente république des lettres, on n'a qu'à nous en avertir; nous en ferons bonne et briève justice.

LETTRE A L'AUTEUR DES HONNÊTETÉS LITTÉRAIRES,

SUR LES MÉMOIRES DE MADAME DE MAINTENON, PUBLIÉS PAR LA BEAUMELLE

On ne peut lire sans quelque indignation les *Mémoires pour servir à l'histoire de Mme de Maintenon et à celle du siècle passé*. Ce sont cinq

1. C'était dans la guerre de 1689.

volumes d'antithèses et de mensonges. Et l'auteur est encore plus coupable que ridicule, puisque, ayant fait imprimer les *Lettres de Mme de Maintenon*, dont il avait escroqué une copie, il ne tenait qu'à lui de faire une histoire vraie, fondée sur ces mêmes lettres, et sur les mémoires accrédités que nous avons. Mais la littérature étant devenue le vil objet d'un commerce, l'auteur n'a songé qu'à enfler son ouvrage, et à gagner de l'argent aux dépens de la vérité. Il faut regarder son livre comme les *Mémoires de Gatien de Courtilz*, et comme tant d'autres libelles qui se sont débités dans leur temps, et qui sont tombés dans le dernier mépris. L'auteur commence par un portrait de la société de Mme Scarron, comme s'il avait vécu avec elle. Il met de cette société M. de Charleval, qu'il appelle le plus élégant de nos poëtes négligés, et dont nous n'avons que trois ou quatre petites pièces qui sont au rang des plus médiocres; il y associe le comte de Coligni, qu'il dit « avoir été à Paris le prosélyte de Ninon, et à la cour l'émule de Condé. » En quoi le comte de Coligni pouvait-il être l'émule du prince de Condé? quelle rivalité de rang, de gloire et de crédit pouvait être entre le premier prince du sang, célèbre dans l'Europe par trois victoires, et un gentilhomme qui s'était à peine distingué alors? Il ajoute à cette prétendue société « le marquis de La Sablière, qui avait, dit-il, dans ses propos toute la légèreté d'une femme. » La Sablière était un citoyen de Paris qui n'a jamais été marquis. Qui a dit à l'auteur que ce La Sablière était si léger dans ses propos?

Sied-il bien à cet écrivain de dire « que les assemblées qui se tenaient chez Scarron ne ressemblaient point à ces coteries littéraires dans qui la marquise de Lambert avait formé le projet de détruire le bon goût? « Cet homme a-t-il connu Mme de Lambert, qui était une femme très-respectable? a-t-il jamais approché d'elle? est-ce à lui de parler de goût?

Pourquoi dit-il que dans la maison de Scarron on cassait souvent les arrêts de l'Académie? Il n'y a pas dans tous les ouvrages de Scarron un seul trait dont l'Académie ait pu se plaindre. Ne découvre-t-on pas dans ces réflexions satiriques, si étrangères à son sujet, un jeune étourdi de province qui croit se faire valoir en affectant des mépris pour un corps composé des premiers hommes de l'État et des premiers de la littérature?

Comment a-t-il assez peu de pudeur pour répéter une chanson infâme de Scarron contre sa femme, dans un ouvrage qu'il prétend avoir entrepris à la gloire de cette même femme, et pour mériter l'approbation de la maison de Saint-Cyr? Il attribue aussi à Mme de Maintenon plusieurs vers qu'on sait être de l'abbé Têtu, et d'autres qui sont de M. de Fieubet. On voit à chaque page un homme qui parle au hasard d'un pays qu'il n'a jamais connu, et qui ne songe qu'à faire un roman.

« Mlle de La Vallière, dans un déshabillé léger, s'était jetée dans un fauteuil; là, elle pensait à loisir à son amant; souvent le jour la retrouvait assise sur une chaise, accoudée sur une table, l'œil fixe dans l'extase de l'amour. » Hé, mon ami! l'as-tu vue dans son déshabillé léger? l'as-tu vue accoudée sur cette table? est-il permis d'écrire ainsi l'histoire?

Ce romancier, sous prétexte d'écrire les *Mémoires de Mme de Maintenon*, parle de tous les événements auxquels Mme de Maintenon n'a jamais eu la moindre part : il grossit ses prétendus mémoires des aventures de Mademoiselle avec le comte de Lauzun. Pourrait-on croire qu'il a l'audace de citer les *Mémoires de Mademoiselle*, et de supposer des faits qui ne se trouvent pas dans ces mémoires? Il atteste les propres paroles de Mademoiselle : « Elle lui déclara sa passion, dit-il, par un billet qu'elle lui remit entre les mains au milieu du Louvre, à la face de ses dieux domestiques, en 1671; » il y lut ces mots : « C'est M. le comte de Lauzun que j'aime, et que je veux épouser. » Il cite les *Mémoires de Montpensier*, tome VI, page 53. Il n'y a pas un mot de cela dans les *Mémoires de Montpensier*. Mademoiselle écrivit seulement sur un papier : *C'est vous*, et rien de plus. Il faut en croire cette princesse plutôt que La Beaumelle. *La présence des dieux domestiques* est fort convenable et du vrai style de l'histoire.

Ce qui révolte presque à chaque page, ce sont les conversations que l'auteur suppose entre le roi, Mme de Montespan, et la veuve de Scarron, comme s'il y avait été présent. « Louis, dit-il, n'eût point aimé la vérité dans une bouche ridicule *en pie-grièche*, que Mme de Maintenon savait envelopper dans des paroles de soie. »

« Mme de Maintenon savait, dit-il, que les amours et les craintes de Mme de Montespan avaient sauvé la Hollande. » Où a-t-il lu que Mme de Montespan sauva la Hollande, qui allait être entièrement envahie si les Hollandais n'avaient pas eu le temps de rompre leurs digues et d'inonder le pays?

Comment ose-t-il dire que, lorsque Mme de Maintenon mena le duc du Maine à Baréges, elle dit au maréchal d'Albert, en voyant le Château-Trompette : « Voilà où j'ai été élevée : mais je connais une plus rude prison, et mon lit n'est pas meilleur que mon berceau? » Tout le monde sait qu'elle était née à Niort, et non pas à Bordeaux, et qu'elle n'avait jamais été élevée au Château-Trompette. Comment peut-on accumuler tant de sottises et de mensonges?

Il fait dire par Mme de Maintenon à Mme de Montespan : « J'ai rêvé que nous étions l'une et l'autre sur le grand escalier de Versailles; je montais, vous descendiez; je m'élevais jusqu'aux nues, et vous allâtes à Fontevrault. » Il est difficile de s'élever jusqu'aux nues par un escalier. Ce conte est imité d'une ancienne anecdote du duc d'Épernon, qui, montant l'escalier de Saint-Germain, rencontra le cardinal de Richelieu, dont le pouvoir commençait à s'affermir. Le cardinal lui demanda s'il ne savait point quelques nouvelles. *Oui*, lui dit-il, *vous montez et je descends*. Notre romancier cite les *Lettres de Mme de Sévigné*; et il n'y a pas un mot, dans ces lettres, de la prétendue réponse de Mme de Maintenon.

Il faut être bien hardi, et croire ses lecteurs bien imbéciles, pour oser dire qu'en 1681 le duc de Lorraine envoya à Mademoiselle un agent secret déguisé en pauvre, qui, en lui demandant l'aumône dans l'église, lui donna une lettre de ce prince, par laquelle il la demandait en mariage. On sait assez que ce conte est tiré de l'*Histoire de Clotilde*, histoire presque aussi fausse en tout que les *Mémoires de Maintenon*. On sait assez que Mademoiselle n'aurait point omis un événement si singulier dans ses *Mémoires*, et qu'elle n'en dit pas un seul mot. On sait que si le duc de Lorraine avait eu de telles propositions à faire, il le pouvait très-aisément sans le secours d'un homme déguisé en mendiant. Enfin, en 1681, Charles duc de Lorraine était marié avec Marie-Éléonore, fille de l'empereur Ferdinand III, veuve de Michel roi de Pologne. On ne peut guère imprimer des impostures plus sottes et plus grossières.

Il fait dire à Mme d'Aiguillon : « Mes neveux vont de mal en pis; l'aîné épouse la veuve d'un homme que personne ne connaît; le second, la fille d'une servante de la reine; j'espère que le troisième épousera la fille du bourreau. » Est-il possible qu'un homme de la lie du peuple écrive du fond de sa province des choses si extravagantes et si outrageantes contre une maison si respectable, et cela sans la moindre vraisemblance, et avec une insolence dont aucun libelle n'a encore approché? Cet homme, aussi ignorant que dépourvu de bon sens, dit, pour justifier le goût de Louis XIV pour Mme de Maintenon, que « Cléopatre déjà vieille enchaîna Auguste, et que Henri II brûla pour la maîtresse de son père. » Il n'y a rien de si connu dans l'histoire romaine que la conduite d'Auguste et de Cléopatre, qu'il voulait mener à Rome en triomphe à la suite de son char. Aucun historien ne le soupçonna d'avoir la moindre faiblesse pour Cléopatre; et à l'égard de Henri II, qui brûla pour la duchesse de Valentinois, aucun historien sérieux n'assure qu'elle ait été la maîtresse de François Ier. On soupçonna à la vérité, et Mézerai le dit assez légèrement, « que Saint-Vallier eut sa grâce sur l'échafaud pour la beauté de Diane sa fille unique; » mais elle n'avait alors que quatorze ans; et, si elle avait été en effet maîtresse du roi, Brantôme n'aurait pas omis cette anecdote.

Ce falsificateur de toute l'histoire cite Gourville, qui reproche au prince d'Orange d'avoir livré la bataille de Saint-Denis ayant la paix dans sa poche; mais il oublie que ce même Gourville dit, page 222 de ses *Mémoires*, que le prince d'Orange ne reçut le traité que le lendemain de la bataille.

Il nous dit hardiment que « les jurisconsultes d'Angleterre avaient proposé cette question du temps de la fuite de Jacques II : Un peuple a-t-il droit de se révolter contre l'autorité qui veut le forcer à croire? » Jamais on ne proposa cette question; on ne la trouve nulle part. La question était de savoir si le roi d'Angleterre avait le droit de dispenser des lois portées contre les non-conformistes. C'est précisément tout le contraire de ce que dit l'auteur.

Il s'avise de rapporter une prétendue lettre de Louis XIV, écrite vers l'an 1698 au prince d'Orange, depuis roi d'Angleterre, conçue en ces termes : « J'ai reçu la lettre par laquelle vous me demandez mon amitié; je vous l'accorderai quand vous en serez digne; sur ce, je prie Dieu qu'il vous ait en sa sainte garde. »

Quel ministre, quel historien, quel homme instruit a jamais rapporté une pareille lettre de Louis XIV ? est-ce là le ton de sa politesse et de sa prudence ? est-ce ainsi qu'on s'exprime après avoir conclu un traité ? Est-ce ainsi qu'on parle à un prince d'une maison impériale qui a gagné des batailles ? Lui parle-t-on de *sainte garde* ? Cette lettre n'est assurément ni dans les archives de la maison d'Orange, ni dans celles de France ; elle n'est que chez l'imposteur.

C'est avec la même audace qu'il prétend que Louis XIV, pendant le siége de Lille, dit à Mme de Maintenon : « Vos prières sont exaucées, madame ; Vendôme tient mes ennemis, vous serez reine de France. » Si un prince du sang avait entendu ces paroles, à peine pourrait-on le croire. Et c'est un polisson nommé La Beaumelle qui les rapporte sans citer le moindre garant ! Le roi pouvait-il supposer que le duc de Vendôme tînt ses ennemis pendant qu'ils étaient victorieux, et qu'ils assiégeaient Lille ? Quel rapport y avait-il entre la levée du siége de Lille et le couronnement de Mme de Maintenon déclarée reine ?

Qui lui a dit que Mme la duchesse de Bourgogne eut le crédit d'empêcher le roi de déclarer reine Mme de Maintenon ? Dans quelle bibliothèque à papier bleu a-t-il trouvé que les Impériaux et les Anglais jetaient des billets dans Lille, et que ces billets portaient : « Rassurez-vous, Français, la Maintenon ne sera pas votre reine, nous ne lèverons pas le siége ? » Comment des assiégeants jettent-ils des billets dans une ville assiégée ? Comment ces assiégeants savaient-ils que Louis XIV devait faire Mme de Maintenon reine quand le siége serait levé ? Peut-on entasser tant de sottises avec un ton de confiance que l'homme le plus important du royaume n'oserait pas prendre, s'il faisait des mémoires pleins de vérité et de raison ?

L'histoire du prétendu mariage de Mgr le dauphin avec Mlle Chouin est digne de toutes ces pauvretés, et n'a de fondement que des bruits adoptés par la canaille.

On lève les épaules quand on voit un tel homme prêter continuellement ses idées et ses discours à Louis XIV, à Mme de Maintenon, au roi d'Espagne, à la princesse des Ursins, au duc d'Orléans, etc. Mme de Maintenon assure, selon lui, que le prince de Conti ne commandera jamais les armées, « parce que le roi a toujours été résolu de ne les point confier à un prince du sang. » Et cependant le grand Condé et le duc d'Orléans les ont commandées.

C'est avec le même jugement et la même vérité que, pendant le siége de Toulon, il fait dire à Charles XII, occupé du soin de poursuivre le czar à cinq cents lieues de là : « Si Toulon est pris, je l'irai reprendre. »

De tous les princes qu'il attaque avec une étourderie qui serait très-punissable si elle n'était pas méprisée, M. le duc d'Orléans, régent du royaume, est celui qu'il ose calomnier avec la violence la plus cynique et la plus absurde. Il commence par dire qu'en 1713 le duc d'Orléans traversait le mariage du duc de Bourbon et de la princesse de Conti, et que le roi lui dit tête à tête dans son cabinet : « Je suis surpris qu'après vous avoir pardonné une chose où il allait de votre vie, vous ayez l'insolence de cabaler chez moi contre moi. » La Beaumelle était sans doute caché dans le cabinet du roi quand il entendit ces paroles. Ce mot d'*insolence* est surtout dans les mœurs de Louis XIV, et bien appliqué à l'héritier présomptif du royaume ! Tout ce qu'il dit de ce prince est aussi bien fondé.

Il faut avouer qu'il était très-bien instruit, quand il dit que le duc d'Orléans fut reconnu régent au parlement, « malgré le président de Lubert, et le président de Maisons, et plusieurs membres de l'assemblée, etc. » Le président de Lubert[1] était un président des enquêtes qui ne se mêlait de rien. M. de Maisons n'a jamais été premier président; il était très-attaché au régent, et il allait être garde des sceaux lorsqu'il mourut presque subitement; et il n'y eut pas un membre du parlement, pas un pair, qui ne donnât sa voix d'un concours unanime. Autant de mots, autant d'erreurs grossières dans ce narré de La Beaumelle, sur lequel il lui était si aisé de s'instruire, pour peu qu'il eût parlé seulement à un colporteur de ce temps-là, ou au portier d'une maison.

Je ne parlerai point des calomnies odieuses et méprisées que ce La Beaumelle a vomies contre la maison d'Orléans dans plus d'un ouvrage. Il en a été puni, et il ne faut pas renouveler ces horreurs ensevelies dans un oubli éternel.

Mais comment peut-il être assez ignorant des usages du monde, et en même temps assez téméraire pour dire que « la duchesse de Berri avoua qu'elle était mariée à M. le comte de Riom, et que sur-le-champ M. de Mouchi demanda la charge de grand maître de la garde-robe de ce gentilhomme ? » M. de Riom avoir un grand maître de la garde-robe ! quelle pitié ! le premier prince du sang n'en a point : cette charge n'est connue que chez le roi. Enfin tout cet ouvrage n'est qu'un tissu d'impostures ridicules, dont aucune n'a la plus légère vraisemblance. C'est un livre d'un petit huguenot élevé pour être prédicant; qui n'a jamais rien vu; qui a parlé comme s'il avait tout vu; qui a écrit dans un style aussi audacieux qu'impertinent pour avoir du pain; qui n'en méritait pas, et qui n'aurait été digne que de la corde, s'il ne l'avait pas été des Petites-Maisons.

Il se peut que quelques provinciaux, qui n'avaient aucune connaissance des affaires publiques, aient été trompés quelque temps par les faussetés que ce misérable calomniateur débite avec tant d'assurance. Mais son livre a été regardé à Paris avec autant d'horreur que de dédain. Il est au rang de ces productions mercenaires qu'on tâche de rendre satiriques pour les débiter, ne pouvant les rendre raisonnables, et qui sont enfin oubliées pour jamais.

1 Père de Mlle de Lubert, qu'on appelait *Muse et Grâce*, et à qui Voltaire avait adressé une épître en 1732. (ÉD.)

SECONDE ANECDOTE SUR BÉLISAIRE.

(1767.)

Frère Triboulet, de l'ordre de frère Montepulciano[1], de frère Jacques Clément, de frère Ridicous[2], etc., etc., et de plus docteur de Sorbonne, chargé de rédiger la censure de la fille aînée du roi appelée *le concile perpétuel des Gaules*, contre Bélisaire, s'en retournait à son couvent tout pensif. Il rencontra dans la rue des Maçons la petite Fanchon, dont il est le directeur, fille du cabaretier qui a l'honneur de fournir du vin pour le *prima mensis*[3] de messieurs les maîtres. Le père de Fanchon est un peu théologien, comme le sont tous les cabaretiers du quartier de la Sorbonne. Fanchon est jolie, et frère Triboulet entra pour.... boire un coup.

Quand Triboulet eut bien bu, il se mit à feuilleter les livres d'un habitué de paroisse, frère du cabaretier, homme curieux, qui possède une bibliothèque assez bien fournie.

Il consulta tous les passages par lesquels on prouve évidemment que tous ceux qui n'avaient pas demeuré dans le quartier de la Sorbonne, comme, par exemple, les Chinois, les Indiens, les Scythes, les Grecs, les Romains, les Germains, les Africains, les Américains, les blancs, les noirs, les jaunes, les rouges, les têtes à laine, les têtes à cheveux, les mentons barbus, les mentons imberbes, étaient tous damnés sans miséricorde, comme cela est juste, et qu'il n'y a qu'une âme atroce et abominable qui puisse jamais penser que Dieu ait pu avoir pitié d'un seul de ces bonnes gens.

Il compilait, compilait, compilait, quoique ce ne soit plus la mode de compiler; et Fanchon lui donnait de temps en temps de petits soufflets sur ses grosses joues; et frère Triboulet écrivait, et Fanchon chantait, lorsqu'ils entendirent dans la rue la voix du docteur Tamponet et de frère Bonhomme, cordelier à la grande manche, et du grand couvent, qui argumentaient vivement l'un contre l'autre, et qui ameutaient les passants. Fanchon mit la tête à la fenêtre; elle est fort connue de ces deux docteurs, et ils entrèrent aussi pour.... boire.

« Pourquoi faisiez-vous tant de bruit dans la rue? dit Fanchon. — C'est que nous ne sommes pas d'accord, dit frère Bonhomme. — Est-ce que vous avez jamais été d'accord en Sorbonne? dit Fanchon. — Non, dit Tamponet; mais nous donnons toujours des décrets; et nous fixons à la pluralité des voix ce que l'univers doit penser. — Et si l'univers s'en moque, ou n'en sait rien? dit Fanchon. — Tant pis pour l'univers,

1. Bernard-Politien de Montepulciano, dominicain, accusé d'avoir empoisonné Henri VII avec du vin consacré. (Ed.)

2. Consultez les *Mémoires de L'Estoile*, et vous verrez ce qui arriva en place de Grève à ce pauvre frère Ridicous.

3. Ce mot composé signifiait une assemblée réunie, le premier de chaque mois, *prima mensis die*, pour conférer des affaires de la faculté. (Ed.)

dit Tamponet. — Mais de quoi diable vous mêlez-vous? dit Fanchon. — Comment, ma petite? dit frère Triboulet, il s'agit de savoir si le cabaretier qui logeait dans ta maison il y a deux mille ans a pu être sauvé ou non. — Cela ne me fait rien, dit Fanchon. — Ni à moi non plus, dit Tamponet: mais certainement nous donnerons un décret. »

Frère Triboulet lut alors tous les passages qui appuyaient l'opinion, que Dieu n'a jamais pu faire grâce qu'à ceux qui ont pris leurs degrés en Sorbonne, ou à ceux qui pensaient comme s'ils avaient pris leurs degrés; et Fanchon riait, et frère Triboulet la laissait rire. Tamponet était entièrement de l'avis du jacobin; mais le cordelier Bonhomme était un peu plus indulgent. Il pensait que Dieu pouvait à toute force faire grâce à un homme de bien qui aurait le malheur d'ignorer notre théologie, soit en lui dépêchant un ange, soit en lui envoyant un cordelier pour l'instruire.

« Cela est impossible, s'écria Triboulet; car tous les grands hommes de l'antiquité étaient des paillards. Dieu aurait pu, je l'avoue, leur envoyer des cordeliers; mais certainement il ne leur aurait jamais député des anges.

« Et pour vous prouver, frère Bonhomme, par vos propres docteurs, que tous les héros de l'antiquité sont damnés sans exception, lisez ce qu'un de vos plus grands docteurs séraphiques déclare expressément dans un livre que Mlle Fanchon m'a prêté. Voici les paroles de l'auteur :

Le cordelier, plein d'une sainte horreur,
Baise à genoux l'ergot de son seigneur;
Puis d'un air morne il jette au loin la vue
Sur cette vaste et brûlante étendue,
Séjour de feu qu'habitent pour jamais
L'affreuse mort, les tourments, les forfaits;
Trône éternel où sied l'esprit immonde,
Abîme immense où s'engloutit le monde;
Sépulcre où gît la docte antiquité,
Esprit, amour, savoir, grâce, beauté,
Et cette foule immortelle, innombrable,
D'enfants du ciel créés tous pour le diable.
Tu sais, lecteur, qu'en ces feux dévorants
Les meilleurs rois sont avec les tyrans.
Nous y plaçons Antonin, Marc-Aurèle,
Ce bon Trajan, des princes le modèle;
Ce doux Titus, l'amour de l'univers;
Les deux Catons, ces fléaux des pervers;
Ce Scipion, maître de son courage,
Lui qui vainquit et l'amour et Carthage.
Vous y grillez, sage et docte Platon,
Divin Homère, éloquent Cicéron;
Et vous, Socrate, enfant de la sagesse,
Martyr de Dieu dans la profonde Grèce;

Juste Aristide, et vertueux Solon,
Tous malheureux morts sans confession. »

Pucelle, chant V.

Tamponet écoutait ce passage avec des larmes de joie. « Cher frère Triboulet, dans quel Père de l'Église as-tu trouvé cette brave décision? — Cela est de l'abbé Trithème, répondit Triboulet; et pour le prouver *à posteriori*, d'une manière invincible, voici la déclaration expresse du modeste traducteur, au chapitre XVI de sa *Moelle théologique :*

Cette prière est de l'abbé Trithème,
Non pas de moi; car mon œil effronté
Ne peut percer jusqu'à la cour suprême;
Je n'aurais pas tant de témérité [1].

Frère Bonhomme prit le livre pour se convaincre par ses propres yeux, et ayant lu quelques pages avec beaucoup d'édification : « Ah! ah! dit-il au jacobin, vous ne vous vantiez pas de tout. C'est un cordelier en enfer qui parle; mais vous avez oublié qu'il y rencontre saint Dominique, et que ce saint est damné pour avoir été persécuteur, ce qui est bien pis que d'avoir été païen. »

Frère Triboulet, piqué, lui reprocha beaucoup de bonnes aventures de cordeliers. Bonhomme ne demeura pas en reste; il reprocha aux jacobins de croire à l'immaculation en Sorbonne, et d'avoir obtenu des papes une permission de n'y pas croire dans leur couvent. La querelle s'échauffa, ils allaient se gourmer. Fanchon les apaisa en leur donnant à chacun un gros baiser. Tamponet leur remontra qu'ils ne devaient dire des injures qu'aux profanes, et leur cita ces deux vers qu'il dit avoir lus autrefois dans les ouvrages d'un licencié nommé Molière :

N'apprêtons point à rire aux hommes
En nous disant nos vérités [2].

Enfin, ils minutèrent tous trois le décret, qui fut ensuite signé par tous les sages maîtres.

« Nous, assemblés extraordinairement dans la ville des Facéties, et dans les mêmes écoles où nous recommandâmes, au nombre de soixante et onze, à tous les sujets de garder leur serment de fidélité à leur roi Henri III, et, en l'année 1592, recommandâmes pareillement de prier Dieu pour Henri IV, etc., etc.

« Animés du même esprit qui nous guide toujours, nous donnons à tous les diables un nommé Bélisaire, général d'armée, en son vivant, d'un nommé Justinien; lequel Bélisaire, outrepassant ses pouvoirs, aurait méchamment et proditoirement conseillé audit Justinien d'être bon et indulgent, et aurait insinué avec malice que Dieu était miséricordieux; condamnons cette proposition comme blasphématoire, impie, hérétique, sentant l'hérésie : défendons sous peine de damnation éternelle, selon le droit que nous en avons, de lire ledit livre sentant

1. *Pucelle*, chant XVI, 11-14. (ÉD.) — 2. *Amphitryon*, prologue, 146-7. (ÉD.)

l'hérésie, et enjoignons à tous les fidèles de nous rapporter les exemplaires dudit livre, lesquels ne valaient précédemment qu'un écu, et que nous revendrons un louis d'or avec le décret ci-joint. »

A peine ce décret fut-il signé, qu'on apprit que tous les jésuites avaient été chassés d'Espagne, et ce fut une si grande joie dans Paris, qu'on ne pensa plus à la Sorbonne.

FIN DU VINGT-SIXIÈME VOLUME.

Thérèse, et enfin à tous les fidèles [illegible] plaires dudit livre, lesquels [illegible] que nous retrouverons [illegible] »

A peine ce décret [illegible], qu'on apprit que [illegible] avaient été [illegible] d'Espagne, et ce fut [illegible] grande joie [illegible] qu'on ne pense plus à la Sorbonne.

FIN DU [illegible]

TABLE.

MÉLANGES. (SUITE.)

FIN DE LA TABLE DU VINGT-SIXIÈME VOLUME.

COULOMMIERS
Imprimerie Paul Brodard.

RAPPORT = 15

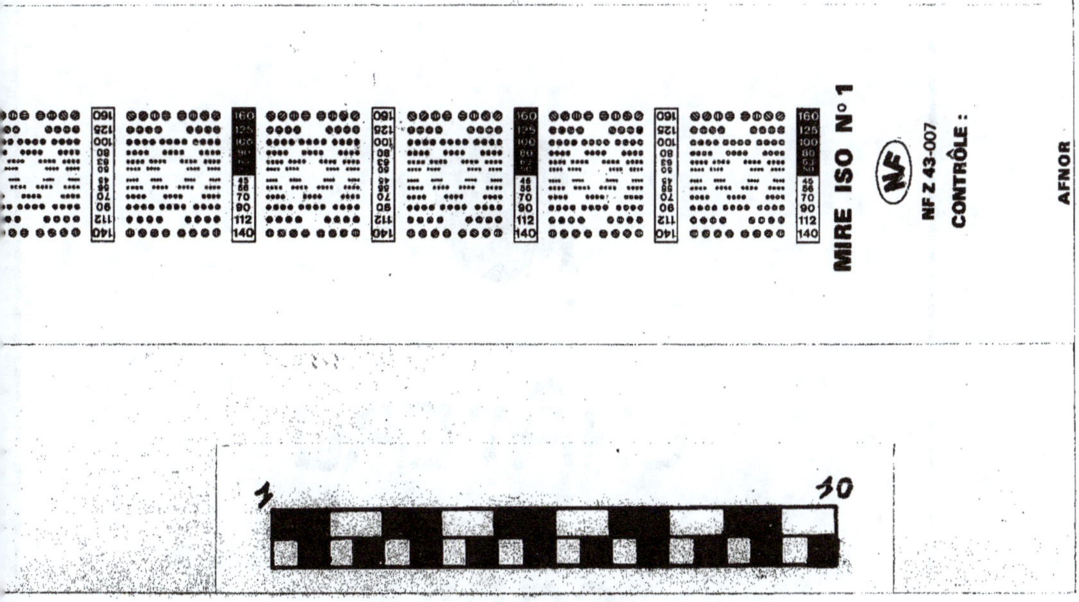